U0898033

社会保障问题研究

——和谐社会构建与社会保障国际论坛

邓大松 向运华◎主编

KEY RESEARCH INSTITUTE IN UNIVERSITY

人民出版社

前 言

2007 年 11 月 23—26 日，武汉大学社会保障研究中心主办的“社会主义和谐社会构建与社会保障国际论坛”隆重举行。

参加此次国际会议的代表近 300 人，包括美国、加拿大、德国、法国、英国、澳大利亚、巴西、印度、斯里兰卡、加蓬、菲律宾和中国香港、中国澳门特区的学者。来自劳动和社会保障部、教育部、中华全国总工会、中国社会科学院、国家自然科学基金委、中国社会保险学会、湖北省劳动和社会保障厅、武汉大学的嘉宾在开幕式上发表演讲。此次会议共提交论文 130 余篇，主要围绕农民工社会保障、最低生活保障、和谐社会医疗保障、社会保险关系接续等社会保障问题展开了探讨，主要有以下几个方面：

第一，参会的国内外知名专家就中国社会保障建设与改革做了主题发言，武汉大学周长城教授和深圳大学陶一桃教授分别主持了这一阶段的会议。

中国社会科学院唐钧教授回顾并评析了中国社会保障政策，对中国社会保障政策发展做了若干探索性思考。加拿大渥太华大学经济系主任 Rose Anne Devlin 做了题为“Do Physician Remuneration Schemes Matter? The Case of Canadian Family Physicians”的报告，总结了来自加拿大的经验，探讨了医生薪酬计划是否有作用，为中国医疗保障改革和完善提供了国际视角。武汉大学社会保障研究中心主任邓大松教授做了《统筹发展城乡社会保障制度，构建覆盖全民的社会保障体系》的报告，阐述了我国将在 2020 年建成的覆盖城乡的社会保障体系所应具备的基本特征，论述了应处理好的八大关系，并提出了加快农村社保体系建设等五大迫切任务。德国明斯特大学 Heinz-Dietrich Steinmeyer 教授做了题为“Social Security and Economies in Transition—Experiences from Eastern Europe and South America”的报告，通过分析东欧和南美社会转型期社会保障发展的历史经验，为中国社会保障改革和发展提供了有针对性的建议。中南财经政法大学赵曼教授做了题为《中国医疗保险改革》的报告，分析了“三项改革”的关系和“中国病”的症结，针对我国医疗改革的实际困难，提出了“三改联动”的总体思路，主张将国有医院从卫生部划归国资委，解除卫生部与国有医院的“父子关系”，同时，鼓励民营资本和外资进入医疗卫生行业，并加强监管。美国斯普林阿伯大学教授 Roster A. Reuther 做了题为“Social Insurance: The United States Social Security System”的报告，分析了美国社会保障体系中的社会保险的现状，着重论述了美国社会保险的运行机制和基本状况，在总结美国社会保险建设经验的基础上，有针对性地为中国社会保障制度改革提出了一些具体建议。加拿大渥太华大学 Vicky Barham 教授做了题为 Fee-for-service vs Capitation: Anything You Can Do-I Can Do Better (and Cheaper) 的报告，比较了按服务收费和按人头收费两种不同的缴费模式，通过实证比较了各自效果，为中国医疗改革中收费方式等核心改革问题提供了具体思路。

第二，与会专家学者就农民工社会保障和社会保险关系接续问题做了主题发言，国务院法制办陈培勇处长主持了这一阶段的会议。澳门理工学院陈庆云教授做了《有关社会保障政策问题研究》的主题发言，对社会保障政策制定的标准做了阐述，并以澳门为例，描述了澳门社会保障政策的基本轮廓，分析了澳门社会保障基金对社会保险精神的偏离，并对澳门重构社会保障基金制度的改革进行了评价。斯里兰卡科伦坡大学讲师 G. D. Dharmakeerthi Sri Ranjian 博士做了题为“Social Security and equality of life of the peasant migrant women in Sri Lanka: A Sociological Perspectives”的主题发言，从社会学的视角出发，分析了斯里兰卡女性迁移农民人口的社会保障与社会公平状况，深入剖析了处于转型期的发展中国家农业人口流动、社会保障权益与社会公平等问题。南京大学童星教授做了题为《农民工的劳动保护和社会保障》的主题发言，分析了农民工劳动保护和社会保障现状以及影响农民工获得劳动保护和社会保障权利的因素，并提出了相应的改革对策。上海财经大学郭士征教授做了题为《农民工社会保障研究》的主题发言，认为农民工身份特殊、处境艰难，而保障需求又十分迫切，为了落实他们应有的公共权力、构建更加和谐的社会关系，有必要花更大的力气研究和开展农民工社会保障，并从模式、账户、基金运作等方面提出了具体建议。西北大学席恒教授做了题为《中国养老保险理想模式与现实选择》的主题发言，根据我国养老保险实施现状，提出了我国养老保险的理想模式与现实选择之间的平衡问题，认为在理想模式组合与现实条件约束下需要通过加大制度创新来克服现实困难。中国人民大学李绍光教授做了题为《社会保险基金运营管理的战略思考》的主题发言，分析了我国社会保险基金运营管理中的具体问题，并从战略高度阐述了社会保险基金运行的总体改革思路，并针对影响基金监管、运营的现实迫切问题提出了具体对策。南京财经大学林治芬教授做了题为《城乡统筹目标下的农民工养老保险制度构建》的主题发言，认为解决农民工养老保险问题的根本办法是为其搭建一个城乡融通的养老保险制度平台，在这个平台上，农民同所有劳动者一样，无差别地自主缴费，并根据缴费享受相应的统筹配套待遇。

与会专家学者还就农民工社会保障与社会保险接续问题进行了讨论，上海财经大学郭士征教授主持了这一阶段的会议。浙江大学何文炯教授做了《农民工社会保险问题探讨》的主题发言，就社会普遍关心的农民工社会保险问题进行了深入阐述，分析了建立农民工社会保险体系的必要性和紧迫性，并对体系构建过程中的关键问题做了详细分析。中国社会科学院刘翠霄教授做了题为《农民工社会保障与和谐社会构建》的主题发言，认为要采取强制性手段将农民工纳入社会保障范围，要大力健全农民工工伤保险和医疗保险制度，要加强对农民工的培训，保障农民工子女接受义务教育。暨南大学林毓铭教授做了题为《有关社会养老保险的几个问题研究》的主题发言，通过建立相应模型，对社会保险建立过程中几个关键问题进行了阐述，认为我国社会保障二元化现象明显，基础性改革最首要的是制度参数是公平问题，而制度缺失也会带来社会保障资源配置效率损失。湖南行政学院邓微教授做了题为《农民工社会保障》的主题发言，分析了我国农民社会保障体系建设的中的几个宏观问题，并有针对性地提出了建立、健全农民工社会保障体系的具体建议。

第三，部分与会专家、学者围绕最低生活保障、和谐社会医疗保障两个主题做了发言，进行了热烈讨论，武汉大学王保真教授主持了这个时段的会议。

中央财经大学李晓林教授做了题为《有关社会保障的几个问题初探》的主题发言，着重强调了社会保障中的精算问题，就我国社会保障改革中的精算应用、改革与发展提出了具体看法。华中科技大学丁建定教授做了题为《城市居民最低生活保障管理中德问题与完善对策》的主题发言，发言描述了武汉市武昌区低保管理现状，分析指出了机构和社会职责分工不合理等问题，并有针对性地提出了强化业绩考核、完善动态管理等对策。东北大学李坚教授做了题为《城市居民最低生活保障标准的运行效果》的主题发言，发言概述了鞍山市城市居民最低生活保障情况，评估了鞍山最低生活保障制度运行效果，并得出了若干启示。中山大学申曙光教授做了题为《新型农村合作医疗的制度性缺陷与制度完善》的主题发言，他认为，新型农村合作医疗制度存在制度性缺陷，而这种制度性缺陷恰是影响其实施效果的根本原因，根除制度缺陷应重点通过采取提高制度公平性等对策予以解决。复旦大学封进教授做了题为《健康风险的社会保障：对中国农村的研究》的主题发言，她利用CHNS数据，估计了农民医疗需求函数，研究了政府补贴政策对降低农民负担的有效性，并评估了各种方案，同时发现，仅仅补贴住院费用作用十分有限，而同时补贴门诊费用则是更加有效的方案，尤其对于低收入农民而言是如此。

与会专家学者还就最低生活保障、和谐社会医疗保障两个主题进行了讨论，华中科技大学丁建定教授主持了这一阶段的会议。国务院法制办陈培勇处长做了题为《社会保障是构建和谐社会的重要组成部分》的主题发言，从实际政策制定部门角度分析了社会保障制度建设在构建和谐社会中的重要作用，并就社会保障政策制定和改革的具体思路进行了阐述。首都经贸大学吕学静教授做了题为《改革与借鉴——从日本医疗保险制度改革谈起》的主题发言，分析了日本医疗保险制度的基本状况，并借鉴了日本经验，为中国医疗保障制度改革提出了加强药品价格和医疗收费标准管理等具体建议。武汉大学王保真教授就中国医疗改革问题做了介绍，并就农村合作医疗制度改革路径做了重点分析，得出了中国医疗改革关键是要处理好政府、市场、社会的关系等若干重要结论。

在“农民工社会保障、最低生活保障、和谐社会医疗保障、社会保险关系接续”议题之外，会议论文和发言还涉及了有关社会保障的其他方面的问题。会议论文和发言借鉴了来自欧美、日本和我国港澳地区的社会保障建设经验，较为全面、客观、深入地分析了我国农村社会保障制度建设，提出了和谐社会建设中社会保障支出的绩效评估体系，实证分析了我国地区经济发展差异与社会保障建设的关系。此外，在养老保险方面，会议论文和发言针对养老风险规避、国外社区养老体系以及农村养老保险制度建设，也提出了很好的建议。

通过会议的讨论与交流，进一步加深了对现阶段我国社会保障建设的全局性认识，明确了我国社会保障事业的发展重点，会议达成了多项共识，取得了丰硕成果，与会代表认为，此次会议的内容集中、组织高效、讨论深入，是一次及时、务实、成功的会议。

目 录

一、农民工社会保障

二、最低生活保障

三、和谐社会医疗保障

四、社会保险关系接续

五、其他社会保障问题

一、农民工社会保障

NONGMINGONG SHEHUI BAOZHANG

1

我国农民工社会保障的现状评估、问题及其改进

郭士征

（上海财经大学公共经济与管理学院）

摘　要：农民工的问题，特别是农民工的社会保障问题，正越来越被社会各界高度关注。由于他们身份特殊、处境艰难，而保障需求又十分迫切，为了落实他们应有的公共权利、构建更加和谐的社会关系，有必要花更大的力气研究和推进农民工的社会保障。本文仅就农民工社会保障的发展现状作出初步评估，并针对现存的问题，提出切实的改进方策。

关键词：农民工　社会保障　改进

应该说，农民工是个非常特殊的群体，传统身份是农民，但他们已离开土地和居住地，成为事实上的城市居住人口，当他们融入城市并成为城市经济活动的重要组成，以及城市产业的新成员后，这种特殊的边缘化身份，再加上巨大的保障需求，必然要与城市原有的社会保障架构形成冲突。事实上，农民工的社会保障早已迫在眉睫，它的完善不仅涉及亿万农民工的生存权和福利权，而且正在极大地影响着社会的稳定发展。可以不夸张地说，没有健全的农民工社会保障，就谈不上社会的公平正义，更谈不上和谐社会的构建。中央从20世纪90年代起就非常重视农民工的问题，特别在2005年到2007年三年里中共中央国务院就多次重申，要维护农民工包括社会保障在内的合法权益。因此，我们今天来讨论和研究这个重要课题有着巨大的现实意义。

一、现状评估

（一）各方已有共识。随着城市化进程的加快，农民工流量的激增，以及社会要求保护农民工权益呼声的加强，上至中央下至地方，从管理部门到理论界、学术界，都已建立起一个共识：那就是要群策群力加快建立、完善农民工社会保障是当务之急。

应该说，共识是发展前提，有了这种共识，农民工社会保障的发展才有可能和希望。

（二）发展已趋加快。建立农民工社会保障不可能一蹴而就，但如果主客观条件逐步成熟，其发展就能加快。自从2005年胡锦涛总书记在中央经济工作会议上，强调各地政府要为农民工认真解决社会保障问题以来，短短两年中，农民工社会保障发展步伐明确加快。据劳动和社会保障的统计，截至2007年3月底，参加工伤保险和医疗保险的农民工人数已达2680万人和2410万人，分别比上年底增加143万人和43万人。上海的农民工综合保险也发展迅速，2006年参保农民工人数已达289.7万人，2007年的发展目标即综合保险覆盖面要扩大到300万人，如按“十一五”规划，到2010年，上海农民工综合保险参保人数更要达到350万人，换言之，到那时农民工综合保险实际要覆盖到所有在沪就业的农民工。可见，加快发展已成定势。

（三）缺乏发展规划。目前农民工社会保障发展势头虽不错，但缺乏发展规划，各地自搞一套，既没完整的政策法规安排，又没有适应各地的原制度框架，总的状况还是“走着瞧”，走到哪里是哪里，前进目标比较模糊，对未来发展还远没有进行系统规划，继续走着先放开再收归的老路。为此，自然要付出更大代价，改革成本将会高出人们预期。

（四）普及程度太低。就以前述农民工参加工伤保险和医疗保险的人数来说，相对于总数高达1.6亿农民工的比率，就仅有15%—17%，也就是说，高达80%以上的一亿多农民工仍然处于无保障状态。普及程度低虽有各种原因造成，但我们现在的政策和制度，与农民工的实际状况不相适应应是重要原因。

（五）实质效果较差。如果说已经参保的农民工规模，还能使人们有些宽慰的话，那么其中的实质效果，则又会使人们重陷“冷宫”。据我们调查，数字是一回事，而实际又是另一回事，名义参保与实际执行有相当大的距离。这实际是给本已普及太低的状况雪上加霜。

（六）困难阻力尚多。除了缺少经验之外，横在我们面前的困难阻力不少，有法规政策和制度安排的问题，更有外部的发展阻力，如户籍制度、地方保护主义、劳动力市场的不规范，以及传统的思想观念，等等。可以说，这些困难阻力能否克服，决定着农民工社会保障未来发展的命运。

二、方向原则

农民工社会保障的发展方向和应持原则，值得我们高度关注。这是农民工社会保障今后发展的指南，也是取得农民工社会保障顺利进展的前提。因此，需要我们在此重申：

关于农民工社会保障的发展方向。在学术界和实际部门是有争议的，一种意见是向城镇职工靠拢，一种是要建立单独的农民工社会保障制度。其实在这个问题上，从2006年发布的“国务院关于解决农民工问题的若干意见”中，可以看出中央非常强调农民工应在注册地参加社会保障，也就是要逐步将农民工社会保障纳入到城镇职工的社会保障范围之中。这实际在发展方向上给我们指出，应当使农民工社会保障向着城镇社会保障体制融合方向发展，最终走向并轨和统一。这是必须坚持的大方向，在这方向下可以实行逐步过渡。过渡期内，可以双轨制，即农民工社会保障可以单独存在，但要不断创造融合的条件，特别是要使现在的农民工社会保障制度能预留与城市系统的接口，以及未来的可衔接性。

关于农民工社会保障的发展原则，我们总结归纳了以下五点：

（一）维权为重。农民工是弱势群体，可以说是乡下无地，城里无根，劳动繁重，生活艰难，他们的合法权利更应得到尊重。在农民工社会保障发展中，应自始至终在全过程和各个环节中，体现出为农民工维权的根本指导思想。

（二）明责为先。农民工是特殊群体，介于农村与城市之间，他们的社会保障究竟应由谁负责？中央政府和地方政府各应承担哪些责任？如政策公平、资金保障等。还有企业应承担什么社会责任？所有这一切都应首先予以确认，明确责任应作为农民工社会保障发展中重要原则之一。

（三）实情为据。农民工是困难群体，他们的特点是流动性大，收入偏低，劳动工期短，保障意识差，生存环境劣……如此等等。因此，我们在设计和建立农民工社会保障制度时，必须实事求是，以实情为据。事实证明，只有坚持从实际出发的原则，农民工社会保障才有可能顺利发展。

（四）低标为本。农民工是低收入群体，所以社会保障的发展应立足于低标准这个根本。首先是低标准入，即参保门槛要低，参保负担要小。这一是为了“扩面”，使更多农民工能有机会和能力参与进来，二是为了“持续”，使农民工的社会保障能长远的发展下去。其次是低标准给付，根据权利与义务相对应的原则，以及考虑到农民工的实际生活需求，在低费参保的情况下，保障给付即享受待遇的标准也要低些，不过最终他们的收益仍要比付出要多，这不仅得益于统筹互济，还要靠公共财政的补贴。

（五）渐进为策。农民工是新兴群体，它的社会保障发展要有个过程，它的发展更需要根据农民工的保障需求以及现实的可能，稳定地渐进发展，也就是要分阶段地一步一步将农民工社会保障推向深入。水平只能逐步提高，内容要逐步扩大，急需先上，分步推进。

三、主要问题

农民工社会保障的发展还处于一个不稳定状态，发展中的问题还很多，其中尤以下列两大问题影响最大：

（一）制度安排缺失问题

1. 保障门槛过高

就以养老保险为例，保障门槛包括费基和费率两大问题。首先，以费基来说，各地高低虽不等，低的如厦门市是以当年全市最低工资为费基，稍高如天津市以本人实际工资为费基，最高的是广东省以该省在岗职工平均工资为费基。特别是广东省，由于执行完全统一政策，其所规定的费基，大大超过农民工的实际收入。上海的综合保险费基是以社平工资60%计算的，如按2006年全市社平工资29569元计算，60%的基数就要达到17741.4/年（月均1478.5元），实际农民工的月收入达不到这个水平。据国家统计局近期统计，全国农民工的平均月收入为966元，50%以上农民工月收入在800元以下，只有10%的农民工月收入超过1500元。可见，广东、上海等地费基是高了，比较适中可行还是天津市的以本人实际工资为费基较为合理。其次，以费率来说，由于费基不同各地的实际缴费有很大差距，即使以前述最为合理的天津市来说，其费率为20%（统筹）+8%（个人），虽费基适中，但费率偏高，其负担还是较重。综上所述，费基规定不一，费率普遍过高是企业和个人参保积极性不高的重要内在原因。此外，从给付来说，享受条件也较苛刻，如上海综合保险中住院医疗费用的起付标准，是上年度全市职工年平均工资的10%，显然太高，因为多数农民工实际收入连全市职工年平均工资的一半都不到，所以完全超出农民工所能承受的经济能力。

2. 缺乏总体设计

正如前述，目前从全国来说，农民工社会保障制度仍处于“百家齐鸣”阶段，还没有一个针对全国的总体框架，各地都在自搞方案，其中有两个方面问题表现突出：

（1）保险性质还需澄清。农民工社会保障中的一些保险项目，必须是社会保险性质，操作也需按社会保险要求进行。在发展中由于推进困难而需要采用其他办法代之，也只能是暂时性措施，时机一旦成熟，必须尽快转向。例如上海外来人员综合保险中采用商业保险公司代为支付的办法，我们认为养老保险由于缺乏全国性统一支付系统，暂由商业保险公司代行，应该说在一个时期内是不得已为之，但指导思想必须是暂时性，条件成熟时社会保险的给付必须要由社会保险部门执行。但是另两个保险即医疗保险和工伤保险完全不存在需要延期或转移支付的问题，基本是现取现付，所以商业保险不应参与进来，也就是说上述两个险种现在就应由社会保险部门执行给付，以避免继续出现保险性质混淆、界限不清，以及违规操作的问题。

（2）过渡安排还须明确。依目前的发展和条件来看，农民工社会保障完全融入城镇职工社会保障系统，应该说时机尚未成熟，如执行完全统一的政策更有可能行不通。因此，目前阶段农民工社会保障相对独立存在是必要的，但是它也只是过渡性产物，正如前述，它的发展方向必然要与城镇职工系统合二为一。因此，在目前的农民工社会保障制度设计中，必须要有过渡性安排，也就是必须要为将来统一制度预留接口，为最终接轨创造必要条件。

3. 制度存在不足

根据各地农民工社会保障制度发展的现状，不论是设计还是操作，普遍存在弹性不足和刚性不足的问题。

（1）弹性不足的表现。如不能针对农民工不同情况以分类指导、分层实保。农民工在参保时几乎没有选择余地；又如制度未能针对农民工流动返乡的实际情况，解决与当地、返回地制度对接问题，这说明不仅弹性不足而且开放度不够；还有些省市现在就将农民工与城镇职工等同看待，执行完全统一的社会保障政策，从而使农民工无法适应甚至无法参保。

（2）刚性不足的表现。由于无法转移，以及有些地区制度规定允许农民工终止或解除劳动合同后，社保经办机构可以将个人账户资金一次性发给本人，同时终结养老保险关系，所以出现大量退保现象。这种情况实际是否定了建立养老保险的初衷，也使农民工参加养老保险失去实际意义。应该说，这与劳动保障部发布的《关于完善城镇职工基本养老保险政策有关问题的通知》中的第四条有关允许“将个人账户中个人缴费部分一次性支付给本人，同时终止养老保险关系”的规定有关；又如中央对城镇职工的个人账户明确在退休前是不能支取的，但却允许农民工在退休前一次性支付个人账户个人缴费部分。这种“灵活性”恰恰违背了社会保险的基本原则，非常不利于农民工未来养老，同时也损害了农民工的利益，因为退休前支付额要比退休后支付额少，而且，退休前个人账户一次性支付后，农民工积累的统筹部分也就不再承认。

4. 农民工权益易受损

农民工社会保障制度的设计前提，就是要把农民工权益放在最重要位置上来考虑，应该说目前的制度在这方面存在的问题不少，工伤、医疗和养老保险中都存在。特别是，养老保险关系不能接续，对关系转移没有明确规定，农民工在离开当地后，就要被迫接受丧失个人账户中企业缴费部分和社会统筹部分的事实，农民工的权益无法得到应有保护。又如，上海“综保”中工伤保险的保险补偿，城镇职工都是按月领取，农民工却是一次性支付，这使工伤后农民工的未来生活受到很大风险威胁。同样，前述上海“综保”中医疗保险的住院起付标准规定的不合理等等，农民工保障权益多处受到不应有的剥夺和损害。

（二）企业消极对待问题

不论何种社会保险，企业都是主要的资金的提供者和推动者，企业的作用是不可替代的。同样，农民工社会保障的发展过程中，企业是否积极参与，极大程度上决定着农民工社会保障发展的成败。

正如人们所知，企业使用农民工在很大程度上是考虑生产成本的结果，农民工较低的工资报酬，使企业以较小的代价获得市场竞争中的成本优势。但是，由于农民工的参保，企业又新增加一笔不小的费用，特别是全额由企业负担的方案，使企业感到陡然增加了不少负担，虽然费基和费率相对于一般城市职工要低，但毕竟提高了企业的人工成本。一个具有社会责任感的企业，是会义不容辞地选择为农民工参保，即使增加成本也要身体力行。特别，它是属于社会保险性质，企业为农民工参保，只是利用了农民工自身创造的价值，实质上企业并未增加额外负担，应该说它们是农民工工资报酬的一部分，它的所需费用都可计入生产成本之中。然而，不少企业特别是一部分私营企业，他们对农民工参保持有抵触情绪，消极对待有关农民工切身利益的这件大事，欺瞒工人、转嫁费用，即使参保，仍采取控制手段，使农民工无法享受实际权益，逃避拒缴更是有之。

由于农民工社会保障项目的强制性不够，缺少具体的法规作支撑，因此，普及缓慢，即使纳入进来，也因企业不配合，违规执行，使农民工仅有的社会保障权益也屡屡落空。我们认为，企业态度消极并频设障碍，监察部门监管力度不够，正是使得不少地方农民工社会保障发展艰难，不少农民工社会保障变得有名无实的原因之一。此外，由于我们宣传不够，农民工自身的保障意识又不强，这给少数责任感不强的企业钻了空子，公开地侵犯农民工的保障权益。

四、改进对策

（一）完善保障内涵

目前农民工的社会保障主要还是局限于社会保险项目，根据农民工的特点和实际需求以及急用先设的原则，工伤保险被放在首位，其次是医疗保险，最后才是养老保险，这个发展顺序无疑是正确的。

但是，正如前述这些项目各自存在的问题，今后的发展路径也不是太明确，因此有必要继续探索和完善保障内涵。同时，根据实际状况对保障内容的适时充入，也应在考虑之列。

1. 工伤保险是农民工参保人数最多的险种，企业考虑到农民工所从事的职业劳动风险较大，利用工伤保险来分散企业风险负担是非常必要所致。但是，目前农民工的工伤补偿仍不规范，一次性的给付，既极大增加了企业的负担，也不利于工伤农民工的今后生活安定。对农民工和城市职工发生工伤后分别采取不同的给付办法，既不符合一视同仁的要求，也不符合工伤保险的补偿原则。我们认为，在农民工社会保障未来必将与城镇职工社会保障融为一体的大背景下，将工伤保险率先与城镇职工工伤保险接轨，并将其视为未来大融合的突破口是上策。换言之，今后农民工的工伤保险给付，也应实行无期限按月补偿的办法，从而更好保障工伤农民工未来的生活和权益的落实。

2. 医疗保险较之工伤保险更为复杂，今后的发展应根据分类指导的原则，分阶段有步骤地向城镇系统靠拢。我们认为，符合条件的农民工应先期进入城镇职工医疗保险范围，不符合条件的农民工，可暂按目前办法执行，但应坚持保大病的前提下，适当增加门诊补贴，以免小病不治酿成大病。此外，因缴费水平低而不能进入城镇职工医疗保险的农民工，可暂按城市居民医疗保险要求办理。总之，农民工医疗保险发展方向是与城镇职工医疗融合，但必须分阶段逐步融合，这可能需要一个较长的过渡期，其中农民工的收入水平的提高程度，以及公共财政的补贴程度是关键因素。在一个相当长的时期内，我们的努力目标是，两者保障水平虽会有所不同，但都应存在于一个共同的保障构架之中，随着条件的逐步成熟，农民工医疗保险的历史任务终将完成，从而全部融入城镇系统之中。

3. 养老保险是延期支付，在全国尚未建立全国统筹和联网支付系统之前，我们认为暂时维持目前办法是可行的，包括上海“综保”利用商业保险网络代为支付办法在内。但是，我们认为，针对农民工流动性大的特点，必须要尽快为之设计一个既可流动，又能保全权益的办法。我们建议为每一个农民工建立一本“养老保险手册”，分段累计权益。与此同时，建立地区间协调机制，特别是建立地区间资金的结算和划转制度，从而保障农民工的养老保险权益，在地区间能互通互认并最后兑现，使农民工能够不受损害地真正落实其应有权益。

4. 在完善农民工三项保险的同时，根据农民工在城市中居住困难的现状，我们建议在农民工社会保障体系中，增设住房保障内容，以积极改善农民工的现有住房条件。其途径有三：一是让农民工加入到当地的住房公积金中来，费率可适当降低，公积金用途有别于城市职工可主要用于租房补贴；二是地方财政应有预算拨款，购买一批二手住房，以供农民工租住；三是用工单位作为员工福利，向农民工提供符合一定生活条件的住房。

（二）改革调整制度

1. 调整模式。农民工社会保障的模式，设立要根据农民工的特点。例如农民工养老保险的模式，大的方向依然要按照社会统筹与个人账户结合来进行。但是，农民工流动性大，全国统筹尚需时日，全国联网也一下子不能建立，以及现有办法使农民工利益受损，特别是社会统筹都留在当地的现实。我们认为，必须调整现有模式，应该改为“大账户，小统筹”的模式，大账户应包括企业缴纳的部分，此模式既符合国家对统账结合的要求，又能避免农民工权益在转移时受损。

2. 健全账户。我们建议，除做大个人账户外，其中，建立统一的农民工社会保障编号，即以身份证号码为个人账户号码实为必要，还应建立一个真正的永久性账户并完善积累功能。此外，在支付时，应坚持不能提前支付，力争做到退休时能按月终身支付，以实现建立该险种的初衷和目的。

3. 规范交费。首先，农民工的保险项目属社会保险性质，因此我们认为，除企业缴费外，个人也应量力承担，也就是农民工个人也需缴纳一定费用，这有利于农民工对保障项目的关注，以及提高费用意识，也有利于增强保险基金，以及增加外界对基金本身的监督；其次，鉴于农民工的收入状况，又要使农民工缴费适当，同时企业也不能为此负担过重，因此费基和费率的规定应具科学性并应有所限制。我们认为，费基还是以农民工平均实际收入为妥，以社平工资为缴费基数（即使以60%缴纳）显然偏高，而以最低工资标准甚至低保标准为缴费基数又显偏低。费率的制定要通过精算，以收支平衡为原则，它与给付水平密切相关。我们认为，上海的“综保”在费基降低的情况下，费率可适当提高，这有利于解决某些项目如医疗保险保障门槛（起付线）过高的问题。

4. 稳固基金。农民工社会保障的资金来源，同样应由企业、个人和政府三方承担，特别要强调的是除农民工也要适当交费外，地方政府的公共财政应有实质投入，这是基于农民工对当地的贡献和社会保险性质所决定的。尤其农民工身处最弱势的低收入群体，导致其基金来源贫乏，急需地方政府予以财力支持，这对于稳固基金，稳定给付，提高农民工的保障水平，无疑都是极其关键的。这里还要提下，在农民工保障权益转移结算时，中央财政对不发达地区应有补贴机制，以切实履行政府的部分资金责任。

（三）创新监督管理

1. 突出“法治”根本。农民工社会保障需要突出“法治”，来根本扭转和改善其目前尚较混乱的管理现状。所谓“法治”就是要紧紧依靠立法、执法和普法三个环节治理好农民工社会保障的发展环境，使农民工社会保障走上有序、规范和健康发展的轨道。

首先，从立法来讲，农民工社会保障已有一些政府法规出台，对农民工社会保障的前期发展有着重要意义，但数量和内容都嫌不足，特别在强调其社会保险性质及其强制性上严重缺失，从而对农民工社会保险的“扩面”产生一定影响。因此，进一步健全法制体系，以准确、有效、及时的立法，来指导农民工社会保障的发展实属当务之急；其次，从执法来说，农民工社会保障的执法中，要始终坚持依法行政对违法违规现象要从严执法；再次，从普法来说，宣传和普法力度要相对加强，企业特别是农民工本身，都要从知法和守法两个方面加深认识。相关政策法规的普及，将能促进企业参保责任感的增强，也能有利于农民工维权意识的提高。普法应贯穿于农民工社会保障发展的全过程。

2. 强调“联防”行动。农民工社会保障是涉及面很广，它需要政府各部门的协同合作，也需要社会各界的支持协助。同样在监督管理这一重要环节上，也必须联手共建共同行动。例如对农民工社会保障扩面难点——非公企业问题，除社会保障加大监察和处罚力度外，工商、税务等部门也应积极配合。工商部门可对不为农民工参保的企业，采取停发营业执照，并将是否为农民工参保缴费作为年检的内容之一。税务部门也可采取依据参保实情不给税务发票的措施。为此，我们建议应在工商管理条例和税法的细则中，明确和增加相关要求。此外，对一些农民工集中的特殊行业，更要求其主管部门要积极与社保部门配合，通过制度性及强制性的程序，保证农民工参保落实到实处。例如，在建筑业中，可以建设项目为单位，将所需参保资金在工程款中单独列支，并通过建设方—承包方—施工方—农民工顺序，一次性缴纳所需费用，并持缴费凭证到建设主管部门办理开工手续。

3. 推进“有效”管理。鉴于我们目前的管理，还没有考虑到现有农民工内部的不同状况和不同的群体，所以采用一种政策一个模式一套管理方法，往往实际效果不很理想，也不能满足农民工对社会保障的选择需求。因此，当前对农民工的社会保障，实行分类分层管理是因势利导恰当其时。具体的讲，对达到规定居住年限，有固定住所和单位，职业相对稳定，归属意识强烈，并签有正式劳动合同的农民工，应逐步按纳入城市职工社会保障系统；对流动性较大的农民工，可建立便携式社保手册，完善其个人账户转移机制，并降低其参保门槛；对回流性强的农民工，实行以低门槛、低标准，以及便携式的社保手册和流动账户，以求实现回乡后与当地农村社会保障制度接轨，保障其保险权益转换接续。

此外，根据农民工参保后实际权益没有落实的问题，必须改变只重发展数量，不求实际效果的状况，在短期内应加大监察监督力度，不仅对企业还要具体抽查参保农民工权益落实状况，提高政策透明度，发现问题应联系全局集中解决。同时，应建立保护农民工权益的法律援助系统，在刚性规定和措施的前提下，对企业违规违法行为，必须严肃处置，以保证农民工权益不受侵害。

最后，为了提高对农民工社会保障工作的管理效率，我们建议各地包括上海，要建立起完善的农民工社会保障信息库，这对于政府了解农民工的实况，制定有针对性的社会保障政策等等，都将发挥重要作用。

参考文献

［1］张利军、洪燕：《农民工社会保障：模式比较与政策思考》，载《理论界》2007年第3期。

［2］郭士征：《社会保障研究》，上海财经大学出版社2005年版。

［3］《国务院：关于解决农民工问题的若干意见》，载《工人日报》2006年3月27日。

［4］陆强：《安居才能乐业——“农民工”的城镇住房问题探讨》，载《城市规划与环境建设》2003年第8期。

农民工社会保障与和谐社会构建

刘翠霄

（中国社会科学院法学研究所）

摘　要：我国有1.5亿左右农民工，他们分布在城市各个行业。他们长期从事非农产业的工作，但是，享受不到城镇职工所享受的社会保障待遇，并由此产生一系列社会问题，例如，贫困问题、社会安定问题、经济发展问题、劳动力素质低下问题等，严重影响到我国和谐社会战略目标的实现。西欧福利国家的经验表明，社会保障制度具有整合社会的功能，是构建和谐社会的重要措施之一。因此，我国应尽早将农民工纳入社会保障范围。

关键词：农民工　社会保障　和谐社会

农民工是指在第二产业中从事体力、半体力劳动的产业工人、建筑业工人及相关人员，他们做的是与城市工人相同的工作，但是由于户口因素的影响，他们在工资、劳保和社会福利等方面的待遇明显不如城市产业工人的一个独立群体。农民外出打工，一方面是阻碍劳动力迁移的各种制度因素逐步被消除，另一方面是20世纪90年代以来，城乡收入差距持续扩大，为劳动力迁移提供了巨大的动因。2004年全国农民外出流动就业人数达1.2亿人，[①] 其中农民工约1亿人，占城镇就业人员近40%。[②] 他们分布在城市各个行业，特别是集中在制造业、建筑业、住宿餐饮业等行业。农民进城打工，不仅增加了他们的收入，开阔了他们的眼界，提高了他们的素质，更为重要的是，他们所带来的深远的社会影响甚至连他们自己都没有觉察到，这就是：他们的行动对城乡两大身份板块产生的巨大冲击力，迫使人们思考例如社会公平、公民权利、户籍改革、农民工以及农民的社会保障等一系列与建立成熟的市场经济和构建和谐社会有关的问题。“农民工”现象将我国现代化和市场经济向

① 张英：《从“废乡”到“废人”——专访贾平凹》，载《南方周末》2007年10月25日。

② 郭悦：《农民工流动就业与劳动力市场建设问题》，载《中国劳动社会保障报》2005年7月30日。

前推进了一大步。

对于大多数背井离乡的农民来说，他们起初进城的目的是打工赚钱。当他们进入城市以后，城市的繁华景象和城市人舒适的生活感染了他们，他们中的相当一部分人拼命工作，以寻求留在城市生活的机会。然而，这些正当合理的要求在我国的现实生活中却成了他们的一种奢望，我国的大中城市无时不在“边缘化”那些进入城市的农民们，使他们过着艰难的生活：他们进城需要办好各种证件，如暂住证、就业证、健康证等，需要花费一笔费用；他们进城以后找工作很难，许多城市都明文规定了不许农民工从事的职业，对文化水平要求也比较高；他们的工作环境差，劳动场所没有或者很少有安全设施，他们得了职业病或发生工伤事故，得不到事故保险的保护；他们劳动时间长，工作强度大，劳动报酬低廉甚至被克扣；他们的工作没有保障，随时有被辞退的可能，他们失去工作以后没有失业保险为他们提供生活来源；他们生病以后，得不到任何组织的帮助，只能靠借款医治。他们中的许多人已经在城市工作了十几年甚至二十来年，仍然不能报上城市户口，仍然是农民身份，为城市作出了巨大的贡献，缴纳了应当缴纳的赋税，但只有数量极少的人能够享受到城市居民所享有的部分社会保障待遇。据统计，2001 年底，深圳市在劳动部门登记的农民工有 330 万人，实际人数在 500 万人左右。东莞市在劳动部门登记的农民工有 201.46 万人，实际上有 400 万人左右。他们即使参加了城镇的养老保险也是有始无终，每年都有大量农民工在春节前后办理退保手续。例如深圳市，1987 年就建立了社会保险制度，虽然目前已经有 4 万多农民工到了退休年龄，但是，由于没有一人累计缴纳了 15 年的养老保险费，因而在 2004 年时，没有一人有资格按月领取养老金。由于农民工流动性大和工作变动频繁，所以参保的积极性不高。在允许农民工参加社会保险的城市，例如北京，农民工的人数为 300 多万人，而参加养老保险的只有 9 万人。① 庞大的农民工群体长期游离于社会保障体系之外的后果已露端倪，这就是城镇贫困阶层的出现和社会不稳定因素的产生。在构建和谐社会的今天，这是必须引起注意并加以解决的问题。

一、社会保障制度具有促进构建和谐社会的功能

2006 年 10 月 11 日通过的《中共中央关于构建社会主义和谐社会若干重大问题的决定》指出，构建社会主义和谐社会的目标和主要任务之一是“社会就业比较充分，覆盖城乡居民的社会保障体系基本建立”。可见，我们的党将建立社会保障制度作为构建社会主义和谐社会的措施之一。社会保障是在市场经济条件下，由国家组织并且实施的、旨在为人们在出现生活风险（老年、生病、伤残、失业、贫穷

---

① 卢海元：《走进城市：农民工的社会保障》，经济管理出版社 2004 年版，第 51—52 页。

等）时提供物质帮助、使人们不至于陷入困境的一种制度。和谐社会是社会稳定、经济繁荣、民生安逸、秩序井然的一种社会状态。在建立市场经济社会的过程中，如果不能建立起与之相应的社会保障制度，那么在经济高速发展的同时，将会有大量社会问题产生，导致经济发展了，而社会没有向前发展的后果，也就是没有社会发展的经济增长，这样的经济增长由于违背人类发展经济的根本目标，因而是没有意义的。国际经验表明，社会保障制度的建立和实施是一个国家构建和谐社会必不可少的措施之一。

首先，它能够消除和减少贫困。

在工业社会，当人们由于年老、生病、伤残、失业而中断收入来源时，都会导致贫穷，国家正是在这样的情况下，通过为人们提供相应的生活保障，不仅能够使人们避免陷入困境，而且能够使人们比较体面和有尊严地生活。在有社会保障制度的地方，人们基本消除了对生活贫困的恐惧和不安，而建立了对生活的信心和安全感。

其次，它能够缩小社会的贫富差距。

市场经济的自由竞争极大地提高了社会劳动生产率，增加了社会财富，与此同时，市场的自由竞争，也导致竞争失利者破产倒闭，大量工人失业。竞争使财富越来越集中在少数人手中，而大多数老人、残疾人、失业者、患病者等成为社会的贫困者。在建立起社会保障制度的国家，政府通过税收政策，从高收入者那里征税，再通过社会保障政策分配到收入低或者没有收入的人们手里，高收入者经过纳税以后收入的减少和低收入者通过获得社会保障待遇而使收入增加，就明显地在缩小贫富之间的差距，实现了收入的某种“均等化”。收入差距保持在一定比较合理的程度，就能够使人们保持一个平和健康的心态去从事工作和生活。例如，1982 年的英国，一个低收入家庭得到的社会保障补贴为 2826 英镑，而高收入家庭得到的补贴仅为 2026 英镑；低收入家庭纳税额为 748 英镑，而高收入家庭的纳税额为 7154 英镑。结果，低收入家庭的净收入增加了 2078 英镑，高收入家庭收入减少了 5128 英镑，[①] 这样一增一减，缩小了社会的贫富差距，增加了社会的高收入人群，实现了一定程度的社会公平。

第三，它能够维护社会稳定。

人有恒产才有恒心，当人们拥有一定的资产时，人们就会极力要求维护现状，以保护和增加自己的财产；而当人们穷困潦倒时，人们就希望改变现状，以争取一个好的生存状态。社会保障制度的实施能够为人们提供比较稳定的收入预期，使得能够期待到养老金、失业保险金、社会救济金的人安详从容地面对生活，而没有这些收入指望的人是焦虑不安的，在走投无路时，他们可能铤而走险，制造社会混乱。

① 李琮：《西欧社会保障制度》，中国社会科学出版社 1989 年版，第 99 页。

因此，在欧洲，即使社会保障制度的实施给他们带来沉重的财政负担，但他们仍然认为，养一个懒汉比有一百个穷人对于社会安全来说更划算。

第四，它能够促进经济发展。

有社会保障预期的人会把手中的现金用于消费，因为他不用顾虑在生病、年老或者伤残时自己掏腰包。尤其是在由生活消费品时代向耐用消费品时代转型时期，更应当顺应时代发展的要求，及时建立社会保障制度，使人们消除在生活风险上的后顾之忧，将手持现金、存款甚至借贷用于消费，从而扩大了消费市场，促进经济发展。如果在这样的时期，没有相应的社会保障制度安排，人们将由于顾虑生活风险的消费（养老、看病、支付子女教育费用等），而拼命攒钱、不去消费，导致市场疲软、产品积压、生产停滞，经济倒退。另外，社会保险基金（尤其是巨额的养老保险基金）可以用于投资，扩大生产，增加就业。人们的收入增加了，不仅能够增加消费，而且能够缴纳更多的社会保险费，而社会保险基金的扩大，又能够增加投资，由此形成经济发展的良性循环。

第五，它能够提供大量高素质劳动力。

社会保障制度的实施能够保障人们的基本营养需求而使其具有强壮的体格，能够使人们的疾病和伤残得到及时诊治和康复而保持健康的体魄，能够使人们受到良好的教育而具有较高的文化水平和技能，能够根据科学技术的发展对转行的人进行培训而使其适应新的工作岗位的需求，总之，社会保障制度的实施通过提升人们的生活质量和水平，为社会源源不断地输送高素质的劳动力，他们为社会所做的有益工作又极大地推进社会发展。

社会保障制度所具有的以上功能，使它在整合社会中发挥着巨大的作用。

例如，1989 年德意志联邦共和国成立 40 周年时，将 1949 年制定的基本法誉为德意志土地上前所未有的最美好、最自由的宪法。基本法规定了国家制度的 5 项原则，即共和原则、民主制原则、联邦制原则、法治原则和社会福利原则。其中社会福利原则是对传统的法治国家思想的一个现代化补充。也就是说，德国要建立的不仅仅是法治国家，而是比法治国家层次更高的福利国家。基本法责成国家保护社会上的较弱者，并不断谋求社会公正。社会福利国家表现在为老年、伤残、疾病以及失业者提供福利金，为穷人提供社会救济、住房津贴、家庭补贴以及通过劳动保护法和工作时间法为劳工提供基本的保护。① 依据基本法所确立的社会福利原则，德国通过建立和实施健全完善的社会保障制度，已建立起享誉世界的福利国家。国家的每一个公民都能够享受到从娘胎到坟墓的福利待遇，尤其是雇员，他们无论遭遇什么生活风险，甚至在受企业破产影响或希望改行的情况下，社会保障制度都能够使他们在经济方面没有后顾之忧。而且社会保障惠及雇员以外的其他群体，例如，

① 和春雷等：《当代德国社会保障制度》，法律出版社 2001 年版，第 11 页。

自由职业者和农民。这些支出在 1997 年占到国民生产总值的 34.9%。在德国，90% 的公民能够享受到社会保障的各种待遇。① 如此健全完善的保障使得德国的社会安定比其他一些国家更有保障，并由此形成了祥和健康的和谐社会。

再如，在崇尚社会平等并以此建立起社会保障制度的瑞典，19 世纪后期还存在着严格的阶级体系，其上层过着富裕的生活，而广大劳动人民却生活在贫困、疾病、饥饿和拥挤的惨境中。今天，贫民窟早已不复存在，也没有明显的阶层分化，有人生活困难会被认为是不正常的事情而被媒体广泛报道。在瑞典，85% 的商业、94% 的制造业属于私人所有，从生产资料所有制看，瑞典是典型的资本主义国家。但是，从社会分配以及不同阶层的相互关系看，它更接近社会主义。那么，瑞典为什么会呈现出迷人的“社会主义”面孔呢？原因是瑞典社会民主党以马克思主义为理论指导并逐步将瑞典建成现代福利国家。20 世纪 20 年代，瑞典社会民主党领导人汉森就说过，社会主义旨在福利，福利是社会主义的象征。他提出了“人民之家”计划，他把国家比作家庭，他认为：“好的家庭不会认为任何人是优先考虑的或者是不被认可的；它不会承认任何人的特殊利益，或者把任何人当作后娘养的孩子。”社会民主党执政 60 余年间，高扬以“平等与福利”为主要特征的社会主义旗帜，在没有采取政府拥有生产手段的社会化的前提下，实行“日常生活社会主义”政策，即保证私人生产的产品能够公平地分配，并且每个人都能获得平等的机会。私人公司允许自由经营，但对收入课以重税，而由国家提供全面的社会福利。瑞典税收很高，收入累进税最高可达 88%，每月收入 20000 瑞典克朗的税率为 45%。目前，瑞典税收占 GDP 的比例是 71%。在瑞典，人们有可靠的生存保障、有获得适当报酬的就业机会、生活安定而感受不到犯罪的威胁，他们享受着免费教育和免费医疗，居者有其屋。所有这些使得瑞典人高大结实，外表健康，穿着入时，从容安详。瑞典给人留下的印象是：它是一个高度发达、文明健康的和谐国家。②

在西欧福利国家，由于社会保障制度的实施，社会公平得到了极大地体现，贫富之间的差距大大缩小，社会不平等现象明显减少，民主扩大了，社会矛盾缓和了，这些都使得在所有制和阶级结构都不发生根本性变动的前提下，社会民主党实现了他们的民主社会主义的目标。社会保障不仅挽救了资本主义，而且成为资本主义向社会主义过渡的表征。尽管阶级差别从来没有消失，但就基本权利而言，全体公民至少在理论上是平等的，他们有权要求改善自己的福利，由此便造成了国家代表国民整体利益的印象，承认公民权、改善福利便与国家的正当性联系在一起。在这个

① [德] 霍尔斯特·杰格尔：《社会保险入门》，刘翠霄译，中国法制出版社 2000 年版，第 6—21 页。

② [美] 威廉姆·怀特科：《当今世界的社会福利》，解俊杰译，法律出版社 2003 年版，第 19 页；史哲：《瑞典社民党如何进行“社会主义”改造》，载《南方周末》2007 年 6 月 14 日。

意义上，建立社会保障制度的确是现代国家制度建设的重要一环。① 事实表明，西欧福利国家通过具有二次分配功能的社会保障制度的实施，使处于社会不利地位的人分享到社会经济发展成果，实现了全社会的共同富裕，在经济发展的同时极大地推动了社会的发展，这是西欧福利国家与拉美国家经济发展的结果造成近一半人口的贫困化的最大区别。欧洲的社会民主党人由于将资本主义和社会主义混合起来，为人们提供了目前最好的经济生活和政治生活模式。②

毋庸置疑，工业化带来的经济高速发展，是西欧国家实行范围广、项目全的社会保障制度的物质基础。然而，物质条件绝不是社会保障制度建立与否以及社会保障制度完善程度的唯一决定性因素。例如，与强调社会公平的西欧国家不同，在强调经济平等的美国，政府高度重视就业问题，但政府并不认为向所有希望就业的人提供一份工作是它的责任；政府也认为，每个美国公民应当为自己的生活风险负责并鼓励公民参加商业保险。在这样的理念主导下，美国作为世界第一富国就没有为公民建立起西欧那样健全完善的社会保障制度。据 1995 年食品研究和开发中心在 16 个州和哥伦比亚特区进行的“社区儿童期饥饿确认项目”的调查报告，美国有 400 万 12 岁以下的儿童一年里总有一段时间要挨饿，另有 960 万 12 岁以下儿童生活在至少存在一种食物短缺的家庭中。1992 年，美国贫困人口高达 3690 万，收入低于贫困线的占 14.5%。另据美国“为世界提供面包”组织 2002 年公布的材料，美国有 3300 万人生活在遭受饥饿或饥饿威胁的家庭。美国的每一个大城市都有一定数量的人口生活在大街上。纽约的地铁和公共汽车站聚集了许多无家可归者，他们把候车室当作宿舍，把角落当作卫生间。由于缺乏金钱，他们经常穿着破旧的衣服，皮肤甚至生殖器裸露在外面，许多人身上散发着汗臭味及体臭味。美国住房和城市发展部对无家可归者估计为每晚 35 万人，而全国联盟估计为 250 万人，还有统计显示无家可归者达到 300 万人左右。这些人中包括失业者、酗酒者、吸毒者以及穷得付不起房租的人等，尤其是贫困的妇女及其孩子。美国有足够的消除无家可归和贫困的资源，那么，为什么在美国无家可归者继续存在并呈上升的趋势呢？原因是多方面的，买得起的住房日益短缺，许多精神病院被关闭，不断高科技化的经济体系不能给缺乏技能和教育的人提供工作等等，③ 总之，社会保障制度的不完善是造成美国社会不和谐的主要原因之一。与西欧国家社会状况相比较，我们只能说美国是一个法治国家而不是和谐国家。因为和谐社会是比法治社会更高层次的社会状态。④

从以上对比中，我们明显看到，社会保障制度所具有的、也是其他任何制度所

① 胡鞍钢主编：《第二次转型国家制度建设》，清华大学出版社 2003 年版，第 286 页。

② 沈立人：《中国弱势群体》，民主与建设出版社 2005 年版，第 115 页。

③ ［美］威廉姆·怀特科等：《当今世界的社会福利》，解俊杰译，法律出版社 2003 年版，第 29、46、57—58 页；郝铁川：《构建和谐本位的法治社会》，载《新华文摘》2005 年第 10 期，第 9 页。

④ 何勤华：《从法治社会到和谐社会》，载《新华文摘》2005 年第 15 期。

无法替代的社会整合功能。由于社会排斥是造成社会分裂和社会秩序混乱的主要原因，因此，通过社会保障使人们能够受到良好的教育、拥有比较宽敞的住房、有工作、有养老金和失业金以及伤残待遇和社会救济待遇，总之，具有不受排斥的公民权利，这些恰是达到社会稳定、保持经济持续发展的潜在因素，是构建和谐社会必须采取的措施。

二、农民工社会保障权的缺失阻碍和谐社会的建立

目前，农民工社会保障权的缺失，已成为我国构建和谐社会的障碍。

进城农民工是一个典型的由经济和社会双重因素造就的底层群体，在农民进城打工、推动社会非农化的过程中，存在着大量的社会歧视和种种限制，严重地妨碍着非农化的进程。在我国，社会“集体无意识”地公然歧视农民工从根本上来说是对农民的歧视和蔑视，这种歧视是自1958年实行城乡户籍分离的制度以后产生并不断深化的结果，从此农民不再是一个职业的概念，而是一个身份的概念，似乎成为一个低城市人一等的群体的概念。

有人认为，长期以来，我国在城乡关系上采取的“一国两策”是缺乏国民概念、没有国民待遇意识的结果。① 那么，在我国，农民到底是否能够享受到最基本的国民待遇？这些在外出务工经商的农村流动人口身上得到了非常明显的体现。农民外出打工的直接原因是税费负担过重和农业收入过低，他们希望到城市能够获得更多的收入来改善家庭的经济状况，然而，当他们来到城市以后，受到的却是极不公正和极不平等的待遇：

首先，他们不能成为国有企事业单位和行政机关的正式职工。早在20世纪50年代，与城乡分隔的户籍制度相配套的让市民独占城市就业岗位的制度就确立了起来。1955年4月12日，中共中央在《关于第二次全国省、市计划会议总结报告》中批示：“一切部门的劳动调配必须纳入计划，增加人员必须通过劳动部门统一调配，不准随便招收人员，更不准从乡村中招收人员。”1957年12月13日，国务院通过《关于各单位从农村招用临时工的暂行规定》，明确要求城市“各单位一律不得私自介绍农民到城市和工矿区找工作”，“招用临时工必须尽量在当地城市中招用，不足的时候，才可以从农村中招用。”这些为市民保留就业机会、排斥农民在城市就业的规定一经确立，便没有人再去思考它的合理性甚至合法性的问题，使它能够通行无阻地实施五十年，至今没有被打破。由于农民无法在城镇取得正式职工的资格，因而享受不到只有正式职工才能享有的社会保险待遇，例如养老保险、医疗保险、失业保险等以及社会福利待遇，例如交通补贴、菜篮子补贴、独生子女补

① 景天魁等：《社会公正理论与政策》，社会科学文献出版社2004年版，第117页。

贴等。他们虽然干着非农的工作，但仍然是农民身份。

其次，他们要忍受制度造成的就业歧视，只能从事又脏又累的城市人不愿意干的工作。由于城市的容纳度有限，加之城市大量的下岗职工和失业者也在寻找就业机会，造成农民工进城挤占城市居民就业机会，增加城市就业压力的结果。于是，城市政府制定一些有明显歧视农民工的政策法规，对于来自城市和农村的劳动力实行不同的政策。1995 年 2 月 13 日，上海市劳动局发布《上海市单位使用和聘用外地劳动力分类管理办法》，将行业工种分为三类：A 类为可以使用外地劳动力的行业工种；B 类为调剂使用外地劳动力的行业工种；C 类为不准使用外地劳动力的行业工种。随即公布了上海市各企事业单位不得招聘外地劳动力的首批 C 类行业和工种。将国民分为本地人和外地人，规定相对较好的职业只能由本地人从事，实际上是新中国第一次确立起内容明确的职业保留制度。无独有偶，1995 年北京市也颁布了《北京市外地来京人员务工管理规定》。北京市从最初的 10 多个工种发展到后来竟有 100 多个不允许外地来京人员进入。① 我国几乎所有的大城市都有类似的规定。这些政策法规是显失公平的歧视性法规。当劳动者职业的有无和好坏不再取决于一个人的能力和工作态度，而取决于此人的某种特定属性时，受歧视的群体就要承担更大的艰难，支付更昂贵的代价，而整个社会显然也将为此付出代价。

获得一项职业，对于劳动者来说，意味着有了相对稳定的经济收入，意味着社会的承认和接纳，意味着能够进行一些必要的社会活动。对于社会来说，充分就业是消除贫困、缩小贫富差距的必要条件，也是最大限度地开发人力资源、增强社会活力、增加社会总财富的必要前提。就一般情形而言，每一个适龄的社会成员在社会分工体系中都应有一个自己的位置，每一个适龄的社会成员都是通过特定的职业、特定的工作获得正常的社会群体生活，从而进入正常的社会生活环境。正是在这个意义上，国际劳工组织指出："工作是人们生活的核心。"② 所以，拥有一份职业，一份工作，是人们平等地进入、融入一个正常的社会生活环境的必要条件。我国农村目前有富裕劳动力 1.5 亿人，他们中有相当一部分不能在城市找到工作，这种现象对经济学家们来说，表明一部分资源没有得到利用："愿意工作并且有能力的人没有被用于生产。对失业者及其家庭来说，失业意味着经济拮据以及生活方式的改变：不得不放弃度假，孩子们可能不得不放弃上大学的梦想。""长期失业的年轻人尤其易于变得与社会格格不入，并转向采取反社会活动，诸如犯罪和吸毒。"③ 因此，为了促进经济发展和维护社会稳定，加快我国现代化和城市化的进程，必须确

---

① 景天魁等：《社会公正理论与政策》，社会科学文献出版社 2004 年版，第 128 页。

② 吴忠民：《社会公正论》，山东人民出版社 2004 年版，第 195 页。

③ ［美］斯蒂格利茨：《经济学》（上），姚开建等译，中国人民大学出版社 1997 年版，第 514 页。转引自吴忠民：《社会公正论》，山东人民出版社 2004 年版，第 173 页。

立农民在现代社会应当享有的自主迁徙、自主择业、公平竞争的基本权利。城市里的农村流动人口及其家人不应当受到任何歧视，尤其是来自政府层面的政策性歧视。

户籍制度和就业歧视制度长期存在的社会后果不仅是长期难以建立统一开放的劳动力市场，而且将会如著名的政治学家亨廷顿所指出的那样："如果现代化最终并未提高农民的期望。那么现代化带来的使农民贫困化的影响，在政治上就不会有多大的意义。这两者在时间上的差距可能是相当大的，在某些情况下，可能会相差几个世纪。但总有一天城市的启蒙会影响到农村。通讯和运输方面的障碍会打破；公路、商人和教员都将出现在农村，收音机也会在那里露面。农民最终不仅会意识到自己在受苦，而且会意识到他们能够设法消除这种苦难。这种意识比任何东西都更具有革命性。农民产生不满是由于他们已意识到，自己的物质贫困和痛苦比其他各社会集团更严重，并且这一切并不是天经地义的。他们的命运是可以改善的。"① 因此，在社会保障制度不健全、人们的基本生计对于就业的依赖程度特别高的情况下，必须在想方设法开辟就业门路的同时，完善社会保障体系这一社会安全阀和减震器，将为社会矛盾的减少和化解准备一条通道。

再次，他们的劳动强度大、劳动时间长、工资待遇低，且经常不能按时领到。中国人民大学中国社会保障研究中心 2006 年的调查表明，劳动时间超过 8 小时的农民工占 52.9%，有些甚至超过 12 小时；有近一半的农民工每个月不能保证 4 天的休息，甚至有相当多的农民工每月没有休息日。超过三分之一的农民工延长工时或在节假日工作不能得到加班费。② 我国劳动法还规定，工人每月加班延时不得超过 36 小时，而不少企业人均月加班在 60—100 小时，个别企业人均加班 140—150 小时，甚至有高达加班 180 小时的企业。③ 这种违反法律规定标准的加班对农民工造成身体和精神的极大伤害，甚至造成"过劳死"。1985 年（民工有 1500 万人）以来到 2000 年（民工达到 7800 万人），绝大多数民工的月薪一直维持在 300—500 元之间。④ 而在比较落后的地区，比如张家口地区，农民工的月收入只有 150 元左右。⑤ 已接近马克思所说的"血汗工资制"了。和拥有资本、技术、资金者相比，除了拥有自己之外一无所有的劳动者，能够出卖的就只有劳动力，甚至还包括尊严、健康和生命。他们在收入分配中，能够得到的是最微薄的份额。因此，在我们看到"中国制造"的标签时，不应该忘记，这些低廉的价格，很可能是以劳动者付出生命为代价补贴出来的血淋淋的价格。⑥ 国家统计局局长李德水在公布 2004 年中国经济数

① 景天魁等：《社会公正理论与政策》，社会科学文献出版社 2004 年版，第 172 页。
② 杨立雄：《农民工社会保护问题研究》，载《社会保障制度》2007 年第 1 期。
③ 李强：《农民工与中国社会分层》，社会科学文献出版社 2004 年版，第 255 页。
④ 胡鞍钢：《第二次转型国家制度建设》，清华大学出版社 2003 年版，第 112 页。
⑤ 吴忠民：《社会公正论》，山东人民出版社 2004 年版，第 278 页。
⑥ 钟伟：《"中国制造"中的生命补贴》，载《读者》2006 年第 11 期。

据的发布会上，在谈到局部地区发生“民工荒”现象时，给出国家统计局对珠江三角洲地区农民工收入的一份调查数据显示，该地区的农民工平均月工资只有600元左右，对此他感慨地说：“这一代农民工的工资收入水平和他们父辈20多年前打工的水平差不多，而经济发展得这么快，这公平吗？”① 在很多国营工厂里，农民工承担着劳动负荷量最重的体力活，但是绝大多数农民工的收入，仅相当于正式职工的一半甚至更少。②

农民工不仅工资低，而且不能及时领到工钱。绝大多数用工单位不是按月发给农民工工资，而是一年一结，有的用工单位连一年一结也做不到，长期拖欠。农民工工资被拖欠有几个明显特点：一是拖欠数额巨大，并逐年上升。1999年全国拖欠农民工工资360亿元左右，到了2003年这个数字上升到3000亿元左右；二是拖欠时间长；三是拖欠行业主要集中在建筑部门。③ 有统计数字表明，2001年北京市建筑业拖欠农民工工资约40亿元，而且几乎没有一个建筑工程不拖欠农民工的工资。④ 2003年10月，温家宝总理为农妇熊德明讨要拖欠的工资后，清欠农民工工资工作才迅速在全国展开。11月22日，国务院办公厅发布《关于切实解决建设领域拖欠工程款问题的通知》，要求尽快解决拖欠的工程款和农民工工资问题。在由劳动和社会保障部会同建设部等部门共同发起的全国性“清欠风暴”中，共帮助农民工追回2003年和历年被拖欠的工资253.8亿元，占拖欠工资总额的79.1%。其中，清欠2003年当年拖欠的工资156.82亿元，占当年拖欠工资总额的96%。⑤ 但是，国家建设部2004年8月26日公布，全国拖欠工程款仍在1756亿元巨额上，其中政府项目拖欠占36.7%，涉及项目主要是市政工程、教育工程和交通工程。为此，国家在2004年底出台9部法规，例如建设部和劳动保障部联合制定的《建设领域农民工工资支付管理办法》以及与财政部共同制定《工程结算管理办法》，来应对拖欠问题。⑥ 尽管如此，前清后欠现象仍较普遍，国家统计局2004年的调查显示，进城农民工最迫切的要求仍是解决工资拖欠问题。

第四，他们的居住环境恶劣，伙食条件差。在一些建筑工地和企业，农民工居住条件非常恶劣，几十个人住一个房间，睡通铺，基本没有公共活动空间。但政府对于农民工的住房没有提供任何帮助。他们干着重体力活，但生活费标准很低，只能吃素菜，不能吃到荤菜，素菜也是清汤白菜或者萝卜。据中央二台“第一时间”

---

① 晓黎：《路径选择：别把他们当作城市过客》，载《中国劳动保障报》2005年2月2日。

② 李培林：《农民工——中国进城农民工的经济社会分析》，社会科学文献出版社2003年版，第51页。

③ 李小云等：《中国农村情况报告》，社会科学文献出版社2004年版，第14、154页。

④ 中国“三农”形势跟踪调查课题组、中汉经济研究所农村发展研究部编：《小康中国痛——来自底层中国的调查报告》，中国社会科学出版社2004年版，第329页。

⑤ 郭佳平：《农民工“讨薪代言人”》，载《法制日报》2004年12月24日。

⑥ 《北京晚报》2004年8月26日。

栏目2004年7月28日报道，北京市政府已经规定，雇佣农民工的工地要办食堂，然而，许多工程承包者出于经济上的考虑，不办食堂，农民工只能吃小贩们在尘土飞扬的马路边上做的饭菜。更为恶劣的是，本该作为饲料或工业原料的陈化粮从黑龙江、辽宁等地纷纷销往全国各地，用作农民工的口粮。仅在北京，每年至少有数以万吨的陈化粮被农民工吃掉。① 绝大多数雇佣农民工的单位对于农民工生存状况的漠视，对于农民工来说，既是不公平的，也是不人道的。

第五，农民工的子女难以在流入地学校就读。近几年，农村流动人口的一个明显变化是在城市滞留的时间越来越长，举家流动的越来越多。北京市第五次人口普查结果表明，与1997年相比，停留半年以上的增加了110.5万余人，而停留半年以下的减少了32万人，举家流动的高达45%。这表明有越来越多的子女随家长流入城市，也表明城市需要为他们提供接受义务教育的机会和条件。据有关部门统计，进城的农村学龄儿童占农村流动人口的3%，按9400万流动人口计算，进城的学龄儿童有280万人，仅北京就有10万进城学龄儿童。② 他们或者高价进入大多数北京人的子女都难以进入的私立“贵族”学校，这只有少数私营企业老板的子女才有能力进入；或者有限地进入公办学校，因为进城儿童要上公立学校，需要比当地城市学生额外多缴两项费用，一是2000—5000元的赞助费，二是600元左右的借读费，这就将大多数流动儿童拒之门外；或进入流动人口子女的简易学校，这种学校被称为打工子弟学校，这些学校绝大部分校舍都是简陋破旧的平房、简易房（用石棉瓦或木板拼建而成），或是由库房改建的临时教室。在北京，2000年底，打工子弟学校约有200所，学生总数4万余名。据2001年9月对北京市丰台区的调查，农民工子女进入公办学校的不足1/6，85%以上是在打工子弟学校读书。这些学校虽然受农民工的欢迎，但由于被当地政府认为不规范而经常受到清理和取缔。2001年8月以来，丰台区的几十所打工子弟学校已被关闭或在被关闭的气氛下停办，仅有南苑乡6所允许继续办。③

义务教育是强迫教育也是国民教育，即使在市场经济发达国家，义务教育也是国家行为，即政府承担着提供有利于儿童入学的各种条件及机会的责任，儿童也同时享有平等的受教育的权利。在我国目前旧体制无法适应新的社会转型时期，国家必须主动承担和统筹起全民义务教育的责任。为流动人口的子女创造接受义务教育的机会，是政府行为，不是一个地区的教育部门所能够解决的，它还涉及公安、物价、工商、计划生育等相关政府职能部门。国家不能将流动人口儿童教育的责任推

---

① 武唯：《陈化粮挑战农民工生存状况》，载《中国劳动保障报》2004年8月3日。

② 景天魁等：《社会公正理论与政策》，社会科学文献出版社2004年版，第136页。

③ 李培林：《农民工——中国进城农民工的经济社会分析》，社会科学文献出版社2003年版，第207、165页。

给地方政府，也不应该采取放任自流的态度，将流动人口儿童义务教育的责任推向市场。如果这些数以万计的孩子不能及时得到应有的教育与公平对待，不久的将来，在许多城市里，将会出现一支数量庞大的新文盲大军，他们从小在城市边缘生活，是在歧视与排斥中长大的城市“二等公民”，他们将形成新的严重社会隐患。①

由于以上诸方面的原因，使得农民工成为游离于城乡的弱势群体。所谓“弱势”至少有三层含义：第一，他们的现实生活处在一种很不利的状况之中。从更现实的意义上来说，就是其物质生活的贫困状态。“弱势群体”这个概念与“贫困人口”是高度重叠的，弱势群体中的一些人，连最基本的生存问题都没有完全解决。第二，他们在市场竞争中处于弱势地位。第三，在社会和政治层面，他们往往也处于弱势地位。这主要表现在他们表达和追求自己利益的能力上。尽管他们人数众多，但掌握的资源很少，他们的声音很难在社会中发表出来，他们自己也很难有效地表达和追求自己的利益。② 虽然贫穷并不天然地与暴力和反抗伴随，贫穷只是直接地产生改变现实的愿望，而当努力遭遇到不公平时，首先产生的是对公平的渴望，这种愿望长期得不到满足才会产生激进、产生反抗。而消除激进与对立的前提是要追求一个公平、公正的社会环境。当资本和权利之光长期照耀不到底层的时候，当改革和发展不能被社会上的大多数人所分享，不同社会群体之间的断层线就会出现。流动农民对这种断层的体验最为深切，他们对公平公正的呼求也最为急切。

农民工所遭遇的不公平对待，原因主要在于我国在制度上没有及时确认农民工应当具有的地位和身份。农民工离开土地，进入城市务工经商，成为城市发展的重要力量，但现有制度无视他们对城市发展作出的巨大贡献，迄今为止还没有承认他们进城并在城市生活的合法性。将近三十年了，他们依然是城镇的边缘群体，人为地制造了一个在世界上绝无仅有的农民工群体。一个出尽了苦力、而因自己的身份反遭歧视的群体，是不可能热爱城市社会的，在遇到政治经济的新变故时，他们难免会成为城市社会的异己力量，许多社会问题会由此产生。因为“一个基本公平（公正）的制度环境，则会鼓励社会成员彼此协作，互助互利，使一个原本品行不端的人可能行为得当；反之，不公正的制度环境可能会使生活在这个社会中的个人彼此攻击，互相为敌，使一个原本品行端正的人可能作出不正当、恶的行为”。③“没有对个人权利的确认和强调，也就不会有稳定的社会秩序和功能的社会结合”。④例如，据1999年北京市调查，北京市外来人口达450万人，在该年犯罪案件中，由外来人口作案的占56%，在外来人口聚居地所发生的案件中，外来人口作案的占

① 李培林：《农民工——中国进城农民工的经济社会分析》，社会科学文献出版社2003年版，第226页。

② 孙立平：《断裂——20世纪90年代以来的中国社会》，社会科学文献出版社2003年版，第68页。

③ ［德］马斯洛：《人性能达到的境界》，云南人民出版社1987年版，第221页。

④ 夏勇主编：《走向权利的时代》，中国政法大学出版社2000年版，第14页。

70.8%，而在浙江村则高达91%。外来人口犯罪案件在全部刑事案件中的比例，上海为53%，深圳达97%。①

以上这些社会问题，成为中国扩大对外开放、深化经济体制改革、全面建设小康社会和构建和谐社会的严重障碍，关系到社会主义现代化事业能否快速、稳定、持续、健康地向前发展，也关系到广大人民群众能否普遍地、不断地从改革开放的建设中获得实实在在的利益。从农民工身上反映出的对于农民的不公平待遇，越来越受到社会的关注。在这几年的两会上，不少人大代表和政协委员都呼吁给农民和农民工以国民待遇。国家和各地政府对待农村流动人口的政策和制度也开始进行改革和调整，采取的措施主要有：（1）2001年，公安部出台了户籍制度改革政策，之后，各地依据公安部政策精神制定了当地城镇户籍改革制度，规定只要在城镇有稳定的职业、收入和居所，农村户口就可以转为城镇户口，改革的目标是，通过为进城务工经商的农村流动人口解决城镇户口，逐步取消农业与非农户口的界限；（2）2000年，国务院要求清理和取缔多项对外来人口的收费项目，减轻他们的经济负担和精神负担，消除农民进入城市的障碍。过去，有些城市对进城农民的高额收费，成为农民进入城市难以逾越的一道门槛，费用的降低和取消，为农民进城提供了方便；（3）2001年，国家出台有关规定，对外来打工经商的流动人口的子女就地上学进行试点，这不仅减轻了他们交纳高额借读费的经济负担，而且消除了本地学生对外来学生的歧视和外来学生的自卑心理，为他们接受义务教育提供了比较良好的外部条件；（4）北京等大城市为农民工建立了工伤保险和疾病保险，为农民工在遭遇伤残和疾病这些不测风险时提供经济上的保障，解除农民工在这些方面的后顾之忧，激励了他们工作的积极性；（5）在沿海发达地区，准许农民工参加当地的工会组织，为农民工依靠组织维护自己的权益提供组织保障。②

以上措施和政策的实施在促进城市化进程和维护农民工的合法权益方面都发挥了重要的作用，这些措施和政策的进一步健全和完善将更有力地推进我国和谐社会的建设进程。但是，由于我国在解决农村人口权益保障上面临着许多刚性的社会结构问题，所以这些措施和政策还不能从根本上解决农村流动人口进入城市的权益问题；这些措施和政策仍然是在原有的城乡隔离的二元社会经济结构的框架内实施的，因而不可能是彻底的。例如，有些地方允许符合一定条件的农民工报上城市户口，北京在这方面的规定是：凡投资50万元以上者，可以获得北京市几个规定地区的户口。广东东莞的规定是：凡购买50平方米住房的可以带一个户口，50—100平方米的可以带两个户口，100平方米以上的可以带三个户口。这等于又为进城的农民设

① 中国“三农”形势跟踪调查课题组、中汉经济研究所农村发展研究部编：《小康中国痛——来自底层中国的调查报告》，中国社会科学出版社2004年版，第78页。

② 景天魁等：《社会公正理论与政策》，社会科学文献出版社2004年版，第125—126页。

置了一道经济门槛，能迈过这道门槛的农民工可谓凤毛麟角。① 再如，解决了城镇户口的人们，依然享受不到城镇居民的社会保障待遇，就能够说明问题；安置流动人口的户口只是在乡镇实行，许多在大城市打工经商十几年甚至二十几年的人们仍然报不上户口，仍然是流动人口的身份。解决农村流动人口的国民待遇问题，表现为解决他们的户籍问题，但实质上是要解决他们在城镇的社会保障待遇问题，只解决进城农民的户籍问题而不解决他们的社会保障问题，在市场经济竞争激烈的城市社会，大多数进城农民是无法长期生存下去的。因此，只有彻底破除身份限制，使进城务工经商的农民能够享受到和城镇居民一样的各种社会保障待遇，才能消除目前存在的诸多不公平现象，才能加速我国城市化和现代化的进程。正如恩格斯所说："这种平等要求更应当是，从人的这种共同性中，从人就他们是人而言的这种平等中，引申出这样的要求：一切人，或至少是一个国家的一切公民，或一个社会的一切成员，都应当有平等的政治地位和社会地位"。②

三、建立农民工社会保障制度，促进和谐社会早日建成

解铃还需系铃人，既然对包括农民工在内的农民的歧视是制度造成的，那么，消除对农民工的歧视，赋予他们应当享有的社会保障权，也只有通过建立相应的制度才能解决。

（一）建立农民工社会保障制度的理论依据

1. 社会公平论

在人类社会演进的过程中，每个个体都对社会的发展作出过有益的贡献。正是由于人类对于社会的贡献，才推动社会不断地向前发展，才使社会逐步从野蛮进入文明。所以，"一切人，作为人来说，都有某些共同点，在这些共同点所及的范围内，他们是平等的，这样的观念自然是非常古老的。但是，现代的平等要求与此完全不同，这种平等要求更应当是从人的这种共同特性中，从人就他们是人而言的这种平等中引申出这样的要求：一切人，或至少是一个国家的一切公民，或一个社会的一切成员，都应当有平等的政治地位和社会地位"。③"作为人，我们都是平等的，我们作为个人是平等的，在人性上也是平等的。一个人，在人性和个性上都不可能超过他人或低于他人。我们认为，人，所具有的尊严是没有程度差别的。世间人人平等，是指他们作为人在尊严上的平等。——人生而平等的说法是真实的、只限于

① 张宏发：《裂变与整合》，兰州大学出版社 2003 年版，第 105 页。

② 《马克思恩格斯选集》第 3 卷，人民出版社 1995 年版，第 143 页。

③ 《马克思恩格斯选集》第 3 卷，人民出版社 1995 年版，第 444 页。

能够实际证实人与人平等这个方面。也就是说，他们都是人，都具有人种的特性，尤其是他们都具有属于人种一切成员的特殊性质。”① 平等就意味着一国之内的所有公民应当享受最基本的权利和受到最基本的保护，国家不应根据人们的出身、职业、居住地等在政策和制度上区别对待公民，而应当对所有的公民一视同仁。或者说，社会平等是指每个社会成员拥有的社会财富和其他利益大体一致，即结果平等或财富平等，以及每个社会成员都有同等的实现利益、取得财富的可能性，即机会平等或权利平等。给予所有公民以平等待遇，是建立公平合作体系、良好社会秩序和社会基本结构的基础，也就是社会融合的基础。

美国著名的哲学家、伦理学家罗尔斯在论及社会正义时指出，“社会和经济的不平等（例如财富和权力的不平等）只要其结果能给每一个人，尤其是那些最少受惠的社会成员带来补偿利益，它们就是正义的”。他认为，“社会和经济的不平等应这样安排，使它们：①在与正义的储存原则一致的情况下，适合于最少受惠者的最大利益；并且，②依系于在机会公平平等的条件下职务和地位向所有人开放”。② 罗尔斯认为，在处理社会和经济问题时应当遵循两个原则，即差别原则和机会平等原则或地位开放原则。差别原则承认人们之间在地位和才能方面的差别，为了发挥人们的才能，调动其积极性和鼓励储蓄，社会在经济分配中对才能高的人予以照顾。但这要以能同时改善该社会中最少受益者的状况为前提，而不能扩大这一差别，更不能损害弱小者的利益。机会平等的原则是指“那些有着类似能力或才干的人也应当有类似的生活机会。具体地说，假如有一种自然禀赋的分配，那些处在才干和能力的同一水平上、有着使用它们的同样愿望的人，应当有同样的成功前景，不管他们在社会体系中的最初地位是什么，亦即不管他们生来是属于什么样的收入阶层。在社会的所有部分，对每个具有相似动机和禀赋的人来说，都应当有大致平等的教育和成就前景。那些具有同样能力和志向的人的期望，不应当受到他们的社会出身的影响”。罗尔斯的公平正义原则“提供了一种在社会的基本制度中分配权利和义务的办法，确定了社会合作的利益和负担的适当分配”。③

在论及差别原则时罗尔斯进一步指出：“每个人都从满足差别原则中得利就有了一种意义。在任何一对比较中，那些状况较好的代表人从提供给他们的利益中获利，而那些状况较差的人则从这些不平等带来的贡献中获利。当然，情况可能并不总是如此。但是在这种情况中，那些状况较好的人不应有权否决可为最不利者提供的利益。我们还是要最大限度地增加那些最不利者的期望。”④ 这就是说，只要存在

---

① ［美］艾德勒：《六大观念》，郗庆华译，三联书店 1998 年版，第 200—202 页。转引自吴忠民：《社会公正论》，山东人民出版社 2004 年版，第 18 页。

② ［美］约翰·罗尔斯：《正义论》，何怀宏等译，中国社会科学出版社 2003 年版，第 14、302 页。

③ ［美］约翰·罗尔斯：《正义论》，何怀宏等译，中国社会科学出版社 2003 年版，第 73、4、5 页。

④ ［美］约翰·罗尔斯：《正义论》，何怀宏等译，中国社会科学出版社 2003 年版，第 81 页。

社会公平，富有者获得财富才会被认为是正当，贫穷者才能够得到社会的尊重。没有差别，会造成激励不足，但差别过大甚至不断扩大，将导致社会矛盾丛生，使经济发展受阻，甚至导致社会崩溃。在一个公平的社会里，人们之间是平等的，但这种平等不是平均主义，而是在承认个体差异基础上的有差别平等。这种差别不但不会抑制社会发展，相反它是促进社会发展的激励机制，是社会发展所必不可少的。

2. 社会连带论

法国著名的法学家狄骥创立了社会连带主义法学，这种理论认为，人在社会中结成一种既分工又合作的关系，它叫“社会连带关系”，是人类社会的基础，随着社会的发展而发展。人的社会性主要表现为人与人结成一种既有分工又有合作的纽带关系。人们能够认识这种关系，并从而产生两种感觉：社交的（或连带的）感觉和公平的（或个人自由的）感觉。社交的感觉使人们感觉到自己不能离开社会，不能破坏社会连带关系，必须在一定的社会中生活。公平的感觉是个人自由的自觉意识，人作为人，既具有社会性，又具有个性，而对其个性的认识和尊重，使他感觉到自己在社会中的存在和应享有的待遇，感到自由，感到得其所哉。狄骥进一步将正义分为两种：赏罚公平和交换公平。所谓赏罚公平是指一个人合理地享有应得的报酬和地位的感觉，他说：“一切人都有这样的感觉：每一个人对他在社会集团中所完成的工作必须按比例获得一种工资，换句话说，一切个人在集体中必须有一种与他所处的地位或他所服务的相适应的地位。——这就是如同亚里士多德一样所了解的公平，而神学者则称它为赏罚的公平。”所谓交换公平，是指社会交换中的公平之感，它要求“在价值和服务的交换之中尽量持有价值和服务的交换之间的平等”。狄骥认为，正义感是产生法律的重要前提条件之一，他说：“一种法律规则永远是建立在一种社会需要之上，建立在一定时期人们自觉意识上所存在的公平感之上，不符合公平的一种规则，永远也不是一种法律规则。”①“正是通过建立在社会成员们的需要和潜在性基础上的社会联合，每一个人才能分享其他人表现出来的天赋才能的总合。我们达到了一种人类共同体的概念，这个共同体的成员们从彼此的由自由的制度激发的美德和个性中得到享受；同时，他们承认每一个人的善是人类完整活动的一个因素，而这种活动的整个系统是大家都赞成的并且给每个人都带来快乐。”②

由于“社会是个人所组成，个人和结合个人的共同关系似乎就必须是同等重要的，没有强而有为的个人，构成社会的绳索扭结就没有东西可以牵缠得住。离开了相互间的共同关系，个人就彼此隔离而凋残零落，或相互敌对而损害个人的发

① 严存生：《论法与正义》，陕西人民出版社1997年版，第101—105页。

② ［美］约翰·罗尔斯：《正义论》，何怀宏等译，中国社会科学出版社2003年版，第526页。

展”。① 所以，个体人只有在社会中进行有效的社会合作，其基本的生活需求才能得到满足，其潜能才能得以充分的开发，社会成员的价值才得以实现。德沃金提出“社会三种模式说”，其中第三种为具有“连带性质”的政治社会，即只有当人们承认“他们的命运以某种强有力的方式连在一起”时，人们才是真正政治社会的成员。连带社会使全体公民的责任特殊化：每个公民尊重他所处的社会的现有政治安排中的公平和正义的原则；它使这些责任充满个人性质，规定不得抛弃任何人，不论是好人还是坏人都共同生活在政治社会中；连带关注的基本原理是，人人都有价值，人人都必须得到平等的关注。② 哈耶克也指出：“由于每个人都依赖于一种合作体系，没有这种合作，所有人都不会有一种满意的生活，因此利益的划分就应当能够导致每个人自愿地加入到合作体系中来，包括那些处境较差的人们。”③ 这里所说的社会联合体或者社会共同体拟或社会合作体系，主要体现为国家。国家虽然是由若干社会成员组成的，但并非是这许多社会成员的简单相加。国家一旦建立，就具有了相对的独立性，并通过政府对社会成员承担一定的义务和责任。20 世纪二三十年代发生在西方资本主义社会的大萧条，使人们看清了市场机制的缺陷：任何人都可能陷入无助的地步，而责任完全不在他们自己。现代社会的核心家庭规模太小，难以照顾和养活患病、残疾、年老体弱和失业的家人，个人和家庭不可能抵御所有风险，有些风险必须社会化。④ 大萧条的历史证明，市场经济充满了不确定性，政府有责任加强社会保障制度的建设，否则，资本主义随时面临着覆灭的危险。

社会联合的理念对于社会保障制度建立的巨大影响，在已经建立起完善的、极大体现出社会公平的社会保障制度的欧洲国家得到最为充分的体现。在欧洲福利国家，社会保障网是在政府组织下，所有公民共同协作的成果。对于每一个公民来说，他有权利得到社会保障制度的待遇，反过来说这也意味着，公民不是国家施舍的领取者，而是制度的积极合伙人。国家对于所有处于社会不利地位的不幸运者，通过提供社会保障待遇，使他们过上体面的、与人的尊严相适应的生活。在这里，社会联合的理念为社会公平提供了坚实的基础。例如，在法国，建立社会保障制度的目的之一，是在一个连带关系更为突出的社会里促使每个成员的成长。通过对领薪者的劳动报酬的义务性预先扣除（社会保险费，无论是雇主的还是领薪者的），并以给付的形式对这些扣除进行分配，就会在两个群体（有职者与无职者）之间建立一种连带关系。在农业社会保障领域，由于缴纳的社会保险费只能支付农业社会保障制度中的极小一部分开支，因而需要外来资金。在此，外来资金有两个途径：①在

① ［美］杜威：《哲学的改造》，胡适等译，商务印书馆 1958 年版，第 101 页。

② ［美］德沃金：《法律帝国》，李常青译，中国大百科全书出版社 1996 年版，第 189—191 页。

③ ［英］哈耶克：《自由秩序原理》，邓正来译，三联书店 1997 年版，第 104 页。

④ 胡鞍钢等：《第二次转型国家制度建设》，清华大学出版社 2003 年版，第 282 页。

农业领薪者（农业雇员）社会保障方面，人们求助于领薪者的普通连带，即一般制度（工人、雇员的社会保险制度）应该对农业领薪者的社会保障的财政赤字进行补贴；②在农业经营者（农场主）方面，人们诉诸国民连带，即国家财政预算中包括农业社会保障预算，国家财政要对农业经营者的社会保障投入资金。①

社会联合是社会发展必不可少的因素，在一定的情况下，社会联合的状况决定社会发展的状况：社会发展可以忽视社会联合，在这种情况下，产生的发展结果是，经济飞速增长，但社会矛盾加剧，如贫富差距拉大、失业率过高、生态破坏严重等等。这样的发展可能一时达到较高的增长速度，但是难免与危机并存，甚至会导致经济危机、政治危机、社会危机，最终使经济增长的效果毁于一旦；社会发展在注重社会联合时，则完全是另外一种情形，这种发展是在追求经济发展的同时，高度重视社会各方的协调、平衡，以保持经济发展的内在活力和可持续性。这样的发展，速度不惊人，但内耗较小，合力较大，破坏性较小，而建设性较强，其结果是国泰民安，经济和社会稳定协调地向前发展。

（二）对建立农民工社会保障制度的设想

世界各国在工业化和城市化的过程中，由于社会保障制度是一个开放的体系，因而促使农村劳动力不断向城市转移，城市化也由此迅速实现。在我国，随着改革的深入，城市粮油供应体制已经放开，户口迁移也松动了许多，但是，与就业相联系的城市社会保障体系却相当封闭。在这种情况下，为农民工建立社会保障制度，首先，应打破二元劳动力市场，以同一标准从城镇和农民工应聘者中录用职工；其次，要改变对农民工身份的看法和称谓，农民工群体是一个过渡性群体，随着我国经济的增长和城市化的不断推进，这个群体将逐渐融合到其所属的产业工人中去。农民工在符合企业录用标准、被企业录用、签订劳动合同以后，与从城镇录用的职工一样，是企业的正式职工，而不是具有农民身份的工人；第三，农民工既然从事着与其他职工同样的工作，那么，就应贯彻“同工同酬”的分配原则，保证在初次分配时的公平；第四，被录用的农民工应当享有与其他职工一样的福利待遇，在他们履行了缴纳社会保险费义务时，同时获得了享受社会保险待遇的权利。北京在为农民工建立社会保险方面作出了有益的探索：北京市出台了从2004年9月1日起实施的《北京市外地农民工参加工伤保险暂行办法》和《北京市外地农民工参加基本医疗保险暂行办法》。按照两办法中的规定，农民工不缴纳工伤保险费，保险费由企业一方缴纳，农民工发生工伤后能够获得与北京职工同样的待遇；将企业缴纳的农民工医疗保险费的比例由社会平均工资的12%降至2%，为企业参加农民工医疗保险提供支持，参加医疗保险的农民工，可以享受与个体存档人员相同的医疗保险

① ［法］让-雅克·迪贝卢等：《社会保障法》，蒋将元译，法律出版社2002年版，第29、64、189页。

待遇。北京市将以这两个法规为突破口，逐步将 272 万名农民工纳入该市社会保障体系，最大限度地保障农民工的合法权益。①

2004 年，整个产业工人阶层在社会阶层结构中所占的比例为 22.6% 左右，其中农民工占产业工人的 30% 左右，② 到了 2005 年，这一比例已上升为 46.5%。③ 比例在一年期间增长了 50%，速度之快出乎意料。然而，参加社会保险的农民工的数量没有随着农民工数量的快速增长而增长。一项最新调查显示，农民工参保率普遍偏低。在养老、医疗、失业、工伤、生育五个保险项目中，除了工伤保险有相当数量的农民工参加以外，养老保险的平均参保率仅为 15%，医疗保险的平均参保率为 10%，而失业保险和生育保险目前仍与绝大多数农民工无缘。④ 在这种情况下，为农民工建立社会保障制度对于推进和谐社会的建设就具有特别重大的意义，有学者认为，农民工社会保障制度建立越早成本越低，每迟延一年，制度成本将增加 315 亿元左右。如果等到农民工成为我国城镇人口主体再建立社会保险（2012 年农民工可能达到 1.6 亿人），其社会成本将更高。⑤ 这样的忠告值得我们思考。

将农民工纳入城镇社会保障体系需要规定一定的条件，比如，进城务工至少三年；在城镇有固定的住所；有固定的收入；有成为城镇居民的愿望和要求；必须将农村的承包土地转让出来，⑥ 而且这种转让是有偿的，转让金直接划入农民工社会保险个人账户，作为他本人的社会保险基金。这一方面为农民工获得社会保险待遇提供了物质保障，另一方面也不会给国家和企业增加过重的经济负担，有利于促使农民工社会保险制度顺利有效建立。

在建立农民工社会保障制度时，必须采取的措施是：

1. 采取强制性手段将农民工纳入社会保障范围

---

① 《北京：两项保险让民工受益》，载《中国劳动保障报》2004 年 8 月 3 日。

② 中国“三农”形势跟踪调查课题组、中汉经济研究所农村发展研究部编：《小康中国痛——来自底层中国的调查报告》，中国社会科学出版社 2004 年版，第 54 页。

③ 《农民工：产业工人梦何时能圆》，载《中国劳动保障报》2005 年 2 月 1 日。在这一比例中，第二产业占 56.7%，建筑行业占 80%，他们绝大部分处于流动不定的状态，参见《路径选择：别把他们当作城市过客》，载《中国劳动保障报》2005 年 2 月 2 日。

④ 梁雄军等：《农村劳动力二次流动的特点、问题与对策》，载《中国社会科学》2007 年第 3 期。

⑤ 卢海元：《走进城市：农民工的社会保障》，经济管理出版社 2004 年版，第 72 页。

⑥ 参加农民养老保险、乡镇企业职工养老保险和农民工养老保险的人，在他们退休或参加城镇养老保险时，如果能将土地经营权转让出来，按照第五次人口普查的结果，农村人口为 80739 万人、农村劳动力 49876 万人、耕地面积 19.4 亿亩、人均耕地面积 2.4 亩计算，可转让土地经营权的人口达到 25732 万人左右，全部转让以后，农村人均耕地面积可达到 3.53 亩，农业土地经营规模可能扩大 47% 以上，其产生的规模经营效益将超过 50%。若按目前 1:1.5 的抚养比例计算，可转让土地经营权的人口将增加一亿左右，全部转让后，人均耕地面积可达到 4.31 亩，土地经营规模可扩大 79.6%。这就形成农民人数减少（城市化进程加快、规模扩大）—土地经营规模扩大—农民收入增加—农民走向富裕的良性循环机制。参见卢海元：《走进城市：农民工的社会保障》，经济管理出版社 2004 年版，第 380 页。

目前农民工参加城镇社会保险的比例普遍较低。例如，养老保险的参保率为13.8%，参加医疗保险的占10%，参加工伤保险的占12.9%。由于统计口径和调查误差等原因，农民工实际参保率可能还要低。① 所以，必须采取强制手段，将农民工纳入城镇企业社会保障范围。为了使企业能够自觉地为农民工办理社会保险，相关部门必须规定严格的保障措施，即规定每年最晚的申报农民工人数和缴纳保险费的期限、规定迟延缴纳和不缴纳的处罚措施，尤其是要对雇佣了农民工而不为其办理社会保险的企业规定比较严厉的处罚措施，直至追究刑事责任。在这方面，新加坡的做法可供借鉴：新加坡《公积金法》规定，对逾期不缴纳社会保险费的人，每逾期1日，处1.5%的滞纳金，全部由雇主支付；对违反法律规定的行为，罚款2500—10000新元；雇主在发工资时扣除了雇员的社会保险法而不上缴中央公积金局的，判处2年徒刑；缴不起罚款者，可以查封财产，甚至不许再经商办企业。② 在严厉明确的规定下，为农民工办理不办理社会保险的问题，就成为守法和违法的问题，在违法者必须承担违法责任的情况下，还会有多少企业敢不为农民工办理社会保险呢？

目前，无论中央政府还是地方政府都制定了保障农民工参加社会保险的法规或者政策，即通过法规或者政策的形式宣示了农民工具有获得社会保险待遇的权利，这确是我国在人权保障方面的一大进步。然而，如英国法学家戴雪所强调的，对权利的保护和救济，比对权利的宣示更重要，甚至从某种程度上说，“没有救济就没有权利”。显示社会公平的农民工社会保险制度，只是解决了正义的分配问题，而正义有可能因为义务人或者责任人不履行他们的义务和责任受到损害，这就需要矫正的正义，即通过行政的或者司法的救济途径，为农民工社会保险权利的真正实现提供法律保障。

2. 建立农民工工伤保险和医疗保险制度

2003年4月27日，我国第一部工伤保险法规《工伤保险条例》公布，于2004年1月1日起实施。条例的适用对象是具有雇佣关系的各类企业的雇员，农民工既然是企业雇员，就应当在《工伤保险条例》的保护之下。2005年4月7日在广州举行的全国工伤保险工作座谈会上，劳动和社会保障部副部长王东进说，2004年是工伤保险制度建设全面推进的第一年，全国工伤保险参保人数达到6845万人，改变了近年来工伤保险覆盖人数徘徊在4500万人的局面。2005年工伤保险发展目标第一次列入了国家国民经济和社会发展计划，到年底参保人数要超过7500万人。并且要

① 刘军等：《当前农民工流动就业数量、结构与特点》，载《中国劳动保障报》2005年7月28日。

② 杨燕绥：《社会保险法》，中国人民大学出版社2000年版，第229页。

以矿山、建筑等高风险企业和农民工为参保的重点。① 2006 年，国务院国发［2006］5 号文件，即《国务院关于解决农民工问题的若干意见》（以下简称《意见》）指出，“所有用人单位必须及时为农民工办理参加工伤保险手续，并按时足额缴纳工伤保险费。在农民工发生工伤后，要做好工伤认定、劳动能力鉴定和工伤待遇支付工作。未参加工伤保险的农民工发生工伤，由用人单位按照工伤保险规定的标准支付费用”。2006 年，劳动和社会保障部《关于贯彻落实国务院关于解决农民工问题的若干意见的实施意见》（劳社部发［2006］15 号，以下简称《实施意见》）指出，“制定和实施农民工‘平安计划’，用三年左右时间，将煤矿、建筑等高风险企业的农民工基本覆盖到工伤保险制度之内。2006 年，实现国有大中型煤矿企业农民工全部参加工伤保险；与有关部门共同制定推进建筑企业参加工伤保险的相关政策措施。2007 年，力争合法小煤矿、非煤矿山和建筑企业半数以上的农民工参加工伤保险。2008 年，基本实现全部合法煤矿、非煤矿山企业农民工和大部分建筑企业农民工参加工伤保险”。②

2003 年 5 月 26 日，劳动和社会保障部下发《关于城镇灵活就业人员参加基本医疗保险的指导意见》，明确规范了灵活就业人员的参保方式、激励措施和待遇水平等问题，对解决农民工的医疗问题、保障农民工的身体健康都起到了一定的保护作用。2006 年，国务院《意见》指出，“各统筹地区要采取建立大病医疗保险统筹基金的办法，重点解决农民工进城务工期间的住院医疗保障问题。根据当地实际合理确定缴费率，主要由用人单位缴费。完善医疗保险结算办法，为患大病后自愿回原籍治疗的参保农民工提供医疗结算服务。有条件的地方，可直接将稳定就业的农民工纳入城镇职工基本医疗保险”。2006 年，劳动和社会保障部劳社部《实施意见》指出，“按照‘低费率、保大病’的原则，将农民工纳入医疗保险范围。与城镇用人单位签订规范劳动合同的农民工，随所在单位参加基本医疗保险；以灵活方式就业的，可按照当地灵活就业人员参保办法参加医疗保险；农民工比较集中的地区，可以采取单独建立大病医疗保险统筹基金的办法，重点解决农民工进城务工期间的住院医疗保障问题”。③

可以肯定，国务院的《意见》以及劳动和社会保障部的《实施意见》都将在促使企业为农民工办理工伤保险和医疗保险中发挥重要的作用，但是，由于《意见》和《实施意见》都是政府采取的过渡性政策，对于企业的约束力有限因此，必须加大对企业执法检查和监督的力度，尤其是对于应当为农民工办理工伤保险和医疗保

① 《今年工伤保险将覆盖 7500 万人——矿山、建筑等高风险企业和农民工是参保重点》，载《经济日报》2005 年 4 月 8 日。

② 《中国劳动保障报》2006 年 9 月 28 日。

③ 《中国劳动保障报》2006 年 9 月 28 日。

险而故意不办的企业，要采取一定的处罚措施，才能确保农民工的工伤保险和医疗保险权益得到切实保障。

3. 建立全国统筹的社会保险制度

农民工流动性很大，在出现生活风险时在哪里获取社会保险待遇，是一个现实的、必须予以解决的问题。我国城镇社会保险有的地区实行省级统筹（例如养老保险），有的地区实行地市级统筹（例如医疗保险）。如果一个农民工很少在本地打工，一直在外省市打工，那么在当地社会保险机构就没有保险记录，也没有社会保险资金积累，要让当地社会保险经办机构向在外地打工的本地籍农民工提供社会保险待遇不仅不可能，而且不合理。解决这一问题的根本办法是提高社会保险的统筹层次——建立社会保险基金全国统筹，这既可以减少不同地区划转社会保险基金的管理成本，也可以为建立全国统一的劳动力市场消除障碍。由于省级或地市级保险统筹为城镇之间的劳动力流动设置了障碍，学界和实务界多年以来一直在呼吁建立全国统筹的社会保险制度。国家应像建立公民身份证制度一样，为每一个人劳动者设立一个社会保险卡，使他们无论走到那里，缴纳的社会保险费都记录在社会保险卡上，由生活风险发生地和退休后的居住地的社会保险经办机构提供社会保险待遇。实践将会证明，建立全国统筹的社会保险制度不仅是推动城市化进程，而且是建立自由流动的劳动力市场，促进经济发展的有效举措。

建立全国统筹的社会保险制度的必要性还在于，到目前为止，农村剩余劳动力主要是由西向东流动，即由不发达地区向发达地区流动，并且为发达地区的社会保险机构缴纳社会保险费，由于农民工流动性大的特点，因此他们基本上不能享受到缴费地的社会保险待遇，尤其是养老保险。这种情况造成的结果是，那些在人生黄金阶段到外地打工的农民工向打工地的社会保险机构缴纳了各种社会保险费，却不能获得由他们提供的社会保险待遇（主要是养老保险）或获得低水平的医疗保险和工伤保险待遇。因此，发达地区的社会保险基金基本上能够做到收支平衡。而在中西部不发达地区，由于劳动力外出多，就业人数少，因此不能筹集比较多的社会保险基金；那些外出打工的人一般是在年老、生病或者因伤残丧失劳动力时才返回故乡，他们由于没有向本地社会保险经办机构缴纳社会保险费，因此本地社会保险经办机构不可能为他们提供社会保险待遇。农民工将青春奉献给城市，为城市建设和繁荣作出了有益的贡献，而城市把劳动中致伤致残、体衰病弱者推回农村，当农民工在城市出尽了苦力、拖着老病残的身体回到农村时，却没有任何组织向他们提供最基本的生活保障。这不仅增加了农民工家庭的经济负担，而且增加了当地政府的经济负担，对于农民工和当地政府都是不公平的。

基于以上事实，建立全国统筹的社会保险制度，将有利于促进劳动力的合理流动，有利于东西部协调发展，有利于维护农民工合法的社会保险权益，有利于和谐社会的早日建成。

4. 加强对农民工的培训

在新技术革命的作用下，一些传统的产业正在被淘汰，在这种情况下，虽然也有一些新的职业被创造出来，但绝大多数农民工的知识和技能是不符合新职业要求的。因此，要解决农民工的就业问题，应当把提高他们的素质放在首位，尤其要重视职业教育和技能培训。另外，农民工的职业培训对于促进经济发展也具有非同寻常的作用，世界银行的一项研究表明，一个地区的劳动者接受教育的时间每增加一年，其 GDP 就会增加 9%。①

为了提高农民工的素质和就业能力，按照党中央和国务院有关会议和文件要求，农业部、劳动和社会保障部、教育部、科技部、建设部、财政部联合制定了《2003—2010 年全国农民工培训规划》，并于 2003 年 9 月 18 日由国务院办公厅转发。规划指出：党的十六大提出的全面建设小康社会的奋斗目标，对加快农村富余劳动力向非农产业和城镇转移提出了新的更高的要求，并强调加快农村富余劳动力转移就业的关键在于加强农民工的培训。培训的目标是：2003—2005 年，对拟向非农产业和城镇转移的 1000 万农村劳动力开展专业就业前的引导性培训，对其中的 500 万人开展职业技能培训，对已经进入非农产业就业的 5000 万农民工进行岗位培训。2006—2010 年，对拟向非农产业和城镇转移的 5000 万农村劳动力开展引导性培训，并对其中的 3000 万人开展职业技能培训。同时，对已进入非农产业就业的两亿多农民工开展岗位培训。针对一些过热行业用人大大减少，全国农村固定观察点办公室建议，要抓好农民工转岗培训，避免出现大规模民工回流。② 引导性培训的目的在于提高农民工遵守法律法规和依法维护自身权益的意识，树立新的就业观念。职业技能培训是提高农民工能力的重要途径，是增强农民工就业竞争力的重要手段。主要是在各级政府的引导和支持下，以定点和定向培训为主，由各类教育培训机构、行业和用人单位开展，根据国家职业标准和不同行业、不同工种、不同岗位对从业人员基本技能和技术操作规程的要求，安排培训内容，设置培训课程。国务院还发出通知指出，农民进城就业培训的经费由政府、用人单位和农民工个人共同负担，各级财政要在财政支出中安排专项经费扶持农民工职业技能培训工作。③ 由于我国

① 郭晋晖：《对农民的教育与培训——和谐社会绕不过的坎儿》，载《中国劳动保障报》2005 年 3 月 5 日。

② 《农民工外出务工今年将超亿人——当前应抓好农民工转岗培训》，《经济日报》2004 年 7 月 31 日。

③ 晓黎：《路径选择：别把他们当作城市过客》，《中国劳动保障报》2005 年 2 月 2 日。在新加坡，政府针对亚洲金融危机以后，失业人数增加的状况，采取了以下对策：在人力部、全国职工总会、全国雇主联合会及企业的密切合作下，筹集资金，对职工进行技能和知识培训，提高职工的综合素质，迎接知识经济的挑战。1998 年 4 月，新加坡职工总会筹资 300 万新元，政府又补贴了 900 万新元，成立了教育与培训基金。1998 年 5 月人力发展署耗资 1500 万新元，建立技能发展中心。1998 年 8 月，政府出资 1 亿新元补贴给送职工参加培训的雇主。他们的做法对我们很有参考价值。参见顾俊礼主编：《福利国家论析——以欧洲为背景的比较研究》，经济管理出版社 2002 年版，第 354 页。

失业保险制度建立的时间不长，滚动结余的资金少，不可能为所有接受技能培训的职工提供免费服务，所以需要职工个人支付一部分培训费是合理的。但是，对于来自中西部不发达地区的农民工，为了提高他们的劳动技能，不使他们因经费困难错过培训机会，应当免费为他们提供培训。

由于规划属于政策而不是法律规范，具有比较大的随意性，因而不能有力地保障农民工接受职业培训的权利。尽管如此，规划的实施为农民工职业培训法规的制定积累了丰富的经验，国家要在尽可能短的时间内，在完善我国《失业保险法》时，将农民工职业培训纳入《失业保险法》的规范之内。

5. 允许农民工子女在城镇中小学接受义务教育

农民工子女的受教育问题虽然已经引起国务院及地方政府的关注，但没有采取有力的措施，所以解决问题的进展不大。在这里，首先要解决认识问题，各级政府必须清楚地意识到，农民工子女在少年儿童中占有一定的比例，他们的教育同样关系到他们自身的发展和祖国未来的繁荣。有人甚至指出，解决农村流动人口的发展能力问题，当务之急是解决农村流动人口子女的教育问题。因为一个人受教育的年龄是不可逆的，一旦错过最佳的受教育阶段，将难以给予弥补。而且，在现代社会，决定一个人职业社会地位高低的主要因素，往往被归因于人们受教育程度的高低。“一个人越是受到较好的教育，他就越有可能从较低的职业地位攀升到较高的职业地位，或者获得较好的初始职业。”① 所以，这部分少年儿童的教育问题不能放弃和忽视，应当采取有效措施加以解决。其次要对相应的制度进行改革，因为制度改革比政策调整更有效。制度改革的目标是消除对农村流动人口的各种歧视，使他们与城镇居民具有同样的国民权利，以实现社会公平。例如，北京市决定，从 2004 年秋季开始，取消来京务工农民子女在公办中小学的借读费。北京市财政安排市级专项资金 2500 万元，主要用于解决来京务工农民子女接受义务教育的问题。② 到 2007 年 10 月，北京 40 余万农民工子女中已有 25 万人就读于公办学校，市政府决定对其余 10 多万农民工子女就读的 200 多所未经批准的自办学校进行清理整顿，并决定每年提供 8000 万到 1 亿元的资金，专门解决农民工子女就学问题，以确保农民工子女能够接受合格的义务教育。③ 在北京市的做法为其他城市树立了榜样。在各个国家进行经济结构调整，世界经济呈现一体化，资源在世界范围内进行流动和配置的背景下，人力资源正在成为最重要的资源，而且是国家财富的组成部分。中国作为发展中国家，越是资金短缺，越是经济落后，越是要大力发展教育科技。因此，加大对农村和进城务工人员子女基础教育的投资，是开发人力资源，推动经济发展，实

① 李培林等：《就业与制度变迁——两个特殊群体的求职过程》，浙江人民出版社 2000 年版，第 162 页。

② 宣村：《大都市应有的气度》，载《中国劳动保障报》2004 年 8 月 3 日。

③ 周健森：《每年上亿元资金扶助打工子弟学校》，载《北京晚报》2007 年 10 月 30 日。

现中国和平崛起的必由之路。选择这一路径，进城务工人员子女就不应该成为被遗忘的角落。

早在春秋战国时期，孔子就发表过有关“大同”社会的著名言论。孔子感叹道，大道施行的年代，天下为公，贤者和能者通过选举而执政，讲求言行的信用，注重社会的和谐，所以人们不只是亲爱自己的亲人，慈爱自己的子女，而且“老有所终，壮有所用，幼有所长，矜寡孤独废疾者，皆有所养”。孔子所描述的大同社会中的“老有所终”，是指老年人的归宿有妥善的安排，今天可以理解为为老年人设立“养老保险”；他所描述的“壮有所用”，是指壮年人的才干有发挥的机会，今天可以理解为凡在劳动年龄的人都有就业的机会；他所描述的“幼有所长”，是指幼年人的成长有良好的条件，今天可以理解为幼年人有足够的营养和能够受到良好的教育，因而能够健康地成长；他所描述的“矜寡孤独废疾者，皆有所养”，是指独身的人，孤弱的人，没有子女照顾的人，有残疾的人，都能够得到社会的供养，今天可以理解为为那些生活不能自立的社会弱者通过提供社会救济，使他们最基本的生活能够得到保障。孔子在这里所描述的大同社会，是一种自然形成的社会状态。几千年来，无数的志士仁人为了建立一个没有剥削、没有压迫、衣食无忧、居者有屋、民主自由的大同世界，前赴后继、浴血奋战，付出了艰苦卓绝的努力。今天，我们的党把构建社会主义和谐社会作为新的历史时期全党和全国人民的奋斗目标，将极大地鼓舞和激励全国人民在尽可能短的时间内，把我国建设成为公平正义、制度健全、经济发展、社会稳定、文化进步、秩序井然、百姓安居乐业、丰衣足食、健康文明的和谐社会。

法学家塞尔苏斯指出：“正义只有通过良好的法律才能实现。”即正义不仅是一种社会理想，价值观念，更应当是一种具体的制度安排。因此，越是尽早将农民工纳入城镇社会保障体系，越能够极大推进我国城市化进程，也越能够提前实现构建和谐社会的战略目标。

农民工的社会保障问题分析及政策建议

罗元文

（辽宁大学人口研究所）

摘　要：我国城镇的社会保障体系只覆盖了城镇人口，而没有覆盖在城市的社会经济发展中发挥着重要作用的农民工群体，他们的社会保障现状存在着问题，生活和生存条件较为艰苦。而建立农民工社会保障制度不仅有制度方面和经济方面的制约，也有认识方面的因素，本文从农民工的社会保障现状与问题出发，剖析农民工社会保障制度建立的制约因素，并根据党的十七大精神，提出建立适合农民工群体的最低生活保障、社会保险和社会福利制度等政策建议。

关键词：农民工　社会保障　政策建议

改革开放以来，随着中国工业化和城市化进程的不断加快，大量年富力强的农村剩余劳动力离开农村进入城市，规模不断扩大，成为城市居民和农村居民以外特殊身份群体——农民工。他们在城市的经济建设中发挥着重要作用的同时，就业、生存环境和生活保障等诸多方面存在着问题。

一、农民工社会保障体系的现状与问题

（一）农民工的现状

1. 随着社会主义市场经济的发展，农民工的规模不断扩大

根据1995年全国1%人口抽样资料，农民工5349.7万人，2000年第五次全国人口普查，农民工5645.7万人，2000年比1995年多296万人，5年内增加了5.53%，2005年全国1%人口抽样调查显示，农民工14735万人，2005年比1995年多9385.3万人，10年内增加了近两倍，如图1所示。

从图1看出，2000—2005年农民工的增长速度要明显高于1995—2000年的增长速度，2000—2005年农民工的增加数量比1995—000年的多8793.3万人，其增长速

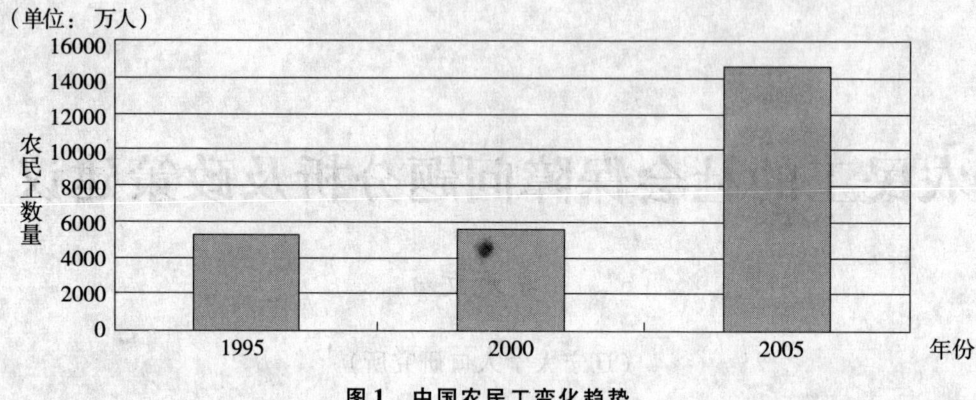

图 1　中国农民工变化趋势

资料来源：1995 年、2005 年 1% 抽样调查数据和 2000 年第五次人口普查数据。

度是 2005—2000 年的近 31.7 倍。辽宁省各市农民工的规模同样呈快速上升趋势，如表 1 所示。

表 1　辽宁省农民工变化趋势

年　份	1996	1997	1998	1999	2000
农民工（人）	584253	713430	1001376	1195328	1438611

资料来源：根据辽宁省各市第五次人口普查数据和中国统计年鉴计算得出。

从表 1 可以看到，1996 年辽宁省各市农民工已经初具规模，将近 60 万人，2000 年农民工已超过 140 万人，比 1996 年增长了近 1.5 倍，图 2 更直观地表示了这种变化趋势。

从上述资料及分析结果，可以预测在未来相当时期内，随着社会转型的加速，工业化和城市化进程的加快，将有更多的农村人口转移到城市，农民工的数量及规模将继续迅速扩大。

2. 农民工的年龄结构趋于年轻化

从农民工的年龄结构上看，农民工中年轻人口占绝大多数，其中 15 岁到 35 岁人口占全部农民工的 80% 以上①。根据我们 2006 年对辽宁省城市农民工的抽样调查，20 岁到 35 岁的农民工占全部农民工的 64.1%，其中沈阳的农民工中 20 岁到 35 岁的农民工占全市农民工的 63.4%。

3. 农民工的文化素质普遍较低，缺少职业培训

农民工的文化素质普遍较低，从农民工的文化素质角度来看，“不识字或识字

① 中国人口网。

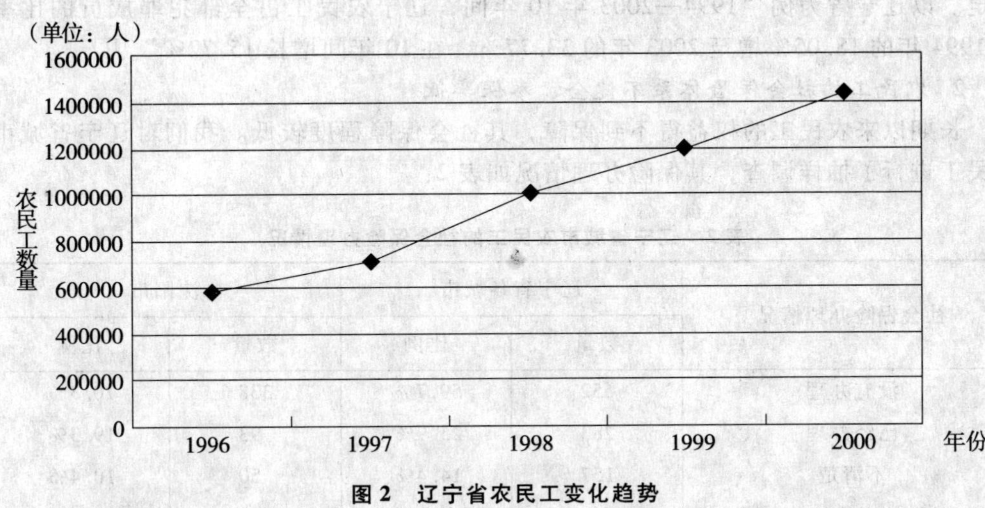

图 2 辽宁省农民工变化趋势

资料来源：根据辽宁省各市第五次人口普查数据和中国统计年鉴计算得出。

很少的农民工占 2.57%，小学文化程度的农民工占 12.74%，初中文化程度的农民工占 52.04%，高中文化程度的农民工占 26.67%，大专及以上文化程度的农民工占 5.98%。"① 也就是说绝大多数的农民工文化水平都在初中以下，农民工的文化素质普遍偏低。

另外，农民工所从事技术工作的人员比重较低，并且缺少职业培训，大多数的农民工都不得不从事服务行业和劳动密集型工作。

（二）农民工社会保障体系的问题

我国的经济结构是二元经济，我国的社会保障制度同样呈现二元结构，只有部分省市建立了农民工的社会保障制度，并且地方政府根据当地的实际情况制定了一些有关农民工的社会保障政策。在各地制定的政策中，有不少规定的保障体系不完整甚至某些保险本身与农民工不相适应，这就很难保障其权益，同时，由于这些法规和规章的效力层次较低，其实施效果也并不理想。还有很多省市没有建立关于农民工的社会保障政策，农民工的基本权益得不到保障。

1. 农民工在城市里很难享受到最低生活保障

现行的城镇社会救助体系只覆盖了城镇户籍人口，而农民工很难享受到最低生活保障的社会救助等社会保障权益，游离于社会保障体系外，成为城市里的边缘人，甚至最低生活得不到保障，以至于引出了许多盗窃等刑事案件，严重影响了社会的

① 国家统计局服务业调查中心：《农民工生活质量调查之一：劳动就业和社会保障》，2006 年 10 月 26 日。

稳定。以辽宁省为例"1994—2003年10年间，辽宁农民工占全部犯罪成员的比率由1994年的18.05%增至2003年的33.77%，在10年间增长15.72%"。①

2. 农民工的社会保险体系不健全、参保率低

长期以来农民工的权益得不到保障，其社会保障程度较低。我们对辽宁省城市农民工进行了抽样调查，其保险办理情况如表2：

表2 辽宁省城市农民工的社会保险办理情况

社会保险办理情况	辽宁省各城市		沈阳市	
	数量	比例	数量	比例
没有办理	652	59.7%	338	70.3%
已经办理	283	25.9%	93	19.3%
不清楚	157	14.4%	50	10.4%
总和	1092	100.0%	481	100.0%

资料来源：课题《辽宁劳动力人口流动与劳动就业趋势研究》调查数据。

从表2的调查结果可以看到，在1092个被调查者中，仅有25.9%的城市农民工参加了社会保险，其中沈阳的农民工中参加社会保险的还不到20%，为19.3%。结果同时显示，有一部分农民工并不了解社会保障政策，甚至不知道社会保障为何物，也不知道自己是不是已经办理了社会保险，有14.4%的城市农民工并不清楚自己是否已经办理了社会保险，其中沈阳的农民工中，不清楚的占到了10.4%。

农民工社会保险参保率较低，根据2006年的国家统计局公布的一项调查显示"农民工没有购买保险的情况居多，没有购买养老保险、医疗保险、失业保险、工伤保险的农民工分别占被调查农民工总数的73.37%、73.77%、84.65%、67.46%。"② 而农民工参加企业补充保险、职工互助合作保险、商业保险的参保率就更低，"参保率分别只有2.9%、3.1%和5.6%。"③

3. 农民工的社会福利水平较低

（1）在住房方面，农民工无法享受同城市居民同等的住房条件和机会

城市居民住房比较紧张，以沈阳为例，"2004年底，沈阳市人均住房建筑面积为21.55平方米"④，在住房福利方面政策制定者只关注城镇居民，很少考虑到在城市里生存的农民工，再加上农民工收入水平限制，农民工无法享受同城市居民同等

① 李文涛、卢明宏：《流动人口犯罪对辽宁社会稳定的影响》，载《辽宁警专学报》2005年第3期。

② 国家统计局服务业调查中心：《农民工生活质量调查之一：劳动就业和社会保障》，2006年10月26日。

③ 舒迪：《农民工成为中国工人阶级主要力量》，载《人民政协报》，2004年7月8日。

④ 《十大经济事件之沈阳房价稳中略升》，中国沈阳（沈阳市政府网站），2005年12月29日。

的住房条件和机会，他们的住房条件特别艰苦，住在特别简易的房子里，有的甚至直接睡在地上，根据最新的一项调查，“有29.19%的农民工居住在集体宿舍里，有20.14%的人居住在缺乏厨卫设施的房间里，7.88%的人居住在工作地点，6.45%的人居住在临时搭建的工棚里，还有12.54%的农民工在城里没有住所，只能往返于城郊之间，或回农家居住。”① 另外我们在调查中发现，沈阳市皇姑区某饭店的近30名农民工住在100多平方米的楼房内，人均居住面积仅为3.33平方米。由于只有一个卫生间，给楼道环境造成了严重污染，附近居民的正常生活受到了很大的干扰。

（2）在子女教育方面，农民工的子女不能享受到同城市子女同等的教育机会

由于户籍制度的限制和地方政府的“分级办学，分级办理”政策，农民工的子女不能享受到同城市子女同等的教育机会。中国儿童中心2002年至2003年对中国9个城市的抽样调查显示，“流动儿童义务教育年龄段中近9.3%处于失辍学状态，近半数适龄儿童不能及时入学。”② 农民工子女的教育问题最为突出，面对与自己同龄的城里的孩子享受9年义务教育，多少农民工子女露出了无奈与羡慕，目前，由于政府的干预，部分地区出台了相关政策，就学条件有所改善，但是在城里的农民工子女只能选择有限的农民工子弟学校，或者缴上巨额的捐助费才能与城里的孩子一样去教育设施比较好的学校上学。“据调查，在5065名有子女随行就学的农民工中，有2493名农民工缴纳了借读费、赞助费，每人平均缴纳费用为1226元。”③

二、农民工社会保障制度建立的制约因素

（一）户籍制度和社会保障等制度因素制约了农民工参保

1. 户籍制度的制约

对于农民工，我国二元社会的经济结构下户籍管理制度的存在，户口成为限制他们同市民一样享有社会保障权的门槛。没有城镇户口就不能平等地享受到城镇居民的最低生活保障待遇，正是这种结构性的制度安排使农民工被排除在城市社会保障体系之外。

2. 社会保障制度本身不能适应农民工群体的特殊性

我国制定社会保障制度，由于各省市、地区经济状况不同，宏观政策由中央制定，而具体实施政策，如缴费、发放等有差异，部分险种具有属地的原则，因此农

① 国家统计局服务业调查中心：《农民工生活质量调查之一：劳动就业和社会保障》，2006年10月26日。

② 毛天祥：《保障流动人口子女受教育权体现社会公平和关爱》，中国教育先锋网，2004年6月7日。

③ 国家统计局服务业调查中心：《农民工生活质量调查之二：生活与教育状况》，2006年10月26日。

民工社会保险基金的区域统筹与跨省流动存在着冲突，于是导致农民工参保中断、退保现象频繁。“广东东莞2005年有105万人参加职工基本养老保险，但仅2005年一年就有40万人‘退保’，基本都是农民工；在浙江杭州参加养老保险的农民工总数大概在50万人左右，而每年‘退保’人数高达8万—10万，目前累计‘退保’的人次超过24万。”① 尽管最近部分地区的相关政策有所方宽，但并不能适应农民工跨省流动的特点。

（二）经济因素制约了农民工社会保障的建立与发展

1. 国家财政对农民工社会保障资金投入不足

近几年，社会保障基金出现赤字，以养老保险为例，“全国养老保险基金缺口1998年为100多亿元，2002年扩大到500多亿元。预计到2010年将达到1000多亿元。”② 国家把主要的资金都投入在了城镇人口的社会保障的改革与建设上，很少顾及农民工的社会保障问题。

2. 农民工自身收入的制约

在农民工中，低收入群体占有很大比例，而且，对于农村出来务工人员，干的活一般是服务性及出大力而挣钱少的工作，除了自己省吃俭用外，还要拿出相当一部分的收入寄回家来提高家里的生活水平，有的甚至是全部寄回家里，他们没有能力按城市的社会保障缴费比例进行缴费。

（三）农民工缺乏对社会保障的认识，加深了权益的缺失

农民工中，大部分人对社会保障存在认识上的问题，很多人对社会保障政策根本不清楚、不了解，在广州、深圳等地，“出台了关于农民工工伤保险政策，但由于企业和农民工自身的抵制，参保率还是很低。”③ 从表2可以看到，辽宁省城市中有14.4%的城市农民工并不清楚自己是否已经办理了社会保险，其中沈阳的农民工中，不清楚的占到了10.4%。造成这种情况主要有以下两点原因：

1. 农民工本身缺乏社会保障意识

农民工主要来自于农村，素质普遍较低，从家里出来到城市主要目的是打工赚钱并带回家里，不关心甚至不知道自身的社会保障问题。而且，他们认为缴纳养老、医疗、工伤、失业等社会保险会减少他们的打工收入，另一方面，农民工对目前的政策心理预期不稳定，恐怕政府政策有变化，多少年后自己的缴费不能得到回报。

---

① 新华网，2006年2月22日。

② 中国社会保险学会：《养老保险基金管理风险及风险约束》，2005年3月1日。

③ 武玲娟：《关于农民工社会保障问题的探讨》，中国社会学网 http://www.sociology.cass.net.cn/shxw/shzc/t20060116_7954.htm，2006年。

2. 政府对目前的社会保障政策宣传力度不够

政府多数在机关里开设社会保障咨询热线，解答居民的问题，很少到乡镇社区进行现场大规模的宣传，未做到家喻户晓、人人皆知。尤其是农民工，作为打工者，白天大多都在工作，且工作时间较长，就使得仅有的宣传起不到预期的效果。

三、建立农民工社会保障体系的政策建议

社会保障是社会经济发展的"安全网"、"稳定器"，"建立农民工的社会保障体系最大的障碍是农民工的高度流动性"①，根据社会保障的目标和农民工的不同需要，结合当地的社会经济发展水平和农民工的缴费能力，逐渐建立多层次的社会保障体系。

（一）建立最低生活保障制度，保障农民工的基本生活

建立农民工的最低生活保障制度，可以保障农民工的基本生存。特别是对于失地农民来说，将有利于促进农村劳动力转移和农村土地的流转，同时对于社会和谐的建设也有重要的意义。可以由政府财政拨款，并结合社会各界的互助，对刚进入城市还没有找到工作的农民工，和城市中生活在贫困线以下的农民工实行与城市居民一样的最低生活保障，保障他们的基本生活。

（二）逐步建立适合于农民工的社会保险制度

1. 建立适合农民工的养老保险

建立农民工的养老保险制度，不仅可以保障农民工的基本权益，使其在年老时分享社会发展成果，同时，也是实现城乡社会保障制度衔接的一个切入点。建立个人账户的养老保险制度，个人账户养老金由国家、企业、个人承担，并根据不同农民工群体的特点，做好农民工的"'个人账户'的边际做实制度"②，即当某一农民工事实上将长期留在其工作的城市时，个人账户是否做实是不重要的，可逐步做实个人账户，但是当他流动时，他的个人账户必须是实的，要及时做实个人账户，以便有利于养老金随着农民工移动。通过这种将农民工"个人账户"边际做实的方法我们就可以解决因农民工的高度流动性所带来的困难，因而从操作的角度来看，建立农民工的社会保障体系也是可行的。

同时，在做实个人账户的前提下，向农民工公开其个人账户，以便随时可以查到自己账户上的养老金，使他们看到缴纳养老保险的好处，以此来提高农民工对养

---

① 袁志刚：《流动人口与社会保障》，中国人口网，2005年6月20日。

② 袁志刚：《流动人口与社会保障》，中国人口网，2005年6月20日。

老保险的兴趣，提高参保率。

2. 建立农民工的医疗保险制度

建立适合不同农民工的医疗统筹制度，即对于稳定就业的农民工可以纳入城镇职工基本医疗保险，也可以自愿参加原籍的新型农村合作医疗。同时完善医疗保险结算办法，为参加城镇职工基本医疗保险的农民工，患大病后自愿回原籍治疗的参保农民工提供医疗结算服务；对于高流动性人群，可以建立类似于上面提到的“个人账户养老保险制度”的个人账户医疗保险制度，筹资由个人和用人单位承担，同时做实个人账户，以便随农民工的流动提供医疗服务。

3. 建立农民工的工伤保险制度

针对农民工建立工伤保险制度，特别是针对农民工，要认真贯彻落实《工伤保险条例》。“所有用人单位必须及时为农民工办理参加工伤保险手续，并按时足额缴纳工伤保险费。在农民工发生工伤后，要做好工伤认定、劳动能力鉴定和工伤待遇支付工作。未参加工伤保险的农民工发生工伤，由用人单位按照工伤保险规定的标准支付费用。当前，要加快推进农民工较为集中、工伤风险程度较高的建筑行业、煤炭等采掘行业参加工伤保险。建筑施工企业同时应为从事特定高风险作业的职工办理意外伤害保险。”①

4. 建立农民工的失业保险，提供职业培训

扩大失业保险的覆盖面，建立适度的失业保险以保障农民工在失业时的生活，在农民工缴纳失业保险费的前提下，对处于失业状态的农民工发放失业保险金，以此来弱化失业的负效应，促进和谐的劳资关系，稳定社会秩序，激励农民工再就业。

同时，加强对农民工的职业培训和引导性培训，使得农民工更适合岗位的要求。首先，要在城市里对城市的农民工进行免费的职业技能培训，由政府提供相应的补助，由职业培训机构或企业为农民工提供免费的职业培训，并对暂时没有工作的农民工提供生活补贴，保证他们在职业培训期间的基本生活。

其次，在农村也要加强对农民工的职业培训。“支持各类职业技术院校扩大农村招生规模，鼓励农村初、高中毕业生接受正规职业技术教育。”② 从长远的角度讲，由于农民工规模的扩大的趋势，提高教育水平，也就等于是提高了后续农民工的素质，从根本上保障农民工的质量。

（三）提高农民工的社会福利

1. 建立农民工的住房优惠政策

对农民工的住房需求进行调查，妥善解决农民工的住房问题，政府可建立针对

① 《国务院关于解决农民工问题的若干意见》，2006 年 3 月 29 日。

② 《国务院关于解决农民工问题的若干意见》，2006 年 3 月 29 日。

农民工的低房租政策，并借鉴“棒棒公寓”的例子由政府投资为农民工提供专门的聚居区，收取低于市场价格的房租，并在聚居区建立治安管理办公室，维护农民工生活的安全。对于交不起房租的农民工，政府可在经过经济收入核查之后给予适当的住房补贴，保障其基本的居住权。

2. 建立平等的义务教育制度

“十七大”报告中指出：“保障进城务工人员子女平等接受义务教育。”要放宽户籍制度，取消对农民工子女的借读费用，使适龄儿童和青少年接受平等的义务教育，针对农民工的子女，输入地政府要承担起其同住子女义务教育的责任，“将农民工子女义务教育纳入当地教育发展规划和列入教育经费预算，以全日制公办中小学为主接收农民工子女入学，并按照实际在校人数拨付学校公用经费。”① 在上海，农民工在务工就业、有合法固定住所并居住满一定时间的，在农民工来源地政府开具证明，“可到暂住地所属区（县）教育部门或乡镇政府为其子女提出接受义务教育的就学申请。凡符合规定就学条件的，有关部门应准予其到相应的学校办理入学事项。”②

我国社会保障制度改革的终极目标是建立一元化的同经济发展水平相适应的社会保障制度，建立农民工的社会保障体系具有过度作用，同政治、经济、文化相联系，需要针对农民工的特点，从低层次到高层次的逐步建立的过程，不可能一蹴而就，随着社会经济的发展和社会制度的完善，最终会建立成一元的社会保障制度，到那时，农民工的社会保障也就不再是个问题了。

参考文献

[1] 胡锦涛：《高举中国特色社会主义伟大旗帜　为夺取全面建设小康社会新胜利而奋斗》，2007年10月15日。

[2] 国家发展改革委：《2006年宏观经济运行　2007年宏观经济政策取向》，2007年1月29日。

[3] 国家统计局服务业调查中心：《农民工生活质量调查之一：劳动就业和社会保障》，2006年10月26日。

[4] 国家统计局服务业调查中心：《农民工生活质量调查之二：生活与教育状况》，2006年10月26日。

[5] 李文涛、卢明宏：《流动人口犯罪对辽宁社会稳定的影响》，载《辽宁警专学报》2005

① 《国务院关于解决农民工问题的若干意见》，2006年3月29日。

② 《上海市人民政府办公厅转发市教委等七部门关于切实做好进城务工就业农民子女义务教育工作意见的通知》，沪府办发〔2004〕12号。

年第3期。
[6] 舒迪:《农民工成为中国工人阶级主要力量》，载《人民政协报》2004年7月8日。
[7]《十大经济事件之沈阳房价稳中略升》，载《中国沈阳》2005年12月29日。
[8] 毛天祥:《保障流动人口子女受教育权体现社会公平和关爱》，中国教育先锋网，2004年6月7日。
[9] 中国社会保险学会:《养老保险基金管理风险及风险约束》，2005年3月1日。
[10] 武玲娟:《关于农民工社会保障问题的探讨》，中国社会学网（http://www.sociology.cass.net.cn/shxw/shzc/t20060116_7954.htm)，2006年。
[11] 袁志刚:《流动人口与社会保障》，中国人口网，2005年6月20日。
[12]《国务院关于解决农民工问题的若干意见》，2006年3月29日。
[13]《辽宁劳动力人口流动与劳动就业趋势研究》，研究报告，2007年。
[14]《上海市人民政府办公厅转发市教委等七部门关于切实做好进城务工就业农民子女义务教育工作意见的通知》，沪府办发〔2004〕12号。
[15] 中国人口网。
[16] 新华网，2006年2月22日。

Social Security and Quality of Life of the Peasant Migrant Women in Sri Lanka: A Sociological Perspectives

H. A. A. Swarnawathie[1] G. D. DharmaKeerthi Sri Ranjan[2]

([1]University of Kelaniya [2]University of Colombo)

Abstract: This article is a step toward of understanding the nature of female migrants of Sri Lanka. The objective of this paper is to enclose the female migration patterns and to seek the plight of the migrants women in Sri Lanka. The theoretical background of Sri Lankan migrants has discussed as first and devoted the attention to explore the socio-cultural background of the target group next. Utilizing the statistical data issued by Sri Lanka Bureau of Foreign Employment, has examined the status of male/female workers who working in overseas since 2001—2005 in the third step. According to the statistical data and the reports issued by the institutions linked with foreign employment we found the Middles East has been more effective for the Sri Lankan migrants. Accordingly, our objective is to examine the reasons for departures to the Middle East countries. Generally, female migrants in overseas have been facing a high levels of exploitation, physical and emotional abuses and sexual harassments. Hence, our specific attention, focused to identify the responsibility of the government, their current policies and what kind of policies and programs should introduced to enhance the social security of migrant women. According to our findings of the research we have suggested some programs to improve the life quality and social security of the migrant women and their family members.

The data from 2000—2005 on migration issued by Sri Lanka Bureau of Foreign Employment has used and as well as conducted the literature survey in this study.

Key words: Migration Quality of life female migration and social security

Introduction

There are profound relationships between migration and social structure reflecting the varieties of migration types, the complexities of social structure and the reciprocal ways migration and social structure are interrelated overtime in different societies for different communities and social group. Almost all the theories on the social migration, mobility and social change argue that almost every thread of social structure is linked to the migration patterns at micro and macro level. Further more it can be clarified cross-sectional, longitudinally, culturally, relationship to social class and subjected to political patterns, with over the life cycle, levels of socio economic development and geographically etc.

Migration is a vast concept which can be analyzed in a holistic approach. According to the discipline of social sciences migration has been mainly associated with industrialization and economic development. Econometric neoclassical approach concern on the "push" or "minus" factors in the area of origin and "pull" or "plus" factors in the area of destination. These factors motivate the migrants especially from rural to urban and the development areas. According to this theoretical frame work migration is conveniently classified as further. They are:

1. To presence of relatives and friends; 2. To amenity services;
3. To public assistance; 4. To racial inequity

The decisions to migrate include consideration of positive and negative factors at sender and received areas intervening obstacles and personal factors. Personal factors has a two fold meaning which in use corresponds to structural and social psychological attributes.

World system and dependency models concern explain the pattern of migration of uneven distribution of factors of production such as industrial, infrastructure and labor and at global wage differentials. This theory emphasizes that the movement of people is between two economic systems characterized by the uneven development (Sassen-Koob, 1980: 4) and the exploitation of the less developed system by the more development system. This theory describes the international migrant patterns and but it can be applied to the internal migration patterns too (Portes and Walton, 1981). Dependency theory analyses and give the priority of uneven development is the cause of migration between two regions (Hewitt de Alcantara 1976: 101). This theory emphasizes that the uneven development of both between and within nation- states and is increasingly integrated by an international division of labor (Castells, 1975, Portes and Bach 1985).

According to the theories and empirical experience there are two main ways of migrational patterns. They are

1. International Migration; 2. Inter-country Migration

Inter-country migration is characterized by four patterns. They are

1. From rural to urban; 2. From urban to rural;

3. From urban to urban; 4. From rural to rural

The most prominent ways of migration patterns in Sri Lanka are international and from rural to urban.

Socio-Cultural Status and Female Migration in Sri Lanka

Sri Lankan rural society was fully characterized by the mechanical solidarity and had faced to the slow moving change before fully influenced the open economic system in 1977. The conception of gender appears to relegate women to domestic and men to public roles which single women are actively participating in the labor force the transition from single to married status marks a major change in the role of women. Mostly important and expected duties of the women were caring of dependent children, elders and managed the household.

In the traditional subsistence rural economy women engaged in family forming and food production as frequently as their husbands. But men were the main household breadwinners and do most of the heavy work, in the busy faming months women worked alone side and as hard as men. After the paddy harvested, rural women usually engaged in mat weaving, making pillows primarily for the household.

But recent economic and social changers influence the rural areas to convert their system from mechanical to organic solidarity. One of the result of this is women domestic roles have been altered. Both married and single women are increasingly compelled to work out side the household enterprises because family cannot survive on the income earn by the male head alone. The active role of the women of traditional village in Sri Lankan household economy has allowed women to seek employment out side their home villagers with the parent encouragement to bolster family economy.

Parents and husbands of the women encourage the daughters and their wives to migrate and to earn money for their family. This social and economic practice has allowed the rural women to earn capital and to change the positions of them and their family norms.

Overseas Sri Lankan Male/ Female Migrant Workers

According to Table 1, the number of female migrant workers has increased rapidly year by year and they migrate voluntarily. Female migrant workers are more than higher the male migrant workers in Sri Lanka. Woman migration to Middle East countries has increased significantly over the past twenty years. The mass migration of Sri Lankan workers to the Middle East began in 1976 following a sharp escalation in oil prices in the oil rich Gulf countries. In 1990s 84% of all migrants from Sri Lanka to the Middle East were women. Most of who were the domestic workers.

According to the Table1 foreign employment placement grew by 8.2% in 2005 to 2, 30963 compared to 2004. Saudi Arabia, United Arab Emirates (U.A.E) Kuwait and Qatar absorbed around 80% of migrant employees and these countries contributed significantly to the increase in foreign employment placement in 2005. According to the graph1 Skilled labor force specially high in Qatar and unskilled and housemaid categories also demand in 2005. In contrast almost the entire demands for migrant workers from Srilanka to these countries were housemaids. Migrant jobs as housemaids specially increased to the Middle East countries due to lack of job opportunities and to have a sound wages.

Table 1 Departures for Foreign Employment by Country and Sex 2001—2005

Country	2001		2002		2003		2004		2005	
	Male	Female	Male	Female	Male	Female	Male	Female	Male	Female
Saudi Arabia	26672	40013	27622	43868	25812	50283	24198	47099	24426	51687
Kuwait	6041	29059	6686	35156	6770	31853	7100	29682	6956	29143
U. A. E.	9169	19122	12538	20355	14362	17955	15593	17310	18814	17492
Lebanon	442	14993	423	12269	356	12851	380	17472	360	16029
Jordan	447	7629	388	6146	520	6562	1179	7728	836	7439
Qatar	11169	2884	17153	3591	18700	5098	25010	5005	30584	5348
Oman	1266	2403	1335	2243	1546	2585	1641	1833	1767	1754
Bahrain	948	2790	948	3578	1179	2552	969	2858	898	2845
Cyprus	639	2451	681	2412	625	2418	501	2637	254	1973
Maldives	1727	665	1500	1395	2090	1103	2173	359	2442	277
Singapore	229	1278	112	1158	85	984	125	865	96	922
South Korea	280	73	421	101	1798	238	1182	122	4635	214
Hong Kong	12	370	3	267	6	222	8	155	5	162
Malaysia	185	151	99	282	30	209	30	211	889	278
Mauritius	26	78	46	113	73	112	57	296	65	997
Egypt	21	36	6	60	10	108	14	147	8	168
Israel	4	20	21	38	21	37	34	72	52	122
Greece	96	55	78	63	25	30	54	31	10	15
Kenya	21	5	14	18	21	3	8	3	3	1
U. K	5	15	18	11	12	20	4	25	4	20
Syria	5	21	5	12	7	20	8	30	11	11
Seychelles	21	3	100	0	119	9	43	9	589	7

Country	2001		2002		2003		2004		2005	
	Male	Female	Male	Female	Male	Female	Male	Female	Male	Female
Pakistan	15	11	13	15	18	9	27	14	20	5
Ireland	16	4	39	8	25	6	9	1	13	2
Italy	22	6	6	1	1	5	15	1	10	54
North Yemen	1	3	3	3	11	5	6	—	5	3
South Yemen	13	6	8	4	35	3	6	8	3	1
Africa	41	16	26	7	14	3	73	11	25	3
Libya	101	—	114	3	54	4	34	1	34	3
Brunei	10	4	1	2	5	5	4	1	4	—
United States	26	4	3	4	1	2	2	3	—	1
China	24	1	2	1	9	2	5	1	3	—
Thailand	—	1	2	2	1	1	2	1	1	—
Madagascar	21	—	2	—	13	—	2	—	4	1
Spain	7	8	1	1	—	—	—	—	—	—
France	2	—	1	1	—	—	1	—	1	—
Japan	20	3	—	2	1	—	3	1	—	—
Botswana	5	—	2	1	5	2	2	—	6	2
Vietnam	—	—	1	—	12	—	—	—	—	—
Uganda	—	1	4	—	16	6	—	—	—	—
Switzerland	—	—	—	—	1	—	12	—	—	—
Other	58	18	97	60	119	33	185	18	131	19
Total	59807	124200	70522	133251	74508	135338	80699	134010	93965	136998

Source: Sri Lanka Bureau of Foreign Employment 2005.

Table 2 Female Departures for Foreign Employment by Manpower Levels 1994 — 2005

year	Professional level		Middle level		Clerical & Related		Skilled		Unskilled		Housemaid		Total
	No	%	No	%	No	%	No	%	No	%	No	%	
2001	93	0.07	571	0.46	1384	1.11	11501	9.26	7801	6.28	102850	82.81	124200
2002	184	0.14	631	0.47	1635	1.23	14911	11.19	7355	5.52	108535	81.45	133251
2003	131	0.10	2226	1.64	1437	1.06	16106	11.90	13427	9.92	102011	75.37	135338
2004	105	0.08	1173	0.88	849	0.63	11979	8.94	9392	7.01	110512	82.47	134010

year	Professional level		Middle level		Clerical & Related		Skilled		Unskilled		Housemaid		Total
	No	%	No	%	No	%	No	%	No	%	No	%	
2005	197	0.14	892	0.65	753	0.55	6757	4.93	3345	2.44	125054	91.28	136998

Source: Sri Lanka Bureau of Foreign Employment 2005.

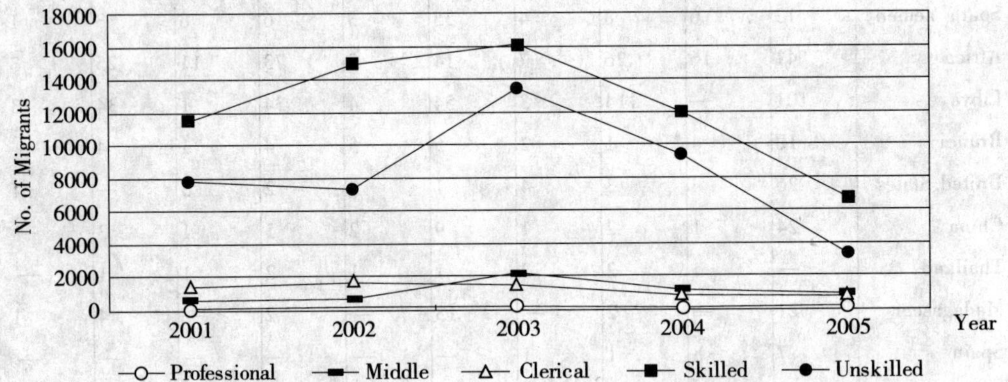

Graph 1 Female Departure for Foreign Employment by Manpower Levels 2001 —2005

Source: Sri Lanka Bureau of Foreign Employment 2005.

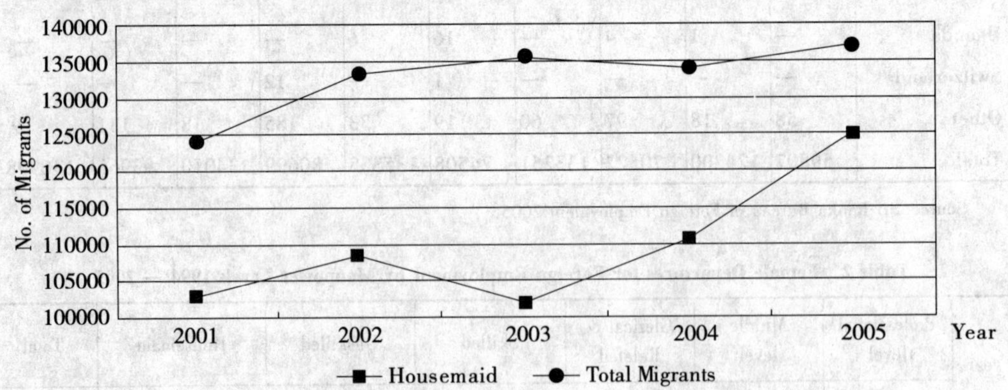

Graph 2 Female Man Power as House maids and the Total Number of the Migrants 2001 — 2005

Source: Sri Lanka Bureau of Foreign Employment.

Sri Lankan unskilled women migration rate remained high though the number of unskilled labor category declined in 2005 compared to 2004. According to the Table1, Table 2 and graphics 2 , shows by the foreign employment bureau of Sri Lanka the recruitment of housemaids have been increased by 9% while the other female recruitments are decreased. More than 90% female migrant are housemaids.

Reasons for Migration to Middle East Countries

Empirical data shows that they have specific reasons for leaving their hometowns for the specific destination. The key factor of the rural female migration is poverty. Earning money, improving their living standard and educate their children are the main reasons given by migrants for their move. Rural women in Sri Lanka are poor in finance than men. So, some women may unable to migrate particularly internationally. Socio-economic condition of Sri Lanka is relatively low compared to the some Asian country.

Some women perceive migrate to the other destination to gain the liberation experience. In this article we can argue women can gain social and cultural freedom than their rural counterpart and also have the financial independence that is open unavailable in the rural areas.

Now the women have lot of opportunities to participate in the urban and international labor force. The increasing of the labor opportunities has been a motivate factor to make the attraction of the women to migrate urban. Women migrate to the Middle East countries mostly the easy job opportunities. Gunatileke (1986), expressed that many people from developing countries worked in developed destinations because they did not have sufficient opportunity to have jobs in their country or origin they live. Moreover, they will confront to the difficulties if they are uneducated and unskilled in competing in labor market.

Table 3

Reasons	Number	%
Easy job opportunity	60	30
Satisfactory salary	45	22. 5
Easy entrance	40	20
Agents guide	33	16. 5
Family Advise	15	7. 5
Relatives/ friends reckoning	07	3. 5
Total	200	100

The policies of the Government and the Social security of Migrants.

Sri Lankan government new policy which enclosed on 2005, established the mission with aim of gaining employment opportunities in foreign countries for the job seekers of Sri

Lanka. They are:

◆ Open new avenues for skilled labor in fields such as nursing, shipping, computer science, etc., to secure foreign employment.

◆ English medium nursing college will be established, which is aimed at fulfilling the growing demand for nurses in European countries.

◆ Youth who are interested in securing employment overseas will be registered at the divisional secretariat and the required training will be provided to them.

◆ A Bank loan scheme will be introduced to cover the initial expenses of those who secure foreign employment.

◆ Welfare projects will be introduced ay village level for the benefit of the children of those who are employed abroad.

◆ Special arrangements will be made to protect the female expatriate workers.

◆ Special housing loan schemes will be arranged through state and private banks, with a 30% contribution being made by the Government through a suitable mechanism.

◆ A pension Scheme will be introduced for those who are employed abroad.

◆ The duty free allowance presently available for returnees from employment abroad will be increased to US $ 5000. Laws will be amended to allow the use of this facility during the first 6 months from date of returning to Sri Lanka.

(Source: Sri Lanka Bureau of Foreign Employment 2005 & Gazette, 2005)

Training programs—It is targeted to training the migrant workers to improve the skills and attitudes towards the protection of the workers from abuse and exploitation. The most of the programs are focused and compulsory to the women who seeking employment for the first time as housemaids. As well as the information on how to improve the working, communication, and salary management, skills and the knowledge on migrants' rights and are provided within the training period. (Dias, P. 11)

The Bureau of Foreign Employment of Sri Lanka (SLBFE) the main institute of overseas employment administration is exists as a semi Government since 1986 offers wide object of conservation and improving the situation of migrant workers as follows:

◆ Setting standards for and negotiating contracts of employment.

◆ Entering into agreements with relevant foreign authorities, employers and employment agencies in order to formalize recruitment agreements.

◆ Formulating and implementing a model contract of employment which ensures fair wages and standards of employment.

◆ Undertaking the welfare and protection of Sri Lankan employed outside Sri Lanka.

◆ Providing assistance to Sri Lankans going abroad for employment. (Ibid, P. 11)

Social Security and quality of life of the Migrants

Changing labor market with effect of modernization, urbanization, globalization and market liberalization have influenced the increase in the number of women in the labor force and the nature of their employment, both in the country and outside. Sri Lankan Women have been appealing foreign employment as solution to the poverty, unemployment and other domestic problems for considerable period. However remittances of Sri Lankan migrant women workers' wages are an important source of foreign exchange for the country's economy. In 2006, migrant workers' remittances amounted to US $ 2. 33 billion, representing Sri Lanka's second-highest form of foreign-exchange earnings and equivalent to over 9 percent of the country's gross domestic product. (Central Bank 2006) It has covered a considerable amount of Sri Lankan economy. Hence Sri Lankan migrants play an important role of their country's economy and policy makers and country leaders should concern on their security and welfare.

According to various reports many of the sectors demanding female migrants overseas have a standing for high levels of exploitation, physical and emotional abuse and sexual harassment. While concerning financial contribution of the migrant workers, needs advertency to make policies for social security and build up their quality of life. It can be done by preventing exploitation, abuse and harassment and developing the profile of migrated women's families and examining the extent to which the effects are problematic.

Female migrant family and their children

According to marital status of Sri Lankan migrant women considerable amount of them are married, with the around 90% of them having children (The report of Save the Children, p 2). Children are the future of any country. Therefore they should have good directions to buildup their life. Mothers' contributions are important to achieve their target. Therefore the government and the other institutes linked with foreign employment should have appropriate and sustainable policies to caring, protecting and improving the children and the other family members of migrants.

The national plan of action for children 2004—2008 was designed to help achieve the ideals of the Convention on the Rights of the Children (CRC). The plan included the ensuring of adequate care as well as a safe and healthy environment for Sri Lankan children of migrant mothers consistent with their evolving capacities (The report of Save the Children, p. 3, Fernando, 1989, p. 5) has pointed out that migration involves a domestic upheaval which most husbands and children cannot cope with Emotionally and behaviorally the absence of the mother on foreign employment is then bound to have an effect on children.

Absence of mothers is influence to their children in many ways. "With mothers absent from the family; children are seen to be more exposed to abuse without the traditional domestic roles played by the female parent. " (The repot of Save the Children, p 7). As well as it also influence on mental and physical health and education of children. Accordingly the government should implement the suitable care giving schemes for migrants' children.

Importance of the counseling

Both migrants and their family members need a counseling service conducting by a reputed team before departure and after to achieve their goals. It should be a rich full to both sectors and should be direct to improve migrant's aims such as earning and saving money, build up the confidence to leave and to adopt the new working place. On the other hand it should be address to the family members of migrant to expressing the duties, responsibilities to build up the family including children's education, physical and mental health of them and especially on how saving and investment the earnings of migrants.

Conclusion

This paper is mostly descriptive and empirical being concerned with analyzing the temporal dynamics of gross migration. Migration is a dynamic process as opposed to the static character. Migration is the result of the influence of economic, industrialized and geographical etc. factors of either two destinations. Labor migration is far more adoptive to fluctuations than most researchers have therefore recognized.

It is well known that the job switching is highest among the young workers in Sri Lanka. Especially Sri Lankan migrant females are seeking job opportunities in Middle East countries. The growing areas characterized by high labor turn over. Turn over is associated the level of economic opportunities and growing areas labor turn over means of gaining rapid job opportunities, promotions and targeting the higher salary. Sri Lankan female migration is higher than the ever of influencing the inflation of the economic conditions in the state. The actual migration will reflect this particular kind of labor mobility.

References

[1] Castells, Manuel, 1975, "Immigrant workers and class struggles in advance capitalism, the western European experience", *Political and society,* pp. 33 – 66.

[2] *Annual Report (2006)*, Central Bank of Sri Lanka, pp. 14 – 85, table 87.

[3] Dias, Malsiri and Ramani Jayasundere, *Good Practices to Prevent Women Migrant Workers from Going into Exploitative Forms of Labor,* presented by for Gender Promotion Program, International Labor Office Geneva.

[4] Franando, Vijitha, 1989, "The physical, psychological and social impact on children of women leaving the country for work as housemaids in foreign countries for extended periods, in the migrant housemaid, special issue of logo", *Journal of the center for Religion and society*, p. 5.

[5] *Gazette extraordinary of the Democratic Socialist Republic of Sri Lanka*, Published on Government press, *Aug*. 12. 2005, Sri Lanka.

[6] Gunatillake, G. 1986, *Introduction*, in Gunatillake, G. (Pnyt) , *Migration of Asian workers to The Arab World*, 1 - 22, *Tokyo:* The United Nations University.

[7] Hewitt de Alcantara, Cynthia, 1976, *Modernizing Mexican Agriculture, Socioeconomic Implimentations of Technological change*, 1940 —1970, *Geneva*: United nations Research Institute for Social Development.

[8] Portes, Alejandro and John Walton, 1981, *Race, class and the international system*, New York, Academic press.

[9] Portes, Alejandro and Robert L Bach, 1985, *Latin journey: Cuban and Mexican Immigrants in the United States*. Berkeley, University of California Press.

[10] Sassen-Koob, Saskia, 1980, "The internationalization of the labor force" , *Studies in comparative International*: pp. 3 - 25.

[11] The Report of Save the Children - Sri Lanka, p. 2.

新型农村社会养老保险制度模式分析*

——以六个典型试点地区为例

刘昌平　谢　婷

（武汉大学社会保障研究中心）

摘　要：新型农村社会养老保险试点工作目前已经在全国广泛开展，且取得了初步成效。本文通过选取苏州、东莞、青岛、北京、四川通江和陕西宝鸡这六个典型试点地区，概述了各试点地区制度模式的基本特点，分析了在各自不同的社会经济背景下几类制度模式的共同特征及其结构差异，对试点过程中所积累的经验和所面临的共同问题进行了总结，并在此基础上提出政策建议。

关键词：农村社会养老保险　制度模式　试点　养老保险制度

始建于1991年的中国传统农村社会养老保险制度在1999年被国务院暂停，至此中国农村社会养老保险事业基本处于停滞状态。2002年以后，我国开始探索建立新型农村社会养老保险制度。特别地，继党的十六大提出“有条件的地方探索建立农村社会养老保险制度”之后，新型农村社会养老保险试点工作开始在全国广泛开展，目前，新型农村社会养老保险试点工作已取得初步成效。到2007年底，全国已有约2000个县（市、区、旗）开展农村社会养老保险工作，年末全国参加农村社会养老保险人数为5171万人，全年共有392万农民领取了养老金，年末农村社会养老保险基金累计结存412亿元。其中有200多个县（市、区、旗）建立了有政府补贴的新型农村社会养老保险制度。①

新型农村社会养老保险试点地区广泛分布在北京、上海、江苏、浙江、山东、

* 本文是刘昌平主持的2008年国家自然科学基金面上项目《“乡—城”人口迁移对城乡养老保障的影响研究》（70873089）的研究成果。

① 《2007年度劳动和社会保障事业发展统计公报》，中国社会保障网，http：//www. cnss. cn/zlzx/sjtj/ldbzbtj/200805/t20080521_ 190134. html，2008－5－21。

广东、福建等发达地区和安徽、山西、黑龙江、河南、河北、四川、云南、陕西、内蒙古、新疆等中西部地区17个省、自治区、直辖市的部分县（市）。本文通过选取苏州、东莞、青岛、北京、四川通江和陕西宝鸡六个典型试点地区的制度模式，概述各试点地区制度模式的基本特点，分析在各自不同的社会经济背景下几类制度模式的共同特征及其结构差异，并对试点过程中所积累的经验和所面临的共同问题进行总结，以期对我国新型农村社会养老保险试点工作的进一步开展起到一定的指示作用。

一、试点地区新型农村社会养老保险制度模式

（一）苏州模式：政府主导下的“一个体系、两种办法”

苏州模式的典型特点：一是在同一体系下按农村劳动力分类实行两种社会养老保险办法。在统一的社会保险体系下，农村各类企业及其从业人员参加城镇企业职工基本养老保险，将从事农业生产为主的农村劳动力纳入农村基本养老保险，并对男满60周岁、女满55周岁及以上老年农民，建立社会养老补贴制度。二是各级政府提供强有力的财政支持。苏州市按照一般务农人员、享受农村最低生活保障或者因各种原因丧失了劳动能力的人员、老年农民三类人员实施不同的补贴标准，具体的财政补贴比例和标准见表1。

表1　苏州市农村基本养老保险财政补贴比例和标准

参保人员类型	第一类	第二类	第三类
常熟市	40% +30% +30%	50%（市）+50%（镇/村）全额补贴	≥70岁；1000元/每人年
	2/3 +1/6 +1/6		<70岁；800元/每人年
张家港市	40% +18% +42%	同常熟市规定	80元/每人月
	60% +12% +28%		
昆山市	40% +30% +30%	（2.5% +11.25% +11.25%）×缴费基数	≥70岁；130元/每人月
			<70岁；100元/每人月
吴江市	同昆山市规定	同常熟市规定	同张家港市规定
太仓市	50% +30% +20%	28% +72%（市、镇）	85元/每人月

注：表中百分比相加的显示顺序依次为个人、市、镇（村）三级的补贴比例；“≥70、<70”指年龄限制条件，单位为周岁；常熟市上下两栏分别是对男≥45（女≥40）和男<45（女<40）周岁人员的补贴办法，张家港分别是对男≥46（女≥41）和男<46（女<41）周岁人员的补贴办法；老年农民通常指男≥60周岁（女≥55）周岁的农民，对他们领取补贴各市还规定了一些其他限制条件。另外表中所列均为2003年的补贴标准。

资料来源：笔者根据各地区的法律法规总结出来。

（二）青岛模式：全覆盖、分层次、政府主导、多元筹资

青岛模式的特点：一是全覆盖和全口径。青岛市规定“凡具有本市农业户口、年满18周岁及以上人员，除在校学生和已参加城镇职工基本养老保险的人员外，均可参加当地农村社会基本养老保险”；允许年龄在领取期限上的老人通过补缴参加农村社会养老保险。二是政府主导、参保灵活。青岛市政府将建立新型农村社会养老保险制度列入了对区（市）政府的目标责任考核内容，并建立了社会保险储备金制度和部门间纵向、横向的联动工作机制；在参保缴费方面，规定养老保险费按年或按季缴纳，各区（市）确定个人缴费比例的下限和上限，参保人可在规定范围内自行选择缴费比例（一般为6%—18%）。三是建立了个人、村集体、市（区）、镇（街道）四方筹资机制。各地区都明确规定了各自缴费和补贴的比例或范围，见表2。

表2 青岛市所属三区五市养老金缴费/补贴占缴费基数的比例

对象 地区	个人	村集体	市（区）	镇（街道）	总比例
城阳	≥6%	≥6%	≥3%	≥3%	≥18%
崂山	14%	≤7%	6%	—	20%
黄岛	8%（10%）	2%	4%	2%	16%（18%）
胶南	6%	6%	5%（7%）	5%（7%）	22%（26%）
即墨	6%—18%	6%—12%	5%	1%	≥18%
平度	6%—18%	6%	2%	2%	≥16%
莱西	6%—18%	≥6%	≥2%	≥2%	≥16%
胶州	≥6%	≥2%	共补5%	共补5%	≥18%

注：黄岛区规定1993年8月4日之前具有本区农业户口的参保人员按8%的比例缴纳，之后具有的并且居住时间离制度实施满两年的参保人员按10%的比例缴纳；胶南地区规定市、镇财政对失地农民的补贴比例分别为5%、5%，对成建制转非村参保人员的补贴比例分别为7%、7%，“成建制农转非居民”是指经市政府批准，村民委员会整体转为居民委员会所属的农转非居民。

资料来源：笔者根据各地区的法律法规总结出来。

四是根据农村不同地区社会经济发展和农民分类情况，分步骤、分层次、有差别的推行新型农村社会养老保险制度。

（三）东莞模式：政府主导、自愿参加，以统筹城乡发展为目标

东莞模式的特点：一是在全面覆盖的基础上不断推进城乡养老社会保险制度的统筹发展。从覆盖面来看，制度实际上涵盖了所有20岁以上、具有本市户籍又未进

入党政机关、社会团体和企事业单位的居民，由此实现了真正意义上基本养老保险的全覆盖。为统筹城乡社会养老保险制度发展，东莞市又出台了东府［2006］57号文件，以全面推动农村社会养老保险制度与城镇职工基本养老保险并轨。二是政府财政支持与自愿参加。东莞市财政一开始就出资10亿元作为制度启动的基础资金，随后又明确规定了市财政、镇（区）财政、村（居民）民委员会三方的补贴比例和标准，见表3。

表3 东莞市农村社会养老保险个人缴费、集体补助和财政补贴标准

社保年度			2006.7—2007.6	2007.7—2008.6	2008.7—2009.6	2009.7—2010.6	2010.7以后
费率与总补贴	总比例		12%	13%	15%	16%	18%
	个人		6%	6%	7%	7%	8%
	补贴与补助	市	1.8%	2.1%	2.4%	2.7%	3.0%
		镇（街道）	1.8%	2.1%	2.4%	2.7%	3.0%
		村（社区）	2.4%	2.8%	3.2%	3.6%	4.0%

注：被市确定为贫困村的村级负担资金，由市、镇（区）财政按比例分担，其中经济欠发达镇的由市、镇按6:4比例分担；非经济欠发达镇的由市、镇按4:6比例分担。无经济联社组织、无集体资产的原街道居委会，其应承担的村（社区）级缴费部分由所在镇（街道）统筹解决。

此外，通过将缴费年限内的人自愿参保与达到领取年限的父母享受补贴待遇进行政策关联，使自愿参保规定达到了强制参加的效果。

（四）北京模式：基础养老金+个人账户

北京模式的特点：一是通过政府财政补贴方式设立基础养老金制度。新型农村社会养老保险制度在个人账户的基础上，新增了基础养老金。基础养老金所需资金由市、区（县）财政共同筹集，分别列入市、区（县）财政预算。与传统农村社会养老保险制度相比，财政补贴由补在缴费期改为补在享受待遇期，由“前补”改为“后补”，为建立基础养老金灵活调整机制提供了可供操作的空间。二是适应参保人多种需求推行弹性缴费。在缴费方面，规定实行按年缴费的方式，设立最低缴费标准为本区（县）上一年度农村居民人均纯收入的10%，最低缴费标准以上部分由参保人员根据承受能力自愿选择。在待遇享受方面，允许达到领取年龄时继续按年缴纳保险费，最多可延长5年；缴费年限仍未达到要求的，可以按照相应年度本区（县）农村居民人均纯收入的10%，一次性补足差额年限的保险费。三是制定了制定制度衔接和转换的新办法。

（五）四川通江模式：“粮食换保障”、“保险手册质押贷款”试点创新

四川通江模式的制度特点：一是通过“粮食换保障”试点创新解决部分农民参

保资金缺乏的问题。粮食换保障，即在农民自愿参保的前提下，从每年的售粮收入和其他收入中拿出适当资金缴纳保险费，逐步建立农民参保补贴制度。二是探索建立农村社会养老保险缴费手册质押贷款新机制，即已参加农村社会养老保险的对象在缴费期间因特殊原因急需资金，可以直接用自己的养老保险缴费手册（证）作为质押物，到户籍所在地农村信用社依据一定程序和规定办理贷款。

（六）陕西宝鸡模式：完全个人账户积累 + 财政两端补贴

陕西宝鸡模式的制度特点：一是多元筹资的情况下实行完全个人账户积累制。宝鸡市规定个人按2006年度本县（区）农民人均纯收入10%至30%缴费，市、县（区）分别按照规定对农民参保给予补贴，鼓励村（组）集体补助。县（区）农村社会养老保险经办机构为每位参保农民建立养老保险个人账户，个人账户包括：个人缴费、村（组）集体补助、财政补贴及、其他收入及利息，实行完全个人账户积累制。二是实行缴费补贴和待遇补贴两项财政补贴制度。在缴纳养老保险费时，财政补贴标准为市财政每人每年15元，县（区）财政每人每年不低于15元；在领取养老金时，市、县（区）财政每人每月补贴60元，养老金待遇的发放也由个人账户养老金和养老补贴两部分组成，前后补的结合和较高的补贴标准是对政府的财政补贴责任的落实，极大地激励了宝鸡市农民参保的积极性。

二、试点地区新型农村社会养老保险制度模式比较

（一）创建六类模式的社会经济发展状况比较

从地区社会经济发展水平来看，北京、苏州、青岛和东莞市的社会经济发展水平较高，宝鸡和通江属于社会经济发展水平相对落后的地区。北京市制度设计方面采取了与城镇基本养老保险制度相同的社会统筹与个人账户相结合的模式，目标是为未来实现城乡社会养老保险制度并轨做好制度准备。苏州、青岛和东莞三市同属于我国经济发达地区，建立新型农村社会养老保险制度时人均GDP都达到或超过了2000美元的标准，并且农业在国民生产总值的比重和农业劳动人口所占的比重都较低，完全满足了农村社会养老保险制度的条件，对这三个地区的制度模式进行比较，可以探讨经济发达地区在具备实施条件以后农村社会养老保险制度选择的共同趋势。宝鸡市和通江市都属于社会经济发展水平较落后的地区，相应的，其新型农村社会养老保险制度在制度模式设计、覆盖范围和财政补贴责任方面都显得有限。但其试点经验对经济欠发达地区解决农村社会养老保险的资金来源问题，建立新型农村社会养老保险制度提供了重要启示。

（二）六类模式的共同特征总结

与传统农村社会养老保险制度相比，六类模式有许多共同的“新”思路：

1. 制度覆盖范围趋向于“全覆盖”

试点地区的参保对象一般都包括除在校学生和已参加城镇职工基本养老保险的人员外具有当地农业户籍的人员；参保的起始缴费年龄规定在16—20岁之间，此外许多地区规定对男满60周岁、女满55周岁及其以上达到一定条件的老年农民发放养老补贴。

2. 建立多元化筹资机制

试点地区普遍建立了“个人缴费、集体补助和地方财政补贴”三方分担保险费的筹资机制，这是新型农村社会养老保险制度最为显著的特点，也是其与传统农村社会养老保险制度的一个根本性区别。

3. 缴费标准参照城镇、缴费方式更加灵活

试点地区一般以“上一年农民人均纯收入”作为缴费基数，缴费比例参照城镇职工基本养老保险的标准制定，建立动态缴费机制，缴费基数和比例通常都提供一个可供参保人自由选择的范围，且随着经济的发展逐步提高比例；缴费方式比较灵活，农民可根据实际情况选择按月缴、季缴或年缴，趸缴、补缴甚至预缴。

4. 建立以基金积累制个人账户作为主、社会统筹为辅的制度模式

个人账户模式所具有的激励性、所有权清晰和灵活性等特点符合广大农民的实际需求，易于被农民理解和接受；而作为公共财政对参保农民的补贴和补助一般形成了调剂基金或社会统筹基金，归入社会统筹账户。

5. 基金管理更加规范严格

试点地区新型农村社会养老保险基金列入各区（市）财政专户，实行“收支两条线”管理，个人账户基金和社会统筹基金分设账户，专户储存，专款专用，不得挤占、挪用；农村社会养老保险基金按照国家社会保险基金的有关规定保值增值；财务和审计等部门严格对基金运营情况进行审计和监督，确保基金的安全、稳定和增值。

（三）六类模式的制度结构差异

1. 在政策实施范围和参保对象方面

在经济基础较好的地区，制度覆盖除在校学生和已参加城镇职工基本养老保险的人员外具有当地农业户籍的人员，以从事农业生产的农村劳动力为主。参保起始年龄规定在16—20岁之间，有的地区对男满60周岁、女满55周岁及其以上达到一定条件的老年农民建立养老补贴制度，如苏州、东莞、北京；在经济条件欠佳的地区，制度覆盖具有当地农业户籍的从出生到59岁左右的人员，覆盖的目标是按农民群体进

行分类，采取优先将符合条件的群体纳入，在条件不断完善的基础上，逐步将从事农业生产为主的劳动力纳入的办法。如通江县的规定，制度重点围绕“五大类”人群，随着农民参保补贴制度的建立健全，尽快将种粮农民纳入制度覆盖范围。

2. 在缴费基数和缴费比例方面

一是按照定额缴费，即规定每人每月/年应缴纳的具体金额，同时说明定额缴费标准将根据当地经济发展情况在一定时间周期内做相应的调整；如东莞市规定2001年的缴费基数按每人每月400元核定，从2002年1月起，每年递增2.5%。二是目前大多数试点地区的做法，即按照当地上年农民人均纯收入或参照上年城镇企业职工平均缴费工资基数的一定比例确定，一般最高不得超过上年度农村人均收入的300%。如苏州、青岛的做法。三是设立一个最低缴费标准作为缴费标准，上不限额。如北京实行弹性缴费标准，最低缴费标准为本区县上年农民人均纯收入的10%，最低缴费标准以上部分可由农民根据承受能力自愿选择。通江县则以当地农村年最低生活保障标准的25%作为最低年缴费标准，上不限额，最低缴费标准随经济发展逐步提高。

为便于城乡基本养老保险制度的衔接，缴费比例一般参照城镇企业的标准制定，并且日后将随着城镇企业缴费比例的调整作相应的调整，因此个人缴费比例一般在8%左右。有的地区还将参保人员个人缴费比例划分为若干档次，并确定下限和上限，由参保个人自主选择。如青岛市有的地区规定的个人缴费比例为6%—18%之间，个人可以根据自己的承受能力自由的选择。

3. 在财政补贴方面

第一类是前端按比例补贴。目前大多数新型农村社会养老保险试点地区都采取这种做法，如苏州市所辖五市对除老年农民外的其他参保农民实行分群体、分年龄段的按比例、前端补贴，青岛市规定村集体、市（区）和以镇（街道）要分别以不低于一定标准的比例对农民参保缴费进行补贴，采取此种补贴办法的还有东莞市。第二类是前端定额补贴。宝鸡市对参保农民的财政补贴标准为市财政每人每年15元，县（区）财政每人每年不低于15元；有的地区为解决重点人群参保的问题时也采取前端定额补贴，如四川省通江县规定对连续任职三年以上的在岗村“三职”干部，县财政按每人每年100元的标准补助。第三类是后端定额补贴。北京市财政补贴在农民领取养老金时作为基础养老金体现，基础养老金标准全市统一为每人每月280元；苏州张家港市规定男年满60周岁、女年满55周岁的具有本市户籍（外市迁入10年以上）无固定收入的人员，每人每月可享受80元的老年农（居）民社会养老补贴；宝鸡市农村老年农民养老补贴标准为：60周岁以上每人每月60元，由市、县（区）财政各承担50%。

4. 在制度运行模式方面

一是“大账户，小统筹”。这是目前大多数新型农村社会养老保险制度试点地区的做法，即以个人账户为主，并建立社会统筹账户。关于各地各主体的缴费是如何划入到这两类账户中去的，各试点地区又有两类不同的做法。一类是规定以总缴费额的一定比例计入个人账户，其余计入统筹。如东莞市规定个人缴费全部计入个人账户，集体缴费基数的3%划入个人账户，集体缴费划入个人账户后的剩余部分全部计入农民养老保险基金（统筹部分）；苏州市对由国家、集体的补助补贴和参保个人缴纳的基本养老保险费总额或由个人全额缴纳的基本养老保险费，90%左右记入个人账户，10%左右建立统筹基金。另一类是将不同缴费主体的缴费进入不同账户。如青岛个人和集体缴费部分计入个人账户，区（市）、街道（镇）财政补贴计入统筹。二是个人账户+基础养老金/养老补贴。北京市实行的是“个人账户+基础养老金”，个人账户中的资金包括个人缴费、集体补助、其他收入和利息，财政补贴在农民领取养老金时作为基础养老金体现；宝鸡市实行的是“个人账户+养老补贴”，个人账户包括个人缴费、村（组）集体补助、财政补贴、其他收入及利息，养老补贴标准为60周岁以上每人每月60元。宝鸡市与北京市制度模式的不同在于，宝鸡市政府财政实行缴费和养老补贴两项财政补贴制度。三是个人账户+专项基金/储备金，即实行完全个人账户基金积累制，同时积累少量的资金作为专项调剂金用于弥补养老保险基金支付缺口和提高养老金待遇。如通江县为参保人员建立养老保险个人账户，个人缴费、集体补助和财政补贴按比例一并计入个人账户，县政府在每年的财政预算中按上年末养老保险基金累计总额的2.5%纳入县财政预算其中，2%纳入个人账户，0.5%纳入农村社会养老保险专项调剂金管理。

5. *在待遇发放方面*

一是按照个人账户积累总额，实行保底弹性计发办法。如通江县的计发办法为：月领取标准=个人账户积累总额×1/160，同时建立了储备调剂金账户，适时对领取养老金人员的待遇进行调整。二是与“大账户，小统筹”的制度模式相对应，实行“基础账户养老金+个人账户养老金”计发办法，一般规定10年的领取期。个人账户养老金由个人账户积累额支付，月标准为个人账户积累总额除以领取养老金年龄相对应的计发月数，一般为120或160；基础账户养老金领取标准随农民人均收入的增加而逐步提高。如东莞市规定2001年基础养老金标准为每人每月150元，以后视基金收支及财政状况调整，个人账户养老金月标准为个人账户储存额除以120，苏州、青岛也实行此类做法。

6. *在基金运营管理方式方面*

一是大多数试点地区的做法，将农村社会养老保险基金纳入区（县）财政专户，以区（县）为单位核算和管理，实行“收支两条线”管理，个人账户金和社会统筹基金分设账户，专户储存，专款专用，不得挤占、挪用；结存基金存入商业银行，按国家规定的城乡居民储蓄存款同期利率计算，利息全部转入农村社会养老保险基金；财务和审计等部门严格对基金运营情况进行审计和监督，确保基金的安全、稳定和增值，如苏州、青岛、东莞和宝鸡等地。二是拓宽个人账户的发展功能，实行农村社会养老保险证质押贷款的办法。如四川通江县的“农村社会养老保险手册质押贷款”方式。

三、新型农村社会养老保险制度试点的思考与总结

（一）新型农村社会养老保险制度试点过程中面临的共同问题

1. 各地制度设计差异性过大与长期制度整合的矛盾

各地不同的经济社会发展状况决定了制度设计的多样性，从试点情况来看，同省的各市一般在制度设计上有很大的不同，有的同市的各区也制定了不同的试点办法，这不仅成为我国今后农村养老保险的提高统筹层次所面临的一个难题，也对未来城乡社会养老保险制度的衔接与并轨提出了挑战。

2. 资金的可持续性问题

当前，新型农村社会养老保险基金的筹集中一半左右来自于地方财政，特别是县、乡镇两级和村集体积累，而新型农村社会养老保险是一个待遇刚性的制度安排，在目前地方财政普遍吃紧，而承担的社会事务不断增加的条件下，没有国家和省一级财政的支持，各地今后有可能会面临着财政补贴和待遇支付方面的风险。

3. 基金运营和管理的困境

试点地区大都采取以县为中心的农村社会养老保险管理体制，使得基金分散运行，管理的专业化程度低、层次低、难以形成规模效益，基金管理也易受当地行政干涉，容易发生被挤占挪用等道德风险。基金运营方式单一，主要是购买国家财政发行的高利率债券及存银行，养老金的保值增值成问题。

4. 新型农村社会养老保险制度与城镇基本养老保险制度的衔接问题

尽管一些地区制定了新型农村社会养老保险与城镇基本养老保险制度的转轨办法，但并未形成合理的转轨成本筹集与分担机制。绝大部分地区只是单纯考虑新型农村社会养老保险制度的建立与完善问题，在制度设计方面并没有考虑到未来发展问题，尤其是未来如何与城镇基本养老保险制度进行衔接。

（二）新型农村社会养老保险制度试点总结

当前，新型农村社会养老保险制度试点已经在全国多数地区全面开展，试点地区依据自身社会经济条件和各方承受能力，创新建立了各具特色的新型农村社会养老保险制度。通过分析比较试点地区的制度模式，我们可以总结出以下经验：

第一，必须从宏观高度统一各地新型农村社会养老保险制度模式。当前试点地区创新性地采取了差异较大的新型农村社会养老保险制度模式，这将对未来实现城乡社会养老保险制度并轨和当前实现农民在城乡之间和地区之间转移接续形成障碍，

也不利于对新型农村社会养老制度运行进行管理和基金运营实行监管。因此，必须建立一个待遇水平有差异、制度模式一致的统一的新型农村社会养老保险制度。

第二，新型农村社会养老保险制度应该采取全面实施、分类推进的战略。原劳动和社会保障部曾经对农村地区进行了参保实施进度的分类，① 这意味着只有具备条件的地区才能实施农村社会养老保险制度，当前各地实施新型农村社会养老试点已经证明了这种实施战略是不妥的。当前，应在制定全国统一的新型农村社会养老保险制度的基础上，采取全面实施、分类推进的战略。即允许全国各地按照统一的制度模式，结合当地社会经济条件和承受能力建立待遇有别的新型农村社会养老保险制度，但应以有条件的群体为重点对象，然后通过探索建立中央财政向中西部地区和困难群体的转移支付机制，向广大农民分类推进的实施战略。

参考文献

[1] 卢海元（2008）：《建立全覆盖的新型农村社会养老保险制度》，载《农村工作通讯》第2期。

[2] 中国劳动和社会保障部课题组执笔人卢海元：《新型农村社会养老保险试点调研》，载《社会科学报》2007年5月17日，第1版。

[3] 卢海元：《创新与突破——北京市新型农村社会养老保险制度之探索》，载《中国劳动保障》2006年第3期。

[4] 赵殿国：《建立新型农村社会养老保险制度》，载《中国金融》2007年第6期。

[5] 国务院发展研究中心“推进社会主义新农村建设”课题组，秦中春执笔：《农村社会养老保险制度建设的紧迫性、发展现状与政策建议》，载《中国经济时报》2007年4月13日，第4版。

[6] 张春红策划，周晖采写：《新农保，开启6亿纯农民的养老之路》，载《中国劳动保障报》2008年2月14日，第3版。

[7] 赵德余、梁鸿：《中国发达地区农村社会养老保险制度的试验：一个比较制度分析》，载《人口研究》2007年第1期。

[8] 张国平（2006）：《新型农村基本养老保险制度模式可持续发展的机制建设》，载《经济研究参考》第55期。

[9] 朱海俊：《我国经济发达地区农村社会养老保险的模式比较与制度构想》，苏州大学，2007。

[10] 朱俊生、葛蔓、庹国柱：《农村社会养老保险制度分析——以北京市大兴区为例》，载

① 卢海元、米红、王丽郦、耿代、盛馨莲、李利群、李传宗：《建立新型农村社会养老保险制度可行性的实证研究——基于新型农保制度试点地区的农户抽样调查分析》，中国社会保障网，http://www.cnss.cn/xyzx/jcbw/200710/t20071031_164266.htm，2007-10-31。

《市场与人口分析》2005 年第 2 期。

[11] 刘卫国:《农村社会养老保险制度创新构想——以青岛市为例》，载《山东社会科学》2007 年第 7 期。

[12] 朱荣宗:《贫困农村养老“瓶颈”能否突破——巴中市农村养老保险工作的探索与思考》，载《四川劳动保障》2005 年第 7 期。

最低工资标准下的农民工就业*

张智勇

（中国社会科学院世界经济与政治研究所）

摘　要：本文对最低工资不利于农民工就业的各种观点进行了反驳。指出，政府需要制定相应的劳动力保护政策，以维护社会公平。通过制定最低工资，吸引农民工加入工会，壮大农民工在经济利益上合法抗争和博弈的能力，同时建立和健全农民工的社会保障体系，可以阻止农民工劳动供给曲线向右下方的无限制发散。本文提出了农民工实行最低工资的可行性，并对最低工资法的实施效果给予了肯定性的评价。

关键词：最低工资　农民工　就业

对于最低工资的就业效应，经济学界一直充满了争议。在中国，农民工目前已成为城市就业群体中不可忽视的，但也是最为弱势的群体。该群体的最低工资，由于受到户籍制度等等因素的影响，其就业效应的复杂性可能要远胜于国外的讨论。经典理论在多大程度上适用于农民工，理论界和政界事实上是没有精确的把握的。反对或否定最低工资的声音一般强调说，最低工资由于人为提高了工资，使工资高于市场均衡水平，会导致失业的发生。进一步，如果最低工资真的导致农民工失业增加，那么这可能只意味着糟糕的境况才刚刚开始。由于最低工资加大了资方的劳动力成本，侵蚀了资方利润，迫使资方提高产品价格。简而言之，最低工资的普遍实施，可能引发工资推动型的通货膨胀。作为低工资和固定工资收入群体的农民工，显然会在物价上涨中受到损失。在这一立场上，一贯而彻底关注民生的平民经济学家也似乎犹豫不决起来。在蔡昉（2005）看来，由于中国劳动力的供给曲线相对于国外更为平坦，因而相同的最低工资在中国会造成更多的失业。如何确保劳动力福

* 本文系第四十二批博士后科学基金资助项目《政策冲突视角下的农民工权益保障绩效研究》（20070420468）；教育部人文社会科学青年基金项目《政策冲突与农民工权益保护》（07JC840014）阶段性成果。

利得到保障的同时保持低成本的竞争优势，确实是摆在面前的一道难题[1]。孙立平（2006）对这种对最低工资的否定性评价给予了再否定，从社会学的视角指出了强资弱劳格局对农民工福利的损害与及这种格局的不可容忍性[2]。当然，最低工资在中国毕竟是新生事物。让事物按照自己的轨迹发展也许是不失明智之举。何帆（2004）认为，我们最好是不要作一个最低工资舞台上忘情投入的演员，而是当一个观众，静观事态的发展，可能是我们唯一能做的事情[3]。

低水平的均衡工资、市场供需法则以及农民工的命运，难道一切都因其冷冰冰的“理性”而不可逆转吗？尽管理论上的争论如此难以统一，但各国在政策上对最低工资加以实施却也是不争的事实。这表明，最低工资的推行是普遍的。基于这一点，我国庞大的农民工群体实行最低工资绝非另类，相反是必要和可行的。一项计量研究表明，失业率与现行最低工资标准无明显相关[4]。

本文对流行的观点进行了分析，认为最低工资立法的实施不会带来负面的效果。并指出，在当前的经济背景下，制定和实施最低工资是减少农民工失业的有效措施。

一、最低工资的实施与农民工就业数量的变化——来自理论上的澄清

（一）最低工资导致资本外流，减少劳动力需求

最低工资实施以后，由于成本增加，可能会导致外商投资的转移和撤离，这势必造成工人失业。本文认为：第一，相比周边发展中国家，中国广阔的市场、高速的经济增长速度以及稳定的政治环境，在外资看来恐怕是难以割舍的。第二，东南沿海最低工资的实施和升级中的民工荒，也许会导致外资从该地区撤离。但是，这种撤离的目的地更可能是中国大陆的中西部地区，没有理由相信投资会必然流出中国大陆。见表1。

表1 广东省最低工资标准提高是否会使被调企业搬迁

最低工资标准提高是否会使被调企业搬迁	一定会	重要原因之一	不是主要因素	不会
所占比重（%）	2.5	8.9	30.8	57.8

资料来源：韩兆洲等著：《劳动工资与社会保障——广东最低工资调研与统计测算模型研究》，经济科学出版社2006年版，第29页。

第三，周边一些小的经济体，比如现在的越南，劳动力价格低廉，招商引资和经济增长的速度令人瞩目。它会成为我们就业方面的一个威胁吗？在东南亚金融危机爆发之前，大量国际游资涌入泰国、马来西亚等国家，结果造成这些国家短时期内生产要素的价格猛涨。可以预料，如果原本投资于中国的资本转而涌入越南等小

型经济体，那么在边际水平上，相对于大量的外来投资，劳动力供给会被充分吸收，工资上涨和劳动力成本优势的丧失在不久的将来会变为一种现实。这一点已经在20世纪的韩国身上得到了证明。而事实上印度却是严格地遵照最低工资法。[5]

（二）最低工资减少青少年农民工就业

有一种语重心长的警告指出，最低工资加大了青少年接受教育的机会成本，可能导致其过早辍学而涌入劳动力市场，这无疑增加了劳动力的供给。在人力资本缺乏和供给增加的双重劣势下，青年农民工在劳动力市场上显然是缺少竞争力的，因而成为失业的主力军可能是一种难逃的宿命。但是从目前民工荒的年龄结构不难看出，青年农民工不仅不是失业的主要群体，相反是企业最为紧缺的对象。本文认为：第一，从就业的农民工群体来看，其收入的相当大部分投资于子女教育。这与中国的教育收费制度，农民工的亲身体验、义务教育法规、子女数量减少等因素密切关联。绝对水平并不高的最低工资不足以诱惑青少年群体弃学。第二，新生代的农村青少年在人生观、就业观上已经大不同父辈。他们深信唯有知识才能改变命运，作为独生子女的他们更渴望通过获取知识进而在将来获取一种体面而轻松的工作。第三，农民工在农民群体中，应该算作底层精英。具备了一定文化基础的农民工文化素质难以进一步提高，是因为农民工工资低廉，几乎不包括培训费用部分。通过教育提高素质进而减少失业，这在人力资本理论和供给学派那里早已是一种常识。如果对农民工实行最低工资，使农民工有能力对自己追加人力资本投资和提升就业能力，则农民工就不会面临失业。

（三）最低工资推行会引发通货膨胀

第一，最低工资的调整应该综合考虑劳动者本人及家人的最低生活费用；社会平均工资水平；劳动生产率等因素。这就是说，生活用品的价格水平是自变量，最低工资是因变量。最低工资是物价等因素的函数而不是相反。自20世纪90年代以来，物价大幅上升，但农民工工资以及最低工资水平却徘徊不前。近年来最低工资水平有所微调，乃是基于物价上升，货币工资购买力下降而做出的选择。表2说明，最低工资对企业人工成本的影响微弱，成本推动型通货膨胀一说难以成立。

表2 广东省最低工资标准对被调企业人工成本的影响

广东省最低工资标准对被调企业人工成本的影响	影响很大	影响较大	影响较小	没什么影响
所占比重（%）	4.6	22.2	43.1	30.1

资料来源：韩兆洲等著：《劳动工资与社会保障——广东最低工资调研与统计测算模型研究》，经济科学出版社2006年版，第27页。

第二，由于效率优先原则被过分强调，分配的天平有向资本倾斜的趋势。这似乎表明，目前的通货膨胀更应该归于利润推动的通货膨胀而非工资推动的通货膨胀。第三，价格上升无疑脱离不了成本增高的因素。在转型时期的中国，尚未健全的经济体制使得企业交易成本居高不下，腐败和寻租导致的成本占据了企业成本的不小份额。在资本利润和交易成本的双重挤压下，农民工的工资被压缩到了尽可能低的境地。

（四）最低工资使工人丧失工作，进而减少福利和丧失尊严

反对者认为，就业是工人获得利益和尊严的根本手段，但最低工资会增加工人的失业，这与保护工人利益的初衷南辕北辙。这种理由对最低工资充满了善意的劝阻意味，似乎令人难以拒绝。但是，必须强调，针对农民工而言，就业是手段而不是目的。低工资和恶劣的工作环境，对达到增加农民工收入，改善农民工福利的目的到底起到了多大的作用呢？在长期低工资的压榨下，农民工的身体健康、精神状况受到了不同程度的侵害。从利益上看，不仅全部的剩余价值，甚至部分的必要价值也被资方占有；从尊严上看，农民工在资本的高压和户籍制度的歧视下，忍受着边缘人的无奈。显然这种就业扩大的意义应该打上折扣。事实上，政府只有通过最低工资的制定与实施，才能有效加强企业工资收入的宏观调控，保护劳动者合法权益。如果政府仅用失业率作为政策的评判标准，可能会容忍资本强权压低工人工资，损害工人福利行为的发生。只注重就业数量而忽视就业质量的做法是本末倒置的。

（五）最低工资破坏了农民工市场上的市场机制，不利于农民工劳动力市场的发展

最低工资在反对者看来，由于最低工资被强制性地确定在均衡工资水平以上，因而破坏了市场机制。但是，目前的农民工低工资并非纯粹是供求均衡的结果。在相当的程度上，农民工低工资是由户籍制度的歧视性就业政策所引起的。从企业确定工资成本的法则来看，农民工工资应该等于使用农民工的边际收益。事实上农民工工资一直处在低于边际收益的位置。这显然没有遵循市场经济的法则。一项对35个大中城市的数据分析研究表明，目前我国的最低工资占职工平均工资的33.21%，为最低生活保障线的2.18倍。总体而言，与国际上最低工资占职工平均工资的40%—60%的标准比较而言，我国的最低工资水平偏低。[6]如果遇上拖欠工资，则农民工工资状况会更加不容乐观。在此背景下，最低工资的制定与实施，不是对市场机制的扭曲，而是对扭曲的工资机制的纠正。

（六）最低工资会使农民工单位工资的劳动生产率更低

常常有一种声音提醒人们说，虽然中国工人的工资水平偏低，但中国工人的劳动生产率更低。因此综合两者看来，中国工人的单位工资成本其实是较高的。运用这一观点，实施最低工资，将会使农民工的单位工资成本上升，进而进一步减弱企业竞争优势。事实究竟怎样呢？第一，有数据显示，与发达国家、新兴经济体、发展中国家等相比，中国制造业的雇员工资水平偏低，而第二产业劳动生产率则偏高[7]。而且据调查，珠三角地区企业农民工月平均工资为城镇职工的57.9%（合计值），其中，制造业为68.4%。[8]，这表明，农民工的单位工资效率绝非低下。第二，从就业领域来看，吸纳农民工数量最多的是建筑业和制造业。这些行业特别是制造业具有工作程序标准化、固定化的突出特点。这使得工人的努力弹性很小，偷懒行为很难发生。如果在其他领域，比如服务业又会怎样呢？由于严格的监督，高强度、满负荷的工作也把农民工偷懒的可能性压低到了最低限度。可以肯定，像公有制条件下，由于管理软约束而造成的效率低下在农民工身上不太可能发生。如此看来，仅凭农民工文化素质较低就主观谈论其效率低下是没有依据的。第三，经济学涉及劳动供给问题时，有一种暗含的假定：劳动供给者追求效用最大化。城市工人在工龄、职称和职务等因素决定的既定工资水平下，要想达到效用最大化，偷懒与逃避是一种不错的选择。这样做的结果，是劳动生产率的下降。但农民工的出发点显然不是为了追求效用的最大化，而是收入的最大化。而收入的多少与其工作效率显然是成正比的。

（七）最低工资不会必然增进农民工人力资本

本文对此的澄清体现在两个方面。第一，相对于均衡水平的低工资而言，较高的最低工资会比其多出一个余额。但不管怎样，从绝对量上来衡量，最低工资及工资的增加部分都是很少的。可以预料的是，在温饱尚成问题的阶段，增加的工资将很难被用作工人自己甚至子女人力资本的投资，更多的是挪作他用，比如改善饮食。所以，最低工资导致的工资增加，不会必然导致地提升人力资本。这种观点有其正确的一面，但结论却稍显悲观和片面。人力资本，不仅包括教育等正规培训，还包含了健康与营养等。就低收入水平的家庭来说，长时期的营养不良及其糟糕的生活环境对劳动者人力资本的获得及维持都是致命的。阿马蒂亚·森对发展中国家的考察证明，收入增加，营养和健康状况的改善则会迅速而明显地提升人力资本与工作能力。换言之，若果实施最低工资，导致的工资增加部分的边际人力资本效应将是很大的。第二，实施最低工资的雇主，出于成本的考虑，会减少对雇工投入的教育培训费用以减轻最低工资带来的成本增加的负担。这样，雇员的人力资本可能会因为厂商投入的减少而减少。但实际的情况也许并非如此悲观。从人力资本的获得途径来看，绝非厂商培训一条。按照发展经济学的观点，只要在工作，就必然保留了“干中学”的机会。换成马克思的语言，人的劳动在改造自然界的同时，也改造了人自身。工作机会保留，就意味着人力资本不会减弱甚至有可能加强。并且，由于最低工资带来的工资总额的增加，在业工人有可能会自己增加人力资本的投入。这两项，将会弥补厂商培训减少给人力资本所带来的损失。第三，如果最低工资确实导致了厂商对劳动力需求的减少，但厂商并不会减少对在职员工的人力资本投入。原因在于，一方面，虽然每个员工的人力资本投资可能增加，但由于员工数量的减少，所有员工人力资本投资总成本可能保持不变。另一方面，当员工人数减少后，要保持产量水平不下降，必须提高单个劳动者的生产效率。要达到这一点，必须加大对在职员工的培训。所以，综合来看，厂商加大对每个员工的人力资本投资力度有是有能力也有必要的。

二、向右下方倾斜的农民工供给曲线、最低工资法实施与农民工失业的缓解

调查表明，珠三角地区12年来月工资只提高了68元。佛山不少企业外来工月工资在近10年一直维持在600—1000元的水平。[9]尽管如此，在务农收入增收乏力的背景下，只要工资性收入高于农民工的保留工资，作为家庭增收来源的工资性收入就不会被农民工放弃。农民工不断进入劳动力市场，以求得一份工作。但是，农民工的大量涌入，会同城市失业的显性化导致的城市失业工人向农民工从事的领域的渗透，又会迫使市场工资率进一步下降。这样的结果使得农民工只好继续挖掘劳动供给潜力以弥补工资率下降带来到损失。表现在：全家进城，家里只留下老人和小孩；或者农民工个人超负荷工作，延长劳动时间。当然，随着经济的发展，货币工资一般会有所提高。但是，经济发展同时往往伴随着的是物价水平的上升，1993—2004年，全国CPI的年均增长率达到4.2%。考虑到经济增长速度与物价上升的同步性，经济发展水平越高的东南沿海，物价上升的越快。这意味着，对农民工而言，货币工资即使轻微上涨，其效果也完全被物价上涨给抵消，农民工的实际工资呈下降状态。这种状况在马克思的计时工资量运动的一般规律理论中得到过阐述。马克思指出："如果日劳动、周劳动等等的量已定，那么日工资或周工资就决定于劳动价格，而劳动价格本身或者是随着劳动力的价值而变化，或者是随着劳动力的价格与其价值的偏离而变化。反之，如果劳动价格已定，那么日工资或周工资就决定于日劳动或周劳动的量。"[10]"在一个产业部门内，工作日越长，工资就越低，这是人们公知的事实。"[11]这表明，工作日越长，劳动价格越低；而劳动力价格低廉，又反过来起到了刺激劳动时间延长的作用。这种过程归纳起来，不难得出结论，农民工数量与农民工工资呈反方向变动，表现在图形上就是农民工供给曲线向右下方倾斜。关于农民工供给曲线走向的问题，个别学者也有了类似的判断。[12][13]

在图1中，由于某种冲击，比如外向型劳动密集型产业出口的萎缩等，使得原农民工市场的均衡遭到破坏，工资水平 W_f 低于均衡工资 W_e。在 W_f 的水平上，供给

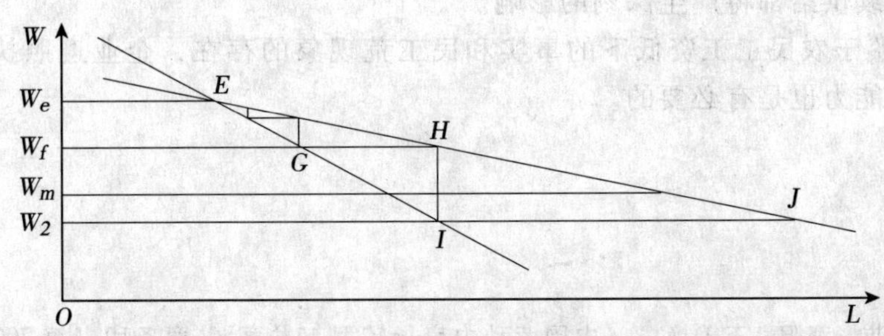

图 1　向右下方倾斜的农民工供给曲线与最低工资法的制定

曲线 S 即线 EH 上的 H 点表示的劳动力供给量会大于需求曲线 D 即线 EG 上 G 点所表示的需求量。由于供大于求，这促使工资进一步下降至 W_2 的水平。然后再持续类似过程发散下去。显然这种发散不像我们通常看到的蛛网型发散，自然也谈不上蛛网型收敛。如果规定一个最低工资标准 W_m，则会阻止这种发散，把工资水平控制在最低工资 W_m 的水平上。当然，在最低工资水平，仍然存在一定程度的失业。但是可以预见的是，如果不制止这种发散，下一个过程中比起上一个过程来讲，将会有更多的人拿更低的工资和更多的人失业。图 1 中，在较高工资 W_f 上，对应较少的失业 GH；在更低的工资 W_2 上，对应着更多的失业 IJ。

这种发生在农民工身上的恶性循环给人一种启示：现实中的劳动力市场在纯粹市场供求机制的作用下是不稳定的。按照以上的思路作推论，会发现农民工供给会无限制的向右下方发散而无法回到均衡点。

三、结　论

（一）反对最低工资的观点具有局部和静止的特点。仅从企业成本增加的角度，简单化的推导出最低工资的种种危害，这种做法本身也是有害的。在马克思看来，相对于无限扩张的生产来说，工人日渐走低的相对工资，使得工人的消费能力有限，最终导致经济危机的爆发。现实生活中，农民工工资低下，使得该群体的有限需求不足，经济难以持续增长。这与目前提倡的增加内需（实质上准确地讲应该是增加和刺激非富裕阶层的内需）政策是相悖的。

（二）政府在经济发展过程中，需要兼顾各方的利益。显然，反对最低工资的种种声音无不是站在资方的立场。但政府不能仅仅站在资方一边，相反，政府应该制定相应的劳动力保护政策，以维护社会公平。通过制定最低工资，吸引农民工加入工会，壮大农民工在经济利益上合法抗争和博弈的能力，同时建立和健全农民工的社会保障体系。这对于保证农民工工资的正常获取，维护农民工利益，保护劳动力的正常持续供给都将产生深刻的影响。

（三）鉴于农民工工资低下的事实和民工荒现象的存在，企业遵照执行最低工资政策是有能力也是有必要的。

参考文献

[1] 蔡昉、都阳、王美艳：《中国劳动力市场转型与发育》，商务印书馆 2005 年版，第 261 页。

[2] 孙立平：《链条开始断裂》，载《经济观察报》2004 年 7 月 19 日。

[3] 何帆：《围绕最低工资法的争论》，中国社会科学院世界经济与政治研究所网站，http：//www. iwep. org. cn/info/content. asp？infoId = 2834。

[4][6] 韩兆州、魏章进：《我国最低工资标实证研究》，载《统计研究》2006 年第 1 期。

[5]《印度农民工挤在大城市》，载《乡镇论坛》2004 年第 4 期。

[7]《从国际比较看我国劳动力价格水平的优势和趋势》，中华人民共和国国家发展和改革委员会网站，http：//www. sdpc. gov. cn/jyysr/zhdt/t20060320 _ 63529. htm. 2006/03/20。

[8]钟庆才：《利，还是弊：广东农民工短缺现象的分析与思考》，载《人口研究》2005 年第 6 期。

[9]劳动和社会保障部课题组：《关于技术工人短缺的调研报告》，http：//www. molss. gov. cn/news/2004/ – 908b. htm。

[10]《马克思恩格斯全集》第 23 卷，人民出版社 1972 年版，第 596 页。

[11]《马克思恩格斯全集》第 23 卷，人民出版社 1972 年版，第 599 页。

[12]王诚：《劳动力供求“拐点”与中国二元经济转型》，载《中国人口科学》2005 年第 6 期。

[13]郭继强：《中国城市次级劳动力市场中民工劳动供给分析——兼论向右下方倾斜的劳动供给曲线》，载《中国社会科学》2005 年第 5 期。

对失地农民社会保障的“重庆模式”的反思*

陈亚东

（重庆科技学院）

摘　要：重庆由于老工业基础薄弱，产业升级等多方面原因，催生了庞大的失地农民群体。然而，在解决失地农民养老问题上，重庆市特有的“重庆模式”即商业保险方式虽然解决了部分失地农民的最低生活保障问题，但是，由于其参与人数比较少，加之存在商业风险，难以彻底解决问题。为此，必须认真设计新的社会保障制度，以确保失地农民的幸福生活。

关键词：失地农民　重庆模式　养老保险

一、重庆失地农民现行养老保险制度概述

就重庆的情况而言，由于主城区高度集中在渝中半岛这样狭窄的30多平方公里的范围里，让人施展不开手脚，必须有大动作，“腾笼换鸟”。结果是催生了高新区、经济开发区、长寿开发区、西永开发区这样4个国家级开发区，外挂一个“北部新区”。另外还有以九龙坡工业园区为代表的重庆市管理的30个工业园区，还包括重庆市为了城市建设而进行的道路改造，高速公路修建、江北国际机场扩建、重庆大学城、重庆钢铁集团的搬迁与修建、以天元化工厂为代表的40多个污染企业的搬迁等一系列大动作。

这样下去，土地就成了矛盾的焦点：一方面是多种基础设施建设、工业用地对土地需求量的剧增，另一方面是农民对土地拥有承包权。而且随着土地被大量被征占，社会上迅速催生出一个急剧膨胀的群体——100多万失地农民。目前，由于经

* 本文系作者主持的国家社会基金项目《重庆失地农民社会保障制度研究》（项目编号：06XFX008）成果。

济发展水平、政策、管理体农民自身素质等多方面的原因，失地农民大部分就业困难，整体生活状况差，已成为城市新的困难群体，社会矛盾日益突出。

目前我市失地农民有三种保障形式。一是从 20 世纪 80 年代初开始推行的社会保障，发放农转非养老、病残人员生活费，但仅江北、南岸等 6 个区的 433 人领取了每月 12 元生活费。二是自 1993 年以来推行的储蓄式养老保险，全市有 15 个区县、10.73 万人参保，被征地农民每月可领 170—180 元保险费，但只限于“40 · 50”对象，财政为此年贴息近 1 亿元。三是从 1982 年开始推行的低保，到 2003 年全市已享受城市最低生活保障的征地农转非人员为 14.18 万人，但只占同期征地农转非人员的 19.4%。从工作实际看，这三种保障实保面不宽，保障水平低，不能满足被征地农民生活水平提高的需要。据抽样调查，2003 年被征地农民人均现金收入为 1916.4 元，而支出为 2256.8 元，收支缺口达 341 元；劳动年龄段内仅有 48.7% 的人员稳定就业；只有 12.4% 的农转非人员认为生活状况有所改善。

这种有点类似于储蓄式保险的补偿金保险模式的操作流程是这样的：在城市化扩张的过程中，每当土地开发一个片区，参与城市化扩张的商业保险公司将需要迁出的老年农民人口进行分类统计，即将 50 岁以上的老年男性和 40 岁以上的女性人口单独列出，然后通知这些土地迁出者，让他们在自愿自发的前提下去商业保险公司登记，保险公司把登记的名单递交市国土局，经过国土局审核后，由国土局把征地赔偿金交由商业保险公司管理。保险公司每年按本金（土地补偿金本金一般每人 2.35 万元，每年发放本金的 10%，每人每月可以拿到 195.8 元）的 10% 对这些土地迁出民发放保险金，一直发放到他们去世。另外，保险公司将在每个季度按其管理资金总额的 5% 收取管理费。

1994 年，国家下调了存款利率，1996 年，5 年期存款利率下降为 9%。在保险公司的要求下，政府对实际存款利率和 10%（本金发放比例）之间的差额进行补贴。比如，1998 年 5 年期的存款利率为 6.66%，那么政府就要补贴 3.34%。存款利率越低，政府补贴越多。

这种让商业保险介入、政府进行差额补贴的做法被称之为“重庆模式”。

1992 年，重庆市政府颁发《重庆市国家建设征用土地人员安置若干规定》等系列文件，首次将商业保险引入农转非退养人员安置工作之中。委托中国人寿重庆分公司（下称“国寿重分”）独家代办土地迁出民保险。

2002 年，新华人寿重庆分公司（简称“新华重分”）进入失地农民保险。目前，新华重分占据重庆主城区 80% 以上的份额。

随后，泰康人寿保险公司重庆分公司也进入该领域，三足鼎立之势基本形成。

重庆市政府每个季度按管理资金总额 5% 的比例付给商业保险公司账户管理费。而劳动社保局作为职能管理机构，无 5% 的资金管理费成本，可谓有比较优势。另外，既然是商业保险，为什么政府却还要给高额补贴？以目前一年期存款利率

2.25%为例，政府将要给高达7.75%的补贴。重庆劳动社保局认为，此前，重庆市国土局和财政局联合下文，要求按5年期存款利率进行核算，但是在大部分区县都是按1年期进行核算，目前大多数区县是按2.25%核算。核算的利率越低，政府补贴就更多。在沙坪坝区，甚至按1.98%的利率进行核算。

课题组人员的调查得知，社保部门提出的方案中包括两个要点，一是把承保主体的承担部分从目前商业保险公司的2.25%提高到3%以上，这样减少政府的补贴份额。另外一个是把目前商业保险公司每月给农民的金额从195.8元提高到300元。

二、对现行重庆失地农民养老保险制度的评判

(一)“重庆模式”是什么模式?

现在实行所谓的“重庆模式”，就是让失地农民把安置补偿费交给商业保险公司，再由政府按10%的利率计算拿一笔钱让商业保险公司按月去发给农民，并且发放中政府还要拿5%的手续费给商业保险公司。这实际上是一种商业保险。商业保险是商业行为，任何商业行为的宗旨都是经济利益至上，且贯彻买卖自由的原则，愿不愿意投保，以及投多投少，都是投保人的意愿。

从1992年起，中国人寿保险股份有限公司重庆分公司（以下简称重庆人寿公司）在重庆市人民政府的引导和大力支持下，开办了针对“男，50岁以上；女，40岁以上”的失地农民储蓄式养老保险业务（简称“被征地农民保险”）。截至2007年3月，该公司已经在16个区县开办，累计有效本金12.5亿元，有效人数7.4万人（其中在库区4个区县累计有效本金4.2亿元，有效人数2.4万人）。目前，此项保险已经经过14年的不断探索，在新华人寿股份有限公司、平安保险股份有限公司、太平洋保险公司等4家寿险公司先后参与下，已经有14万人参加了该业务。新华人寿累计承保大约4万人，保费收入约8.4亿元，其余两家所占比例比较小。

重庆已经形成比较成熟的运作模式，即：

1. 政府调控——政府出台土地安置办法，经失地农民自愿申请，土地主管部门将其土地补偿费、安置补偿费交保险公司办理储蓄式养老保险。政府对参加保险的农民实行利差补贴优惠政策，每年按保费的10%向参保农民发放生活补贴费，直到亡故。其中，保险公司承担5年期银行存本取息的利息部分，超过部分从专项统筹金中支付。政府负责向用地单位征收统筹金，该基金由财政保管，专项用于利差补贴以及向保险公司支付管理费用。

2. 保险经办。保险公司承担参保农民每月生活补助费的给付和代政府发放工作，并且在参保失地农民生活困难、患重病、家庭遭受重大灾害事故、死亡等情况下，经其申请和基层政府部门审批，以退保方式向农民给付保险本金。另外，协助政府制定和完善政策，对制度执行过程中可能出现的资金风险等问题提出预警和解

决方案。

3. 市场运作。政府通过支付管理费的方式向各保险公司购买服务，并且尊重失地农民意愿，由失地农民根据自身情况选择是否参保。各家保险公司自由竞争，由征地的区县政府以招标方式选择。

（二）被征地农民保险业务的特点

重庆新华人寿保险公司最初采用《员工福利团体退休金保险（B）》产品，2004年底又推出“征地养老团体年金保险”。其余各个保险公司的做法大同小异。其基本特点是：第一，财政支持。由地方政府对相关人员进行利差补贴，保证受益人本金年增值率10%，并且按照本金的10%领取养老金，其中保险公司保证5年定期存本取息储蓄利率水平的增值率，低于10%的利差由参保人员所在区县人民政府以财政等方式给予补足。

第二，即投即取的储蓄式养老。失地农民可以在投保后第二个月开始，就按月领取固定养老金，金额为本金的10%。本金不动，实际上为保险公司提供了可以长期投资的资金。

第三，集中投保，联合办公。发生征地的合格失地农民集中投保，政府相关部门和保险公司一般在征地现场联合办公，现场作业，有利于提高办事效率和问题的及时处理，大大方便了群众投保。

第四，管理费（账户管理费）另外列支，不动用本金。有参保人员所在区县人民政府负责支付并且一次性拨付到寿险公司。

（三）该模式的积极因素

实践证明，失地农民保险在实际工作已经取得了一定的积极成果。首先，它解决了失地农民中老年劳动力的未来生计，参保农民每月可以拿到近200元的生活费，满足了基本生活需要。引导农民把土地补偿金用于可持续生计和养老保障，有效地避免了将有限的资金提前用光，防止了农民由于专业理财知识缺乏，由此带来的一系列风险。同时，农民缴纳的保险本金始终是自己所有，在一定程度上延续了他们对失去土地这一基本生存资料的拥有感和安全感，促进了社会心理平衡。其次，解决了保障资金需求大与国家财力不足的矛盾，减轻了财政压力。通过利用现有的保险公司各个网点和人员支持系统，减少了政府新设立专门机构建“庙”和“招和尚”的巨大支出，减轻了财政经费的不足。14年来，重庆各级政府共为失地农民参加商业保险提供利差补贴约为4.16亿元，实现了用“小钱买大平安”的目的。再次，解决了失地农民养老保险资金安全性问题，确保了“管理监督”与“投资使用发放”的分离。政府通过合同的形式与保险公司约定了权利与义务，避免了政府既当运动员又当裁判员可能诱发的道德风险。

（四）该模式的消极因素

然而，许多知情失地农民并不认同，他们认为政府给予商业保险公司的补贴应当直接发放到自己手上。其主要理由如下：

1.“重庆模式”形成新的政企不分

严格来说，“重庆模式”是半社会性半商业性的怪胎。

《宪法》第二章第四十五条规定“中华人民共和国公民在年老、疾病或者丧失劳动能力的情况下，有从国家和社会获得物质帮助的权利。国家发展为公民享受这些权利所需要的社会保险、社会救助和医疗卫生事业”。失地农民因为城市城镇化建设失地生活保障的来源——土地，政府有责任有义务为失地农民建立社会保险制度保障其基本生活。

“重庆模式”让商业公司来承担本来就属于政府的社会职责，与当前我们所倡导的企业改革精神背道而驰，形成新的政企不分，混淆经济组织与行政机构的职能职责。全国只有重庆是以商业保险形式来解决失地农民的生活保障，其他省市均是建立失地农民社会养老保险制度解决其基本生活保障，政府的职责不能由商业保险越俎代庖。

2.“重庆模式”形成商业保险露脸，政府幕后买单，失地农民怨气连天

“重庆模式”从形式上看，失地农民的养老保险严格按商业保险的规定，与商业保险公司签订保险合同，养老金由商业保险公司发放，完全与政府无关。实质上看，政府当了冤大头，以单个农民参保计算，22000元交给商业保险公司，政府以10%的利率扣除银行利率给予补贴，以目前五年期整存整取2.9%利率计算，每个参保农民政府每年要补贴1586元，加上5%的管理费1100元，合计2686元。投保人每月领取175元，全年领取2100元。保险公司用政府的补贴发给参保农民后，还剩586元。一个参保农民586元的利润，1万农民一年就是586万元的利润。有保险公司负责人说他们不敢乱用失地农民的保险钱，完全是存入银行。就算如此，保险公司与银行之间的协议存款利率也让保险公司赚了一大笔。

“重庆模式”对商业保险公司来说是毫无风险，净赚利润。保险公司只按银行5年期存本取息的利率付给参保失地农民，这和农民自己把钱存入银行办五年期存本取息的存款形式有什么区别？然后是政府的利差补贴，又先划给商业保险公司，由保险公司发给农民。失地农民的养老费，仍然是自己的钱存入银行的利息和政府的补贴构成的，政府还要因此付给保险公司管理费。政府为失地农民办的好事让商业公司做了，你说政府冤不冤。

从另一方面讲，商业保险既是商业行为，就应有商业竞争。而“重庆模式”则是明确规定了由某一商业人寿保险公司承办，这有悖于市场经济的原则，显失公平。

3.“重庆模式”保障水平低，无法使失地农民享受社会发展的成果

“重庆模式”从1995年开始，到现在已经13年了。现在最多领195.8元，低于

最低生活保障线，失地农民的基本生活不可能得到保障。而且，失地农民不同于城镇低保人员，大多数失地农民失地前的生活水平比城镇低保人员高，失地后的生活补助费比低保还低或者等同低保，失地农民始终会不满。（按照重庆市2007年城镇居民最低生活保障的标准，主城区为240元/月）。

其次，参加“重庆模式”的失地农民也不能及时享受经济社会发展所取得成果。2004年国民经济以12%的速度发展，财政收入以40%的速度增长，城乡居民生活水平以13%以上的速度提高。2003年，政府为了使城镇离退休老年人享受经济进步社会发展的成果，普遍调高了退休养老金，但“重庆模式”的参保失地农民领取的保险费合同期五年内不能调整，每月就一百多元钱，并且五年内都没有调整，不能满足其基本生活是不难设想的。

4. 纯粹商业养老保险模式的风险分析

时间已经证明，采取由商业保险公司介入失地农民养老保险可以获得巨大利益的。但是，我们也要看到风险。失地农民养老保险的风险主要在于投保人和参与保险的公司两个方面。

对投保人而言，一旦制度出现漏洞，例如资金挪用或者保险公司破产，失地农民的利益将直接受到损失。因此在制度设计时，首先要从制度层次规避社会保险管理部门和保险公司的偿付能力风险。对保险公司而言，有机会参与到失地农民养老保险，可以得到很大的经济利益。但是商业保险的风险主要体现在三个方面：政策风险、社会风险和经营风险。

政策风险来自政府政策的多变性。政府在征地补偿和失地农民的生活保障方面占有绝对的主导地位。而全国，在解决失地农民的养老保障方面，各个地方政府的规定也是参差不齐，全国还没有统一的规定。这样很不利于失地农民的利益保障，也容易导致国家公共管理的低效率，增加公共财政的开支。因此，不排除在全国建立统一的失地农民的养老保险制度体系。一旦出现这样的情况，政府的资金投入等相关政策都会发生改变。政府政策向来具有多变的特征，这些变化就可能造成保险公司很大的经营风险。

巨大的征地补偿费用以保险基金的形式累计到保险公司，保值和增值的压力比较大。因为牵涉面比较广泛，一旦出现承付不力，将诱发较大规模的社会风险。

经营风险是指因为开展这一业务的一般是保险公司的地方分支机构，而限于人力和技术资源，地方分支机构在保费测算、适用合同条款、日常业务的处理等方面往往缺乏足够的经验和技术保障。因此，选择商业保险的时候，应当充分考虑这些因素。

三、重庆失地农民养老保险的路径选择

为了克服“重庆模式”的弊端，真正让政府相关职能部门承担起社会保障的职

责，我们认为，完全有必要建立城乡统筹一体化无障碍衔接的社会养老保险模式，把失地农民养老保险直接纳入城镇基本养老保险体系。为此，课题组负责人与重庆市劳动和社会保障部门等相关政府部门的领导及其职能部门的工作人员，多次进行调查研究，提出要建立一种相对独立的综合性的社会保障制度。

（一）失地农民养老保险的基本理论依据

著名社会学家吉登斯极力倡导“积极福利”的原则和建立“社会投资型国家”。首先，他提出了“无责任则无权利”的福利改革原则。传统的福利国家强调福利是公民的一种权利并不错。问题在于，福利国家的制度设计所蕴涵的对公民责任的忽视，必然导致人们习以为常的“福利依赖”和“志愿失业”。为了改变这种状况，需要强调权利与责任的联系，权利与义务的联系。其次，基于“无责任则无权利”的原则，应当采取积极的福利政策。传统的福利政策注重的是结果，即对财富与资源的再分配，其目标是维护人的生存，其手段是外在物质的或者现金给付，而积极的福利政策的目标则是推动人的发展，其手段是增强人的自主生存能力，而不是消极被动地等待别人的安排；传统的福利政策对外部风险采取的是事后风险分配制度，而积极的福利政策则对人为风险采取“事前预防”的方法。而且，积极福利政策的实施不仅要求国家的干预，还会要求国际或者全球范围内的合作。第三，要用“社会投资型国家”的概念取代“福利国家”的概念。因为，社会投资型国家适用于推进积极的福利政策。与传统的福利国家相比，社会投资型国家不仅关心经济福利，而且关心“心理利益的培育”。为了提供国民自我实现的条件，社会投资型国家的基本原则是“在可能的情况下尽可能在人力资本上投资，而最好不要直接提供经济资助”。

当然，以社会投资型为导向的社会政策在我们国家的推行，不是也不可能取代国家干预的再分配社会福利的地位和功能。这是因为，当今任何一个社会都需要政府和社会直接帮助和照顾那些弱势群体，并以国家干预等再分配的方式予以制度化的保证。这种再分配导向的社会政策和社会保障支出虽然有其成本，却能够弥补由于失业、贫穷、老年化等带来的负面效应。

（二）建立综合社会保障制度

既然工业化、城市化成为时代潮流，失地农民的出现就是必然现象。那么，我们就要顺势而为，对策是对“重庆模式”进行改革，推倒重来。

新的社会保障制度应当具有可操作性，能够真正保护失地农民的切身利益。这一制度覆盖养老、医疗、失业、工伤、生育等所有社会保险险种。如果每个保险都开设独立账户，专款专用，这样很不合理。明明是自己的钱，却不能够集中起来解决一个对个人或者家庭特别重要的问题。例如一个失地农民46岁得癌症，他只能够在医疗保险范围中考虑费用问题，其他保险就帮不上忙。综合性的保险就可以解决这一问题。

我们建议采取“个人缴纳（土地补偿费，安置补助费）和政府补贴”的集资方式和建立完全个人账户的积累模式。这一制度是在比较论证了成都的“城保（满60岁每月300元）”、上海的“镇保”（农村保险）、北京的“城保”（与城市居民养老保险一致），也考虑了浙江嘉兴市（比城保低）等经济发达地区的做法，大体上可以界定为：高于“低保”，低于城市养老保险，相对独立的养老保险制度，由市级统筹，各个区县不能够另外搞一套。

在领取方式上，改分月领取为灵活领取。每月发一次，没有必要，不需要时，可以放在账上产生利息，这样可以节省一些开支。对于户口迁移的失地农民，我们应当做好制度上的衔接，让他们能够自由流动，无障碍地领取养老金。

在责任分担方面。它不同北京和成都的“城保”，因为政府负担太重，也不同上海的“镇保”（农保）与浙江嘉兴、江苏苏州等发达地区的做法，而是高于“低保”，低于“城保”的制度。大体上是：政府、集体、个人承担的比例为4∶2∶4，如果集体经济是空架子，就由政府承担，个人承担40%。如果集体经济是空架子，就由政府承担，也就是说最多60%。

在资金来源方面，土地出让金和社会保障税是主要来源。在征地的同时就要征收社会保障税。政府的资金来源于土地出让金。如果土地出让金不够，由市财政解决。假设以150万失地农民为基数，领取养老金的人口比例为15%（男女满60周岁），每月240元，预期寿命74岁。1个人1年就2880元，存活14年40320元，22.5万人，每年需要资金6.48亿元。如果资金不足，就应由财政支付。重庆有没有这样的财力？我们大致计算了一下，如果实施这一方案，即使全部由财政负担，一年只需要支付6亿元左右。2006年重庆财政收入524亿元，大体上占了1%。

Study on the Urban House Security of the Peasant Workers

Guo Fengyu[1] An Yufa[2] Zhao Shiqiang[3] Ma Lijun[4]

([1,2] College of Management Science and Engineering, China Agricultural University
[3]Beijing Institute of Civil Engineering and Architecture [4] Agricultural University of Hebei)

Abstract: The absence of the urban house security of the peasant workers is the main reason that causes problems in household register, education of the children, medical insurance and the other social problems. So, this paper makes a detailed analysis on the urban house security system. The author firstly analyses the questions existing in our country's urban house security, and then, suggests several solving schemes on how to take steps to set up index purchase and replacement system for the peasant workers' rural housing land, enhance the skills training of the peasant workers and improve the income level. The ultimate purpose of the research is to establish a house security system for those peasant workers in china.

Key words: the peasant workers the urban house security system the settlement willingness

With the acceleration of modernization and urbanization in our country, although more and more rural population has transferred into the city, the peasant workers are also difficult to integrate themselves into the urban social for the urban and rural dual social structure, urban society's discrimination and the limitation of the peasant workers themselves. They are widespread lack of the good care of the society security and have an injustice treatment. Specific manifestations are as follows: they can't enjoy a city household registration, the medical insurance, the housing accumulation fund and even the education of their children. Especially with the rapid rising of the housing price, the housing issue of the peasant workers has become a problem which the society hasn't yet considered and the peasant workers don't have ability to solve. From a microcosmic aspect, the housing problem will directly influence the life quality and work enthusiasm of the peasant workers. From the viewpoint of macro-economics, the housing problem is also an important issue that has a close connection with the socialism modernization construction and the long-term development. Hence, this paper does beneficial research and exploration on this problem and puts forward some counter-measures and suggestions in accordance with the main problems existing in the present situation.

1 Definition of the Peasant Workers

To study the house security problem of the peasant workers in urban area, here, we firstly define the peasant worker as follows: the peasant workers are the persons that possess an agricultural residence registration but don't engage in the agricultural work. They live and work in the city and have their own characteristics. For example, the amount of them is large, the distribution is relatively concentrated, the housing condition is difficult and their requirement for house is not high.

2 The Necessity of Carrying Out the House Security System

2.1 Analysis of the Peasant Worker's Settlement Willingness

In this analysis, we assume that the settlement willingness is the dependent variable and use Y to represent. The value of it is 0 or 1. Y = 1: willing to settlement; Y = 0, not willing to settlement. X_1—X_5 represent the factors that affect the peasant workers' settlement willingness. Here, they are considered as explanatory variables. X_1—age, X_2—gender, X_3—the education degree, X_4—profession, X_5—housing condition.

Based on the determination of the research variables, the author designs the questionnaire and takes a random sampling survey in the area of BaoDing. This investigation initially puts out 550 questionnaires and finally reclaims 516 effective questionnaires.

In order to measure the correlation intention between two variables, the analysis first takes the correlation test on the explanatory variables affecting the peasant workers' settlement willingness. Assuming that X_i and X_j are two random variables, r is used to describe the correlation coefficient between them. The range of r value is from -1 to 1: $-1 \leqslant r \leqslant 1$. The more closely the value of the r approaches to the 1, the more obviously the positive correlation is. The more closely the value of the r approaches to the -1, the more obviously the negative correlation is. When the value of r approaches to 0, it indicates that the two variables may be uncorrelated. Generally speaking, we divides the correlation into three degrees in accordance with the value of r.

$-0.3 \leqslant r \leqslant 0.3$ means a low correlation; $-0.7 \leqslant r \leqslant -0.3$ or $0.3 \leqslant r \leqslant 0.7$ means a moderate correlation; $0.7 \leqslant r \leqslant 1$ or $-1 \leqslant r \leqslant -0.7$ means a high correlation. The table1 shows the explanatory variables' correlation coefficient.

Table 1 Explanatory variables' correlation coefficient

	X_1	X_2	X_3	X_4	X_5
X_1	1				
X_2	0.005	1			
X_3	-0.054	0.124	1		
X_4	-0.156	-0.058	-0.461	1	
X_5	-0.031	0.061	-0.441	0.301	1

From the data in the table1, we can see that the correlation coefficients all belong to the low degree except X_3 and X_4, X_3 and X_5 belong to a moderate degree. The test result indicates that the explanatory variables we choose are suitable to do the demonstration research.

In this paper, logarithms likelihood ratio is used to evaluate the performance of regression model. Given the $\alpha = 0.05$ significance level, if the logarithms likelihood ratio significance test index P is less than 0.05, it shows that the explanatory variable has a significant affect on the dependent variable. To research, we select the backward: LR method of logit regression module in the SPSS11.5 software. The principle of this method is: firstly let all explanatory variables enter the equation, and then delete the explanatory variable that doesn't significantly affect dependent variable one by one according to the probability value estimated by the maximum likelihood estimation method. The judgment probability value is assumed to be 0.05. After 3 rounds of optimization test and screening, a better model which has a good fitting effect is gained. Table2 shows that the variables in the equation and some parameters.

Table 2 Variables in the equation

	B	S. E.	Wald	Sig.	Exp(B)
X_3	2.318	0.505	21.050	0.000	10.152
X_4	-0.845	0.191	19.517	0.000	0.430
X_5	-0.560	0.181	9.614	0.002	0.571
Constant	3.237	1.758	3.390	0.066	25.452

S. E—standard error Wald—statistic value for the regression coefficients

Sig—significance probability

After the optimization test, X_1 and X_2 are eliminated. The final result reveals that X_3, X_4 and X_5 have a significance affect on the dependent variable under the $\alpha = 0.05$ significance level.

The last test conclusion: The persons are all rational. They concern personal benefits and are pursuers who like to maximize the personal utility. No exception in the peasant workers. The income gap between the urban and rural Areas makes the peasant workers have strong desire to settle in cities. They expect to increase the income and enjoy the infrastructure and the public service facilities by settlement in the city. Based on the investigation, we found that besides the education degree and profession, the housing condition is the most important factor affecting the peasant workers' willingness to settle in city, but their age and gender are not important to it. Therefore, in order to realize the urban- rural integration and narrow the income gap, the housing problem of the peasant workers must be solved at first.

2. 2 The gap between the Peasant Workers' Income and Housing Demand

In 2006, the State Council published the investigation report of the peasant workers in china. It shows that the salary income per month of those peasant workers is in a low level. The range of the income is mainly between 500—800 yuan. The detailed data is given in table3 and table 4.

Table 3 Investigation table of income of the peasant workers

Income(yuan/per month)	Under 300	300—500	500—800	Above 800
Ratio(%)	3. 58	29. 26	39. 26	27. 90

Table 4 Distribution time of the peasant workers' salary

Distribution time	In time	Sometimes delay	Often delay
Ratio(%)	47. 78	35. 68	15. 68

According to the statistic documents, the average expenditure of the peasant worker per month is 463 yuan. The expenditure structure per month is as follows: housing entertainment is 72 yuan, food expenditure is 234 yuan, entertainment expenditure is 47 yuan. As a whole, the percentage of the expenditure in the income per month is 42. 7%. Through the data above, we can see that at present, the level of the peasant workers' income is too low to afford the housing cost in the city. So, they can't solve their housing problem through the real estate market. Furthermore, the average age of the peasant workers in our country is 28. 6 years old. They are just in the stage that they should improve their self-quality and labor skill, but, just for the low level income, they are difficult to afford the training cost. As a result, they fall into a vicious circle. Based on the Statistic Bureau data, we learn that among the 29425 peasant workers we investigated, only 9196 peasant workers have professional technology certificate (primary certificate: 59. 43%; intermediate certificate: 34. 45%; senior certificate: 6. 12%). Therefore, under the operational mechanism of market economy, most of the peasant workers can't go out the predicament of houseless by themselves and are difficult to accumulate capital in the city.

3 The Problem of the Peasant Workers' House Security

3. 1 Implementation of the Peasant Workers' House Security is still at the Starting Stage

In 2007, the State Council published several suggestions on how to solve the housing problem of the low income family (Abbreviation is Several Suggestions). It is the third document published by the State Council directly which has a relation to the housing system reform since the housing system reform in 1994. In this document, it is the first time to take the peasant workers, residents in shanty town and the other groups difficult in house into the groups that are listed to improve the dwelling conditions step by step. However, the problem of the peasant workers' housing system was less mentioned in the urban housing system before. For instance, the housing accumulation fund system: Its actualized subjects are always the party and government organizations, the public institutions, some state enterprises and the large transnational enterprises. In this system, most of the peasant workers are excluded from it. And, in 1998, the State Council published the Notification and basically built up the housing security system. This Notification established the security housing supply system including the economical affordable house and the low-rent house, but the supply object was limited to be the low income and houseless citizen in cities. In this Notification, the peasant workers are also ignored by the government. Although our country has made a lot of policies that are useful to improve the housing security system, those policies have little relation to the peasant workers. So, the problem of the peasant workers' housing security system which the society hasn't yet considered and the peasant workers don't have ability to solve has been excluded from the urban housing security system all along. That is why we study this problem.

3. 2 Problems Caused by the Absence of the Peasant Workers' Urban Housing Security

The peasant workers' house problem has been a problem to be solved urgently. A series of social problems are all caused by the peasant workers' house problem. For example, the household register problem, the education problem of the children, the sexual life problem, and the new generation of the peasant workers problem, etc.

(1) Household register management system

After 1958, the dualistic household register management system of town and country was set up and developed gradually. It is the outcome of the planned economy and the shortage economy. The rights appended to the household register system including the employment, the education, the medical treatment, the house, the living security and so on are the special outcomes of the planned economy. Those rights make the household register have the welfare function and the difference between the town and the country. The important difference caused by the household register system has become the most centralized embodiment of the difference between the town and the country in china. At present, although the limitation effect of the household register system on the population mobility has already been greatly weakened, the limitation of it still exists. Because the permanent residence and the daily work locus of the peasant workers are separated, even if there is no dualistic household register system the household register based on the limitation of their house can't be operated in accordance with their work locus. Furthermore, a investigation report of the peasant workers in china shows that the percentage of the peasant workers who live in the city exceed 6 months is 81. 3% and it is 3. 7 percentage points higher than last year, 6. 4 percentage points higher than 2002. This statistical data indicates that the amount of the peasant workers who work in the city rises year by year, but, just because they don't have the urban household register, they can't enjoy the housing security as the other citizens.

(2) Education problem of the children

In the current education management system of our country, the government transfers funds and equips teachers on the basis of the student's quantity. The enrollment in school that can accept the compulsory education in the city is on the basis of the districts. According to the household register, the student's quantity of each district is determined. Because the children of the peasant workers don't have the urban household register, they can't enjoy the educational resources. If they are allowed to select school at will, it is difficult to deal with the relationship between the government and the school. Under the existed relationship between the government and the school, the school has to take the sponsorship fee from them or directly refuse to accept their enrollment applying. According to the investigation of the statistic bureau in our country, some peasant workers believe that the most troublesome in children's education is the high tuition they can hardly afford, and the percentage of this part is 35. 95%. Nearly 27. 62% of the peasant workers believe the most troublesome is they don't have the urban household register. About 16. 15% of the peasant workers believe the discrimination and the frequent transfer are the most troublesome. Besides that, the instability of their work is also an important factor that affects the children's education. The children of the peasant workers can't enjoy the national treatment as the citizens, and this situation may influence their social responsibility in the future. Moreover, some children are still left in rural areas because of the house problem, and the psychological development and education problems of those children should be paid great attention to.

(3) Sexual life problem

The peasant workers don't have house and can only leave the spouse in the country. Even if they all work in the city, they can hardly live together. Some investigations show that the average age of the peasant workers is 28.6 years old. Those young peasant workers are all in the vigorous stage and their sexual life can't be satisfied objectively. This phenomenon may result in several negative problems as below: first, some people are inclined to the prostitution and whoring to resolve the sexual inhibition. This behavior makes the sexual diseases transmitted severely and affects the steady of the social; second, some people with weak will even violate the state law and degenerate into the rapist. According to the data that the judicial department published, rape is the main type in the peasant workers crime cases; third, the long-term spouse's separation will directly influence the family harmony and their conjugal relation; finally, the sexual inhibition may also have some effect on the work efficiency and work enthusiasm.

(4) New generation problem of the peasant workers

According to the investigation report of the peasant workers in china, it indicates that there are 8954 people at the age of 16—25 years. That accounts for 30.43% of the total investigated. From this ratio, we know that this group has become the mainstream of the present peasant workers. The peasant workers in this group mostly have a higher education and national treatment consciousness. On one hand, they don't want to go back to the rural; on the other hand, they also don't want to live in the city but can't enjoy the treatment as the citizens. They work hard but they are also difficult to integrate themselves into the urban social. That makes them fall into a dilemma. The house problem has become the key to solve the other problems. If it isn't solved well, this group will become a great hidden danger of the social stability and the economic development.

4 Countermeasures and Suggestions

4.1 Establishing and Perfecting the Housing Security System of the Peasant Workers

In order to establish and perfect the housing security system, two jobs must be completed. First, the social housing supply system containing the economical and practical house and the low-rent house should be further improved. Under the fiscal budget constraint, the group belonging to the guarantee scope must enjoy the guarantee. With a very low income, they can hardly solve the house problem by themselves. The support of the government is the only way. If they are forgotten by the society all along, they will become the social unstable factors. So, in order to embody the social fairness and build a harmonious society, the house problem must be solved as soon as possible. The second job is to strengthen the house accumulation fund management. The government should take proper measures to bring the peasant workers into the housing security system gradually. In the actual operation, some questions may exist. Here, we give some advices:

(1) The peasant workers' high fluidity may cause the operation instability of the house accumulation fund management.

Suggestion: the government should formulate some correlated policies, laws and regulations.

(2) The income of the peasant workers is low and the payment enthusiasm of the house accumulation fund is not high.

Suggestion: in the process of the establishment of the house accumulation fund system, the government may try to reduce the entry limits.

(3) Some owners of the non-public enterprises have a serious profit-making view.

Suggestion: propagandas and explanations should be given as many as possible. Try every means to change their idea. The government must let them know that the establishment of the house accumulation fund is a part of the laws requirement and provides convenient condition for them to do it.

4.2 Solving the Problem Step by Step

Considering the economic development levels of our country, the government should provide some houses which are consistent with the peasant workers' income and consume demand by making relevant policy or direct participation. The peasant workers can buy it, but some conditions must be provided with. And, according to the real situation, it is better to solve the house problem in several stages. The local government should comprehensively consider the peasant workers' house issue and take some correlative measures to improve the living condition step by step.

4.3 Improving the Living Condition through Various Ways

In order to improve the living condition of the peasant workers, the employer should provide a living place which meets the health and safety requirements for them. Different methods should be taken in different situations. In the development zone and the industrial area which the peasant workers concentrated in, they should build collective dormitories to rent to the peasant workers on the basis of the intensive land use principle. But, those collective dormitories are not allowed to be sold as commercial house. When the village within city is reconstructed, the housing demand of the peasant workers must be considered. According to the general land use planning and the urban planning, collective dormitories should be built. In the conditional areas, they may build appropriate houses for the peasant workers under the government guidance and the market operation. With a reasonable rent, the peasant workers' house problem can be resolved to some extent.

4.4 Set Up Index Purchase and Replacement System for the Rural Housing Land

For the peasant workers that live in the city for many years, it is suggested to purchase or replace their rural housing land. In this way, the housing consume ability will be increased. In addition, it can also adjust the constructional land index of the urban and rural. Based on this kind of adjustment, it is beneficial for the unified management of the urban and rural constructional land.

4.5 Strengthening Skill Training and Improving the Income Level of the Peasant Workers

In order to thoroughly solve the questions, the support measures the government adopted are only a temporary policy. In long views, it is better to strengthen the peasant workers' self-quality. The government should increase the training of the peasant workers. After the training, not only will the technology content in the work be increased, but also the work efficiency and work quality. They can find a better work that provides a higher salary and their income level will be increased step by step. From a long-term perspective, it is helpful to cultivate their housing affordability in the city.

5 Conclusions

Through the analysis above, it can be concluded that constructing the peasant workers' housing security system needs the common efforts of the government and the peasant workers. The peasant workers' housing security system is a part of the social security system. So, the housing security capital should be taken into the public financial budget expenditure. Although it is difficult to construct the security system overnight, we can realize it step by step. In this realization process, we think that it should be divided into two stages. In the first stage, the government must play a leading role to support and help the peasant workers. In the second stage, the effort of the peasant workers should take the dominant position. They ought to improve their own quality and production skills and depend on themselves step by step. To some extent, it can also relief the government's burden.

References

[1] Zhang Rui, 2005, "The Neglected Sexual Inhibition Pain of the Peasant Workers", *The Urban Bulletin*.

[2] *The Investigation of the Peasant Workers*, Life Quality, http://finance.memail.net.

[3] Lv Ping, Zhou Tao, Gao Rencheng, 2005, "The Conflict between the Peasant Workers' Housing Settlement and the Present Land Policy", *Housing Security*, pp. 49 – 51.

[4] Gao Huaicheng, 2006, "Paying Attention to the Peasant Workers' Housing Problem", *Theory Research*, pp. 22 – 25.

建立农民工养老保险制度创新模式的思考*

孟颖颖

（武汉大学社会保障研究中心）

摘　要：自2003年以来，农民工群体的社会保障尤其是养老保险等问题引起了政府和全社会各界的广泛关注。本文全面分析了当前我国各地农民工养老保险的制度模式；重点剖析了当前农民工养老保险参保率低、退保率高的深层制度原因；并根据我国国情，提出了分类、分层、分步骤完善我国农民工养老保险制度的建议。

关键词：农民工　养老保险　中国国情

农民工已经成为我国社会经济发展过程中不可忽视的强劲力量，其社会保障权益也愈来愈受到社会各界的重视。就农民工养老问题而言，近年来，深圳（1987）、广州（1998）、北京（1999）、浙江（2001）、上海（2002）等用工需求量较大的城市都先后推出了农民工养老保险政策法规。从各地的实践情况来看，农民工的养老保险制度模式大致有以下三种。

一、当前我国农民工养老保险的制度模式

（一）以广州、深圳为代表的“扩面型”模式

“扩面型”模式是将农民工的社会养老保险直接纳入到当地城镇职工的基本养老保险制度之中，通过实现“城保”的“扩面”来解决农民工的养老问题。

在这一模式中，农民工缴纳的保费比率、计入个人账户的比例、缴费年限、退休待遇及领取方式等，同城镇职工完全一样，在制度设计上实现了社会公平；从建

* 本文系教育部哲学社会科学研究课题攻关项目“社会保障制度的完善与全面建设小康社会研究”（项目批准号：03JZD0022）的阶段性成果。

制成本上来看，避免了制度资源浪费，且不存在技术及操作上的问题；而且，农民工的整体年龄结构较轻，有利于缓解当前城镇职工基本养老保险支付压力普遍过大的问题；有利于社会保障城乡一体化长远目标的实现。

但这一模式也存在一定的缺陷：与城镇职工同样的缴费标准对于收入普遍较低的农民工而言，负担过重；由于流动性较大，绝大多数农民工连续缴费年限达不到规定的15年，只能选择一次性领取个人账户中的积累额部分，而企业所缴纳的社会统筹部分，被无偿“剥夺”；目前，我国除少数几个经济发展较快的省市建立了农村社会养老保险制度试点外，其他地区几乎一片空白，农民工返乡后社会保险关系基本上没有对应的接续点，不得不办理退保手续。

（二）以北京为代表的“仿城型”模式

“仿城型”模式是仿照城镇职工的基本社会养老保险制度，以相似的缴费基数(一般为本市上年职工月最低工资)、缴费比率、统账比例、计发办法，为农民工群体单独建制的一种保障模式。

在这一模式中，单独建制体现了社会对农民工社会保障权益的重视；农民工与城镇职工享受平等的养老保险待遇，也在制度设计上实现了社会公平；统账结合的“仿城”形式，易于农民工社会保险关系的转移与衔接，易于未来与城镇职工保障制度的衔接；较低的缴费比率不会增加农民工与用人单位的负担。

这一模式的缺陷在于：为农民工单独建立保障制度，承认了当前城乡割据的二元化社会保障体系，割裂了城市与农村劳动力的社会保障界限；有重复建设、浪费制度资源之嫌；同时，按照上年度职工月最低工资标准确定的缴费基数，限制了收入较高者养老保障水平的提高；养老金普遍实行一次性计发的方式，也有悖于制度建立的初衷。

（三）以上海为代表的“综合保险型”模式

“综合保险型”模式是在同一制度框架之下，对农民工实行“一险三代”甚至“一险多代”的办法，将农民工的工伤、医疗、养老等多种社会风险作为“一揽子”保险统一承办。农民工在连续缴费满规定年限后，即可获得一份老年补助凭证，在达到法定退休年龄后，凭此证到户籍所在地事先约定的商业性保险公司领取老年补贴。

在这一模式中，强制性规定企业是缴费的主体，明确了企业的责任；将各种风险都纳入到“综合保险”之内，降低了制度成本；通过商业性保险机构运作，利用其技术及组织机构，解决了社会保障关系跨地区转移难的问题；完全独立的新制度，没有历史“欠账”，政府负担较轻。

这一模式的缺陷也很明显：建立单独的农民工个人账户，保险基金采用商业化的运作方式，忽视了社会统筹部分，没有实现社会保障的"社会功能"，其实质是一种政府强制性的由企业代缴的个人储蓄计划；保险费用缴纳完全来源于企业，企业出于自身考虑，势必会减少吸纳农民工数量，不利于农村剩余劳动力的顺利转移；保险基金完全交由商业性保险机构运营，不利于整个制度体系内基金的完整性，更不利于未来与城市社会保障制度的接轨。

二、农民工养老保险参保率不高，"退保"率高的制度原因分析

从各地方农民工养老保险的实践情况来看，参保率低、覆盖面窄是三种制度模式面临的共同问题。劳动和社会保障部的调查数据显示，目前，我国农村劳动力外出务工人数约1.2亿，农民工养老保险的总体参保率仅为15%左右。在这种参保率不高、覆盖面较窄的情况下，当前各地普遍出现的"退保"现象更是突出。新华社2006年2月15日报道，福州市10多万参加养老保险的农民工，累计退保达4万人次；广东东莞2005年有105万人参加职工基本养老保险，但仅一年就有40万人退保，基本都是外来务工者；浙江杭州参加养老保险的外来工在50万人左右，而每年退保人数高达8万—10万，目前累计退保的人次已超过24万。

建立农民工社会养老保险制度，是有利于加快农村剩余劳动力转移、维护农民工社会保障权益的好事，但为什么各地"退保"现象频频发生？本文试图从制度层面来探究其中的原因。农民工作为一支新生的劳动力大军，流动性较大是其最显著的特点。有调查显示：农民工在工厂、餐饮等服务行业的平均工作周期是4—6年；从事建筑业等体力工作的农民工在一个地方的平均工作周期仅为2—3年。而养老保险制度的目的是规避老年生活风险，相对于其他保障制度而言，更注重制度的长期性与稳定性。因此，农民工流动性大的特点与制度设计之间的矛盾，便成为引发"退保"现象高涨的最直接原因。

（一）养老保险制度设计的缴费年限要求较长

参照城镇职工基本养老保险金的领取年限标准，各地现行的农民工养老保险制度基本上都规定须连续缴费满15年后，方可领取养老保险金。对于大部分农民工来说，流动性较大的特点决定了他们很难满足现行制度要求的缴费时间规定。而缴费时间的间断、过短，一方面直接导致参保农民工享受不到应有的保障待遇；另一方面使得农民工个人账户的积累额过少，不能实质性的满足其未来养老的需要。因此，在目前农民工养老保险关系还无法顺利实现转接的情况下，养老保险缴费年限限定的"门槛"过高，只能导致众多农民工参保之后又不得不选择退保。如目前深圳市养老保险参保人数共达422.5万人，其中农民工占总参保人数的66%，但截至2007

年2月，只有100多名外来工在深圳享受按月领取养老金的待遇。造成这种现象的重要原因就是养老保险制度缴费年限规定为15年——“门槛”过高。

（二）各地缴费基数、缴费比率差异较大，无法顺利实现保险关系的跨地区转移

缴费基数和缴费比率是养老保险制度设计必备的两个基本要素，它们的确定决定保险基金数额的大小。表1反映了几个代表性城市农民工养老保险制度缴费率的差别。

表1 各地农民工养老保险制度缴费率比较

	缴费基数	企业缴费比例（%）	个人缴费比例（%）	个人账户部分所占比例（%）	社会统筹部分所占比例（%）
中央	实际工资	20	8	11	17
北京	本市上年度最低工资	19	7—8	11	16
广州	实际工资	20	8	11	17
深圳	本市上年度平均工资	8	5	11	2
南京	实际工资	14	8	11	11
天津	实际工资	20	8	11	17
厦门	本市上年度最低工资	8	8	11	5
上海	本市上年平均工资的60%	12.5	—	—	—

就目前各地的实践情况来看，不仅不同地区由于选择的保险模式不同，缴费标准、缴费费率会产生差异，甚至在相同制度模式下的统一缴费地区，也存在着费率差异较大的情况。如浙江省允许农民工的养老保险个人账户可以在省内无条件的跨统筹范围转移，但在其实行的“双低”（低缴费率、低待遇水平）计划中，全省88个市、县、区共有14种统筹比率。

当然，考虑到不同地区经济发展水平的差异，缴费基数与缴费比率的多样化对于社会保障公平目标的实现是必要的，但确定缴费的标准和依据不同，不仅造成农民工养老保险费用及待遇标准地区性差异较大，更直接增加了农民工流动时保险关系迁出地与迁入地之间的转移与对接困难。本文认为应该制定全国统一的农民工养老保险缴费基数与费率，以解决保险关系异地转移对接困难的问题。经济发展水平较高的地区、行业可以通过企业补充养老保险为农民工提供更高层次的保障水平。

（三）养老保险费率过高，基金供给困难

当前各地普遍参照现行城镇职工养老保险制度规定的缴费基数和比率设立农民

工养老保险制度的费率，忽视了农民工工资水平普遍偏低的实际情况，超出了他们的承受能力。如2004年7月至2005年6月期间，广州市非公有制企业的养老保险缴费基数下限是上年度（2003年）全市职工月平均工资2353元的55%即1294元，企业每月按基数20%即259元缴费，农民工每月按8%即103元缴费。事实上，广州市农民工月平均工资不足1000元，100多元社保费对其而言是一个不小的经济负担。这一方面造成农民工对养老保险的抵触情绪；另一方面，过高的缴费率也加重了企业的负担。企业往往为了降低成本，逃避缴费，使得需要划归个人账户的部分也难以到位。尤其是在“综合保险型”模式中，全部保险费用由企业负担，一旦企业拒绝缴纳保费，那么农民工则无任何保障可言。

（四）养老保险统筹层次不高，且封闭运营，导致农民工社会保障利益流失，最终选择“退保”

从理论上讲，社会保障制度的再分配性质体现在制度设计的统筹层次上，统筹层次越高，越有利于不同收入人群之间风险的分散，越有利于体现社会公平与社会正义，对于农民工养老保险制度而言，越利于农民工的流动，利于更好的实现人力资源的最优配置；也利于制度管理成本的节约。但实践表明，就社会统筹这一部分来说，经济发展水平不同的地区及企业对社会统筹的层次意见是不统一的。经济条件相对较好的地区或企业因为在统筹部分处于“补贴”的地位，所以不愿意多缴费或按时缴费，而经济条件不好的地区或企业则刚好相反。如果强制实行较高的统筹层次，后者又有可能对前者产生依赖心理。这一现象在我国城镇职工养老保险制度运行中已得到了充分证明。

目前我国农民工的养老保险制度基本上都只在县、市、区级内实现统筹，且在本区域内封闭运营。这种低层次的社会统筹，导致农民工即使参加务工地区的养老保险制度，但由于工作地转移、“返乡”等迁出该地区时，虽然原则上可以自由迁转社会保险关系，或一次性退还部分保险费，但都只能带走个人账户里的钱，而无法带走社会统筹部分的资金。同时，当农民工流入新的城市务工时，更不可能享受该地区社会统筹部分的福利，这直接导致务工期间对该地区社会统筹部分的贡献被无偿“侵占”，社会保障利益消解以致流失。因此，农民工理性的选择就是“退保”，甚至不参加保险。

三、完善我国农民工养老保险制度的建议

鉴于以上原因，根据当前的现实国情，本文认为现阶段应该采取分类、分层的方法解决农民工的养老问题。具体的制度设计如下：

(一) 分类

根据农民工所从事的职业特点及流动程度的差异，可将其大致划分为以下三类：

第一类为有雇主、职业相对稳定、且有固定收入、流动性不大的农民工。他们绝大多数已在城市居住多年，思想意识、行为方式、生活习惯与城镇居民已无二致，属于只存在身份差别的“准市民”。

第二类为有雇主、但职业不稳定，也无固定收入、流动性较强的农民工。流动性较强是其最大特征。这一大类中又包括两类有差别的农民工：一类是长年在城市务工，只是在不同城市之间流动的农民工，他们与第一类农民工的区别主要在于流动频繁；另一类是亦工亦农、亦城亦乡的“两栖”型农民工，他们只在农闲或其他有限的时间内进城务工。

第三类为无雇主雇佣、在城市从事个体经营或自谋职业的农民工。

(二) 分层

针对以上三种不同类型的农民工，可以设计多层次的养老保险制度以满足他们不同的需要。具体制度设计绘制图表说明如下：

表2　农民工养老保障制度的分类、分层设计

<table>
<tr><th colspan="2">类别</th><th>群体特征</th><th>制度设计</th><th>补充说明</th></tr>
<tr><td colspan="2">第一类
“准市民”</td><td>有雇主、职业相对稳定、有固定收入、流动性不强</td><td>进入当地城镇职工基本养老保险制度</td><td>设置进入当地“城保”的“门槛”</td></tr>
<tr><td rowspan="2">第二类
“农民工”</td><td>流动型
“准市民”</td><td>有雇主、职业不稳定、无固定收入、流动性较强（不同城市之间流动）</td><td>为其创造有利的就业环境，鼓励其在城市固定下来，并接纳其进入当地“城保”</td><td>有意愿在城镇长期务工，与第一类农民工的差别只在于流动性较大</td></tr>
<tr><td>“两栖”型
农民工</td><td>有雇主、职业不稳定、无固定收入、流动性较强（城乡之间流动）</td><td>建立确定缴费型的个人账户制度，采用完全积累的方式运营</td><td>以输出地为原则登记；建立社会养老保障卡；分设个人及社会统筹两个子账户；在输出地按月领取养老金</td></tr>
<tr><td colspan="2">第三类
“自由职业者”</td><td>无雇主雇佣、在城市中从事个体经营或自谋职业</td><td>在以上两种方案中自由选择</td><td>企业部分由其个人补足</td></tr>
</table>

对于第一类农民工，他们已经在城市工作多年，为当地经济的发展和社会进步，做出了巨大的贡献，理应享受和城镇居民平等的社会养老保险制度。因此，各地可根据本地的实际情况，设置这类农民工进入当地城镇社会保障体制的“门槛”，如

在城市的居住期限，有无稳定的工作岗位和收入来源、有无固定住所等等。凡是符合条件的农民工，应当将其囊扩到城镇居民的社会养老保险制度中去。

采取这样的解决办法，一方面伴随着这些农民工身份的转变，可以开通农民向“市民”转变的新渠道，缩小农业人口的规模，加快城市化进程的速度；另一方面，农民工进入城镇职工基本养老保障体系后，可以适当减轻当前制度的支付压力，以后伴随着户籍制度的改革，农民工的户籍身份和职业身份相脱离的尴尬局面也将一并结束。

对于第二类农民工，可以根据两种类型农民工的细微差别进行制度设计。对于其中第一类——有意愿在城镇长期务工，只是因为流动性大而归为第二类的流动型“准市民”，政府要在政策上给予引导，鼓励用人单位积极吸纳这类农民工；同时，也要为他们不断地提高职业技能创造有利的制度环境，如免费或低收费进行职业培训，增加他们的就业机会，并鼓励其留在城市，加入城镇职工养老保险制度。这一类中符合“留城”条件的，可以参照第一类农民工的解决办法，将其纳入当地城镇职工的社会养老保险体系。

对于其中第二类——亦工亦农、亦城亦乡，流动性非常大、收入不稳定且偏低的“两栖”型农民工，一方面没有固定收入的他们自身难以承受每月按期缴纳相当数量保险费的经济压力；另一方面城镇职工养老保险制度自身目前就存在着巨大的支付压力，无力再为这些低收入者提供保障，因此，强制性地将他们纳入城镇居民的养老保障制度显然是不现实的。

鉴于此，本文认为现阶段可以为这类农民工建立确定缴费型的账户制度。具体操作方法可以在农民工输出地，为每一位外出务工农民登记造册建立一个缴费确定型的账户。这一账户下分设两个子账户，一个为农民工个人子账户，记录农民工自己的缴费情况，一个为社会统筹子账户，记录用人单位的缴费情况及政府的各种补贴与转移支付。账户采用完全积累制方式运行，可随农民工的流动而转移，各地社会保险经办机构必须无条件接续此类账户的管理工作。此外，为了更好地实现账户的社会统筹功能，并鼓励农民工减少流动频率，可规定当农民工在用人单位工作满一定年限以上，流动时可以带走务工期间用人单位为其缴纳的全部社会统筹部分；如未满规定年限的，根据其务工时间的长短可带走相应比例的社会统筹部分。

考虑到此类农民工流动性较大的特点，对应着个人账户可以给每个农民工建立一张社会养老保障卡（可根据居民身份证号设计），农民工随身携带，方便其查询账户费用情况。该卡的收、缴费业务可委托商业银行或邮政储蓄部门代管，并允许一定比例的基金进行安全性较高的投资，以满足保值、增值的需要。

制度的缴费率可以遵从“四低”（低基数、低费率、低待遇、低补贴）的原则，设定全国统一的缴费标准。缴费基数可设置为各地方上年度的月平均最低工资，各地方根据当地的实际情况确立与经济发展水平相适应的缴费水平；具体的缴费率考虑到农民工与用人单位的承受能力，可以先暂定为16%，以后可根据实际情况逐步增加，与城镇职工基本养老保险制度接轨。农民工缴费费率在5%—8%之间选择，用人单位负责缴纳剩余部分。此外，还可以根据企业所在行业的差异，选择不同的缴费率（如垄断性行业、高危险性行业，企业应该承担较多的缴费比率），缴费率的灵活变动可以作为企业吸引人才的一种举措。

领取养老金的法定年龄按照现行城镇职工的标准为男性60周岁，女性55周岁。农民工在达到法定退休年龄后，按月领取养老金。年养老保险金的计费 = 其个人账户的积累额 ÷ 退休时的平均预期寿命。农民工在未到退休年龄死亡时，个人账户的积累额可由其指定继承人或法定继承人继承。对于寿命较长和收入过低，个人账户不足以满足其养老需要的少数农民工，其养老保障问题由农村最低生活保障制度解决。

上述制度用图示表示如下：

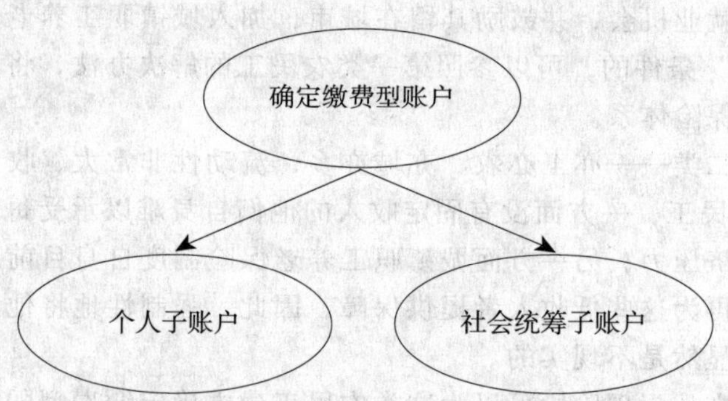

图1　为农民工建立的确定缴费型账户及其细目

表3　农民工确定缴费型账户制度的实行办法

缴费基数	各地上年度月平均最低工资	
缴费率（16%）	农民工个人	用人单位
	5%—8%	11%—8%
计费方式	月养老保险金 = 确定缴费型账户的积累额 ÷ 退休时的平均预期寿命 ×1/12	
领取原则	按月领取	

这一制度的特点在于：

第一，由于个人账户基金所有权明晰，以及社会保障卡的建立，方便了农民工随时随地进行查询，易于被农民工理解和接受；同时，社会统筹子账户的建立也使制度具有了再分配性质，还可以方便有关部门监督用人单位，杜绝瞒报、漏缴现象，制度成本较低。

第二，各地社会保险经办机构必须无条件接续农民工个人账户的管理工作，首先，解决了第二类农民工因流动频繁带来的由于各地缴费口径不一致，保险关系转接困难的问题。其次，也解决了季节性进城务工农民不能保证连续缴纳保费的问题。个人账户在劳动输出地建立，所有权归农民工，意味着农民工可以何时进城务工，何时缴纳保费，有利于个人账户的积累，也抑制了因为流动造成的社会统筹部分利益流失的现象。

第三，完全积累的运营方式，制度没有历史“旧账”，也不会出现未来“空账”，利于将来与城镇或农村养老保障制度的接轨；同时，由于缴费与农民工退休后的养老待遇直接挂钩，有利于调动农民工缴费的积极性，并有利于他们监督、督促用人单位及时足额缴纳保险费。

对于第三类农民工，可允许其在以上两种方案中进行选择。符合第一类标准的，经过当地社保机构的资格审查，进入城镇职工基本养老保障制度。愿意参加第二类确定缴费型个人账户制度的，允许其进入。

四、结　语

农民工是我国市场经济、工业化、城市化进程中形成的一个特殊群体，1.2 亿左右的人口已经超过了世界上任何一个一般经济体的劳动力数量。从我国城市化和户籍制度改革发展的趋势来看，相当一部分农村人口将转变身份，成为真正的市民，而农民工作为他们的“先锋军”，较早的遭遇了城市生活中各种人为不可抗的社会风险。但目前，我们还不具备将如此庞大数量的农民工全部吸纳到城镇职工基本养老保险制度内的能力，也无力从建立、完善农村的养老保障制度来满足这部分人群的养老需要。因此，我们有必要建立一种带有过渡性质的制度，分类、分层、分步骤解决其养老保障问题。同时，也要考虑与城镇社会养老保障制度和农村社会养老保障制度的接轨问题，并重视发挥商业保险在这一过程中的积极作用。

参考文献

[1] 杨翠迎、郭金丰：《农民工养老保险制度运作的困境及其理论诠释》，载《浙江大学学报（人文社会科学版）》2006 年第 3 期。

[2] 郭振纲：《由农民工退保现象引发的思考》，载《工人日报》2006 年 2 月 23 日。

[3] 杨曼：《农民工退保，尴尬了准》，载《市场报》2005 年 10 月 31 日。

[4] 中国劳动力市场网，http://www.lm.gov.cn/gb/employment/2007-02/28/.htm。

“便携性损失”与农民工养老保险的制度创新

郑飞北

（南开大学社会工作与社会政策系）

摘　要：因参保人在不同的养老保险项目之间的进出而失去的养老保险权益，称为“便携性损失”。“便携性损失”是农民工参加养老保险的重要制度障碍。在养老保险关系接续不良的情况下，农民工是最有可能遭受“最低缴费年限损失”和养老金计算损失的群体。要有效消除便携性损失，维护农民工的养老金权益，必须尽可能保护农民工的缴费期限，减少养老金计算损失。本文主张，以缴费确定型养老保险项目为基本方向。对于参加不同的公共养老保险项目的农民工，可以借鉴欧盟推行的缴费期限累加原则和同等待遇原则，承认农民工在各统筹区、各公共养老金项目的缴费记录。

关键词：养老金　农民工　便携性损失

一、问题的提出

对农民工来说，已实行的或将建立的养老保险项目至少有四种：城镇职工基本医疗保险、小城镇社会保险、农民工养老保险和农村社会养老保险。按现在的政策构想，“有稳定就业的农民工”参加城镇职工基本养老保险，“没有条件的农民工”参加农民工养老保险，“在城镇灵活就业的农民工”可自愿参加农民工养老保险，“回农村的农民工”可以参加农村社会养老保险。①

在职业流动固化的时代，养老保险关系接续不是个大问题。但问题在于，这个被通称为“农民工”的群体，实际上是一个高度异质且职业流动频繁的群体。对于

① 参见《农民工养老保险办法已拟定 将上报国务院审批》，http://news.xinhuanet.com/legal/2007-06/11/content_6224868.htm。

这一流动性强的群体来说，养老保险权益极有可能因为流动而丧失。

按照现行的城镇职工基本养老保险的制度规定，享受养老保险待遇的最低缴费年限是15年，对于累计缴费年限不满15年的，将终止基本养老保险关系，不发给基础养老金，个人账户储存额一次性支付给本人。

如果其他的养老保险项目也实行类似的管理办法，那么，按照这种规定，对于那些由于就业关系的变动，在尚未达到其参加的养老金项目规定的最低缴费年限前不得不在不同的养老保险项目之间游走的农民工，每次脱离原有的养老保险项目进入另一种养老保险项目时，都得从零开始，重新计算其缴费年限。最终的结果可能是个人累计缴费时间很长，却由于各项目之间互不承认其缴费记录，导致个人无权享受养老保险待遇。

这种因参保人在不同的养老保险项目之间的进出而失去的养老保险权益，称为“便携性损失”。如何减少便携性损失，维护农民工的养老保险权益，是本文探讨的核心问题。

二、“便携性损失”的负面影响

从劳动力市场的角度看，“便携性损失”“惩罚”了流动的劳动力，因而会对劳动力流动带来负面影响，甚至影响经济的活力（Dorsey，1995；Blake & Orszag，1998）。就养老保险的角度而言，“便携性损失”的存在，会带来下列不良影响：

第一，损害参保人的养老保险权益。由于便携性损失的存在，许多农民工将因为转岗、换岗或跨统筹地区流动而丧失部分甚至全部养老保险权益，导致许多农民工老而无养，有损社会公正。

第二，影响养老保险的扩面。由于便携性损失的存在，“理性”的农民工会想方设法逃避参保，以防止自己的缴费“竹篮打水一场空”。其后果是，养老保险的扩面很难顺利推开。

第三，迫使农民工选择替代养老保险的养老保障方式。由于便携性损失的存在，有参保能力的农民工会选择便携性强的商业保险项目，替代养老保险，从而影响养老保险作为一种养老保障政策安排的普及性。

简言之，由于便携性损失的存在，参加了养老保险的农民工的养老保险权益可能丧失，未参加养老保险的农民工会想方设法逃避参保。其结果是，养老保险在为农民工提供基本养老保障方面的作用弱化。当这些农民工年老时，由于缺乏养老金，一旦失去其他生活来源，将不得不仰赖具有浓厚耻辱烙印的社会救助体系，影响社会公民权的实现（郑飞北，2007）。

三、“便携性损失”的影响因素

养老金的便携性与养老保险制度模式密切相关（Andrietti & Hildebrand，2001）。比如，与贝弗里奇模式相比，在俾斯麦模式中，缴费是获得社会保障权益的依据，因此，参保人有权主张自己的社会保障权利，社会保障权益的便携性问题不大（Reyes，2004）。

对于分析便携性问题来说，区分待遇确定型养老金项目和缴费确定型养老金项目非常关键（Andrietti，2001）。从大的方面说，缴费确定型养老金项目的便携性要好于待遇确定型养老金项目。从这个角度看，中国现行的养老保险制度应具有较高的便携性，因为社会统筹账户虽然基本上属于待遇确定型，但也有一定的缴费确定型的成分，而个人账户则完全属于缴费确定型。

无论何种养老金项目，都存在两种便携性损失：一种是全部丧失，即因退出而失去享受社会保险权益的资格；二是部分丧失，即社会保险权益因为退出而缩水。前一种与享受养老金所必需满足的最低缴费年限（vesting period）有关，后一种则涉及养老金的计算方式（参见 Andrietti，2001）。在这方面，中国现行的养老保险规定了 15 年的最低缴费年限，累计缴费年限不满 15 年的，只能带走个人账户的储存额，而无权享有养老金。在不同养老金项目、不同统筹地区之间的保险关系接续问题没有得到有效解决的情况下，这种规定带来的“最低缴费年限损失”（vesting loss）将直接影响那些流动性较强的群体，特别是农民工。

对于个体来说，便携性损失是条倒 U 曲线，即劳动力不流动条件下积累的养老保险权益与流动后的养老保险权益之间的差额（损失），随着选择流出的年龄的增长而增长，在四五十岁时达到某一峰值，后又急剧下降。换句话说，中年人是受便携性损失影响最大的群体（Blake & Orszag，1998）。对于农民工特别是从事重体力劳动的农民工来说，他们的职业特征决定了他们将较早退出劳动力市场，由于这一原因，他们是最有可能受便携性损失影响的群体。

四、减少便携性损失的政策思路

农民工养老保险的便携性问题，大体可以从两个层面探讨：同一统筹区内的养老金便携性与跨统筹区的养老金便携性。对农民工来说，两者都有特殊意义。前者，涉及因工作变动而在不同的养老金项目之间变换的农民工，后者，涉及跨统筹区流动的农民工。

（一）同一统筹区内养老金的便携性

同一统筹区内的养老金的便携性，主要是不同的养老金项目之间的协调问题，因此这里通过英国、美国、加拿大、荷兰、日本、爱尔兰6国有关企业年金接续的有关规定，来考察如何有效减少养老金的便携性损失、维护劳动者的养老金权益这一问题。虽然企业年金不同于一般的公共养老金，但却可以作为我们解决便携性损失的有益借鉴。

企业年金的便携性主要涉及两个关键问题，一是享受企业年金的最低服务年限，二是如何处理离岗职工已积累的企业年金权益。

关于职工享受企业年金的最低服务年限（相当于本企业工龄），各国的规定不一，荷兰为1年，日本通常不到2年，加拿大、英国为2年，爱尔兰规定的时限较长，为5年。美国的情况比较特殊。根据1986年税法的规定，在适用最低服务期限的情况下，[1] 确定最低服务期限的办法有两种：一是一刀切，统一规定为5年，即如果职工离开企业时本企业工龄已满5年，则享有企业年金的全部权益，否则将失去所有受益权。二是分工龄段，即本企业工龄满3年，可享有20%的养老金权益，以后工龄每增加1年，该比例提高20%，直至7年满100%。

在满足最低服务年限的条件下，另一个问题是如何对待退出者已有的养老金权益。一般来说，对待员工已有的养老金权益，有三种选择：（1）延期给付（deferred pension），养老金权益保留在原来的养老金计划内不动，在受益人退休时，原来的养老金计划按其累计的养老金权益计发一定比例的养老金；（2）将这些权益转到职工的新养老金计划；（3）将这些权益换算成现金付给职工本人（Andrietti，2001）。

从理论上说，延期给付最有助于实现养老金的目的，甚至有可能给参保人提供最丰厚的养老金（Blake & Orszag，1998）。但这种做法的最大问题在于：第一，参保人在退休时需与原企业保持联系，这对于经常流动的劳动力来说，有一定的难度；第二，不好管理。

第三种办法与我国现行的个人账户储存额的处理办法类似。这种办法虽然操作起来比较简单，但是，如果不对这笔现金的使用设置必要的限制（比如必须在规定的时间内转到新的养老金项目，或者只能在退休后才能支取），这笔钱往往会用于养老之外的其他目的。最终结果是，这些人到年老时，没有任何养老金收入，不得不靠社会救助过活。

因此，在三种办法中，比较现实的做法，是将参保人累积的养老保险权益以等值现金的方式转到新雇主的企业年金计划。这种做法又分为两种形式：（1）如果新

---

① 如果是员工个人缴费的待遇确定型项目，或是企业为员工单独办理的缴费确定型项目（如401k），则没有本企业工龄的限制。

雇主的企业年金是待遇确定型的，那么，此笔款项将用于“购买”相应的服务年限，条件是新雇主能够并愿意接受转账；（2）如果是缴费确定型年金，则用来购买相应的年金权益。英国的调查发现，大部分企业年金项目的转账，都采用了换算为服务年限的办法（Blake & Orszag，1998）。除了政府有直接规定外，职工年金权益在企业之间的转移大多通过以下两种办法：

一是双边互惠协议。比如在美国，如果双方有互惠协议，本企业工龄（服务年限）可以带到另一企业。具体办法有二，一是“钱随人走”，职工有一个固定的养老金账户，职工不论在哪家企业工作，其缴费全都打到该账户上。二是“比例制”，职工退休时，各企业根据该职工的本企业工龄与其总工龄的比值，提供相应比例的养老金。

二是建立联合结算中心（portability clearing house）。相比而言，这种方法更为普遍一些。表1是有关美国、荷兰和日本的结算中心的有关情况。

表1 美国、荷兰、日本的企业年金结算中心

国别	结算办法
美国	多家企业建立一个转移养老金的结算中心，负责经办本行业所有企业的养老金项目。职工在不同企业的工龄可以100%转到另一企业。如果职工加入的是缴费确定型项目，其累积的储存额可以转到另一企业；如果是待遇确定型项目，职工在原企业的工龄计入本企业工龄
荷兰	设有转账通道（transfer circuits），负责发放延期给付养老金。脱离原企业年金计划的职工，可以保有其累积的权益，也可以通过结算中心将其转到新工作单位的养老金项目
日本	设有养老金协会。员工在脱离企业年金项目时，本企业工龄不到10年的，其累积的养老金权益自动转到养老金协会（除非本人要求一次性结清）；本企业工龄介于10到15年之间的，若该企业提出请求，也可以转到养老金协会。转账之后，企业不再承担任何费用。到职工年老退休时，该笔款项将一次性付清

资料来源：根据 Blake & Orszag（1998）整理编制。

综上，可以得出几条结论：第一，出于维护农民工养老金权益的角度，最低缴费年限应适当降低。第二，为了真正保障农民工的养老金权益，应当设法促成既有养老金权益的接续；第三，建立不同养老金项目之间的结算中心，是提高养老金便携性的重要制度保证。

（二）跨统筹区的养老金的便携性

当养老金跨统筹区流动时，养老金的便携性问题更为复杂一些。它涉及如下几类人员：①派遣工；②到另一统筹区的不同企业就业的人员；③在其居住地和/或工作地以外的地区拥有保留的养老金权益和/或领取养老金的人员；④来自于不同地区、但其养老保险关系留在以前的工作地的人员。

要使养老金在不同统筹地区具有便携性，必须回答三大问题：(1) 根据什么标准（资格条件）发放养老金；(2) 向哪个统筹地区缴费；(3) 由哪个统筹地区发放养老金？这些问题解决不好的话，会出现养老金过度给付或支付不足的问题（Reyes，2004）。

解决便携性问题有不同的办法，其效果也各异。由于中国的地区之间收入水平的差异，要建立统一的养老金制度有一定的难度，因此，对于解决中国农民工的养老保险便携性问题而言，重要的是建立一种能够有效协调不同统筹区的养老保险安排的机制。在这方面，欧盟协调各成员国的养老保险制度的经验，尤其值得我们重视。

为了有效解决成员国公民跨成员国流动带来的社会保障权益的便携性问题，早在1971年，欧共体就对此作出了明确的规定。① 2004年，欧盟又制定了新的规定，② 简化了解决成员国公民在欧盟区内的流动带来的养老保险权益便携性问题的有关规定（参见表2）。该规定的核心是落实同等待遇原则，确保流动人员享有与其他人员同等的养老金权利。

表2　适用欧盟区内流动人员的养老保险原则

	适用原则	原则的内容
何地参保	在从业地参保	在从业地参加养老保险并缴费。当成员国的公民从成员国A到成员国B就业时，除外地就业不超过24个月的派遣工等例外情形外，将退出A国的养老保险，参加B国的养老保险
	一地参保原则	同一时间内只能参加某一国的养老保险。在多个成员国从业的，在其居住地参保；居住地不在其工作地的，则在其雇主所在地参保
养老金待遇	期限累加原则	某项养老金权益对受益人的资格条件有规定时，主管机构应把受益人在其他成员国的缴费年限、居住年限或工龄等考虑在内。凡参保人有缴费记录的成员国，都需承担与参保人在该国的缴费期限相应的养老金责任。比如，移民甲在成员国A参保5年，在成员国B参保15年，在成员国C参保10年，则每一成员国都将根据30年的累计缴费期限计发养老金：A国5/30，B国和C国分别为15/30和10/30

资料来源：根据European Communities（2005）相关内容整理制作。

在表2所列的各项原则中，期限累加原则与养老金的便携性直接相关。为了明确与特定参保人有关的各成员国的权利义务，充分保障参保人的养老金权益，欧盟

① Council Regulation (EC) No. 1408/71.

② Regulation (EC) No. 883/2004.

规定：

第一，成员国须妥善保存参保人的缴费记录并留存其缴费额。只要成员国公民曾在某地参保，主管机关就必须保存其缴费记录，直至该参保人退休。当参保人不再在该成员国继续参保时，其缴费不得转移，也不得付给参保人。

第二，参保人在某一成员国参保期限在1年以上的，在参保人退休时，该成员国将发给与缴费期限相应比例的养老金，其计算公式为：

$$P = \frac{T1 * Q1 + T2 * Q2 + T3 * Q3 + \cdots Tk * Qk}{T1 + T2 + T3 + \cdots Tk}$$

其中，P代表应获得的养老金数，T代表在不同地区的缴费年限，Q表示不同地区按参保人的累计缴费年限计算出来的应发给参保人的养老金（理论值）。比如，假定甲在成员国A参保10年，在成员国B参保25年，在成员国C参保5年，那么，其养老金将按如下标准计发：甲的累计缴费期限是40年，成员国A将算出甲在该国参保40年后应获得的养老金数（理论值），然后乘以甲在该国的实际缴费年限（10年）与其累计缴费年限（40年）的比值，得出成员国A应付给甲的养老金数（实际值）。成员国B和C承担的养老金数的计算，也依此类推。最后加总，即为甲的养老金数。

参保人在某一成员国的参保期限不足1年的，参保人的最后从业地将把这些不足1年的缴费期限累加到参保人在本国的缴费期限内，并计发养老金。比如，某人在比利时参保10个月，在德国参保9个月，在法国参保15年，在意大利参保7年后退休。意大利是其最后的从业地，将负责把该参保人在比利时和德国的缴费期限计算在内，并分别从比利时和德国获得相应的补偿（European Communities，2005）。

因此，期限累加原则有效消除了导致便携性损失的两大因素——最低缴费年限损失和养老金计算损失——从而保证了任何人都将不会因为在多个成员国就业而遭受养老金权益的损失。任何参保人的缴费额都不会因为本人的流动而流失，养老金权益也不会因为流动而缩水。

五、结论与政策建议

最低缴费年限损失和养老金计算损失是导致便携性损失的两大因素。要有效消除便携性损失，必须尽可能保护流动人员的缴费期限，减少养老金计算损失。在企业年金中，规定较低的最低缴费年限，提供延期给付养老金或尽可能促成流动人员既有的养老金权益转到新雇主的企业年金，能有效维护流动人员的养老金权益。

公共养老金的特殊性要求公共养老金项目最大限度地消除便携性损失。在这方面，欧盟推行的缴费期限累加原则和同等待遇原则，有效保护了流动人员的缴费期限，消除了养老金计算时对流动人员的变相剥夺，从而减少了因为流动而遭受的便携性损失，最大限度地保护了流动人员的养老金权益。

从维护农民工的养老金权益出发，减少农民工面临的养老金便携性损失，必须根据不同的政策构想，采取不同的应对措施：

第一，如果以建立专门针对农民工的养老保险项目为政策基点，那么，必须优先考虑便携性较强的制度方案，尤其是缴费确定型方案。

缴费确定型方案的一个好处是，养老金权益受便携性损失的影响较小。换句话说，即使没有解决便携性损失的相关制度安排，农民工的养老金权益也不会有太大的损失。西方国家的经验表明，与养老金便携性损失相关的问题，大部分可以通过待遇模式从待遇确定型到缴费确定型的转向而得到解决（Blake & Orszag，1998）。对国际移民的研究也表明，注重缴费和待遇之间的统计公正的养老金项目有助于提升养老保险权益的便携性（see Holzmann et al.，2005）。

第二，如果将农民工纳入城市职工基本养老保险体系，那么，必须制定有效的规定，保护农民工的缴费期限。在具体做法上，可以参照欧盟解决人员跨国流动带来的养老金权益问题的规定，即承认农民工在各统筹区的缴费记录，农民工退休时，凡有缴费经历的统筹地区按均按比例分摊、计发养老金。

第三，如果维持现行的政策构想，即根据农民工的就业身份参加相应的养老金项目，那么，必须建立健全有效打通不同项目之间关系接续的制度安排。在这些制度安排中，最关键的环节是合理确定最低缴费年限。如果维持现行的15年最低缴费年限的规定不变，那么，至少必须承认农民工在其他公共养老金项目的缴费期限。只要农民工在公共养老金项目的累计缴费年限达到15年，凡有缴费记录的公共养老金项目均应按比例计发养老金。

参考文献

[1] Andrietti, V., 2001, "Portability of supplementary pension rights in the European Union", *International Social Security Review*, Vol. 54, No. 1, pp. 59 - 83.

[2] Andrietti, V. &Hildebrand, V., 2001, "Pension portability and labor mobility in the United States: New evidence from SIPP data", http://www.ceps.lu/iriss/documents/irisswp18.pdf.

[3] Blake, D. & Orszag, J. M., 1998, "Portability and preservation of pension rights in the United Kingdom, http://www.pensions-institute.org/reports/oftport.pdf.

[4] Dorsey, S., 1995, " Pension portability and labor market efficiency: A review of the literature", *Industry and Labor Relations Review*, Vol. 48, No. 2, pp. 276 - 292.

[5] European Communities, 2005, *The Community provisions on social security: Your rights when moving within the European Union.* Luxembourg: Office for Official Publications of the European Communities.

[6] Holzmann, R., Koettl, J. &Chernetsky, T., 2005, "Portability regimes of pension and health care benefits for international migrants: An analysis of issues and good practices", *SP Discussion Paper*, No. 0519, The World Bank.

[7] Reyes, C., 2004, "European portability rules for social security benefits and their effects on the national social security systems", *Discussion Paper* SFB International Tax Coordination, No. 1, http://www2.wu-wien.ac.at/taxlaw/sfb-0818/Working_ Papers/workingpaper1.pdf.

[8] 郑飞北：《灵活就业与社会保险：社会公民权的视角》，中国社会保障论坛组委会编：《建立覆盖城乡的社会保障体系》（下册），中国劳动社会保障出版社 2007 年版，第 900—908 页。

上海市农民工养老保障初探

朱　娜

（中华全国总工会女职工部）

摘　要：农民工是我国改革开放和工业化、城镇化进程中涌现出的一支新型劳动大军。截至2004年，全国进城务工的农民工有1.2亿。农民工问题的妥善解决关系到我国和谐社会的构建。国务院在《中国农民工问题研究总报告》中提出“要建立适应农民工特点的过渡性养老保险办法”。上海市针对农民工施行“综合保险”，给予农民工一定的养老保障，在全国处于领先地位。本文以其他省市的养老保障作为背景比较，通过对两家造船厂农民工的调查，分析综合保险中养老保障的优劣，并结合被调查单位工作经验，对农民工养老保障提出若干建议。

关键词：农民工　养老保险

一、上海市农民工养老保障及其特点

2002年7月22日，上海市人民政府发布《上海市外来从业人员综合保险暂行办法》，2004年8月又通过《上海市人民政府关于修改〈上海市外来从业人员综合保险暂行办法〉的决定》。截至2004年底，全市参加综合保险的单位9.8万户，参保人数209万人，118.8万人领到了老年补贴凭证。其中外来从业人员是指符合上海市就业条件，在本市内务工经商但不具有本市常住户籍的外省、自治区、直辖市的除从事家政服务，农业劳动以及按照《引进人才实行〈上海市居住证〉制度暂行规定》引进的人员。在缴费方面：有用人单位的个人由用人单位缴纳综合保险费。缴费基数为其使用外来从业人员的总人数乘以上年度全市职工月平均工资的60%，缴费比例为12.5%。在享受养老保障方面：用人单位和无单位的外来从业人员连续缴费满一年的，或者三年内累积缴费满十二个月的，外来从业人员可以获得一份老年补贴凭证，为每一缴费月份的上年度全市职工月平均工资的60%的7%之和。外来从业人员在男年满60周岁、女年满50周岁时，可以凭老年补贴凭证一次性兑现老年补贴。在基金管理上，由劳动保障部门依法征缴保险费、确定待遇标准，受托中国人寿保险、平安保险和太平洋人寿保险三家公司根据政府规定的范围、条件、标准支付待遇，其中养老保险由太平洋人寿保险公司来管理、理赔。

以上我们可以看到上海市农民工养老保障的特点是：一是综合性。综合保险包括工伤（或者意外伤害）、住院医疗和老年补贴三项保险待遇，三项保险一并纳入，给予农民工较全方位的保障，也确保了农民工养老保障覆盖面的扩大。二是独立性。该办法在全国率先提出和明确划分流动就业群体，享受与城镇基本社会保险不一样的保险想法和概念。综合保险养老保障的管理与城镇职工的社会保障可以说是泾渭分明。首先，基金独立运行。综合保险独立于城镇养老保险建立基金，由商业保险公司运营，不设立个人账户。其次，无流动性。农民工未达到规定年龄前不在上海市劳动的，没有个人账户可以随之流转，也不能提前领取养老补贴，达到规定的退休年龄后，可以拿养老补贴凭证到当地商业银行领取养老补贴。因而不存在上海市农民工养老保障与其他省市的农民工养老保险衔接问题。最后，无连续性，对于一个享受综合保险的外来从业者，如果他以后获得上海户籍，之前的综合保险年限不能算入他的基本社会保险费年限，只能作为新人重新参加上海的基本保险。不存在农民工养老保障到城镇养老保险的过渡制度。可以看出上海市农民工养老保障相对于城镇养老保险，是一个独立的自循环，自管理的封闭系统。

二、其他省市农民工养老保险模式比较

目前，各地施行的农民工养老保险主要可以归纳为两类：

一是类似城镇养老保险模式。劳动和社会保障部于 2001 年 12 月发布《关于完善城镇职工基本养老保险政策有关问题的通知》，对农民合同制职工参加养老保险做出了若干规定。该制度与城镇养老保险相类似。社会统筹与个人账户相结合，由企业与农民工共同缴纳保费，达到一定的缴费年限可以按月领取养老金，部分省市暂享受一次性的养老待遇。在缴费负担以及待遇享受方面均低于城镇养老保险。另外，如果农民工未达到退休年龄而不在本市工作，可以申请退保。与城镇养老保险模式最接近的当属广东和浙江。广东省明确将农民工纳入城镇职工社会养老保险体系，执行统一的政策。养老保险费以上年度本市职工月最低工资标准为基数，由用人单位和农民工共同缴纳。达到给付标准，可以按月领取养老金。农民工与企业终止劳动关系，如本人提出申请仅可将账户中个人缴费部分一次性付给本人，因而被称为“大头进，小头出”。浙江省在制度模式上相类似，在缴费比例及待遇享受方面低于城镇养老保险。农民工退休后回到原籍，并不转移个人账户，而是通过银行系统将养老金发给本人，实现权益与义务对等。但由于农民工对未来养老保障缺乏信心，且难以缴满 15 年，往往在工作地变化时选择退保。北京市实行的农民工养老

保险，统账结合，企业、农民工共同承担低保费，最后给予一次性的养老补贴。允许农民工未达到退休年龄申请退保时将其个人缴费部分一次性退还给本人。

另一类是建立独立的农民工养老保险。仅有个人账户，或者不设立账户，由企业单独或企业、农民工共同缴纳保费，享受一次性的养老待遇。最有代表性的就是上海的综合保险。

三、上海市综合保险养老保障的优点

农民工收入低、不稳定，经济承受能力较弱，需要低费率、低待遇且具有可灵活操作、方便简易的制度安排和参保办法。换言之，农民工需要适合自己特点的制度安排，完善城乡社会保险体系必须实现制度的多元化。从各省市农民工养老保险的实践来看，结合我们所做的调查，上海市农民工养老保障具有一定的先进性，体现在：

（一）从制度设计上看，激励性高，经济负担轻

用人单位和无单位的外来从业人员连续缴费满一年的，或者三年内累积缴费满十二个月的，可以获得一份老年补贴凭证。在男年满 60 周岁，女年满 50 周岁时，可凭保险凭证兑现老年补贴。制度设计简单，不存在复杂的计算公式，农民工对自身取得的利益明确，权利与义务对等，赋予了制度较强的激励性。加上保险的综合性，保证了农民工养老保障较高的覆盖率。

综合保险由单位统一交纳保险费，其缴费及待遇水平大致相当于“城保”的 1/4—1/6。综合保险企业缴费基数为上年度全市职工月平均工资的 60%，而社会保险的缴费基数为本单位上一月全部在职人员工资总额，我们调查的企业月平均工资高于全市月平均工资，因而在基数上社会保险近乎高过综合保险的一倍。综合保险的缴费比例仅为 12.5%，低于三项城镇社会保险缴费率 34.5%，甚至低于养老保险企业缴费率 22%，后者是前者的两倍有余。在市场竞争激烈，企业努力降低生产成本以取得竞争优势的大环境下，这样低水平起步的制度对企业也更具激励性。另外，类似城镇养老保险在“退保”过程中，返还给农民工的仅仅是其自身缴费部分，而企业缴纳部分就成为对养老保险体系的无偿贡献，在农民工流动性较大的情况下，制度对企业的激励作用小，而上海市综合保险的做法，可以避免用外来从业人员的缴费填充本市城镇社会保险基金缺口。

此外，由于综合保险由商业银行运营，实行以兑现养老补贴凭证享受一次性养老待遇的方式，政府不用对农民的养老负“兜底”责任，减轻了财政压力。参加社会养老保险的职工退休后每月享受的账户养老金为个人养老账户存储总额除以 120。这里暗含了一个假设，即 10 年的余命。世界卫生组织公布的《2006 年世界卫生报

告》显示，中国人均寿命平均72岁，其中男性70岁、女性74岁。如果是养老保险，按照男性年满60周岁、女性年满50周岁享受养老补贴的年龄规定，政府将补足其退休10年后的账户养老金，这对政府无疑是一种不确定的负担。而对于综合保险的养老保障政府不存在后顾之忧。

（二）从农民工特点来看，适应了农民工的主要特质

农民工年轻化，文化程度不高，收入偏低，流动性大，这种特质给养老保险模式的探索提出了巨大的挑战。类似城镇养老保险模式往往不能很好地适应这批特殊人群的需要，而出现大量农民工“退保”的问题。

农民工年轻化，文化低，自我保障意识不强。从我们的问卷调查来看，接受问卷的农民工中35岁以下的占80%。大部分农民工正处于劳动力最旺盛的年龄阶段。对于他们来说，退休还比较遥远，获得工作机会，趁年轻多积累一部分收入，比起取得几十年后的养老保障更为现实。而且他们的文化水平普遍较低，大多仅初中毕业，自我保障意识不强，对于自身的权利往往不是很关心，当我们问及“您是否知道公司为您缴纳了综合保险，并知道综合保险的内容”时，仅有49.8%人的回答“已参保，并了解相关内容”，45%的人对综合保险及其内容不清楚，自我保障意识并不强烈。另外，农民工的收入不高。月收入在690元以下占2.8%；690—1000元占27%；1000—2000元占58.1%；2000元以上占12.1%。虽然这个工资水平已大大高于国家公布的“2004年农民工月工资在500—800元”，高于中国人民银行《2005年中国区域金融运行报告》公布的“上海农民工人均收入10416元（868元/月）”。但是我们也要看到，上海市2006年最低工资已达到750元，2005年在职职工平均工资为2235元，在我们的调查中“收入低、开销大”是农民工认为进城务工遇到的最大困难，部分农民工的收入仅仅能满足生存需要。此外，农民工工资结算方式一般是平时仅支付基本工资，到工程项目完成后再一次结清。这种工资水平、工资支付方式使得按月向社保缴纳养老保险费显得额外困难。上海市的综合保险采取统一由用人单位缴费，个人不负担费用的方式，有效地保证了参保率，在捆绑式的保险中避免了农民工的“短视行为”。

农民工流动性高，社保关系接续难。农民工多来自贫困和欠发达地区，打工的目的单纯，从我们调查看约有74%的人是为了多赚钱，是一种工资导向型就业，哪里工资高就会流向哪里。他们往往在一个企业工作几年，掌握一定技能后就会选择跳槽。而且被调查企业农民工大多从事的是有毒、有害、体力繁重、高空危险等工种，这些工种不宜长期从事，一般3—5年，最好不要超过8—10年，农民工需在身体健康出现问题前停止继续从事高危工种作业。职业性质决定了这批农民工的流动性更强。在被调查企业中，大约半数的打工者3年及三年以下更换工作1次，农民工的流动率已达20%—30%。农民工不仅在同一城市变动工作岗位，而且还经常跨地域流动，这给养老保险的接续带来不便。上海市的综合保险，吸取了各地养老保险退保严重的问题，不设立个人账户，运用商业保险运营的方式，给予达到退休年龄的农民工相应的养老补贴，由于其发放依托商业保险机构，农民工将来回到原籍或到其他地方仍可方便领取养老补贴，而无须转接养老保险关系，符合农民工的流动特性。

（三）从国家宏观来看，适应我国国情

1. 符合我国目前养老保险体系的特点。目前我国的城镇养老保险统筹层次低，还停留在县市级别，而多数农村尚未建立农村养老保险，管理社会化程度低。即使是在一个县或市的范围内，也由于外来农民工暂时失业或者频繁变动工作，使保险部门面对烦琐的手续而穷于应付，有的外来农民工更换新工作后也常常中断参保。随着农民工的流动，其各人账户跨地区接续困难，即便可以转移，还存在地区间权利和义务的平衡问题。农民工在用工地缴纳保险费，为用工地的发展做出贡献，但个人账户转移到退休后的居住地后，却要由居住地政府来承担其养老的“兜底”责任，有失公平。上海市的养老补贴凭借独特的待遇享受与领取模式，突破了省市的局限。

2. 有利于农村富余劳动力的有序转移。我国长期以来城市化进程滞后于工业化，对农民进城就业实行以“堵”为主的政策，制定了各种限制性的政策措施。伴随着政策的放开，大量农村富余劳动力开始向城镇转移。这一过程需要统筹规划，引导农村富余劳动力有序转移，坚持大中小城市和小城镇协调发展，异地转移与就业转移相结合的原则，避免大量农民工拥入大城市导致大城市人口急剧膨胀和贫富悬殊扩大。目前，上海市并没有为农民工提供基本养老保险，而如浙江、江苏等周边城市，一些小城镇为农民工建立类似基本养老保险，这对异地就业的农民工造成一些冲击，在一定程度上有助于引导农民工向小城镇转移，而不是集中于大城市，符合我国发展的大局。

四、综合保险养老保障存在的问题

自上海市1984年在新招工人中全面实行劳动合同制以来，有些艰苦行业（工种）面临在城镇招工难的问题，为保证经济建设和生产发展的需要，经劳动行政部门批准，上海市每年都从农村中招收一些农民工来解决这一问题。我们认为上海市综合保险养老保障基本适应了农民工流动性大、经济承受能力低的特质，但对于在上海长期工作、有一定技能、收入稳定的农民工而言，还需进一步完善。

（一）养老补贴水平低，农民工对退休后经济生活存疑虑

在我们调查的企业中，农民工占到总职工人数的60%—70%。部分农民工从80

年代就在公司劳动，至今工龄已在十五年、二十年以上，一般都是公司的骨干分子。这批人将自己的青春献给了企业，而如今他们的养老保障成为问题。此时他们的心理和年轻时，刚刚出来打工，想创一番天地的心理很不相同。在他们这个年龄大多成家，上有老，下有小，更多的是对家庭的责任。而这种责任首先体现在对家庭的经济支持。农民在外打工虽然收入高于在家农耕，但由于在外开销大，往往积蓄不多。很多人把责任田作为农民工的养老保障，但是从问卷调查中我们也看到，有14.9%的农民他们在农村并没有责任田。而且部分农民工在座谈中提到，即便家中仍有责任田，当农民工退休回乡后，也不一定仍有力气干农活。在我们的调查中“建立、完善农民工的社会保障制度，有退休保障”列在农民工最希望政府与社会为其解决的难题之首。

（二）农民工养老保障不到位，不利于企业留住人才

随着上海市造船行业的发展，在全国乃至世界地位的提高，上海各大船厂的年生产量不断上升，对造船从业人员的需求同步增加，尤其是上海地区三大兄弟船厂对造船行业熟练工的竞争日趋激烈。同时浙江、江苏新成立了一批中外合资的船厂、钢结构厂，他们也加入到对农民工的挖潜队伍中。这些新成立的公司在为农民工提供高工资的同时，还为农民工参加社会保险，大批的农民工开始流向这些企业，劳务队中的骨干也有些蠢蠢欲动。竞争环境下，如能给予农民工更优厚的养老保障，特别是其中一些骨干，对吸引、稳定人才发挥重要作用。

（三）缺失基本养老保险，不利于城市化的实现及农村土地承包制度的改革

随着我国工业化、城镇化的不断推进，会有越来越多的农村人口在城市沉淀下来，这将为土地使用权的流转和实行适度规模经营创造条件。在我们的问卷调查中，农民工对下一步的计划：继续外出打工占44.6%；争取在城市定居占26.4%；准备回家创业占20.8%；准备回家务农仅占8.2%，大部分的农民希望摆脱农民的身份。但在农民工缺失养老保障的情况下，他们只有两种选择，一是依赖土地，二是依赖儿女，依然没能冲破传统的农民意识。这不仅仅延缓了城市化进程，又固化了“生儿防老”的思想，更使得他们对“土地”有一种特殊的依赖，土地承包制改革步履维艰。

五、若干建议

上海这样一个国际大都市在推进城市化的过程中，在吸纳农村劳动力异地就业的同时也要引导农村劳动力向中小城市流动，从而更有利于农村富裕劳动力的可持续转移。同时作为一个欣欣向荣、开放的大城市，也应该时刻保持自己的人才优势，

要注意稳定住农民工中的骨干。在我们调研过程中多次有管理人员提到农民工的稳定问题。在座谈会上，大家形成共识，农民工的稳定要靠政策的配套，我们一直忽视了养老保障这个福利措施在稳定职工，特别是农民工骨干中的重要作用。现结合调研单位的工作经验，提出若干建议。

（一）强化责任，组建工会，维护农民工的权益

首先，要强化政府与企业的责任感。农民工为城市发展做出了不可磨灭的贡献，政府理应为他们的养老需要承担一定的责任。同时，社会保障制度建设宜早不宜迟，为农民工建立社会保险的制度成本越早越低，每后延一年，制度成本就将增加，未来的财政可能将不得不增加相应金额甚至更重的负担，因此，政府应当从现在开始着手政策研究和经验总结，因势利导，逐步建立农民工的养老保险制度。用人单位往往因为农民工的工价较低，而且在管理、培训等费用上都不能与正式职工相比，所以愿意使用农民工。但我们不可否认，很多脏、累、差的活除了农民工很少还有人愿意干，而且农民工中技术骨干的流失，对于企业而言损失是巨大的，因此，公司有必要为他们提供一定的养老保障。

其次，积极在农民工中组建工会，增强其维护自身权益的能力。农民工加入工会是分散的个体走向集体化、组织化的重要途径。通过工会组织，一些有关其切身利益的方针政策、法律法规能更好地传达到他们当中，农民工的意见要求也可以通过工会这个桥梁纽带及时地反映到有关部门，并通过工会谈判，实现他们的利益述求，增强权益维护能力。

（二）企业为工龄长的技术骨干提供更优厚的福利

鼓励企业为技术骨干办理补充保险。为了应对技术骨干流动性大的问题，沪东中华造船（集团）有限公司出台了专门的政策，为在公司工作两年以上，表现优秀的生产一线的初、中、高级职称人员及技师参加补充保险。补充保险分为四档，每月100元、200元、300元、400元不等，由承包单位委托人力资源部每年在项目承包工程款中代扣，交公司委托单位，根据承包单位管理情况，公司在工程发包的单价上给予适当补贴。所有保险费进入个人账户，连续满三年，可一次性给付本人累计储存额的50%。三年为一个周期，每一个周期调整一次保险费用，第三个周期的劳动合同期满终止后，个人账户上累计储存额可一次性发给本人，在合同期限内中途离开其所属单位，且不在公司从事工程承包单位工作或被清退的，不得领取储存额。另外沪南公司为了增强个人参保意识，提高保障水平，针对高级工及以上的农民工，再从个人工资中扣除100元，工程承包单位再为他们缴纳100元。一般技师，高级工年龄在35岁到40岁左右，按企业规定农民工50岁左右退休，那么这笔资金将成为农民工的补充保障之一。而且，此项保险三年返还一次，比起几十年后的养

老保险在稳定农民工骨干方面显得更为有效。根据公司不完全统计，实施政策之后，骨干的流动率有所下降，一般控制在6%以下。因此在政府提供的养老补贴水平不高的情况下，企业可以考虑为农民工中的技术骨干办理补充保险，既稳定了员工，又提高了保障水平。

（三）形成三位一体的农民工养老保障体系，推动城市化进程

养老保险制度的发展是以一定经济发展水平为基础的，从先进工业化国家的社会保障发展历史来看，一般都是先建立一个面向城市企业雇佣劳动者的社会保险制度，经过较长的一段时期后，当社会结构在工业化、城市化基础上走向城乡一体，城市工业化开始反哺农村，并实现农业经营的规模化与机械化后，才有农民年金保险的建立。当然在其他工业化国家，城市化没有明显落后于工业化，也没有出现大量的农民工。结合我国的实际，我们认为农民工养老保障体系应当三位一体，分层分类保障：

1. 针对不稳定就业农民工，完善综合保险的养老补贴，逐步提高标准。介于多数地方、企业及农民工自身经济承受能力问题，对于高流动性，不稳定就业的农民工，需要建立一个过渡性质的养老保障模式。综合保险的养老补贴低保费、低待遇，低起步，独立运营，不承担转制成本，由企业负担保费，全部保费以个人名义累积，不搞社会统筹，领取不受地域限制，具有较好的适应性，可以在实践中不断完善，并随着经济的发展、基金的增值，逐步提高给付水平。如果农民工回到农村，这份补贴再加上土地收入，能保障基本生活。

2. 针对稳定就业农民工，积极纳入社会化养老保险。

建议允许在企业连续工作10年到15年以上、获得高级以上职称、平时表现优秀的农民工申领居住证，并按规定参加养老保险。在城乡分割的二元社会中，大多数农民工虽然已经在公司劳务队工作了十多年，但他们农民工的身份依然没有变化，正是身份上的区别，使得依附在户籍之上的劳动就业、社会保障、教育文化、医疗卫生等方面和正式职工存在差距。上海市在2002年下文停止了在企业中优秀农民工“农转非”的工作，而改作上海市人才引进工作，主要针对具有本科以上学历或者特殊才能，以不改变其户籍的形式来本市工作或者创业的国内人员。作为“人才”，可以取得《上海市居住证》，享受其他上海常住户口的同等待遇。从实行的情况来看，2002年以来（截至2005年12月31日），上海共办理引进人才《居住证》10.39余万人，学历在本科及以上的占73%，硕士、博士占7%，高级职称占5%；年龄35岁以下的占83%，而农民工中能作为人才引进的毕竟太少。今年3月更是严格了居住证的审批。建议适当给予农民工申领《上海市居住证》的指标，允许在企业连续工作10年到15年以上、获得高级以上职称、平时表现优秀、有稳定住处的农民工申领居住证，并按规定参加养老保险。由于居住证申请条件相对比较苛刻，社保部门也可以规定一定门槛作为农民工参加养老保险的条件，达到要求的农民工可以参加社会养老保险。

农民工社会养老保险，依然实行统账结合、分开管理的模式，完全积累与现收现付的结合，在有效激励农民工，增强其参保意识的同时，保证他们退休后分享社会进步的成果，突出社会的公平性。考虑到我国目前的城镇养老保险制度存在一个承担转制成本的问题，建议农民工纳入社会养老保险后能够独立运营，农民工参保不承担转制成本，并按照无历史负担条件下的收支平衡来重新设计新保费、缴费年限和待遇水平。这样可以降低农民工和企业的负担。从我们被调查的企业来看，他们每月缴纳甲类保险费用400元，乙类保险费用300元，丙类保险费用200元。如果按上海市2005年度在职职工平均工资2235元的60%的缴费基数计算，那么综合缴费比率为18.6%，另外，我们在个别访谈中了解到部分农民工希望自己出一点、劳务队出一点、公司出一点的方式参加养老保险。可见只要制度设计合理，企业、部分农民工是有能力缴纳保险费用的。如果农民工的养老保险推出后，企业就可以让这部分技术骨干自主选择是参加养老保险，还是继续缴纳补充保险。

另外，建立农民工综合保险养老补贴到养老保险的过渡渠道。目前综合保险没有连续性，是一个独立运营的体系。针对部分已经缴纳多年综合保险的农民工，政府应出台相应的政策，就从综合保险至城镇养老保险，缴费年限、账户存储额的衔接办法以及基金的划拨做出具体的规定。在待遇发放问题上，可以借鉴浙江的做法，农民工达到给付要求后离开参保地的，养老保险关系可以不转移，为他们在银行办理养老保险卡，退休时可以在指定的银行凭借养老保险卡领取养老保险金。这体现了“权利”与“义务”的对应。农民工在哪缴纳养老保险费用，为哪个地区的经济建设做出贡献，就当由哪来承担他们的养老保障。

3. 针对返回老家的农民工，在劳动力输出地为他们建立保险。

从调查问卷中，我们看到农民工愿意继续回家务农的很少，土地保障作用有限。在访谈中，有一名农民工就提到，如果能将承包地转租，或者以其他形式“出售”，每月能给我200元的补助也好。可见农民工中存在淳朴的“土地换保障”思想。而且多数在企业工作一定年限，有一定工作业绩的农民工都通过打工有了一定积蓄，在老家的镇上定居，脱离了农村的生活环境。在《上海市小城镇社会保险暂行办法》中，对个人交出土地承包权后落实基本保障的问题做出规定：具有本市户籍的男性60周岁、女性55周岁及其以下的农业人员，经与集体经济组织协商一致，在将承包的土地退还给集体经济组织后，按照《暂行办法》的规定为被用地人员一次性缴纳不低于十五年的养老保险费用，落实小城镇社会保险，并为其办理户籍转性手续。政府可以设置从综合保险到小城镇保险的过渡渠道，在个人、集体各出一点的条件下，实现“土地换保障”。针对部分返乡的，没有参加社会养老保险的农民工，此办法是值得借鉴的，他将推动城镇化进程，为实现土地集约化经营创造条件。

年轻的农民工往往流动性较大，收入低，就业不稳定，依此建立的综合保险适应了这一特点，并能为其退休后的养老提供一定的保障。伴随着农民工技能的增进，收入的提高，就业逐步稳定，家庭责任的增加，他们对稳定，对退休后的养老保障就会有更高的要求，这就需要政府为他们提供一个制度选择。在城市定居，就纳入社会养老保险；回老家，可以参加小城镇养老保险。而愿意继续务农的，通过实现土地的集约化经营，增加农业收入，可以从土地获得足够的保障。

我国农民教育和农村财政支出问题分析

李 嫚

（武汉大学社会保障研究中心）

摘 要：“三农”问题是我国构建和谐社会和新农村建设的重要问题，而“三农”问题的关键又在于农民教育问题，农民教育是解决“三农”问题的重要途径也是其最终目标。本文首先说明了农民教育的内涵和意义，指出了我国农民教育的迫切性。文章基于农民教育问题进行了问卷调查和相关数据收集的研究。本文最后针对农民教育的现状，提出了一系列合理的教育形式和促进农民教育工作的保障机制。

关键词：农民教育 农村教育财政 农民教育保障机制

新时期“三农”问题仍然是制约我国社会和经济持续、全面发展的瓶颈，也制约着以人为本的科学发展观的全面贯彻和落实。关于新农村建设和解决“三农”问题，众多学者和专家有着不同的看法，然而从社会的全面发展来看，人的教育发展是最根本的问题。因此，农民教育问题越来越引起人们的关注，积极开展农民教育，努力提高农民的素质，促进农村和农业发展是关键问题。

一、农民教育及其意义

（一）农民教育的内涵

农民教育，即农村成人教育，可以理解为一定的社会组织对脱离基础教育、职业教育或高等教育之后，在农村工作或生活的公民进行的文化、技术和法制等再学习的过程和活动。

国外农民教育比较重视高素质的生产者、经营者、农业专门人才的培养培训，制定了一系列鼓励专业化、职业化农民的政策。这些接受农业培训的人主要是服务于农村、农业发展的。简而言之，国外农民教育是专门针对农业发展而培养人才的。我国的农民教育旨在提高农民整体素质，通过对他们思想道德、专业技能等的培训，使其既能服务于农村、农业发展的要求，又能顺利进行劳动力转移，参与城镇人力资源的竞争。农民教育是一项惠及全社会的伟大工程，通过教育、学习以及技能的提高，人们可以逐渐变得更具生产力，而这对经济扩展的过程能做出极大的贡献。①

（二）农民教育的意义

党的十六大已明确提出了我国至2020年全面建设小康社会的奋斗目标。实现这一目标，关键靠人，重点在农村。首要的，是要把人的思想、观念、素质统一到十六大精神这方面来。做好该项工作，关键靠教育，农村成人教育必须为建设小康社会提供智力支持。

农村成人教育为农业、农村、农民服务最直接、最有效，它可以通过方便、灵活的多形式、多层次、多渠道、多门类、多角度、多内容、多媒介的教育培训，全方位地提高广大农村劳动者思想道德素质和科学文化技术素质，从而促进农村社会进步和经济发展。农村成人教育培养的是当班人，是要承担一定社会职责的现实劳动者。它以提高学员能力为主，面向城乡发展，强调实际、实用和实效。另外，农村成人教育还具有周期短、见效快、投入少、覆盖面大的特点，这些特点决定了其既能为科教兴农搭台，又能为科教兴农唱戏，是农村教育综合改革，实行农科教结合的突破口，在推进农业现代化，实现我国农业和农村跨世纪发展目标中，能够提供强大的精神动力、智力支持和人才保证。

1. 农民教育是培育新型农民的迫切要求

农村成人教育的主要对象是4.9亿农村劳动力，他们是国家劳动力的主体，占全国劳动力总数7.4亿的66%。因此，要解决“三农”问题，发展农业，繁荣农村经济，增加农民收入，推进社会主义新农村建设，就必须大力发展农村成人教育，提高农民素质，造就“有文化、懂技术、会经营”的新型农民。只有培养造就千千万万素质优良的新型农民，把农村巨大的人口压力转化为人力资源优势，形成持续推动建设社会主义新农村的力量源泉，切实把经济增长转移到依靠科技进步和提高劳动者素质的轨道上来，才能完成建设社会主义新农村的各项任务。

2. 农民教育是持续稳定增加农民收入的迫切要求

农民教育影响农民增收，进而影响农民生活水平的提高。众所周知，农民外出打工收入已成为农民增收的主要来源之一，但有关调查表明，小学文化程度以下的很难找到工作，找到的大部分也是简单、靠力气干活的工作，劳动艰苦不说，工资往往也很低。加强农民教育，提高农民素质，也有利于他们增强就业能力、自主创

---

① 阿马迪亚·森：《以自由看待发展》，中国人民大学出版社2002年版，第292页。

业、充分就业，使他们和后代有条件接受更好的教育。①

表 1　农村居民家庭人均收入及文教支出构成

年份	人均纯收入（元）	恩格尔系数%	人均文教支出构成
1978	133.6	67.7	—
1980	191.3	61.8	—
1985	279.6	57.8	12.36
1989	601.5	54.8	—
1990	686.3	58.8	31.38
1991	708.6	57.6	36.44
1992	784.0	57.6	43.77
1993	921.6	58.1	58.38
1994	1221.0	58.9	75.11
1995	1577.7	58.6	102.39
1996	1926.1	56.3	132.46
1997	2090.1	55.1	148.18
1998	2162.0	53.4	159.41
1999	2210.3	52.6	168.33
2000	2253.4	49.1	186.72
2001	2366.4	47.7	192.64
2002	2475.6	46.2	210.31
2003	2622.2	45.6	235.68

资料来源：2004 年《中国统计年鉴》。

通过 SPSS12.0 软件对农村居民家庭人均收入和人均文教支出的回归分析，以农村人均文教支出为自变量 x、农村居民人均收入为因变量 y，得到回归方程：

$$Y = 10.546x + 357.99$$

$$(22.256)\ (5.444)$$

回归方程的相关系数为 0.987，拟合度非常理想；同时，括号内为 t 值，分别用 t 值检验回归系数和常数项，P = 0.000，方程极其高度显著有效。这说明了农民教育支出的增加对提高农民收入的作用是非常明显的。

① 聂明英、易启洪、周建伟：《农村成人教育对解决“三农”问题的作用》，载《成人教育研究》2005 年第 6 期。

3. 农民教育是建设社会主义和谐社会的迫切需要

农村安定和谐是全国安定和谐的基础，建设社会主义和谐社会首先促进农村社会和谐进步。只有大力培养新型农民，使广大农民学科学、用科学、自强自立、勤劳致富蔚然成风，遵纪守法、清洁卫生、爱护环境变成习惯，摈弃封建迷信、移风易俗、崇尚文明成为时尚，才能形成农村良好的社会风貌，为实施工业反哺农业、城市支持农村的方针，加大国家对农业和农村的支持保护力度，提供良好的社会环境，促进农村社会和谐进步。① 城乡和谐发展也有赖于农民教育的开展，受教育农民不仅可以服务于农村，还能转移到城镇，劳动力转移质的提高有助于农村人力资本转移的良性发展以及整个经济发展和社会进步。

据农业部门统计，我国现有进城农民 1.2 亿，初中及以下文化程度占 87.5%，有专业技术职称的占 2.4%，受过培训并获得证书的占 18.5%。据测算，到 2020 年，我国城市化率将达到 57.5%，将有 2.2 亿农村富余劳动力要向非农产业和城镇转移。农村富余劳动力的素质能否尽快提高，将直接影响我国工业化、城镇化发展的速度和质量。为使农村富余劳动力素质的提高，大力发展农村成人教育势在必行。

二、农民教育的现状

据农业部门统计，我国农村劳动力的平均受教育年限为 7.3 年，比城市劳动力平均受教育年限 10.2 年低 3 年；农村劳动力中接受过短期培训的只占 20% 左右，接受过初级职业技术教育或培训只占 3.4%，接受过中等职业教育的只有 0.13%，大多数农民没有接受职业技术教育，缺乏“一技之长”。

问卷调查结果发现，有 41.7% 的农民对自己的受教育程度感到不满意；有 62.9% 的农民认为受教育程度对自己的工作生活产生了非常大的影响，同时有 81.8% 的农民因为受教育程度较低而在找工作或生活中遇到困难。对于农民教育培训的内容，近 90% 的农民希望接受专项技术技能或综合素质教育；而教育的时限最好控制在三个月内，并且有 53% 的被调查者希望教育培训是终身的。这些都说明了农民是渴求知识的。

（一）农民教育的现状概述

长期以来，由于受小农经济意识和农业生产力水平的制约，农村成人教育始终未能找到与农业经济的最佳结合点和切入点，因而自身未能获得充分发展的良好社会环境。尽管改革开放以来农村成人教育有了较快的发展，但还是存在着诸多问题，在本次调查中也得以体现，具体表现在以下几点。

① 赵海林：《农村成人教育与农村发展》，载《成人教育》2002 年第 6 期，第 16—18 页。

1. 观念制约成人教育的发展

一方面，新技术、新品种的推广与农民传统观念的矛盾。在不少农民的头脑中重生产轻市场的思想根深蒂固，影响了新技术、新品种的推广应用。据资料报道，我国每年大约取得6000项农业科技成果，其普及率却只有1/3。另一方面，由于历史的原因和认识的局限，农村成人教育的地位和作用尚未得到社会的足够重视。现实农村中，存在着大量的“师傅带徒弟”和“在做中学会做”的现象，新学徒跟着熟练的老师傅学习工作，每接一手活，师傅和徒弟按一定比例分酬劳，时间一长，徒弟学会技术后就脱离师傅，自谋生活。

而且在调查中发现，不少农民存在着不愿交钱也不愿接受教育的想法，按部就班的劳作了几十年了，虽然生活状况比较差，但不想有什么改动。被调查者中超过九成的农民愿意接受政府全额提供的教育培训，因为他们相信接受教育培训后工作收入会有所增加；如果在政府不能全部提供教育培训的情况下，仍有超过80%的人愿意自己负担一部分来获得教育。实际生活中，不少农民还是不愿意自己掏腰包来接受知识技能培训，他们更希望政府能提供全部费用。

2. 办学经费不足

尽管农村成人教育经费规定了明确的来源：除规定农村教育附加费按当年征收额的10%用于成人教育外，各地财政、上级部门在力所能及的条件下应给予一定的财政支持，但以这些钱还远不能满足成人教育发展的需要；加上农村大部分乡镇自身财力的限制，无钱可给，影响了对农村成人教育的投入，造成办学经费紧张。经费现已成为农村成人教育发展的拦路虎。

3. 政府及相关人员的失责

地方政府在农民教育工作上不到位、农业推广人员不尽责，使得农民教育成为一句口号，走形式，讲教条，没有切切实实将资源和精力用在农民教育上，致使农民积极性降低，失去对政府推广教育的信任和热情。

（二）农民教育的需求

教育既具有内部性（内部收益），又具有正的外部性（外部收益）。在市场经济条件下，教育的内部收益表现为人们在接受一定文化、技术知识后，提高了自己的工作能力，因而可以获得较高工资的工作；对用人单位来说，由于其接受了能产生较高边际劳动生产率的劳动者，也愿意支付较高的工资。教育的外部收益表现为：一是随着教育程度的提高，人们的法律知识、道德修养得到普遍提高，人们更遵守社会公德，犯罪率下降，“诚实和美德来源于教育”。与此同时，随着人们文化教育程度的提高，收入的增加，社会更加安定，政府花在治安方面的费用相对下降。二是教育丰富了人们的知识，提高了人们的技能，有助于劳动生产率的提高和综合国力的增强，有助于经济增长，从而使全民受益。三是教育为政治教育提高了很理想的途径，使得公民更容易接受他们的政府，有助于政治稳定，从而也有助于经济发展。

通过农民教育问题的问卷调查，经过对调查结果的统计分析，我们可以看到农民教育的提供量远远不能满足需求。

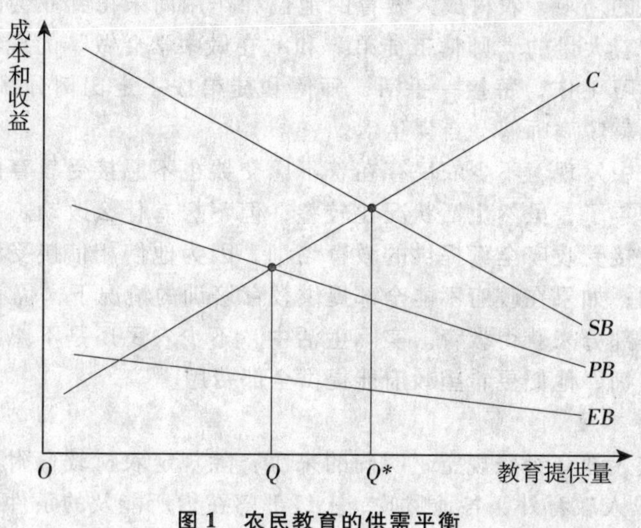

图 1　农民教育的供需平衡

因为农民教育正外部效应，由私人边际收益 *MPB* 和边际成本 *MC* 决定的提供量 Q 无法达到社会需求量 Q^*，所以要将农民教育的边际外部收益 *MEB* 和边际私人收益 *MPB* 相加得到边际社会收益 *MSB*，再由 *MSB* 边际成本 *MC* 确定的提供量 Q^* 才能满足社会的需要。因此，在市场经济环境下，农民教育的提供不能达到最佳水平，需要由政府加以提供。

三、农民教育培训的主要内容

农村成人教育在教学内容与方法要紧密结合农村成人的特点，灵活多样，注重实效。我国的农村成人教育经过多年的探索，走出了一条具有中国特色的发展道路。20 世纪 90 年代农村教育改革中涌现出的“三教统筹”、“农科教结合”，将农村基础教育、职业教育以及成人教育统筹结合，有机衔接，分工合作，相互沟通，提高了农村成人教育的整体效益。

从总体上看，这些年来，我国的成人教育事业也得到了比较充分的发展，但在这一发展进程中，又一直存在着一个十分明显的偏差，那就是各级成人教育机构普遍热衷于学历补偿教育，而不愿意在以提高从业人员的劳动技术、能力和基本素质为宗旨的岗位培训、技术培训方面下工夫，其中尤以面向农民的农村成人教育工作最为薄弱。在广大农村，除了一些地方开展了一些农民扫盲教育外，再基本上没有什么成人教育。① 因此，合理的教育培训形式呼之欲出。

（一）农民科技培训

主要培训形式包括：

1. 一事一训培训

主要是指针对农村从事农业生产的农民，围绕农民生产生活的实际需要开展的单项的普及性培训、技术指导和宣传，解决农民最直接最关心的应时性问题。培训内容主要包括农业实用技术、新成果新技术、农村政策法规、法律常识等；内容广泛，不强调培训的系统性，重在实用时效。主要依托各级农技推广、农广校，各类农民专业协会、农村经济合作组织、龙头企业及涉农中介机构等，结合农时季节，根据农民需求，采取举办科技大集、进村举办培训班，技术人员进村入户进行现场指导，向农民发放技术资料明白纸与农业科技小报等。同时，通过农村大喇叭、科技直通车、科技110和农业远程教育等多种形式对农民开展普及性培训。

2. 专业农民（骨干农民）培训

专业农民培训主要针对从事农业生产和经营的农民，其收入主要来源于农业生产。这些人是农业生产的主体力量。培训内容以其所从事的主导产业的产前、产中、产后各生产环节的技术要求和技能为主，辅助开展经营管理、法律法规等相关知识等。主要依托农广校、农业职业学校、农业技术推广站等专业培训机构，以实施绿色证书工程和新型农民科技培训项目为载体，按照“围绕主导产业，培训专业农民、进村培训指导、发展一村一品”的要求，采取“三进村”的方式，即培训教师进村、媒体资源进村和人才培养进村。以村为单位，制订一个全面的培养计划，设立一个方便的培训点，培育一批实用技术人才，组织一个专业协会，形成一个主导产业，让一户有一个生产明白人。

3. 农民创业培训

农民创业培训主要对具有创业欲望和基础条件的农民开展创业知识和创业能力培训，使农民经过培训能自主创业，逐步成为规模化生产、专业化经营的农场主或农民企业家。培训内容主要包括种养业、农业机械、农产品加工、农产品营销等领域的创业知识和创业能力训练。主要依托中高等农业职业院校、农广校，采取集中培训、分段学习、强化实践、跟踪服务的方式，以培养专业技能、创业能力、市场开拓能力、创新能力为核心，开展短期系统培训或职业学历教育。

---

① 任少雄、廖平：《刍议农村成人教育与建设和谐社会》，载《中国成人教育》2006年11月。

（二）农村劳动力转移职业技能培训

农村劳动力转移职业技能培训主要针对拟向非农产业和城镇转移的农村劳动力开展就业前的引导性培训和职业技能培训，提高农民的转移就业能力，实现稳定就业，增加收入。从2004年起，农业部、财政部、劳动和社会保障部、教育部、科技部、建设部共同组织实施阳光工程。按照“政府推动、社会参与、部门监管、农民受益”的实施原则，面向社会招标培训基地、财政资金直补农民、培训保证农民就业。阳光工程已在全国1930多个县市区实施，到目前已培训农民近800万，就业率达到85%以上。

（三）农村实用人才培养

中央农广校系统作为农业部唯一的直属专业教育培训机构，经过多年建设和发展，已建成了覆盖全国、上下贯通的五级办学体系。其中，中央农广校1所，省级农广校39所，地（市）级农广分校348所，县级农广分校2145所，乡镇教学班12000个。共有专兼职办学人员4.4万人；具有广播、电视、互联网络、卫星网络、文字教材、音像教材、报刊、杂志和科技入户直通车等多种农村远程教育传播渠道。长期以来采取多形式、多层次开展农村实用人才培养，为农村经济社会发展做出了巨大贡献。中等职业教育共开设了种植类、养殖类、工程类、经济管理和服务类100多个专业，教学班延伸到乡村，就地就近培养种养加能手、能工巧匠、农村经营能人和乡村科技人员，到2005年底，累计培养中等职业技术人才364万人。开办中专后继续教育，面向基层农业社会化服务体系人员，开展知识更新继续教育；与几十所高等院校合作办学，培养农业农村高等经营管理和技术人才。到2005年底，累计培养了农业推广、林业推广、畜牧兽医、农村经济管理等高等专业人才58万人。从2006年始，农业部在全国组织实施农村实用人才培养“百万中专生计划”，依托农业广播电视学校、农业职业学校，到2010年，将再为农村培养100万名具有中等职业教育学历的各类农村实用人才。

此外，农民教育培训的时间最好控制在三个月以内，实行周期短、频率高的方式，这样既不会耽误农民劳作时间，又能让农民将所学尽快用于实践中。

四、农村成人教育的保障机制

农村成人教育的贯彻实施还需要依靠一系列的保障机制。

（一）加快农村成人教育的立法保障

1987年国务院批转国家教委颁布的《改革和发展成人教育的决定》和1998年

国务院颁布的《扫除文盲工作条例》，对我国农村成人教育的发展起到了巨大的推动作用。但是能与之匹配的法律、地方法规和管理办法却并没有随之出台，这给实施工作增加了很多的不便。同时随着农村成人教育工作重心的转移，原有的法律法规也表现出很大的局限性，这就要求有关部门能加快立法工作的进程，跟上农村成人教育发展的步伐。使农村成人教育事业能步上法制的轨道，能拥有法律上和制度上的双重保障。

（二）加大农民教育的资金投入保障

从经济学的角度讲，农民教育直接受益者是相当数量的社会公众和接受其就业的企业，但最终受益的是国家和社会。作为教育的一个重要组成部分，农民职业教育完全符合公共财政投入的投入方向。

从国际经验来看，农民教育主要是由政府来提供。按照 WTO 的相关规则，对农民培训的补贴属于“绿箱政策”中政府一般服务的重要内容，其数量不受限制。因此，WTO 主要成员国大多采取多种方式，对农民培训提供资金支持。中国是个农业大国，政府应当是农民职业教育投入的主要承担者，政府也只有加大对农民教育的公共投入，方能体现政府的责任。政府应该利用公共财政的公共性、调控性的特点，建立合理的农民职业教育投入分担机制，吸引各方资金，让农民用较少的成本投入，甚至是免费的形式，激励农村剩余劳动力主动接受职业教育，从而把农民职业教育潜在的需求变为现实的需求，真正实现农民职业教育为农村剩余劳动力转移培训、新型农民培训服务的目的，同时也为国家经济建设提供大量合格的产业工人和服务人员，促进国家现代化发展。①

国家财政用于成人教育的经费不超过教育总经费的 5%，而农村成人教育的经费就更少，基本上没超过 2%。再加上基层领导对农村成人教育事业的认识偏差，多有欠拨和挪用农村成人教育经费的现象，造成了我国“农村成人教育经费人均不足一元钱”的现状。各级政府与教育机构要充分认识农业在我国经济发展中的作用，大力增加办学投入，改善办学条件，改善农村成人教育教师的工作条件和生活待遇，稳定管理队伍。除政府拨款及乡镇征收的教育附加费、职工教育费等外，在财政扶持的基础上，实行“两条腿走路”的方针，争取社会各界的捐资助学。大力推动贫困地区义务教育工程，并设立农村成人教育的“专项发展基金”，款项由中央统管，通过部门垂直管理，层层发放与落实，保证办学经费不扣留、不拖欠、不挪用。②

加大资金投入，是促进农村成人教育快速发展的物质基础。要适应市场经济发

① 荣壁德：《论当前农村成人教育发展的几个着力点》，载《中国成人教育》2004 年第 5 期。

② 范先佐：《教育财务与成本管理》，华东师范大学出版社 2004 年版。

展的要求，建立健全政府主导和社会动员相结合的投资体制。各级政府要自觉按照公共财政的要求调整财政支出结构，切实纠正教育支出的非农偏好，加大对农村成教的投资力度，健全农村成人教育机构，完善农村成人教育体系，改善农村成教的办学条件；要将各级农村成教教师办公与培训等基本费用列入政府财政预算，作为主渠道予以保证，并做到专款专用。政府在发挥自身主导作用的同时，还应通过财政补助、贴息、奖励等手段，引导和鼓励企事业单位、社会团体、公民个人等社会力量以多种形式投资农村成人教育，逐步形成政府和社会力量推动的多元化办学格局。

（三）加强农村成人教育师资队伍保障

要吸收优秀的大中专毕业生到农村成教任教，为农村成教师资队伍增加新生力量。要聘请有一技之长和实践经验丰富的农民技师到课堂担当实践课程指导教师。与大专院校挂钩，实行农村成教教师与院校师资的双向进修，更新知识结构。同时对现有的师资队伍进行培训和竞争上岗，对不称职的教师及时做出调整，保证教师队伍应有的质量。重要的是切实保证农村成教师资队伍的待遇，保持教师队伍的稳定性，配备一支事业心强的精干专职的教师队伍。

（四）建立农村教育经费保障机制

从我国近年来教育事业支出情况看，教育中隐性浪费致使教育资源不能优化，有限的投资难以充分利用，投入的教育成本“抵效”，甚至“无效”。首先，不能实现大面积资源共享，低水平重复设置学校、专业和设备；其次，人事结构比例失调，经费支出高；再次，教育成本受到无形浪费因素的影响，主要指在教育改革过程中由于群体或个人的心理情绪、意识态度等主观因素对工作效率的影响和资金物资的无形损耗。

整合资源，协调农村教育内部和外部各种力量。在农村基础教育和职业教育融合的实施中，各级党委和政府统一领导、协调农业、科技、教育等各方，充分发挥各自优势，密切配合，相互支持。地方政府根据农村学校课程实施的需要，除提供现有农业示范场所、科技推广基地等多种资源外，还可根据实际情况和有关规定，提供一定量土地、资金等为学校创设教学条件。同时，学校充分利用现有的设备，包括教学仪器、生产工具等；并广泛利用各种社会资源，如与学校附近的工厂、企业、乡村等建立帮教关系，或与农业科研机构联合共建实验基地，学生在其中进行学习和实践。此外，学生也可充分利用自己家的田园设备、劳动工具进行实习，教师定期或不定期到各家视察，当场指导、施教。通过农村职业教育和基础教育融合的体系，把农村学校办成当地农村的人才库，办成农业技术引用、推广和社会服务中心、科研基地，甚至是生产经营的实体，真正成为推动农村发展链条中具有发动机作用的一环。

参考文献

[1] N. Grogory Mankiw, 2002, *Principles of Ecomomics*, China Machine Press.

[2] Linxiu Zhang, 2002, Jikun Huang and Scott Rozelle, "Employment, emerging labor markets, and the role of education in rural China", Available online.

[3] Sulayman S. AL-Qudsi, 2003, "Family background, school enrollments and wastage: evidence from Arab countries ", Available online.

[4] Björn GUSTAFSSON and Shi LI, 2003, "Expenditures on education and health care and poverty in rural China", Available online.

二、最低生活保障

ZUIDI SHENGHUO BAOZHANG

城市居民最低生活保障标准的运行效果

——以鞍山市为例

李 坚

（东北大学文法学院社会保障研究所）

摘　要： 城市最低生活保障线是低保制度的核心，从低保标准实际运行效果的角度考察低保制度问题，对改进低保制度有积极意义。本文以鞍山为例，通过了解鞍山市低保标准与调整，调查民政、社区干部、低保户的反映，来考察城市低保标准的实际运行情况、低保标准在对低保救助过程中所产生的效益和作用，低保标准运行过程中成绩、问题，寻求改进制度运行效果的途径。

关键词： 最低生活保障线　低保标准　低保制度运行　鞍山

城市居民最低生活保障制度，是对家庭人均收入低于当地最低生活保障标准的贫困人口，实行差额补助的一种社会救济制度。最低生活保障标准是指在社会发展的某一时期内，由政府制定的、与社会经济发展相适应的，在衣、食、住、行等方面维持一个人生存的最低限度的基本生活标准。

低保标准运行是指政策实施主体（政府）为实现特定目的（通过社会救助这种二次分配社会资金的手段以求社会公平）而运用和行使政策的过程。低保标准运行效果是指通过低保标准运行活动，低保标准在对低保户救助过程中所产生的效益和作用，其中还包括在标准运行过程中负责具体操作的民政部门和社区干部的反映。通过运行效果反观运行过程的合理性以便进一步调整，这是一种从实践向理论的演绎。现有文献大多通过数学方法来制定城市低保标准，很少用标准运行效果来检验标准的合理性及调整措施。本文意在通过检讨鞍山低保工作中的实际问题，为改进城市居民最低生活保障标准运行的效果提供依据。

一、鞍山市低保标准与调整状况

近年来，鞍山市关注困难群众生产生活问题，不断探索完善新型社会救助体系的方式和途径。通过改革计划经济体制下形成的救助工作模式，完善救助政策，整合救助资源，规范救助行为，协调救助行动，初步形成以最低生活保障制度为基础，以基本医疗救助、大病医疗救助、就业援助、分类救助、教育援助、住房援助、应急救助、司法援助、采暖费补贴等专项救助为辅助，以社会互助、慈善事业为补充，与经济社会发展水平相适应的新型社会救助体系。

鞍山市城市低保制度始建于1996年，到1998年全市所有县区全部建立。1996年保障人数为3.8万人，2005年10月增加到11.1万人，全市保障面为4‰。1996年发放低保金2600万元，2005年10月累计发放低保金18600万元，城区月人均救助额90元。1998年市政府颁布了《鞍山市实施城市居民最低生活保障制度暂行办法》和《鞍山市城市居民最低生活保障制度暂行办法的实施细则》，初步明确了该市城市低保制度的框架。在总结经验的基础上，2003年市政府颁布了《鞍山市城市居民最低生活保障制度实施细则》，使该市城市低保制度框架体系得到了进一步的完善，但一直没有单独对低保标准独立成文，尽管运行还算良好。从该市低保工作在全省情况看，低保标准在14个城市中排位第四，月人均救助额排位靠前，低保配套政策涉及范围和救助强度靠前。从低保金发放情况来看，能够做到及时、足额、足月。

鞍山市历次城市低保标准如下：

表1　低保标准调整情况

年　份	1996	1998	2001	2004	2006
标准金额（元）	105	150	195	205	217

低保标准调整往往有其原因：如果是由暂时性的突发性事件也就持续三五个月，可能采取临时性救助行为；如果是长期性事件，就需要提高低保标准，这是大环境要求，会有指示性文件，如2006年辽宁省提高工资标准，为缩小贫富差距，减少负面影响，低保标准再次提高，去年鞍山提高12元，从205提高到217。但提高的程度不高，主要是由于2005年鞍钢附属企业分离，分离后的集体工人进入低保所致。鞍钢附属企业是集体企业，因为企业没有钱缴纳，职工无失业保障金和养老医疗保险，针对两险工资问题而集体上访，于是两个月内12.5万人（包括家属）进了低保，而鞍山10年才进了10万人，按照规定，这是不符合低保政策的，但从政治意义上讲，却符合稳定的需求。

无论低保标准怎么调整，也不会金额过大，救助太多容易引起新一轮的不公平，低保永远只是解决一个最基本的生活保障问题，始终要体现最后一道保障网的意义。

为不养懒汉，劳动和民政部门联手促进低保对象就业，试图建立一种机制，通过社区就业、推荐就业等办法，去年实现7万多人就业，同时从政策上规定两次无正当理由不接受就业就取消低保资格，目的是为了减少养懒汉和骗保的现象。

地方低保标准确定与调整的主要依据：

• 低保标准的确定主要是根据当地物价、水电煤气、粮油等生活必需品物价指数，由城调队进行抽样调查。

• 低保资金来源全部是市财政拨款，标准调整还是根据本市财力，建立正常的增长机制。

• 与周边地区有对比，不能给其他地区带来过大的压力，容易引起新的不稳定。如供暖鞍山平均可减免1000元，辽阳只减免40%。

二、鞍山低保标准运行效果

（一）社区低保实录

笔者于2007年2—3月对鞍山市民政局、社区和部分低保户进行访谈和问卷调查，时代了解基层低保工作情况并寻求改进办法。

例：A社区，该社区共有2285户，6265人，其中低保户50户，占总户数的2.2%，总计123人，占总人口的1.96%，低收入户32户，占总户数的1.4%，共计78人，占总人口的1.25%。该社区所处地理位置在鞍山属于富裕地区，低保比例较低，且每年变化率较小。低保户也基本都有固定工作，只是工资水平相对较低，困难原因主要是因为单亲、疾病和子女就学等，基本没有绝对贫困的人群。但社区缺少特色服务项目（如自主创业或再就业工程），只局限在基本生活救助层次。现在的低保标准由原来的195元调整到205元，每个月末发放差额低保，年底发放米面油约100元。每年低保变动是2—3户，变动率是4%—6%。即便如此，社区低保负责人认为低保标准仅仅能满足温饱。同时，低保户普遍反映低保标准太低，难以维持生活。但事实上，经观察，低保户普遍在外面做一些零工来补贴家用，而且他们实际工资到底多少无人核查，这也可能是由于该地区普遍生活富裕，无人去举报不符合要求之户。更有甚者，还有开车来取低保金的。这低保该给谁，该给多少还有待商榷。而且低保本来是为保障一些无劳动能力的低收入年纪相对较大的人群，但实际运行起来，子女就学已经成为许多人申请低保的主要原因，而子女毕业之后即待业也成为很多人继续吃低保的原因。

例：B社区，居住的多是三冶和鞍钢附属企业职工，没有太多的职业技能，一辈子靠出卖劳动力生活，企业的解体破产对他们来说是致命一击。这一地区下岗再就业培训成为社区扶助低保户的主要政策。社区共有2672户，6987人，其中低保户143户，低收入户97户。但事实上，很多家庭都具有劳动能力，只不过打着下岗的旗号，借着2005年上访的时机强行进入低保。现在正通过推荐工作和社区公益劳动来逐渐将不该保的剔出这个行列。

鞍山市铁西区作为鞍山的工业区，和立山区一样，主要集中了工业大发展时期的企业工人，但在20世纪90年代企业改革破产兼并的大潮中失去了饭碗，其中相当多的人正值壮年，所以低保比例相对较大，竞争比较激烈，甚至出现一种不正常的现象：有些人为了得到名额，还要从有限的救助中分一杯羹给低保工作者。有相当一部分人也在工作，但从事的都是简单的体力劳动。在鞍山有一个特殊的地方：残疾车在铁西区可以充当出租车，但是不允许过站前地区，怕影响市容。其中从事这项工作有很多人都是需要低保救助但是条件不符合的人。

例：C社区，与B社区相邻，接触具城市户籍且在本社区居住的低保户87户225人，其中217人受访，从中得知低保户家庭生活状况：

表2

<table>
<tr><td rowspan="2">收入分类</td><td colspan="2">月人均0—100元</td><td colspan="2">月人均101—160元</td><td>月人均161—217元</td></tr>
<tr><td colspan="2">18.7%</td><td colspan="2">28.4%</td><td>52.9%</td></tr>
<tr><td rowspan="2">户别结构</td><td colspan="2">三口之家</td><td colspan="2">单身和三代同堂</td><td>单亲家庭</td></tr>
<tr><td colspan="2">61.48%</td><td colspan="2">29.05%</td><td>9.47%</td></tr>
<tr><td rowspan="2">户型构成</td><td colspan="2">失业和退休</td><td colspan="2">在岗和下岗</td><td>无业和其他</td></tr>
<tr><td colspan="2">77.32%</td><td colspan="2">18.6%</td><td>4.08%</td></tr>
<tr><td rowspan="2">住房状况</td><td>私有楼房</td><td colspan="2">公有楼房</td><td colspan="2">无房、租房、公有平房、私有平房</td></tr>
<tr><td>78.63%</td><td colspan="2">13.81%</td><td colspan="2">7.56%</td></tr>
<tr><td rowspan="2">供暖状况</td><td colspan="2">个人支付</td><td colspan="2">单位支付</td><td>共同支付</td></tr>
<tr><td colspan="2">59.82%</td><td colspan="2">33.14%</td><td>7.04%</td></tr>
<tr><td rowspan="2">收入结构</td><td colspan="2">自谋收入</td><td colspan="2">退休金</td><td>工资</td></tr>
<tr><td colspan="2">53.27%</td><td colspan="2">41.42%</td><td>11.85%</td></tr>
<tr><td rowspan="2">支出构成</td><td>吃穿</td><td colspan="2">就学、保险费用</td><td colspan="2">水电煤气、医疗、采暖费</td></tr>
<tr><td>52.6%</td><td colspan="2">22.7%</td><td colspan="2">24.7%</td></tr>
<tr><td rowspan="2">身份分类</td><td colspan="2">失业和退休人员</td><td colspan="2">学生和下岗人员</td><td>其他各层面人员</td></tr>
<tr><td colspan="2">57.66%</td><td colspan="2">26.92%</td><td>15.42%</td></tr>
<tr><td rowspan="2">文化结构</td><td colspan="2">小学和初中文化</td><td colspan="2">高中</td><td>大专以上</td></tr>
<tr><td colspan="2">74.93%</td><td colspan="2">18.42%</td><td>6.65%</td></tr>
<tr><td rowspan="2">就业状况</td><td>自谋职业</td><td colspan="2">未就业者</td><td>稳定就业</td><td>无法就业</td></tr>
<tr><td>63.2%</td><td colspan="2">22.8%</td><td>7.5%</td><td>6.5%</td></tr>
<tr><td rowspan="2">参保状况</td><td colspan="2">参加“两险”</td><td colspan="2">只参加养老保险</td><td>未参加任何保险</td></tr>
<tr><td colspan="2">66.8%</td><td colspan="2">75.9%</td><td>33.2%</td></tr>
</table>

（二）各方对低保标准运行效果的感受

关于低保标准运行效果各方感受不一，众说纷纭。

低保户几乎都不是很满意，觉得现行标准低，救助额太少，根本不能满足基本生活需要，解决不了根本问题，非议主要集中在医疗和子女就学上，因此总去民政部门申请其他方面的救助。对他们来说，低保制度效果显得微不足道。

民政局认为已经给了很大的保障，这个标准对于满足温饱生活还是可以的。而且随着低保人数逐年的增加，民政局轻易也不敢调整标准，即使调整也是微调，多是采取临时性救助来解决一些突发问题，弥补现行标准运行的缺憾。

社区低保工作人员的态度则比较中性，认为现行的标准还是能够解决最简单的基本生活需求，但对于疾病和就学这类问题，完全解决几乎是不可能的。毕竟就现在的经济能力来说，很多即使不是领低保的家庭也不见得能完全地保证自家的医疗和就学。因此，他们对于低保标准的评价是能够发挥基本的运行效果，但整个体制还不够完善，相关配套措施和制约机制有些匮乏。

一般市民对低保标准的运行效果也是见仁见智，主要取决于自身的经济状况。低保边缘群体由于自身经济条件的局限，认为低保标准对解决实际生活问题起到了很大作用，标准运行效果非常好，对受保人群的"不劳而获"非常羡慕，所以想尽办法入保；相对经济条件好一些的关注较少，很多人都不清楚低保标准到底是多少，他们也理所当然地认为低保标准运行效果一定好，因为政府什么都管了，还有那么多专项救助、应急救助、社会救助，生活一定是衣食无忧了。

由于自身对政策的了解程度和立场差异性，社会方方面面对现行城市居民低保标准有着不同的感受，对它的实际运行效果有的是感同身受，还有的是凭空想象。低保标准运行效果要关注接受者的感受，还要充分考虑给予者所面临的困难：对民政部门而言，首先，申请低保群众情况核实难，这是一个普遍性的问题，隐性收入无法核实，初审批准低保的基础还是在社区，经过单位取证、公益性劳动、邻里调查、民主评议委员会（一个社区五六个委员）等手段，通过低保评审，号召全体监督，反映情况更真实，这是尊重群众的知情权、参与权、监督权。现在低保名单都进行公示，鼓励社会参与。其次，无专项调查资金，缺少工作经费，尤其是基层第一线。最后，低保群众情况千差万别，基层工作人员缺少量化标准，事实上也无法制定具体标准，同时没有专业化的培训，只能靠人力去把握基本原则上的灵活。在低保标准实际运行效果评估中，还有诸多突发情况。例如，2005年底的大量入保势必会影响运行效果。政府出于政治稳定的想法，不根据政策和实际情况就随意安排不安定群体进入低保，使得本来就很紧张的经费又一次向不恰当的人群倾斜，而真正需要的人群则只能等待标准缓慢地增长。而且政府调整的步伐很缓慢，也是怕财政压力太大。

三、低保标准运行及其改进

首先，强化低保工作的动态化和规范化管理。自2006年以来，鞍山市在全面实现应保尽保的同时，使6757名家庭收入高于低保标准的保障对象主动申请退出低保。2006年以来，鞍山市民政局对城镇居民最低生活保障线的“进口”审批进行了规范和完善，同时市民政局还着力打通“出口”，做到低保对象有进有出，强化动态管理，以保证保障金的合理使用。办理低保所享受的政府给予的差额救助金只是一个小数目，而低保所带来的就学、取暖费、医疗救助（每年4000元）等方面的优惠政策更具有吸引力。很容易出现这样一种现象：工资处于保障标准边缘的人员在工作，享受低保的人员不愿意去工作，难以做到“应出尽出”。

其次，强化监督。在低保标准运行过程中，不可避免会有一些不合理之处，为确保运行效果，陆续出台了一些规章制度对其进行事后监控：行政复议和行政诉讼（《辽宁省城市居民最低生活保障办法》第二十七条规定）、投诉监督（《鞍山市城市居民最低生活保障制度实施细则》第十章）、工作人员问责制度（2005年《城乡低保工作人员问责制暂行规定》）。这些监督机制正是为了更好地对低保标准运行能够在人为操控层面上减少失误，真正地发挥效果。

再次，子女就学已经成为许多人申请低保的主要原因，而子女毕业之后即待业也成为很多人继续吃低保的原因，这足以说明解决就业问题已经成为制约低保标准运行的主要症结，同时分类救助对于就学这一阶段性问题运行得还稍显薄弱。

最后，低保作为最后一道防护网的作用得到发挥，但是很多不该它去承担的责任也由它来承担了。许多工人由于无医疗养老保险而入低保，这说明社会保险这方面做得不够。最后的防护体系负担过重直接导致的后果就是低保标准处于低迷状态，势必影响运行效果，仅仅通过扩大财政支持恐怕也是舍本逐末。

针对以上的问题，鞍山市陆续出台了很多相关政策，正在逐步地解决。政府表示，低保金发放能够做到及时、足额、足月，即使公务员的工资晚发，也绝对不会耽误低保金的发放，这是保障民生的体现。分类救助也在积极开展，一般是家庭特殊情况，如70岁老年人、病残或丧失劳动能力人群、单亲、子女就学，在保障标准上浮20%，这是维护公平的需要。针对低保“进出”问题，也在用公益劳动、推荐就业和公示等方法维持动态平衡。民政局向市政府提出了相关建议，要求几个部门联手在推荐就业、社会保险等方面配合协调，合理分配负担，使每一个层面的工作力量都能发挥到极致。

四、鞍山低保标准运行的启示

鞍山作为一个老工业兼重工业基地城市，从业人口多数在工业领域，国企改革对这个城市的冲击很大。鞍山有三分之一人口在鞍钢工作，几乎每个家庭都与鞍钢有着千丝万缕的联系，所以改革的大潮几乎冲击到了每一个角落。鞍山的城市低保标准运行有其独特性，它可以鞍钢一“点”来代表整个城市这个“面”，鞍钢附属企业的陆续解体使得城市低保的压力瞬间增大，导致低保标准始终稳健地、缓慢地提升，而老工业城市第三产业发展相对缓慢，再就业机会需要政府各部门积极创造，这不仅是独特性，还是有限性，由于一个企业出问题导致整个城市低保出现压力的情况毕竟对于全国还不是特别多。与此同时，低保标准的运行也具有一定的代表性：作为一个大城市（鞍山人自认是中等城市），既要与特大城市保持一定的差距作为参照，又不能给周边小城市太大财政压力，出台政策有一定的相对独立性，这也是多数大中型城市在分析低保标准运行从而再次调整的必由之路，所以它又有一定的参照意义，值得学者和实践家去研究大中等重工业城市低保标准运行的道路。

单纯依据经济因素所确立的过低的保障标准，影响了我国城市居民最低生活保障制度的实施效果。制定合理的最低生活保障标准，是我国城市居民最低生活保障制度的核心，是最低生活保障标准顺利运行的基础。城市居民最低生活保障标准，是由一系列因素共同决定的。表面看来，城市居民最低生活标准的运行只是一个资金问题，似乎城市居民最低生活保障标准是由单一的经济因素决定的，其实运行城市居民最低生活保障标准绝非单一的经济因素所决定，而是既由经济因素，又由社会、政治、法律等多种因素综合决定。

鞍山低保标准运行实际中的问题，有些问题是未曾被人们注意的，如低保人群的一些不明显变化，许多年轻人未就业成为低保一个支流，如果不能在就业上拓宽渠道，很容易导致低保人群的进一步扩大；有些问题是人所共知，却没有出台相关政策真正解决，如低保承受了很多不该它所承受的压力，社会保险、社会福利以及社会保障中的其他相关待遇分属独立部门，彼此之间的协调配合性较差，有些是重复工作，有些是遗漏点，最终的负担都压在了城市低保这里，导致低保标准长期以来提高缓慢，只能维持在温饱层面上，应该从更高层面上成立相关职能部门从中负责协调，使得所有部门都能发挥最大的作用；有些问题在实际中是关键性的，如低保工作者素质问题，对于鞍山这样的大中型城市，社区已演变成为政府派出机构的下属机构，工作人员有相当一部分都是公务员编制，学历都在专科以上，从工作能力、工作态度上还是比较适合工作岗位的；也有一些问题理论上已经出台了办法，但实际贯彻得不好，如低保标准和最低工资之间的差距还有点小，导致进保不容易、退保不顺畅；有些问题是出台了政策，也实际运行了，但实际运行时有些偷工减料，如低保标准运行的监督体制，有那么多方法，但可操作性还有待于探讨，而且基层往往觉得麻烦，就省略了其中很多步骤，导致监督实施得不到位，公平性就减弱，从而影响低保标准实际运行效果。还有一些问题的确和理论上研究的基本一致，如低保资金问题，而这个问题恰恰就是低保标准运行的症结，地方财力直接制约了标准的执行，而中央和省级机关的援助实在是微乎其微，这是所有城市都面临并且必须尽快解决的问题。

对低保标准运行效果的评估。如果仅从数量多少角度去考察低保制度就显得思路比较单一，如果能从低保标准运行效果这个角度去看，从结果来推定政策，就会更客观实际一些。在鞍山一个城市中，相对来说铁东地区基本不存在绝对贫困，而在铁西和立山地区，还有一部分人是仅仅为温饱而生活，这个问题只能是具体情况具体分析。其次，政府资金来源上，中央和地方到底谁应该成为主体，这也和地方财政状况直接相关。对于鞍山这样一个以钢铁为主体产业的城市，鞍钢一旦出了问题，整个城市经济坍塌了半边。对于鞍山这样一个重工业城市，职工贫困已经演变成城市贫困的主体。鞍钢的衰落会导致低保人群的扩大和城市财政收入的锐减，这三者之间相互制约。低保资金如果过多地压在地方财政上，极有可能进入恶性循环，因此迫切需要中央财政支持。如果是那种三个产业平衡发展的城市，即使个别行业出现一些问题，也不会影响整体低保标准效果运行，中央财政可以适当减少投入。最后，对于绝大多数有劳动能力的低保对象来说，低保金只是他们的一部分生活来源，他们还必须靠自己的劳动挣钱养家：打工或做小生意挣来的劳动报酬一般要超过低保金许多，但是不稳定，因此目前实行“差额补贴”的城市低保标准，实际上对于相当一部分地区并不具备“养懒汉”的物质基础。低保金的意义在于，虽然金额不大，但是稳定，每月可以按时领到。所以，对低保对象而言，城市低保标准在社会上运行实际上在心理上所起的稳定作用大大超过以现金救助表现出来的物质上的意义。

参考文献

[1] 周丛松：《鞍山低保实现动态管理》，载《工人日报》2007年2月11日。

[2] 朱勤：《鞍山实行低保工作人员问责制》，载《辽宁日报》2005年10月23日。

[3] 郑秉文：《社会保障体制改革攻坚》，中国水利水电出版社2005年版。

[4] 景天魁：《最低生活保障制度：特点和意义》，载《中国社会科学院研究生院学报》2004年第4期。

[5] 吴碧英：《中国36个城市最低生活保障标准实证分析》，载《数量经济技术经济研究》2001年第4期。

[6] 林志伟：《我国城市居民最低生活保障标准实证研究》，载《人口与经济》2006年第6期。

我国社会救助资源分配的公平性研究

黎 民

（武汉大学社会保障研究中心）

摘　要： 社会救助作为对基本生活陷入严重困境居民提供物质支持的一种制度安排，其公平与否极其重要。本文利用政府的社会救助拨款是否足额到位等4个指标，对我国社会救助资源分配的"公平性"进行了测评，得出目前我国社会救助资源分配的"公平性"较差的结论；并指出，造成社会救助资源分配公平性缺失的根本原因是维护社会公平的责任主体——政府职能的缺位、越位和错位；而促进政府由经济建设型向公共服务型的转变，是实现社会救助资源公平分配的最重要条件。

关键词： 社会救助　公平性　资源分配

一、研究背景与研究设计

（一）研究背景

社会救助是当社会成员由于各种原因陷入难以通过自身的力量克服的生活困境时，由国家和社会按照法定程序和标准向其提供物质援助与支持的一种制度安排。显然，这种旨在保障社会成员最低生活需求和基本权利的制度安排，是构建和谐社会工程中最基础的、不可或缺的基石。作为对最需要帮助同时又是最无支付能力者提供的一种援助或支持，社会救助制度的有效性，就在于能否公正或公平地将社会救助资源分配给最需要救助的群体。考虑到社会救助是一项具有雪中送炭性质的"按需分配"制度，考虑到社会救助资源的稀缺性，可以说，"公平性"在社会救助的资源分配中所处的地位无论怎样估计都不会过高。

长期以来，由于我国的城乡二元分治格局、各地区经济社会发展的不平衡、国家"效率优先、兼顾公平"的整体发展观等因素的影响，旨在实现社会公平的社会救助制度，从制度设计到制度运行，"公平性"问题就一直困扰着社会的方方面面。近年来，在贫富差距扩大、基本生活和基本需求出现严重困难的人群增多的社会背景下，社会救助制度及其运行中的“公平性”问题更显突出，成为直接影响社会稳定和社会和谐的重要因素，也是近年来各级政府在社会保障实践中越来越关注的问题。

（二）研究设计

本文所谓的社会救助资源分配的公平性，是指在社会救助资源供给能力的范围内，所有符合条件的受助者都能公正地获得足以维持基本生活的资源。基于研究目标的要求，本文的主要内容是以如下4个指标来测评我国社会救助资源分配的“公平性”，并对测评结果进行相应的评估。

第一，政府的社会救助拨款是否足额到位。

众所周知，我国社会救助的经费除了少量来源于社会捐助外，主要部分来源于国家财政的社会保障类转移性支付。本指标所测评的内容是，在一定的财政收入水平下，政府能否“公平”地看待社会救助支出在政府支出中的位置，相应的，政府的社会救助拨款是否做到“足额”，而不是用于其他方面。

第二，社会救助拨款在整个社会保障拨款中所占比例是否合理。

社会救助拨款作为整个社会保障拨款的一部分，其所占比例应与社会成员的社会救助需求，以及这种需求在社会保障总体需求的应有位置相关，同时，也与不同的社会保障品种的资金供给方式相关。显然，社会救助拨款在整个社会保障拨款中所占比例如果是合理的，也就是“公平”的。

第三，社会救助拨款在城乡之间分配是否公平。

依照资源公平分配的原则，城乡的社会救助制度应该是统一的，但由于我国城乡之间经济水平差别很大，社会救助资源在城乡之间的分配不应该、也不可能采用统一的标准。本研究所谓的社会救助拨款在城乡之间分配的公平性，是指在承认城乡最低生活成本差别的前提下，使社会救助对象的基本生存保障，不因其居住地的城乡差异而受到明显影响。

第四，社会救助资源在不同地区之间分配是否公平。

我国不同地区（这里主要是指东、中、西部地区）之间经济发展水平、地方政府的财政能力差异很大。一般说来，经济发展水平高的地区，当地政府的财政能力很强，需要求助的人口较少；与之相反，经济发展水平偏低的地区，需要救助的人口多，当地政府的财政能力却十分有限，这是我国社会救助资源在地区之间公平分配必须解决的矛盾。

本研究所说的社会救助资源在不同地区之间分配的公平性主要体现在：中央政府依据“按需分配”的原则，对欠发达地区的转移支付的强度足够大，使各个地区的社会救助资金能够满足当地社会救助的需求。

二、对我国社会救助资源分配公平性的评估

（一）政府社会救助拨款是否足额到位的衡量标准及其测评

这里所说的政府社会救助拨款的足额到位，可以操作化为如下指标：在合理的救助标准下，需要救助的所有社会成员都能得到及时救助；同时，救助资金总量控制在政府财政所能承受而且合理的范围内。因此，这里需要对合理标准下的社会救助资金需求量进行估算，以及对我国政府社会救助资源的供给能力进行分析。

1. 合理标准下的社会救助资金需求量的估算

根据国家统计局提供的数据，2006 年我国农村绝对贫困人数为 2148 万人（绝对贫困线为人均年纯收入≤693 元），而相对贫困人口数则为 5698 万人（相对贫困线为人均年纯收入≤958 元）。2006 年我国已建立农村最低生活保障制度的部分地区人均补差为 398.4 元/年，按此补差水平对农村 2148 万绝对贫困人口进行补助，如果不考虑社会救助制度的管理成本，每年用于农村救助的资金需要 86 亿元。

城镇贫困线一直没有确定统一的标准，各地方政府根据本地的物价水平、自身财政能力确定的最低生活保障标准，大体在 1800—2400 元/年之间。2006 年我国城镇最低生活保障的全国平均标准是 169.6 元/月，平均每人补差 82.9 元/月，如果按此补差标准，对 3000 万城市贫困居民的社会救助款需要 299 亿元。

从我国的社会救助实践看，最低城乡生活保障标准都明显偏低，难以保障基本生活。具体数据见表 1。

表 1　全国各地区的最低生活保障标准（2005 年）与平均贫困线（1998 年）比较

地区	最低保障标准（元/人·月）	实际贫困线（元/人·月）	公布标准与实际贫困线之间的差距（元/人·月）	保障标准占实际贫困线的比例
全国	156.0	193	-37	80.81%
北京	300.0	260	40	115.38%
天津	265.0	249	16	106.42%
河北	140.4	209	-68.6	67.18%
山西	133.2	135	-1.8	98.67%
内蒙古	128.4	152	-23.6	84.47%
辽宁	174.0	184	-10	94.56%
吉林	153	142.2	10.8	107.59%
黑龙江	126.0	157	-31	80.25%
上海	300.0	303.0	-3	99.01%

地区	最低保障标准（元/人·月）	实际贫困线（元/人·月）	公布标准与实际贫困线之间的差距（元/人·月）	保障标准占实际贫困线的比例
江苏	188	209.0	-21	89.95%
浙江	217.6	249	-31.4	87.39%
安徽	170.3	178	-7.7	95.67%
福建	168.8	201	-32.2	83.98%
江西	129.7	151	-21.3	85.89%
山东	175.4	214	-38.6	81.96%
河南	129.1	159	-29.9	81.19%
湖北	141.6	190	-48.4	74.53%
湖南	142.4	179	-36.6	79.55%
广东	203.9	255	-51.1	79.96%
广西	137.2	209	-71.8	65.65%
海南	143.8	205	-61.2	70.15%
四川	140.2	167	-26.8	83.95%
重庆	164.4	184	-19.6	89.35%
贵州	135.2	178	-42.8	75.96%
云南	159.2	197	-37.8	80.81%
西藏	205.8	186	19.8	110.64%
陕西	139.3	168	-28.7	82.92%
甘肃	129.3	152	-22.7	85.07%
青海	162.6	124	38.6	131.13%
宁夏	162.7	174	-11.3	93.51%
新疆	129.7	148	-18.3	87.64%

资料来源：1. 最低保障标准来自国家统计局出版的《全国统计年鉴（2005）》；

2. 实际贫困线数据来自洪大用：《转型时期中国社会救助》，辽宁教育出版社 2004 年第 1 版，第 171 页。

考虑到 1998—2005 年 7 年间的物价上涨因素，最低生活保障标准与最低生活得到切实有效保障之间的差距，比表 1 显示的还要大一些。

鉴于此，城乡社会救助需要一个水平稍高、更合理的救助标准。

联合国将每人每天平均消费或收入低于 1 美元（按 1985 年购买力平价不变）作为国际绝对贫困线的标准。按照购买力平价折算为人民币，国际绝对贫困线的标准为 924 元，这与农村低收入标准（即相对贫困线）958 元相差不多，958 元也刚好是 2006 年农村人均年收入 3255 元的 30% 左右，符合国际上把人均收入的 30% 作为绝对贫困线的惯例。因此，如果将合理的农村救助线定为≤958 元，2148 万农村绝对贫困人口人均补差由398.4元/年增至663.4元/年（即年增加265元），则需要投入142.5亿元；其余的相对贫困的3550万人，按照平均补差265元/年的一半，需要投入47亿元。两项累加可得出，在新标准下，满足农村社会救助的需求每年大约需要投入190亿元，即比现行标准增加104亿元。

如果同样将社会人均收入的30%作为贫困线，收入低于此标准的社会成员视为贫困人口，那么，2006年我国城市居民年人均可支配收入的30%约为3150元/年。统计数据显示，2005年我国城市居民中5%的困难户的年人均可支配收入为2496元①。如果将这5%的家庭人口（家庭平均人口为3.38人，共有2045万人）都视为救助对象，平均每人每年补差654元，以达到年3150元的收入水平；同时，对另外年人均可支配收入≥2496元，但≤3150元的1000万城市贫困居民按654元的50%补差，则一共需要564亿元。

由此可见，按照我国现行的绝对贫困线和最低生活保障标准，要满足城乡居民的社会救助需求，每年大约需要384亿元资金；如果按更合理的救助标准对城乡贫困人口进行救助，每年则共需要投入约754亿元资金。

2. 对我国政府社会救助资源的供给能力的分析

社会救助款作为我国8千多万城乡贫困人口的“救命钱”，主要由国家财政来承担。2006年，我国财政收入为3.9373万亿元。而且，从1995年至2006年的12年间，我财政收入在以年增长18%的高速度在递增。按现有的救助标准，384亿元的城乡社会救助款，仅占2006年全国财政收入的0.98%；如果按更合理的标准，我国所需的754亿元城乡社会救助资金也仅占全国财政收入的1.91%。考虑到我国财政每年仅用在小汽车上的运行养护费用开支就达3000多亿元②，应该说，城乡对社会救助资金的需求是国家财政完全有能力承担的。

3. 对政府社会救助拨款是否足额到位的测评

根据民政部的《2006年民政事业发展统计公报》公布的数据，2006年农村最低社会保障制度救助人数为1509.1万人，发放最低生活保障金41.6亿元，农村特困户补助人数729.2万人，发放救助金13.9亿元，五保老人救济人数为484.5万人，发放救助金41.1亿元，即用于农村社会救助的款项达到96.6亿元，满足了低标准的社会救助需求；如果以958元的合理农村救助标准，农村社会救助资金的缺口将达到93.4亿元，即农村社会救助需求量的49.2%则得不到满足。

根据民政部《2006年民政事业发展统计公报》数据，2006年城镇最低生活保障制度救助人数为2240.9万人，发放城市最低保障金222.1亿元，即在现有的标准下，城市社会救助资金缺口达76.9亿，城市社会救助需求量的25.6%得不到满足。

---

① 《2006年中国统计年鉴》，中华人民共和国国家统计局网站，http://www.stats.gov.cn/。

② 刘纯彬：《我国贫困人口标准再探讨》，载《人口研究》2006年第11期。

如果按年收入达到3150元的合理标准，城市社会救助资金的将缺口达342亿元，即城市救助对象60.6%的需求得不到满足。

政府社会救助拨款的不足，也表现为政府的社会救助支出占GDP、国家财政支出比重过低。具体数据见表2。

表2 社会救助支出占GDP、国家财政总支出的比重

年份	社会救助支出（亿元）	GDP（亿元）	国家财政支出（亿元）	社会救助支出占GDP的比重	社会救助支出占财政支出的比重
1991	13.18	21617.8	3386.62	0.061%	0.389%
1992	14.36	26638.1	3742.20	0.054%	0.384%
1993	17.01	34634.4	4642.30	0.049%	0.366%
1994	20.55	46759.4	5792.62	0.044%	0.355%
1995	24.19	58478.1	6823.72	0.041%	0.354%
1996	28.98	67884.6	7937.55	0.043%	0.365%
1997	36.57	74462.6	9233.56	0.049%	0.396%
1998	35.29	78345.2	10798.18	0.045%	0.327%
1999	48.52	82067.5	13187.67	0.059%	0.368%
2000	59.71	89468.1	15886.50	0.067%	0.376%
2001	89.99	97314.8	18902.58	0.092%	0.476%
2002	141.63	105172.3	22053.15	0.135%	0.642%
2003	217.69	117390.2	24649.95	0.185%	0.883%
2004	265.29	136875.9	28486.89	0.194%	0.931%

资料来源：国家统计局：《2005年中国统计年鉴》。社会救助支出数据为抚恤和社会福利支出项中的社会救济福利费。

（二）社会救助拨款在社会保障拨款中所占比例合理性的衡量标准及其测评

社会救助拨款在社会保障拨款中所占比例的合理程度，可以以发达国家的社会救助资源占社会保障资金的份额作为参考。发达国家的经济发展水平高，贫困人口比重没有我国高，因此，我国社会救助资金投入至少不应低于这些国家的社会救助投入比重。表3是部分实行福利型社会保障制度的发达国家的社会救助支出情况。

表3 部分实行福利型社会保障制度发达国家的社会救助开支情况

国家	受助者人数占总人口的比例	救助支出占GDP比重	救助支出占社会保障支出的比重
美国	10.0%	1.6%	39.8%

国家	受助者人数占总人口的比例	救助支出占 GDP 比重	救助支出占社会保障支出的比重
英国	15.9%	3.9%	33.0%
加拿大	9.9%	1.8%	13.7%
丹麦	4.9%	1.4%	7.8%
法国	2.3%	1.3%	6.4%
意大利	4.6%	2.9%	9.1%
西班牙	4.4%	1.1%	8.4%
瑞典	6.8%	0.5%	6.7%
瑞士	2.2%	0.8%	5.3%

资料来源：国际社会保障研讨会（1995 年 6 月 · 瑞典）资料，转引自唐钧：《社会救助：历史演进和国际经验》，http：//www. dajun. com. cn/shehuijiuzhu. html。

表中数据显示，由于国情和统计口径的不同，这些国家的社会救助支出差异很大，但至少都占到社会保障支出的 5% 以上。

我国 2000—2003 年政府的社会救助支出占整个社会保障支出的情况见表 4。

表 4　政府社会救助支出占社会保障支出比重

年份	社会救助支出（亿元）	社会保障支出（亿元）	基本社会保险支出（亿元）	社会救助支出占社会保障支出比重	基本社会保险支出占社会保障支出比重
2000	59.71	3058.63	2385.6	1.95	77.99
2001	89.99	3649.68	2748	2.46	75.29
2002	141.63	4718.97	3471	3.00	73.55
2003	217.69	5713.22	4016.4	3.81	70.30

注：社会救助支出为抚恤与社会福利支出项中的社会救济福利费；社会保障支出为基本社会保险基金支出、抚恤与社会福利支出、国家财政社会保障补助支出之和。

资料来源：根据国家统计局发布的 2004 年统计年鉴整理而成。

从表 3 可以看出，社会保障资源在不同项目间分配很不平衡，尽管 2000—2003 年间财政对社会救助的投入在增长，占社会保障支出在增加，但最高的 2003 年只有 3.81%，其所占社会保障总支出的比例明显偏低。而同期基本社会保险资金的支出占社会保障支出的比重则一直在 70% 以上。这种“重保险、轻救助”的资源分配对于存在大规模需要救助贫困人口的我国而言，是很不合理，很不公平的。

（三）社会救助拨款在城乡间分配公平性的衡量标准及其测评

对社会救助资源在城乡之间的分配是否公平的测量，应从城乡不同的最低生活成本指数出发，以城乡救助对象不因居住地的不同，都能够获得足够的救助的标准；

进一步地，这种合理性还体现在，社会救助能适当地向相对更贫困的农村救助对象倾斜，以有利于逐步小城乡之间的收入差别。

按现行救助标准，我国城乡之间社会救助资源分配的比例为3.48:1（299亿:86亿）；如果按合理救助标准（即城市3150元/年、农村958元/年），我国城乡之间社会救助资源的分配比例则缩小为2.97:1（564亿:190亿）。但从实际情况看，社会救助资源在城乡之间的分配存在着两方面的不公平：

1. 城乡社会救助资金投入的比重不合理

城乡社会救助比重的不合理直接表现是城乡社会救助资金投入的差距过大。1978年国家对城乡投入的救助之比为1.75:1（63.62亿:36.38亿）；2001年这一比例扩大到4.6:1（82.18亿:17.88亿），即24年的时间，社会救助资金投入比重的城乡差距扩大了2.63倍，明显高于合理救助标准（即2.97:1）的城乡之间社会救助资源的分配比例。

2. 城乡贫困人口人均受助金额差距偏大

由于最低生活保障制度还没有在所有的农村建立和和运行，城乡之间救助补差的数据目前尚不充分。但城乡居民人均年转移性收入也能从一个侧面比较客观地反映城乡受助金额的差异。表5给出的是1993年至2005年期间我国城乡居民人均年转移性收入和该收入占其可支配收入或纯收入的比重。

表5　1993—2004年我国城乡居民的人均转移性收入比较

年份	农村居民人均转性收入（a）	农村居民人均纯收入（b）	城镇居民人均转移性收入（c）	城镇居民人均可支配收入（d）	农村居民人均转移性收入比重（a/b）	城镇居民人均转移性收入比重（c/d）
1993	41.61	921.62	428.66	2577.4	4.51%	16.63%
1994	47.59	1221	606.11	3496.2	3.90%	17.34%
1995	57.27	1577.7	734.83	4283	3.63%	17.16%
1996	70.19	1926.1	825.87	4838.9	3.64%	17.07%
1997	79.25	2090.1	947.78	5160.3	3.79%	18.37%
1998	92.03	2162	1083	5425.1	4.26%	19.96%
1999	100.17	2210.3	1257.17	5854	4.53%	21.48%
2000	78.81	2253.42	1461.8	6283	3.50%	23.27%
2001	87.9	2366.4	1668.55	6859.6	3.71%	24.32%
2002	98.19	2475.63	2003.16	7702.8	3.97%	26.00%
2003	96.83	2622.24	2112.2	8472.2	3.69%	24.93%
2004	115.54	2936.4	2320.73	8472	3.93%	27.39%

资料来源：根据《2005中国统计年鉴》整理而成，国家统计局网站，http://www.stats.gov.cn/。

由表5可知，城镇居民所获得的转移性收入和相对份额，大大高于农村居民，人均受助金额之比高达10倍以上。不仅如此，近年来两者的差距还呈现进一步扩大的趋势。

（四）社会救助资源在不同地区之间分配公平性的衡量标准及其测评

衡量社会救助资源在不同地区之间分配公平性，可以考察中央政府对欠发达地区的转移支付是否有力度，以使不同地区的社会救助资金都能满足当地社会救助的需求；同时，也可考察不同地区之间的救助标准的比例与这些地区的物价水平的比例是否大致相当。

对社会救助资源在不同地区之间分配的公平性，可以通过比较我国不同地区城市最低生活保障状况来进行测评。

表6　我国不同地区城市最低生活保障状况（2005年）比较

地区	平均低保标准（元/人·月）	平均支出水平（元/人·月）	城市低保人数（万人）	低保人数占全国比重（%）
全国	156.0	72.3	2234.19	100
东部地区	202.9	104.8	548.04	24.5
中部地区	138.1	65.6	1060.28	47.5
西部地区	152.8	76.5	625.87	28.0

资料来源：魏后凯：《中国的贫困问题与国家反贫困政策》，载《中国经济时报》2007年5月31日。

从表6中可以看出，2005年，我国中部地区的低保人数占全国城市低保人数接近一半，城市平均最低生活保障标准也最低。另外，根据国家民政部《2005年民政事业发展摘要》提供的数据，2005年省级行政区里平均低保支出水平最高的北京达236元/人·月，而最低的河南只有58元/人·月，即北京为河南的4.1倍，也显得差距偏大。

（五）对我国社会救助资源分配公平性的简短小结

以上测评表明，我国社会救助资源分配的“公平性”较差，主要体现在以下几个方面：

第一，我国政府对社会救助的转移支付在总额上不足。由于政府对社会救助的转移支付不足，致使：（1）我国城乡居民对社会救助的合理需求难以满足；（2）救助标准偏低，救助对象难以维持基本生活；（3）社会救助覆盖范围过窄，存在大量“应保未保”的贫困人口。

第二，社会救助拨款在社会保障总拨款中所占比重明显偏小。这种在资源分配方面事实上存在的“重保险、轻救助”倾向，违背了在财政能力有限的情况下，应优先满足社会救助需求的公平分配原则。

第三，社会救助在资源分配上重城市、轻农村。这种情况不仅造成了对相对更贫困、也更需要救助的农村救助对象的不公平，也不利于改变我国传统的城乡二元结构、逐步缩小城乡差别。

第四，社会救助资源在不同地区之间的分配上，对贫困地区的“雪中送炭”不够。这种情况使我国发展相对滞后的中西部地区，在实施社会求助中的频现困境。

三、对促进我国社会救助资源公平分配的思考及建议

我国社会救助资源分配中的不公平现象，是由多种原因造成的，其中最重要的，是维护社会公平的责任主体——政府职能的缺位和错位。

数据显示，我国“九五”期间按功能性质分类的财政支出结构为经济建设支出占38.34%，国防支出占8.33%，社会文教支出占27.18%，行政管理支出占15.66%，其他支出（包括社会保障支出）仅占10.49%①。相关统计数据还表明，2002年以前，我国城乡社会救助支出占GDP的比重一直在0.1%以下，到2004年仍然不足0.2%。而在发达国家，社会救助支出占GDP比重最低的瑞典和瑞士也分别有0.5%、0.8%，其他国家则均在1%以上（参见表3）。这些数据充分表明，我国政府是经济建设型、而非公共服务型的。可以说，我国政府的这种职能定位是造成旨在实现社会公平的社会救助资源分配产生不公平的最根本原因。以这种政府职能定位，中央部门、地方政府很自然地会以经济增长为目标，诸如社会救助这样既不能带来GDP增长，又不能凸显政府部门或官员政绩的项目，在政府工作中被严重边缘化便成为一种必然。

另外，我国的政府间关系在财权与事权划分上的不匹配，也是社会救助资金在公平性出现失衡的重要原因。我国1994年的税收体制改革，使财权过于集中于中央政府，地方政府则缺乏履行职责的财力。这一问题也反映在社会救助方面。我国的《城市居民最低生活保障条例》规定：该项制度实行地方各级人民政府负责制，所需资金由地方人民政府列入财政预算。现行《农村五保供养工作条例》甚至规定，五保供养工作是“农村集体福利事业”，资金筹措的主体是乡镇和村集体。这种制度安排，使财政困难的地方政府难以履行社会救助的职责。2001年以后，为了实现“应保尽保”，中央财政大幅度增加了社会救助支出，主要是增加城市低保金支出。例如，在2004年全国城市低保金180.87亿元预算支出中，中央财政已占到50.86%。

---

① 数据来源：国家财政部网站，http://www.mof.gov.cn。

根据以上研究，笔者对充分发挥政府作用、实现社会救助资源的公平分配，特提出如下建议。

（一）政府应尽快实现经济建设型向公共服务型的转变。

国内外正反两方面的实践已充分表明，市场经济条件下，政府职能应集中体现在弥补市场失灵，向全体国民提供尽可能完善的公共服务上。相应的，政府的财力也应集中用于社会保障、教育、就业、公共卫生等公共产品和公共服务的供给方面，其中社会救助更是政府不容推卸的职责。因此，政府应努力做好两件工作。一是改善财政支出结构，调整和压缩财政支出中的经济建设支出、行政管理支出，扩大社会救助支出占财政支出份额。二是将社会救助作为政府的重要政绩考核内容，激励各级政府与官员切实关心和做好社会救助工作。

（二）以中央政府对欠发达地区的足额纵向转移支付为前提，各级政府合理地分担社会救助支出。

中央政府的政治地位和财政能力，决定了中央政府是社会救助的最重要的责任主体。在分税制财政体制下，贫困地区政府在履行社会救助职责方面确有困难。因此，在属地管理的基础上，中央和省要进一步完善社会救济专项调剂资金制度，用于补助西部地区、贫困地区、革命老区、少数民族地区社会救助资金的不足。地方政府在接受中央政府补贴的同时，应按照中央政府的要求提供配套资金，并根据本地区实际情况制定符合本地区发展同时不低于中央要求的救助计划、救助标准和救助方法，管理本地区的福利与救济项目。

（三）建立和完善不同地区之间的横向转移支付制度。

我国区域经济发展很不平衡、公共服务能力差距很大，同时中央财政能力有限，仅仅依靠纵向转移支付解决贫困地区的社会救助资金缺口难免存在较大的压力。考虑到贫困地区大量精壮劳动力到富裕地区打工、为富裕地区创造了大量的财富等因素，富裕地区有义务以地区间的横向转移方式对贫困地区作出一定的补偿。因此，我国可将现有单一的纵向转移支付模式改为以纵向为主、纵横交错的模式。通过横向转移，可以均衡地方公共服务能力，同时也便于提高转移支付的透明度。至于具体的转移支付方式可以借鉴德国的州际转移支付办法，即富裕的州直接向贫困的州进行资金横向转移。其操作程序是：首先由联邦和州财政部门分别测算出“全国居民平均税收额”和“本州居民平均税收额”，并区分出富裕州和贫困州，然后按照协商确定的平衡程度，计算出各富裕州应向贫困州转移的资金数额，并以划拨的方式通过各州和联邦的则政结算中心完成转移支付。在我国，则可以以人均 GDP 作为测算标准，考虑贫困地区对富裕地区的劳动力输入、承担的义务教育成本等因素，制定一个转移支付系数，并据此进行横向转移支付。

参考文献

[1] 约翰·罗尔斯：《正义论》，中国社会科学出版社 1988 年版。

[2] 洪大用：《转型时期中国社会救助》，辽宁教育出版社 2004 年版。

[3] 唐钧：《城乡低保制度：历史、现状与前瞻》，载《红旗文稿》2005 年，第 18 页。

[4] 黄晨熹：《社会救助的概念、类型和体制：不同视角的比较》，载《华东师范大学学报（哲学社会科学版）》2005 年第 5 期。

[5] 刘纯彬：《我国贫困人口标准再探讨》，载《人口研究》2006 年第 11 期。

[6]《中国统计年鉴》，中华人民共和国国家统计局，http://www. stats. gov. cn/。

[7]《中国民政事业发展统计公报》，中华人民共和国民政部，http://www. mca. gov. cn/。

[8]《中国财政年鉴》，中华人民共和国财政部，http://www. mof. gov. cn/index. htm。

[9] "Evaluation and Poverty Reduction-Proceedings from a World Bank Conference", OECD, 2000.

[10] Sten-Ake Stenberg, 2000, "Inheritance of Welfare Recipiency: An Intergenerational Study of Social Assistance Recipiency in Postwar Sweden", *Journal of Marriage and Family*.

[11] William Julius Wilson, 1987, *The Truly Disadvantaged: The Inner City, The Under class and Public Policy*, University of Chicago Press, Chicago.

城市居民最低生活保障管理中的问题与完善对策

——以武汉市武昌区为个案的研究

丁建定

（华中科技大学）

摘　要：城市居民最低生活保障制度，是国家为解决城市居民的生活困难而建立的一种社会救济制度。城市居民最低生活保障制度是对传统社会救济制度的改革和发展，是建立和完善城市社会保障体系的重大步骤，它有利于化解社会矛盾、维护社会稳定、促进社会公平、保证经济体制改革的顺利进行。本文以武汉市武昌区为个案研究，试图分析城市居民最低生活保障管理的现状以及面临的问题，并提出相关对策。

关键词：城市居民最低生活保障管理　问题　对策

一、城市居民最低生活保障管理的现状

（一）低保行政管理状况

目前全国各个城市和地区基本上都设立了低保处、低保管理中心、低保科（股）等专门管理机构，街道、社区也建立了社会救助站，配备了低保专干和协管员，形成了上下贯通、规范有序、职责明确的低保工作管理体系。以武汉市为例，《武汉市城市居民最低生活保障实施办法》（武政 2004［63］号）规定，武汉市居民申请最低生活保障待遇的基本程序包括户主申请、社区核实初审、街道复审、区民政部门审批等，整个审批流程涉及社区、街道、区三层管理机构，但是武汉市目前只有区级民政部门设有低保管理中心作为专门的低保管理机构，在街道和社区都是由传统的民政部门——民政科、社会救助站兼管低保的初审、复审工作，并未设立专门的基层低保管理机构。

为了规范城市居民最低生活保障制度，1999 年国务院发布《城市居民最低生活保障条例》等政策、法规，各地政府也相继颁布了适用于本地区的实施办法和实施细则。如武汉市就于 2004 年颁布了《武汉市城市居民最低生活保障实施办法》，各区也根据各自的实际情况加紧出台实施细则，但各区的实施细则都处于讨论、征求意见或试用阶段，如《武昌区城市居民最低生活保障实施细则》目前就只有讨论稿。各地出台了一些关于低保工作者的管理规定，如武昌区就出台了《武昌区低保工作人员管理办法》，明确规定了各级民政部门低保工作者的职责和义务，并规定建立低保人员奖励机制和考评机制，奖惩挂钩动态管理；规定社区低保工作者的管理与考核由街道办事处组织实施，街道低保工作者的管理与考核由区民政局组织实施，实行自上而下的层层监督。

低保档案在规范低保管理的过程中具有重要作用。低保的申请审批程序及低保工作的管理方式决定了低保档案具有多层面性、动态性、纸质与电子材料双轨并存的特点。档案管理的规范首先要求相关证、表、册、卡使用的统一性。随着各地对低保档案管理的重视，都相继制定了统一的低保申请、审核、审批材料。如武汉市武昌区就统一制定了《低保户花名册》、《城市居民最低生活保障待遇审批表》、《城市居民最低生活保障对象个人档案》、《家庭基本情况自报表》、《家庭入户调查表》、《入户调查资产评估表》等多种表册式样，使全区低保的档案管理统一、规范；其次要求配备相应的管理硬件设备，即档案室。对此，武汉市武昌区区低保中心建立了专门的档案室，并依据《武汉市城市居民最低生活保障实施办法》的规定，区民政局建立了低保对象档案、综合档案（政策法规文件、相关工作记录等）、财务档案等。各街道及社区建立了基本的工作档案；再者要求有专业的档案管理人员专门管理低保档案。但由于资金和人员有限，区、街道及社区的低保档案都是由低保工作者自行归档、存档、使用和管理，并没有配备专门人员负责管理。低保档案的动态性要求随时新建档案、调用和更新已有档案，这就要求管理人员具有很强的责任心，并且足够重视低保档案的作用，但这些对于工作任务本来就很重的基层低保工作者来说很难做到。

低保绩效管理同样具有重要作用。虽然《低保工作人员管理办法》中规定了低保工作者工作绩效的管理方式，也建立了低保工作者岗位责任制和岗位责任追究制，这主要以民政部门内部控制为主、自上而下的层层监督体制基本不接受外界的监督和约束，绩效管理方式也仅限于上级民政部门人员对于下级工作人员工作表现的考核；另一方面，对于低保对象和低保工作效率的管理没有什么客观的标准和尺度，所谓的“奖勤罚懒”、“优胜劣汰”也没有具体的执行标准。武汉市武昌区不久前出台了关于城市低保规范化管理 A、B、C 分级考核办法，但尚需贯彻和落实，所以，目前的低保绩效管理还处于起步的阶段，尚待从管理方式、标准、体制等各个方面加以完善。

（二）低保资金管理状况

目前低保资金主要来自政府财政，由政府财政承担筹资责任可以保证低保资金的稳定性和安全性，但是单单依靠财政的力量，财政困难地区的低保资金筹集就会出现问题，即使是财政比较宽松的城市和地区，由于财政拨款机制的滞后，低保资金的按时足额到位也会出现问题。在政府财政中承担主要责任的是市、区两级财政，省、中央财政只是对少数经济困难的城市予以拨款支持。

在低保资金管理方面，武汉市规定，低保所需保障金由市、区两级财政按 1∶1 比例负担，保障金实行财政预算内管理，各级财政部门按照年度计划，于每月初拨给民政部门，由民政部门按月发放到户。为管好、用好低保资金，省市民政部门和财政部门联合制定了《城市居民最低生活保障金财务管理暂行办法》，对保障金的来源、使用对象和审批程序、保障金的管理、财务监督、报账制度等做了详尽的规定。自 2002 年开始，武汉市要求各区每年对低保资金的发放和管理工作进行一次全面的检查并形成书面的调查报告，及时发现问题并予以纠正，较好地保证了低保金的按时足额发放，防范和制止了冒领、截留、挤占、挪用低保金等违法行为。

低保金的社会化发放时低保资金管理的重要方面。但是，很多城市的低保金并不能实现全部社会化发放。2005 年武汉市武昌区低保资金社会化发放率 67%（加上两条街道自行在银行发放），社会化发放率并不高；而且有些街道不能很好地坚持低保金月报表制度，月报表质量也不高；在 2005 年的低保资金专项检查中发现有代领及领取程序不规范的现象。低保金的社会化发放是完善低保资金管理的必然趋势，也是保证低保资金更好地服务于整个制度运转的要求，必须提高低保金的社会化发放率，争取早日实现全部由银行或邮局代为发放低保金。

（三）低保对象管理状况

准确确定低保对象的前提是准确核实家庭收入，但是目前的居民收入调查存在着几大难题，一是收入调查取证难、隐性收入难以掌握；二是在职职工所在单位提供的工资收入证明的真实性难以保证；三是城市居民邻里交往和了解程度低，提供相关情况比较困难；四是银行存款、股票及其他有价证券情况调查难度很大。针对这“四难”，很多地方出台了一些“土政策”作为判定家庭实际收入的标准，如以消费倒推收入，制定贫困家庭水、电、气、电话费等日常支出标准，以确定该家庭可否申请低保待遇等，在武汉市和武昌区具体表现为“十不准”和“十八不准”。①

在低保对象的动态管理方面，各地逐步在“应保尽保”的同时实现了“人员有

① 武汉市“十不准”见《武汉市居民最低生活保障实施细则》；武昌区“十八不准”的内容详见《武昌区城市居民最低生活保障实施细则》（讨论稿）第二章第五条。

进有出、补助水平有升有降”的动态管理。武汉市民政部门通过实施红、黄、绿分类管理①、限期保障（6个月到12个月不等）、续保登记制度②（每月）和低保渐退制（3个月到6个月不等），结合居民家庭收入的不定期申报制度、定期不定期的入户调查制度、三榜公示和集体审批制度，实现了能进能出、能升能降的动态管理。据统计，2004年7月，武汉市低保对象总量比6月减少了2001户6165人，首次出现低保人数负增长，此后连续5个月实现低保人数负增长。③ 2005年1—6月武汉市累计清退不符合条件的保障对象6122人，低保金减少支出30.02万元。④ 目前低保人员的退出主要是由社区、街道及区低保工作者通过严格的入户调查、续保登记、群众举报调查及促进低保对象再就业等措施实现的，主动退保率相当低。如武昌区2005年1—6月累计清退保障对象中主动报告家庭成员就业、收入超标要求退保的仅有2户。

低保对象管理社区化初现雏形。武汉市自2004年7月开始的低保人数负增长就在很大程度上得益于自2003年开始实施的武汉市社区建设“883行动计划”，该计划的内容之一就是“社会保障进社区”，即在每个社区建立就业信息网，为低保户就业提供信息，由社区组织和推荐岗位，帮助低保户就业。2003年，青山区10个街道都成立了家政服务队，让近100名低保户上岗就业，顺利走出低保。可见，社区在低保对象管理和低保对象再就业中正发挥着越来越重要的作用，而我国目前各城市社区的建设仍然滞后，低保管理社区化的潜能尚待开发。

二、城市居民最低生活保障管理中存在的主要问题

（一）低保管理机构设置及其职责分工不合理

街道及社区一级尚未真正建立专门的低保管理机构，多是两套机构一套班子。街道及社区的低保工作主要由社会救助科、站负责，即由传统的民政机构兼管低保

① “绿”“黄”“红”指分类管理时的三类保障对象。“绿”是长期保障对象，即孤寡呆残的“三无对象”，其家庭收入情况变化不大，只需掌握减员情况，半年审核一次；“黄”是相对稳定的保障对象，即收入来源比较明确、变化不大的对象，一季度入户审核一次；“红”是明显不稳定的保障对象，即收入来源不固定或不易确定，家庭收入波动幅度大或家庭成员结构易变动的对象，应重点审查，每月一核查。详见附录Ⅱ《武昌区城市居民最低生活保障实施细则》（讨论稿）第六章第二十三条第一款。

② 续保登记制度是指享受城市低保待遇的对象，每月在领取保障金后的十日（25日）内，必须到社区居委会反馈保障金领取情况并登记，通过社区居委会向审批管理机关申报家庭收入变化情况，并提出续保申请登记。连续两次或一年内累计三次不登记视为自动放弃低保待遇。见附录Ⅱ《武昌区城市居民最低生活保障实施细则》（讨论稿）第六章第二十三条第二款。

③ 张志峰：《武汉低保人口首次减少》，载《人民日报》2004年8月13日。

④ 武低保函［2005］6号。

工作。笔者实地考察选取的武昌区新华村、三道街、西城壕三个社区的低保工作都是由社会救助站负责，具体的工作由救助站的低保协管员负责。不可否认，低保工作在制度设计初期是作为传统民政救济工作的补充而存在的，但是随着低保制度的完善及以低保制度为依托的综合救助制度的逐步建立，低保工作必然要求有专门的机构来管理。

各级低保工作机构的人员配备呈倒金字塔形，即越是工作任务繁重的基层，配备的专职人员越少，设备也越落后。如长沙市市低保中心配编 10 人，区低保中心配编 3—8 人，街道低保管理服务站却只配备专职工作人员 2 名，而社区低保服务中心只配备了 1 名专职工作人员。① 2004 年有关重庆市 154 名低保工作者的问卷调查也显示，社区低保工作者人均负责的低保户为 187.7 户，而工作人员认为最多能管理 96.5 户②。显然人员配备远远不够。低保管理专门机构的缺失和低保工作者配备的不足势必在客观上影响低保管理的效率。

政府直接管理低保弊端明显，未能充分发挥其他部门的作用。政府直接管理的模式有其自身不可避免的弊端，如管理成本高，管理效率和服务质量难尽人意及腐败风险等。这些弊端与具有保障公民生存权意义的低保制度结合起来时就会更加明显，因为管理成本的增加意味着可利用救助资源的减少，在总体救助资源相对稳定的情况下就意味着救助对象的减少或救助水平的降低，制约着制度预期目标的实现。加之部门利益意识强，往往影响低保制度的"安全网"作用的发挥。

（二）低保行政管理中存在的问题

低保管理缺乏依法管理。我国的《社会救助法》尚未出台，各地主要的政策执行依据是市、区出台的文件、通知、规定等。如武昌区目前主要的政策执行依据就是《武汉市城市居民最低生活保障实施办法》和《武昌区城市居民最低生活保障实施细则》（讨论稿）。这些实施细则往往缺乏较强的法律依据，具有一定的随意性，多从有利于管理的角度出发，而不是由有利于向贫困者提供应有的基本生活保障出发，从而导致这些实施细则实际上变成了一道道门槛，其目的不是为贫困者提供可以申请或者享受低保的便利，而成为如何将一些人排除在该制度之外的戒规，不仅损害了部分贫民的物质生活利益，而且给他们带来一定的心理创伤或人格创伤。

低保工作者专业化程度低，考核机制不健全。低保专干大多数文化程度不高，尤其是社区低保专干，大部分是在本社区内聘用的下岗失业人员，专业素质难以保证。虽然自 2004 年起区民政局每年组织全体低保专干进行一次低保业务培训，但业务培训质量并不高，这直接导致低保专干工作效率偏低。低保工作的对象是社会弱

---

① 贺国谦，伍仁华：《长沙市城市低保实现"六化"》，载《中国民政》2004 年第 6 期。

② 周昌祥：《城市"低保"工作现状及社会工作教育的介入》，载《社会工作》2003 年第 8 期。

势群体，工作人员的工作态度常常会激化他们与低保对象之间的矛盾，也会成为社会弱势群体和政府之间矛盾的导火索。低保工作者待遇偏低，工作任务繁重，工作积极性不高。目前武昌区低保专干的工资待遇是区低保中心每人每月 600 元，街道及社区每人每月 450 元，后者尚未达到武汉市的最低工资标准（460 元/人·月），也不及社区工作人员的工资待遇高（550 元/人·月），他们的养老和医疗保险也是 2004 年才得以解决的，而每个社区低保专干每月要负责新申请者的调查和审核、近百户已保户的上门工作，还要做大量的台账、资料、报表，填写每户档案表格，任务极其繁重，低保专干工作积极性始终不高，以致有些低保专干即使业务知识纯熟，在对申请对象进行初审和入户调查时敷衍了事，有的工作人员只要听说某低保户有房屋出租或隐性就业就不查收入取消其低保，入户调查只要有两次低保户家中无人就不问原因地取消低保，笔者在武昌区低保管理中心了解到，低保户投诉的主要原因就是低保工作者入户调查主观性强，凭个人判断判定他们违反“十八不准”，进而取消他们的保障资格。

低保工作者业绩考核尚未实现工作效率与绩效管理的有效挂钩。虽然武昌区于 2004 年出台了《武昌区低保工作人员管理办法》，但是实施起来却困难重重。笔者在武昌区低保管理中心了解到，因为低保工作者人手不足，所以即使他们工作不太负责或在工作中有什么过失，最多也就是给予口头批评，基本不会影响他们的工作和收入，更别说实现优胜劣汰的动态管理了，低保工作人员基本处于只进不出、只升不降的状态。

档案管理混乱，专业化程度低。街道及社区低保工作者对于低保档案的重视程度不够。很多街道尤其是社区低保工作者并没有把低保工作中形成的各种有价值的材料看作是“档案”，而只是把它们当作一般的工作日志，未能及时分类保存管理，其结果就是当需要调用某低保户的资料加以审核或续保调查时出现资料漏、缺、错的情况，极大地影响了低保工作的效率；低保档案管理硬件设施不足。武汉市民政局和各区民政局都建立了专门的档案室，但是笔者实地考察选取的中华路街道及其新华村、三道街、西城壕社区都没有配备专门的档案室。虽然区民政局是最后的审批机关，对低保户的档案材料进行归档存档是职责所在，但档案利用率最高的还是街道和社区的低保户档案，因为初审、入户调查、复审等低保审批的关键程序都是在社区和街道完成的；低保档案管理缺乏专业及专门管理人员。据笔者在武汉市低保中心及武昌区低保管理中心了解的情况，这两级低保管理机构的档案室都没有配备专门的专业档案管理人员，也没有对低保工作者就低保档案的归档、存档及利用进行专业培训，导致低保档案管理和利用情况混乱。2005 年 7 月武昌区低保集中年审期间发现，低保档案管理很不规范，存在乱放、错放、倒放、档案与户主低保号码不符甚至档案缺失的现象，“绿”、“黄”、“红”的分类归档也做得不到位。

（三）低保资金管理中存在的问题

低保资金筹集机制不合理。《城市居民最低生活保障条例》规定低保实行地方人民政府负责制，“城市居民最低生活保障所需资金，由地方人民政府列入财政预算，纳入社会救济专项资金支出项目，专项管理，专款专用”，即低保资金完全由地方政府负责筹集，武汉市低保所需资金就由市、区两级财政按 1：1的比例分担。但是，低保制度运作的实际情况表明，该项制度设计存在严重缺陷，造成部分地方政府因财政困难而“缩减保障面，压低保障线”，严重阻碍了应保尽保的实现。近几年中央财政逐步加大了对低保资金的补助力度，已经成为全国低保资金的重要组成部分。1999—2003 年，全国低保资金总额从 13. 8 亿元增加到 151 亿元，中央财政补助资金数额从 4 亿元增加到 92 亿元，中央财政对低保资金的补助占整个低保金的比例从 28. 9% 增到 60. 9% ,① 但是，由地方政府全额负担低保资金的政策仍然没有变，实际工作中地方财政负担大部分资金的状况仍然存在，中央和省级财政补助低保资金的具体比例也没有明确规定，这会对低保资金筹集的稳定性与可靠性产生影响。

低保金发放社会化程度低。从 2002 年 1—5 月民政部通报的低保金发放情况看，许多地方的补助水平明显偏低，部分地区压低水平发放、平均发放、不按月发放低保金等问题相当严重，群众因不能及时足额领到低保金而上访的现象屡有发生。2002 年 9 月到 10 月的“全国百城万户低保抽查”结果也显示，仍然有 10% 的低保户不能按时足额领到低保金②，以当时低保人数 2053 多万人的基数计算，也就是有 200 多万低保对象不能按时足额领取“养命钱”。

低保资金动态管理软硬件不配套。低保资金管理模式应是一种动态的管理模式，享受低保不是终身制，动态管理是一项难度大而且复杂的工作，而受财政困难的影响，目前各地必要的硬件设施的配置尚不完善，更谈不上软件的开发和利用，造成低保资金缺乏动态管理的硬件保证。目前的低保资金是由财政部门拨款，民政部门使用和管理，相对于民政部门来说，财政部门管理资金的专业性显然要强得多，财政部门专门用于资金动态管理的软件也不少，但是由于两部门沟通上存在的问题及部门利益的关系，民政部门并没有很好的利用财政部门开发的资金管理软件。

（四）低保对象管理中存在的问题

家庭收入难以确定，救助对象难以甄别。目前随着就业形式的多样化和家庭收

---

① 国家统计局：《中国民政统计年鉴（2004）》，中国统计出版社 2004 年版，载《人民日报》2004 年 9 月 18 日。

② “全国百城万户低保抽查”结果，民政部于 2002 年 11 月 27 日网上公布。

入的多元化，隐性就业和隐性收入问题成为低保审批工作中面临的主要难题。笔者参与的一项调查显示，213 名调查对象中有 64.7% 的被调查者同意或比较同意“一边领低保，一边从事一些有报酬的劳动现象还比较多”的说法，仅有 5.6% 的人表示不同意该说法。① 三榜公示和每月发放前的公示制度是目前各级民政部门加强群众监督、甄别救助对象的“法宝”，但目前相当一部分社区的统一公示栏设置尚未完成，一些社区只有公示栏而没有公示内容或是公示内容不符合规定，每月低保对象及标准发生变化后也不能及时地反映在公示栏上，少数社区在低保初审中并没有很好地坚持公示制度，2004 年上半年进行的低保全面检查工作中发现武昌区低保人员不合格率达 15.33%。

部分居民对于低保审批的公正性持怀疑态度。很多已享受和未享受低保的下岗失业人员都认为低保的审批过程并没有体现公平、公开、公正的原则，认为低保制度就是基层机关权力的附属物，“谁有本事、有关系就能拿到低保”。上述 213 名被调查者当中有 47.9% 的被调查者同意或比较同意“家庭的收入难以统计，所以谁享受低保有许多人为因素在起作用”的说法，仅有 11.7% 的被调查者表示不同意该说法。

低保退出机制难以实施。武昌区 2005 年 1—6 月清退的 6122 名保障对象中，主动报告家庭成员就业、收入超标要求退保的仅有 2 户，其他的都是在低保专项检查、街道和社区的低保专干入户调查和群众举报的过程中劝退或强制取消的。一位访谈对象指出，现在他们下岗失业人员在劳动力市场上是“廉价劳动力”，“工资太低，现在不少工作的报酬和一般的低保差不多，人们当然不愿意干活，干活又累，压力又大，还有车费等花销，真不如就在家里吃低保，不做事可以拿到钱”。可见，“应出尽出”的退出机制具体执行起来非常困难，直接影响低保制度的社会效应。

三、完善城市居民最低生活保障管理的对策

（一）改进低保障行政管理的对策

完善低保实施细则，提高低保条例的指导性和可操作性。各地可根据保障对象、范围和制度环境的变化适时修改实施规范和细则，同时从基层不断创新的做法和经验中汲取有益成分予以充实和完善。各地现行低保实施规范应该说都从根本上保证了因地制宜，有待改进的地方在于其指导性和可操作性。许多地方的低保实施规范，只有一些大概的条条框框的规定，对于具体的实施主体和方式缺乏明确的指导意见，如《湖北省城市居民最低生活保障实施办法》和《武汉市最低生活保障实施办法》

① 本调查来源于华中科技大学吴中宇老师所承担的国家社科基金课题《扩大就业再就业与健全社会保障体系》，2005 年 12 月在武汉市武昌区的调查。

中都有关于“企业、事业等单位提供虚假收入证明的，民政部门可对其处以被证明人多领金额1倍以上3倍以下的罚款”的规定，但是并没有明确哪一级民政部门是罚款实施主体、具有罚款权力。因此应该制定和完善各地的低保实施细则，为低保政策的具体执行提供依据。

充实低保工作者队伍，提高低保工作者业务素质。应充分利用大力发展社会工作人才队伍为契机，从高校社会工作专业学生中吸引大量专业人才充实低保队伍，实现低保管理人员的专业化。可以参照上海、广州、成都等地的一些做法，通过社会工作专业化、提高从业人员待遇、加大宣传提升职业的社会地位“三管齐下”实现社会工作专业人才和低保工作队伍的衔接，政府应在这个衔接过程中地方发挥枢纽和媒介的作用。在过渡期间，行之有效的办法就是加强对低保工作人员的专业化业务培训和工作理念的提升。应在现行低保业务培训中加重实践性、可操作性的工作技巧和工作理念的传授，培养低保工作人员为贫困者服务的爱心和耐心。还可以考虑从大中型企业工会、当地人大代表、政协委员、离退休老干部中聘请素质高、责任心强者为城市低保工作监督协管员，对城市低保工作进行全程监督。监督协管员参与区民政局的审批过程，协助低保入户调查，并监督低保金的发放，对低保申请审批的全过程进行全程监督并提出改进建议。

加强对低保工作者的工作业绩考核，实行动态管理。要实行低保工作者考核与年终个人奖惩挂钩，对街道、社区低保专干按工作优劣情况予以打分，年底依考核结果评出一、二、三等次，并根据不同的等级给予经济上和岗位晋升上的奖励或处罚；落实责任追究制度，紧扣街道、社区责任，落实“谁调查、谁签字、谁负责”的工作责任制。在低保审核中，出现问题不但要查申请人，更要查工作人员，对工作人员的失职行为也应给予相应的处分；要制定明确的、具有可操作性的奖惩实施细则，对优亲厚友、徇私舞弊或者因工作不慎造成错误的，要追究当事人的责任，情况严重的要给予辞退或调离低保工作岗位的处分，真正实现低保工作者的动态管理。

逐步完善低保档案管理。低保档案管理应遵循分级分类管理、一户一档动态管理及双轨制的原则，对每一个低保对象以家庭为单位分区、街道及社区三级按全额、差额、动态分类建档，新申报的对象按家庭成员收入状况、身体状况、家庭设施状况分类建档，并且纸质和电子档案同时归档存档，实行双轨制管理。低保档案管理的重点在于低保政策、审批资料、资金的管理、使用和发放档案管理，坚持做到证、表、册、卡填写规范，内容真实，资料齐全，随办随归，开口管理；要建立相应的低保档案管理使用制度。低保档案主要供管理机关、有关单位和上级机关办理低保业务时使用，不对外开放。未经低保管理机构同意，不得对外公开低保档案。而且，低保档案的使用情况也应该登记备查，每次使用的主体、原因及使用效果等都应该记录在案；要切实加强工作人员的档案管理业务培训，可邀请档案管理部门的专业人员对现有低保工作者进行档案归档、存档、管理和利用等方面的专业培训，加强低保工作者的档案管理水平和专业性，节省人力资源的同时保证档案管理的效果；要实现信息化、现代化、科学化管理。区、街道、社区配备电脑、打印机，区和街道设立档案室，社区居委会设立低保档案专柜，对低保对象家庭实行电子备案制度，将所有低保对象的资料全部录入微机，实现计算机管理，同时有条件的地方还可以实现局域网共享档案材料，以便社区初审、入户调查等资料能够更好地服务于街道复审和区民政局审批，提高低保档案的利用率，更好地发挥各级档案的作用；要每年组织区档案局、区民政局有关人员进行一次低保档案规范化管理专项检查，及时发现和处理档案管理中发现的问题并予以纠正，实现常规性档案管理监督。

实行街道及社区低保工作考核，改进绩效管理。要求低保管理工作量化是不现实的，将“应保尽保”时新增低保对象的数量或规范化管理期间取消低保对象的数量作为绩效衡量标准都是不正常的，真正的衡量标准应该是如何使有限的资金优化配置到达最需要帮助的人群身上，从而最大限度地解决居民的贫困问题。河南省焦作市的经验具有一定的可行性，该市对低保的基层操作、动态管理、信息化管理、监督四个环节实行百分考核。考核的内容应涵盖管理机构建设、低保对象的确定及低保金的审批发放、低保档案的建立和管理、低保对象再就业、低保工作者的专业水平等多个方面。每半年进行一次综合考评，年终总评，并与奖惩挂钩。[①] 考评结果及奖惩应该体现差异性，从而激发各单位低保管理的积极性，实现基层低保管理工作的制度化，提高管理水平。同时应该充分发挥广大群众和新闻媒体的作用，将民政部门内部的行政监督与外部的群众监督、舆论监督有力地结合起来，使低保工作的整个流程更加透明，提高低保工作的效率。

（二）完善低保资金管理的对策

建立以政府为主体、社会多方参与的多元化筹资机制。要广辟渠道，多方筹资，在减轻政府财政压力的同时保证低保资金的充足。一是中央与地方各级财政每年预算都要按照规定比例及时安排好专项资金；二是落实关于鼓励低保捐赠的优惠政策如公开表彰、税收优惠等，实行低保捐赠资金使用“阳光作业”，接受社会监督，吸引更多的团体和个人捐赠资金；三是提高福利彩票收入中用于低保资金的比例。

完善低保资金筹集责任分担机制，明确中央和地方各级政府的责任。应该建立中央、省、市、区四级对低保资金的投入体制，尤其是明确中央和省两级财政的筹资义务，按地区分类制定中央、省、市、区四级的筹资比例。我国是一个地区差异明显的国家，制定全国统一的各级财政筹资比例方案是不现实的，但是总体上可以依据我国的区域划分、地区经济发展和财政收入情况制定具体的指导性资金分担比

---

① 代树刚：《对最低生活保障制度的思考》，载《北京农业职业学院学报》2004 年第 3 期。

例。中央财政要始终坚持扶持经济基础薄弱、财政紧张、低保人数较多的省市。政府在制定四级筹资体制的同时修改《城市最低生活保障条例》的有关规定，明确各级政府的筹资义务和责任。中央财政应尽快承担起应保障最需要保障的群体的责任。

落实“民政部门制定需求计划、财政审核筹措、财政和民政联合下拨、民政部门管理、街道和社区通过银行或邮局发放”的城市低保资金管理运行机制，保障资金安全足额发放到户；充分发挥续保登记制度的作用，严格执行保障金领取情况定期反馈的规定，实现资金社会化发放和跟踪管理，跟踪了解资金是否按时发放到低保对象手中，从源头上杜绝低保资金的截留、挪用，保证低保金按时足额发放到户。

（三）改进低保对象管理的对策

完善调查与公示制度，提高保障对象的准确性。要完善低保入户调查制度。实行调查前告知制度，即在入户调查前5天，由居委会向低保对象送达调查前告知书，通知他们在家等候调查。凡不配合调查或无故不按通知在家等候调查的，再按有关规定取消其享受资格；要完善低保公示制度。在隐性就业和隐性收入可能存在而政府尚未探索出有效的隐性收入核算办法的情况下，公示制度未必是最好的对策[①]，但却是行得通的措施。严格按照规范在社区显要位置设立低保政策和低保对象公示栏，加强对投诉电话和信访的反馈，同时保证公示内容的质量，及时更新，反映保障对象和标准的动态变化情况；要完善集体审批制度，吸收居民参与监督，最大限度地保证低保工作的公开、公平、公正。

加强“隐性就业”清理的主动性与力度，多渠道实现隐性就业显性化。建立严格的就业登记和劳动合同监管制度，将涵盖就业、民政、卫生、工商、税务、金融、基本保险等各方面信息的“就业和社会保障手册”在企业和全社会成员之间强制推行，由街道办事处统一发放、登记，并以此综合信息作为申请低保时的审核依据。同时加强低保对象参加公益劳动的管理，社区与低保户签订“享受低保协议”，规定如果低保户没有正当理由不参加公益劳动就扣除一定的低保金，累计三次无故不参加就停发低保金。还可考虑在签订“享受低保协议”的同时建立诚信积分，让不符合条件却通过各种手段享受了低保的人员承担风险，以后再申请低保要与诚信积分挂钩。

完善低保对象退出机制。适当增加已保对象政策学习及公益劳动量，让他们在公益劳动和隐性就业岗位发生冲突时主动退出低保；社区居委会在接待申请办理“低保”手续时，要及时宣传党和政府关于“低保”方面的政策规定，耐心细致地讲解政府实施“低保”政策的目的意义及享受待遇的对象、范围和标准，激发有劳

① 杨立雄：《从人道到人权：穷人权利的演变——兼论最低生活保障制度中实施过程中存在的问题》，载《湖南师范大学社会科学学报》2003年第3期。

动能力者再就业的积极性，鼓励他们在家庭收入超标时主动退出低保；要加强社区再就业培训的务实性、针对性和多样性，提高培训质量，使更多的人通过再就业培训提高工作技能，重新走上工作岗位；努力创造一批低收入单位（高于最低工资标准），辅之以政府购买公益岗位和安排工作等措施，使那些学历低、能力差的人就业；还应该加强低保人员再就业后的最低工资保障，防止他们重新陷入贫困或做出“重新失业、回归低保”的逆向选择。

提高低保对象的社会化管理程度。笔者在个案访谈期间了解到，不少居民认为社区远远不能满足大批失业和下岗家庭的岗位需要，这与社区功能尚未充分发挥出来有很大关系，建议在社区建立居民小组长长期联系制度，社区居委会工作人员定期到居民小组长家中了解低保对象家庭收入、思想动态变化情况，以掌握各类信息，便于适时动态调整；充分发挥基层社区组织的作用，强化动态管理。利用我国社区组织化程度较高的优势，把失业下岗人员组织在社区参加政策、转业、转岗业务培训，并与社区服务联系起来，对于拒绝参加培训者可视为没有就业欲望者加以处理；进一步提高社区低保专干和协管员的政策水平和业务素质，不断完善工作运行机制，把工作重点放在社区居委会，建立和健全基层社区低保管理服务网络。

参考文献

[1] 多吉才让：《中国最低生活保障制度研究与实践》，人民出版社 2001 年版。

[2] 洪大用：《转型时期中国社会救助》，辽宁教育出版社 2004 年版。

[3] 洪大用：《当道义变成制度之后——试论城市低保制度实践的延伸效果极其演进方向》，载《经济社会体制比较》2005 年 3 月。

[4] 洪大用、刘仲翔：《我国城市居民最低生活保障制度的实践与反思》载《社会科学研究》2002 年第 2 期。

[5] 唐钧：《最后的安全网——中国城市居民最低生活保障制度的框架》，载《中国社会科学》1998 年第 1 期。

[6] 唐钧：《完善最低生活保障制度的政策建议》，载《中国经贸导刊》2002 年第 11 期。

[7] 周昌祥：《城市“低保”工作现状及社会工作教育的介入》，载《社会工作》2003 年第 8 期。

[8] 杨宗传、张奇林：《武汉市城市居民最低生活保障制度实施状况的调查分析》，载《经济评论》1999 年第 4 期。

[9] 张牢生：《全面推进规范管理——湖北省建立城市居民最低生活保障制度的经验》，载《中国民政》1998 年第 9 期。

[10] 屈家斌、谈志林：《武汉市城市居民最低生活保障制度的四个特点》，载《中国民政》1996 年第 7 期。

[11] 李艺、刘文海：《城镇低保：问题与建议》，载《中国社会保障》2003 年第 5 期。
[12] 景天魁：《最低生活保障：特点和意义》，载《中国社会科学院研究生院学报》2004 年第 4 期。
[13] 乐章、风笑天等：《城市居民最低生活保障制度研究述评》，载《浙江学刊》2000 年第 3 期。
[14] 代树刚：《对最低生活保障制度的思考》，载《北京农业职业学院学报》2004 年第 3 期。
[15] 杨立雄：《从人道到人权：穷人权利的演变——兼论最低生活保障制度中实施过程中存在的问题》，载《湖南师范大学社会科学学报》2003 年第 3 期。

我国就业援助服务问题研究

李运华　张成文

（武汉大学社会保障研究中心）

摘　要： 随着我国经济体制改革的深入进行，国有企业改革的不断深化，下岗职工再就业问题正在成为一个重大的社会问题。充分就业是政府的政策目标，也是维护社会稳定和推进经济体制改革顺利进行的重要保障。就业援助服务是政府公共服务的内容之一，是国家专门为就业困难群体提供就业援助服务的制度。本文通过分析我国就业援助服务的现状以及面临的问题与难点，结合中国的特殊国情，力图提出一些有益的建议。

关键词： 就业援助服务　问题　建议

一、我国就业援助服务的现状

就业援助服务，作为公共就业服务的内容之一，在我国公共就业服务的基础上，不断发展完善。20 世纪 80 年代以来，我国已经初步建立了公共就业服务体系。① 由于我国的经济体制结构调整迅速，国企改革的不断深化，在计划经济向市场经济转轨的过程中，就业问题成为一个重大的社会问题。② 为了保障国有企业下岗职工的基本生活，实施再就业工程，中共中央，国务院于 1998 年 6 月 9 日下发了《关于切实做好国有企业下岗职工基本生活保障和再就业工作的通知》。以此为契机，我国的就业援助服务开始大力发展起来。

在开展就业援助服务之初，主要是为了解决国有企业下岗职工的基本生活和再就业问题，通过再就业服务中心的三年过渡期，一方面保障国有企业下岗职工在此期间的基本生活，另一方面通过再就业服务中心的职业指导和再就业培训，达到促

① 李宏：《公共就业服务体系建设与发展——问题分析与政策建议》，载《北方经贸》2007 年第 1 期。
② 宋敏、丁宁宁：《公共就业服务制度的发展及策略浅议》，载《山东经济》2003 年 7 月第 4 期。

使下岗职工实现再就业的目的。但是，这时只是具备了就业援助服务的初步形式，而正式出现就业援助服务的名称的时候已经到了2001年，那时称其为“再就业援助行动”。[①] 颁布此通知的目的可以说也是为了解决国有企业下岗职工的就业问题，社会保险问题，以及生活问题。但是，服务的形式和内容已经有了质的飞跃。从通知的内容也可以看出，主要是劳动保障部门在经办，同时要求各级劳动保障部门要向当地政府汇报，并主动与经贸、财经、工商、税务等部门加强联系。[②] 这种情况一直到2002年《中共中央、国务院关于进一步做好下岗失业人员再就业工作的通知》出台。该通知要求各级劳动保障、计划、经贸、教育、民政、财政、建设、税务、工商、银行、物价等部门要加强协调配合，从此，就业援助服务在各级政府部门间协调统一起来，正式形成全国一盘棋的局面。

为了推进就业援助服务制度化，全面落实再就业扶持政策。我国2004年开展了“再就业援助周”的活动，取得了较好效果，并在总结2004年活动经验的基础上，在以后几年中也开展了“再就业援助月”活动，为我国就业援助服务积累了大量实际的经验。最终，我国于2007年8月30日通过了《中华人民共和国就业促进法》，并用专门一章规定就业援助服务。至此，多年的理论与经验汇成一部法律，从而更好地指导我国的就业援助服务。

随着我国劳动力供给的持续增长，以及劳动力结构性矛盾的加剧，加之就业困难群体自身的观念也存在着一些问题，给我国的就业援助服务增添了很大的压力。尽管如此，各地区政府职能部门根据本地区的情况，在为就业困难群体提供就业的实践中，也积累了很多宝贵的经验，取得了很大的成绩。

（一）在我国中央政府有关政策的指导下，各地方政府都形成了比较完备的就业援助服务体系，内容涉及就业培训补贴、社保补贴、小额担保贷款服务、公益性岗位补贴等多方面，为我国开展就业援助服务提供了坚实的政策基础，在推动我国就业援助服务实践中发挥了重要作用。

其中，《国务院关于进一步加强就业再就业工作的通知》（国发［2005］36号）成为指导全国就业再就业工作的根本性文件，各地区根据该文件的有关精神，均发布了该地方有关进一步促进就业再就业工作的实施意见或贯彻国务院该文件的实施意见，如北京市发布了《北京市人民政府贯彻落实国务院关于进一步加强就业再就业工作文件的通知》（京政发［2006］4号），天津市发布了《天津市关于贯彻〈国务院关于进一步加强就业再就业工作的通知〉的实施意见》（津政发［2006］3号）等。

在具体的实践中，各地区也取得了很大的实效。如辽宁省在2005年帮助全省

---

① 参见：劳动保障部：《关于开展再就业援助行动的通知》（劳社部发［2001］8号）。

② 参见：劳动保障部：《关于开展再就业援助行动的通知》（劳社部发［2001］8号）。

14.3万户的17.5万名零就业家庭成员实现了就业和再就业，其中，在公益性岗位就业或被企业招用5.3万人，享受“4555”社会保险援助1.8万人，享受免费培训援助5.2万人，享受免费技能鉴定援助7762人；广东省在2004年共帮扶全省2.5万户、3万名零就业家庭成员实现了就业，其中享受低保的人员为1.1万名等①。

（二）经过多年的实践探索，我国各地方政府积累了许多很有成效的就业援助工作方法。在日常就业援助服务的基础上，开展了多种形式的就业援助服务，如从2004年开始的“再就业援助月活动”，促进零就业家庭就业和创建充分就业社区等活动形式，取得了一定的实效。如广东省珠海市于2006年“再就业援助活动”中，新增落实社会保险补贴187人，其中新增落实公益性岗位人员社会保险补贴152人，新增落实灵活就业人员社会保险补贴35人；同时集中兑现再就业补贴9.5万元，并进行了税费减免和再就业补贴政策落实情况的检查，确保再就业各项扶持政策落实到位。②

（三）在提高就业困难群体的就业能力方面，我国各地方政府初步建立了行之有效的就业培训体系。

如福建省福安市就业技能培训中心于2004年一年培训人数达到1200多人，其中下岗失业人员500多人，农村富余劳动力700多人，培训后人员就业率达到80%。江西省赣州市从2004年初到8月底止，全市共培训44289人，其中合格42872人，合格率96.8%，培训合格后就业36441人，就业率85%等。在创业培训方面，重庆市沙坪坝区就业培训中心，自2003年12月以来，先后开办了SIYB创业培训班16期，培训下岗失业人员429人，合格401人，培训合格率达93%，已有279人实现了自主创业和自谋职业，创业成功率达69%，新创造就业岗位1156个，带动就业再就业3508人。江苏省无锡市自2003年9月启动“创办你的企业”（SYB）培训工作以来，先后开展创业培训8869人，其中“产生你的企业想法”（GYB）培训6121人，“创办你的企业”（SYB）培训2748人。SYB培训后有1626人成功创业，并带动近5000多人就业，产生了一大批先进创业典型等。③

（四）我国各地方政府逐步构建形成市、区、街道、社区四级就业服务工作网络，同时，就业援助服务在信息化建设上也取得一定成效。

从我国各地区相关报道和有关的政策可以得知，我国各地区基本形成了市区综合服务场所和街道社区平台相结合的就业服务工作网络。另外，在我国实施金保工程的带动下，我国各地区的就业援助服务信息化建设取得一定成效，江西省政府劳动保障网获得了“2006年度江苏省优秀政府网站”的称号，从其建设来看，内容涉

① 参见：http://www.lm.gov.cn/gb/zt_200709/node_7015.htm。

② 参见：http://www.lm.gov.cn/gb/employment/2006-02/23/content_107780.htm。

③ 参见：http://www.lm.gov.cn/。

及政策解读、公众需求、专题发布等多方面。

二、我国就业援助服务体系面临的问题与难点

（一）就业援助服务相关的概念界定还不够清楚，影响就业援助服务工作的开展

一般认为，就业援助服务是针对就业困难群体提供的服务，是公共就业服务的主要内容之一。为了把就业援助服务顺利推行下去，我们就需要清楚地知道就业困难群体包括哪些人，就业援助服务的本质是什么，以及就业援助服务和公共就业服务之间的关系是什么。但是，在我本人所看到的文章中，对这些问题少有讨论，即使有，也只是简单地提到。同时，在实践中，各地区基本上是根据中央有关的政策文件，然后结合本地的一些实际情况开展就业援助服务，很少对这些概念加以区分。这样做的结果是，我国一部分公共资源错误地消耗在了普通公共就业服务群体上，而真正需要获得就业援助服务的那部分就业困难群体却没有得到应有的服务。

（二）我国就业困难群体缺乏相关技能，素质较低等因素影响了就业援助服务工作的开展

根据劳动和社会保障部中国就业培训技术指导中心撰写的《中国国有企业下岗职工再就业培训情况调研报告》的有关内容，我们看出，我国国有企业下岗职工普遍存在两高三低的情况：即年龄高、女职工比例高，文化低、技能低、竞争就业能力低①。另外，下岗失业群体在就业时有倾向于去国有企业，不愿意去中小企业和外地就业等就业观念②。类似的情况也存在于残疾人等其他就业困难群体中，影响了就业援助服务工作的开展。

（三）在提高就业困难群体的就业能力方面，我国各地方政府现行的就业培训体系还存在不足

第一，在就业培训机构方面，我国各地区目前主要是政府有关部门承担着就业培训的任务，而社会力量参与不够，另外，就业培训相应的市场化程度也不够。从劳动和社会保障部培训就业司发布的2004年上半年全国再就业进展情况的报告可以看出，各地区劳动保障直属部门与其他教育培训机构所培训的人数一般是二比一，有的地区甚至达到十几比一，由此不难看出我国政府有关部门在就业培训方面的压力。政府部门在培训中承担着重要任务，必然不利于就业培训的市场化和社会化，不利于就业培训的质量和效果的提高；第二，在就业培训的内容和形式方面，我国

---

① 参见：http://www.lm.gov.cn/gb/training/2002-05/14/content_691.htm。

② 李强、胡俊生、洪大用著：《失业下岗问题对比研究》，清华大学出版社2001年版，第33—48页。

目前存在着对就业困难人员缺少培训需求分析、就业培训内容与市场需求不配套等问题，影响到就业培训效果的发挥；第三，在就业培训的补贴方面，我国各地区虽然在实践中摸索出“根据培训合格率和再就业率划拨培训经费”、“根据培训后实现再就业的人数划拨培训经费”等形式，但在我国很多地区也存在着培训补贴形式单一，培训补贴的范围受到限制等情况，也一定程度上影响了就业培训的效果。

（四）在鼓励企事业单位吸纳就业困难群体就业等政策体系上还存在一定问题

首先，缺乏应有的强制性政策措施。我国在加强失业调控，有效控制失业方面虽然制定了原则性的政策①，但在对就业困难群体有效控制失业方面却没有规定；另外，我国法律为残疾人设立的按比例安置性就业规定也缺乏具体的实施规则等。这就使我国各地方政府在具体开展就业援助和控制就业困难人员失业等方面工作时无所适从。

其次，在鼓励企事业单位吸纳就业困难人员就业方面，首先在政策制定环节存在着出台的政策不够精细和系统配套的问题。如武汉市有关鼓励企业吸纳就业困难群体就业的优惠政策方面，存在着武汉市财政局下发的有关通知，武汉市税务局下发的有关通知，以及转发国家税务总局、劳动社会保障部有关通知等多个政策文件并存的现象。另外，各个文件之间在具体的优惠对象上还存在着不一致，这必然使政策执行者处于矛盾境地；在实施环节，则存在着落实优惠政策不够到位等问题。如税费减免幅度偏小、社会保险不及时到位、报批手续冗繁等，影响了企事业单位吸纳援助对象就业的积极性。从武汉市有关鼓励企业吸纳就业困难群体就业的优惠政策的文件可以看出，有关企业在符合一系列条件的情况下只能享受到每吸纳一名就业困难群体则减免 4000 元的税收优惠。而企业每年支付给所吸纳人员的工资却远不止 4000 元（因为企业要受到劳动基准中最低工资保障的限制），另外，企业在申请相关税费减免时，程序也比较烦琐。经过这样的对比，我们不难得出企业对此优惠政策的态度。

再次，在鼓励援助对象自雇与创业的优惠政策方面，存在着与上述鼓励企事业单位吸纳援助对象就业政策相似的问题或不足，尤其是政策不够系统配套、甚至相互冲突的问题比较突出。如社会保障方面的不同部门出台的以低保人员的各种补贴政策，标准不一，相互之间甚少沟通整合，造成很多灵活就业者就业时获得的收入水平反而不及靠低保生活的失业者的水平。这种情况直接抵消了鼓励援助对象自雇与创业的优惠政策的效果，并且形成不良的价值导向。

---

① 参见：http://www.lm.gov.cn/gb/employment/2005-11/09/content_92167.htm。

（五）政府直接实施岗位援助方面存在的一些问题

在政府直接实施岗位援助方面，我国各地政府主要是通过在社区开发公益性岗位实现的，而对于生活型社区，地方政府能够提供的岗位则比较缺乏。

在集中安置就业方面，由于我国福利企业的数量急剧下降，兴办福利企业的投资主体和经营范围受限、福利企业的工资普遍偏低等因素，导致其在促进就业困难人员就业发挥的作用很小①。

在对外劳务输出方面，由于存在就业困难人员技能缺乏，就业观念陈旧等因素外，政府部门在有效组织对外劳务输出、维护输出劳动者劳动权益等方面也存在着不足，也影响了对外劳务输出的进展。

（六）我国各地方政府在就业援助服务与管理的能力建设上的问题与难点

首先，人员和编制上存在一定问题。我国就业困难群体众多，具体到一个社区，少则几千人，多则上万人，但是一个社区的工作只由一个或几个劳动保障员来负责，客观上存在着服务能力的困难。

其次，体制和机制上也存在着一定问题。虽然我国各地区形成了市、区、街道和社区四级就业服务工作网络，但是在机构和职能部门的协调统一方面还存在着问题。其一，就业援助与低保等社会救助工作密切相关，但却分属不同政府部门管理，在出台政策措施时协调不够，即造成政策冲突；其二，一个行政区内的经济发展之规划与导向、投资项目的启动等，与就业机会的供给有密切关系，对就业与失业往往产生重大影响，但在目前体制下，劳动职能部门即少有机会预先参与本地区经济社会发展大政方针的决策，也就难以把握先机、提前布局以利抓住就业机会或应对失业危机；其三，在目前的就业服务与管理体系中，在区劳动局之下有就业管理局，街道有劳动保障所，社区有劳动保障协管员，但他们的隶属关系复杂，加之就业管理局自收自支的事业编制性质，对就业援助工作的上下联动有一定的不利影响。

再次，就业援助服务的信息化、网络化建设滞后，成了政府就业援助服务与管理能力建设上的软肋。

就业过程涉及劳动者、用人单位和政府部门三方，就业援助工作的成效，很大程度上取决于这三方之间的信息交流是否畅通。现在由于就业援助服务的信息化、网络化建设严重滞后，劳动力供需双方、劳动者与政府部门、用人单位与政府部门之间的交流、反馈、沟通不顺畅，严重影响就业援助工作的效率和质量。离开信息化、网络化，政府也就很难实行跟踪服务和动态管理。

---

① “中国残疾人就业问题研究”课题组：《残疾人就业现状与对策》，载《经济研究参考》2003 年第 5 期。

三、改进我国就业援助服务体系的建议

（一）关于就业援助服务相关概念等相关方面的建议

就业援助服务是公共就业服务的主要内容之一，它与公共就业服务的主要区别在于服务对象的不同。所以，准确地界定就业援助对象，乃是做好就业援助工作的首要问题。纵观我国各地就业援助服务的情况，至今还没有一个地区对公共就业服务和就业援助服务进行严格的区分。为了进一步开展就业援助工作，我们建议在政策制定和工作实践中，严格地区分就业援助对象和一般公共就业服务对象。理由如下：

其一，解决一般公共就业服务对象的就业问题，主要靠发挥市场的功能；解决就业援助对象的就业问题，则主要靠政府职能。这是政府与市场的功能分野。其二，政府的资源和能力也是有限的，有限的公共资源和能力必须用在刀刃上，不能大包大揽。其三，这样有利于引导社会形成正确的价值取向，即社会成员能够自立的，应该通过市场自力解决问题。

至于就业援助服务对象的认定标准，根据《就业促进法》第五十二条规定，应当是指“因身体状况、技能水平、家庭因素、失去土地等原因难以实现就业，以及连续失业一定时间仍未能实现就业的人员。”更具体的界定标准则具有一定的动态性，可由有权机关依法定程序确定。

（二）关于提高就业援助对象就业能力的措施的建议

就业困难群体在就业过程中之所以处于弱势地位，这与就业困难群体自身的技能水平和综合素质是分不开的。为了有效地提升就业困难群体的综合素质，促进就业，我们提出以下建议：第一，加快就业培训机构社会化和市场化的进度，加大社会力量参与就业培训，并且引入市场机制，优化培训资源的配制，提高培训的成果。智利和我国上海地区以招标方式确定培训机构，就是一种有益的尝试。这样，既减轻了政府部门的负担，又提高了社会力量参与就业培训的积极性，同时以竞争招标的方式也有利于培训质量的提高；第二，在就业培训的内容方面，要结合市场的需求和劳动者自身的要求，开展有效培训，提高就业培训促成就业的效率。其中，在我国部分地区开展的“订单培训”方式，值得推广。这种形式一方面有利于推动社会力量在就业培训中积极寻求社会需求的岗位，以获得就业培训的机会，另一方面，与市场需求相结合的就业培训形式也有利于转化培训的成果，促进就业。第三，在就业培训补贴方面，我国已总结出“就业培训补贴与就业培训合格率挂钩”，“就业培训补贴与实现就业人数挂钩”等方式，这些做法有利于促进就业培训机构提高培训质量。但在我国就业培训整体水平较高的地方亦采用就业培训补贴与实现就业人

数相挂钩的政策，这样做有利于就业培训机构在提高培训质量的同时注意就业培训内容的选择。

（三）关于完善促进企事业单位吸纳就业困难人员就业的政策体系的建议

首先，参考国际通行的做法，制定出台必要的强行性就业安置政策，提高政府部门实施就业援助和失业干预的能力。比如，对残疾人实行按比例强行性安置就业；建立企业裁减就业援助对象的预警预防制度。与此同时，政策的精细化与可操作性应该特别注意。

其次，对鼓励企事业单位吸纳就业困难人员就业的优惠政策进行重新梳理和系统整合，力求政策措施系统化、精细化并相互衔接配套。具体政策包括：对安置就业困难人员就业的用人单位适当提高税费优惠幅度，降低获得优惠政策的门槛，简化相关的申请报批的手续等。

最后，重新梳理和整合有关鼓励援助对象自雇与创业的优惠政策措施，同样要力求政策措施系统化、精细化及相互配套。在这方面，当前最迫切的是把鼓励援助对象自雇与创业的优惠政策和低保补贴等社会救助政策放在一起进行清理和整合，构建一个相互衔接、系统有序而不是相互冲突的政策体系。这件工作当中最重要的事，是以鼓励就业为指导思想，处理好低薪工作者的工资所得、法定最低工资、失业保险与最低生活保障金四者之间的数量关系。建议适当拉开这四者之间的距离，以激励有劳动能力的人积极就业，走上自立的道路。

（四）关于政府直接实施岗位援助方面的建议

在政府直接实施岗位援助方面，政府部门应该通过多种途径，如通过建立专门的劳动就业服务企业（如福利企业）实现就业援助对象集中就业；政府部门组织实施有效的对外劳务输出等。

在集中安置就业方面，应该允许社会力量参与，取消行业限制，制定精细的优惠政策，加强对福利企业承包的规范管理等，这是搞活福利企业的关键。只有福利企业搞活了，才能发挥它应有的作用。

在对外劳务输出方面，因为存在两方面的因素，所以应该从两个方面入手。第一，在相关的就业培训中增加对就业困难群体就业观念的培训，使其建立适应现代社会的新观念，同时，加强对就业困难人员技能的培训；第二，政府部门在对外劳务输出中应发挥重要作用，如有效地组织对外劳务输出，同时，应该加大对外劳务输出的劳动者的劳动权益的维护，如制定维权应急预案，以应对突发事件，维护对外劳务输出人员的合法权益；政府部门加强对用人单位的联系，明确相关负责人的责任，使就业困难人员放心出去等。

（五）关于加强政府就业援助服务与管理的能力建设的建议

第一，针对政府在就业服务与管理方面的人力资源不足的问题，传统办法即适当增加编制和人员，也是可以根据各地情况加以考虑的。但更应该考虑向科技和管理要效率，即通过运用新技术和提升管理水平来应对就业援助方面的工作压力。还可以借鉴一些先进国家的做法，征集志愿者参与就业援助工作，以缓解政府服务能力的不足。

第二，整合机构与资源，理顺体制关系，分清各自职能，形成既有分工，也有合作统筹的协同有序的工作机制。具体解决好以下三个问题：其一，处理好主管就业援助工作与主管社会救助工作的部门之间的统筹与协调问题。特别是在制定政策措施时，应加强沟通、协调和统筹，防止政出多门导致的矛盾和冲突。其二，让就业主管部门积极参与本行政区域内的经济计划与规划、投资立项的决策，以利其把握先机、提前布局，从而促进就业援助服务工作。其三，理顺市、区、街道和社区四级劳动服务部门之间的关系，力争形成一种上下联运、协同高效的体制和运行机制。

第三，高度重视就业援助工作的技术支持平台的建设，推进就业援助服务工作的信息化、网络化。所谓技术支持平台，是指各种必需的信息系统与网络，以及其他必要的物质技术条件。政策制定要想准确和精细化需要有一个有效的信息技术支持平台的支撑。出台了好的政策，仍有赖于一个坚实有效的技术支持平台作为依托，才能实现政策的高效精准的实施。

技术支持平台建设的具体步骤：首先，投入足够的人、财、物力，对就业困难人员做入户调查，摸清其各项基本情况，建立健全就业援助的基础服务台账。其后，通过资料的计算机录入工作，初步完成就业援助服务情报的信息化。最后，在前两步的基础上，实现就业援助服务信息的网络化，以利信息的交流、共享以及政府的动态跟踪管理。

浅谈对我国农村最低生活保障制度的认识

杨　兵　王雪蝶

（武汉大学社会保障研究中心）

摘　要： 农村最低生活保障制度是继取消农业税后的又一项具有历史意义的决策。我国是一个人口大国，农民占人口的大多数，同时由于农民在市场竞争中处于劣势地位，致使中国大部分贫困人口产生于农村。农村最低生活保障制度的建立是“反贫困”进程推进的必然结果，也是促进社会公平，构建社会主义和谐社会的必然要求。本文首先阐述了建立农村最低生活保障制度的必要性与可行性，接着围绕着当前农村低保制度实施的现状及出现的问题进行具体分析；在此基础上提出了一系列对策建议，以求更快更好的推进农村最低生活保障制度的运行。

关键词： 农村最低生活保障制度　必要性　可行性　问题　对策

农村最低生活保障制度是社会发展的“稳定器”、经济运行的“减震器”和社会公平的“调节器”。它的主要内容是由地方政府为家庭人均纯收入低于当地最低生活保障标准的农村贫困群众，按最低生活保障标准，提供维持其基本生活的物质帮助。该制度是在农村特困群众定期定量生活救济制度的基础上逐步发展和完善的一项规范化的社会救助制度。作为最后一道社会安全网，农村低保制度的建立与完善有助于保障农民的基本生活，有助于缩小贫富差距，有助于社会的和谐安定。

一、建立农村最低生活保障制度的规范性分析

（一）建立农村最低生活保障制度的必要性

1. 我国部分农民的生活状况极为恶劣

在各级政府的高度重视、社会各界的大力支持和广大农民的不懈努力下，我国

农民收入状况有了明显的改善，贫困人口数正在大幅下降。但是，仍有很大一部分农民由于内在或外在的原因，基本生活状况并没有改善。

一些边远地区、贫困山区，由于生存环境恶劣、交通不便、文化教育落后，贫穷的状况呈现愈演愈烈之势。加之农村的医疗条件极差，医疗设施欠缺，很多患病人员得不到及时有效的治疗，身体素质越来越差，直至丧失部分或全部劳动能力。随着社会化大生产的发展，失地农民的数量在逐渐增加。土地的保障功能日益下降，农民在缺失重要的收入来源的情况下，极易陷入困境。

2. 缓解收入分配差距，建立和谐社会的必然要求

当前，我国收入差距已成扩大之势，城乡之间的收入差距尤为明显。2004 年、2005 年、2006 年农民人均纯收入分别比上年增长 6.8%、6.2%和 7.4%，今年上半年，全国农民人均现金收入达到 2111 元，比上年同期增加 314 元，增长幅度为 13.3%，是 1995 年以来增长最快的，但这仍低于城镇居民收入的增长速度，城乡居民收入增长的相对差距和绝对差距呈扩大之势。2004 年和 2005 年城乡居民收入比分别为 3.21:1 和 3.22:1，去年扩大到 3.28:1，绝对额的收入差距达到 8172.5 元。目前，城市最低生活保障制度已经实现“应保尽保”，农村低保工作却还处在起步阶段。这种情况的存在极易引发冲突。为了维持社会稳定，安抚民心，实现社会的和谐发展，农村最低生活保障制度的建立与完善已是大势所趋。

3. 市场经济带给农民巨大挑战

市场经济在给农民带来一系列机遇的同时，也给他们带来了生存压力。农民由于知识与技术缺乏，自身的素质并没有得到很大提高，仅仅依靠种地维持生计的状况并没有改变。相对于经济的高速发展，他们的收入实际上在一定程度上有所贬值。实行家庭联产承包责任制之前，农民依靠集体与家庭的保障，生活风险不大。但是随着家庭联产承包责任制的推行，农民成为独立的经济个体，自负盈亏，自我保障，在丧失了集体保障的情况下，农民更容易在遭遇风险的过程中致贫返贫。

4. 社会保障制度原则性的体现

以促进社会公平为目的的社会保障制度，通过实施再分配，对暂时或永久失去劳动能力以及各种原因造成生活困难的社会成员提供基本生活保障。中国宪法明确规定：“中华人民共和国公民在年老、疾病或者丧失劳动能力的情况下，有从国家和社会获得物质帮助的权利。”换言之，国家和政府有义务对贫困人口实行社会救济。作为社保政策目标体现的农村最低生活保障制度，目的就是保障贫困农户的最低生活水平，维持其基本生存能力。

（二）建立农村最低生活保障制度的可行性

1. 政策环境支持

近年来，农村最低生活保障制度的建设受到极大的重视，国务院在 2006 年 12

月召开的中央农村经济工作会议上，明确提出要在全国范围内建立农村最低生活保障制度。最近，国务院印发《关于在全国建立农村最低生活保障制度的通知》，对农村最低生活保障制度的目标任务、原则要求、保障标准、对象范围、操作程序、资金筹集、组织机构等内容进行了规定。这就使得全国各乡镇在推进农村低保建设的过程中有章可循，组织工作在某种程度上可以落实到位。另外，财政部部长金人庆在全国财政工作会议上提出：2007 年财政工作的总体要求中，其中重要的一项就是——强化各项支农惠农财税政策，加快社会主义新农村建设。在如此良好的形势下，农村最低生活保障制度的建设便可享受“多重保险”。

2. 财政负担能力增强

从全面建立农村最低生活保障制度所需的经费来看，参照城镇低保人口比例，在农村中低保人口也达到5%的比例来大致核算，在全国范围内做到“应保尽保”，总人数也就 4000 万左右。如果按照 20—30 元/人·月的补差额计算，每年所需资金总量约 100 亿元，约占政府政策财政支出总额的 0.3%。自 1994 年财税改革以来，我国的财政收入快速增长，年平均增长速度为 17.6%，高于同期名义 GDP 增长速度 11.3% 大约 6 个百分点。全国财政收入在 2003 年突破 2 万亿元、2004 年突破 2.5 万亿元、2005 年突破 3 万亿元后，2006 年财政总收入突破 3.9 万亿元。在这种情况下，我国财政用于农村社会保障方面的支出也在增加。2006 年全国财政用于农村最低生活保障的费用高达 43.5 亿元，比 2005 年增长 71.9%。由此看来，财政保证农村低保全面推开的可行性极大。

3. 信息技术的发展使得可操作性增强

信息技术的推广使得现代政府办公更加高效便捷。它可以节省大量的人力和物力。具体应用到农村最低生活保障制度的建设上，就是它能够更加有效地打破政府工作的时空界限，加强社保有关部门与地方各省市县、乡镇以及银行、邮局、农村信用合作社之间的信息交流。假设农村最低社会保障制度可以实现高度的网络化，那么低保对象的确定、费用的来源、发放等一系列问题都可以得到有效的监管，整个政务过程会更公开，真正可以做到“阳光低保”、“诚信低保”。

二、农村最低生活保障制度实施现状及存在问题

（一）农村低保制度实施现状

总体上来说，我国农村最低生活保障制度的推行已经取得了长足的进步，“十五”以来，受保障人数逐年增加，具体数字可参见下表。截至 2007 年 7 月底，全国已建立农村低保制度的 31 个省市区，共保障低保对象 2311.5 万人、1074.6 万户；尚未建立农村低保制度的地区，救助农村特困对象 355.3 万人、146.6 万户，这部分人下半年将逐步转为低保对象。民政部有关负责人表示，从目前全国已经普遍建

立农村最低生活保障制度的情况来看，把贫困农村居民全部纳入农村最低生活保障体系，在今年年末有望实现。救助标准方面，已实施农村低保的中西部地区年低保标准一般在600—800元之间，东部地区一般在1000—2000元之间，基本可以保证贫困农民的最低生活需要。

表1 "十五"以来我国农村最低生活保障制度实施情况 单位：万人、%

指标	2001年	2002年	2003年	2004年	2005年	2006年
保障人数	304.6	407.8	367.1	488	825	1593.1
年增长率	1.5	33.9	-10	32.9	69.1	93.1

（二）农村低保工作中遇到的问题

1. 保障对象难选，保障比例难定

保障对象的确定非常困难，原因就在于农民的实际收入很难精算。农民收入完全货币化存在困难；外出务工人员的收入如何算入农户收入很难定位；家庭之间因为内部矛盾出现不赡养状况时如何计算等，一系列问题的存在使得保障对象的确定成为难题。另外，很多农户的家庭困难是暂时的，随着一系列条件的变化，他们也会逐渐脱贫致富，这部分人的管理工作也会比较复杂，由于"小农思想"的影响，他们未必会主动上报真实数据。

"保障比例一刀切"的现象仍存在于一些乡镇。硬性的按照一个固定的比例来发放低保金不仅造成了政策失效，而且浪费了人力、财力、物力。受地理因素、历史因素、经济因素以及政治因素的影响，农村各地的经济发展程度也不同，人均收入状况及不一样。个别乡镇普遍比较贫穷，都需要国家财政的帮助；个别乡镇则普遍比较富裕，根本不需要救济。这些现象的存在也进一步加大了确定保障比例的困难性。

2. 农村低保资金未实现全面配套

在目前情况下，城市低保由中央财政承担部分资金，农村低保资金则由省、市、县来筹集。低保资金的来源和数量十分有限。农村税费改革后，地方乡镇的财政收入数量急剧下降。而伴随着经济的发展和形势的变化，农村低保的救助标准不断提高，受保范围不断扩大，地方财政压力也随之加大。在经济严重不发达的地区，沉重的财务负担直接导致了农村低保推进过程的缓慢乃至停滞。由于源头资金的欠缺，致使很多地方的农户处于"应保未保"的状态。另外，一些地区仍存在"重城轻农"的思想，将城市低保与农村低保分别对待，致使财政配套资金不到位，农村低保未受到充分的重视。

3. 基层设施陈旧，人员欠缺

在全面推进农村低保的过程中，随着推广面的加大，低保工作负责人的任务逐渐加重。某些地区，一个基层干部负责千余人低保工作的现象极为普通。在没有专业的低保工作人员的情况下，很多基层干部都是身兼数职，如：新农合医疗救助、“五保户”救助，低保救助，以及基层组织日常事务等。从低保救助对象的选择、核对、公告、上报直到低保救助金的发放，都需要基层干部亲历亲为，深入走访农户，了解实际情况。人员的欠缺、工作量的加大使得低保工作进程缓慢。同样，由于农村工作条件恶劣，在没有低保专项办公经费的情况下，各项工作的开展受到了很大的限制。少数市州及多数县市区的办公条件较差，没有专用电脑、打印机、传真机、照相机等必要的办公设备。缺乏专项的办公经费、专门的办公场所和专业的办公人员，低保资金便有可能落实不到位，群众的意愿也得不到及时的反应，农村低保制度的实施与推广面临着很大的障碍。

4. 发放问题多

“人情保、关系保”成为群众抱怨的主要问题。由于农村低保资金的管理缺乏必要的监管，信息未能及时公开，低保金发放过程中不公平现象极易发生。一些村委会成员利用手中的职权谋取自身的利益，将群众的“救命钱”变为己有；或将低保名额送与关系较好的亲朋，而他们的实际收入状况则高于或相当于普通农户收入；一些地方还出现过“一人吃三保”的荒唐现象。真正贫苦的农民则因为消息闭塞、对低保政策了解不够透彻，丧失了享受低保救助的机会，陷入生活不能自理的状态。

三、完善农村最低生活保障制度的对策思路

（一）推行与完善农村最低生活保障制度所应遵循原则

1. 公平与效率相结合

农村最低生活保障制度作为社会保障体系的重要组成部分，充分体现了公平和效率的适度平衡。一方面农村最低生活保障制度通过再分配和转移支付机制，满足了农村贫困人口的最低层次需要，减少了初次分配不公，从一定程度上促进了社会公平；另一方面，农村最低生活保障资金的运用，推动了经济和社会的发展，有利于实现帕累托最优。在农村低保制度的推行过程中，要真正做到公平与效率相结合，就要深入了解农村贫困人口的收入状况，掌握实际情况，确保每一位贫困农民都能得到救助；另外，在资金的管理与发放过程中，要切实做好管理监督工作，发挥低保资金应有的作用。农村最低生活保障制度是“以人为本”精神的体现。只有公平与效率相结合，才能安抚人心，稳定民心。

2. 救助工作与扶贫计划相配合

积极的农村社会保障政策应考虑将农村最低生活保障制度与农村扶贫开发政策相结合，这也将成为整个低保制度实施过程中的重点与难点。如果不通过扶贫开发的方式，单纯依靠政府与社会救济的农村最低生活保障制度将给国家财政造成巨大

的压力。目前情况下，尽管农村低保对象中大多数都是丧失或部分丧失劳动能力的人，但事实上还有很大一部分贫困人群具有一定的劳动能力。因此，可以将农村低保与农村扶贫相结合，建立农村贫困户的分类管理机制，对丧失劳动能力的人给予救助，而对有脱贫能力的低保对象，通过提供资金、技术、信息、就业机会等手段，帮助其彻底摆脱贫困。从根本上抵制"低保养懒人"的现象发生，对有劳动能力的低保户要进行积极引导，帮助其实现就业再就业。

3. 保障水平与经济发展相适应

我国是一个人口多、底子薄的农业大国，其中70%的人口居住在农村，建立与完善农村社会救助制度是一项艰巨又有意义的工作。但是鉴于我国生产力水平低下的现实，对农村最低生活保障水平不能要求过高，它的制定标准应符合经济发展的水平，目的是为了保障贫困农民的基本生活需要。因此，农村低保水平的确定主要从以下几方面考虑：一是维持当地农村居民基本生活所必需的吃饭、穿衣、用水、用电等费用；二是当地经济发展水平和财力状况；三是当地物价水平。农村低保制度应该保证低保对象的生活水平不低于绝对贫困线，但也不能比贫困线高太多，不然会导致低保养懒人的现象发生，不利于发挥劳动者的生产积极性。

（二）进一步推行与完善农村最低生活保障制度的具体对策

1. 加强与完善立法

加强法制建设是社会主义现代化建设的客观需要。目前农村最低生活保障制度业务所依托的法律体系还不够健全，很多工作仍然依靠文件规定来推行法规操作性不强，执法手段较弱，执法能力较低等都不同程度地影响和制约着农村低保工作的依法行政和规范管理。为了适应依法治国和依法行政的要求，必须加快制定社会救助法等法律草案，制定和修订社会捐助等法规，从法律意义上保证农村低保工作的顺利开展。建议有关部门早日把"建立农村最低生活保障制度"列入重要议事日程，抓紧制定农村居民最低生活保障的政策法规，对保障对象的认定、保障标准的确定、保障资金的筹集等做出明确规定，使农村最低生活保障工作走上有法可依、规范运行、健康发展的轨道。

2. 切合实际，确定保障对象、保障比例及标准

就农村低保对象的选择来说，它遵循的不是普遍性原则，而是个别性和部分性原则。这就要求管理部门必须制定一套科学有效的确定农户是否陷入困境的工作制度。农村低保对象的概念比较概括与笼统，实施起来有一定的难度。具体对策方面，应加大调研力度，借鉴各地成功的经验，准确界定低保对象，现在有两种类型值得借鉴。一类是一些东部经济发达地区，已经实现了城乡低保一体化运行，城市化水平高，可以做到在较准确地核定低保申请人家庭收入的基础上，原则上按照申请人家庭年人均纯收入与保障标准的差额发放低保金；另一类是在中西部地区和部分东

部地区，基于农村居民收入渠道比较多，生产经营活动形式多样，家庭收入难以准确核算，但困难家庭的情况左邻右舍都清楚等实际情况，通常是在初步核查申请人家庭收入的基础上，更多地依靠民主评议等办法来确定低保对象，并采取按照低保对象家庭的困难程度和类别，分档发放低保金。各个地区可对比自身实际情况，进行参考。另外，保障比例方面，应该测算出一个“贫困指数”，不同地区各不相同，然后据此确定农村低保救助比例，绝对不搞“一刀切”。

在救助标准上，应遵循低标准、广覆盖的原则。最低生活保障制度的功能应是满足困难群众最基本的生活需要，其保障标准应根据当地居民基本的生活消费水平来确定，不应包括其他如医疗、教育等高层次的消费需要。根据救助对象的特征和需求的不同，实行分类救助、标准有别。另外，救助标准应该在遇到特殊情况时适当调整。比如，2007 年 4 月以来，各地区生猪及猪肉价格出现不同程度上涨，部分地区蔬菜、鸡蛋等副食品价格也出现不同程度上涨，居民消费价格水平因此大幅上升，各地民政部门纷纷启动城镇居民基本生活消费品价格变动应急救助预案制度，实施城镇低保家庭基本生活消费品价格上涨动态补贴制度，适当提高城镇低保标准。农村低保制度也应该借鉴城镇低保制度的成功经验，在遭遇特别事件时，根据实际情况进行相应调整。

3. 拓宽资金筹集渠道

由于农村低保制度所需要的经费不多，如果中央财政向 50% 的贫困人口提供 50% 的经费支持，那么一年也只需要 25 亿元左右。相对于当前中央财政对城市低保的资金投入量，农村低保资金带给财政的压力不是很大。建议中央加大对农村低保制度的财政或政策支持，使符合条件的农村贫困群众普遍得到救助。另外，应增加地方政府对农村低保的供款。各级人民政府要充分重视农村低保制度的建设，把农村最低生活保障金列入年度财政预算，纳入社会救济专项资金支出项目。

条件优越的农村集体也应加大供款力度，渠道有如下方面。首先村集体应发挥地区特色农业，在原有条件基础上搞好农业产业化经营，通过发展农村经济，加强财务管理，积累资金，补充农村低保资金。其次，乡镇企业作为集体经济的一种形式，应为农村低保提供资金，弥补不足。地方政府可给乡镇企业适当的税收优惠，提高其积极性。

另外，可以考虑把一部分扶贫资金用作农村社会保障基金，农村贫困救助实际上是扶贫工作的一项辅助工程，两者应相互配合。把一部分扶贫资金用来保障农民的基本生活需要，是推进扶贫工作的职责所在。它能够促进贫困地区经济社会全面协调，为全面建设和谐文明新农村创造条件。

最后就是要重视各地的慈善机构建设，依靠社会各界的力量，争取慈善基金对农村最低生活保障工作的支持。通过慈善捐款、爱心救助等方式筹集资金。

4. 确保资金管理安全，发放及时有效

要做好农村低保资金管理与发放工作，就要首先做好基本工作。这就要求加大人力投入，设立专项工作经费。建议乡镇政府在不增加编制的情况下成立农村社会救助办公室，保证有不低于3人专职从事社会救助工作，并提供必要的办公条件。财政也应按农村低保资金的相应比例安排专项工作经费，切实保证低保工作的开展。

接着就是做好监督工作。有关部门应及时出台相应法规性文件，让“低保新政”的阳光更明亮、更温暖。在实施过程中应该加强制度建设，规范操作程序；加大督查的力度，政府民政部门、劳动部门要定期必要的检查和抽查，确保这个资金落到真正低保人群的手中。应定期进行业务公开，让百姓与关心低保工作的爱心人士及时了解有关情况。这样既可以提高农民对政府的信任度，也可以提高社会捐赠的积极性。

最后，就是要加大低保资金的社会化发放力度。低保资金是群众的救命钱，必须严格管理，确保每一分钱能发到低保对象手中。要努力推行社会化发放，为低保对象建立家庭账户，通过银行、信用社、邮局等服务机构，直接及时地将低保金发放到户，从制度源头上遏制虚报和冒领。对“人情保、关系保”事件进行严格查处，保证低保发放更加公平、公正、公开。

参考文献

[1] 关信平:《论建立农村居民最低生活保障制度的条件、原则及运行机制》，载《文史哲》2007年第1期。

[2] 蔡昉、都阳:《建立农村“低保”制度的条件已经成熟》，载《中国党政干部论坛》2004年第9期。

[3] 何菊芳:《构建农村最低生活保障制度的设想》，载《当代经济研究》2005年第9期。

[4] 陈安国、陈金山:《完善农村居民最低生活保障制度的思考》，载《中国民政》2005年第10期。

[5] 于杰兰:《中国农村居民最低生活保障制度法律规制研究》，兰州大学，2006年。

三、和谐社会医疗保障

1

HEXIE SHEHUI YILIAO BAOZHANG

Do Physician Remuneration Schemes Matter? The Case of Canadian Family Physicians*

Rose Anne Devlin[1] Sisira Sarma[2]

([1]Department of Economics, University of Ottawa
[2]Microsimulation Modelling and Data Analysis Division,
Applied Research and Analysis Directorate, Health Policy Branch, Health Canada)

Abstract: Although it is well known theoretically that physicians respond to financial incentives, the empirical evidence is quite mixed. We use the 2004 Canadian National Physician Survey to obtain the number of patient visits per week to physician's office as a measure of output, to analyze the behaviour of family physicians in alternative forms of remuneration schemes. We find that family physicians self-select into different remuneration regimes based on their personal preferences and unobserved characteristics. Moreover, we use OLS estimates plus the estimates from an IV GMM procedure to tease out the magnitude of the selection effect. For instance, compared to fee-for-service, salaried physicians would conduct about 18% more patient visits per week as a result of the selection effect, while they would conduct about 54% fewer patient visits per week as a result of the pure incentive effect.

* Acknowledgements: We are grateful to the Microsimulation Modeling and Data Analysis Division (MSDAD) of Health Canada for financial support to cover administrative fees associated with data access. This study utilizes the 2004 National Physician Survey (NPS) Database, part of the National Physician Survey project co-led by the College of Family Physicians of Canada, the Canadian Medical Association and the Royal College of Physicians and Surgeons of Canada, and supported by the Canadian Institute for Health Information, and Health Canada. We acknowledge the Canadian Medical Association office in Ottawa for access to the 2004 NPS micro data and a computer to conduct the analysis. We are thankful to Sarah Scott and Shelley Martin for facilitating access to NPS data, and to Gordon Hawley of MSDAD for his helpful comments and suggestions. The views expressed in this paper are those of the authors and do not necessarily reflect the views of their organizations. The order of authorship is alphabetical.

Knowledge of how physicians self-select into remuneration schemes and how these schemes affect physician output are important considerations for effective health policy formulation.

Key Words: Physician Behaviour　Remuneration　Primary Care　Canada

1 Introduction

Increasing health care costs and an aging population pose formidable challenges to the sustainability of a publicly-funded health delivery system. In response, most OECD countries are in the process of redesigning their health care systems to be responsive to the present and perceived future needs of patients, while respecting budgetary constraints. Although a variety of reform initiatives have been introduced in the health sector, how they affect the day-to-day decisions of family physicians remain largely unknown. The question front and centre of much of this reform is: how should family physicians be remunerated so as to encourage the efficient delivery of health care services? This paper addresses one part of this question by providing new empirical evidence on the impact of remuneration schemes on one measure of physician output in Canada. The Canadian experience is particularly revealing as family physicians are paid by a variety of means through public funding, and patients pay none of the direct monetary costs at the point of access.

A fee-for-service (FFS) approach has dominated the Canadian landscape since the inception of Medicare in 1966. Indeed, as of the mid-1990s, some 89% of family physicians received the vast majority of their professional income from FFS. ① However, since then, this mode of remuneration has been on the decline. Estimates from the 2004 National Physician Survey (NPS) reveal that only about one half of family physicians now receive 90% or more of their professional income from FFS billing. The NPS asks physicians not only about how they are paid but also about how they would like to be paid. We find some interesting differences between the responses of these two questions. In 2004, for example, while 52% of family physicians are paid by FFS, only one half of this number would prefer to be so paid. Moreover, many fewer physicians are paid on a salary or mixed basis than would like to be.

Various alternatives to FFS exist in a number of jurisdictions in Canada and can be broadly grouped as *salary*, *capitation*, and *blended* schemes. Salaried physicians are paid a

① 88% of income was from FFS in 1997—1998 based on the National Family Physician Survey, conducted during 1997—1998. For details see http://www.cfpc.ca/English/cfpc/research/janus%20project/default.asp?s=1.

fixed sum of money independent of the quantities of service delivered. ①Capitation refers to a system where physicians are paid an up-front amount per rostered patient which is clawed-back should the patient visit another family physician. A blended system occurs when physicians receive 90% or more of their professional income from a mixture of sources other than FFS, with a significant component coming from capitation payments as well as incentives for health promotion and illness prevention activities. Blended and capitation schemes are currently used only in Ontario. The share of payments to physicians under these alternative schemes has increased from 1. 3 billion dollars or 13% of total clinical payments in 2000—2001 to 2. 4 billion dollars, or 19. 5% of total clinical payments, in 2003—2004 (CIHI, 2006).

While it would appear that FFS is not the most preferred mode of remuneration from the physicians' point of view, but what about society's? To begin to address this important question, it is first necessary to understand how physicians' respond to financial incentives. This paper is an attempt to further such an understanding by examining how remuneration schemes affect one measure of physician output - the number of patient consultations. While this is not the only quantity measure influencing the provision of primary care (indeed a drawback is its inability to measure the quality content of consultations), the number of patient visits is quantifiable and hence amenable to empirical investigation.

2 Physician Remuneration and Incentives

A few authors have studied theoretically how physician remuneration could affect the way in which he or she provides services. Gaynor and Pauly (1990) assume that physicians are utility maximizing agents who decide about the level of some idiosyncratic input (referred to as "effort") affecting productive efficiency. They formalize the optimization process, and demonstrate that effort rises and falls with the factors that increase and decrease physician remuneration. This framework clearly suggests that the remuneration scheme in place and practice characteristics will affect output.

The theoretical work of Zweifel and Breyer (1997) explicitly models the impact of remuneration schemes on the production of medical services. They find, for instance, that un-

① More recently, the Government of Nova Scotia is considering the proposal of paying family physicians salaries instead of FFS. This is because paying physicians on salary has arguably a number of benefits, including improved recruitment and retention of physicians and increased multidisciplinary care provided by teams of health professional. Similar arguments are advocated for Quebec's CLSC (Centres locaux de services communnautaires) and Ontario's CHC (Community Health Centres) where physicians are paid on salary.

der a salary scheme, the supply of medical services is independent of price. If there is an increase in demand for medical services, the net effect under salary payments would be an increase in the waiting time for patients. Under a FFS payment scheme, physicians are paid for each unit of service. As a result, any given physician's supply of medical services depends upon own hours worked and the corresponding number of patients treated.

Because FFS physicians in Canada are required to provide only one treatment per patient visit, Zweifel and Breyer's (1997) model would predict that FFS physicians would practice less intensively in comparison to salaried physicians. Thus, the length of consultation will be lower under the FFS remuneration regime and the number of visits higher. However, measuring the extent to which remuneration schemes affect output is complicated by the fact that individual physicians may self select into particular schemes or practice types: we need to deal with this endogeneity issue in order to obtain an accurate measure of incentives emanating from remuneration schemes.

A rich empirical literature has studied various aspects of the relationship between the method of physician remuneration and output. ① On the basis of an extensive literature review, Gosden *et al.* (2004) conclude that salary payments are associated with a lower level of service delivery (such as fewer visits, diagnostic tests and referrals) in comparison to both FFS and capitation, and fewer procedures per patient, longer consultations and more preventive care compared with FFS alone. ② These conclusions are echoed by Sorensen and Grytten (2003) who report that physicians paid on a FFS basis produce a higher number of visits and other patient contacts than salaried physicians, and conclude that a change in physician payment schemes from salary to FFS would increase service production in the range of 20% to 40%.

A randomized controlled trial experiment conducted by Hickson *et al.* (1987), in which 18 pediatric residents were randomly assigned to either FFS or salaried payment, concludes that FFS led to 22% more patient visits per physician than did salary payments. Hemenway *et al.* (1990), on the basis of 15 physicians in an ambulatory care setting, find that a change in payment from salary to a bonus-based scheme led to an increase in the average number of patients seen each month by 12% and an increase in total monthly charges of 20%.

Several studies have focused on the supplier-induced demand phenomenon in which FFS physicians are encouraged to provide more services than would be the case under alter-

① See, for example, Town et al. (2005), Conrad and Christianson (2004), Gosden et al. (2001), Armour *et al.* (2001), Chaix-Couturier et al. (2000), Scott (2000), Maynard et al. (1996) and Scott and Hall (1995).

② See also the findings of Hutchinson and Foley (1999) and Kristiansen and Mooney (1993).

native remuneration arrangements (e. g., Carlsen and Grytten, 2000; McGuire, 2000). Using linked survey and Medicare claims data, Hadley and Reschovsky (2006) find that Medicare fees are positively associated with both the number of patients treated and service intensity. Furthermore, this study also reveals that physicians with incentives to induce demand appear to manipulate the service-mix to raise their effective fee, a finding that is corroborated by Reschovsky *et al*. (2006).

Not all studies support a strong link between payment schemes and output. For instance, using data from Norway Kristiansen and Holtedahl (1993) and Grytten and Sorensen (2001) conclude that after controlling for patient and GP characteristics the effects of physician remuneration on services are small. Similarly, Carlsen et al. (2003) find that changes in remuneration have no or a very small effect on the number of consultations and laboratory tests. This weak or insignificant effect of volume response to changes in remuneration was also found in Canada (Hurley *et al*., 1990; Hurley and Labelle, 1995) and the United States (Holahan *et al*., 1990; Keeler, 1996). In the context of medical groups in the United States, Conrad *et al*. (1998, 2002) find no significant effect of individual physician compensation method on per physician per year costs, hospital days and patient visits. A systematic review of the randomized trial literature by Town *et al*. (2005) reports that all but one study fail to find a positive relationship between financial incentives and the delivery of preventive care. However, they warn that while small incentives may not affect physicians' practice decisions, large financial incentives will.

We can identify three channels through which the choice of remuneration scheme may affect physician output or productivity: first, certain kinds of behaviour may be encouraged or discouraged by virtue of the scheme itself (the "incentive" effect); second, certain kinds of physicians may be attracted to the scheme in the first place (the "physician selection" effect); third, certain kinds of patients may be attracted to certain types of physician practices, which, in turn, are influenced by the type of remuneration scheme in place (the "patient selection" effect). When trying to ascertain the causal link between remuneration scheme and physician behaviour, it is important to try to control for both selection effects. To date, most studies do not account for the possible self-selection of physicians into different remuneration schemes (e. g., Reschovsky *et al*., 2006); one exception is Barro and Beaulieu (2003) who found that more productive physicians were selecting into a profit sharing arrangement at a large, private, US hospital, rather than staying with a salaried scheme. The self selection of patients on the basis of practice or other characteristics has also been recognized in the literature; for instance, Manning *et al*. (1987) find evidence of patient self selection into different health insurance plans.

3 The Empirical Framework

We assume that physicians face a choice between two types of remuneration schemes: FFS and an alternative remuneration. ① Selection into a particular remuneration scheme depends on a variety of factors, including the availability of practice opportunities. A physician evaluates the costs and the expected benefits arising from each scheme before deciding the preferred mode of remuneration. Once they decide upon the type of remuneration, physicians take the wage structure as given and choose how many patients to treat.

Let the behaviour of physicians be captured by:

$$\ln q_i = X'_i\alpha + \beta R_{ij} + \varepsilon_i. \quad (1)$$

where q_i is the number of patient visits per week, X_i is a vector of exogenous inputs (including practice and personal characteristics), and R_{ij} is the type of remuneration scheme j chosen by physician i. In the model employed in this paper, we allow physicians to choose either FFS or an alternative remuneration scheme. Notice that R_{ij} may be endogenous due to self-selection, so that an ordinary least squares procedure may result in biased and inconsistent parameter estimates.

We model the choice of remuneration R_{ij} as a probabilistic one. Each physician is assumed to choose between FFS and the alternative remuneration after evaluating the difference in expected utility (ΔV). This difference is hypothesized to depend on a set of variables (Z) discussed below. Formally,

$$\Delta V_i = Z_i\gamma + u_i. \quad (2)$$

ΔV_i is not directly observed; we only observe the outcome 1 if $u_i > -Z_i\gamma$ and 0 if $u_i < -Z_i\gamma$. Here Z_i is a vector of characteristics that influences the decision regarding the remuneration choice, and α , β and γ are the parameters of interest. We assume that u_i *and* ε_i follow a bivariate normal distribution.

The model characterized in expressions (1) and (2) is appropriate if the choice of remuneration regime is endogenous to the number of patient visits undertaken by the physician. The econometrics literature suggests two methodological approaches to this type of problem: an instrumental variable (IV) estimator, and a treatment effects (TE) estimator (sometimes referred to as the restricted control function approach). The estimation of the TE

① Although not all provinces offer the same range of remuneration schemes to their physicians, physicians may choose to practice in any province. As discussed later on in section 6, our results are quite robust to different sample specifications.

model involves a probit regression for equation (2) and an OLS regression for equation (1) augmented by the hazard function from equation (2) (Heckman and Hotz, 1989; Greene, 2003; Wooldridge, 2002). In the IV approach, residuals from a linear probability model on the indicator function (equation 2) are included in the second stage in place of the hazard rate. The TE model assumes that u_i *and* ε_i follow a bivariate normal distribution: it produces consistent and efficient structural parameters, provided that the probit model is correctly specified. The IV estimator, by contrast, is free from this distributional assumption, but the estimates are consistent only if the instruments satisfy certain identification requirements, as discussed below. ① Vella and Verbeek (1999) demonstrate that if the bivariate normality assumption is satisfied and no other complications are present, the IV and TE estimators produce similar results; they recommend comparing the estimated results from both models (which we do). ②

In the context of the TE model, the endogeneity of the remuneration scheme is captured by the correlation between the residuals u *and* ε (rho) in equations (1) and (2). If the estimate of rho is statistically significant, then there are, indeed, important unobservable factors influencing the choice of remuneration scheme and thus neglecting selectivity issues would likely to give an inaccurate picture of the relative strengths of the two remuneration regimes. ③ In the IV procedure, the endogeneity of the remuneration scheme can be detected using the Durbin-Wu-Hausman test statistic (Wooldridge, 2002; Baum *et al.*, 2003).

The TE model is extremely sensitive to the specification of the selection equation and the structural equation. In order to render the model as robust as possible, it is necessary to include several variables that affect the remuneration choice but not patient visits per week; for identification purposes, at least one variable must have this property. The IV method requires that all variables included in Z satisfy the requirements of instruments relevance, over identifying restrictions, redundancy of instruments and weak instruments.

Economic theory and the existing literature suggest a number of variables that may af-

---

① Note that the IV procedure is inefficient in the presence of heteroscedasticity. A rejection of the null hypothesis of homoscedasticity leads to two possible options. The first option is to use the robust Huber-White sandwich estimator of variance for the IV estimator. The second option is to use a two-step generalized method of moment (GMM) procedure, which is more efficient (Hayashi, 2000). Since we found unknown form of heteroscedasticity in our data, the GMM estimation procedure is employed.

② An extensive discussion on the estimation procedures and the statistical properties of the estimators can be found in Madala (1983) and Vella (1998).

③ The TE model is estimated using the maximum likelihood (ML) method because it has the desirable properties of consistency and efficiency. We also use the robust Huber-White sandwich estimator of variance to correct for the unknown form of heteroscedasticity present in the data.

fect the choice of remuneration but not the number of weekly patient visits, including physicians' preferences towards risk, tastes and the characteristics of market demand and supply (Gaynor and Pauly, 1990; Gaynor and Gertler, 1995). In this paper, five instruments are used to capture differences in physicians' preferences, tastes and risk perceptions. Some physicians may prefer to work longer hours and earn more income, and thus are more likely to choose the FFS scheme. We include a variable HDIFF which takes on the value of 1 if the physician normally works more than 37.5 hours in direct patient care, and zero otherwise. If the physician has a propensity to do research and/or teaching and/or pursue other non-work related interests, then he or she would be more likely to choose a salaried practice or other non-FFS modes of remuneration. Moreover, these idiosyncratic preferences are important considerations in choosing a family medicine career in the first instance, and subsequently, the mode of remuneration that ensures that these latent needs are satisfied. RESEARCH, TEACHING and NON-WORK-INTERESTS are the three dummies capturing the propensity towards research, teaching and pursuance of non-practice related activities, respectively. Finally, the way the physician is preferred to be paid is another instrument governing physician's tastes and risk perceptions. PREFER_ FFS is a dummy variable that takes on a value of 1 if the physician is preferred to be paid by FFS and zero otherwise.

Two instruments capture the demand and supply characteristics by geographical region in our model. The DEPENDENCY_ RATIO, defined as the ratio of children under 15 years of age plus the elderly (aged 65 and over) divided by the working-age population, captures the intensity of physician demand in our model. This variable reflects a more intensive demand for services by those who are more likely to have multiple chronic illnesses (elderly) and those who are more susceptible to an illness or injury (both elderly and children). We include an indirect measure of access to appropriate primary care, the age-standardized ambulatory care sensitive conditions (ACSC) per 100,000 individuals under the age of 75. A high ACSC rate reflects lack of access to adequate primary care, capturing an important supply side stylized fact.

4 Data and Variable Specifications

The data for this study are mostly drawn from the family physician component of the 2004 National Physician Survey (NPS). The NPS furnishes a broad range of information on the family physician's allocation of time, the number of patient visits, physician characteristics, practice patterns, type of patient population and method of remuneration. This survey was sent to all licensed family physicians/general practitioners in Canada during early 2004

(February to June). Of the 30903 eligible family physicians/general practitioners, 11041 replied to the survey leading to an overall response rate of 36%. CIHI (2005) analyzed the respondents and non-respondents of this survey and concluded that those who replied to the survey are representative of the physician population at large with respect to specialty, age, gender and other demographic characteristics. ① We deleted 543 records because the source of self-reported income from all remuneration types did not add up to 100 percent. Direct patient care hours are missing for about 2000 physicians, 255 physicians spent fewer than 10 hours per week on direct patient care, and some 600 physicians reported seeing fewer than 10 patients per week. After deleting all missing observations and inappropriate records, we were left with 7352 observations suitable for our analysis.

An additional advantage of this data set is that the NPS team collaborated with the Canadian Institute for Health Information (CIHI) to compile health region identifiers for the respondents based on the self-reported six-digit practice postal code. It is thus possible to integrate health region variables into our analysis on the basis of these region identifiers. ② Two regional variables are linked with the NPS data based on the region identifiers compiled from the self-reported six-digit practice postal code by the CIHI. ③

The dependent variable in this study is the natural log of patient visits per week. We restrict our attention to physicians who conducted at least ten patient visits per week and who worked 10 to 80 hours per week in direct patient care to eliminate the influence of outliers in the sample.

While it would be interesting to examine simultaneously the choices facing the physician as far as remuneration schemes is concerned, we lack sufficient observations to pursue a multinomial selection bias method. Moreover, econometrically, it is much easier to examine binary decisions and this approach allows for the straightforward correction of any endogene-

---

① For detailed response patterns across provinces and analysis pertaining to respondents and non-respondents, see CIHI (2005). Aside from knowing that the respondents have similar demographic characteristics to the full sample, we do not know the extent to which the sample of physicians responding to the questionnaire is biased. Section 6 discusses the sensitivity and robustness of our results to various samples.

② Note that British Columbia and Quebec have 15 health regions each; Alberta has 8 health regions; Saskatchewan, Manitoba, and Newfoundland and Labrador have 3 health regions each; Ontario has 14 health regions; New Brunswick has 4 health regions; Nova Scotia has 6 health regions; and no multiple health regions for Prince Edward Island, Yukon, Northwest Territory and Nunavut.

③ British Columbia and Quebec each have 15 health regions; Alberta has eight; Saskatchewan, Manitoba, and Newfoundland and Labrador all have three health regions; Ontario has 14; New Brunswick has four and Nova Scotia has six health regions. When the regional identifier was missing (because the self-reported postal code was not reported by the respondent), the provincial average figure was used as a proxy for the corresponding missing case. This information is downloadable from http://www.cihi.ca/.

ity bias in the data. The paper focuses on four binary remuneration choices: FFS vs. Alternative; FFS vs. Mixed; FFS vs. NFFS and FFS vs. Salary. The alternative, mixed, NFFS and salary classifications are not mutually exclusive rather they are finer subsets of each other, with the alternative scheme being the most inclusive category and salary being the least. ①

The alternative remuneration scheme refers to the situation where family physicians are paid other than by FFS. Of the 7352 observations in our data, 4239 are categorized as FFS and the remaining 3113 observations are thus classified as alternative. These alternative arrangements comprise a mixture of different types of payment: on average, 38% of income is received from FFS payments, 22. 5% from salary, 3. 3% from capitation, 23. 3% from sessional/hourly payments, 8% from service contracts, 1. 3% from incentives and premiums and 3. 7% from others venues. A mixed remuneration refers when physicians obtain 90% or more of their professional income from a combination of payment schemes: no physician in this classification receives 90% or more of his or professional income from a single payment scheme. This type of remuneration scheme resembles a blended payment system, except that it is the physicians themselves that decide upon the blend and not the public insurer. ② There are 2187 respondents in our data set whose remuneration can be classified as mixed, receiving, on average 53% of their income from FFS payments. A NFFS scheme, by contrast, is defined as when physicians obtain 90% or more of their professional income from a non-FFS scheme. 926 physicians in our sample are classified as non-FFS: notice that this figure plus the mixed remuneration physicians comprise the entire alternative payment scheme. Finally, salaried remuneration is when physicians receive at least 90% of their professional income from salaried payments. 711 of the 926 NFFS physicians are classified as salaried.

Several variables suggested by the existing literature are used in the empirical model, including physician gender, marital status, experience, and whether or not the physician is an international medical graduate. Direct patient care hours by the reporting physician is another important variable included in the visit equation, and it is often regarded as an effort

① The estimated coefficients were found to be statistically different from each other in the second stage OLS regressions hence we present all four decisions.

② Blended remuneration terminology refers to a situation where a provincial government signs a contract with physicians to pay in accordance with a predetermined blended formula. Mixed remuneration, on the other hand, refers to a situation where the physician selects on his/her own to work in multiple remuneration settings. There are some exceptions in Ontario as a formal blended method of remuneration was introduced in 2002, and by 2004 some 400 physicians were working in blended remuneration, so our sample might include a few observations which may not be strictly categorized as mixed.

variable (Gaynor and Pauly, 1990). Following Reinhardt (1972), we include both the natural logarithm of hours (*lnH*) and the number of hours worked, *H*, consistent with a U-shaped average cost curve.

A wide variety of practice characteristics are included in the analysis. A dummy variable captures if a physician shares at least three of the following six items with other practitioners: office space, equipment, expenses, patient records, on-call and staff. A series of dummy variables denotes whether or not a physician's practice has specialists, nurse practitioners, nurses and/or midwives. ① Patient-mix is represented by seven dummy variables reflecting if the practice is comprised of more than 10% of the following patient populations: individuals with chronic mental illness or permanent physical disabilities, addicts, people living in poverty, aboriginals, homeless people, transient or seasonal people, and recent immigrants. Provincial fixed effects are captured by a series of provincial dummy variables with Ontario as the reference category.

Table 1 describes the list of the dependent, explanatory and selection variables used in this paper and table 2 presents the corresponding descriptive statistics. Clearly, the average number of patient visits per week is much higher in a fee-for-service practice than in the non-FFS and salary practices: 135 versus 77 and 70 respectively. Moreover, FFS physicians are spending less time per patient than those paid by an alternative method. Women are clearly more drawn to compensation schemes other than FFS when compared to men; and, if we look at the recent cohort of medical-school graduates, most of whom are female, we see that younger women graduates are more inclined to practice in NFFS than in the FFS settings. Finally, FFS practices are different than other practices in terms of the tendency of their physicians to not work directly with other health-care specialists, as well as in terms of the characteristics of the patients treated. In other words, a glance at table 2 reveals clear differences across the different remuneration models - with the starkest contrast being between FFS and salaried practices.

5 Estimated Results

In an effort to verify the robustness of our results and to ensure that our results are not an artifact of the sample chosen, we run three different econometric models with three different data sets. The main results discussed in the paper come from the IV GMM procedure

① Note that the decisions to employ these personnel are mostly at the practice level, thus rendering these variables exogenous at the individual physician level.

which we believe to be the best way to deal with the physician selection problem, and are reported in table 3. ①(Notice, that each procedure entails estimating four regressions, one for each of the aforementioned binary choices facing the physician). We also estimated the model using the treatment effects (TE) approach and the OLS procedure: the differences across the IV GMM and TE approaches are very small, while the OLS results are clearly different. For the sake of brevity, and in order to focus on the variables of interest to this study, table 4 simply reports the estimated coefficients on the remuneration scheme for these alternative approaches, supressing all other estimated parameters.

We need to examine whether the estimated impact on patient visits of each remuneration scheme is robust. It may be that our analysis is unduly affected by the inclusion of rural and remote practices because provincial governments often use financial incentives to motivate physicians to work in these jurisdictions. In order control for these factors, we restricted the sample to practices in areas where at least 50% of the total population is urban according to the 2001 Census. The estimated coefficients for the four different remuneration schemes (again, with FFS as the reference scheme in each of the four regressions) with this restricted sample are presented in table 4. Another sensitivity test considers the possibility that some physicians may feel locked into a particular practice pattern, experiencing significant psychic costs as well as other barriers to switching out of that pattern. However, FFS physicians who already practice in a collaborative setting are likely to find it easier to switch to a remuneration scheme which requires collaboration. We hence restricted the sample to those physicians who share at least three of the following six items with other physicians: office space, equipment, expenses, patient records, on-call and staff. Once again, the estimated coefficients on the remuneration scheme for the four regressions are reported in table 4.

5.1 Econometric Test Results

The estimated coefficients on the seven instruments in the first stage of the IV procedure are presented in table 5. In order for an instrument to be valid, it must be correlated with the included endogenous regressor and orthogonal to the errors (Wooldridge, 2002). Since the Anderson canonical correlations likelihood ratio test statistic is significant at the 1% level, we conclude that the instruments are relevant and pass the under identification requirement. But it is essential to ensure that the instruments also pass over-identification re-

① The estimates from the TE models largely corroborate the main findings of the IV GM. Moreover, the estimated correlation coefficients (rho's) across the error terms of the participation decisions and the output decisions are mostly positive and statistically significant, suggesting that these decisions are not independent of each other.

strictions. In the context of the IV GMM and the presence of heteroscedasticity, the Hansen J-statistic test is the relevant test procedure (Baum *et al.*, 2003). A rejection of the null hypothesis that the instruments are uncorrelated with the error term and they are correctly excluded from the structural equation raises questions about the validity of instruments. The Hansen J-statistic is insignificant for all of the estimated models considered, confirming that our instruments are valid. Since we also hypothesize that each instrument has certain strength, the C-statistic test is used to test the validity of subsets of instruments: that is, excluding one instrument from the full set of instruments and comparing the Hansen J-statistics for the restricted and unrestricted models (Eichenbaum *et al.*, 1988; Hayashi, 2000; Baum *et al.*, 2003). The C-statistics also presented in table 5 suggest that all instruments satisfy orthogonality conditions with at least 5% level of significance. We also conduct likelihood ratio based tests to see if an excluded instrument is redundant in the sense that the asymptotic efficiency of the estimation is unaffected by using it (Hall and Peixe, 2000). In most instances, the null hypothesis that the instrument is redundant is rejected at the 1% significance level, although some instruments are not significant in some models, as presented in table 5. ①

It is also necessary to test whether the IV estimates suffer from weak instruments problems, because if the instruments are weak then the IV estimator continues to be biased in the same direction as ordinary least squares estimator, the distribution of the estimator is non-normal and the conventional asymptotics fail (Bound *et al.*, 1995). Stock and Yogo (2005) developed a weak-identification F-statistic procedure to examine the bias associated with IV estimator. These weak identification test results are presented in tables 3 for the IV GMM model. For all models, we can reject the null hypothesis that the IV estimator is weakly identified, thus the bias and size distortion is small. ②

The test of whether or not the OLS procedure yields inconsistent estimates is the Durbin-Wu-Hausman test of the endogeneity of regressors. An examination of the Durbin-Wu-Hausman Chi-squared test statistic reveals that the null hypothesis that the remuneration scheme is exogenous is rejected at the 1% level of significance in all specifications.

5.2 Does Selection Matter?

We begin with the important question of whether controlling for selection bias matters when it comes to estimating the impact of the remuneration scheme on patient visits per

① The entire first-stage regression results are available from the authors upon request.

② All of the test statistics are available from the authors.

week. Does correcting for selectivity have an economically important effect? To address this question, it is useful to look at the expected value of patient visits if the physician *chose* an alternative remuneration scheme (the treatment) versus if he chose FFS (no treatment). ① From Greene (2003, 788) we can express the difference in the expected value of the treatment and non-treatment group as:

$$E[q_i \mid R_i = 1, X_i, Z_i] - E[q_i \mid R_i = 0, X_i, Z_i] = \beta + rho^*(A); A = \sigma_\varepsilon \left[\frac{\varphi_i}{\Phi_i(1 - \Phi_i)} \right] \quad (3)$$

The right-hand-side of expression is the *total effect* on patient visits per week associated with choosing the alternative regime over the FFS one, *ceteris paribus*. We can decompose this total effect into two parts: the first part, β, may be called the *pure incentive effect* arising from the remuneration scheme, while the second part, $rho^* A$ is the *selection effect*. ② Notice that estimating expression (1) using the OLS procedure is tantamount to forcing the selection effect to be zero, in which case the entire effect will be being picked up by the estimated coefficient on the remuneration scheme, namely β.

The empirical results presented in tables 3 and 4 can be used to estimate the incentive and selection effects. The estimated coefficients on alternative, mixed, NFFS and salary remuneration from the OLS procedure are −0.23, −0.18, −0.40 and −0.45, respectively. The corresponding estimated coefficients from the IV GMM procedure are −0.46, −0.42, −0.69 and −0.78. All of these estimates indicate that family physicians paid other than by FFS see fewer patients per week compared to those paid by fee-for-service. A glance at table 4 reveals just how robust these estimated effects are. Irrespective of the econometric procedure employed and the sample under investigation, salaried physicians always have fewer patient visits per week relative to all other schemes, and FFS physicians always have the

① Clearly, the choice of what constitutes the "treatment" is arbitrary in this context. We could have estimated the model with FFS = 1 and alternative remuneration = 0. The point is that the unobservable characteristics of the individuals choosing one regime over another may systematically differ, and we want to take this possibility into account.

② We have used natural logs of patient visits instead of levels due to skewed nature of the data. As a result, the estimated expected number of patient visits is more complex to compute. One cannot simply reverse this transformation (taking the antilog of the predicted log of patient visits) as this will cause a retransformation bias. One needs to use appropriate smearing estimator to correct for this bias (Duan, 1983; Manning and Mullahy, 2001). Given the complex issues involved in employing suitable smearing estimators for non-linear models, we resorted to the Halvorsen-Palmquist adjustment as an alternative approach (Halvorsen and Palmquist, 1980). We use the percentage interpretation of a dummy variable in the context of a semi-logarithmic model with and without selection effect and decompose the overall remuneration effect into incentive and selection effects.

most.

However, the OLS procedure consistently *understates* the impact of remuneration on the number of patient visits. The OLS procedure indicates that the effect of the alternative remuneration is to reduce the number of patient visits by 21%, while the IV GMM estimates suggest that the drop is 37%. A similar discrepancy is found when comparing the impact of choosing a mixed regime using the OLS model versus the IV GMM approach: 17% compared to 34%. The OLS results indicate that NFFS remuneration reduces the number of patient visits by 33% in comparison to FFS remuneration, while the estimate from the IV GMM procedure is a 50% reduction. Finally, OLS finds a drop in patient visits of 36% when comparing salary to FFS physicians, as opposed to a 54% difference when correcting for selectivity.

In effect, the OLS results can be interpreted as comprising both the incentive effect arising from the different remuneration schemes plus any effect stemming from the fact that physicians (and patients) are self-selecting into the different schemes. By contrast, the IV GMM approach corrects for the selection effect and hence the estimated coefficient on the remuneration scheme variable captures the pure incentive effect. Thus, we can look at the difference across these two estimated effects to obtain an approximation of the magnitude of the self-selection effect. For instance, going from a fee-for-service environment to a salaried one would result in a total fall of 36% of patient visits per week (from the OLS results) which is comprised of a 54% reduction arising from the negative *incentive* effects plus a 18% increase in the number of visits per week stemming from the positive *selection* effect. Two points should be noted. First, across the board, irrespective of which remuneration scheme is being compared to FFS, of what procedure is used to correct for the physician selection bias, and of the data sample employed, the selection effect is positive. The unobservable characteristics leading individuals to choose schemes other than FFS would cause them to see *more* patients per week. Moreover, there is remarkable stability in the magnitude of this effect—ranging from 16%—18% across the four remuneration schemes examined. The second point is that while the selection effect would lead physicians to conduct more patient visits per week, the incentive effect arising from the remuneration scheme is large and negative, overwhelming the positive election effect.

One important implication of our findings is that the alternative remuneration schemes are not attracting physicians who are innately "less productive"-on the contrary, they appear to be attracting physicians with desirable unobservable characteristics. However, it is the incentive effects stemming from the schemes themselves that are causing difficulties. Assuming that a policy objective is for physicians see a larger number of patients per week, it would seem worthwhile to explore the features of the alternative remuneration models which appear to be working against this objective.

We can get a sense of what factors are affecting the selection effect by examining the instruments chosen to capture the remuneration decision. From table 5 we see that all of the instruments exert a statistically significant influence on the decision to choose the alternative, mixed, NFFS or salary scheme; furthermore, the signs of their influence are the same across the four estimations. As predicted, the variable HDIFF has a negative estimated coefficient: physicians who tend to work longer-than-average-hours tend to favour the FFS model. The three variables indicating a propensity to undertake non-practice related activities, have positive estimated coefficients: physicians with a desire to undertake research, teach or have strong non-work-related interests, are more likely to choose a remuneration scheme other than FFS. Not surprisingly, a stated preference to be paid by FFS is associated with the choice of FFS remuneration. The dependency ratio, reflecting a more intensive demand for physician services, pushes physicians towards FFS, while the age-standardized ambulatory care sensitive conditions (ACSC) indicator—which is highly dependent upon the supply of physicians in the area—has the opposite effect.

5.3 Other Factors Influencing Visits per Week

In addition to remuneration schemes, several other factors influence the number of patient visits per week. For instance, the number of hours worked by a physician clearly matters. We see that the estimated coefficient on the natural logarithm of hours worked is positive, while that on the number of hours worked in levels is negative. Taken together, these estimates mean that the number of visits per week increases with hours worked at a decreasing rate, reflecting diminishing marginal productivity of hours-as expected.

The gender of the physician also matters: females tend to have fewer patient visits per week, consistent with results found elsewhere. Being married is associated with a higher number of visits per week, again according with expectations. It does not seem to matter if the physician obtained his or her medical degree at a foreign institution, however age is important, with older physicians conducting patient fewer visits per week.

Whether or not the practice is part of a group, be it a group with other family physicians or with other specialists, matters, but not in the same way. Family physicians practicing with other family physicians tend to have more patient visits per week, while those who practice with specialists tend to have fewer visits per week. This first result seems quite sensible, while the second requires more thought. One possibility is that physicians who practice with specialists are more apt to refer their patients to the specialist and hence have fewer follow-up visits. There is no discernable impact on patient visits from the presence of mid-wives.

Several patient characteristics were included as explanatory variables in order to help capture any selection bias that may arise from patient self selection. Unfortunately, the data set is not ideal in this regard: it provides information on whether the practice has 10% or more of patients with certain characteristics. The 10% threshold may be too small to capture adequately the impact of having a preponderance of certain kinds of patients in the practice. Nevertheless, we have to work with what we have. Two characteristics stand out as having a negative impact on the number of patients seen, across the board: practices with at least 10% of patients with mental conditions tend to see fewer patients per week, as do those with at least 10% of patients with addictions. Arguably, when such patients visit their physicians, they require longer-than-average consultations, hence fewer visits are possible in any given work week. It is interesting to note that the presence of people with physical disabilities does not have any perceptible impact on patient visits: these people do not require any more time than patients without physical disabilities. The same result holds for street people and poor people. In other words, it is not being poor or homeless that matters, it is having mental conditions and addictions that command more physician time. Having a transient population tends to increase the number of visits per week, which may reflect the fact that the population is transient and hence not likely to see a physician on a regular basis. The presence of 10% or more Aboriginal people in the practice is also associated with more visits per week. Finally, we note that a practice with 10% or more immigrants also has a positive influence on the number of patients seen per week. This result may be reflecting the so-called ‘healthy-immigrant’ effect whereby immigrants who are admitted to Canada are actually healthier than the average Canadian (e. g., Deri, 2005).

6 Conclusions and Policy Implications

The main goal of this paper was to examine how the incentives embedded in remuneration schemes affect physician output. We were particularly interested in ensuring that any effects arising from the fact that physicians self-select into any given remuneration schemes were dealt with so that we could determine how physicians react to the schemes, per se. For data reasons, and conforming to the approach used by others in the literature, we use patient visits per week as our measure of output. Our results confirm the idea that remuneration schemes matter; we are able to take this result farther and decompose the overall effect into two parts: the pure incentive effect arising from the remuneration scheme per se, and the selection effect arising from the fact that physicians who choose alternative remuneration schemes differ systematically relative to those who choose FFS scheme.

We find a large selection effect at work. The physicians who choose alternative remuneration would appear to have characteristics that would result in them seeing more patients per week, *ceteris paribus*, relative to FFS physicians. In other words, if we were able to run an experiment in which physicians could self-select into the remuneration scheme of their choice, and then, unexpectedly, we constrained all of the schemes to be the same, we would find that those who choose a non-FFS environment engaged in more patient visits per week than those who choose the FFS scheme.

We also found a very large incentive effect emanating from the remuneration schemes, once the selection effect is controlled for. FFS schemes appear to strongly encourage physicians to see many more patients relative to alternative remuneration schemes. From a measurement perspective, therefore, using a simple OLS procedure can seriously underestimate the incentives arising from payment schemes.

An important public policy question is whether the incentives emanating from alternative remuneration schemes are socially desirable, and, if not, how they can be mitigated. Our results show that the physicians who choose alternative schemes are clearly capable of seeing more patients. Of course, part of the problem may be that physicians in salaried and other practices may have more complex patients who cannot be turned out with the same speed as those in FFS practices. We have tried to control for patient mix by controlling for patients with certain conditions, but certainly this could be improved upon. However, it seems unlikely that patient mix alone explains this incentive effect. If the number of patient visits per week is important, then one possibility is that policy makers require that family physicians undertake a certain number of patient visits per week in order to have a family practice: akin, perhaps, to the requirement that university professors teach a certain number of hours per week as part of their appointment. ①

The results of this paper suggest that FFS is the "best" remuneration scheme if the number of patient visits is the appropriate output measure. As our population is aging, and the numbers of patients with complicated and chronic conditions increase, it may be desirable to remunerate physicians such that they are encouraged to spend a longer time with their patients rather than being penalized as is effectively the case under a FFS regime. Indeed,

① Universities are becoming increasingly sensitive to the fact that some professors-typically those with high research output-do not teach students. Thus, when one looks at one measure of output, the student-professor ratio, some departments look very good, yet when the actual average class size is measured, these departments fail abysmally.

one weakness with this current study is that it focuses solely on family practitioners. A more complete study, would examine the impact on referral to specialists of having the front-line physicians paid by FFS versus alternative schemes. One possibility is that spending more time in a generalist's office may reduce the amount of time necessary with a specialist-which may make a lot of sense from the point of view of the public purse.

Our study does not discuss the welfare implications of the impact of moving from FFS toward alternative forms of remuneration regimes. This would be a fruitful avenue for additional research. It would be interesting to conduct additional analysis to tease out the impact of remuneration regimes on physician incomes, costs to the health care system and patient health improvements and ascertain policy implications for social welfare by designing appropriate regulatory structure on physician's behaviour.

References

[1] Armour, B. S., Pitts, M. M., Maclean, C., Cangialose, M., Kishel, M., Imai, H., and Etchason, J., 2001, "The effect of explicit financial incentives on physician behaviour", *Archives of Internal Medicine* 161(10), 1261 - 1266.

[2] Barro, J. R., and Beaulieu, N. R., 2003, "Selection and improvement: physician response to financial incentives", *NBER Working Paper* # 10017, National Bureau of Economic Research, Cambridge, MA.

[3] Baum, C. F., Schaffer, M. E., and Stillman, S., 2003, "Instrumental variables and GMM: Estimation and testing", Working Paper No. 545, Boston College.

[4] Bound, J, Jaeger, D. A., and Baker, R. M., 1995, "Problems with instrumental variables estimation when the correlation between the instruments and the explanatory variables is weak", *Journal of the American Statistical Association* 90, 443 - 450.

[5] 2006, *The status of alternative payment programs for physicians in Canada,* 2003—2004 *and preliminary information for* 2004—2005, Canadian Institute for Health Information. Ottawa.

[6] 2005, *2004 National Physician Survey response rates and comparability of physician demographic distributions with those of the physician population*, Canadian Institute for Health Information, Ottawa.

[7] Carlsen, F. and Grytten, J., 2000, "Consumer satisfaction and supplier induced demand", *Journal of Health Economics* 9, 731 - 753.

[8] Carlsen F., Grytten, J., and Skau, I., 2003, "Financial incentives and the supply of laboratory tests", *European Journal of Health Economics* 4, 279 - 285.

[9] Chaix-Couturier, C., Durand-Zalesky, I., Jolly, D., and Durieux, P., 2000, "Effects of financial incentives on medical practice: results from a systematic review of the literature and methodolog-

ical issues", *International Journal for Quality in Health Care* 12(2), 133 – 142.

[10] Conrad, D. A., Sales, A., Liang, S., Chaudhuri, A., Maynard, C., Pieper, L., Weinstein, L., Gans, D., and Piland, N., 2002, "The impact of financial incentives on physician productivity in medical groups", *Health Services Research* 37(4), 885 – 906.

[11] Conrad, D. A., and Christianson, J. B., 2004, "Penetrating the ' black box': financial incentives for enhancing the quality of physician services", *Medical Care Research and Review* 61(3), 37S – 68S.

[12] Conrad, D. A., Maynard, C., Cheadle, A., Ramsey, S., Marcus-Smith, M., Kirz, H., Madden, C. A., Martin, D., Perrin, E. B., Wickizer, T., Zierler, B., Ross, A., Noren, J., Liang, S. Y., 1988, "Primary care physician compensation method in medical groups: does it influence the use and cost of health services for enrollees in managed care organizations?", *Journal of American Medical Association* 279(11), 853 – 858.

[13] Deri, C., 2005, "Social networks and health service utilization", *Journal of Health Economics* 24 (6), 1076 – 1107.

[14] Duan, N., 1983, "Smearing estimate: a nonparametric retransformation method", *Journal of the American Statistical Association* 78(383), 605 – 610.

[15] Eichenbaum, M. S., Hansen, L. P., and Singleton, K. J., 1988, "A time series analysis of representative agent models of consumption and leisure", *Quarterly Journal of Economics* 103, 51 – 78.

[16] Gaynor, M., and Pauly, M. V., 1990, " Compensation and productive efficiency in partnerships: Evidence from medical group practice", *Journal of Political Economy* 98(3), 544 – 573.

[17] Gaynor, M., and Gertler, P., 1995, " Moral hazard and risk spreading in partnerships", *Rand Journal of Economics*26(4), 591 – 613.

[18] Gosden, T., Forland, F., Kristiansen, I. S., Sutton, M., Leese, B., Giuffrida, A., Sergison, M., and Pederson, L., 2004, "Capitation, salary, fee-for-service and mixed systems of payment: effects on the behaviour of primary care physicians", In: *The Cochrane Library*, Issue 2, Chichester, UK: John Wiley & Sons, Ltd. "

[19] Gosden, T., Forland, F., Kristiansen, I. S., Sutton, M., Leese, B., Giuffrida, A., Sergison, M., and Pederson, L., 2001, "Impact of payment method on behaviour of primary care physicians", *Journal of Health Services Research and Policy* 6(1), 44 – 55.

[20] Greene, W. H., *Econometric Analysis*, 5th edition, Prentice Hall, New Jersey, 2003.

[21] Grytten, J., and Sorensen, R. J., 2001, "Type of contract and supplier-induced demand for primary physicians in Norway", *Journal of Health Economics* 20, 379 – 393.

[22] Hadley, J., and Reschovsky, J. D., 2006, "Medicare fees and physician's medicare service volume: beneficiaries treated and services per beneficiary", *International Journal of Health Care Finance and Economics* 6(2), 131 – 150.

[23] Hall, A. R., and Peixe, F. P. M., 2000, *A consistent method for the selection of relevant instruments.* Econometric Society World Congress 2000, Contributed Papers, Number 0790. http: //i-

deas. repec. org/p/ecm/wc2000/0790. html.

[24] Halvorsen, R, and Palmquist, R., 1980, "The interpretation of dummy variables in semilogarihmic equations", *American Economic Review* 70, 474 – 475.

[25] Hayashi, F., 2000, *Econometrics*(1st edn), Princeton University Press, New Jersey.

[26] Heckman, J. J., and Hotz, V. J., 1989, "Choosing among alternative non-experimental methods for estimating the impact of social programs: the case of manpower training", *Journal of the American Statistical Association* 84, 862 – 874.

[27] Hemenway, D., Killen, A., Cashman, S. B., Parks, C. L., and Bicknell, W. J., 1990, "Physicians' response to financial incentives", *The New England Journal of Medicine* 322, 1059 – 1063.

[28] Hickson, B., Altemeier, A., and Perrin, M., 1987, "Physician reimbursement by salary or fee-for-service: Effect on physician practice behavior in a randomized prospective study", *Pediatrics* 80(3), 344 – 350.

[29] Holahan, J., Dor, A., and Zuckerman, S., 1990. "Understanding the recent growth in Medicare physician expenditures", *Journal of American Medical Association* 263(12), 1658 – 1661.

[30] Hurley, J., Labelle, R., and Rice, T., 1990, "The relationship between physician fees and the utilization of medical services in Ontario", *Advanced Health Economics and Health Services Research* 11, 49 – 78.

[31] Hurley, J., and Labelle, R., and Rice, T., 1990, "Relative fees and the utilization of physicians' services in Canada", *Health Economics* 4(6), 419 – 438.

[32] Hutchinson, J. M., and Foley, R. N., 1999, "Method of physician remuneration and rates of antibiotic prescription", *Canadian Medical Association Journal* 160, 1013 – 1017.

[33] Keeler, E. B., 1996, "Equalizing physician fees had little effect on cesarean rates", *Medical Care Research Review* 53(4), 465 – 471.

[34] Kristiansen, I. S., and Mooney, G., 1993, "The general practitioner's use of time: Is it influenced by the remuneration system?", *Social Science & Medicine* 37, 393 – 399.

[35] Kristiansen I., and Holtedahl, K., 1993, "The effect of the remuneration system on the general practitioner's choice between surgery consultations and home visits", *Journalof Epidemiology and Community Health* 47, 481 – 484.

[36] Madala, G. S., 1983, *Limited-Dependent and Qualitative Variables in Econometrics,* Cambridge: Cambridge University Press.

[37] Manning, W. G., and Mullahy, J., 2001, "Estimating log models: to transform or not to transform", *Journal of Health Economics* 20(4), 461 – 494.

[38] Manning, W. G., Newhouse, J. P., Duan, N., Keeler, E. B., Leibowitz, A., and Marquis, M. S., 1987, "Health insurance and the demand for medical care: Evidence from a randomized experiment", *American Economic Review* 77, 251 – 277.

[39] Maynard, A., Marinker, M., and Pereira Gray, D., 1996, "The doctor, the patient and their contract III. Alternative contracts: are they viable?", *British Medical Journal* 292, 1438 – 1440.

[40] McGuire, T., 2000, "Physician agency", in *The Handbook of Health Economics*, ed. A. Cuyler and J. Newhouse. Amsterdam: Elsevier Science.

[41] Reinhardt, U., 1972, "A production function for physician services", *Review of Economics and Statistics* 54, 55 - 66.

[42] Reschovsky, J. D., Hadley, J., and Landon, B. E., 2006, "Effects of compensation methods and physician group structure on physician's perceived incentives to alter services to patients", *Health Services Research* 41(4), 1200 - 1220.

[43] Scott, A., 2000, "Economics of general practice", in *The Handbook of Health Economics*, ed. A. Cuyler and J. Newhouse. Amsterdam: Elsevier Science.

[44] Scott, A., and Hall, J., 1995, "Evaluating the effect of GP remuneration: problems and prospects", *Health Policy* 31, 183 - 195.

[45] Sorensen, R. J., and Grytten, J., 2003, "Service production and contract choice in primary physician services", *Health Policy* 66, 73 - 93.

[46] Stock, J. H., and Yogo, M., 2005, "Testing for weak instruments in linear IV regression", in DWK Andrews and JH Stock (eds.) *Identification and Inference for Econometric Models: Essays in Honor of Thomas Rothenberg*, Cambridge: Cambridge University Press, 80 - 108.

[47] Town, R., Kane, R., Johnson, P., and Butler, M., 2005, "Economic incentives and physicians' delivery of preventive care: A systematic review", *American Journal of Preventive Medicine* 28 (2), 234 - 240.

[48] Vella, F., 1998, "Estimating models with sample selection bias: a survey", *Journal of Human Resources* 33(1), 127 - 169.

[49] Vella, F., and Verbeek, M., 1999, "Estimating and interpreting models with endogeneous treatment effects", *Journal of Business and Economic Statistics* 17(6), 473 - 478.

[50] Wooldridge, J. M., 2002, *Econometric analysis of cross section and panel data*, The MIT Press, Massachusetts.

[51] Zweifel, P., and Breyer, F., 1997, *Health Economics*, Oxford University Press: Oxford.

Table 1 Variable Definitions

Variable	Definition
	Dependent Variables
LnQ	Natural log of office patient visits/week for reporting physician (> = 10 visits).
	Remuneration Schemes
FFS	= 1 if a family physician earns 90% + of professional income from the fee-for-service remuneration scheme, otherwise = 0.
Alternative	= 1 if a family physician does not earn 90% + of professional income from the FFS remuneration scheme, = 0 if FFS.
Mixed	= 1 if a family physician earns 90% + of professional income from a combination of a pure remuneration schemes only, = 0 if FFS.

Variable	Definition
NFFS	= 1 if a family physician earns 90% + of professional income from a non-fee-for-service remuneration scheme, = 0 if FFS.
Salary	= 1 if a family physician receives at least 90% + of professional income from salary or sessional remuneration schemes, = 0 if FFS.
	Hours Worked
H	Weekly input of reporting physician time in hours (> = 10 hours and < = 80 hours) providing direct patient care.
LnH	Natural log of H.
	Physician Characteristics
Female	Female = 1, male = 0.
Married	Married/ living with partner = 1, otherwise = 0.
IMG	International medical graduate = 1, Canadian medical graduate = 0.
Age	Age in completed years.
Age Squared	Square of Age.
Graduated 70's	= 1 if a family physician completed undergraduate medical degree in 1970's, otherwise = 0.
Graduated 90's	= 1 if a family physician completed undergraduate medical degree in 1990's, otherwise =0.
Graduated 00's	= 1 if a family physician completed undergraduate medical degree in early 2000, otherwise = 0.
	Practice Characteristics
FP	= 1 if a family physician shares patient care with another family physician in the main patient care setting, otherwise =0.
Specialist	= 1 if a family physician shares patient care with a specialist in the main patient care setting, otherwise = 0.
Nurse Practitioner	= 1 if a family physician shares patient care with a Nurse Practitioner in the main patient care setting, otherwise = 0.
Nurse	= 1 if a family physician shares patient care with a Nurse in the main patient care setting, otherwise = 0.
Midwife	= 1 if a family physician shares patient care with a Midwife in the main patient care setting, otherwise = 0.
Mental	Patient Mix: Patients with chronic mental illness are more than 10% of practice population = 1, otherwise = 0.
Addiction	Patient Mix: Patients with addictions more than 10% of practice population = 1, otherwise = 0.

Variable	Definition
Disability	Patient Mix: Patients with permanent physical disabilities are more than 10% of practice population = 1, otherwise = 0.
Street	Patient Mix: Homeless or street people/ transient populations are more than 10% of practice population = 1, otherwise = 0.
Transient Population	Patient Mix: Transient or seasonal populations are more than 10% of practice population = 1, otherwise = 0.
Poverty	Patient Mix: People living in poverty are more than 10% of practice population = 1, otherwise = 0.
Aboriginal	Patient Mix: Aboriginal peoples are more than 10% of practice population = 1, otherwise = 0.
Immigrant	Patient Mix: Recent immigrants are more than 10% of practice population = 1, otherwise = 0.
Provinces	
British Columbia	British Columbia = 1, otherwise = 0.
Alberta	Alberta = 1, otherwise = 0.
Saskatchewan	Saskatchewan = 1, otherwise = 0.
Manitoba	Manitoba = 1, otherwise = 0.
Ontario	Ontario = 1, otherwise = 0.
Quebec	Quebec = 1, otherwise = 0.
New Brunswick	New Brunswick = 1, otherwise = 0.
Nova Scotia	Nova Scotia = 1, otherwise = 0.
Price Edward Island	Price Edward Island = 1, otherwise = 0.
Newfoundland and Labrador	Newfoundland = 1, otherwise = 0.
Territories	Territories (Yukon, Northwest or Nunavut) = 1, otherwise = 0.
Instruments	
Hdiff	Working more than 37. 5hours per week providing direct patient care = 1, otherwise = 0.
Research	= 1 if research opportunities led a family physician choose a career in Family Medicine (i. e., propensity to do research), otherwise = 0.
Teaching	= 1 if teaching opportunities led a family physician choose a career in Family Medicine (i. e., propensity to teach), otherwise = 0.
Non-work_ Interests	= 1 if the ability to pursue non-work related interests led a family physician choose a career in Family Medicine (i. e., propensity to pursue non-practice related activities), otherwise = 0.

Variable	Definition
Prefer_ FFS	= 1 if a family physician prefers to be paid solely by FFS, = 0 if a family physician prefers to paid by alternative remuneration schemes.
Dependency	The ratio of the combined child population (aged 0—14) and elderly population (aged 65 and over) to the working age population in the health region during 2004.
ACSC	Age-standardized ambulatory care sensitive conditions (ACSC) per 100,000 population under age 75 years in the health region during 2004.

Table 2 Descriptive Statistics

Variable	FFS (N = 4239)		Alternative (N = 3113)		Mixed (N =2187)		NFFS (N = 926)		Salary (N = 711)	
	Mean	Std. Dev.	Mean	Std. Dev.	Mean	Std. Dev.	Mean	Std. Dev.	Mean	Std. Dev.
Q	134. 244	60. 257	96. 980	55. 768	105. 030	56. 394	77. 969	49. 320	72. 105	47. 153
H	37. 031	11. 148	33. 546	11. 582	34. 640	11. 788	30. 962	10. 648	30. 182	10. 625
Female	0. 403	0. 334	0. 408	0. 492	0. 374	0. 484	0. 487	0. 500	0. 537	0. 499
Married	0. 870	0. 337	0. 853	0. 354	0. 869	0. 338	0. 816	0. 387	0. 810	0. 392
IMG	0. 208	0. 406	0. 147	0. 355	0. 132	0. 339	0. 184	0. 387	0. 173	0. 379
Age	48. 383	10. 693	45. 132	9. 847	45. 077	9. 817	45. 260	9. 921	44. 878	9. 783
FP	0. 791	0. 406	0. 844	0. 363	0. 851	0. 356	0. 825	0. 380	0. 844	0. 363
Specialist	0. 312	0. 463	0. 449	0. 497	0. 407	0. 491	0. 548	0. 498	0. 543	0. 499
Nurse Practitioner	0. 057	0. 232	0. 226	0. 418	0. 171	0. 377	0. 355	0. 479	0. 383	0. 486
Nurse	0. 325	0. 468	0. 606	0. 489	0. 530	0. 499	0. 785	0. 411	0. 803	0. 398
Midwife	0. 010	0. 100	0. 018	0. 133	0. 012	0. 108	0. 032	0. 177	0. 028	0. 165
Mental	0. 150	0. 357	0. 225	0. 418	0. 198	0. 399	0. 288	0. 453	0. 300	0. 458
Addiction	0. 054	0. 225	0. 115	0. 319	0. 101	0. 301	0. 148	0. 355	0. 132	0. 339
Disability	0. 084	0. 277	0. 142	0. 349	0. 123	0. 329	0. 187	0. 390	0. 197	0. 398
Street	0. 014	0. 118	0. 050	0. 218	0. 043	0. 204	0. 066	0. 248	0. 063	0. 244
Transient	0. 032	0. 175	0. 060	0. 238	0. 053	0. 223	0. 078	0. 268	0. 072	0. 258
Poverty	0. 133	0. 339	0. 232	0. 422	0. 209	0. 407	0. 285	0. 452	0. 302	0. 460
Aboriginal	0. 055	0. 229	0. 137	0. 344	0. 122	0. 327	0. 173	0. 378	0. 155	0. 362
Immigrant	0. 132	0. 338	0. 091	0. 287	0. 083	0. 276	0. 109	0. 312	0. 107	0. 309
British Columbia	0. 159	0. 366	0. 126	0. 331	0. 134	0. 341	0. 106	0. 308	0. 079	0. 270
Alberta	0. 134	0. 340	0. 070	0. 256	0. 081	0. 273	0. 045	0. 208	0. 039	0. 195

Variable	FFS (N = 4239)		Alternative (N = 3113)		Mixed (N =2187)		NFFS (N = 926)		Salary (N = 711)	
	Mean	Std. Dev.	Mean	Std. Dev.	Mean	Std. Dev.	Mean	Std. Dev.	Mean	Std. Dev.
Saskatchewan	0. 030	0. 172	0. 028	0. 164	0. 016	0. 126	0. 055	0. 228	0. 049	0. 216
Manitoba	0. 027	0. 163	0. 045	0. 207	0. 038	0. 191	0. 060	0. 238	0. 055	0. 228
Ontario	0. 434	0. 496	0. 357	0. 479	0. 378	0. 485	0. 309	0. 462	0. 267	0. 443
Quebec	0. 150	0. 357	0. 262	0. 440	0. 254	0. 435	0. 282	0. 450	0. 346	0. 476
New Brunswick	0. 023	0. 149	0. 035	0. 185	0. 037	0. 189	0. 031	0. 174	0. 034	0. 181
Nova Scotia	0. 030	0. 171	0. 040	0. 196	0. 032	0. 177	0. 057	0. 232	0. 060	0. 239
Newfoundland	0. 011	0. 106	0. 028	0. 165	0. 022	0. 147	0. 042	0. 201	0. 055	0. 228
Price Edward Island	0. 002	0. 041	0. 009	0. 096	0. 008	0. 090	0. 012	0. 108	0. 015	0. 124
Hdiff	0. 507	0. 500	0. 361	0. 480	0. 402	0. 490	0. 265	0. 441	0. 231	0. 422
Research	0. 032	0. 176	0. 068	0. 252	0. 072	0. 258	0. 059	0. 236	0. 059	0. 236
Teaching	0. 094	0. 292	0. 211	0. 408	0. 203	0. 403	0. 230	0. 421	0. 224	0. 417
Non-work_ Interests	0. 182	0. 386	0. 270	0. 444	0. 257	0. 437	0. 302	0. 460	0. 308	0. 462
Prefer_ FFS	0. 402	0. 490	0. 081	0. 272	0. 101	0. 301	0. 033	0. 180	0. 037	0. 188
Dependency	44. 474	3. 791	44. 646	3. 627	44. 680	3. 570	44. 565	3. 759	44. 189	3. 599
ACSC	375. 76	127. 09	414. 00	140. 63	413. 70	140. 06	414. 72	142. 04	415. 77	147. 55

Table 3 Family Physician's Patient Visits per Week: IV GMM Estimation[①] (Full Sample)

	(1) Alternative	(2) Mixed	(3) NFFS	(4) Salary
Remuneration Scheme				
Fee-for-service is the reference category				
Alternative	−0. 461*** (0. 042)			
Mixed		−0. 424*** (0. 047)		
NFFS			−0. 692*** (0. 082)	

	(1) Alternative	(2) Mixed	(3) NFFS	(4) Salary
Salary				-0.783*** (0.102)
Hours Worked per Week on Direct Patient Care				
lnH	1.120*** (0.078)	1.117*** (0.086)	1.248*** (0.088)	1.179*** (0.093)
H	-0.013*** (0.002)	-0.013*** (0.002)	-0.018*** (0.003)	-0.016*** (0.003)
Physician Characteristics				
Female	-0.178*** (0.013)	-0.173*** (0.014)	-0.159*** (0.014)	-0.151*** (0.014)
Married	0.030* (0.017)	0.032* (0.019)	0.019 (0.020)	0.014 (0.021)
IMG	-0.017 (0.017)	-0.019 (0.017)	0.024 (0.019)	0.036* (0.020)
Age	0.030*** (0.004)	0.035*** (0.005)	0.032*** (0.005)	0.033*** (0.005)
Age Squared	-0.0003*** (0.00004)	-0.0004*** (0.00005)	-0.0004*** (0.00005)	-0.0004*** (0.0006)
Practice Characteristics				
FP	0.172*** (0.017)	0.175*** (0.018)	0.146*** (0.020)	0.152*** (0.021)
Specialist	-0.082*** (0.013)	-0.086*** (0.014)	-0.088*** (0.015)	-0.088*** (0.016)
NP	-0.013 (0.020)	-0.001 (0.022)	0.081** (0.035)	0.079** (0.039)
Nurse	-0.018 (0.014)	-0.015 (0.014)	0.040* (0.021)	0.042* (0.022)
Midwife	-0.061 (0.066)	-0.101 (0.079)	-0.064 (0.080)	-0.080 (0.089)
Mental	-0.078*** (0.018)	-0.092*** (0.019)	-0.078*** (0.022)	-0.075*** (0.022)
Addiction	-0.120*** (0.030)	-0.117*** (0.033)	-0.154*** (0.038)	-0.159*** (0.041)
Disability	-0.004 (0.021)	0.022 (0.023)	0.012 (0.026)	0.026 (0.026)
Street	0.067 (0.044)	0.070 (0.049)	0.055 (0.059)	0.043 (0.065)

	(1) Alternative	(2) Mixed	(3) NFFS	(4) Salary
Transient	0.051*	0.030	0.085**	0.070*
	(0.027)	(0.031)	(0.034)	(0.036)
Poverty	0.011	0.019	0.013	0.021
	(0.017)	(0.018)	(0.021)	(0.022)
Aboriginal	0.053**	0.043*	0.115***	0.112***
	(0.023)	(0.025)	(0.032)	(0.033)
Immigrant	0.120***	0.131***	0.144***	0.149***
	(0.017)	(0.018)	(0.018)	(0.019)
Constant	0.747***	0.623**	0.347	0.488*
	(0.227)	(0.247)	(0.253)	(0.265)
F-Statistic	150.60***	119.80***	111.97***	105.67***
Centered R^2	0.41	0.36	0.45	0.44
IV Heteroscedastic Test				
Pagan-Hall Stat.	385.833***	355.747***	309.315***	309.773***
Identification/IV Relevance Test				
Anderson LR Stat.	744.004***	560.220***	339.428***	260.998***
Overidentifying Restrictions Test				
Hansen J Stat.	7.610	6.024	7.166	8.332
	[0.268]	[0.421]	[0.306]	[0.215]
Weak identification Test②				
Cragg-Donald F Stat.	111.288	83.142	49.760	38.00
First-Stage Robust F-Statistic				
	128.555***	99.46***	67.40***	49.99***
Endogeneity Test				
DWH	39.396***	33.847***	15.918***	13.531***
Observations	7352	6426	5165	4950

① Robust standard errors in parentheses; P-values in square brackets; * significant at 10%; ** significant at 5%; *** significant at 1%. DWH: Durbin-Wu-Hausman X^2 Statistic. All specifications include a set of province variables.

②Stock-Yogo weak identification test critical values: 5% maximal IV relative bias = 19.86; 10% maximal IV relative bias = 11.29; 10% maximal IV size = 31.50; 15% maximal IV size = 17.38.

Table 4 Excerpted Estimated Coefficients on Remuneration Scheme Choice from Three Procedures with Three Samples (FFS Reference Category)

	Full Sample			At least 50% Urban Population			Sample of Collaborative Physicians		
	IV GMM	ML	OLS	IV GMM	ML	OLS	IV GMM	ML	OLS
Alternative	-0.461	-0.473	-0.227	-0.465	-0.491	-0.224	-0.501	-0.487	-0.215
Mixed	-0.424	-0.551	-0.179	-0.433	-0.570	-0.175	-0.456	-0.491	-0.169
NFFS	-0.692	-0.596	-0.403	-0.709	-0.622	-0.403	-0.802	-0.614	-0.408
Salary	-0.783	-0.613	-0.446	-0.808	-0.625	-0.456	-0.893	-0.637	-0.453

Note: Each estimated coefficient represents the estimated coefficient on the given remuneration scheme when faced with a choice between that scheme and the FFS scheme. All of them are statistically significant at 1% or less.

Table 5 Estimated Coefficients on the Instrumental Variables and Some Test Statistics for Exogeneity and Redundancy (Full Sample)

Instruments	Coefficient	Exogeneity Test (C Statistic)	IV Redundancy Test (LR Statistic)
Alternative Remuneration			
Hdiff	-0.063***	1.039	15.541***
Research	0.069***	0.063	8.083***
Teaching	0.086***	1.430	33.500***
Non-work_ Interests	0.041***	1.356	11.084***
Prefer_ FFS	-0.286***	0.457	574.533***
Dependency	-0.007***	0.108	12.627***
ACSC	0.0004***	2.792*	44.100***
Mixed Remuneration			
Hdiff	-0.054***	0.583	10.051***
Research	0.095***	0.657	12.855***
Teaching	0.096***	0.654	33.222***
Non-work_ Interests	0.035***	3.144*	6.658***
Prefer_ FFS	-0.243***	0.476	399.981***
Dependency	-0.006***	0.329	9.586***
ACSC	0.0004***	1.394	44.179***
NFFS Remuneration			
Hdiff	-0.052***	1.472	13.988***

Instruments	Coefficient	Exogeneity Test (C Statistic)	IV Redundancy Test (LR Statistic)
Research	0.004	0.921	0.032
Teaching	0.078***	0.134	30.857***
Non-work_ Interests	0.035***	0.446	10.054***
Prefer_ FFS	-0.152***	0.220	250.471***
Dependency	-0.006***	1.250	11.762***
ACSC	0.0001**	3.408*	4.952**
Salary Remuneration			
Hdiff	-0.052***	1.641	15.945***
Research	0.006	0.999	0.070
Teaching	0.060***	0.0001	19.789***
Non-work_ Interests	0.033***	0.696	9.509***
Prefer_ FFS	-0.120***	1.199	181.400***
Dependency	-0.007***	3.286*	17.447***
ACSC	0.0001	3.682*	2.611*

Note: * significant at 10%; ** significant at 5%; *** significant at 1%.

Fee-for-Service vs. Capitation: Anything You Can Do-I Can Do Better (and Cheaper)

Vicky Barham Rose Anne Devlin Olga Milliken

(Department of Economics University of Ottawa)

Abstract: This paper recasts the analysis of optimal physician remuneration-generally presented as a contest between prospective (capitation) and retrospective (fee-for-service) schemes - as a problem in price theory. When a patient type is uncertain, or the risk of poor health outcomes depends on preventive care, standard arguments concerning risk bearing are used to prove that fee-for-service can deliver socially-optimal outcomes at a lower cost than a capitation-based system.

1 Introduction

It is a fundamental axiom of microeconomic theory that the choices of economic agents are responsive to incentives, in particular as are embodied in the structure of relative prices. This view is at the heart of the economic analysis of the impact of different physician remuneration schemes on health care outcomes. Conventional wisdom generally suggests that outcomes will be different under retrospective and prospective schemes for physician payment since the incentives facing physicians who are paid on a fee-for-service basis are quite different from those facing physicians paid under a capitation scheme. Fee-for-service - a traditional physician remuneration mechanism -is a retrospective payment system, which reimburses physicians for service provided, according to a pre-determined fee schedule. In contrast, capitation is a prospective payment scheme, increasingly used by both private health maintenance organizations and public health insurers, and pays physicians a fixed fee per patient on the physician's roster, on the understanding that the physician must provide all necessary health care services to the rostered patients. A capitation fee usually varies according to some observable characteristics of a patient's health status, e. g. , age and gender. The prospective nature of capitation may induce physicians to roster healthy patients rather than patients with complicated health conditions. The cost of servicing a patient is uncertain at the time of receiving a capitation payment. However, on average, healthy patients make fewer visits to their physician (sometimes no visits for a whole year!) than patients with complicated health conditions.

Many research papers have compared fee-for-service and capitation payment schemes (see McGuire (2000) for an extensive overview) . In a nutshell, it is argued that fee-for-service does not provide incentives for costminimization in the selection of medical services and may even induce demand for unnecessary services (see McGuire (2000) on physician-induced demand) . In contrast, capitation is a prospective payment mechanism, and therefore provides a profit-maximizing physician with powerful incentives to conserve service usage. Opponents of capitation argue that this mechanism leads to quality stinting in general and, in the extreme, to the denial of services to high-cost patients [Newhouse (1996), Ellis (1998)]. An anticipated conclusion coming from the literature on optimal payment mechanisms is that it is desirable to create a blend of the prospective and retrospective schemes in order to mitigate problems associated with each pure system [Ellis and McGuire (1986, 1990); Chalkley and Malcomson (1998), Eggleston (2000, 2005)].

Building on the existing literature this paper approaches the problem from a different perspective. It aims to demonstrate that if policy-makers were to take a more sophisticated approach to the design of the pricing scheme under either fee-for-service or capitation, then this may mitigate or indeed entirely eliminate the differences in the economic outcomes under these payment mechanisms. Moreover, to the extent that physicians are required to assume real economic risk under a capitation system due to its prospective nature-but not so with fee-for-service-the model suggests that it is reasonable to expect that an appropriately-designed fee-for-service system may, under some circumstances, be able to deliver desired health care outcomes at lower cost than can a capitation system.

The paper views the problem of physician remuneration as nothing more-nor less-than an application of the standard tools of pricing theory. The approach is very much in the spirit of discussions of pricing in club economies [Wooders (1978), Scotchmer (1994), Barham and Wooders (1998)]. The notion of fee-for-service and capitation equilibria are very comparable to the equilibrium concepts studied in these papers. The model here is a simple matching model: patients differ with respect to the complexity of their health problems, and physicians differ only in terms of their opportunity cost in providing consultations for complex cases. Significantly, it is assumed that demand for medical services is inelastic: patients seek a consultation with their doctor only when they are sick, and all fall sick once. In this particular environment, the fundamental allocation problem is to design a price system which assigns ' simple' and ' complex' patients to ' high-productivity' and ' low-productivity' doctors, ensuring that all patients get the appropriate consultation. It is demonstrated that a Second Fundamental Theorem of Welfare Economics can be established for this basic economy: an equal treatment Pareto-efficient outcome can be supported as an equilibrium of either the appropriately-designed fee-for-service or the capitation schemes. Interestingly, however, the First Fundamental Theorem of Welfare Economics fails: there may exist fee-for-service or capitation equilibria which are not Pareto efficient.

Subsequently, the paper investigates the performance of these mechanisms when the demand for services is uncertain (but exogenous). Using standard arguments with respect to the capacity of the public sector to bear risk as compared to individual economic agents, this paper demonstrates that remunerating physicians on a fee-for-service basis should enable the government to provide health care services at lower cost than when physicians are paid on a capitation basis. The paper also examines the problem of providing physicians with appropriate incentives to undertake preventive care (or, alternatively, more thorough patient examinations) in order to reduce the likelihood of the recurrence of illness. Once again, using standard risk-bearing arguments, it is demonstrated that fee-for-service can do everything that capitation can do... but cheaper.

Comparing the approach taken here with the existing literature, it is evident that the principal point of difference resides in the fact that this model considers richer price spaces than those generally studied. Since patients differ in terms of the complexity of their health care needs, it is only reasonable to assume that a fee-for-service price system should pay physicians differently for consultations offered to simple and complex patients, just as capitation schemes will often offer different fees to physicians who accept patients of different ages/genders on their rosters.

The next section of this paper sets the model and describes Pareto efficient allocations in the economy. Section 3 investigates properties of fee-for-service and capitation equilibria and relationships between these two types of equilibria in the environment where the demand for medical services is exogenously given and known to all economic agents. Section 4 analyzes fee-for-service and capitation equilibria in the situation of uncertain demand for medical services. The outcomes of the fee-for-service and the capitation payment schemes when demand for medical services can be influenced by physician's decision with regard to preventive measures, are studied in Section 5. Section 6 concludes.

2 The Model

2.1 Agents, practices and states of the economy

Consider an economy populated by medical service providers, i. e. physicians, and users of their services, i. e., patients. There are two goods in the economy: medical services and a single consumption good, which is referred to as yogurt. Each patient has an equal endowment of y units of yogurt and no medical services. Each physician's endowment of yogurt is zero. Physicians, however, can provide medical services to patients in exchange for yogurt. In this and the next section it is assumed that all patients consume one (and only one) medical assessment.

Patients differ in the complexity of their medical problems. There are H patients in the economy, indexed by h. There are h_1 type-1 patients with complex problems; they are referred to as complex patients. There are also h_2 type-2 patients with simple conditions, e. g. sore throat or an ear infection, and are referred to as simple patients. $h_1 + h_2 = H$, and patients are ordered such that if $h \leqslant h_1$ then the patient is a type-1 patient, whereas if $h > h_1$ then the patient is a type-2 patient. Patient h's utility function is as follows:

$$U_h = u(y - T_v) + \delta_{hv}$$

where $u(y)$ is continuous, monotonically increasing, quasi-concave, and measures the utility of the patient from consuming yogurt y and medical services. T_v, which we will interpret typically as a price for medical services but which may also be interpreted as a health tax, denotes the yogurt which a patient forgoes in exchange for receiving medical services of type $v; v = l, s$, where l denotes a long visit associated with a complex assessment, and s denotes a short visit associated with a straightforward assessment. δ_{hv} denotes the utility of patient h from medical services of type v; δ_{hv} is a discrete function, taking different values depending on h and v, and equals zero if the patient does not visit a physician.

A complex patient benefits more from a long visit than from a short one. A simple patient's benefit from a short visit is identical to her benefit from a long visit. Formally,

$$\delta_{hl} > \delta_{hs}, \text{ for } h \leqslant h_1 \text{ and} \quad (1)$$

$$\delta_{hl} = \delta_{hs}, \text{ for } h > h_1 \quad (2)$$

There are K physicians in the economy, indexed by k. Physicians differ in their opportunity cost of performing complex assessments. Alternatively, one can view physicians as being different in their practice style, as reflected by their disutility of performing complex procedures and dealing with patients who have complex health problems. This paper refers to physicians with low disutility of performing complex procedures as high-productivity physicians or type-1 physicians; and to those with high disutility-as lowproductivity or type-2 physicians. There are k_1 type-1 physicians and k_2 type-2 physicians. $k_1 + k_2 = K$, and physicians are ordered such that if $k \leqslant k_1$ then the physician is a type-1 physician, whereas if $k > k_1$ then the physician is a type-2 physician. The utility function of physician k of type j (j = 1, 2) is:

$$U_k = V(T_s s_k + T_l l_k) - C(\gamma_j l_k + \rho s_k) \tag{3}$$

where $V(T_s s_k + T_l l_k)$ denotes the utility, which the physician derives from yogurt received in payment for straightforward and complex assessments, and $C(.)$ denotes the cost of service provision, where $I = \gamma_j l + \rho s$ is a caseload or the number of assessments in productivity units①. V is continuous, monotonically increasing and quasi-concave. C is continuous, monotonically increasing and convex in caseload, I. Also, γ_j denotes type-j physician's productivity of performing a complex assessment; and ρ is the productivity of performing a straightforward assessment. Note, a physician's utility is zero if he provides no medical services.

Given that a type-1 physician is more productive in performing a complex assessment than a type-2 physician and is equal in performing a straightforward assessment; and assuming that the cost of a straightforward assessment is lower than the cost of a complex assessment, the following inequality holds:

$$\rho < \gamma_1 < \gamma_2 \tag{4}$$

A practice is characterized by one physician of type j $(j = 1, 2)$ and patients of type i $(i = 1, 2)$, who use the physician's medical services. A profile of a practice φ^k is an ordered pair $\varphi^k = (\varphi_1^k, \varphi_2^k)$, where φ_1^k and φ_2^k are the number of type-1 (complex) and type-2 (simple) patients in practice φ^k. A practice structure χ for the entire population is a set of ordered pairs $\{(\varphi_1^1, \varphi_2^1), \ldots, (\varphi_1^k, \varphi_2^k)\}$ such that $\sum_{k=1}^{K} \varphi_i^k = h_i, (i = 1, 2)$ where hi is the total number of patients of type i. Also, $\sum_{i=1}^{2} \sum_{k=1}^{K} \varphi_i^k = H$. In other words, a practice structure ensures that all patients have a physician and that all physicians are assigned to practices.

This paper focuses on two price mechanisms (fee-for-service and capitation) with a uniform schedule of prices set exogenously for the whole patient population. With this purpose in mind, all allocations considered in this paper are restricted to those resulting from two uniform yogurt transfers: T_l—in exchange for a complex assessment, and T_s,—for a straight-

① One may consider I as the total time spent treating patients.

forward assessment. These transfers do not differ across practices or within them. Thus, an allocation for practice k is characterized by a list $(T_l, T_s, l_i^k, s_i^k, \varphi_l^k, \varphi_2^k)$; $i = 1, 2$ where l_i^k denotes the total number of long visits by patients of type i in practice k, and s_i^k —the total number of short visits by patients of type i in practice k. Note that this notation is general enough to permit patients of a given type to have either a long or a short visit.

An allocation relative to a practice structure χ is denoted by $((T_l, T_s, l_i^k, s_i^k, \varphi_l^k, \varphi_2^k)$; $i = 1, 2, k = 1, \ldots, K)$ and consists of an allocation for each practice φ^k in the practice structure χ. A state of the economy, Ω, consists of a practice structure χ of H and an allocation relative to χ, thus

$$\Omega = (\chi((T_l, T_s, l_i^k, s_i^k, \varphi_l^k, \varphi_2^k); i = 1, 2, k = 1, \ldots, K))$$

The state of the economy, Ω, is feasible if (i) all patients are assigned to practices, i. e., for each type i, $\sum_{k=1}^{K} \varphi_i^k = h_i$; and (ii) $\sum_{i=1}^{2} \varphi_i^k T_i^k \leqslant (\varphi_1^k + \varphi_2^k)$ y. Condition (i) ensures that all patients receive medical care (either a short visit or a long visit) and condition (ii) ensures that the total transfers of yogurt from patients to physicians within the practice do not exceed the amount of yogurt available to patients. Note that although the supply of medical services in each practice will be an endogenously determined variable, there is no assumed capacity constraint with regard to medical service production.

2.2 Pareto Efficient Allocations

The set of Pareto efficient allocations of yogurt and medical services is a subset of the set of feasible allocations. A Pareto efficient allocation is described by a state of the economy Ω such that $\notin \chi'0$ and a feasible allocation relative to χ', $((T_i^{'k}, l_1^{'k}, s_i^{'k}, \varphi_1^{'k}, \varphi_2^{'k})$; $i = 1, 2$, $k = 1, \ldots, K)$, such that all patients and physicians are at least as well off under χ' as they were under χ, and at least one agent is strictly better off.

Observe that in a Pareto efficient allocation both patients and physicians must be better off participating in the practice than under autarchy (that is, patients would not seek medical services and/or physicians would not provide them). The patient h's participation constraint can be expressed as:

$$Un = u(y - Tv) + \delta hv > u(y) \tag{5}$$

for $\forall h$ and $\forall v$. Condition (5) indicates that patients are better off receiving a medical assessment of some sort than not seeing a physician at all. For example, a complex patient is better off with a straightforward assessment compared to no assessment at all. The same holds for a simple patient who is better off paying for a more expensive complex assessment rather than not visiting a physician. Also, observe that this constraint places an upper limit on the amount of yogurt that a patient is willing to exchange for an assessment of a given duration.

The physician k's participation constraint is:

$$U_k = V(T_s s_k + T_l l_k) - C(\gamma_j l_k + \rho s_k) > 0 \quad (6)$$

That is, for a physician it must be true that the total benefit of the transfers of yogurt received in exchange for providing complex and straightforward assessments outweighs the cost of providing these services. Observe that due to concavity of utility function $V(.)$ the minimum per-patient payment requested by the physician depends upon the structure of the practice: a physician who carries a heavy patient load requires more payment per additional patient than a physician who sees fewer patients.

Observe that for there to be a nontrivial economic problem in this economy, it must be the case that there exists at least one feasible state of the economy, Ω, for which conditions (5) and (6) can be simultaneously satisfied. If this is not true then there is an irresolvable allocation problem: in the absence of coercive measures, there is no way of dividing the available supply of yogurt and of allocating physicians and patients to practices which leaves all parties better off than they are under autarky. Since there is no physical capacity constraint on the physicians, this is equivalent to requiring that there be "enough yogurt". In what follows, it is assumed that this is true.

A related issue is whether complex patients should receive long visits. Due to the separability of the patient's utility function in income and medical service outcomes, the marginal benefit to the complex patient of receiving a long visit is $\delta hl - \delta hs$ for $\forall h \leqslant h_1$. This is the upper bound on the amount of additional yogurt that a complex patient would be prepared to exchange for a long visit rather than a short one. As well, an additional cost to any physician of supplying a long visit rather than a short one is $C(\gamma_j l + \rho s) - C(\gamma_j(l-1) + \rho(s+1))$. It is then immediate that if there does not exist a feasible state of the economy, Ω, in which all complex patients receive long visits and for which $\delta hl - \delta hs > C(\gamma_j l_k + \rho s_k) - C(\gamma_j (l_k - 1) + \rho(s_k + 1))$ for $\forall h \leqslant h_1$ and all physicians who supply long visits in Ω, then there are no potential "gains from trade" with respect to complex assessments rather than simple ones.

Remark 1 If there is "enough yogurt" then there exists a feasible state of the economy, Ω, in which complex patients prefer to receive long visits, and in which condition (6) is satisfied. Proof. Observe that for any pair (T_l, T_s) complex patient h, prefers a long assessment if:

$$u(y - T_l) + \delta_{hl} > u(y - T_s) + \delta_{hs}$$
$$\Leftrightarrow \delta_{hl} - \delta_{hs} > u(y - T_s) - u(y - T_l) \quad (7)$$

Observe that as $y \to \infty$, the right-hand side of (7) approaches zero, whereas the left-hand side is a positive constant. Consequently, if there is "enough yogurt" then there always exists a pair of transfers of yogurt (T_l, T_s) from the patient to the physician that will make it worthwhile for the physician to provide a complex assessment, and which leaves the complex patient better off than if she were to only receive a simple assessment.

Once again, in what follows, it is assumed that each complex patient has "enough yogurt" y; if there is not enough yogurt, then there is no reason to try to provide long visits to complex patients.

One more assumption has to be made to ensure the feasibility of matching patients with physicians. If there are too few high-productivity physicians, then it may be impossible to decentralize a Pareto efficient outcome with an anonymous pricing mechanism. ① In what follows it is assumed that there are "enough" physicians of each type.

Given that there are "enough" high-productivity physicians, it can be shown that at a Pareto efficient allocation it must be the case that complex patients receive long visits from high-productivity physicians.

Proposition 2 In every Pareto efficient allocation of medical services and yogurt described by a state of the economy $\Omega^e = (\chi((T_l, T_s, l_i^k, s_i^k, \varphi_1^k, \varphi_2^k); i = 1, 2, k = 1; ..., K))$ either (i) all complex patients receive complex assessments with high-productivity physicians or (ii) high-productivity physicians provide complex assessments to complex patients and no assessments to simple patients and some complex patients may receive complex assessments with low-productivity physicians. In case (i) it may be true that high-productivity physicians also provide straightforward assessments for simple patients.

Proof. Consider first the situation in which some complex patients receive complex assessments with low-productivity physicians, and there exists at least one high-productivity physician who provides at least one straightforward assessment to a simple patient. The high-productivity physician obtains the payoff

$$V(T_s s_1 + T_l l_1) - C(\gamma_1 l_1 + \rho s_1)$$

whereas the low-productivity physician who sees both, simple and complex patients obtains the payoff

$$V(T_s s_2 + T_l l_2) - C(\gamma_2 l_2 + \rho s_2)$$

where $s_j, l_j, j = 1, 2$, denote the number of simple and complex assessments provided

① Alternatively, the analysis could assume only one type of physician-skilled physicians-and a similar story can be told about developing fee-for-service and capitation payment schedules that provide appropriate incentives for complex and simple assessments.

by these physicians. Observe that, for any (l_1, s_1), a high-productivity physician is willing to exchange one simple patient for $\frac{\rho}{\gamma_1}$ complex patients; similarly, for any (l_2, s_2), a low-productivity physician is willing to exchange $\frac{\rho}{\gamma_2}$ complex patients for one simple patient. In what follows, it is assumed that patients are divisible (or, equivalently, $\frac{\gamma_j}{\rho}$ is always an integer). Now consider a trade in case-load between the high-productivity and low-productivity physician: reallocate simple patients from the high-productivity physician in exchange for up to $\frac{\rho}{\gamma_1}$ complex patients; assume that although there is an exchange of case load, there are no changes in remuneration. The high-skilled physician is indifferent between the new allocation and the initial one, and the same is true of the complex and simple patients: they do not care about the skill level (or productivity) of the doctor, but only about the complexity (length) of the assessment. However, the low-productivity physician is now strictly better off because $C(\gamma_2 l_2 + \rho_{s2}) > C(\gamma_2(l_2 - \frac{\rho}{\gamma_1}) + \rho(S_2 + 1))$ ①. Consequently, the new allocation is a Pareto improvement with respect to the initial one.

In contrast, if high-productivity physicians provide assessments only to complex patients (and no straightforward assessments to simple patients), then Pareto-efficient allocations may exist where low-productivity physicians provide long assessments to some complex patients. To show that this is possible, assume initially that all complex patients are assigned to practices with high-productivity physicians, and that all simple patients are assigned to practices with low-productivity physicians. For convenience, assume that all high-productivity practices are identical (with$b\hat{l}_1$ complex patients), and all low-productivity practices are identical too (with $\hat{s}_2$ simple patients). The possibility of a Pareto improvement now depends upon whether or not high-productivity physicians have "too high" a case-load relative to low-productivity ones. Observe that it is Pareto improving to transfer a complex patient from a high-productivity doctor to a low-productivity one if there exists a Δ such that.

$$V(T_l\hat{l}_1 - \Delta) - C(\gamma_1(\hat{l}_1 - 1)) > V(T_l\hat{l}_1) - C(\gamma_1\hat{l}_1) \tag{8}$$

and

① $C(\gamma_2(l_2 - \frac{\rho}{\gamma_1}) + \rho(s_2 + 1) = C(\gamma_2 l_2 + \rho s_2 - \gamma_2 \frac{\rho}{\gamma_1} + \rho)$. As $-\frac{\gamma_2\rho}{\gamma_1} + \frac{\gamma_1\rho}{\gamma_1} < 0$(fromeq. (??)$\gamma_2 > \gamma_1$), $C(\gamma_2 l_2 + \rho s_2) > C(\gamma_2(l_2 - \frac{\rho}{\gamma_1}) + \rho(s_2 + 1))$.

$$V(T_s\hat{s}_2 + \Delta) - C(\gamma_2 + \rho\hat{s}_2) > V(T_s\hat{s}_2) - C(\rho\hat{s}_2) \qquad (9)$$

In particular, inequalities (8) and (9) are satisfied for $\Delta = T_l$ such that $V'_1 T_l - C'_1\gamma_2 < 0$ and $V'_2 T_v - C'_1 r_2 > 0$ with $\hat{l}_1$ and $\hat{s}_2$ patients respectively. In other words, if there are "too many" complex patients, then at a Pareto efficient outcome some may be treated by low-productivity physicians, whereas if there are "very few" complex patients, then not only will they all be treated by high-productivity physicians but some simple patients may also be seen by high-productivity physicians.

The above proposition establishes the equal-treatment property for patients of the same type not only in a given practice but also throughout the economy.

Corollary 3 (Equal treatment of patients of the same type) In a Pareto efficient allocation patients of the same type have identical utilities at a Pareto efficient outcome.

Proof. It is immediately evident that since patients of the same type have identical amount of yogurt, and receive medical treatment according to their type (Proposition 2), they must have identical utilities.

3 Fixed Demand for Medical Services

This section describes an economy in which a social planner (a Minister of Health) sets a schedule of fees for services provided by physicians. This schedule is identical for each practice, and physicians take these prices as given. The demand for medical services is set exogenously at one visit per patient. Due to this assumption it is not essential to model in detail the mechanics of how doctors are paid, i. e., directly by patients, through a private insurer or financed through taxes in a public insurance system.

3.1 Fee-for-Service Equilibria and Pareto Efficient Allocations

The analysis of this subsection proceeds as follows. First, decentralized fee-for-service equilibria are described, and, second, the evaluation of these equilibria from the Pareto efficiency condition (described in the previous section) is provided. It is assumed that all parties involved know a patient's type. ①

Definition 4 A fee-for-service equilibrium $e^f = (\Omega^f)$ is a feasible state of the economy $e^f = (\chi((T_l^f, T_s^f), l_i^k, s_i^k, \varphi_1^k, \varphi_2^k; i = 1, 2; k = 1, \ldots, K))$ where (T_l^f, T_s^f) is a fee-for-service schedule for complex and straightforward assessments, such that (i) no patient is willing to

① The knowledge of a physician's type is not essential as a fee-for-service equilibrium is a decentralized solution, implying that the Minister of Health cannot assign certain types of physicians to certain types of patients.

change physician; (ii) no physician gains in adjusting the mix of straightforward and complex assessments offered.

It is useful to characterize more carefully physicians' decisions with regard to service provision. Formally, condition (ii) in the above definition results from physician k's maximization problem: a physician choose the number of complex and straightforward assessments when maximizing his utility in equation (3) given the set of fees. The first order conditions with respect to the number of complex, l_k, and straightforward, s_k, assessments yield respectively:

$$\frac{\partial U_j^k}{\partial l_k} = T_l V'(T_s s_k + T_l l_k) - C'(\cdot)\gamma_j \tag{10}$$

$$\frac{\partial U_j}{\partial s_k} = T_s V'(T_s s_k + T_i l_k) - C'(\cdot)\rho \tag{11}$$

A high-productivity physician k (where $k \leqslant k_1$) when choosing l_k^l and s_k^l is indifferent between providing complex and straightforward assessments if

$$T_l V'(T_s s_k^l + T_i l_k^l) - C'(\cdot)\gamma_1 = T_s V'(T_s s_k^l + T_l l_k^l) - C'(\cdot)\rho \tag{12}$$

Given Remark 1 at the interior solution (l_k^l, s_k^l) the above equation (12) implies:

$$T_1 V'(T_s s_k^{l*} + T_l l_k^{l*}) - C'(\cdot)\gamma_1 = T_s V'(T_s s_k^l + T_l l_k^l) - C'(\cdot)\rho = 0 \tag{13}$$

Equations (13) yield a relative price for a complex assessment in a situation where a high-productivity physician is indifferent between providing complex and straightforward assessments:

$$\frac{T_l}{T_s} = \frac{\gamma_1}{\rho} \tag{14}$$

At the above price the cost of a complex assessment for a low-productivity physician is higher than the payment received. ① Thus, when a high-productivity physician is indifferent between a complex and a straightforward assessment, for a low-productivity physician k ($k > k_1$) it must be true that:

$$T_l V'(T_s s_k^2 + T_l l_k^2) - C'(\cdot)\gamma_2 < 0 \tag{15}$$

Next, a low-productivity physician k (where $k > k_1$) chooses the number of straightforward assessments s_k^2 by solving:

$$T_s V'(T_s s_k^2 + T_l l_k^2) - C'(\cdot)\rho = 0 \tag{16}$$

Note that a relative price in equation (14) represents the lowest price for which high-productivity physicians prefers complex assessments over simple ones. Any relative price

---

① At $\frac{T_l}{T_s} = \frac{\gamma_1}{\rho}, \frac{T_l}{T_s} < \frac{\gamma_2}{\rho}$.

lower than $\frac{\gamma_1}{\rho}$ results in no physician providing complex assessments. It is trivial to establish that the highest relative price, which ensures that both types of assessments are provided.

$$\frac{T_1}{T_s} = \frac{\gamma_2}{\rho} \tag{17}$$

At this price a low-productivity physician is just indifferent between a complex and a straightforward assessment and a high-productivity physician prefers only complex assessments. Notice that if the relative price of a complex versus a straightforward assessment is such that $\frac{\gamma_1}{\rho} < \frac{T_l}{T_s} < \frac{\gamma_2}{\rho}$ than a high-productivity physician offers only complex assessments and a low-productivity physician-only straightforward ones. Note that equations (14) and (17) determine the relative price boundaries within which Pareto efficient fee-for-service equilibria are located.

It is worth pointing out that, due to the fact that demand is inelastic, there may exist fee-for-service equilibria with excess supply of physicians' services. Equally significantly, there may be equilibria in which the prices are "wrong" and so, although all patients receive an assessment, only short or only long visits are provided, which is inconsistent with Pareto efficiency.

Proposition 5 There exist fee-for-service equilibria which are not Pareto efficient.

Proof. The proof is by construction. Suppose the fees are set such that $T_l = T_s = T$. At price T equations (10) and (11) become respectively:

$$\frac{\partial U_j}{\partial l} = TV'(T \cdot s + T \cdot l) - C'(\cdot)\gamma_j$$

$$\frac{\partial U_j}{\partial s} = TV'(T \cdot s + T \cdot l) - C'(\cdot)\rho$$

It is evident that at any s and l for any physician of type $j(j = 1, 2)$ the inequality $TV'(T \cdot s + T \cdot l) - C'(\cdot)\gamma_j < TV'(T \cdot s + T \cdot l) - C'(\cdot)\rho$holds, because $\gamma_j > \rho$. Therefore, all patients are offered simple assessments; complex patients are better off with simple assessments than with no assessment and, in the absence of a positive supply of complex assessments, will choose a short visit. At this equilibrium, all patients receive medical care, but because complex patients do not receive long visits this equilibrium is not Pareto efficient.

This result demonstrates that an error in setting physician's fees by a public health authority, even when supported by an equilibrium with every patient served, may not bring about an efficient match of heterogeneous physicians and patients. For example, if physicians are not paid enough to perform complex assessments, complex patients will not receive the optimal amount of medical care. If, on the other hand, complex assessments are too profitable, and substituted for straightforward assessments, health care resources are wasted. Clearly, the interesting problem is to establish whether or not the price system can be used effectively to decentralize all Pareto efficient allocations, thereby solving the problem of matching high and low-skilled physicians with simple and complex patients.

Definition 6 An equal treatment Pareto efficient allocation is a Pareto efficient allocation in which all patients of the same type have identical utilities and receive identical treatment and all physicians of the same type have identical net utilities(·) – C(·).

Recall that the equal treatment property for patients is established in this model in Corollary 3.

Proposition 7 For every equal treatment Pareto efficient allocation there exists a fee-for-service equilibrium with price schedule (T_s^* , T_l^*), such that it can implement this efficient allocation with the help of lump-sum taxes placed on physicians.

Proof. (requires revision) Suppose $\Omega^* = (\chi, ((T_l, T_s, l_1^k, s_2^k, \varphi_1^k, \varphi_2^k); i = 1, 2; k = 1, \ldots, K))$ is an equal treatment Pareto efficient allocation where (T_l, T_s) being a yogurt transfer per complex and per straightforward assessment respectively. The proof requires this allocation to be a fee-for-service equilibrium with the price schedule ($\bar{T}_l$, $\bar{T}_s$) where $\bar{T}_l$, T_l and$\bar{T}_s$, T_s , and a lump-sum tax τ. Suppose not. Then at this price schedule, at least one individual benefits from changing his/her position. First, consider patients. Patients do not gain from changing their medical services. Simple patients are always better off with a cheaper straightforward assessment and are never willing to pay for a complex assessment if a straightforward assessment is available. Given Remark 1 complex patients benefit relatively more from complex assessments than from straightforward ones. Observe also that patients are indifferent with respect to the characteristics of the practice (they care only about the length of the assessment). Therefore, neither type of patients can profitably deviate.

Second, without loss of generality, consider an equal treatment Pareto efficient allocation in which high-productivity physicians treat only complex patients and low-productivity physicians only simple patients. The Minister of Health decides upon price schedule (T_l, T_s) and lump-sum taxτ. Given the price schedule (T_l, T_s) each physician chooses the optimal number of assessments $\bar{l}_l^k$, $\bar{s}_2^k$ from equations (10) and (11). Essentially, for every price schedule (T_l, T_s), $\bar{l}_l^k$, $\bar{s}_2^k$ is either an interior solution or a corner solution when the physician's choice is limited by the number of patients in the economy. Pareto efficient allocations with $l_l^k > \bar{l}_1^k$ and/or $s_2^k > \bar{s}_2^k$ can only be decentralized with lump-sum tax τ placed on every physician.

In countries where physicians are paid on a fee-for-service basis, but with a billing schedule which does not differentiate between the complexity of different patients that cross the threshold of the doctor's office, it is often the case that the public bemoans the brevity of the time spent in the physician's office (see, for example, CITE ACCESS PAPER). Were physicians to be paid more for spending longer with patients with complex medical histories than they are for consultations with generally healthy individuals, then consultation times would be adjusted.

3.2 Capitation Fee Equilibria and Pareto Efficiency

The framework of this subsection is identical to the one above for a feefor service contract, except for the differences in the payment structure. A capitation contract consists of fixed payments R_1 and R_2, which reflect observable patient heterogeneity. In real-world capitation-based payment schemes, physicians are typically penalized financially, via a clawback in the capitation contract, when a rostered patient sees a physician outside the practice which rostered her; clawback provisions are intended to encourage physicians to provide care to their rostered patients outside regular office hours. In the analysis below the clawback is set uniformly across practices and reflects the type of services provided to the patient outside the clinic where she is rostered. It is assumed that a patient has a choice of visiting another physician if her physician is not available, but the cost of visiting a different physician is greater. Also, physicians can provide fee-for-service assessments for non-rostered patients under certain restrictions, e. g. a minimum number of patients has to be rostered, and/or fee-for-service billing is restricted to a certain proportion of the roster billing. An opportunity to provide services to non-rostered patients ensures that the patient population is served by the same pool of K physicians.

The utility of physician k of type j under a capitation contract is:

$$U_j^k = V(R_1 m_1^k + R_2 m_2^k - \lambda_1 n_1^k - \lambda_2 n_2^k + T_l l_0^k + T_s s_0^k) - C(\gamma_j(l^k + l_0^k) + \rho(s^k + s_0^k)) \quad (18)$$

where m_1^k and m_2^k denote the number of complex and simple patients respectively, rostered by physician k; n_1^k and n_2^k denotes the number of visits by rostered complex and simple patients to physicians other than physician k. λ_1 and λ_2, respectively, denote the amount of negation for a complex and a straightforward assessment if these assessments are performed for rostered patients outside physician k's practice; l^k and s^k are the number of complex and straightforward assessments performed in practice k; and l_0^k and s_0^k denote the number of complex and of straightforward assessments, respectively, provided to non-rostered patients at the fees of T_l and T_s respectively. Under the capitation payment scheme physician k maximizes his net income by choosing the number of rostered patients of each type and the number of assessments of each type to perform. To reduce cluttering index, k is dropped in the analysis below.

Remark 8 When demand for medical services is fixed at one visit, the Health Minister chooses a clawback penalty greater or equal to the capitation fee.

Proof. The proof is by contradiction. Without loss of generality, assume a physician does not serve any non-rostered patients, i. e. $l_o = s_o = 0$. Suppose $\lambda_i = R_i - \Delta$, where $\Delta \geqslant 0$. Then, given that $ln_1 = m_1 -$ and $n_2 = m_2 - s$, $U_j = V((\lambda_1 + \Delta)m_1 + (\lambda_2 + \Delta)m_2 - \lambda_1(m_1 - l) - \lambda_1(m_2 - s)) - C(\gamma_j l + \rho s) = V(\Delta m_1 + \Delta m_2 + \lambda_1 l + \lambda_1 s) - C(\gamma_j l + \rho s)$. Note, if $l = s = 0$, $U_j = V(\Delta m_1 + \Delta m_2) > 0$. That is to say that, without serving a single patient the physician is making a positive profit by simply rostering more patients and receiving a prospective capitation fee for each additional patient. Thus, only by choosing a clawback equal to or greater than the per-patient capitation fee can the Health Minister ensure that all rostered patients are treated by their physicians.

Corollary 9 It follows from Remark 8 that physicians treat every patient in their rosters, i. e. $m_1 = l$ and $m_2 = s$ ①.

Therefore a type-j physician's problem becomes:

$$\max_{l,s} U_j = V(R_1 l + R_2 s) - C(\gamma_j l + \rho s) \tag{19}$$

Definition 10 A capitation fee equilibrium $e^c = (\Omega c)$ is a feasible state of the economy $\Omega^C = (\chi, (((R_1^c, R_2^c), m_i^k, n_i^k, l_i^k, s_i^k, \lambda_1, \lambda_2, T_l, T_s); i = 1, 2; k = 1, \ldots, K))$ such that (i) no patient wishes to be rostered in a different practice; (ii) no physician gains from adjusting the mix of straightforward and complex assessments which he offers, and (iii) the conditions of voluntary participation (5) and (6) are satisfied.

Proposition 11 (Equivalence of fee-for-service and capitation equilibria) When a patient's type is known, the demand for medical services is fixed at one visit per patient and the clawback is set to be greater than or equal to the per-patient capitation fee, $\lambda_1 \geqslant R_2$, $\lambda_1 \geqslant R_2$, then a fee-for-service equilibrium with prices T_l, T_s is also a capitation equilibrium with capitation fees $R_1 = T_l$, and $R_2 = T_s$.

Proof. This follows directly from the observation that under the above conditions a capitated physician faces the same optimization problem in equation (19) as a fee-for-service physician in equation (3), where $R_1 = T_l$ and $R_2 = T_s$.

Corollary 12 For every equal treatment Pareto efficient allocation there exists a capitation equilibrium with price schedule (R_1, R_2), that can implement this efficient allocation.

Proposition (11) and Corollary (12) establish rather unconventional results. They sug-

① Recall, that each patient visits only once.

gest that if the individual demand for medical services is known with certainty, the same Pareto efficient outcomes can be reached by the use of either one of the two payment mechanisms: capitation or fee-for- service. Whereas much has been written about the differences between prospective and retrospective payment schemes, and about optimal "blends" of the two approaches, the analysis above suggests that the focus of much of this literature may be somewhat misdirected—at least in situations in which demand for medical services is price inelastic. The observed differences between the performance of fee-for-service and capitation schemes may have more to do with the relative lack of appropriately designed prices under both remuneration schemes; if prices were set appropriately, the observed differences in performance would disappear.

4 Uncertainty about Demand for Medical Services

In the real world, an important source of uncertainty is the number of visits that a particular patient will require. One may interpret this as some degree of uncertainty about the patient's type: not all elderly patients require regular visits to a doctor (or, perhaps more accurately, many elderly patients experience episodes during which they require acute care, but most of the time are in good general health). Thus, when an elderly patient walks into a physician's office, there is uncertainty about whether or not this patient will require one or more visits. Indeed, it would seem fair to argue that the number of visits which each patient will require is unknown to the physician, to the regulator (the Health Minister) and, equally importantly, to the patient herself.

To extend the model of the previous section to address uncertainty about a patient type, we maintain our earlier hypothesis that the patient's type is determined exogenously, and does not depend on actions taken by either the physician or the patient. For simplicity, we assume that only complex patients may require additional medical services and, in fact, if patients require more than one visit, then they will require exactly two consultations. The patient's type is costlessly revealed only after the patient's first visit.

Assume that with probability π a complex patient requires two complex assessments and with probability $(1-\pi)$ only one assessment is needed. Despite the fact that an individual's demand for medical services is uncertain, with a large enough number of complex patients in the population the aggregate number of long visits that will be required is known with certainty. Therefore the tax revenue needed to finance physicians' services is known with certainty as well. As in the analysis above it is assumed that taxes may in general reflect patient's type. Here, it is assumed that the tax burden of complex assessments is distributed equally among complex patients regardless the actual number of their visits. Therefore, patients do not face income uncertainty.

4.1 Fee-for-Service Equilibria

Due to the fact that the aggregate number of visits is known with certainty, the total number of complex assessments can be divided among the population of high-productivity physicians so that in effect every physician faces a certain demand for medical services. In effect, fee-for-service physicians in the environment of the uncertain individual's demand are required to solve the same maximization problem as under certainty: for the same payment per assessment, the solution to the physician's optimization problem will be identical to the solution reached in Subsection 3.1 where all patients require a single assessment. There is only one difference between a practice structure under certain patient demand and that under uncertainty: each state of nature is characterized by a different set of patients visiting the physician twice. Therefore in each state some physicians will have relatively few patients for whom a first assessment was provided and who require a second visit, whereas there will be a high incidence of two-visit patients in other practices. A uniform price for a complex assessment does not provide physicians with any incentive to distinguish between a new patient and a returning one. Thus, second-visit complex patients will be spread amongst all high-productivity physicians to fill in the optimal number of assessment slots chosen by each physician. The next Remark summarizes this observation.

Remark 13 Under uncertainty about the probability of the patient's second visit, fee-for-service remuneration scheme does not guarantee continuity of care, in the sense that a patient seeking the second visit may not be able to see the same physician she has visited the first time.

Proposition 14 A price schedule (T_l^{**}, T_s^{**}), that implements an equal treatment Pareto efficient allocation with (L, S) complex and simple assessments as a fee-for-service equilibrium under demand certainty will also implement this efficient allocation with a total of (L, S) complex and simple assessments as a fee-for-service equilibrium with individual demand uncertainty.

Proof. This follows from Proposition 7 and the fact that a fee-for-service physician's choice of the optimal number of medical services is not influenced by an individual uncertainty of demand for medical care. Also, in this model, continuity of care does not influence a patient's choice of practice.

What is interesting to observe about the fee-for-service equilibrium under individual demand uncertainty is that there are no additional costs to the health care system incurred in meeting the aggregate demand. As physicians do not actually have to bear any costs of uncertainty, and in the absence of any aggregate uncertainty, the costs of running the health care system depend only on the total number of complex and simple assessments that are required, and are not affected by the fact that some patients require two visits whereas others require only one.

4. 2 Capitation Equilibria

When the number of visits of a complex patient is not known with certainty, the cost of servicing rostered complex patients is unknown. Unlike under a fee-for-service contract a capitated physician faces a risk of needing to supply more services than desired if a high proportion of patients return for a second visit. In this case, the physician must either absorb the cost of seeing the patient a second time or accept the clawback should the patient end up seeking care from an alternative provider: physicians who experience a high volume of follow-ups at a particular state of nature may not choose to serve all of their follow-ups. At the same time physicians with a low realized volume of returning patients will, for an additional fee, be willing to increase their load of patients by offering assessments for non—rostered patients. ①

Proposition 15 Suppose that the clawback fees (λ_1, λ_2) are set equal to the fees for services to non-rostered patients, (T_l, T_s) and are identical to those paid to fee-for-service physicians in Subsection 4. 1. ② Then at a capitation equilibrium with demand uncertainty, risk-averse physicians require greater total remuneration than is required to incite their fee-for-service peers to provide the same number of complex and simple assessments.

Proof. Consider first the decision of the physician after the resolution of the demand uncertainty—hat is, after all patients have been served once, and with a roster of (m_1, m_2) complex and simple patients, and a previously determined number of unaccommodated straightforward assessments $\tilde{n}_2$ to rostered patients. Let the total number of follow-up visits required by the rostered complex patients be denoted by $\tilde{m}_1$ where $\tilde{m}_1 \leqslant m_1$.

For a given clawback $\lambda_1 = T_l$, the physician must now determine whether or not to service the entire demand for long assessments by complex patients, knowing that any patient who is denied visits will seek services elsewhere. Also, the physician must decide

① Note that in general, if a physician is free to decide on a payment structure, he may not choose to roster any patients preferring to be paid on a fee-for-service basis, if he is not compensated for the risk of the uncertain number of follow-up visits.

② A clawback lower than a fee-for-service fee would motivate a physician to take on a non-rostered patient instead of providing a follow-up visit to a rostered patient.

whether or not to provide services to non-rostered complex patients. This decision problem can be expressed as:

$$\max_{n_1, l_o} V(R_1 m_1 + R_2 m_2 - T_l n_1 - T_s \tilde{n}_2(\tilde{m}_1) + T_l l_o(\tilde{m}_1) + T_s s_o(\tilde{m}_1)) - C(\gamma_j(m_1 + \tilde{m}_1 - n_1 + l_o) + \rho(m_2 - \tilde{n}_2(\tilde{m}_1) + s_o(\tilde{m}_1))).$$

The first-order conditions are:

$$n_1: -T_l V'(R_1 m_1 + R_2 m_2 - T_l n_1(\tilde{m}_1) - T_s n_2(\tilde{m}_1) + T_l l_o(\tilde{m}_1) + T_s s_o(\tilde{m}_1)) + \gamma_j C'(\gamma_j(m_1 + \tilde{m}_1 - n_1(\tilde{m}_1) + l_o) + \rho(m_2 - n_2(\tilde{m}_1) + s_o(\tilde{m}_1))) = 0.$$

$$l_0: T_l V'(R_1 m_1 + R_2 m_2 - T_l n_1(\tilde{m}_1) - T_s n_2(\tilde{m}_1) + T_l l_o(\tilde{m}_1) + T_s s_o(\tilde{m}_1)) - \gamma_j C'(\gamma_j(m_1 + \tilde{m}_1 - n_1(\tilde{m}_1) + l_o) + \rho(m_2 - n_2(\tilde{m}_1) + s_o(\tilde{m}_1))) = 0.$$

Define the solution for the number of outside visits as $\tilde{n}_1$ and the solution for the number of complex assessments to non-rostered patients as $\tilde{l}_o$. Observe that if the clawback is set high enough, physicians accommodate every rostered patient's visit, i. e., $en_1 = 0$ (the clawback is prohibitive). Whereas if the clawback is set low enough, $en_1 = m_1 + em_1$. Observe that since em_1 will vary from one practice to another, en_1 will generally vary from one practice to another. Also, note from first order conditions for n_1 and l_o above that if the price of the per-visit negation is the same as the fee paid for a service to a non-rostered patient, n_1 and l_o are substitutes. This means that the problem of minimizing the deductions from the income due to outside visits is identical to a problem of maximizing the number of services provided to non-rostered patients. Here, it is assumed that the physician takes care of his rostered patients first and if the realization of the follow-up visits is particularly low in a given state, he compensates for the lower-than-expected income by treating non-rostered patients.

Now, consider the determination of the number of patients to roster, m_1, m_2, as well as the number of simple patients to whom service will be denied, n_2, and the number of simple assessments to non-rostered patients, so. The physician must solve:

$$\max_{m_1, m_2, n_1, l_o, s_o} EV(R_1 m_1 + R_2 m_2 - T_1 n_1(\tilde{m}_1) - T_s n_2(\tilde{m}_1) + T_l l_o(\tilde{m}_1) + T_s s_o(\tilde{m}_1)) - EC(\gamma_j(m_1 + \tilde{m}_1 - n_1(\tilde{m}_1) + l_o)) + \rho(m_2 - n_2(\tilde{m}_1) + s_o(\tilde{m}_1))).$$

subject to $\tilde{n}_1$ and $\tilde{l}_o$ in the first order conditions above.

Notice that the uncertainty comes from the fact that $\tilde{m}_1$, the realized number of follow-up visits varies from 0 to m_1 in different states of the world. First-order conditions are:

$$m_1: R_1 EV'(R_1 m_1 + R_2 m_2 - T_1 n_1(\tilde{m}_1) - T_s n_2(\tilde{m}_1) + T_l l_o(\tilde{m}_1) + T_s s_o(\tilde{m}_1)) - \gamma_j EC'(\gamma_j(m_1 + \tilde{m}_1 - n_1(\tilde{m}_1) + l_o) + \rho(m_2 - n_2(\tilde{m}_1) + s_o(\tilde{m}_1)))$$

$$m_2: R_2 EV'(R_1 m_1 + R_2 m_2 - T_l n_1(\tilde{m}_1) - T_s n_2(\tilde{m}_1) + T_l l_o(\tilde{m}_1) + T_s s_o(\tilde{m}_1))$$

$$-\rho EC'(\gamma_j(m_1+\tilde{m}_1-n_1(\tilde{m}_1)+l_o)+\rho(m_2-n_2(\tilde{m}_1)+s_o(\tilde{m}_1)))$$

$$n_2: -T_sEV'(R_1m_1+R_2m_2-T_1n_1(\tilde{m}_1)-T_sn_2(\tilde{m}_1)+T_ll_o(\tilde{m}_1)+T_ss_o(\tilde{m}_1)) \\ +\rho EC'(\gamma_j(m_1+\tilde{m}_1-n_1(\tilde{m}_1)+l_o)+\rho(m_2-n_2(\tilde{m}_1)+s_o(\tilde{m}_1)))=0$$

$$s_o: -T_sEV'(R_1m_1+R_2m_2-T_1n_1(\tilde{m}_1)-T_sn_2(\tilde{m}_1)+T_ll_o(\tilde{m}_1)+T_ss_o(\tilde{m}_1)) \\ -\rho EC'(\gamma_j(m_1+\tilde{m}_1-n_1(\tilde{m}_1)+l_o)+\rho(m_2-n_2(\tilde{m}_1)+s_o(\tilde{m}_1)))=0$$

As before, since there is no uncertainty with respect to the number of visits associated with simple patients, $\tilde{n}_2=0$ if $\lambda_2 \geqslant R_2 = T_s$. The first-order conditions with respect to m_1 and m_2 become:

$$m_1: R_1EV'(R_1m_1+R_2m_2-T_l\tilde{n}_1+T_l\tilde{l}_o)-\gamma_jEC'(\gamma_j(m_1+\tilde{m}_1-\tilde{n}_1+\tilde{l}_o)+\rho m_2)$$
$$m_2: R_2EV'(R_1m_1+R_2m_2-T_l\tilde{n}_1+T_l\tilde{l}_o)-\rho EC'(\gamma_j(m_1+\tilde{m}_1-\tilde{n}_1+\tilde{l}_0)+\rho m_2)$$

Suppose (T_l, T_s) implements a fee-for-service equilibrium with case loads (l^k, s^k) for each practice k and an average"virtual roster" of φ_1^k, φ_2^k of the fee-for-service physician, that is, the average number of patients of each type seen by the physician in practice k in the fee-for-service equilibrium: $\varphi_1^k=\dfrac{l^k}{1+\pi}$, $\varphi_2^k=s^k$, Define $R_1=T_l(1+\pi)$ and$R_2=T_s$, that is, R_1, R_2 are set equal to the expected revenue per patient of each type at the fee-for-service equilibrium. Therefore, the maximization problem of the fee-for-service physician in practice k can be written as follows:

$$\max_{\varphi_1^k,\varphi_2^k} V(R_1\varphi_1^k+R_2\varphi_2^k)-C(\gamma_j\varphi_1^k(1+\pi)+\rho\varphi_2^k).$$

The first order conditions are:

$$\varphi_1^k: R_1V'(R_1\varphi_1^k+R_2\varphi_2^k)-\gamma_jC'(\gamma_j\varphi_1^k(1+\pi)+\rho\varphi_2^k)=0$$
$$\varphi_2^k: R_2V'(R_1\varphi_1^k+R_2\varphi_2^k)-\rho C'(\gamma_j\varphi_1^k(1+\pi)+\rho\varphi_2^k)=0.$$

Compare the above first-order conditions for φ_1^k and φ_2^k under the fee-for-service remuneration scheme with the first-order conditions for m_1 and m_2 under the capitation payment mechanism. If the rosters are the same under capitation and fee-for-service contracts, i. e. $m_1=\varphi_1^k$ and $m_2=\varphi_2^k$, and $Z\equiv\gamma_j(m_1+\tilde{m}_1-\tilde{n}_1+\tilde{l}_0)+\rho m_2$ then $E(Z)=\gamma_j\varphi_1^k(1+\pi)+\rho\varphi_2^k$ Also, if $D\equiv R_1m_1+R_2m_2-T_l\tilde{n}_1+T_l\tilde{l}_o$, then $E(D)=R_1\varphi_1^k+R_2\varphi_2^k$. Thus, the above equations for m_1 and m_2 become:

$$m_1: R_1EV'(D)-\gamma_jEC'(Z),$$
$$m_2: R_2EV'(D)-\rho EC'(Z),$$

and the equations for φ_1^k and φ_2^k become:

$$\varphi_1^k: R_1V'(E(D))-\gamma_jC'(E(Z))=0$$

$$\varphi_2^k: R_2V'(E(D)) - \rho C'(E(Z)) = 0$$

Due to concavity of $V(.)$ and convexity of $C(.)$, $EV'(D) < V'(E(D))$ and $EC'(Z) > C'(E(Z))$. Therefore, with $m_1 = \varphi_1^k$ and $m_2 = \varphi_2^k$ first order conditions with respect of m_1 and m_2 both become negative given that physicians are paid the same amount per patient of a certain type under capitation as they are—under fee-for-service contracts. For the first, order conditions for $m_1 = \varphi_1^k$ and $m_2 = \varphi_2^k$ being equalities, the capitated payments per patient, R_1 and R_2 have to be raised. ①

In other words, because physicians are risk-averse they have to be compensated for the risk associated with uncertainty of their incomes. This means that the fee-for-service scheme can provide the same services as the capitation scheme, but at lower costs.

Corollary 16 The clawback penalty set by the Health Minister can lower the risk premium that the physician requires under capitation. The lower the clawback, the more patients a risk-averse physician will choose to roster. Proof. This follows from the observation that lower clawback decreases uncertainty with regard to patient's demand of care.

5 Preventivecare

There are many circumstances in which it is argued that the likelihood of a patient requiring a subsequent follow-up visit could be greatly diminished if the physician were to take the time to conduct a thorough assessment during the initial consultation. In this section, it is assumed that the physician can choose whether or not to apply more effort during the first encounter with the patient. Increased effort during the first visit by a complex patient decreases the probability of the second visit by q, thus, making the probability of the second visit $\pi - q$, where $\pi > q$. Additional effort is costly for a physician, increasing his cost of a straightforward assessment fromρto $\rho + \alpha$ and of his complex assessment from γ_j to $\gamma_j + \alpha$. For convenience, and in order to focus on the impact of the payment scheme on the behaviour of the physician, assume that the patient is indifferent between the certain prospect of a longer visit which includes preventive care, or one visit for certain and a second visit with probability π in the event that a follow-up visit is required. ②

---

① As $\bar{R}_1 EV'(\bar{D}) > R_1 EV'(D)$, where $\bar{R}_1 > R_1$ and $\bar{D} = \bar{R}_1 m_1 + R_2 m_2 - T_l \tilde{n}_1 + T_l \bar{l}_o$, the first-order condition for m_1 is equal to zero for some $R_1 > \bar{R}_1$.

② It would be straightforward to allow for patients to strictly prefer receiving preventive care; however, this does not add substantively to the analysis.

5.1 Fee-for-Service Contract

It is often suggested that fee-for-service physicians demonstrate little interest in preventive care; indeed, this is one of the reasons for which policy-makers have suggested that it is desirable to pay physicians on a capitation basis, because under capitation physicians face more powerful incentives to undertake actions which reduce the likelihood of the patient returning. What this argument overlooks, however, is that the price mechanism can be used to provide physicians who are compensated on a fee-for-service basis with strong incentives to undertake preventive care when it is in fact economically desirable for them to do so. In particular, physicians who undertake preventive care can be offered supplementary compensation, T_p, for their preventive care services (e. g., pap smears, vaccinations, etc.).

Given that the patient is indifferent, then from the point of view of the health care system preventive care is desirable only if the certain increase in the cost of physician effort is less than the expected cost of providing follow-up visits. Observe that, in a large population, there is no aggregate uncertainty regarding the total number of visits required with or without preventive care. If a typical physician provides (l, s) patient visits when there is no preventive care (and therefore, on average, proportion π of a given physicians patients return for a follow-up visit), then preventive care is desirable if

$$0 \leqslant C(\gamma_j l + \rho s) - C((\gamma_j + \alpha)\frac{l}{1+\pi} + \gamma_j \frac{ql}{1+\pi} + \rho s)$$

Proposition 17 If the Ministry of Health wants physicians to undertake preventive care, then it can always chose $T_p \geqslant 0$ such that the extra payment for preventive care induces fee-for-service physicians to undertake additional effort and supply these extra services.

Proof. A fee-for-service physician supplies preventive care if

$$V(T_l l + T_s s) - V((T_l + T_p) l\left(1 - \frac{q}{1+\pi}\right) + T_s s) \leqslant$$

$$C(\gamma_j l + \rho s) - C((\gamma_j + \alpha)\frac{l}{1+\pi} + \gamma_j \frac{ql}{1+\pi} + \rho s)$$

Observe that the left-hand side of the above inequality can be positive or negative depending on the extra payment for preventive measures, i. e. $(T_l + T_p \geqslant T_l)$. If this inequality is satisfied when T_p equals zero, then a fee-forservice physician will undertake preventive care without requiring financial inducement. However, in general, there is no reason to expect that the inequality will be satisfied unless $T_p > 0$. Since $V(.)$ is increasing and continuous in T_p, there always exists a payment for preventive care that will ensure that this inequality is satisfied. The T_p for which the inequality is exactly satisfied is the lowest price at which fee-for-service physicians can be persuaded to provide preventive care. Since the right hand size must be strictly positive for preventive care to be economically desirable, then there exists a $T_p \geqslant 0$ which satisfies this relationship as an equality, and at this T_p total patient expense is less than in the absence of preventive care. (Notice that if $T_p = 0$, the left-hand side of the inequality is always positive.) This is therefore a Pareto improvement with respect to the non-preventive care fee-for-service equilibrium.

This result holds in the environment where there is no uncertainty with respect to the total number of visits. Each fee-for-service compensated physician faces a portion of the certain aggregate demand reduced by L_q due to preventive care.

5.2 Capitation Contract

It has often been argued that a physician paid on a capitation basis clearly has powerful incentives for undertaking preventive care, as this will reduce the likelihood of a return visit. What this view overlooks, however, is that a physician paid on a capitation basis who chooses not to undertake preventive care in effect faces a lottery: with probability π any given patient will return for a follow-up visit, and with probability $1-\pi$ this patient will not require additional care. Time spent providing preventive care reduces the physician's capacity to see additional patients; therefore, there is a tradeoff between reducing the likelihood of needing to provide follow-ups (or, alternatively, of facing a clawback) versus the certain reduction in income from rostering fewer patients.

Proposition 18 Preventive care reduces the variation in the physician's income and expenses under capitation, and thus reduces the risk-bearing premium the physician requires in order to be willing to service a roster with a given number of patients $(\tilde{m}_1, \tilde{m}_2)$.

Proof. Recall that under capitation, the physician's *ex ante* decision problem is:

$$\max_{m_1, m_2, n_1, n_2, l_o, s_o} EV(R_1 m_1 + R_2 m_2 - \lambda_1 n_1(\tilde{m}_1) - \lambda_2 n_2(\tilde{m}_1) + T_l l_o(\tilde{m}_1) + T_s s_o(\tilde{m}_1)) - EC(\gamma_j(m_1 + \tilde{m}_1 - n_1(\tilde{m}_1) + l_o) + \rho(m_2 - n_2(\tilde{m}_1) + s_o(\tilde{m}_1))).$$

subject to

$$n_1:\ -\lambda_1 V'(R_1 m_1 + R_2 m_2 - \lambda_1 n_1(\tilde{m}_1) - \lambda_2 n_2(\tilde{m}_1) + T_l l_o(\tilde{m}_1) + T_s s_o(\tilde{m}_1)) + \gamma_j C'(\gamma_j(m_1 + \tilde{m}_1 - n_1(\tilde{m}_1) + l_o) + \rho(m_2 - n_2(\tilde{m}_1) + s_o(\tilde{m}_1))) = 0$$

$$n_2:\ -\lambda_2 V'(R_1 m_1 + R_2 m_2 - \lambda_1 n_1(\tilde{m}_1) - \lambda_2 n_2(\tilde{m}_1) + T_l l_o(\tilde{m}_1) + T_s s_o(\tilde{m}_1)) + \rho C'(\gamma_j(m_1 + \tilde{m}_1 - n_1(\tilde{m}_1) + l_o) + \rho(m_2 - n_2(\tilde{m}_1) + s_o(\tilde{m}_1))) = 0$$

$$l_o:\ +T_1 V'(R_1 m_1 + R_2 m_2 - \lambda_1 n_1(\tilde{m}_1) - \lambda_2 n_2(\tilde{m}_1) + T_l l_o(\tilde{m}_1) + T_s s_o(\tilde{m}_1)) - \gamma_j C'(\gamma_j(m_1 + \tilde{m}_1 - n_1(\tilde{m}_1) + l_o) + \rho(m_2 - n_2(\tilde{m}_1) + s_o(\tilde{m}_1))) = 0$$

and

$$s_o: T_2V'(R_1m_1 + R_2m_2 - \lambda_1n_1(\tilde{m}_1) - \lambda_2n_2(\tilde{m}_1) + T_ll_o(\tilde{m}_1) + T_ss_o(\tilde{m}_1))$$
$$- \rho C'(\gamma_j(m_1 + \tilde{m}_1 - n_1(\tilde{m}_1) + l_o) + \rho(m_2 - n_2(\tilde{m}_1) + s_o(\tilde{m}_1))) = 0$$

If one allows for preventive care, then this problem becomes:

$$\max_{m_1, m_2, n_1, n_2, l_o, s_o} EV(R'_1m_1 + R'_2m_2 - \lambda'_1n_1(\tilde{m}_1) - \lambda'_2n_2(\hat{m}_1) + T_ll_o(\hat{m}_1) +$$
$$T_ss_o(\hat{m}_1)) - EC((\gamma_j + \alpha)m_1 + \gamma_j(\hat{m}_1 - n_1(\hat{m}_1) + l_o) + \rho(m_2 - n_2(\hat{m}_1) + s_o(\hat{m}_1))).$$

subject to

$$n_1: -\lambda_1V'(R'_1m_1 + R'_2m_2 - \lambda'_1n_1(\hat{m}_1) - \lambda'_2n_2(\hat{m}_1) + T_ll_o(\hat{m}_1) + T_ss_o(\hat{m}_1))$$
$$+ \gamma_jC'((\gamma_j + \alpha)m_1 + \gamma_j(\hat{m}_1 - n_1(\hat{m}_1) + l_o) + \rho(m_2 - n_2(\hat{m}_1) + s_o(\hat{m}_1))) = 0,$$

$$n_2: -\lambda_2V'(R'_1m_1 + R'_2m_2 - \lambda'_1n_1(\hat{m}_1) - \lambda'_2n_2(\hat{m}_1) + T_ll_o(\hat{m}_1) + T_ss_o(\hat{m}_1)) +$$
$$\rho C'((\gamma_j + \alpha)m_1 + \gamma_j(\hat{m}_1 - n_1(\hat{m}_1) + l_o) + \rho(m_2 - n_2(\hat{m}_1) + s_o(\hat{m}_1))) = 0$$

$$l_o: +T_lV'(R'_1m_1 + R'_2m_2 - \lambda'_1n_1(\hat{m}_1) - \lambda'_2n_2(\hat{m}_1) + T_ll_o(\hat{m}_1) + T_ss_o(\hat{m}_1))$$
$$- \gamma_jC'((\gamma_j + \alpha)m_1 + \gamma_j(\hat{m}_1 - n_1(\hat{m}_1) + l_o) + \rho(m_2 - n_2(\hat{m}_1) + s_o(\hat{m}_1))) = 0,$$

and

$$s_o: T_2V'(R'_1m_1 + R'_2m_2 - \lambda'_1n_1(\hat{m}_1) - \lambda'_2n_2(\hat{m}_1) + T_ll_o(\hat{m}_1) + T_ss_o(\hat{m}_1))$$
$$- \rho C'((\gamma_j + \alpha)m_1 + \gamma_j(\hat{m}_1 - n_1(\hat{m}_1) + l_o) + \rho(m_2 - n_2(\hat{m}_1) + s_o(\hat{m}_1))) = 0$$

Notice that, as before, if $\lambda_2 \geqslant R_2$ then $n_2 = 0, s_o = 0$.

Suppose that$R_1 = R'_1, R_2 = R'_2$ and the clawbacks are not changed either. Let m_1^o, m_2^o be the solution to the physician's optimization problem under capitation but without the option of preventive care. Then, if the physician rosters the same number of patients and has the option of undertaking preventive care, one can observe that there is less variance in expected costs and less variance in expected income, because $E(\hat{m}_1) = \pi m_1 > (\pi - q)m_1 = E(\hat{m}_1) + \mathrm{var}(m_1) = \pi(1 - \pi)m_1 > (\pi - q)(1 - \pi - q)m_1 = \mathrm{var}(\hat{m}_1)$. Moreover, if preventive care is economically efficient, it is in fact also true that

$$EC((\gamma_j + \alpha)m_1^o + \gamma_j(\hat{m}_1^o - n_1(\hat{m}_1^o) + l_o) + \rho(m_2^o - n_2(\hat{m}_1^o) + s_o(\hat{m}_1^o)) <$$
$$EC(\gamma_j(m_1^o + m_1^o - n_1(\hat{m}_1^o) + l_o) + \rho(m_2^o - n_2(\hat{m}_1^o) + s_o(\hat{m}_1^o)))$$

What has been shown therefore is that, if the capitation payment is not lowered, and if the physician does not change the number of rostered patients, then the physician will always choose to undertake preventive care when it is economically efficient to do so: the physician is getting the full benefit of the reduction in the cost of providing medical care. And in fact, if the roster payment remains the same, then the capitated physician will find it profitable to increase the number of rostered patients. Alternatively, the reduction in the variance in both income and expenses makes it possible to reduce the capitation payment without reducing the roster size.

BUT the capitated physician is still bearing more risk than the fee-forservice physician, and therefore it is still more expensive to get services provided under capitation than under fee-for-service.

Proposition 19 In general, it is more costly to provide incentives to physicians to engage in preventive care when they are paid under a capitation contract than when they are paid under a fee-for-service contract.

Proof. This relies on the same argument as the proof of Proposition 15: since the physician paid under capitation bears risk, it is still more costly to incite this physician to service a given number of patients than it is to obtain these services under a fee-for-service payment system.

6 Discussion and Conclusions

Health policy makers in many countries are struggling with the design of remuneration schemes for physicians. In many countries, efforts are being made to move from a system based primarily on fee-for-service to one based largely on capitation.

This move is generally presumed to be cost-reducing, as such a payment scheme is thought to eliminate the incentives of physicians to provide unnecessary services (physician-induced demand). Researchers have drawn attention to possible differences in the quality of services provided under capitation and fee-for-service payment schemes, and many have concluded that the optimal system is, therefore, a blended (mixed) payment system which combines elements of both fee-for-service and capitation. A mixed payment mechanism is believed to mitigate the negative results associated with traditionally designed fee-for-service and capitation schemes: induced demand for unnecessary services under a fee-for-service mechanism and incentives for cream-skimming and quality-stinting-under capitation.

This paper takes a different approach, and demonstrates that-at least under certain circumstances-either of these two schemes can be designed to provide the same health service outcomes if a more sophisticated price scheme is implemented. The paper stresses that payment rates should reflect the heterogeneity of patients' medical needs. The evidence that doctors who are paid under a fee-for-service scheme schedule 10 minute consultations for all patients, regardless of the complexity of their health problems, is a consequence of the fact that existing fee-for-service schedules do not provide physicians with appropriate incentives to offer longer visits to patients in poorer health. Doctors would in fact choose to provide longer consultations if the fee-for-service schedule were adjusted appropriately. Similarly, capitation will not deliver the improvements in preventive care that are widely anticipated to result from a shift to this sort of remuneration scheme, unless the benefits to the physician of engaging in preventive care outweigh the costs of possibly seeing a rostered patient for a second visit. The problem of imperfect health risk adjustment and consequent adverse selection with dumping of high-risk patients under a prospective payment mechanism [Ma (1994), Newhouse (1996), Ellis (1998), Eggleston (2000)] simply proves the importance of a finer risk classification schedule. In contrast, the problem of "DRG-creep" is attributed to an overly-fine capitation fee schedule, which provides incentives to physicians to re-classify patients to higher-paying diagnosis-related groups (DRG) when there is no medical necessity to do so. DRG-creep is a problem of observability of a physician action (moral hazard from a physician side rather than a patient's side) when a payer (an insurer) is unable to verify an exact patient's diagnosis. However, both fee-for-service and capitation scheme are prone to this type of moral hazard. Whether the prospective nature of capitation induces physicians to engage in this kind of behaviour to a larger extent than a retrospective fee-for-service payment scheme, where treatment cost is always covered by an insurer, remains an empirical question.

More generally, the analysis of this paper illuminates the consequences of the differential in the ability of the public sector (or, alternatively, the private health maintenance organization) and a private physician to bear risk. In effect, since physicians are risk averse, whereas the public sector is risk neutral, it is possible to design a fee-for-service system, that provides the same health care outcomes as a capitation system, but at a lower cost.

References

[1] Barham, V. , Wooders, M. H. , 1998, "First and SecondWelfare Theorems for economies with collective goods", In: Pines, D. , Sadka, E. and Zilcha, I. , (Eds.) , *Topics in Public Finance*, Cambridge University Press, 57 – 88.

[2] Chalkley, M. , Malcomson, 1998, "Contracting for health services when patient demand does not reflect quality", *Journal of Health Economics* 17, 1 – 19.

[3] Eggleston, K. , 2000, "Risk Selection and Optimal Health Insurance- Provider Payment Systems", *Journal of Risk and Insurance* 67(2), 173 – 196.

[4] Eggleston, K. , 2005, "Multitasking and mixed systems for provider payment", *Journal of Health Economics* 24, 211 – 223.

[5] Ellis, R. P. , 1998, "Creaming, skimping and dumping: provider competition on the intensive and

extensive margins", *Journal of Health Economics* 17(5), 537 – 555.

[6] Ellis, R. P., McGuire, T. G., 1986, "Provider behavior under prospective reimbursement", *Journal of Health Economics* 5, 129 – 151.

[7] Ellis, R. P., McGuire, T. G., 1990, "Optimal payment systems for health services", *Journal of Health Economics* 9, 375 – 396.

[8] Ma, C. A., 1994, "Health care payment systems: cost and quality incentives", *Journal of Economics and Management Strategy* 3, 93 – 112.

[9] McGuire, T. G., 2000, "Physician agency", In: Culyer, A. J. and Newhouse, J. P., (Eds.), *Handbook of Health Economics*, V. 1, Elsevier, Amsterdam, 462 – 535.

[10] Newhouse, J. P., 1996, "Reimbursing health plans and health providers: efficiency in production versus selection", *Journal of Economic Literature* 34, 1236 – 1263.

[11] Scotchmer, S., 1994, "Public goods and the invisible hand", In: Quigley, J. M. and Smolensky, E., (Eds.), *Modern Public Finance*, Harvard University Press, Cambridge, Massachusetts, and London, England, 93 – 119.

[12] Wooders, M., 1978, "Equilibria, the core, and jurisdictions structures in economies with a local public good", *Journal of Economic Theory* 18, 328 – 348.

The Health Care Reform in China: Problems and Suggestions*

Zhao Man[1] Lv Guoying[1,2]

([1]School of Public Management, Zhongnan University of Economics and Law
[2]Center for Social Security Studies, Wuhan University)

Abstract: China's health care reform should focus on health care delivery system instead of health insurance system and drug circulation system. The reform of these three systems can be likened as "one body, two wings". Health care delivery system should be the body, with health insurance system and drug circulation system as two wings. China's health care system is totally different from western nations'. In western countries, the focus of reform is on health insurance system, not on health care delivery system. It is through health insurance system reform to improve and perfect the health care delivery system. So, the problem in China's health care system is neither American's nor Britain's, but a typical problem with Chinese characteristics.

The root problem in China's health care system is physician's moral hazard, which is even more serious in state-owned hospitals. Physicians abuse the hospitals' reputation and hospitals abuse government-designated reputation(i. e. hospital ranking). The result is the director of publicly-run hospitals has no incentive to monitor the physician's behavior and administrative organs lack no incentive to monitor hospitals and its directors. The underlying cause is the "father-son like relations" originating from "integration of regulation and management" between administrative organs and hospitals.

The imperative for China's health care system reform is to establish health care

* The authors greatly acknowledge the support of National Science Foundation(award number 70673114) for financing this research project.

providers' reputation. The cutting point is to separate regulation from management. Based on China's situation, the shortcut way is to remove the state-run hospitals to the charge of State-owned Assets Supervision and Administration Commission (SASA) at all levels. The health care system should be open to the non-public sector. The reform on health insurance system should also be carried out so that health insurance system plays a greater role in negotiating and bargaining with health care providers.

Key words: separation of regulation from management coordination of three reforms moral hazard reputation

1 Introduction

Since 2005, how can China transform its health care system has been under heated debate. Two major views prevail. One is "government-dominated" approach; the other is "market-dominated" approach. However, this debate is doomed to be insignificant. One reason is the concepts of both sides are inconsistent and unfounded; the other is that the debate is sentimental, thus unobjective and unscientific. Fortunately, both parties go out of the word game finally and come to consensus on government-dominated approach. The focus of debate transfers from "government-dominated" or "market-dominated" approach to "how government plays its role in health care system".

At present, there are two existing kinds of reform proposals. They all advocate "government-dominated approach", but disagree on how government plays its role. One proposal holds that government should provide the health care services directly, finance health care providers, continue to establish medical institutions and subsidize health care providers. The other proposal insists that "government-dominated" means the financing and purchasing health services by government. According to this proposal, the government should subsidize the consumer, subsidize the health insurance and catastrophic disease, and introduce competition, price mechanism, payment system and third-party purchases in health care system.

However, these reform proposals lack a prerequisite, a sound, perfect health care delivery system. There exist serious problems in health care delivery system in China, for example, over-redundant prescription drugs and check lists. The price of drug and medical services are too expensive. The public has expressed its discontent with unaffordable access and medical impoverishment (*kan bing nan, kan bing gui*). The root cause is physician's moral hazard, i. e., the physicians use information asymmetry to harm the patient's interests for self-interest. There is no professional self-regulation (reputation) to regulate the physician's behavior. Without physician's self-regulation, any reform proposal is "a castle in air".

2 China's Health Care System: a Preliminary Analysis

2.1 The pivotal role of physicians

A simplified health care system is composed of three parties and two markets. The three parties are patients, insurance institutions and health care providers. The two markets are health insurance market and health care delivery market.

The extended health care system includes drug manufacturers, drug distributor, medical device manufacturers, medical device distributor and government. It also involves markets such as drug market and medical device market.

No matter how complex this system is, patients are the ultimate consumer of medical service, drug, medical device and materials. However, unlike the consumption of common goods, the consumers can not select services and materials by themselves. Patients can only consume health services through physicians. Physicians determine the diagnosis, treatment, inspection and drug consumption. Therefore, physician and patient form the principal-agent relationship, in which physician is the agent of the patient. When someone gets sick and looks for treatment, he selects a physician at first, forming the physician-patient relationship, then, the physician chooses the treatment which includes diagnosis, inspection and medication.

The transfer of the consuming sovereignty from the patients to physicians exhibits the special position of the physician in health care market. Physicians are the hub of the final consumption of the service and product, they not only determine the medical consumption of the patient, but also determine the market sales of the manufacturer. Physicians lie in the core position and are the cause of health care costs. A lot of problems arise because of the principal-agent relationship between physicians and patients.

Physicians have double roles, one is the agent of the patient, the other is the provider of the medical services. For the interests of himself, physicians as agent may use his information superiority; do some thing that impairs the interests of principal, which called as physician's moral hazard. Generally speaking, providing high-quality, high-price treatment or increasing the medical consumption of patient can be beneficial to physician's self-interests. Also, using advanced equipment for inspection can be beneficial to avoid the risk of malpractice lawsuits. Therefore, physicians may make prescription and checklist which are not useful at all.

Physicians manipulate prescription, choose the drug, auxiliary examination and use price discrimination. By these means, they not only affect the drug market and medical device market, but also affect the health insurance market. They not only determine the fate of the manufacturers, but also determine the welfare and the health lever of the consumer.

2. 2 Individual reputation and collective reputation

The key to understand the physician's moral hazard is to distinguish the physician's individual reputation and the hospital's collective reputation.

The information asymmetry in health care market makes reputation, an intangible asset, very important to health service providers. Essentially, the formation of reputation is an investment process. Although it reduces the income at present, it will increase the income in the future. The process of establishing physician's individual reputation is also the process of self-discipline and inhibiting moral hazard. Reputation mechanism is the basic guarantee for the operation of health care market.

However, the formation of reputation mechanism needs some conditions. In private clinics, the individual reputation of a physician is the intangible assets of himself. The damage to clinic's reputation by the physician's prescription and checklist which are not useful at all also affect his own reputation, and the loss of income in the future will be undertaken by himself. The rational physician limits the short-term income and inhibits the impulse to make prescription and checklist which are not useful at all at present, in order to get the long-term income in the future. So, it can explain why the behavior of the physician in the private clinic is more self-regulated than the big hospital.

As a brand, reputation has the function of mortgage once it is formed. The bigger the value of the reputation is, the more loss when the reputation collapses. So the famous physicians have more incentives for self-discipline. The famous, veteran physicians have noble medical ethics because they have highly-valued reputation brand, so they protect the reputation very carefully.

Physicians in private clinics must take the full responsibility for their own deed, it can not transfer, it has no externality to other physicians. It is the essential difference between physicians in private clinics and those in big hospitals.

Except for famous physicians, physicians in big hospital don't have their own special reputations. They get the trust from patient because of the good reputation of big hospital. — collective reputation. Patients don't know clearly the technical level and behavior of a certain surgeon. It is the reputation of the big hospital that guarantees the trust from patient to physician. It is the same situation in high school, teachers in famous university host training class which always have many students outside the school. The reason is not because of their teaching level, but because of the brand of the famous university.

Physicians in big hospitals win the patients not by the individual reputation but the collective reputation. For team members, the collective reputation of the medical institutions is not only the common resource but also the public good. As common resource, every member may have the motivation of over utilization, so it has formed the equilibrium status of every physician all making prescription and checklist which are not useful at all. It is the manifestation of the tragedy of common resources in the hospital. As public good, every member lacks incentives to provide, every physician tends to be free rider, so every physician lacks motivation to supervise other physicians' behaviors.

This can explain why the bigger the hospital is, the more serious the moral hazard of the physician; This can explain why the medical behaviors of a physician in private clinic after he retired are more n self-disciplined than he in hospital; This can also explain why it is very common to find so many private clinics, partnership hospitals with limited scale in Chinese traditional society and western society.

2.3 No separation of regulation from management and regulatory capture

How to prevent physicians from abusing collective reputation? Theoretically, this duty should fall on the hospital's director. However, considerable directors approve and tolerate the physician's moral hazard, such as irrational drug-use and over prescription. Why does the hospital chief no longer take care of reputation which decides the hospital life and death? In China, the hospital reputation doesn't originate from the public praise, but was given by government. The hospital may form the huge prestige through the government channel. Another way to enhance the hospital reputation is to purchase large medical equipments. Physicians enhance their professional titles through evaluation by government organs. So it weakens the incentives to form reputation to regulate the physician's moral hazard. It forms the situation that physician abuses the hospital reputation, and the hospital abuses the government reputation.

In order to prevent the hospital abusing government reputation, government should regulate hospitals and physicians. However, in China, the health administrative departments at various levels have not actually been able to carry out effective regulations. Why? The basic reason is there is no separation of regulation from management in China's health care system. The state-owned hospital is one of the final fortresses of Planned Economy, which basically continues to use the Planned Economy pattern: the relationship between the Health Administration departments at various levels and the state-owned hospital is like a "father-son relationship". Hospital is the accessory of the health administrative departments, whose chief is appointed by the health administrative departments. So the physician in the hospital is equivalent to the quasi-civil servant whose professional titles is evaluated by the government.

The integration of regulation and management causes great wastes to the Health Administration department and easily leads to "regulatory capture", which means the regulator receives kickbacks from the regulated and then the two collude. The "father-Son relationship" between government regulatory departments at various levels and the state-owned hospital provided the natural condition for the "regulatory capture". When the medical dispute happens between the hospital and the patient, the administration of public health department often first protects hospital but not the patient. When the hospital commits unlawful behaviors, the common phenomenon arise that the administration of public health department let it go to protect the hospital benefits. The administration of public health department even covers up hospital chief who is promoted by them. This will exert impact on the anticipation of regulated to the regulation, which causes the regulated never believe the regulation and penalty. As a result, the regulated relaxes to restraint their moral hazards.

In summary, the core problem of the Chinese health care system is physician's moral hazard, which is especially obvious in the state-owned hospitals. The logic behind this is, physician abuses the hospital reputation, and the hospital abuses the government reputation. This logic can come true when hospital has no incentive to monitor physician and the government has no incentive to regulate hospitals. The central point is the "Father-Son relationship" between the Health Administration departments at various levels and the state-owned hospital caused by the integration of regulation with management.

3 Cruxes in China's Health Care System

China is still in the transitional period from a centrally planned economy to a market-oriented economy. The planned economy system still exists, and the market economy system is far away from perfection. What is even worse is an effective mechanism does not evolve to overcome the flaw of the market. This is major different between China and the western developed market countries. In western developed country, either England or USA, they have already established the perfect health care delivery mechanism. The focus of the reform in west isn't the health care delivery system but the health insurance system, and it is through health insurance system reform to provide impetus to health care delivery system. Thus, the emphasis of reform in China should be on health care delivery system. If health care delivery system reform achieves no breakthroughs, the health insurance system reform and drug circulation system reform are of little significance. Therefore, the problem of health care system in China is like neither British nor American Diseases, but a typical problem with Chinese characteristics (*zhong guo bing*).

The features of "health care problems in China" have following several aspects. The first is the coexistence of "inaccessible health care" and "unaffordable medical bills". The prominent problem in NHS in Britain is "inaccessible to health care". The prominent problem in American health care system is "unaffordable medical bills". But in China, these two phenomena coexist. The second is that, physicians, hospitals, patients and drug supplier all complain about the present health care system. There are no beneficiaries. The third question is the hospital's property right. The public hospitals both are neither public nor public in its true sense. Therefore, there are no effective incentive mechanism and the hospitals are not for public interests. The fourth is the prominence of the physician's moral hazard, which includes the decline of occupational ethics, the displacement of the professional role and the distortion of the professional image.

The health care system in present China is the mixture of the planned economy and market economy. The planned system has been destroyed, but the market mechanism has not yet been formed. The state-owned hospital is not only the accessory of administration of public health department, but also the main manager of the hospital. On the one hand, the administration of public health department controls the state-owned hospital administrative ranking and the chief appointing rights. On the other hand, hospitals operate as a market unit. Under this context, their short-term behavior is inevitable.

The state-owned enterprise's short-term behaviors caused a strange circle, i. e., competition leads to chaos and regulation result in bankruptcy. The reason is that the operator takes the national property to do business and the responsibility and the right are asymmetric. Because the relationship between the super administrative department and the state-owned enterprise are like "Father-Son Relationship", and the regulation from the super administrative department is incredible. These two aspects exist in health care system in present China.

The various problems in health care system, such as irrational drug-use, over prescription, the problems in the drug circulation, the false advertisement, the high drug price, the collusion between hospitals and pharmaceuticals and so on, can be attributed to the absence of reputation in health care system. Therefore, "remodeling" health care system and establishing reputation mechanism is the key to the health system reform. A perfect socialist market economy system actually requires building the market reputation, and the transaction based on the Self-discipline is also the request of the construction of harmonious society.

The absence of self-discipline in health care provider can not be blamed for the lack of moral in Chinese physicians, but the Self-discipline. If we can construct one kind of reasonable health care system, physicians will restore the image of angels in white. This is the core of this reform proposal, i. e., "remodeling" the health care system and establishing reputation mechanism.

4 Framework for China's Health Care System Reform

Health care delivery system, health insurance system and drug circulation system are closely related in health care system. The health care delivery system plays a dominant role. The relationship of the three system can be likened as "one body and two wings", with health care delivery system as the body, drug circulation system and health insurance system as two wings. "Coordination of the three reforms" is not on equal footing, of which, the health care delivery system reform is the premise and foundation of the other two reforms. The health insurance system reform takes the health care delivery system reform as the premise, which in turn promotes the health care delivery system reform. If the health care delivery system reform and the health insurance system reform achieve success, the problems in the drug circulation system will be easily solved.

First, the key to "coordination of three systems" lies in the health care delivery system reform. The breakthrough is to establish a reputation mechanism to constrain the physician's behavior, with regulation as auxiliary mechanism. Physicians are the source of all the medical expenses, regulate the physician's behavior can both solve the high price of the medicine and also can reduce the health insurance costs.

Second, remove the State-Owned Hospital from the Ministry of Healthy to the charge of State-Owned Assets Supervision and Administration Committee. Encourage the private capital and the foreign capital to enter the health care market and carry out incremental reform. At the same time, impose entry barrier to prevent the cheat and speculation.

Third, health insurance companies have the information-searching and the negotiating functions. If these functions work, they can not only strengthen health care delivery system's reputation but also reduce the high medical bills.

Fourth, in the drug circulation system, the patient's behavior is extremely special. The patient's consumption of drugs is realized through physicians. In fact, physicians choose the drugs on behalf of the patient. Therefore, with physician's moral hazard, it is impossible to eliminate the chaotic drug circulation system. Practices such as "two different lines of expenditure and revenues", government procurement and separation physicians from drugs, have already proved as a failure. The basic way to solve these problems is to "remold" the health care delivery system and establish the reputation mechanism.

5 The Features of this Reform Plan

First, closely revolves the major contradiction. The problems in health care system and the "coordination of three reforms" are complicated and confused. If we cannot hold the principal contradiction, the scheme of the reform will be too complex to work. In the course of "coordination of three reforms", the reform of health care delivery system is in a core position, physician is the source of all the health expenses. Containing physician's moral hazard is the key to control the medical expenses. Only through physicians, can excessively high prices occur. Therefore, through the system reform, establishing the reputation mechanism to restrain the physician's behavior is the key to solving all the problems of the health care system.

Second, emphasis on system reform rather than increasing the financial investment. "The insufficient government investment" is a common excuse for all beneficiaries to shirk responsibility. They attribute excessive prescription, excessive checklist, high drug price and bribing to the insufficient government investment. Actually, enhancing the efficiency of the financial revenue is more important than increasing the financial investment. Increasing financial investment should not an optimal idea. Under the existing budget restraint , we should make efficient use of investment.

Third, this plan is compatible with other reform proposals. The other reform proposals give precious suggestions on technical level, but their basic flaw lies in that they has not been able to hold the crux of China's problem, therefore was unable to implement. But, all of these eight reform schemes can be compatible with this reform plan in certain degrees. This plan has provided a solid foundation for them. Without this foundation, we can't benefit from good international experiences. This plan allows different places to try other different plans according to the actual situations.

6 The General Framework of this Reform Plan

"Remolding" the health care delivery system is the core of the "coordination of three systems". The key to remolding the system lies in establishing reputation of health care services providers. The breakthrough to establish prestige mechanism is to separate regulation from management. Considering national conditions, the most succinct method of "separating regulation from management" is to remove state-owned hospitals at all levels to the charge of

State-Owned Assets Supervision and Administration Committee(SASAC) . At the same time, health care market should be open to non public sector and implement incremental reform. The health insurance system is auxiliary reform to display health insurance institutions' information-searching and bargaining functions.

6. 1 Reform of health care delivery system

■Remove state-owned hospitals from health administrative departments to the charge of State-Owned Assets Supervision and Administration Committee. First, state-owned hospital, which belong to national assets, should be owned by SASAC. Second, under this condition, management being separated from regulation can be realized , which make state-owned hospital be market unit, as well as lay a foundation for market reputation. Separating health administrative department from state-owned hospital can be possible, which make health department strengthen auditing supervision. State-owned hospital under the charge of state assets supervisory committee is also the trend to reform management system in hospital. Changing subjection relation is an effective way to reduce barriers of reform . Because it is difficult for an industry to implement self- reform. Thirdly, the brand of hospital , which lay a foundation for market reputation, is the most important intangible asset. The objective of reform in state-owned hospital is to establish monitoring and incentive mechanism which make the hospital pay attention to hospital's brand.

■Encourage non-public capital to enter health care market and take incremental reform. By strict qualification review, we can distinguish investors from speculator.

First, non-public capital can not only increase health care service providers but also cut down government investment, which is the important approach to increase medical service supply of hospitals.

Second, through the introduction of non-public capital, we can break the state-owned hospital's monopoly, form the market competition and exert external competition pressure on the state-owned hospital, thus improve state-owned hospital's performance.

Third, there are two ways for the non-public capital to enter the market. The first one, establish the new medical institutions by investment; The second one is to buy state-owned hospitals. In the second way, we must set up entry barriers and exercise strict eligibility review so as to prevent speculation behavior. The reform experience of Suqian city in Anhui province has already proven this point. This can prevent the losses of state assets and reduce the resistance to reform.

■Cancel state-owned hospitals' administrative ranking, reform hospital rating system and physician's evaluation system. At the same time, we should relax the control on the medical services' prices so as to recovery the reputation mechanism in the health care market.

First, cancel state-owned hospitals' administrative ranking, let it become the main players in the market but no longer the auxiliaries of the administrative department, This can create a fair competition between state-owned hospitals and the non-public hospital.

Second, cancel the state-owned hospitals' administrative ranking and promote the formation of the market's reputation mechanism. Today, the state-owned hospital's reputation is not from the market and the patient's oral transmissions, but comes from the executive ranking given by the government. So the medical suppliers do not take care of the patient oral transmissions, only takes seriously of the relations with the higher administrative department. Because of this kind of administrative ranking and the hierarchical system has destroyed the medical supplier reputation mechanism.

Third, reform of hospital rating system and physician's evaluation system, the tow systems are the signal transmission system which used to solved the medical service market information problem, The government authority's involvement has disturbed its signal transmission function. We should strengthen the profession association's independence; let it to lead these two systems.

Forth, the government relaxes the control of the medical services' prices, it is helpful to solute the drug-maintaining-medicine problem, at the same time, and this is also the foundation for the formation of the medical care market reputation mechanism. Only when the prestige has the market value, the medical service just will has the power to set up and to defend the market prestige, the market price of the medical service is one manifestation of the medical supplier prestige value.

■Establish hospital's internal corporate structure

There are several theoretical foundations. On one hand, claim of residual rights is corresponding to residual control according to modern firm theory. The member who is the most important, whose action is difficult to supervise and has the strongest specific human capital should claim the residual rights. On the other hand, the reform must pay attention to the property right of hospital reputation, the most important intangible asset, as well as distinguishing organization's reputation from physicians' reputation. Thus, the physicians have residual claim and residual control. The ideal structure is physicians own hospitals and employ staffs and doctors.

First, decomposes hospital with no scale of economy into several individual clinics. Physicians become the owner of the individual clinics and employ administrative personnel. The function of the hospital is to provide physicians with the medical equipment, services auxiliaries and personnel (for example anesthetist and nurse). The physician service is a "software", provides by the clinic. The hospital service is a "hardware", provides by the hospital. Physician and the hospital relationship becomes the market transaction relations instead of the subordinated relations.

Second, for the hospital with remarkable scale, under the condition of close cooperation between physicians, we should implement licenses system to differ individual reputation from collective reputation. The famous physician should have the relatively independent rights. The administrative offices director should the famous physician. The administrative offices and the hospital are the long-term contract relations. Administrative offices director has the claim for residual rights. Changing the famous physician's employee status means let him become the clinic or the administrative offices' owner, turning the hospital into the administrative offices' loose alliance.

6.2 Health insurance system reform

The difference between health insurance and other insurances is the health insurance institutions' information-searching and negotiating function. By theory, health insurance institutions have more stronger market power than single patient, such as information searching, negotiating and deterrent capabilities. It was proved by the overseas practice that they can solve information asymmetry in health care market, eliminate moral hazard of health care service providers, strengthen reputation mechanism of health service providers and reduce the medical care expenditure. This kind of mechanism has not appeared in China. The reason is the health insurance institutions lack the incentives to search information and bargain with health service providers. The key point of this reform is to let health insurance institutions display their information-searching function and the negotiating function by means of reputation mechanism. The aim of this reform is to separate two kinds of dependent relations: one is to separate the social health insurance institutions from labor administrative departments, the other is to separate the new cooperative medical insurance from health administrative department. Also, implementing voucher system in which those who are enrolled in insurance can choose the health insurance institutions freely and the health insurance institutions can choose the medical service providers freely too. Therefore the competition is formed.

■Eliminate "Father-Son Relationship" between the health insurance institutions and the government can make the insurance institutions be a real independent entity. This will have two advantages. First, the "Father-Son Relationship" makes the health insurance institutions become the accessory of the government. They both lack the external pressure and inner incentives, just carrying out procedure simply. They even collude with the health service providers, therefore, they can not play its role in information-searching and bargaining. Second, Eliminating "Father-Son Relationship" can make the health insurance institutions be a real independent entity. In order to survive, the health insurance institutions must collect information of medical service providers and bargain with health service providers to force prices of service down.

■Implement health care voucher system in which those enrolled in insurance can choose the health insurance institutions freely and the insurance institutions can choose the health service providers freely too.

First, in same city, we can set up several health insurance institutions so that the participants have freedom to choose. In the near future, the commercial health insurance institutions should be allowed to undertake the function of the social insurance institutions. In the long run, we should establish enough administrative institutions for urban employee's basic medical insurance, urban residents' basic medical insurance and the new type of rural cooperative medical insurance. The numbers of institutions should vary with local population density.

Second, the free choice of health insurance plans by participants can create competition among the health insurance institutions. In order to attract more person to enroll, the health insurance institutions must contract health service providers who have lower cost and higher quality. Therefore consumers will maximize their utility with fixed costs.

Third, the free choice of health insurance plans by participants can lead to the competition among the health insurance institutions, then lead to the competition among the health service providers. Therefore, the health service providers have the incentives to improve the quality and to reduce the medical cost. In this situation, the health service providers no longer face a ingle patient, but the powerful health insurance institutions. This will constrain the behavior of health service providers and strengthen reputation mechanism of health care market.

■In urban employee' s basic medical insurance, employment-based health insurance system should be established, in which, the employees and their family members can be enrolled in the health plan.

First, employment-based health insurance with large participants is an effective way to overcome adverse selection.

Second, medical costs is not borne by an individual matter but by family members.

Third, it is a successful experience of overseas health insurance system that the employment-based insurance not only expand the coverage of health insurance, but also overcome adverse selection.

Forth, China's urban employee' s basic medical insurance only covers employers, not their family members. It will greatly increase the coverage of the medical insurance and reduce the financial burden of urban employee's basic insurance.

■Change retrospective payment system into prospective payment system and cancel Medical Savings Account(MSAs) and fixed ratio of payment system.

First, it is a mistake to put emphasis on controlling consumer's moral hazards instead of physician's moral hazards. However, physician's moral hazard is primary and patients' moral hazard is derivative.

Second, prospective payment system is an effective method to control medical cost and it can impel medical service providers to reduce the medical cost. Moreover, the international experience indicated that prospective system does not reduce the quality of the medical service.

Third, theoretically speaking, MSAs do not have function of risk-spreading. In practice, MSAs funds are abused and it has no use except increasing management cost. Therefore, MSAs is not necessary. . Moreover, MSA is to control patients' moral hazard but not health service providers' moral hazard. Therefore, MSA is ineffective.

Forth, self-paid ratio is excessively high in China now. It not only undermines function of the medical insurance, but also increases patient's burden. The purpose of payment by proportion is to control patients' moral hazard but not medical service providers' moral hazard. Therefore, MSA is ineffective. Because the more income, the more cost the patients may spend, and the more subsidies the patients may get. Payment by proportion may cause reverse subsidy.

6.3 Drug Circulation System reform

■On the coordination of the "three reforms", health care delivery system reform is the most important and health insurance reform is supplementary. All of the problems in the drug circulation system will be solved easily, if health care delivery system reform and health insurance reform are successful, and reputation and the third party purchasing mechanism are formed.

■Drug price should be determined by market. Two negotiating forces, one is health service providers and the other is health insurance institutions, can be formed if health care system reform and health insurance reform are successful. It has been proved by the experience of the western countries that bargaining these two powers between with drug suppliers will greatly reduce the drug price, for example, the drug prices in hospital is lower than that in retailed market in America.

■The key of government's regulation lies in the quality and the safety, not the price. The new drugs on the market is a key point for government to regulate .

7 Additional Remarks

■Market may evolve a mechanism to overcome its failure, such as intermediaries and so on. Market mechanism will not become mature development if government intervenes it too much.

■Government's regulation can bring orderly but not harmonious society. Market-oriented economy is not only economy based on law but also economy based on morality. Therefore, self-discipline mechanism is the soul of the market-oriented economy. It has been proved by our reform practice that there is not an industry which can develop as a result of government's regulation. Self-discipline is a symbol of a mature industry. An industry which depends on government's regulation is just like "a baby who can never grow up".

■There are effective methods to reduce medical cost, such as gatekeeper of community, two-way referral system, the combination of health insurance and health service providers. However, these methods are not enforced by government, but the results of market evolution. These effective methods will not evolve until market reputation mechanism and the third party purchasing mechanism are formed.

■This reform is a win-win plan and implement, thus is Pareto improvement. Also, it can increase the welfare of all interest parties. This reform plan can bring the following benefits. First, the government can reduce financial subsidies to the state-owned hospitals. Second, reputation mechanism of health care service providers will improve the medical quality and reduce the medical cost. Also, the information-searching and negotiating function of health insurance institution will reduce medical cost. Forth, the negotiation between the health insurance institutions, health service providers and drug suppliers will reduce medical cost. Moreover, government can increase revenues by transforming the publicly-owned hospital into non-public one. The revenue can be used to subsidize universal health care voucher and medical aids for the poor.

改革与借鉴

——从日本医疗保险制度改革谈起

吕学静

（首都经济贸易大学）

摘　要：本文主要谈三个问题：第一，从日本医疗保险制度的内涵、构成、资金来源、费用支付、高额医疗保险制度及国库补贴等方面介绍了日本医疗保险制度的基本概况。第二，阐述了日本医疗保险制度的改革。第三，论述了日本医疗保险制度改革对中国的借鉴意义。主要有：以渐进方式使医疗保险覆盖全社会；建立政事分开的医疗保险管理体制；在医疗保险中强化政府干预发挥中介机构的监督作用；加强药品（器材）价格和医疗收费标准的管理；改进医疗费用的支付办法等。

关键词：日本　医疗保险　医疗费用　医疗保险制度改革

一、日本医疗保险制度的基本概况

从世界范围来看，日本是一个医疗体制健全、医疗质量和服务水平高、国民的医疗保障做得很好的国家。世界卫生组织发表的192个国家的健康指标显示，2003年日本人的平均寿命达到81.9岁，位居世界第一。① 另据2000年世卫组织公布的191个国家的医疗综合评价指标显示，包括健康水平、对人权的尊重、为患者服务的程度和均衡水平以及费用负担的公平性等指标在内，日本的医疗保健体制的综合目标实现程度得分最高，亦名列世界第一。这些成绩的取得，除了国民生活水平的改善以及医疗技术的进步以外，当然还与健全的医疗保险体制有着密不可分的关系。

日本是世界上建立医疗保险制度较早的国家之一，其管理形式吸收了德国的一些做法。战后，日本在继续开展被雇用者医疗保险的基础上，1958年又出台了《国民健康保险法》，建立起以地区为单位、对全体国民实施医疗保险的“全民皆保险”

① 宋金文：《日本医疗保险体制现状与改革》，载《社会保障制度》2005年第10期。

制度。而最值得提及的是1961年，从此全民皆被覆盖在医疗社会保险制度之下。其后各种健康保险又历经修订和完善，直至今日。健全的医疗保险体制，是日本医疗整体水平居世界前列的保障。

（一）医疗保险的内涵

日本医疗保险制度的主要内涵是通过强制方法，使全体国民参加某种医疗保险组合，当其发生疾病、伤残（固工伤残除外）等意外事故时，能够通过社会互助的方式，减轻个人负担和损失，在治疗上得到充分的保障，以增强国民健康。凡是在日本居住的人都必须加入某种公共医疗保险，这就是通称的“全民皆保险制度”。

（二）医疗保险的组成

日本的医疗保险根据参加保险者的种类（包括参加者的家属）来区分包括如下几种：

1. 健康保险。针对的是民间法人企业和各种法人的从业人员和职员。它包括政府掌管的健康保险和组合掌管的健康保险两大类。其中政府掌管部分主要是针对中小企业的从业人员和临时雇员，组合掌管的主要是大企业职员的健康保险。

2. 船员保险。即一定规模以上的客船、货船、渔船等船员加入。

3. 各种共济组合。主要是国家公务员、地方公务员、私立学校教职员分别参加的共济组合保险。

4. 除上述外，以其他一切国民为对象的地域保险，它包括从事农业、自营业及高龄退职后的人员。这样，由于所有的国民必须参加上述其中一种的医疗保险，所以称之为“国民皆保险”。

（三）资金来源

每一位年满20岁的日本国民，都要加入到医疗保险体系中来。日本医疗保险组织的基金主要来自投保者缴纳的保险费，包括雇主为雇员缴纳的保险费和投保者缴纳的保险费，赤字部分由国家财政补贴。2000年日本医疗保险费率为工资收入的8.5%。对于一般有固定工资收入的工薪阶层，如国家和地方公务员、企业中的被雇佣者等，事先强制性地从工资中扣除个人应缴纳的医疗保险费用；对于农民、个体户等无固定收入者，则让他们每月定期到当地社会保险部门缴纳保险费；失业人员及职工遗属则用失业保险金和遗属年金来缴纳医疗保险费。

（四）费用支付

在医疗费的支出方面主要有普通医疗费支出、家属医疗费支出、高额医疗费支出及现金支付等几种。

2003 年医疗制度改革以前，不同医疗保险制度的支付比例是不同的。例如，被雇用者保险包括组合保险和政府掌管健康保险，对本人的报销比例为 80%，被保险者本人需要向医疗机构支付 20% 的医疗费。家属住院时的报销比例是 80%，门诊的报销比例为 70%。国民健康保险因为是以家庭为单位参加保险，所以支付不分个人和家属，门诊和住院的报销比例一律都是 70%。国民健康保险中属于退休者的，则与被雇用者待遇相同，本人 80%，家属住院为 80%，门诊就诊为 70%。

2003 年 4 月以后，政府通过修改相关法律，对各制度的报销比例进行了调整，目前各制度的报销比例统一定为 70%，3 岁以下儿童个人负担为 20%，70 岁以上老年人为 90%。

在现行制度下，日本人医疗费的构成，公费负担占 32.9%（中央财政 24.9%，地方 8%），保险费占 52.5%，个人付费 14.7%。

（五）高额医疗保险制度

当个人负担的医疗费过大而超过承担能力时，可适用对一定额度以上的医疗费给予报销的高额医疗保险报销制度。由保险者根据个人及家庭的收入多少，对超过的部分事后给予偿还支付。根据老年人保健法，对 70 岁以上老年患者，2001 年以前医疗费采取的是定额制，门诊每月四次以内者每次收取 530 日元的费用，住院每天 1200 日元。2001 年 1 月以后，在每月规定限额内统一征收 10% 的医疗负担，超过规定额度以上时，由高额医疗费制度支付。2002 年 10 月以后，老年人医疗费个人负担为 10%，一定收入以上者为 20%。

（六）国库补贴

由于不同行业和地区被保险者的性质存在很大不同，因此各保险者之间的财政状况存在很大的差异。因此，国家在实施补贴时，一般是根据制度的性质，对不同医疗制度按照法律规定给予不同数额或比例的国库补贴。对老年人、财政基础薄弱的保险者采取了一定的倾斜政策，以减轻被保险者的负担，保证各保险者财政方面的平衡。

例如，政府掌管健康保险的加入者主要是中小企业的就业者，收入相对较低，国家负担保险支付的 13% 以及老年人保健统筹金的 16.4%。对组合健康保险，因加入者主要是大企业就业者，除特殊情况外，一般不给予国库补贴，只是根据支付费临时补助金制度，对个别财政困难的组合从每年的国家年度预算中给予数量有限的定额补贴（2003 年补贴额为 151 亿日元）。对市町村负责的国民健康保险，因其加入者与其他制度相比，低收入者和年龄较大者较多，国库补贴也最多。根据法律规定，国库负担国民健康保险 50% 的支付费，负担国民健康保险组合支付费的 32%。另外，国库还负担各保险者的部分事务费，即向保险者提供用于保险制度运营所需经费的补贴。总体来看，国库对财力较弱、保险费负担重的国库补贴率较高，以保证医疗保险水平和负担的公平性。

二、日本医疗保险制度的改革

从20世纪70年代后半期开始，日本政府就着手对医疗保险制度进行调整，特别是在20世纪80年代后，对医疗保险改革的力度明显加大。其原因有两个：一是国家用于医疗保险的财政拨款不断增加，使中央财政负担沉重；二是人口老龄化的加速。日本在1970年65岁以上人口占总人口的7.1%，1995年达到14.6%，到2017年将达到24.9%，即每4个日本国民中将有1个为高龄者。

随着日本老年人口的不断增加儿童出生率持续下降，日本近年来出现了投保人数下降而享受医疗保险服务的人数不断增加的情况。更由于存在着药价定得过高及部分投保者过度医疗等方面的问题，使得日本医疗保险费2000年达到30万亿日元，平均每人医疗费达到23.9万日元。2003年度国家财政的16.3%被用于补贴医疗保险费用支出的不足。据2000年的统计，平均每个老年人所花费的医疗费是年轻人的5.1倍。在所有市町村中，2000年赤字保险者的比例达到62.2%。2002年度政府掌管保险医疗费赤字达到创纪录的6321亿日元。①

在这种背景下，20世纪90年代以来日本一直对保健医疗体系、诊疗报酬体系、医疗保险制度等进行改革。

（一）运用多种方式控制医疗费用

目前，日本医疗保险改革主要是运用多种方式控制医疗费用的增长速度，具体为以下几个方面：

1. 在老人医疗费方面

与人口的老龄化相对应，日本政府于1982年制定了老人保健法。制度规定70岁以上老人的医疗费，由医疗保险的有关制度共同负担。1984年修改健康保险法时又规定：60—70岁的老人是受雇者医疗保险适用对象，当其退休就医时、受雇者医疗保险要对其费用提供援助；同时，把当时补助医疗费100%的标准，降为90%；也就是说，对70岁以上老年人的医疗费用支付方法，原来全部免费，1983年以后改为自己负担一部分费用。1986年和1991年两次对老人保健法进行了修改，制定了全体国民负担老人的医疗费制度。

考虑到老人一般就诊次数多，住院时间较长，对于老人医疗保险，相反地采用个人负担固定金额制，门诊一个月1000日元，住院一天700日元，规定由自己负

① 宋金文：《日本医疗保险体制现状与改革》，载《社会保障制度》2005年第10期。

担。由于个人负担金额固定，老人可安心就医。然而，这种措施也产生了年轻人与老人之间的不平衡，为此，1995年之后，老人的负担额采用了随物价变动而定期改动的政策。

2. 在医疗保险费用支出方面

医疗保险费用的支付，遵循必要、最小限度的基本原则。比如，住院时医院提供的伙食费用可由保险支付，但如个人另外加菜，则所加部分自己负担。住院时，原则上病房是四人一间，平均每人标准面积为6.4平方米以上；如并无治疗需要而要求住单间病房，其费用追加部分由患者个人负担。此外，齿科治疗中需要镶牙时，若使用一般材料由保险支付，但如果使用金、银等特殊材料，则差额部分由个人负担。通过以上方法努力抑制医疗保险费支出的过度膨胀，减轻中央财政负担。

3. 在提高患者负担比例方面

据日本《朝日新闻》报道，从2003年4月1日开始，日本实施经过修改的医疗保险法，工薪者医疗费用自己负担的比率将从20%提高到30%。由于人口老龄化问题加速，高龄老人的医疗费用支出迅速增加，日本各个医疗保险机构均出现了巨额赤字。为此，日本政府除了决定增收工薪阶层的医疗保险费、要求医药生产厂家降低药价外，还决定提高医疗费中患者自己负担的比率。

（二）医疗服务的制度化改革

1985年12月和1992年6月日本两次修改了医疗服务法。1985年的修改（第一次修改）的目的是为在医疗机构间调剂和合作打下基础，同时也为控制由供给带来的需求增长以及由此而来的医疗费用增长。通过这次修改，地区有责任根据本地区的医疗需求，确定医院所需病床的数量。

1992年的修改（第二次修改）是为了建立有效提供高质量和病人所要求的医疗的体制。这次修改确定了三种医院：提供高级医疗的特殊功能医院，主要用来接纳长期病人；有许多用于康复的床位的一般医院；以及其他一般性医院。通过这些变化，预期会给病人提供足够的医疗。

（三）医疗开支的合理化改革

虽然很难确定医疗开支的适当规模，但必须设计出使其合理化的措施。由于医药和检查在医疗开支中占很大的比重，一些医疗机构在诊断和治疗上过分浪费，还有一些医疗机构放弃了作为保险机构的许可证，这使合理化更为必要。

合理化的措施之一是每两年修改一次社会保险医疗费。在过去几次修改中，鉴于自动血液分析仪和其他检查设备的广泛运用，确定了特殊检查的收费限额，以防止浪费。为了缩短医院停留时间，实行根据病人停留时间减少全面医疗费用的政策。另外，近年还建立了家庭医疗和护理服务。

为了按照医疗服务法的个性使医疗费体制与机构的职能保持一致，在最近几次修改中已采取措施填补医生、护士和其他职务的位置，增加有大量工作人员的机构的医疗管理费和护理费。经过1990年修改，接纳很多老年人并由此已经增加护理人员的医院有可能选择每天给被老年人服务方案覆盖的人一个固定数额的办法。尽管这只是很小的一步，但这一固定数额制度的引入本身很重要，显示了医疗费用方案改进的方向。

（四）2003年的最新改革

2003年3月小泉内阁确定了《关于医疗保险制度体系及诊疗报酬体系的基本方针》。从改革的基本方向看，小泉内阁沿袭了历届内阁的做法，即对医疗制度进行综合的、分阶段的改革，控制医疗费的上升，明确医疗机构的功能，提高医疗机构的效率。

小泉内阁的此项医改方案主要包括如下三点：

1. 扩大财源，做到“宽进”。新方案规定，将一般工薪者医疗费的负担从20%提高到30%，高龄者个人负担仍为10%，但其中高收入者个人负担从10%提高到20%，看病时的定额保费部分上调，家族成员（家庭年收入360万日元以上）看病住院均上调至30%。个人缴纳的保费也做小幅上调，如参加中小企业的政管健康保险的个人缴纳保费从平均7.5%上调到8.2%，工薪者原来按每月基本工资征收4.25%的保费，新方案把奖金（每年大约4—5个月）也作为征收基数，按比例征收保费。另外，在医院、诊疗机构、医生等收取医疗费方面，政府采取修改计价的方法，控制医方收费，控制医药费，从制度上降低收费。

2. 提倡医药分家，做到“严出”。日本政府在药政管理上提倡医药分家，现已达到43%，但没有法律明确规定必须分家。按新方案，政府的做法有两个方面，一是对新药药价的审查极为严格，使医院、药店不能随意高价售药。二是对医诊方收费实行点数控制。如一般看病60点，某项大手术12500点等，点数计算明确具体。医诊方按政府规定的点数计点，特殊法人社会保险诊疗报酬支付基金审查计点是否合乎规定，然后支付现金。

3. 普及大众用药。日本在医药品生产方面，通过政府行政指导，把医疗用药和大众用药分开，并对大众用药做出明确具体法律规定。如药品适用疾病的范围和主要症状、用药方法，使家庭主妇和个人不一定事事去医院，自己按说明服药后就可疗伤治病。体温计、血压计、棉纱、棉球、纱布、消毒酒精等，都作为一般健康用品推广到每个家庭。结合日本防地震、防火灾等措施，日本普及了家庭药箱，内装多种必备的大众药品、救急药品和体温计、血压计、消炎膏药等，以便随时取用。大众用药的普及，既节约了家庭医疗费的开支，又推进了药品生产的发展。

目前，日本医疗保险改革的主要思路是：运用多种方式控制医疗费用的增长速度，如增加个人负担医疗费用的比例；对医院的医疗行为实行定额承包制；强化国家对药品价格的监督管理；整顿全国具有医疗保险资格的医院、诊疗所，减少床位数，等等。①

上述《基本方针》指出了日本医疗保险制度体系及诊疗报酬体系改革的基本方向，是小泉内阁在医疗改革方面的集大成。但它还只是一个框架，更具体的措施与对策还在制定当中。日本政府计划最终在2008年实现《基本方针》的目标。② 小泉内阁的医疗制度改革实际上是20世纪90年代以来日本医疗改革的延续，以增加患者的责任分担和优化医疗机构为主要内容。从中长期看，改革可以控制医疗费的持续增长，增加国民对医疗保险制度的信任，消除人们在健康医疗方面的不安，从而有助于日本经济的发展。

三、日本医疗保险制度对中国的借鉴

我国现行的医疗保险制度与社会主义市场经济目标模式有较大差距。主要问题有：国家和企业的负担过重，医疗保险的覆盖面窄，人们的自我保障意识差，社会化管理服务程度低，管理体制不顺，医疗保险基金使用不合理等。笔者认为，日本的社会保障的改革在以下方面对中国有一定的借鉴之处：

（一）以渐进方式使医疗保险制度覆盖全社会

日本仅有1亿多人口，从提出《健康保险法》到实现全民皆医疗保险用了27年；我国是一个拥有13亿人口的大国，要使医疗保险覆盖全社会绝不是短时间能解决的。应该借鉴日本的做法，由易到难，逐步推进。先逐步覆盖工薪阶层，然后再覆盖非工薪阶层。在工薪阶层中，可以按照所有制、行业或职业等分别进行统筹，成熟一类，实行一类。然后可以打破所有制、行业或职业界限，逐步实行统一制度。城乡非工薪阶层可以按照地域进行统筹。待医疗保险覆盖全社会后，可以通过调整逐步扩大统筹范围，实行省级统筹。

（二）建立政事分开的医疗保险管理体制

在医疗保险管理体制中，可以借鉴日本的做法：（1）建立中央和地方两级医疗保险政府行政管理机构。中央医疗保险机构的职能主要是调查研究，进行预测，提出有关医疗保险的法律草案，提供人大讨论和立法；制定规划、政策和有关标准；对医疗保险事业实行进行指导、检查和监督。地方医疗保险机构分管与中央医疗保

① 《覆盖全体国民的日本医疗保险制度》，载《中国劳动保障报》2001年4月19日。

② 《日本的社会保障制度及改革走向》，载《中国社会科学院院报》2003年3月26日。

险机构对应的地方医疗保险行政管理工作。（2）建立中央和省、市、县四级医疗保险管理机构。这些机构应是相对独立的、事业性的、非营利的法人机构。根据国家的有关法律和政策，具体运作医疗保险业务。（3）建立医疗保险基金的监督机构，监督医疗保险基金的收支和管理。实行上述医疗保险管理体制，使有关部门和机构职责分明，各司其职，互相制约和监督。

（三）在医疗保险中强化政府干预，并发挥中介机构的监督作用

日本是市场经济发达的国家，市场在资源配置中发挥了重要作用，但政府并非对市场放任自流，而是制定了一些必要的规范。如在日本，医疗保险的投保者可以任意选择有接治被保险者资格（这种资格厚生省认可发证）的医院看病。所发生的医药费用，个人按照有关规定付一部分，剩余部分，由医院向保险公司开具标准化的催款明细账单索取。催款单先送到基金联合会，基金联合会集中了一批医疗专家，他们依照国家有关药品和医疗收费规定，对每一张催款单进行审查。没有问题的催款单，将被送到投保人所属保险公司，保险公司按照催款单的要求，将医药费通过银行转到有关医院。对有问题的催款单，则提出质疑返回医院，重新办理。为了保证医疗保险的顺利实施，政府还统一制定了药品价格和医疗收费标准，并将医疗机构划分等级，允许不同级别医疗机构的医疗收费可以按照一定比例浮动。这样做有效地抑制了不法行为，维护了广大投保者的利益。

（四）加强药品（器材）价格和医疗收费标准的管理

目前，我国的药品价格和医疗收费相当混乱，药品流通多环节、多渠道，导致开支增加，浪费严重。甚至假、伪、劣医药用品泛滥，严重威胁人民的健康。解决这个问题，可以借鉴日本对药品管理的经验，首先是坚决实行由国家统一确定药品价格和医疗收费标准，并对药品流通实行国家专营。另外，加强对各医疗机构的管理。可采用合理的打分制和发放接治享受医疗保险许可证的方法，对其进行监督和制约。对乱开方、乱收费的医院实行减分、降级、取消许可证等处罚措施。截至2000年底，日本共有9.9万家医院、诊疗所经医疗保险组织审核批准，取得为被保险者提供医疗服务的资格。已经投保的日本国民可持医疗保险卡到其中任何一家医院、诊疗所就诊。医疗费用报销范围总的来说，包括医生的诊疗费和药费两部分。医生诊疗的每个行为和用药的价格都由国家确定，政府还经常根据物价因素等对诊疗项目及用药的价格进行调整。

（五）改进医疗费用的支付办法

日本值得我们借鉴的做法有：

1. 计分办法。医疗保险组织按统一标准向医疗机构支付医疗费用。该标准由劳动厚生省中央社会保险协会制定，费用计算方法采用计分累计法。具体措施是，政府根据医疗成本和医务人员工资等情况，经过周密的调查和计算，将各种医疗项目分数值标出，医疗机构每完成一个医疗服务项目就获得一定的分数，每一分值为10日元，最后按一定时期内的总分向医疗保险组织结算费用。政府对各种医疗项目制定分数表，共分四种分数表，即甲分数表、乙分数表、牙科分数表。药房药品换算表，根据医院和诊所的规模性质，有的实行甲分数表，有的则实行乙分数表，实行哪种分数表由地方政府决定。政府还经常根据物价等因素对项目分值进行调整公布。保险者持医疗卡可以在允许范围内选择机构（属医疗保险合同医疗）就诊。就医时除按各医疗保险组织规定个人负担的一定比例外，大部分由医疗保险组织报销。

2. 报销办法。日本医疗费用的报销方法主要是记账办法，即患者除自付少量费用外不直接与医院发生经济关系，由医院定期向保险组织提出结算清单，医疗保险组织委托社会保险诊疗报酬支付基金会和国民健康保险团体联合会进行审查并支付费用。

总之，有必要借鉴日本的有关成功经验，使我国的医疗保险体制的改革更加有效。

参考文献

[1] 吕学静：《日本社会保障制度》，经济管理出版社 2000 年版。

[2] 吕学静：《现代各国社会保障制度》，中国劳动社会保障出版社 2006 年版。

[3] 沈洁：《日本社会保障制度的发展》，中国劳动社会保障出版社 2004 年版。

[4] 魏大名：《日本医疗及社会保障制度》，上海远东出版社 1997 年版。

[5] 厚生劳动省监修：《厚生劳动白皮书》，晓星社 2004 年日文版。

新型农村合作医疗的制度性问题

吴宏洛

（福建师范大学公共管理学院）

摘　要：以政府组织、引导、支持和农民自愿参加为原则，个人、家庭和政府多方筹资，以大病统筹为主的新型农村合作医疗模式的制度性约束和制度性障碍是明显的。其后果是我国农村合作医疗的可得性与可及性普遍较低，对农民的吸引力不足，需要在制度建设方面更有作为。

关键词：新型农村合作医疗　制度性约束　制度性障碍　制度建设

新型农村合作医疗制度是由政府组织、引导、支持，农民自愿参加的，个人、集体和政府多方面筹资，以大病统筹为主的农民医疗互助救济制度。国务院2003年1月转发了《关于建立新型农村合作医疗制度的意见》，提出建立新型合作医疗制度的目标。2006年1月，卫生部等单位下发《关于加快推进新型农村合作医疗试点工作的通知》，要求全国试点县（市、区）2006年数量达到全国县（市、区）总数的40%左右，2007年扩大到60%左右，2008年在全国基本推行，2010年实现新型农村合作医疗制度基本覆盖农村居民的目标。温家宝总理在十届五次人大会议作政府工作报告时明确提出要"着眼于建设覆盖城乡居民的基本卫生保健制度"，报告宣布，国家2007年要把新型农村合作医疗制度的覆盖范围从2006年50.7%的县（市、区）扩大到2007年的80%以上，中央财政安排补助资金101亿元，比去年增加58亿元，这意味着我国医疗保障制度将覆盖到广大农村，农村居民看病难看病贵的问题有望得到解决。

总体看，试点工作进展顺利，取得了明显的成效。新型农村合作医疗的规范管理和运行机制已初步形成，农村居民医疗服务的利用率有了显著改善，农民的医药负担切实得到了减轻，农民对合作医疗的信心明显增强。截至2006年9月底，全国已有1433个县（市、区）开展了新型农村合作医疗试点，占全国总县（市、区）数的50.1%，覆盖农业人口40600万人，占全国农业人口45.8%。2006年1月至9

月，全国有1400万农民从新型农村合作医疗中受益，共得到医疗补偿费用98000万元。各试点地区根据本地区的实际情况，积极探索各种因地制宜的模式和做法，在实践中积累了很多经验，为新型合作医疗的推广打下了基础。但是，由于新型农村合作医疗是一项复杂的社会系统工程，涉及面广、政策性强、制约因素多。因此，强化政府责任是构建和完善新型农村合作医疗制度的根本保证。

一、新型农村合作医疗的制度性约束

国家责任理论认为国家的职能不仅在于保障个人的人格、生命财产的安全，还应该依据公正的概念改善公共卫生、保护老幼贫病和人们的安全。医疗保障作为社会保障制度的一个组成部分，事关人民的生命健康。从世界经验看，医疗保障作为生存权的一部分，得到各国政府的支持。新型农村合作医疗制度是我国政府在农村实施公共卫生职能和提供最基本的医疗服务的主要制度安排，政府作为组织者和提供者，理应承担起主要责任。

合作医疗作为基本医疗制度曾经是我国农村医疗卫生制度的有效形式。在20世纪60—70年代，它与农村三级医疗预防保健网和赤脚医生一起，并称为解决农村缺医少药的三件“法保”，被世界银行和世界卫生组织誉为“发展中国家解决卫生经费的唯一范例”。20世纪80年代以来，随着家庭联产承包责任制的推行，农村集体经济组织力量弱化，制度中的集体补贴越来越少，合作医疗失去了赖以存在的经济基础。由于投入不足，公社卫生院、村卫生室等医疗机构难以为继，以往靠挣工分为生的赤脚医生也失去了收入来源。这一时期，政府对合作医疗的态度由大力支持转向放任自由，加上舆论宣传导向的失误，合作医疗在很大程度上失去了继续生存的政治和组织基础。在多种因素的综合作用下，合作医疗大面积滑坡。

始于2003年的新型农村合作医疗试点改革，与继往的合作医疗制度不同，它是以政府组织、引导、支持、农民自愿参加为原则，个人、家庭和政府多方筹资，以大病统筹为主的农村医疗互助共济制度。然而，新型合作医疗的制度性缺陷仍然是明显的。

1. 农村医疗资源供给严重不足

长期以来农村合作医疗支出严重不足，占全国医疗卫生总支出的比例低下。一项调查结果显示，发达国家的医疗开支均占国民生产总值的10%以上，即使是经济发展比较落后的印度，其医疗开支占GDP为6.1%，非洲国家赞比亚，也达到5.8%，而中国只占2.7%。1991年至2000年我国农村卫生投入比重由12.55%下降到6.59%，社会卫生投入从6.74%下降到3.26%，同期农民个人支出从80.71%上升到90.15%。卫生部近期的调查显示，我国城市人均卫生事业费用38.3元，农村仅9.9元，农村医疗投入只占总投入的16%。从经费比例看，大部分地区农民个人负担比例占到80%以上，集体出资约占10%，而政府仅承担了不足5%的责任（王成艳，2005）。世界卫生组织近日公布的数字显示，中国医药卫生总体水平仅排在第144位，卫生公平性列192个成员国的第188位。

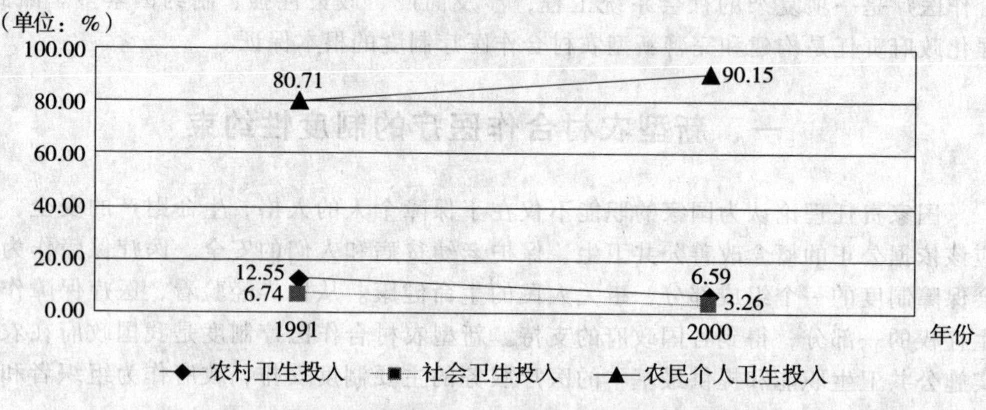

图1　农村医疗卫生费用支出结构图

2003年全国新型农村合作医疗工作会议上，明确把建立新型合作医疗制度与全面建设小康社会联系起来。中央政府承诺从2003年起，中央财政对中西部地区除市区以外的参加新型合作医疗的农民每人按人均10元作为合作医疗补助基金，并计划于2010年在全国实行农村新型合作医疗保障制度。在实施合作医疗的补助时，中央政府为了减轻风险，采取只有地方政府先出资才出资的办法。在实际操作中中央政府选择的转移支付是一种后续的财政补贴性质的资金，即以各级地方政府的筹资为条件，地方政府的筹资又以农民的筹资为条件，而农民的选择是"政府如果不出钱，我也不放心先出钱"，从而陷入了各级政府之间、政府与农民之间的循环博弈。

2006年政府对医疗卫生的投入比2002年增长了一倍多，2007年的支出还将比2006年增长86%，这的确是个可喜的现象。但是，对于地方政府来说，推行新型农村合作医疗的时运不佳。截至2007年，我国取消了农业税和农业特产税，这意味着县、乡财政收入的进一步减少。虽然中央对地方的补偿性转移支付在某种程度上削弱了地方税收减少的负面影响，但基层财力困难的问题仍然十分突出。有学者估计，地方政府因为农业税减免造成的财政缺口高达1700亿元。农业税免除之后，村级自治政权组织运转以及一些原有的社会公益事业（例如五保户供养）的经费，主要来源于上级政府的转移支付。由于各地财力的差异较大，对农村医疗卫生的支持力度差异也相应增大。在苏南和上海郊县，基层政府财力雄厚，对合作医疗投入了较多资源，成功地扮演了组织者和主要筹资者的角色，因此，这些地方合作医疗发展态势相对较好（吴凤娟，2003）。但是，在广大中西部地区，由于财力有限，县乡政府连最基本的公共卫生服务需要都难以满足，更谈不上对合作医疗进行财政配套。许多中西部地区特别是贫困地区因此无法成为新型合作医疗的试点县，而这些地区的农民恰恰是最需要医疗保障的。有的即使成了试点县，在实际操作中大都采取了硬性规定指标，向乡村干部包干摊派，强迫乡镇干部、卫生院和乡村医生代缴，以及强迫农民贷款缴纳等简单粗暴强迫命令的办法（李宁，2005）。

2. 医疗资金的筹资政策缺失

医疗资金的筹集是新型农村合作医疗制度得以建立的基础，也是这一制度得以有效运转的保障。按照中央文件的规定，新型农村合作医疗实行的是个人缴费、集体扶持和政府资助相结合的筹资机制。个人缴费的最低额度是10元，集体扶持的金额国家没有作出硬性规定，而政府资助的前提是农民参合资金的到位。这一筹资机制，存在两个问题：

第一，政府虽然规定了合作医疗筹资的三方性原则，却没有明确各方的职责。政府出资是以中央为主还是地方为主？如果是地方政府为主，是以省（自治区）为主还是以县、乡（镇）为主？各方出资比例如何确定？出资标准多少为宜？集体是否必须提供补贴？个人出资应该以个人为单位还是以家庭为单位？出资标准与当地年纯收入水平挂钩还是规定固定数额？对特殊贫困人群是否应该给予医疗救助？这一系列问题均没有明确的规定。由于缺乏相应的筹资细则，合作医疗集体出资部分至今无法正式列入乡、村的财政开支中，并且支付的比例也缺乏规范，从而使合作医疗资金难以合理提留，农民自己成了合作医疗资金的主要来源和提供者。由于农民收入增长缓慢，合作医疗面临筹资困难的局面是显而易见的。

表1　农民纯收入与县级医院医疗费用的比较（1990—2002）

	农民人均纯收入（元）	住院病人人均医疗费（元）	门诊病人人均医疗费（元）
1990	686.3	309.9	8.1
1992	784	443.4	11.6
1994	1221	632	18.1
1996	1926.1	1182.4	32.6
1998	2162	1365.7	41.8
2000	2253.4	1592.3	54.9
2002	2475.6	1779.3	63.9

资料来源：顾昕、方黎明：《自愿性与强制性之间》，载《社会学研究》2004年第5期。

第二，自下而上的财政资金拨付模式，虽可防止上级资金被恶意套取，但在下级政府财政困难不能及时拨付的情况下，将直接影响农民的利益。从调查情况看，在试点期间，一些县（市）虽然能够尽其所能多方筹资，但在全面铺开后，如果没有中央、省级的转移支付作支撑，则可能出现县级财政因负担太重无力为合作医疗买单的状况。同时，自下而上的筹资模式，只要其中一级资金不到位，就会影响上级的拨付。资金缺位责任并不在农民，其后果却要由参合的农民独自承担，这显然有失公平，由此直接影响了参合农民的积极性。

3. 农民自愿参保是制度设计的缺陷

新型农村合作医疗制度是政府、集体和个人共同筹资、县级范围农民互助的社会保险制度，因此筹资体系的长效机制是关键。而筹资体系本身又由三个部分构成：动员社会资源的机制（目前体现为中央和地方政府资金、企业和乡镇集体、家庭个人资金）、各种收入来源的统筹机制（县统筹基金，以及具体管理方法，即是否委托保险公司第三方管理），以及向医疗服务供给者分配资源的机制（对医疗机构支付方法）。政府的作用主要表现在管理、协调职能和监督机制，尤其是要维持医疗制度的公平性，其中最重要的是政府如何通过公共行政能力，发挥市场机制的作用使新制度更有效率。

新型农村合作医疗制度，在模式选择上与一般商业保险的做法有很大的相似之处，农民自愿参保，并按规定缴纳费用。各级财政出资部分实行财政划拨，农民个人出资部分的收缴主要依靠乡村干部和乡村医生挨家挨户宣传说服来完成。事实上是把基本医疗保险定位为私人消费品。虽然新型农村合作医疗制度强调了政府的投入责任，但政府的投入及补贴是与农民自愿参加相结合的，所带来的问题是，能够参保的主要是相对富裕的群体。朱俊生的研究表明，农村中20%的低收入户对合作医疗没有支付能力，20%的中低收入户有一定的支付能力，60%的中等收入户具有相当的支付能力（朱俊生，2006）。不可避免的结果是，农村中占20%最贫困的居民，事实上也是最需要帮助的人，因为缺乏缴费能力而无力参保，必然形成逆向转移支付问题，加剧不平等，合作医疗制度可能沦为农村中比较富裕群体的互助机制，而不是真正意义上的社会保障制度。

表2　农民对合作医疗的支付能力

年人均纯收入（元）	支付能力	农村居民户数所占比重
<495	无支付能力	2.28%
495—890	调整消费结构后有一定的支付能力，但非常有限	约10%
>890		约88%

资料来源：朱俊生：《农民支付能力和支付意愿》，载《中国医疗保险》2006年第5期。

从农民的支付意愿看，关键问题不在于他们是否能够承担得起人均筹资10元的费用，而在于他们的支付意愿。2003年第三次国家卫生服务调查结果显示，11.7%的农户明确表示不愿意参加新型农村合作医疗，17.4%的农户表示说不好，愿意参加的为70.9%。一般而言，消费者是否参加保险取决于参加制度的成本和收益的比值。健康人群生病支出医疗费用的概率小，通常不愿意参保。而老弱病残等健康风险高的人群却愿意支付少量保险费，换取医疗保障。结果导致保险制度覆盖人群的疾病风险概率高，保险偿付支出大。由此筹集的资金必然少于制度的实际支出，收不抵支的结果是保险机构被迫提高缴费比率，造成一批自我感觉健康状况良好的人选择不参加保险，而健康状况不佳的人更愿意参加保险，制度的风险进一步提高（邓大松，2006）。这就是经典的“逆向选择”问题。国际经验表明，逆向选择会迅速破坏并最终导致一个建立在完全自愿基础上的保险计划的解体。因此，工业化国家的基本医疗保险制度一般都是强制性参保，采取社会保险的方式。事实上，自愿参保的模式在我国已出现了一个怪现象：即富裕者看不上，贫困者参不起。从这个意义上说，完全自愿参保既不可能是一个公平的，也不会是一个有效率的制度安排。

二、制度约束下的制度性障碍

由于制度设计上的缺陷，新型农村合作医疗制度在试点中伴生出种种制度性障碍。归纳起来，出现的问题主要表现为“四差”。

一是农民参保意愿差。一项对农村居民的入户调查显示，相当大比例的农村居民对合作医疗制度是否能够长久、各项政策是否能够真正兑现、合作医疗经费是否会被挪用或者挤占贪污、实施过程中的报销范围和额度是否因人而异等问题存在着不同程度的担心。造成农民对政策疑惑的原因是多方面的，主要在于：（1）对政策稳定性的疑虑。这一教训来自几次合作医疗实践的失败经验。由于政策不统一，各地恢复与重建合作医疗的努力时常被政府自相矛盾的政策所打断。1999年，农业部等有关部门发出通知，要求减轻农民经济负担，明令禁止向农民乱集资、乱摊派，并明确指出不得强制推行合作医疗。2000年，农业部再次批评“合作医疗集资在一些地方仍未禁止”。2002年农业部等五部委关于减轻农民负担的通知明确将合作医疗列为不合理负担，禁止征收。政府各部门政策的不统一，导致农民在认识上发生混乱，基层干部无所适从，使合作医疗工作进退两难。据中国卫生经济培训与研究网络对10个贫困县农村合作医疗试点单位的调查发现：合作医疗运行与发展的决定因素不是经济因素，也不是技术因素，而是政策的稳定性、协调性和规范力度。可见保持政策的稳定性至关重要。（2）缺乏透明度和责任制。有调查表明，良好的治理状况凤毛麟角，普遍存在的治理不善是导致合作医疗信任危机的主因之一。中国卫生经济培训与研究网络在8个省的调查发现，接近50%的被调查者不信任合作医疗管理者。在地方合作医疗管委会定期公布的合作医疗资金收入和支出的乡镇中，农民对合作医疗的满意率远远高于其他乡镇（刘远立等，2002）。（3）合作医疗的筹资水平、基金使用范围和比例的确定、医疗费用减免的范围和标准等规则的制定，都必须基于深入的调查研究和科学的精算。规则不完善，政策就无法进行下去。但是，由于缺乏专业指导和培训，许多地方在合作医疗基金管理上随意性较大，起付线和封顶线以及报销的额度、比例各不相同，筹资精算有欠科学，造成农民对合作医疗缺乏信心（顾昕、方黎明，2004）。

二是医疗基金的安全性差。《关于建立新型农村合作医疗保障制度的意见》规定，各省、自治区、直辖市财政等部门要组织制定新型农村合作医疗基金管理办法和基金会计制度，按照公开、公平、公正的原则管好、用好基金，不得挤占挪用；所有新型农村合作医疗资金全部进入代理银行基金专户储存、管理；要定期向社会公布新型农村合作医疗基金的具体收支、使用情况，保证农民知情、参与和监督的权利，并接受有关部门的监督。但目前合作医疗试点的运行普遍存在基金管理和运行程序有漏洞，没有完全封闭运行，医疗经办机构管理手段落后，管理能力薄弱，基金存在安全隐患等问题。一些地方政府为了套取中央资金，虚报农民的参保率，将合作医疗变成钓鱼工程。中央电视台焦点访谈节目报道的河南省太康县的案例是一个典型例证。一些地方在实施过程中，有意降低合作医疗的报销比例，从而造成合作医疗的沉淀资金过多。由于缺乏完善的监督机制，这部分沉淀资金被挪用的可能性很大。湖北省某市 1992 年被挪用的合作医疗基金达 112 万元，用于办企业、付水费和干部工资（钱信忠、张怡民，1999）。这种状况在全国尤其是中西部地区实施合作医疗的地方很常见，致使农民群众对合作医疗产生怀疑，影响其健康发展。

三是医疗基金抗风险保障性差。目前合作医疗的保障水平较低，在试点的一些县，大病补偿率最高只有 30%—40%。农民生病以后，大部分医疗费用还是自掏腰包，抵抗疾病风险的能力十分薄弱，基本不能达到风险保障的作用。田庆丰 2005 年对河南省“新农合”试点县的调查表明，贫困农民的住院率高于非贫困农民，住院费用的补偿额度却低于非贫困农民。每一位住院农民从新农合基金中获得的补偿，非贫困农民为 1095.69 元，贫困农民为 787.22 元，非贫困农民从合作医疗中受益相对较大，差别有统计学意义（u = 2.521，P = 0.013）。数据表明，由于新农合实行“低保费，高共付率”的补偿办法，很明显，共付率越高，价格越高，农民利用医疗服务产品的可能性越小（田庆丰，2006）。

表 3 不同经济状况农民医疗费用状况

调查项目	非贫困		贫困	
	住院人数	花费（元）	住院人数	花费（元）
住院总费用	935	4460.97 ± 8451.13	130	2833.34 ± 7575.85
报销额	794	1095.69 ± 1538.71	105	787.22 ± 1121.85

资料来源：田庆丰：《新型农村合作医疗的受益公平性研究》，载《医学与哲学》2006 年第 8 期。

四是“低保费、高共付率”形式的公平性差。低保费能够提高农民参保的期望净收益，从而提高参保率。当对所有农民实行统一保费时，这种作用对于低收入的农民可能会加强。但是，共付率越高，价格越高，农民利用医疗服务的可能性越小。研究表明，与高收入者相比，低收入者对医疗服务价格的弹性更大一些。因此，高共付率不利于低收入农民。汪宏等的研究表明，在“低保费、高共付率”的合作医疗中受益比例是不同的。高收入人群中健康状况好的农民受益相对更大，这可以从不同健康状况的参保组中高收入者与低收入者获得净收益的比率得出结论，而且门诊和住院服务都显示相同的结论（汪宏，2005）。

三、关于农村新型合作医疗制度建设的几点讨论

新型农村合作医疗制度的推进，在很大程度上受制于农村合作医疗的可得性与可及性。目前我国农村合作医疗的可得性与可及性普遍较低，对农民的吸引力明显不足，需要在制度建设方面更有作为。

1. 政府在新型农村合作医疗制度建设中的角色与职能定位

我国《宪法》第45条第1款规定：“中华人民共和国公民在年老、疾病或者丧失劳动能力的情况下，有从国家和社会获得物质帮助的权利。国家发展为公民享受这些权利所需要的社会保险、社会救助和医疗卫生事业。”按照宪法的规定，我国公民不分城乡，在其患病时有从国家和社会获得物质帮助的权利，国家有责任为保障公民这一权利的实现发展社会保险、社会救助和医疗卫生事业。虽然在目前条件下，国家还不能一步到位实现城乡一体化的医疗保障制度，但并不能因此回避政府应尽的责任。那么，在新型农村合作医疗制度的建立上政府应承担什么责任呢？按照2003年3月1日正式开始实施的《中华人民共和国农业法》的表述是“国家鼓励、支持农民巩固和发展农村合作医疗和其他医疗保障形式，提高农民健康水平。”据此，农村合作医疗和其他医疗保障的“巩固与发展”的责任主体是农民自己，国家或政府在这一过程中的作用只是“鼓励和支持”。至于“鼓励和支持”的形式和力度则并无明确规定，完全取决于国家或政府的意愿。显然，上述表述既没有明确国家或政府的责任主体，也没有反映出政府在这一制度安排上的实际作用。因此，有必要界定政府在农村合作医疗建构中的职责，明确其主导性地位。

农村合作医疗制度的建立是国家主导的结果，安全运行的监管责任应由政府承担。因此，政府的责任主要体现在：第一，确定国家在农村医疗卫生政策的总体目标，并确定各参与方包括个人、家庭、集体、不同层次的政府、保险机构、医疗卫生服务提供者等的作用和职责构成，以避免各参与者相互推诿，避免相关政策的矛盾和不协调；第二，提供资金支持尤其在贫困地区；第三，提供组织监督和稳定的制度保障。

确定政府和农村居民缴费的合理负担比例，是合作医疗制度方案设计必须解决的难题，更是合作医疗有效实施和可持续发展的关键。我国的土地公有制决定了农村居民不仅不能买卖土地，甚至多数情况下不能作为市场的主体自主按照市场价格出售自己的农产品，农村居民充其量只是国家的“雇员”。他们的收入长期低于城镇居民。因此各级政府有必要以公共财政为农村合作医疗买单。中央政府、省级政府和县乡政府承担的比例额度以15%、15%和20%为宜。

2. 新型农村合作医疗是自愿？强制？还是灵活？

“强制性”是社会保险所固有的特征，考察世界各国的社会保险制度，无论采取什么模式都不是只强调“自愿”。考虑到我国合作医疗的现状，可采取“适度强制”原则，取代新型合作医疗的“自愿参加”原则。只有这样，才能从根本上消除各级政府与农民之间的“博弈”困境，杜绝农民的“逆向选择”行为和“短视”倾向，保证农民的广泛参与，达到制度的全面覆盖。当然，“适度强制”并不排斥“灵活”。政府可以以经济发展水平或人均收入等客观因素为依据，制定合作医疗的强制参加标准，从而兼顾制度的强制性与灵活性。在这一方面，韩国、日本、台湾都提供了很好的经验，创设出许多介于强制和自愿之间的保险模式。譬如，要求整个村庄或其中绝大部分居民必须参与到一个保险中，这需要有很好的激励机制来鼓励村民加入；多个村庄整体加入一个健康保险计划，在村庄之间化解风险；对于以个人为单位参加的保险计划，通常要求所有家庭成员参与；强制某些特定职业或特定年龄段的人群参与保险等。

把握新型农村合作医疗的“适度强制”原则，取决于当地的经济发展水平和税收体制的效率。未来可行的模式是：强制超过本地区平均收入水平的农村居民参加合作医疗，鼓励低于本地区平均收入水平，但超过最低生活保障线的农村居民参加合作医疗。收入低于最低生活保障线的农村居民，不属于合作医疗应该覆盖的范围，应该给予社会救助。

3. 合作医疗需要科学的筹资机制

合作医疗基金的筹集，要改变过去“以个人投入为主，集体扶持，政府适当扶持”的建制原则，确立“政府投入占主导，政府与农民共同投入”的建制原则，以政府的有限资金，来引导农民参加新型农村合作医疗，从而体现政府的责任意识、集体参与意识和个人的费用意识。（1）根据当地农村居民的医疗需求量，结合社会经济发展水平和个人、集体经济的承受能力，通过确定适宜的补偿比例，测算人均基金筹集标准。（2）把以往重视对医疗服务供方的扶持逐步转变到加大对农村居民医疗服务需方的支持上，提高公共卫生服务的利用率，逐步使各级政府在财力允许的情况下把建立农村合作医疗专项资金制度化。在集体扶持方面，要在村提留公益金中安排一定数额用于合作医疗。在乡镇集体经济较发达的地区，鼓励增加对合作医疗经费的支持水平，有条件的地方争取将乡村医生的报酬纳入集体经济分配范围，使乡村医生的收入与业务工作脱钩，以避免不规范医疗行为的发生。（3）要强调多元投入机制，通过国家的投入，引导社区经济、企业、慈善机构、外资机构及个人等方面的捐助，尤其是在发达地区提倡社会捐助行为，给予捐助的企业和个人一定的税收减免政策，以充实农村合作医疗基金。

4. 监督机制至关重要

新型农村合作医疗基金运营的安全性直接关系到农民切身利益的实现。监督的目的在于：减少浪费；提高使用效率；对弱势群体的倾斜；禁止将资金贪污、挤占、挪用。因此，健全医疗监督机制需要从四个方面着手：（1）建立监督委员会制度。农民对新型农村合作医疗的质疑，其实质是担心合作医疗资金管不好、用不好，担心上当受骗。如果从组织上对合作医疗加以监督和制约，就会消除农民的疑虑与不信任感。在组织上，主要是在县级建立新型农村合作医疗监督委员会。（2）建立群众举报制度。建立群众举报制度，可防止农村卫生院医生不合理用药，各级医院不合理收费现象。针对这种情况，有必要让村民对合作医疗的一些不合法问题进行监督、举报和投诉。（3）建立定期审计制度，保证农民的监督权。定期审计制度的目的是把基金收支和管理情况纳入县级审计部门的年度审计计划，定期予以专项审计，并公开审计结果，保证农民的监督权。（4）建立信息公开制度，保证农民的知情权。信息公开是保证农民对合作医疗的知情权的重要方式，是衡量新型农村合作医疗工作是否到位、制度是否落实、反映合作医疗工作真实性的主要标志。通过建立合作医疗信息公开制度，确保参加合作医疗的农民参与、知情和监督的权利。

5. 新型合作医疗制度设计必须符合城乡衔接的医保制度

从理论上说，农村合作医疗制度的覆盖人群应该是在农村居住，主要从事农业生产劳动的家庭成员。但是，在现代社会中，城乡之间人员交往密切，流动异常频繁，城镇居民和农村居民混杂、交叉居住，尤其是城乡结合部很难确定农村居民的长久身份。因此，在设计合作医疗方案时，一方面要以职业和户籍确定农村合作医疗覆盖的人群；另一方面，要争取与城镇职工医疗保险制度具有相融性，以方便人员流动。按照社会保险具有“社会性”的特征，所有的社会成员都应该享受医疗保障。在城镇医疗保险制度已经存在的情况下，没有覆盖的人员都应该成为农村合作医疗覆盖的对象。鉴于此，合作医疗制度的设计，应该充分考虑城乡医疗保障的衔接性与和融合度，使城镇医疗保险、农村居民医疗保险和农村合作医疗制度在缴费标准、方式、享受待遇水平和基金管理等方面没有太大的区别。

参考文献

[1] 朱俊生：《新农合研究：农民支付能力和支付意愿》，载《中国医疗保险》2006年第5

期，第 27 页。
[2] 叶真、汪胜、周爱珍等：《浙江省农村居民对新型农村合作医疗的意愿调查》，载《中国农村卫生事业管理》2004 年第 24 期，第 12 页。
[3] 邓大松、杨红燕：《政府与农村合作医疗制度》，载《学习论坛》2006 年第 2 期，第 41 页。
[4] 田庆丰：《新型农村合作医疗的受益公平性研究》，载《医学与哲学》2006 年第 8 期。
[5] 汪宏等：《中国农村合作医疗的受益公平性》，载《中国卫生经济》2005 年第 2 期，第 17 页。
[6] 王文素：《完善农村新型合作医疗制度的措施探讨》，载《现代财经》2005 年第 6 期。
[7] 江渝：《农村新型合作医疗模式发展问题的探讨》，载《中共四川省委党校学报》2004 年第 2 期。
[8] 张万民：《新型合作医疗制度的影响因素及政策建议》，载《山东社会科学》2006 年第 9 期，第 143 页。
[9] 王艳：《论医疗给付结构对农民参与合作医疗意愿的影响》，载《中国农村观察》2005 年第 5 期，第 53—60 页。
[10] 金彩红：《中国新型农村合作医疗制度设计缺陷的理论分析》，载《上海经济研究》2006 年第 9 期，第 74 页。
[11] 顾昕、方黎明：《自愿性与强制性之间——中国农村合作医疗的制度嵌入性与可持续发展分析》，载《社会学研究》2004 年第 5 期，第 8 页。

垄断均衡与破除：我国县乡医疗市场现状分析对策研究*

杨　军　朱国忱

（武汉科技大学文法与经济学院）

摘　要： 本文在分析了我国县乡医疗市场现状后认为，我国县乡医疗市场正在出现新的、医政联合的垄断格局。通过建立县乡垄断医疗市场供求模型和医政联合垄断均衡模型，本文分析认为，我国县乡垄断医疗市场短期与长期均衡形成及持续是各方力量博弈的结果，垄断医疗机构从中获得巨额垄断利润，而农民却支付巨额成本。在模型分析结论基础上，本文提出了建立准入性竞争医疗体系、提升农民的组织和谈判能力、变革政府职能和完善公共卫生政策三大破除县乡医疗市场垄断均衡的对策性思考。

关键词： 县乡医疗市场　垄断均衡　准入性竞争医疗供给体系

一、我国县乡医疗市场现状分析

新中国成立50多年来，我国医疗卫生事业发展迅速，以世界2%的卫生资源维持和保障了占世界22%人口的健康，这一成就是引人注目的。农村卫生工作也取得了显著成就。卫生服务网已基本覆盖了广大农村地区，乡村医生队伍素质有了明显提高。① 但是，我国县乡农村医疗卫生市场发展存在诸多问题。② 本研究认为，当前，我国县乡农村医疗市场仍存有三大方面的问题：

第一，医疗服务供给机构呈现过度市场化倾向。我国县乡医疗市场改革首先发

* 项目课题：湖北省高等学校优秀中青年科技创新团队项目“中小企业生态系统与湖北新农村建设”（T200710）。

① 王延中：《论新世纪中国农民医疗保障问题》，载《战略与管理》2001年第3期。

② 宋斌文、熊宇虹、张强：《当前农民医疗保障的现状分析与对策构想》，http：//www. social - policy. info/900. htm. 2006 - 02 - 01。

端于市场机制的引入。受西方经济新自由主义思潮的影响，近二十年来农村医疗卫生体系改革实际上遵循着市场化取向，把本应由政府承担的农村公共卫生事务也推向市场，如把村卫生室让个体户承包，把乡镇卫生院卖掉，希冀通过引入竞争机制，来提高效率，减轻政府负担，减少民众医药支出。本研究认为这既是市场化的必然要求，也是在我国医疗体系濒临崩溃下的无奈选择。但是，由于医疗市场的特殊性，在医患双方之间，医生和医院是处于绝对优势的供给方，患者因信息不对称等因素是居于完全被动的需求方，导致供给决定需求，过度医疗消费现象普遍。这最终导致居民个人医药支出持续增长，同时导致了医疗服务资源分配失衡，困难群众，尤其是偏远地区贫困农民基本无法享有基本的医疗服务。

第二，医疗服务“价高质低”。首先表现为当前大部分乡镇卫生院技术落后、人才匮乏、服务滞后，无法提供高质量甚至是基本的医疗服务。许多乡镇医院的业务量不大，服务的利用率较低，接近70%的乡镇医院亏损或接近亏损的边缘[①]。而且，随着农村社会经济发展，农民对医疗服务的质量要求越来越高，尤其是当前农村疾病谱与以往相比发生了较大变化，乡镇卫生院根本无法满足农民的医疗需求。这导致了当前农民的医疗服务消费行为基本表现为“小病不出村，大病到县及县级以上医院”，而乡镇卫生院在农民的就医选择中往往被忽略掉了。

此外，虽然医疗服务质量不高，县乡基层医院的服务价格却并不低。在市场经济中，一般而言是营利性医疗机构的服务价格高于非营利性或公立医疗机构。但在中国农村，情况恰恰相反。[②] 公立医疗机构主要是乡镇卫生院，不仅效率低、服务差，而且，由于市场化倾向，业务收入成为其生存的主要来源，医院在利益的诱惑下极易发生“供方诱导过度消费”的道德风险，农民看病，医生往往开大处方，重复检查，用“好”药、贵药。这样一来，公立医疗机构在医疗服务和药品价格上都非常昂贵，一般都高于私人医疗机构，农民难以承受。

第三，“政府办医院”倾向卷土重来。长久以来，我国一直坚持了“公办医疗”和“集体办医疗”[③] 的方针，这在建国之初为广大人民供给基本的医疗保健服务起到了十分积极的意义，同时，也为我国医疗市场发展埋下了诸多隐患。改革开放之后，我国逐步引入市场机制对原有医疗体系和规则进行变革，弱化政府与公立医疗机构的“父子关系”，引入竞争机制，把医疗机构逐步推入市场，强化政府监管职能，取得了很大成绩。但是，这些机构，特别是县级医疗机构得自政府授权的垄断

① 海闻、王健、赵忠、侯振刚、陈秋霖：《农村卫生服务体系探讨》，http：//www. cahp. org. cn/view. asp? id = 209. 2005 - 9 - 1。

② 顾昕、方黎明：《自愿与强制性之间——中国农村合作医疗的制度嵌入性与可持续发展分析》，载《社会科学研究》2004 年第 5 期。

③ “集体办医疗”主要指 20 世纪 50—70 年代广大农村普遍推行的合作医疗制度和一些生产兵团、农场、共青城等举办的集体医疗福利。

地位未被触动，这就赋予县乡层次的医疗服务供给以垄断市场的特征。① 随着新型农村合作医疗制度在全国的试点、推行，各县市在改革县乡医疗服务体系时，认识浅显、方法简单，片面理解“要集中力量加强一乡一院建设”② 和“加快农村医疗卫生服务机构基础设施建设”③，把加强和完善农村医疗服务体系简单地理解为加强政府对县乡原有公立医院的扶持和建设，最终导致县乡原有公立医疗机构又成为政府的资助和保护对象，而基本未能有效提高医护人员素质和医疗服务水平，县乡、村三级医疗服务网络也未能得到有效修补和完善，农村基层公共卫生预防网络基本失灵，预防和公共服务出现空白。朱玲（2006）对江苏省县乡医疗服务的调研也证明：一些卫生行政部门的官员把卫生局办医院视为推行合作医疗保险的前提。④

综上所述，本研究认为，我国县乡医疗市场正在出现新的、“医政联合”的垄断格局，即县乡医疗机构，尤其是原公立医疗机构，在新型农村合作医疗制度试点、推行的大背景下，又一次强化了政府对其的保护和支持，以获取定点医疗机构资格为途径，获得政府的建设资金和政策支持，同时，垄断了县乡医疗服务市场。这使县乡医疗服务市场替代性很低，公立医疗机构缺乏竞争对手，农民基本无法享有就医地点的自由。而市场垄断也必然导致低效率和高价格，导致农民“看病难”、“看病贵”，加剧农村因病致贫和因病返贫。更为严重的是，这种“垄断均衡”一经形成，就有其自我强化的倾向。由于垄断力量强大、农民基本话语权缺失和博弈力量弱小，“医政联合垄断均衡”不仅在短期内可以实现，而在长期也几乎不会发生有利于农民的任何变化。

二、理论、模型与分析结论

（一）垄断、低效率与寻租

垄断是“市场失灵”的重要表现，同时必然导致资源配置缺乏效率。⑤ 本研究认为，我国县乡医疗市场公立医院的垄断导致了效率损失和公平缺失，而公共医疗机构为持续获得垄断资格，必然向政府支付寻租成本，这样，市场的资源配置效率会不断降低直至垄断医疗机构的利润不再高于而是等于寻租成本时停止。

---

① 朱玲：《构建竞争性县乡医疗服务供给机制》，载《管理世界》2006 年第 6 期，转引自《社会保障制度》2006 年第 10 期，第 33 页。

② 高强：《稳步开展新型农村合作医疗试点，全面加强农村卫生工作》，http：//www. ccrs. org. cn2005 - 10 - 10。

③ 吴仪：《扎扎实实做好新型农村合作医疗试点工作》，载《社会保障制度》2004 年第 5 期。

④ 朱玲：《构建竞争性县乡医疗服务供给机制》，载《管理世界》2006 年第 6 期，转引自《社会保障制度》2006 年第 10 期，第 37 页。

⑤ 高鸿业：《西方经济学（微观部分）》，中国人民大学出版社 2004 年版，第 369—374 页。

假设：

(1) 县乡由“医政联合垄断”形成了一个医疗服务供给者和多个医疗服务需求者的垄断局面；

(2) 医疗服务供给者的服务价格不仅取决于其数量，还取决于其质量，即医疗服务可分解成无数部分，每部分都可视为一单位，每一单位医疗服务的质量一定，设为 B，医疗服务的价格取决于医疗服务的数量与质量的乘积，即 pq；

(3) 医疗服务供给机构的边际成本等于平均成本，即 $AC=MC$。

根据假设，建立县乡垄断医疗市场供求模型如图 1 所示：

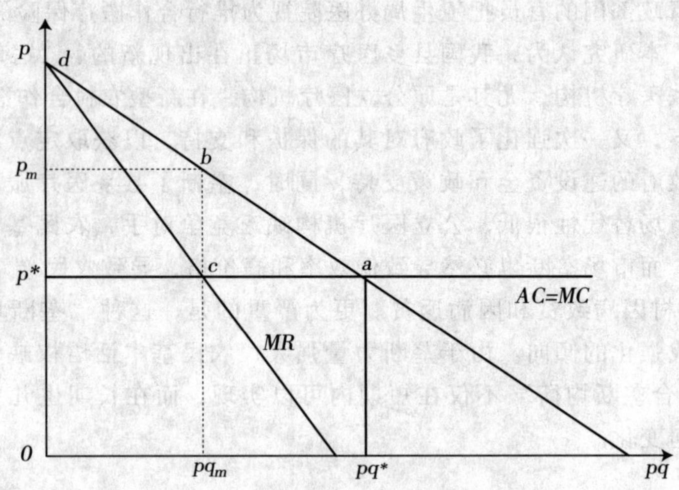

图 1 县乡垄断医疗市场供求模型

从图 1 容易看出，pq_m 是垄断医疗机构利润最大化的数量、质量积，而在该产量水平上，其垄断价格为 p_m，显然，这高于边际成本，即存在垄断利润。此外，从该模型可看出，pq^* 是整个市场帕累托意义上的最优产出，p^* 是帕累托最优产量上的价格。但是，由于处于垄断地位的医疗机构与农民（县乡医疗服务的主要购买者）无法就弥补垄断医疗机构因增加 pq 而遭受的损失（p_m-p^*）$\times q_m$ 的补偿达成协议，即无法对新增福利剩余 abc 的分配达成一致，这就导致市场的最终供给为 pq_m，价格为 p_m，从而导致社会资源生产与配置偏离帕累托最优状态，供求均衡陷入低效率当中。

虽然市场陷入了低效率和非帕累托均衡，但是，垄断医疗机构却仍获得了最大利润。为了持续的获得这部分超额利润，医疗机构不得不向政府支付一定的成本，即寻租，以此来获得持续垄断权利和政府的资金支持。

(二)"医政联合垄断"短期与长期均衡实现

图1所示模型分析了县乡垄断医疗市场供求均衡以及其资源配置的低效率，那么，在政府的影响下，公共卫生政策制定会打破还是巩固这种低效率的均衡?"医政联合垄断均衡"的短期均衡和长期均衡能够实现吗?二者相互区别还是完全一致?

为回答上述问题，假设如下:

(1) 农民能够从医疗卫生服务中得益，存在一个得益系数 B_p，农民最终得益函数为 $Q=f(B_p)$，且 $f(B_p)$ 是 B_p 的增函数，随着 B_p 的增加而增加；医疗机构可以通过供给定量的医疗服务而得益，存在一个得益系数 B_h，最终得益函数为 $Q=f(B_h)$，且 $f(B_h)$ 是 B_h 的增函数，随着 B_h 的增加而增加；

(2) 由于健康要求逐年提高，农民的医疗需求支出逐年递增，这种由于农民自身需求增加而造成的需求支出为"自然需求支出"，供求相等，得益等于支出，所以，$Q^{(t+1)*}=f_{t+1}(B_p{}^*)$ 是农民在第 t 年时，下一年的"自然医疗需求支出"；由于医疗服务供给量和成本(主要为工资)逐年提高，医疗机构供给医疗服务所花费的支出也逐年递增，这种由于非超额利润增加而产生的成本提高称为"自然成本"或"自然收入"(供求相等，所以供给等于需求、成本等于收益)；

(3) 医疗机构的得益函数与农民的得益函数相互冲突，具有相互替代的(Trade off)的特征，具体表现为 B_p 与 B_h 之间的相互冲突。

根据上述假设，构建"医政联合垄断均衡"模型，如图2所示:

图2反映的是在卫生决策制定与某项具体医疗服务交易时，医政垄断方与农民的均衡模型。其中，*CC* 反映医政垄断方与农民得益系数的冲突曲线，*LL* 为医政垄断方的收益曲线，*RR* 表示农民的收益曲线，两条曲线与无差异曲线相类似，区别在于向外突出。

根据图2，我们可以看出，在卫生决策制定与某项具体医疗服务交易时，医政垄断方的均衡点为 L^*，而农民的均衡点为 R^*，双方的理想政策制定与服务交易组合分别为 (B_{hl}, B_{pl}) 和 (B_{hr}, B_{pr})。

必须指出，由于当前政府普遍加强了对原县乡公立医疗机构的支持，同时，寻租也加强了这种支持与联合，最终形成医政垄断方处于绝对强势地位，加之医患信息不对称和医疗服务技术的复杂性，所以，农民在与医政垄断方博弈中处于绝对弱势，在卫生决策制定与某项具体医疗服务交易时，政策制定与服务交易组合得益系数将是 (B_{hl}, B_{pl})，而不是 (B_{hr}, B_{pr})，这显然是不利于农民的短期均衡。

此时，$B_h - B_h{}^* = -\varepsilon(B_p - B_p{}^*)$，$f_{t+1}(B_h) - f_{t+1}(B_h{}^*) = -\varepsilon[f_{t+1}(B_p) - f_{t+1}(B_p{}^*)]$，其中，$B_p$、$B_p{}^*$、$B_h$、$B_h{}^*$、$f_{t+1}(B_h)$、$f_{t+1}(B_h{}^*)$、$f_{t+1}(B_p)$、$f_{t+1}(B_p{}^*)$、$\varepsilon$ 分别表示农民的实际得益系数、农民自然得益系数、医疗机构实际得益系数、医

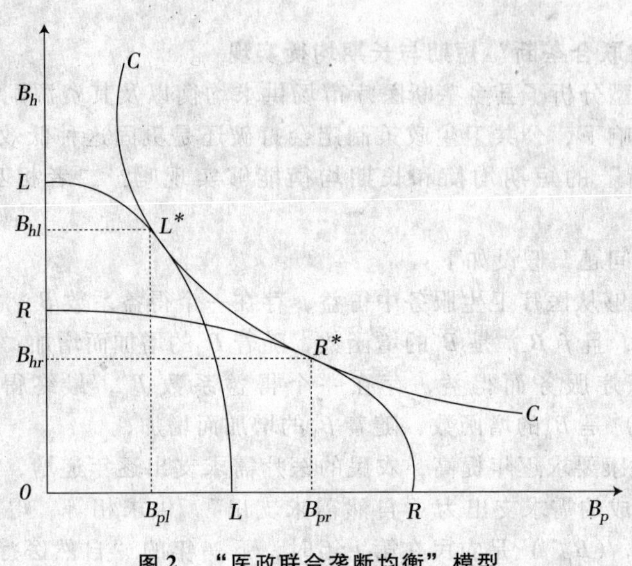

图 2 “医政联合垄断均衡”模型

疗机构自然得益系数、第 $t+1$ 年医疗机构的实际得益、第 $t+1$ 年医疗机构的自然得益、第 $t+1$ 年农民实际支出、第 $t+1$ 年农民自然支出、医患双方得益冲突系数。其中 $\varepsilon = \frac{dB_h}{dB_p}$，表示单位 B_p 变化带来的 B_h 变化量。当且仅当 $B_p = B_p{}^*$、$f_{t+1}(B_p) = f_{t+1}(B_p{}^*)$ 时，即农民的实际得益系数等于自然得益系数、实际医疗支出等于自然医疗支出时，$B_h = B_h{}^*$、$f_{t+1}(B_h) = f_{t+1}(B_h{}^*)$，即医疗机构实际得益系数等于自然得益系数、医疗机构实际收入等于自然收入。如果 $B_p > B_p{}^*$、$f_{t+1}(B_p) > f_{t+1}(B_p{}^*)$ 时，$B_h > B_h{}^*$、$f_{t+1}(B_h) > f_{t+1}(B_h{}^*)$，即医疗机构存在超额利润。

值得注意的是，本研究中图 2 所示模型借鉴了菲利普斯曲线与希柏斯模型①，而长期菲利普斯曲线中，由于博弈双方（雇主与工人）中工人工会的存在，与雇主谈判能力较强，会最终实现垂直于自然失业率的长期菲利普斯曲线。而在本研究中，由于我国县乡医疗市场的垄断性及农民话语权缺乏、博弈力量弱小，模型 2 根本无法使长期均衡曲线实现最优得益系数组合（$B_h{}^*$，$B_p{}^*$），长期均衡也绝非是垂直于 $B_p{}^*$ 的直线，而是对应切点 L^* 的组合（B_{hl}，B_{pl}）。在这种情况下，$B_{hl} > B_h{}^*$、$B_{pl} < B_p{}^*$，$f_{t+1}(B_{hl}) > f_{t+1}(B_h{}^*)$、$f_{t+1}(B_{pl}) < f_{t+1}(B_p{}^*)$，所以，我国县乡医疗市场短期和长期均衡都使垄断医疗机构获得超额垄断利润，而农民却为其超额利润支付巨额成本，蒙受巨大损失。

---

① 高鸿业：《西方经济学（宏观部分）》，中国人民大学出版社 2004 年版，第 620—631 页。

（三）模型分析结论

通过模型1（图1）与模型2（图2）分析，可以得出如下结论：

（1）我国县乡医疗市场存在垄断，垄断医疗机构获得了超额利润，但同时，损失了效率，危害了资源优化配置和社会福利，而为了获得持续的垄断地位，寻租行为在我国县乡医疗市场普遍存在。

（2）医疗机构寻租以及政府对其的扶持，一定意义上形成了"医政联合垄断"的局面，而由于博弈双方（医政垄断方与农民）博弈力量相去甚远，最终导致卫生决策制定时与某项具体医疗服务交易时，政策制定与服务交易组合将是（B_{hl}，B_{pl}），这是博弈的短期均衡。

（3）农民组织能力薄弱，谈判与讨价还价（bargaining）能力的缺乏，最终导致"医政联合垄断长期均衡"与其短期均衡一致，而非是垂直于$B_p{}^*$的直线，农民利益长期为垄断所剥夺，农民是卫生决策制定时与某项具体医疗服务交易时的利益受害者。

（4）我国县乡垄断医疗市场的短期与长期均衡形成及持续是各方力量博弈的结果，博弈均衡缺乏效率与公平，垄断医疗机构从中获得巨额垄断利润，而农民却为其超额利润支付巨额成本，蒙受巨大损失。

巧合的是，朱玲（2006）对江苏省县乡医疗服务的调研也证明本研究的观点。"县医院与其行政主管即卫生局的人事和经济联系之紧密，也远非乡镇卫生院可比，二者几近于共生共荣的利益群体，加之县医院往往被卫生部门视为集中展示工作成绩的一个橱窗，因而打破垄断的难度更大。再次，地方政府决策群体的医疗保健服务主要由县医院提供。因此，后者的公关活动一般足以促使决策机构作出有利于县医院医护群体的选择。即使在形成乡镇竞争性医疗市场的地方，多数县医院的竞争压力却微不足道。"①

三、垄断均衡破解：医疗供给体系、农民谈判能力与公共卫生政策变革

农村公共卫生问题所包含的深远意义并不只是体现在"三农"方面，而是涉及国计民生乃至全人类的生存与发展。② 而农村公共卫生的改善与国家县乡医疗公共政策紧密相关。就在卫生领域而言，就是促进人类健康发展，保障人类健康安全，

① 朱玲：《构建竞争性县乡医疗服务供给机制》，载《管理世界》2006年第6期，转引自《社会保障制度》2006年第10期，第38页。

② 张元红：《农村公共卫生服务的供给与筹资》，载《中国农村观察》2004年第5期。

缩小健康差距，消除健康贫困。有效的公共政策和政府功能定位是改善公平、提高效率、促进发展。① 本研究认为，国家县乡卫生制度、政策应包含如下几个目标：

第一，实现卫生发展效率与公平相统一的目标，保障所有国民，尤其是农民均能享有高质量、高效率、低成本的医疗保健服务，使各地区人民，尤其是广大农民都能公平地享受到最基本的公共卫生服务。

第二，提高家庭，尤其是农户家庭抵抗疾病风险的能力，尤其是抵抗大病风险的能力，通过保险、救助等多种形式，建立有效的疾病风险防范、分担和援助机制。保护并改善国民尤其是农民群体的健康状况，增大相应人力资本投资，提高劳动生产效率，促进个人发展权实现，推动经济增长与社会发展。

第三，平衡医疗市场市场化与公共性，充分尊重医疗服务供给机构作为市场主体追求利润的行为，同时建立、完善相应机制和政策，引导医疗机构降低成本、价格，提供利润较低的公共卫生、防疫、预防等具有显著公益性与外部性的医疗服务，形成预防为先、为主，而治疗为辅、为补的医疗卫生格局。

针对我国县乡医疗市场垄断均衡持续的局面，本研究认为应从建立准入性竞争医疗体系、提升农民的组织和谈判能力、变革政府职能并完善公共卫生政策三大方面着手。

（一）建立准入性竞争医疗体系

对于市场机制，竞争是不可或缺的。竞争虽然无法解决医疗市场体系所有问题，但可以降低成本、提高效率、提高服务数量和质量，而垄断只能造成超额利润、寻租行为，甚至腐败，根本无法解决，甚至会加剧医疗服务态度差、服务质量下降、医疗费用上涨等问题。打破县乡“医政联合垄断长期均衡”的局面只能靠引入竞争机制。鉴于我国县乡医疗格局现状，本研究认为，应建立“准入性的竞争医疗体系”。

1. 建立和完善医疗机构的资格准入机制

由于医疗服务的专业性和复杂性，医院的建立和进入医疗市场必须有严格的资质标准，卫生行政主管部门要根据本地医疗市场供求和人口结构、分布等实际情况设定一定的门槛，允许达到准入资质的医疗机构进入医疗服务市场，进入农村合作医疗服务供给体系，给予其定点资格。

2. 引入多方医疗服务供给主体，促进县乡医疗市场竞争

在设定准入条件的基础上，要尊重农民对高质低价医疗卫生服务的需求和市场规则，制定相应政策，鼓励、吸引民间资金进入医疗服务市场，弥补现有医疗机构

① 胡鞍钢、孟庆国：《中国卫生改革的战略选择——投资于人民健康与消除健康贫困》，http：//www.cei. gov. cn/forum50/doc/50tzgg/200107311677. htm. 2005－8－1。

不足，促进竞争形成，让农民在就医上有更大的选择空间，从而实现打破医疗服务的卖方垄断市场，促使供给者革新管理、提高效率、改进服务质量。

3. 建立公平竞争的市场秩序

改变现行的“政府办医院”方式，消除政府与原有公立医院的“父子关系”，取消对原有公立医院的政策照顾和资金扶持，使进入医疗服务市场的所有医疗机构都能享有平等竞争环境，政府的作用是监督医疗机构行为，规范市场竞争秩序。

4. 逐步确立供给市场多主体横向、纵向竞争格局

逐步建立医院之间、药店之间和医生之间的竞争机制，形成多方参与的医疗卫生服务供给格局，提高医疗供给方参与的积极性，促进高效、公平的医疗卫生服务市场快速建立。

（二）改变博弈格局：提升农民组织程度和谈判能力

“医政联合垄断长期均衡”形成的一个重要原因就是农民缺乏必要的话语权和利益表达机制，博弈力量弱小，处于相对弱势地位，根本无法公平参与卫生政策制订和医疗卫生服务供求。而本研究“医政联合垄断长期均衡”之所以区别于长期菲利普斯曲线的根本原因也在于此。① 改变这种局面，就必须提升农民的组织程度和谈判能力。

1. 提高农民的共济意识与参与意识

逐步改变农民无组织、“一盘散沙”的局面，通过政府和社会相关机构有效引导，使农民认识到共济与参与的重要（尤其是在参与合作医疗过程中）。这样，就避免了农民参与市场博弈态度的多样性，避免了巨大分歧，降低了达成一致的成本，还可以通过提高农民主观认知水平从而防止“免费搭车”情况出现。

2. 提高农民的组织程度和谈判能力

要在政府和相关社会机构，尤其是在村级政权和新型农村经济合作组织（各种生产协会、供销合作协会）的组织化基础上，进一步提升农民在医疗服务市场上博弈的一体化、统一化，降低农民组织和参与博弈的成本，同时提高农民与医疗机构的谈判能力。

3. 提高市场透明化和舆论监督水平

医疗市场由于其专业性和复杂性，信息高度不对称，公开市场交易价格和必要环节成为提高市场透明度的必要。各方应促使医疗机构公开医疗服务和药品价格，对基本医疗疾病服务的必要环节、检查设备以及费用及时向社会公布。同时，社会

① 长期菲利普斯曲线是一条垂直于自然失业率的直线，之所以能够由短期的向右下方倾斜的曲线变为垂直的直线，根本原因就在于工会力量强大，具有充分的利益表达机制和能力，谈判使得预期工资与实际工资相一致（预期通货膨胀率等于实际通货膨胀率），从而使通货膨胀与失业率替代率为零。

舆论也应高度关注县乡医疗市场，及时实现必要医疗市场信息的获取和传递，对一些有悖市场公平与效率的政策、制度和行为要及时曝光，维持县乡医疗市场的公平性。

（三）变革和完善政府职能、完善公共卫生政策

政府有责任保障包括贫困人口在内的全体国民的健康，政府应当采取适当支持的公共政策取向。① 当然，国家干预必须选取好公共政策的切入点，应该加强监管，完善卫生网络，并强调实施医疗救助计划，缓解因病致贫和因病返贫的现象。② 本文认为，政府应改革政府职能，采取积极干预的公共政策取向，选取公共政策干预的切入点与合理方式，推进我国县乡医疗市场改革，保障广大农民的基本卫生权利。

1. 完善公共卫生政策

首先，要改变政府发展观。投资于人民健康的外部性十分明显，具有显著的社会效益和经济价值。UNDP 的跨国研究也表明，卫生与健康的进步会对经济增长产生明显正面影响，人口预期寿命每增加 10%，人均 GDP 平均年增长 1.1 个百分点③。所以，政府应当改变一味追求 GDP 增长的发展观，把经济、社会、环境的协调发展作为政府的施政目标，使经济增长和人民福利增加相协调、城市居民与农村居民共享经济发展成果。一味强调 GDP 数字的增长，而广大农民无法得到最基本的医疗保障、缺乏起码的医疗安全，这是不足取的。政府应当改变以往政策、资金、人员向生产部门、城市“一边倒”的做法，适度向农村倾斜，加强县乡医疗体系的建设和完善。④

其次，把县乡医疗市场建设和规范提高到战略高度。经济理论和国际经验已经证明卫生领域存在严重市场失灵⑤，政府干预不仅成为必需，而且是政府不可推卸的责任。各级政府要高度重视县乡医疗体系的规范和建设，将其作为重要战略，纳入议事日程和政府工作规划，并保障其实施和执行。

第三，制定科学、公平的公共医疗卫生目标，制定和完善公共卫生政策。把卫生公平、县乡医疗市场充分和有序竞争作为县乡公共卫生政策的基本目标，保障农民医疗卫生服务的可及性与可得性，保障农民家庭的基本医疗供给高质、低价，使

---

① 龚向光、胡善联、程晓明：《贫困地区政府和集体在合作医疗筹资中的作用》，载《中国卫生事业管理》1998 年第 10 期。

② 朱玲：《政府与农村基本医疗保健保障制度选择》，载《中国社会科学》2000 年第 4 期。

③ 胡鞍钢、孟庆国：《中国卫生改革的战略选择——投资于人民健康与消除健康贫困》，http://www.cei.gov.cn/forum50/doc/50tzgg/200107311677.htm. 2005－8－1。

④ 胡宏伟：《我国农村合作医疗需求与供给问题研究》，武汉科技大学文法与经济学院，2006 年，第 83 页。

⑤ 刘远立、饶克勤、胡善联：《中国农村的“三个世界”与三种健康保障模式》，载《中国卫生经济》2002 年第 4 期。

农民得到划算的医疗卫生服务。

2. 合理、公平配置卫生资源

首先，要改变政府医疗主管部门与公立医院的“父子关系”，逐步减少对原有公立医院的资金支持和政策扶持，改变政府办医院的格局，对所有具有合格资质的医疗机构一视同仁，营造公平竞争的市场秩序。政府的主要职能，不是办医院，而是对医院的服务规范与质量进行监管，在信息不对称的情况下充当消费者利益的最终保护者。①

其次，加快原有公立医疗机构的改组、改制。要对原有公立医疗机构进行资源重组或改制，也可转为医院、门诊部、诊所、村卫生室或转作他用，减轻财政负担，用节约的资金加大对村卫生室的支持和改造。此外，卫生行政部门要合理规划县、乡、村医疗卫生机构的功能定位，避免机构重叠、功能重复、资源浪费，实现县、乡、村三级医疗机构的合理分工，纵向合作。

第三，将原先扶持公立医院的资金用于加强农村公共卫生、卫生防疫和预防保健支出。国际经验已表明，用于公共卫生和防疫、预防投资的收益率大大高于私人卫生、疗养投资的收益率。应当说，这类投资是最有效率的。村卫生室位于三级卫生服务体系的最基层，直接面向农民，为农民提供基本的医疗服务，如果加以必要引导，还能有效地承担群体预防、保健知识传播和组织改善环境卫生活动等多种社会功能。村卫生室必须配置基本的诊疗设备、消毒设备等。此外，可以通过重建村公立卫生室加强村卫生室建设②，实现对现有私人卫生室改造，或者实行乡村卫生机构一体化，通过乡级卫生机构的纵向管理和支持改造村卫室。通过加强农村医疗卫生服务体系建设，真正做到“小病不出村、中病不出乡、大病不出县”，从而达到强化农村基层卫生预防网络的目标。

3. 规范县乡医疗市场竞争秩序

卫生行政主管部门的职责应逐步回到服务质量监管、市场秩序规范上来，保证各医疗机构在现有政策框架内为农民提供高效率、高质量、低价格的医疗卫生服务，遏制医疗机构利润最大化动机及行为，防止出现诱导性过度消费、降低服务质量、虚报价格等坑害农民群众的行为，并建立相应的严厉的惩罚机制。在全国试点、推行合作医疗的大背景下，政府卫生主管部门应强化对医疗服务供给行为和农民报销行为的审查力度，同时必须改革和创新监督和审查制度，遏制医疗服务供求双方违规行为发生。左学金、胡苏云（2001）也指出，政府医疗保险部门应设立专门机构处理消费者对医疗服务质量的投诉。要防止医疗服务机构利用信息不对称的优势隐

---

① 左学金、胡苏云：《城镇医疗保险制度改革：政府与市场的作用》，载《中国社会科学》2001 年第 5 期。

② 朱玲：《政府与农村基本医疗保健保障制度选择》，载《中国社会科学》2000 年第 4 期。

瞒真相，损害消费者的利益。保护消费者利益的一个重要手段是确保充分的、规范化的信息披露。政府有关部门不仅要免费公开基本医疗保险项目所覆盖的人群和构成情况，以及医疗保险费用收入与支出等方面的信息，还要规范医疗服务机构有关成本、收费以及服务质量方面的信息披露，为消费者在医疗服务市场的选择提供更多有用的信息，同时也为商业保险的介入提供测算基础。最后，由于同样存在道德风险和腐败的可能，政府的医疗保险机构也需要公众的监督，尤其是对其管理成本与效率的监督。①

参考文献

[1] 王延中：《论新世纪中国农民医疗保障问题》，载《战略与管理》2001 年第 3 期。

[2] 宋斌文、熊宇虹、张强：《当前农民医疗保障的现状分析与对策构想》，http://www.social-policy.info/900.htm.2006-02-01。

[3] 海闻、王健、赵忠、侯振刚、陈秋霖：《农村卫生服务体系探讨》，. http://www.cahp.org.cn/view.asp? id=209.2005-9-1。

[4] 顾昕、方黎明：《自愿与强制性之间——中国农村合作医疗的制度嵌入性与可持续发展分析》，载《社会科学研究》2004 年第 5 期。

[5] 朱玲：《构建竞争性县乡医疗服务供给机制》，载《管理世界》2006 年第 6 期，转引自《社会保障制度》2006 年第 10 期。

[6] 高强：《稳步开展新型农村合作医疗试点，全面加强农村卫生工作》. http://www.ccrs.org.cn，2005-10-10。

[7] 吴仪：《扎扎实实做好新型农村合作医疗试点工作》，载《社会保障制度》2004 年第 5 期。

[8] 高鸿业：《西方经济学（微观部分）》，中国人民大学出版社 2004 年版。

[9] 张元红：《农村公共卫生服务的供给与筹资》，载《中国农村观察》2004 年第 5 期。

[10] 胡鞍钢、孟庆国：《中国卫生改革的战略选择——投资于人民健康与消除健康贫困》，http://www.cei.gov.cn/forum50/doc/50tzgg/200107311677.htm.2005-8-1。

[11] 龚向光、胡善联、程晓明：《贫困地区政府和集体在合作医疗筹资中的作用》，载《中国卫生事业管理》1998 年第 10 期。

[12] 朱玲：《政府与农村基本医疗保健保障制度选择》，载《中国社会科学》2000 年第 4 期。

[13] 胡宏伟：《我国农村合作医疗需求与供给问题研究》，武汉科技大学文法与经济学院，2006 年。

① 左学金、胡苏云：《城镇医疗保险制度改革：政府与市场的作用》，载《中国社会科学》2001 年第 5 期。

[14] 刘远立、饶克勤、胡善联:《中国农村的“三个世界”与三种健康保障模式》，载《中国卫生经济》2002 年第 4 期。

[15] 左学金、胡苏云:《城镇医疗保险制度改革：政府与市场的作用》，载《中国社会科学》2001 年第 5 期。

[16] 胡宏伟、郭席四:《我国合作医疗模式评析与前瞻》，载《青岛市委党校行政学院学报》2006 年第 1 期。

[17] 胡宏伟:《中国农村合作医疗政策取向的历史回顾与评析》，载《广西经济干部管理学院学报》2006 年第 1 期。

[18] World Health organization. I, 1983, *Primary health care: the Chinese experience*, nter-regional seminar World Health organization.

[19] Killing Sworth J. R., 2002, *Managing market failure for Health Security in China*, Paper presented in the second International conference on Public policy and Global Managenment, Qinghua university, Beijing.

[20] World Bank, 1992, *China: strategies for Reducing Poverty in the 1990s*, China 2020 series, Washington D. C.

[21] Albert Ma C, McGuire T G, 1997, "Optimal health insurance and provider payment", *The American Economic Review*.

[22] Tirole, 1986, "Hierarchies and bureaucracies: on the role of collusion in organizations", *Joural of Law, Economics and Organizations*.

[23] Bloom, Gerald, 1998, "primary health care meets the market in China and Vietnam", *Health Policy*.

[24] Carrin, Guy et al., 1999, "The reform of the rural Cooperative Medical System in the People'Republic of China: Interim Experience in 14 pilot Countries", *Social Science and Medicine*.

[25] Deolalikar, Anil B., 2000, "The demand for health service in a developing country: the role of price, service quality and reporting of illness", *Handbook of Applied Economic*.

Social Risk Management Options for Health Care in Rural China

Jin Feng

(School of Economics, Fudan University)

Abstract: Disease has been one of the top reasons accounting for impoverishment in rural China. Government subsidizes health care by establishing health care insurance. This paper is an empirical investigation to study the effectiveness of the price subsidies in reducing the financial burden caused by health care in rural China and estimate the fiscal cost of various reimbursement arrangements, using data from China Health and Nutrition Survey (CHNS). We find that the reimbursement for inpatient care has little effect on reducing the financial burden and increasing the possibility to seek care. Subsidizing outpatient care is a more effective policy, especially for the very poor.

Keywords: medical insurance government subsides policy efect

Introduction

Financial hardship caused by ill-health is becoming one of the top reasons accounting for impoverishment in rural China (Liu, 2006). Ill-health can cause poverty through several pathways, including the income losses resulting from impaired labor supply and productivity. One of the most devastating consequences of poor health is impoverishment caused by medical spending. Such financial risks derived intrinsically from the uncertain distribution of illness. However, the skewness of medical spending is substantial (Cutler and Zeckhauser, 1999), in such a situation, insurance can significantly spread risks in the population. With incomplete health insurance markets especially in developing countries, some kind of social risk pooling mechanism is necessary. In all countries, governments intervene in health care systems to remedy the failure of private insurance market and one of the most important functions of health systems is to pool the health risks efficiently and equitably (WHO, 2000) . The public policy aiming to reducing the out-of-pocket prices in rural China has been implemented through subsidizing health insurance. The health insurance will cover a part of the medical expending according to the reimbursement rule set by the policy makers. Similar to the situation in other countries, the choice facing policy makers in China is whether to spread subsidies over comprehensive financial risks or to target them selectively on major risks, such as inpatient care. Research on Indonesia shows a larger proportion of government subsidies directed to inpatient care could reduce the exposure to financial risk to a larger extent. Subsidizing outpatient treatment is effective only for the very poor (Pradhan and Prescott, 2002) . But in China, things might be different.

To what extent the policy choices can increase the rate to seek care in the event of illness and reduce household's exposure to catastrophic financial risks is determined by the behavioral response of seeking medical care. Subsidizing different type medical service differently will change the relative prices and lead the consumers to increase the possibility to choose more subsidized service. But it is not clear how much is the effect of price subsidies and other attributions of the medical service on the behavior of farmers in China and hence it is hard to evaluate the effectiveness of various reimbursement arrangements. In an attempt to do this, we conduct an empirical analysis of the behavior of seeking medical care using detailed household and facility data sets from China Health and Nutrition Survey (CHNS).

The behavioral model of the demand for health care was first proposed by Gertler, Locay and Sanderson (1987) and refined in Gertler and van der Gaag (1990). Using this framework, there has been a series studies on the health care demand in various countries. ① The purpose of those studies is to investigate the provider choice. ②We adopt the framework to deal with the situation in rural China, that is, how the reimbursement rule will influence the individual's choice of types of treatment. Generally speaking, the type of treatment is determined by the doctors. But in rural China, because of budget constrain, peasants might not seek treatment when ill and might not be in the hospital when should be. According to the national health survey, the percentage of ill people who didn't seek treatment increased from

① There are studies on Peru (Gertler, et al., 1987), Cote d1voire (Dor, 1987), Philippines (Akin, 1986; Ching, 1995), Kenya (Mwabu, et al., 1993), Nigeria's (Akin, et al., 1995).

② In literature providers are always classified into public facility, private facility and self – care. The user fee has been found an significant factor (e. g., Gertler, et al., 1987; Mwabu, et al,. 1993; Ching, 1995), and the quality of the care cannot be ignored (Akin, et al., 1995; Mwabu, et al., 1993). Other factors such as distance of the provider, waiting time also have reasonable influence in determination of the health care utilization (Dor, 1987).

20% in 1993 to 38% in 2003 and those who should be in the hospital chose not increased from 60% in 1993 to 75% in 2003.

Our analysis differ two respects from work about the demand for medical care in China. First, we use the discrete choice demand model to estimate the possibility of choosing certain medical service. Conditional logit model (CLGT) and nested multinomial logit model (NMNL) are most commonly used in empirical studies on health care decision taking into account both the provider and individual characteristics. We use NMNL and consider the ex ante attributions of various medical service alternatives perceived by the individuals. This is in contrast to other work which study the demand for health using data of medical care expenditure (e. g., Mocan, et al., 2004; Feng, et al., 2007; Rao, 2004). The advantage of discrete model is it can be used to investigate the effects of price subsidies for different types of medical service. We classify the medical service into self-service, outpatient care and inpatient care and find that price as well as other factors influences the choice of medical service significantly. Our results show that the prevailing policy that only reimburses cost of inpatient care in rural China has a trivial effect on reducing the financial burden even if the reimbursement rate is as high as 80%, neither could it increase the rate for seeking care.

Second, we simulate the scale of fiscal subsidies. The public subsidy is defined as the net value of expected total expenditure minus the expected out-of-pocket expenditure with a kind of subsidy in a given period of time (Pradhan and Prescott, 2002). Our results show that if only reimbursing inpatient care, the public subsidy accounts for about 5%—10% of the total expenditure. Reimbursing outpatient and inpatient care at 50%, the public subsidy accounts for about 40% of the total expenditure.

The remaining of the paper is organized as follows. Section 2 is a brief background of China's rural medical care system and current issues. Section 3 reviews the health demand literature and presents the basic model and outlines the estimation strategy and analysis framework. Data description is in section 4 Empirical results are presented and discussed in section 5. Simulation results are in section 6. Section 7 concludes the paper.

1 Background

China once was successful in improving the health care in rural area. The government subsidized the health care through both supply side and demand side. In 1950s the Cooperative Medical System (CMS) was established for rural population, through which the peasants could access primary health care almost free. By the mid 1970s, more than 95% of the rural population was covered by CMS. The scheme was financed by collective welfare funds, subsidies from upper level government and contributions from the peasants themselves. However, the introduction of the household responsibility system in the early 1980s shrank the financial support from agricultural collectives and most of the CMS was collapsed, though the reform made a great success in raising agricultural productivity. It is reported that only 5% villages had the CMS in 1989. ①Most people in rural areas had to pay for medical services themselves ever since then.

Since 2003 the Government subsidizes health care by establishing health care insurance, which is known as "New Rural Cooperative Medical System (NCMS)". It is a voluntary health insurance scheme with government subsidy. The subsidy form central and local government accounted for about 70% of the total contribution and even higher in the western area during year 2004 to 2006. ②Up to the beginning of year 2007, 1451 counties and 400 million peasants have been covered. The participation rate of the NCMS was around 80%. In principle, the NCMS covers inpatient expenditure, but in reality the reimbursement rules are various across the regions. 34% counties in eastern area covers inpatient care only, while most of counties in middle and western area cover both inpatient and outpatient care. Averagely, the reimbursement ratio for inpatient care was about 25% in year 2004. The reimbursement ratio for outpatient care was 34%, but this ratio was higher in middle and western area, 50% in year 2004.

A lot of surveys made an effort to find out the main reasons for the unwillingness to participate in. One reason was income constrain in the poor families, even though the contribution is only 10 RMB per person a year. Another reason was related to the reimbursement rule. First, the reimbursement ratio is lower, about 30% of the cost below certain amount and the peasants have a large part of out of pocket payment even with the insurance. Second, current insurance mainly covers some of the inpatient cost, which makes it unattractive, since most of the medical expenditure of the peasants is from outpatient service. There has been a hot discussion about the reimbursement rules of the insurance, to cover catastrophic expenditure only or to insure against all kind of sickness? But no empirical work has been done so far.

2 Health care demand modeling

This study adopts the behavior model employed in the works of Gertler, Locay and

① The history of China's rural health care financing system has been well documented and analyzed in literature and suggestions were given about reestablishing the system (e.g. Feng, 1994; Liu, et al., 1995; Wu, 1997; Liu, et al., 2002).

② Source: Ministry of Health, http://ccms.org.cn.

Sanderson (1987) and others. In the event of illness, the patient is assumed to decide the type of treatment, firstly, whether to seek care and secondly, conditional on seeking care, whether to have inpatient care or outpatient care. However, the medical expenditure is going to be decided by several factors, especially the type of treatment and the severity of the illness.

Suppose the direct utility derived by individual i from the type of treatment j is expressed as following

$$u_{ij} = u(h_{ij}, c_{ij}) \tag{1}$$

Where j = 0, 1, 2, indicating not to seek care, outpatient and inpatient care respectively. h_{ij} is the expected improvement in health status for individual i after j treatment, and c_{ij} is the consumption other than health care, the amount of which depends on the choice of j. The unobservable h_{ij} and c_{ij} can be expressed as

$$h_{ij} = h(x_i, z_{ij}) \tag{2}$$

$$c_{ij} = y_i - e_{ij} \tag{3}$$

Where x_i is a vector of observable socioeconomic attributes of individual i, such as age and education; z_{ij} is a vector of treatment attributes, such as the quality of the treatment; y_i is household per capita income of individual i, e_{ij} is the cost that individual i devotes to the treatment j. The level of e_{ij} is the direct expenditure caused by the treatment and opportunity cost of waiting time, access variables such as distance and travel time.

The functional form of the utility function (1) has been well discussed (e. g. Gertler and van der Gaag, 1990). An important property is that the conditional utility function should permit a non-constant marginal rate of substitution of health for consumption. This property is maintained in a utility function that is log-linear in health status and consumption, or in a utility function that is linear in health status, but log-linear in consumption. In these specifications, it is the variation in expenditure and other characteristics across health service that ensures identification of behavioral parameters. We further assume that the patient preferences over the entire range of consumption goods are well defined. The health care demand is consistent with the assumption that ill individuals maximize an indirect conditional utility function v_{ij} (Mwabu, et al., 1993).

$$v_{ij} = v_{ij}(x_i, z_j, y_i, r_{ij}, a_i) \tag{4}$$

Where x_i, z_j, y_i are as previously defined; r_{ij} is the price of health care received by individual i from treatment j; a_i is the price of non-health care good, which may be normalized to unity. Econometric implementation requires a stochastic assumption in equation (5), with a disturbance term ε_{ij}.

The utility maximization problem is

$$v_i^* = \max(v_{i0}, v_{i1}, \ldots, v_{ij}) \tag{5}$$

Where v_i^* is the maximum utility. The solution to equation (4) gives the alternative that is chosen. In the presence of random terms in the model, it also gives the probability that each alternative is chosen.

$$v_{ij} = v_{ij}^* + \varepsilon_{ij} \tag{6}$$

$$v_{ij}^* = \beta' X_{ij} + \alpha'_j Y_i \tag{7}$$

Where X_{ij} is a vector of attributes of treatment j as perceived by individual i; Y_i is a vector of characteristics of individual i. α and β are vectors of parameters to be estimated. McFadden (1974) suggested a logit model (conditional logit model) and derived it from random utility models. The main difference between McFadden logit model and the MNL is that the McFadden model considers the effects of choice characteristics on the determinants of choice probabilities as well (Maddala, 1983). Assume that ε_{ij} is independently and identically distributed with the extreme-value distribution, the density function is $f(\varepsilon_i) = \exp(-\varepsilon_i - e^{-\varepsilon_i})$. This specification leads to the probability P_{ij} that individual i will seek treatment j, which can be expressed as (Maddala, 1983)

$$P_{ij} = \frac{e^{\beta' X_{ij} + \alpha'_j Y_i}}{\sum e^{\beta' X_{ik} + \alpha'_k Y_i}} \tag{8}$$

Equation (8) is the conditional logit function or nested multinomial logit function. Since individual characteristics do not vary across different types of treatment, a modification must be made to convert these to alternative-specific variables. This is done by creating a set of dummy variables for the alternatives and interacting them with the individual characteristics.

When using CLGT model, the independence of irrelevant alternatives (IIA) assumption must be met. ①The IIA test is developed by Hausman and Mcfadden (1984). Under the null hypothesis of IIA, the test compares estimates of the full spectrum and of a subset of choice. If one rejects the null hypothesis that a subset of alternatives is irrelevant, the parameter estimates obtained when these choices are eliminated will be inconsistent. In such case, the relevant model is NMNL. NMNL model allows some of the choices to be correlated.

Hence, there are three possible expenditures chosen by individuals, which is the expenditure of self-treatment, outpatient care and inpatient care. Facing with a certain financing option, the individual will have a probability to choose each type of treatment, so the expected out of pocket expenditure is

---

① IIA assumption is to say that the odds ratios P_{ij}/P_{ik} are independent of the other alternatives. This assumption follows from the initial assumption that the random shocks are independent across choices. It is a convenient property for estimation.

$$m_i = \sum P_{ij} m_{ij} \tag{9}$$

Where P_{ij} is obtained from the estimation of equation (8) using the subsidized price, and m_{ij} is the price the individual i get in the j treatment after subsidy.

The public subsidies aim to reduce the out of pocket prices. The function of the public financing is demonstrated by figure 1 (Pradhan and Prescott, 2002). x denotes the medical care expenditure and f(x) is the associated probability density function. The out-of-pocket medical expenditure under the condition of having no public subsidy is as counterfactual financial burden. The difference of out-of-pocket expenditure between the having public subsidy and no public subsidy could be used to assess to what extent the financial burden be reduced. As demonstrated in figure 1, the public subsidy is the area between the two lines.

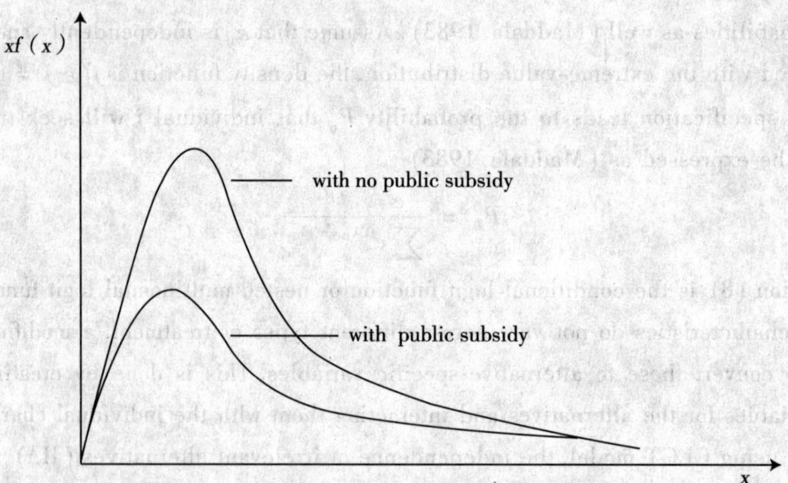

Figure 1 public subsidies and private expending

资料来源:1995 年、2005 年 1% 抽样调查数据和 2000 年第五次人口普查数据。

3 Data description

This study utilizes data of China Health and Nutrition Survey data (CHNS). CHNS is an ongoing longitudinal projects started in 1989 and followed up in 1991, 1993, 1997, 2000 and 2004, which were collected by Carolina Population Center (CPC) at the University of North Carolina at Chapel Hill, the Institute of Nutrition on Food Hygiene, and the Chinese Academy of Preventive Medicine. The data set of CHNS involves detailed information on demographics, socio-economic variables, individual health indicators, medical care expenses, etc. The medical care information has separated outpatient and inpatient expenditure.

The surveying was performed using a multistage random cluster process to draw a sample from nine provinces covering the east, middle and west areas in China. There are four sample counties in each province, four sample villages in each counties and 20 household in each village. We use the data of year 1993, 1997, 2000 and 2004. Since this study analyzes contingent health care demand, we restricted our sample to those persons who reported having been ill during the last four weeks before the survey. The sample size is 3023 individuals, with a mean age 46. 6, 54% female and 67. 6% married. More details of the variables and descriptive statistics are in table 1.

Table 1 Definition of Variables and descriptive statistics

Variable	Definition	Mean	Std. Dev
	Treatment choice		
Self	Self treated	0. 334	0. 472
Clinic	Outpatient care	0. 604	0. 489
Hospital	Inpatient care	0. 062	0. 241
	Individual characteristics		
Age	Age in years	46. 666	21. 854
Gender	gender group is male	0. 461	0. 499
mage1	age < 15 and gender = 1	0. 075	0. 264
mage2	14 < age < 61and gender = 1	0. 254	0. 435
mage3	age > 60 and gender = 1	0. 130	0. 336
Fage1	age < 15 and gender = 0	0. 055	0. 228
Fage2	14 < age < 61and gender = 0	0. 317	0. 465
Fage3	age > 60 and gender = 0	0. 165	0. 371
Edu	Education in years	4. 849	4. 036
Edu1	edu < 7	0. 624	0. 484
Edu2	6 < edu < 10	0. 227	0. 419
Edu3	9 < edu < 13	0. 085	0. 278
Edu4	edu > 12; =0	0. 044	0. 206
h1	SRH (self reported health) is excellent	0. 040	0. 195
h2	SRH is good	0. 240	0. 427
h3	SRH is fair	0. 370	0. 483
h4	SRH is poor	0. 260	0. 438

Variable	Definition	Mean	Std. Dev
Dm	Have medical insurance	0. 208	0. 406
Pcinc	Real monthly household income per capita (RMB, in price of year 1989)	142. 650	160. 168
ds1	not severe illness	0. 411	0. 492
ds2	somewhat severe illness	0. 430	0. 495
ds3	quite severe illness	0. 131	0. 337
ds0	Unknown ill severity	0. 028	0. 165
Expenditure for the treatment			
Selfexp	Expenditure of self treatment in the last four weeks (RMB, 1989 price)	49. 967	284. 821
Cliexp	Expenditure of outpatient care in the last four weeks (RMB, 1989 price)	135. 107	519. 287
Hosexp	Expenditure of inpatient care in the last four weeks (RMB, 1989 price)	1229. 966	2152. 816
Travel time and waiting time			
Waittime1	Waiting time of outpatient care(in hours)	0. 239	0. 154
Waittime2	Waiting time of inpatient care(in hours)	0. 245	0. 160
Traveltime1	Travel time one way for outpatient care(in hours)	0. 282	0. 164
Traveltime2	Travel time one way for inpatient care(in hours)	0. 380	0. 285
Year dummies			
y93	Year 1993	0. 164	0. 370
y97	Year 1997	0. 168	0. 374
y00	Year 2000	0. 215	0. 411
y04	Year 2004	0. 454	0. 498
Province dummies			
Liaoning		0. 091	0. 288
Heilongjiang		0. 036	0. 187
Jiangsu		0. 138	0. 345
Shandong		0. 068	0. 253
Henna		0. 169	0. 375
Hubei		0. 101	0. 301
Hunan		0. 091	0. 287
Guangxi		0. 198	0. 398
Guizhou		0. 108	0. 311

It is shown that in the event of illness, about 33% of patients choose self-treatment, about 60% choose outpatient care and only 6% choose inpatient care. ① Table 2 further shows the choice of patients of various severity of illness. Obviously, the choice of the treatment is a response to the severity of illness, where the more sever of the illness, the higher possibility to choose inpatient care. The mean expenditure of inpatient care in one health facility in a period of four weeks is 1230 RMB, which is about 9 times of the monthly per capita household income. While that of the outpatient care is 135 RMB and self treatment is 50 RMB.

Table 2 choice of the type of treatment by severity of illness

	Quite sever	Somewhat sever	Not sever	unknown
Self treatment	0.252	0.326	0.355	0.536
Outpatient care	0.571	0.616	0.615	0.429
Inpatient care	0.177	0.059	0.031	0.036

Income is measured as average monthly family income. Family income is the relevant concept here because rural family members normally make decisions on the basis of whole household economic situation. Also this measure reduces the sensitivity of income to the illness of any particular family member (Gertler, et al., 1987). Monthly income is more in scale with the cost of health care in four weeks than annual income and catastrophic risk in literature sometimes is defined as 10% or 15% of household monthly income.

Price of each type of treatment can not be obtained directly. In the questionnaire, there are questions asking the health care expenditure in the last four weeks, including the expenditure of self treatment. The care provided by health facilities could have been either outpatient or inpatient. However, this is the expenditure ex post, while the price perceived by the individual for each type of treatment is the expenditure ex ante perceived by the individual rather than the actual expenditure. Also, the model requires prices for each type of treatment. These are not directly available because the survey only gathers information for the care the individual actually received. So we need to estimate hedonic price equations and then imputed prices of different types of treatment for all individuals.

① There are questions "what did you do when you felt ill?" The choices are "self care"; "saw a doctor"; "didn't pay any attention". If the answer is not " saw a doctor" and the question "how much did you spend for the illness?" is asked. If the answer is "saw a doctor", then the following questions are "was it an outpatient or inpatient visit?"; "How much did this treatment cost or has this treatment cost so far? (including all registration fee, medicines, treatment fee, treatment fees, bed fees, etc.)"

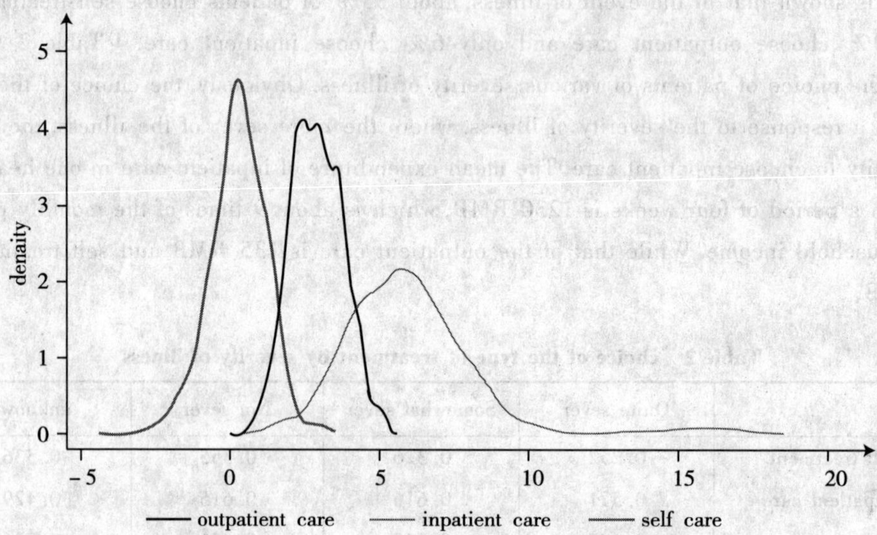

Figure 2　kernel density of ex ante log price for self care, outpatient care and inpatient care in four weeks

The main problem of using an OLS regression is the selectivity bias. Since the observed distribution of expenditure will not be representative of the ex ante distribution of prices. This selectivity bias is corrected by the procedure proposed by Lee (1983) and processed by Bourguignon et al. (2007) based on multinomial logit model. The equations specify price to be a function of age, gender, severity of illness and regional characteristics. Income is not included in order to avoid ascribing higher prices to higher income families. A set of county dummies are used to control the regional characteristics such as the regional economic situation, market structure of health care, etc. The method and results of estimation of price equations are listed in Appendix. Figure 2 is the ex ante log price density for self care, inpatient and outpatient care based on the prediction by the regression.

Non-monetary cost of medical care can be measured by travel time and waiting time. There is a section of survey asking about this information for all the facility available. We use the average values of all facilities (both clinics and hospitals) available to measure travel time and waiting time for outpatient care and use the average values of hospitals to measure travel time and waiting time for inpatient care. And there is no such cost in self care.

4 Empirical results

First, we use conditional Logit (CLGT) model, but the model cannot pass IIA test. This means someone who is more likely to choose inpatient care than to choose self care may also be more likely to choose outpatient care. Therefore nested multinomial (NMNL) logit model should be used. In the event of illness, the sequence of choice is the patient first decides whether to seek care or not, and if seeking care is selected, then the patient further decides an outpatient care or inpatient care. The estimate coefficients and corresponding p-values for NMNL are presented in table 3. The dependent variable in the first part of the regression is a dummy variable, indicating whether a type of treatment has been chosen.

The coefficient of ex ante expenditure perceived by the individual is significant at 1% level. So the price of the treatment plays an important role in the demand for health care. The more expensive the type of treatment is, the lower probability this type of treatment is selected. The coefficients of travel time and waiting time are not significant, implying that the distance and waiting time are not important in the decision making. We also use two dummy variables to indicate an outpatient care and an inpatient care, the meaning of which is that after controlling price, travel time and waiting time, what is the effect of other attributes of an outpatient care or an inpatient care. Those attributes include the quality of the treatment, the time loss of the patient himself and his relatives caused by the process of treatment, etc. The results show that compared with self care, an outpatient care is more preferred while an inpatient care is less preferred.

The second part of the regression also reports the effects of the individual and household characteristics on the first selection, that is self care or seek care in a health facility. We find that per capita household income is not a significant influence. The severity of illness is the most important factor. Compared with not sever, somewhat sever illness and quite sever illness increase the probability to visit a health facility significantly. The findings are the same as the study on the similar issue using four part models (Rao, 2004). We assume income is exogenous. If there is a possibility of simultaneity bias, the bias is likely to have a downward impact on the estimated income effect. The simultaneity bias arises because and illness may reduce income. The more severe the illness is, the greater the reduction in income. However, the more severely ill have more demand for medical care and are therefore more likely to seek care.

Table 3 Results of Nested Multinomial Logit regression

Variables	Coefficient	p- value
Choice: a type of treatment		
Ln(price)	-0.093	0.006

Variables	Coefficient	p- value
Wait time	0.029	0.712
Travel time	-0.055	0.433
Outpatient dummy	0.430	0.033
Inpatient dummy	-1.518	0.000
Type: treated in health facilities vs. self-treated		
Ln(pcinc)	0.035	0.440
Age	-0.016	0.000
Gender	0.040	0.641
Edu	-0.031	0.009
Mari	0.336	0.001
Hhsize	-0.022	0.402
ds0	-0.637	0.030
ds2	0.519	0.000
ds3	1.181	0.000
Observations	8433	
Log likelihood	-2319.3514	
LR test	1529.034	0.000
Inclusive values		
Treated	3.825	0.007
Self-treated	-0.751	0.297
LR test for IV = 1: chi2(2) = 45.71 Prob > chi2 = 0.0000		

Note: the Inclusive Values differ from 1 significantly, indicating CLGT is rejected and NMNL is a correct model (Maddala, 1983).

5 The effect of public subsidies

Suppose government subsidize the health care by providing health insurance to peasants. Part of the health care expenditure will be reimbursed by public insurance scheme. Government decides on an option about the reimbursement rules. We use the estimated demand function to simulate the expected expenditure of health care under different options. In view of the fact there were some arguments that subsidy should focus on the low probability and high cost events, while others think it necessary to subsidy all kinds of illness, we suppose several public subsidy options as following:

A: Reimbursement 50% of both outpatient and inpatient expenditure

B: Reimbursement 50% of inpatient expenditure only

C: Reimbursement 50% of outpatient and 80% inpatient expenditure

D: Reimbursement 80% of inpatient expenditure only

E: Cover all catastrophe (>10% of average household income per capital of the county)

First we investigate the change of demand for health by various reimbursement arrangements. Table 4 reports the probability of each type of treatment being chosen. Compared with no public subsidy, all subsidy arrangements could increase the demand for health care. However, option A, C and E can reduce the probability of self care by larger extent than option B and D. The results show that the arrangement that only reimbursing inpatient care can hardly raise the demand for health care.

Table 4 Demand for health care (%)

	Self treated	Outpatient care	Inpatient care
No public subsidy	34. 2	59. 7	6. 4
Option A	29. 2	64. 3	6. 9
Option B	33. 7	59. 8	6. 8
Option C	28. 5	64. 3	7. 5
Option D	33. 0	59. 9	7. 5
Option E	28. 1	63. 4	8. 9

Second, we evaluate to what extent the subsidies for health care reduce the financial burden. The Financial burden is measured as the expected health expenditure of the patient as a percentage of per capita household income. The regression shows that the income do not significantly influence the demand for health care, therefore the poorer might have heavier financial burden in case of illness. We divide the household in according to per capita income. The financial burden of medical care is regressive where the poorer the heavier burden. Without public subsidy, the financial burden of the poorest is more than 10 times as that of the richest. In the case of reimbursement of both outpatient and inpatient, option A can reduce the burden of every income group by more than 25%, and option C could reduce the burden by about 30%. In these two options, the middle income groups benefit most. Option E, covering all the catastrophic cost, which is defined as more than 10% of average household income per capital of the county, has the largest effect on reducing the burden and the poorest benefit most. The burden of the poorest group will be reduced by 48%. In the case of reimbursement of inpatient care only, option B and D have little effect.

Table 5 Financial burden (out-of-pocket expenditure/per capita household income)(%)

Income groups	Quintile 1 (lowest)		Quintile 2		Quintile 3		Quintile 4		Quintile 5 (highest)	
No public subsidy	59. 1	0	17. 3	0	11. 5	0	8. 9	0	5. 2	0
Option A	43. 2	−26. 9	12. 2	−29. 5	8. 0	−30. 4	6. 3	−29. 2	3. 9	−25. 0
Option B	58. 2	−1. 5	17. 0	−1. 7	11. 2	−2. 6	8. 7	−2. 2	5. 1	−1. 9
Option C	42. 1	−28. 8	11. 8	−31. 8	7. 8	−32. 2	6. 1	−31. 5	3. 7	−28. 8
Option D	56. 7	−4. 1	16. 4	−5. 2	10. 9	−5. 2	8. 4	−5. 6	5. 0	−3. 8
Option E	31. 0	−47. 5	9. 7	−43. 9	6. 5	−43. 5	5. 0	−43. 8	3. 3	−36. 5

Notes: the second column of each quintile is the percentage reduction of medical burden compared with no public subsidy.

Finally, we could simulate the fiscal cost for public subsidy. We suppose all the contributions of the health insurance are from public finance. The fiscal cost is measured by the share of public subsidies in the whole health care expenditure. So the subsidy rate in each subsidy option is defined as: one minus total out-of-pocket health care expenditure as a fraction of total health care occurred under such an arrangement. Table 6 reports the subsidy rate of each arrangement. Subsidizing both inpatient care and outpatient care will induce much more medical spending than subsidizing inpatient care only. Subsidizing both cares cause expenditure increasing 16%—20%, while subsidizing inpatient care almost increases no expenditure. At the same time, the subsidy rates are much higher when subsidizing both cares, which are 39%—43% in option A and C. Accordingly, subsidizing inpatient care has lowest fiscal cost. If subsidizing the catastrophe expenditure, the total expenditure will increased by 60% and the public subsidy is 64%.

Table 6 subsidy rate of different options

	Subsidy rate (%)	Subsidy through outpatient care (%)	Subsidy through inpatient care (%)	Total expenditure
No public subsidy	0	0	0	1
Option A	38. 74	97. 6	2. 4	1. 16
Option B	4. 46	0	100	1. 02
Option C	42. 84	94. 2	5. 8	1. 20
Option D	10. 88	0	100	1. 07
Option E	64. 32	86. 1	13. 9	1. 61

6 Conclusions

Social insurance and public financing are necessary policies to be against health risks in most of countries in the world. In rural China, disease has been one of the main causes for impoverishment due to the lack of social risk management policies. In recent years, government started to subsidy peasants for health care through establishing health care insurance, in which the government contributes most of the insurance premium and the patients could have a part of medical expenditure covered by the insurance. However, some peasants are not willing to participate in the health insurance scheme in spite of the low contribution and high government subsidy. The reimbursement rule has an important effect on the effectiveness of social health scheme. Reimbursing severe illness in inpatient care is prevailing in a lot of regions. We use the discrete choice model to analyze the demand for health care in rural China and we find that the price and other attributes of the type of treatment significantly influence the selection of self care, outpatient care or inpatient care. The higher price of inpatient care is one of the reasons for the lower demand, but even after controlling for the price, patients are less likely to choose inpatient. This might be due to some indirect costs such as the loss of work time of the patient himself or others in the family and the cost of accommodation for relatives accompanying with the patient.

The simulation results of various reimbursement arrangements show that cover inpatient care only cannot increase the demand for medical care and decrease the financial burden caused by the disease. Outpatient care is a preferred choice after taking account of the costs and quality of the treatment. But the outpatient expenditure is not low for most of rural population. Therefore, reimbursement both outpatient care and inpatient care is a more effective policy. If we set the target as to cover all catastrophic cost, this is the most effective policy in terms of increasing the demand and reducing the burden, especially for the poorest. However, there is a tradeoff between the fiscal cost and effect. Is it an option fiscal feasible? Our simulation results show that even if covering all catastrophe, the public subsidy accounts for about 64% of the total medical expenditure. The subsidy rate for covering both inpatient and outpatient care a half is less than 40%.

We suppose a total public financing for health insurance. In practice, even there is a high public contribution, some families are not willing to participate in the insurance because of low income. The validity of the policy is low if the poorer are excluded from the system. Therefore, we base our study on a situation that the insurance is public financed from general revenue. China has segmentation between rural and urban area for several decades.

During industrialization and urbanization, agriculture and rural population contributed a lot to the economic development of China through pro-urban policies such as, agricultural price policy, resident registration policy and labor market policy. The rural urban income disparity has been the increasing. Now it is the time to consider some pro-rural policies. The total fiscal expenditure could be reckoned from our results. Our results show an ideal target to cover all catastrophic cost will increase the expenditure by 60% and public subsidy rate is about 64%. Currently, medical expenditure per capita in rural area is much lower than that in urban area, even after such subsidy, the expenditure in rural area will be still lower.

China has a large regional disparity. Our study is based on the samples in 9 provinces, including some richer and poorer regions. However, more research needs to be done in future using regional observations to take more consideration of regional differences.

References

[1] Akin, J., D. Guilkey, and E. Denton, 1995, "Quality of services and demand for health care in Nigeria: a multinomial probit estimation", *Social Science & Medicine* 40 (11), pp. 1527 – 1537.

[2] kin, J., C. Griffin, D. Guilkey, and B. Pokin, 1986, "The demand for primary health care services in Bicol region of the Philippines", *Economic Development and Cultural Change* 34 (4), pp. 755 – 782.

[3] Bourguignon, F., M. Fournier, and M. Gurgand, 2007, "Selection bias correction based on the Multinomial logit model: Monte-Carlo comparisons", *Journal of Economic Surveys* 21 (1), pp. 174 – 205.

[4] Ching, P., 1995, "User fees, demand for children's health care and access across income groups: the Philippine case", *Social Science & Medicine* 41(1), pp. 37 – 46.

[5] Culter, D. and R. J. Zeckhauser, 1999, "The Anatomy of Health Insurance", *NBER Working Paper*, No. 7176.

[6] Dor, A., P. Gertler, and J. Van der Gaag, 1987, "Non-price Rationing and the choice of medical provider in rural Cote d'Ivoire", *Journal of Health Economics* 6(4), pp. 291 – 304.

[7] Gertler, P., and J. van der Gaag, 1990, *The Willingness to pay for medical care: Evidence from two developing countries*, Baltimore: The Johns Hopkins University.

[8] Gertler P., L. Locay, and W. Sanderson, 1987, "Are user fees regressive? The welfare implications of health care financing proposals in Peru", *Journal of Econometrics* 36, pp. 67 – 80.

[9] Grossman, M., 1972, "On the concept of health capital and the demand for health", *Journal of Political Economy* 80, pp. 223 – 255.

[10] Feng J., B. Qin, Y. Yangyang, 2007, "Wealth, Education, and Demand for mecial Care—evidence from rural China", Midwest Economics Association Annual Conference, 2007, USA.

[11] Feng, X. S., 1994, "Practiced and perspective of rural health care financing schemes in China", *Health Economics Research* 5, pp. 9 - 14.

[12] Lee L., 1983, "Generalized econometric models with selectivity", *Econometrica* 51, pp. 507 - 513.

[13] Liu Y., K. Rao, and S. Hu, 2002, *People's Republic of China toward establishing a rural health protection system,* Asian Development Bank, Publication stock No. 090902.

[14] Liu, Y., W. C. L. Hsiao, L. Qing, X. Liu, M. Ren, 1995, "Transformation of China's rural health care financing", *Social Science & Medicine* 41 (8), pp. 1085 - 1093.

[15] Hausman, J., and D. Mcfadden, 1984, "A specification test for the multinomial logit model", *Econometrica* 52, pp. 1219.

[16] Maddala, G. S., 1983, *Limited Dependent and Qualitative Variables in Econometrics*, New York: Cambridge University Press.

[17] Mwabu, G., M. Ainsworth, and A. Nyamete, 1993, "Quality of medical care and choice of medical treatment in Kenya", *The Journal of Human Resources* 28(4), pp. 838 - 862.

[18] McFadden, D., 1974, "The measurement of urban travel demand", *Journal of Public Economics* 3, pp. 303 - 328.

[19] Mocan H. N., E. Tekin, and J. S. Zax. 2004, "The demand for medical care in China", *World Development* 32(2), pp. 289 - 304.

[20] Pradhan, M., and N. Prescott, 2002, "Social risk management options for medical care in Indonesia", *Health Economics* 11, pp. 431 - 446.

[21] Wu, Y., 1997, "China's health care sector in transition: resources, demand and reforms", *Health Policy* 39, pp. 137 - 152.

[22] World Health Organization, 2000, *The world health report* 2000: *Health systems: improving performance,* Geneva: World Health Organization.

Appendix

The estimation of the price based on selection bias correction

In order to have the expenditure ex ante perceived by the individual using the data of observed expenditure, sample selection bias should be corrected. Consider the following model:

$$y_1 = x\beta_1 + u_1$$

$$y_j^* = z\gamma_j + \eta_j, j = 1, \ldots, M$$

j is category variable describing the choice of the individual among M alternatives based on utility y_j^*. The outcome variable y_1 is observed if and only if category 1 is chosen. Vector z represents the explanatory variables in selection equation. Vector x contains all determinants of the variable of interest. The disturbance term u_1 may not be independent of all

η_j . This could introduce correlation between the explanatory variables and the disturbance term and OLS estimation will not be consistent.

When selection is over choices more than two, the multinomial logit specification is attractive. We use method developed by Lee (1983) and surveyed by Bourguignon, et al. (2007). This involves the estimation of a multinomial logit model of the choice of a type of treatment, from which a set of correction terms are constructed for each observation. These correction terms are in turn included as regressors in the price function. Here the price refers to the expenditure in one health facility or self treated in the last four weeks. In this study, the regressors in multinomial logit regression are monthly household income per capita, age, gender, severity of illness and regional characteristics.

The results list in Table A.

Table A Price estimation based on selection bias correction using multinomial logit model

Independent variables	Ln(Self-treated price)	Ln (Outpatient price)	Ln (Inpatient price)
Mage1	-0.276 (0.579)	-0.272 (0.314)	-0.910 (0.756)
mage2	-0.259(0.318)	0.061 (0.175)	0.664 (0.555)
fage1	-0.798(1.359)	-0.552 (0.332)	-1.534 (0.972)
fage2	-0.136(0.379)	0.268 (0.176)	-0.480 (0.614)
fage3	-0.121(0.449)	0.131 (0.206)	-0.171 (0.599)
ds0	-2.215 (0.689)	0.560 (0.394)	1.565 (1.782)
ds2	0.171 (0.485)	0.62 (0.119)	1.940 (0.921)
ds3	-0.120 (1.103)	1.398 (0.164)	3.319 (2.285)
hhsize	0.034(0.109)	0.009 (0.037)	0.305 (0.130)
y97	0.745(0.366)	0.285 (0.205)	0.488 (1.024)
y00	0.506(0.335)	0.552 (0.205)	0.662 (1.214)
y04	1.252 (0.816)	1.325 (0.154)	1.274 (1.913)
County dummies	yes	Yes	yes
Self treated selection term	-1.296 (3.304)	—	—
Outpatient selection term	—	-0.0757 (0.878)	—
Inpatient selection term	—	—	-1.378 (2.650)
R square	0.143	0.157	0.505
observations	1000	1820	187

Note: We deal with the selection bias correction using stata command: selmlog.

医改构想：基于德国新历史学派与实践

沈长月　安月兴

（华北电力大学人文与社会科学学院）

摘　要：德国新历史学派的主要观点在抨击自由经济主义的同时，也为德国社会保障体系的建立提供了直接理论基础。而当今德国的医疗保障实践则是政府主导、市场参与的“混合型”的医疗保障模式，这充分综合了政府和市场两种资源配置方式的优势。德国新历史学派的主要观点和德国实践经验对我国当前的医疗改革有较好的指导意义，我国医改也必须重新对政府与市场在医疗保障改革中进行合理定位、明确边界，建立国家主导、市场参与的“混合型”医疗保障模式，市场化或者国家统管的医疗改革方案都是违背理论规律和历史实践的。

关键词：新历史学派　德国实践　医疗改革　设想

19 世纪末在德国建立了现代社会保险方式雏形，标志着社会保障开始走上国家化、社会化的轨道，为以后许多国家建立“从摇篮到坟墓”的完整的社会保障体系奠定了基础。而德国率先建立社会保障制度的理论基础就是新历史学派。新历史学派主张政府干预社会经济、主导社会保障建设，并提出了一系列具体主张，这都极大地丰富了社会保障理论基础。而德国医疗保障实践在承袭了新历史学派思想的基础上，也注重尊重市场机制和自由选择权利，是“混合型”的医疗保障模式。当前，我国正处于医疗保障改革的关键时期，各种观点和思潮涌现，争论激烈。在这样的背景下，分析新历史学派的背景和主要观点，解构德国当前“混合型”的医疗保障模式，充分借鉴新历史学派和德国实践的经验，对于我国医疗保障改革总体思想的确立有极为重要的意义。

一、新历史学派：强调政府责任

必须看到，作为 19 世纪最主要的经济思想之一，德国新历史学派的发端与发展有着深刻的历史和现实背景，其社会保障政策和主张更是历史需要的真实反映。

新历史学派提倡国家福利思想，其主要代表人物有施穆勒、布伦坦诺等人，因其主张国家福利和改良，后又被称为“讲坛社会主义”。新历史学派的社会改良政策有两个支撑点：一是他们从伦理道德出发，认为劳资冲突不是经济利益上的对立，而是感情、教养和思想上存在差距而引起的对立。因此，在他们看来，劳资问题是一个伦理道德问题，不需要通过社会革命来解决，而只要对工人进行教育，改变其心理和伦理道德的观点，便可以解决。二是他们的国家观。该学派主张国家至上，国家直接干预经济生活，负起“文明和福利”的职责。①

德国新历史学派的政治主张主要有五大方面：第一，是国家的职能不仅在于安定社会秩序和发展军事实力，还在于直接干预和控制经济生活，即经济管理的职能。第二，国家的法令、法规、法律至上，决定经济发展的进程。第三，经济问题与伦理道德密切相关，人类经济生活并不是仅仅局限于满足本身的物质方面的欲望，还应满足高尚的、完善的伦理道德方面的欲望。第四，劳工问题是德意志帝国所面临的最严峻的问题。第五，国家应通过立法，实行包括社会保险、孤寡救济、劳资合作以及工厂监督在内的一系列社会措施，自上而下地实行经济和社会改革。②

虽然，新历史学派在理论基础、主要观点甚至研究方法上都存有诸多不足，也招致了奥地利学派为主的其他思想流派诸多尖刻批评，但是，德国新历史学派仍然有诸多有益思想和观点是反映了社会发展规律和现实的，是经得起历史考验的真理性思想。而且，结合中国医疗保障领域实际问题，德国新历史学派的部分观点更凸显出其正确性与现实意义。在中国，纷繁复杂利益博弈模糊了医疗保障的实质，国家与市场、公平与效率等基本命题正在考量着中国当前的医疗保障改革。

（一）国家负有义不容辞的社会保障责任

社会保障是介于私人物品和公共物品之间的优效品，具有双重性质，这种物品必须由政府介入才能有效运作。③ 历史经验和社会现实都表明，政府是社会保障最重要的参与者，政府介入社会保障是有其内在动因的，也是有效的，德国新历史学派的经济主张充分地肯定了这一点。新历史学派主张扩大政府权力，政府可以通过

① 徐丙奎：《西方社会保障三大理论流派述评》，载《华东理工大学学报》（社会科学版）2006年第3期。

② 李珍：《社会保障理论》，中国劳动和社会保障出版社2001年版，第39页。

③ 孙光德、董克用：《社会保障概论》，中国人民大学出版社2004年版，第120页。

法律、条令全面干涉经济事务，反对完全自由主义，主张政府管理和主导下的市场配置资源。他们提出，劳工问题已经成为德意志最严峻的问题，主张政府加紧社会改良，通过扩大政府对工人的保障和福利责任，救济鳏寡孤独，实行劳资合作，用"温和而非革命"的方式调整社会关系。总之，新历史学派全面、正确地提出了政府对社会保障负有不可回避的责任，并较为准确、充分地阐述了政府在社会保障和社会福利变革方面介入的角度和方式。

（二）反对经济自由主义

市场是最为基本和高效的资源配置方式，其他资源配置方式不可比拟。古典经济学家假设经济运行的完全理性、完全信息、无外部性在现实中根本无从实现，而公共产品的无效供给更是进一步论证了市场并非万能，市场失灵领域需要政府这只"看得见"的手加以纠正。

在中国，改革开放最初的年代里，国家降低了对社会保障尤其是医疗保险的资助，在医疗机构改革方面是"给政策不给钱"，鼓励医疗机构提高服务供给的数量和质量，而医疗改革总的方针却是市场化。这种倾向虽是基于中国医疗"大锅饭"的特定背景下，但改革倾向模糊了医疗卫生的公益性，忽略了政府应在医疗卫生领域的主导作用，回避、弱化了政府负有的不可推卸的责任。

（三）民生问题是转型国家的最严峻问题

新历史学派提出"劳工问题是德意志帝国面临的最严峻的问题"，是在充分、客观估计了当时德国现状的基础上得出的正确结论。德意志帝国当时正处于快速工业化和资本化的阶段，资本积累和工厂迅速增加急速推进了社会分化为两大阶级，而随着无产阶级的空前壮大，阶级斗争开始日益频繁而激烈了。新历史学派似乎是害怕革命斗争的惨烈，并不认同马克思的政治主张。但是，必须看到，在德国这一新兴的工业化国家，劳工问题实际上就是最大的民生问题，新历史学派能够把劳工问题置于如此高度，并提出社会改革、建立社会保障体系等政策主张是符合历史发展规律的，更是符合德国社会现实和历史发展趋势的。

虽处于不同的时代和发展阶段，但巧合的是，中国当前也处于社会的剧烈转型阶段，工业化、城市化、现代化加速，社会群体迅速分化为多个不同经济地位和利益的社会阶层，而外资的引入和民营资本的充分发展，改变了原有的阶层关系，新的阶层矛盾显现并加剧，不同阶层之间、地区之间、城乡之间在经济收入、生活水平、教育权利享有等方面差异不断拉大，而且，这些问题绝不会随着经济发展而自动解决。在这样的背景下，民生改善就成为较之经济增长更为迫切和重要的问题了。这是新历史学派给予我们更大的启示。

二、德国实践：混合型医疗保障

在新历史学派经济思想的影响下，俾斯麦政府面对日益高涨的工人阶级运动采用了社会改革和建立社会保障的政策。1883 年至 1889 年，德国相继通过了《疾病保险法》、《工业伤害保险法》、《老年与残疾保障法》、《孤儿寡妇保险法》等社会保险法令，从而建立了世界上最为完备的工人社会保障计划。

但是，观察当今的德国社会保障领域，尤其是医疗保障领域，会发现德国的医疗保障并非是国家完全包揽，而是由政府和市场结构性参与的“混合型”医疗保障模式，这明显区别于英国。

第一，国家主导，强制参加。德国是现代社会保障制度的发源地，也是世界上第一个建立医疗保障制度的国家。德国实行的是典型的“投保资助型”社会保障模式，国家立法、倡导、主持建立医疗保障制度，法律规定公民必须参加（具体形式可有区别），国家财政给予相应支持。法律规定，凡年收入不超过法定界限的就业者、失业者、领取养老金的退休人员、大学生和就业前的实习生等，都必须参加普通疾病保险，法定的强制性的社会医疗保障制度覆盖了德国 90% 以上的人口。

第二，参保形式的自由选择权。德国医疗保障也强调权利与义务对等，缴费才能受益。但是，值得一提的是，德国在参保的具体形式上却是多样的，除了法定强制性的社会医疗保险，还可以选择自愿性的私人医疗保险。在国家强制的基本医疗保险之外，年收入高于法定界限的就业者、公务员、自由职业者、律师、军人等，这些人可以在社会医疗保险机构或私人医疗保险机构之间进行选择。

第三，医疗保障制度有鲜明的自治性。德国医疗领域存有大量的自发组织，包括医疗保险机构及其联合会、医疗保险签约医生及其联合会、州议员协会都是自治机构等，医疗保险机构与医疗机构之间，是相互合作的伙伴关系，自主、自治特色明显。

第四，医药分开、医疗竞争。德国是最早实行医药分开制度的国家之一，84% 的药品通过药店销售，其中 70% 为处方药和可报销的非处方药，14% 为不能报销的非处方药。另外 16% 的药品由超市销售，医院销售微乎其微。而有趣的是，在医药生产和流通领域，德国并为实行完全放任的自由市场，而是国家严厉管制的。尤其表现在市场流通领域，德国目前仅有 10 个大的医药批发商，而其中 3 个垄断了市场份额的 60%—70%。①

分析德国的医疗保障制度可以发现，虽然政府力量强大，但市场的作用并未被忽视，政府和市场两股力量实现了结构性组合，政府强制形成了制度总体框架，表

---

① 医药世界编辑部：《德国：国家主导型医疗制度》，载《医药卫生》2007 年第 5 期。

现为强制性的基本医疗保障，而在制度框架内的细微领域，市场的作用和自由选择权利得到了充分尊重。

三、中国医疗保障状况现状分析

建国以来，我国医疗城乡医药卫生事业得到了极大发展，有效地保障了城乡居民的身体健康。但是，必须看到，虽然我国已经成为世界第四大经济体，但我国的卫生筹资与公平却落在了191个成员国的倒数第四位，[①] 卫生公平程度甚至滞后于世界平均水平。

（一）医疗支出快速、大幅增加

政府在医疗领域的回避和医疗领域的市场化倾向迅速抬高了我国的医疗费用支出，卫生总费用快速提高。1978—1988年，卫生总费用占国内生产总值的比重从3.04%上升到了3.27%，10年时间仅增加了0.23%。而1988—1998年，卫生总费所占的比重从3.27%上升到了4.7%，10年上升了1.43%，增速明显加快。而1998—2003年5年间，这一比重却上升到了5.62%，5年增加了0.92%，增速远超过了过去20年。[②] 表1反映了1993年至2003年我国城乡次均门诊和住院费用的变化情况表。[③] 从中可以发现，我国次均医疗费用呈现加速度特征。

表1　我国医疗费用变化表　　单位：元

	次均门诊费用			次均住院费用		
	城乡合计	城市	农村	城乡合计	城市	农村
1993	30.4	48.9	22.2	916	1607	541
1998	35.2	64.8	25	1355	2361	837
2003	66	120	50	2265	4178	1455
1993—1998年均增长率（%）	3.01	5.79	2.42	8.1	8.01	9.13
1998—2003年均增长率（%）	13.29	13.17	14.74	10.82	12.09	11.68

注：1. 1998年和2003年数据根据消费指数进行了调整。
2. 数据整理自卫生部第三次卫生服务调查分析报告（2004）。

---

① World Health Organization, *The World Health Report* 2000: *Health System*: *Improving Preformance*, p. 152, 2000.

② 根据各年统计年鉴、第三次卫生普查结果和卫生部《中国卫生总费用研究报告》综合整理获得。

③ 表1、表2和表5数据引自关志强、董朝晖、崔斌：《中国卫生改革方向与总体思路》，载《社会保障研究》2007年3月27日。

与此同时，城乡居民收入增长缓慢，这进一步加剧了城乡居民的医疗负担。由表2可以看出，我国城乡居民年均收入增长速度自1998年开始已经远远落后于年人均卫生支出，而且这个趋势仍未得到遏制。

表2　我国年人均收入和年人均医疗支出

单位：元

	年人均收入			年人均卫生支出		
	城乡合计	城市	农村	城乡合计	城市	农村
1993年	948	1789	665	73	114	60
1998年	1383	2284	1079	92	130	73
2003年	1814	3502	1220	158	245	128
1993—1998年均增长率（%）	7.85	5.00	10.17	4.73	2.65	4.14
1998—2003年均增长率（%）	5.57	8.93	2.47	11.46	13.52	11.81

注：1. 1998年和2003年数据根据消费指数进行了调整。
2. 数据整理自卫生部第三次卫生服务调查分析报告（2004）。

（二）城乡医疗资源分配失衡

由于历史原因，国家采取了保护工业劳动力的公共政策取向①，把卫生经费主要投向了城市，并且，这一政策取向延续至今。这导致中国的卫生资源在城乡之间的分配非常不平衡。中国城市、农村的人口分别约占全国人口的30%和70%，而城市、农村的卫生资源却分别约占80%和20%。② 虽然，近年来我国经济以超过8%的平均速度增长，财政收入增长迅速，但是，政府对农村卫生投入比例仍在逐年下降。根据全国卫生总费用测算结果，1997年农村卫生费用占全国卫生总费用的37.53%，到2000年降为32.07%，3年下降了5个多百分点。1998年全国卫生总费用中政府投入587.2亿元，用于农村92.5亿元，仅占政府投入的15.9%。1998年政府投入只占乡镇卫生院总支出的10.5%。③ 2002年税费改革之后，乡镇提供公共服务的财源将几乎完全来自上级政府的转移支付，形成所谓的“吃饭”财政和“补贴”财政，政府对农村卫生的投入量和稳定性进一步降低。按1990年的不变价格计算，不包括外援项目的政府卫生资金投入量年均增长速度仅为4.49%，政府对农村卫生投入的增长远远落后于国内生产总值的增长速度（10%左右）和政府财政收入

① 胡宏伟：《中国农村合作医疗政策取向的历史回顾与评析》，载《广西经济干部管理学院学报》2006年第1期。

② 张元红：《农村公共卫生服务的供给与筹资》，载《中国农村观察》2004年第5期。

③ 张元红：《农村公共卫生服务的供给与筹资》，载《中国农村观察》2004年第5期。

的增长速度（16.4%），具体数据参见表3。

表3　中国历年农村卫生费用　　　　单位：亿元

	1991年	1993年	1995年	1997年	1999年	2000年
农村卫生总费用	299.69	455.57	804.42	1270.40	1474.80	1527.80
政府卫生投入	37.57	46.23	66.80	81.49	94.21	100.65
占农村费用比重	12.54%	10.15%	8.30%	6.41%	6.39%	6.59%

资料来源：卫生部经济研究所（李卫平等；2003），转引自张元红：《农村公共卫生服务的供给与筹资》，载《中国农村观察》2004年第5期。

而且，中国西部（11省、区）的农民的医疗卫生负担与东、中部农民相比，呈累退趋势：越穷负担越重。① 1997—2001年，全国农村5年平均医疗卫生开支与收入之比为3.54%，西部地区为3.9%，而东中部19省、市则平均5年为3.33%，可见，西部农民负担要比东中部重，存在累退倾向。平新乔（2003）认为，这种情况既有悖于水平公平原则（同一收入水平的不同人群，应承担相同的负担），又有悖于垂直公平原则（不同收入水平的人群，应承担不同的负担）。

表4　中国农民医疗开支占收入比例（1997—2001年平均）

指标名称	全国农村平均	西部（11省区）	东中部（19省市）
A：农民人均年收入（元）	2386.63	1623.39	2828.51
B：农民人均年医疗卫生支出（元）	85.38	63.52	98.05
B/A（%）	3.54	3.9	3.33
C：人均GDP（元）	7778	4574	9632.9
B/C（%）	1.09	1.38	1.01

资料来源：1998—2002年《中国统计年鉴》，转引自平新乔：《从中国农民医疗保健支出行为看农村医疗保健融资机制的选择》，载《管理世界》2003年第11期。

（三）城乡医疗卫生状况堪忧

医疗费用增速过快使得我国城乡卫生服务利用率迅速下降，各个收入阶层人群应就诊未就诊率、应住院未住院率均呈上升趋势，且虽收入水平逆向对应提高，即收入最低的居民未就诊、未住院率增速最快。

① 平新乔：《从中国农民医疗保健支出行为看农村医疗保健融资机制的选择》，载《管理世界》2003年第11期。

表 5　不同收入居民未就诊和未住院情况

	城市					农村				
收入百分位数	20%	40%	60%	80%	100%	20%	40%	60%	80%	100%
未就诊率（%）										
1993	37.5	42.7	40.2	39.4	35.9	35.4	34.2	33.5	30.3	29.4
1998	49.1	46.1	44.1	45.5	39.9	30.7	31.0	29.5	29.0	28.6
2003	60.2	57.7	54.2	51.2	45.2	46.0	43.8	44.7	44.5	42.9
未住院率（%）										
1993	31.7	23.8	22.4	21.0	16.9	44.2	39.5	35.4	28.2	25.3
1998	46.8	42.6	33.0	29.0	27.4	51.4	48.3	43.8	39.2	29.9
2003	41.6	32.3	22.7	28.2	17.2	41.0	33.8	31.3	26.4	19.5

资料来源：卫生部第三次国家卫生服务调查分析报告（2004）。

四、启示：医疗改革中政府责任回归与边界

（一）政府责任回归的必然性

德国新历史学派关于国家社会保障责任的主张在我国当前医疗保障改革领域有其特殊意义。不论是公共产品理论、效用外部性理论还是信息不对称理论，都表明了政府介入医疗保障领域的必要性。德国新历史学派在社会保障建设方面最大的贡献就是主张政府对社会保障的义务，而德国的社会保障主体特色也体现了国家的主导作用。我国医疗保障改革必须认识到这一点，即医疗市场是市场失灵的，在基本医疗保障领域中政府有着不可替代的作用，政府在这个领域回避责任将导致灾难性的后果，政府自我减责是导致我国医疗改革失败的主要原因之一。① 国家在医疗保障领域应该实现责任的回归。

而当前，我国各级政府在医疗保障领域远未充分承担责任，而是处于缺位与越位并存、各级政府职权与事权分配不合理、部门职能交叉冲突的状态。

1. 政府缺位与越位

（1）政府缺位。主要表现在三个方面。首先，立法职能缺位。当前我国医疗保障乃至整个社会保障体系立法建设缺乏合理理念、统筹规划不足、法制建设层次低、立法主体混乱。其次，出资人责任缺位，作为医疗保障的主导者，政府预算支出却呈下降趋势。第三，行政监管职能缺位，如前文所述，医疗市场存在严重信息不对

① 2005 年国务院发展研究中心葛延风在国务院发展研究中心和世界卫生组织在“中国医疗体制改革”的研究报告中宣称“从通体上讲，改革是不成功的”，这引起了全社会对医疗改革的关注和大争论。

称，价格并不能起到良好的资源配置效果，政府负有监管医疗机构、约束医疗机构行为的责任，但我国由于医疗监管部门与公立医院之间存在“父子关系”，“办医院也管医院”，加之监管体系不健全、监管队伍力量薄弱，政府在医疗监管方面并未起到应有的作用，进一步激化了医疗领域原有的矛盾。

（2）政府越位。这主要表现在三个方面。第一，政府干预医疗机构的微观运营，拥有公立医疗机构的人事任免权、财务管理权、投资决策权、职称评定等权利，而医疗机构带来的丰厚利润也进一步巩固了政府的直接干预行为，医疗机构成为“计划经济最后的堡垒”。第二，政府全面管理医疗保障领域资金，将医疗保障基金标准制定权、收缴权、管理权和使用权集于一身，单位、个人和社会未能享有监管政府行为的权利。这给基金安全带来了极大的隐患，基金被挤占、挪用现象不可避免，“上海社保案”就充分暴露了这一问题。第三，政府控制大部分医疗资源，公立医疗机构享有特殊政策，这阻碍了其他所有制形式的医疗机构进入到医疗保障领域，这实际上否定了患者的选择权，回避了医疗领域的竞争，降低了医疗保障领域的运行效率，滋生了寻租行为。

2. 各级政府职权与事权分配不合理

政府承担医疗保障的主导责任，就必须回答各级政府在职权与事权上的分配问题。而当前，我国各级政府在医疗保障改革在医疗保障基本事权方面尚未明确划分，使得各级社会保障主管部门在事权上难以协调，这阻碍了医疗保障制度的稳定运行。这在分税制以后，中央和地方对财权进行了重新划分，而社会保障事权并未如同财权一样清晰明确，这给中央与地方之间、各级政府之间事权划分留下了隐患。由于各级政府事权划分不明，经过多次博弈，最终形成“一级保一级、一块管一块、条块分割”的责任分担机制。中央主要负责中央单位所属职工，省级及省级以下各级财政也只负责向本级所属职工提供保障资金，这种责任分担机制不符合市场经济的要求，也与各级政府财政的承受能力不匹配。①

3. 部门职能交叉、冲突制约了政府对医疗保障的有效介入

由于历史原因和条块分割的行政职权分配格局，我国各政府部门在医疗保障领域呈现了多头管理、职能交叉甚至冲突的特点，政府部门对医疗保障的介入是低效率的。现实中的突出表现是我国医疗保险分为城乡两个独立的部分，劳动和社会保障部门负责城镇医疗保险，而农村合作医疗保险则由卫生部负责，而部门分割的现实又阻碍了信息交流和数据共享，这不利于统筹城乡医疗保障发展的总体目标。而部门之间缺乏协调的另外一个例子就是 20 世纪 90 年代农业部为减轻农民负担而宣布合作医疗缴费为不合理收费，政策之间出现了严重冲突。

---

① 高伟凯、刑伟：《和谐社会与基本医疗保障制度中的政府职能转变》，载《社会保障制度》2007 年第 8 期。

德国新历史学派宣扬政府应在社会保障领域担负责任，政府应有效介入社会保障。综合上述分析可见，我国政府对医疗保障的介入是低效率的，政府干预不足和过度干预并存，政府应当重新定位，明晰政府职能，促使政府职能向公共服务归并。

（二）市场作用与政府责任的边界

德国医疗保障建设实践表明，深受新历史学派影响的德国医疗保障模式，并非是一味强调政府责任，而是采取了政府与市场相结合的“混合型”医疗保障模式，政府主导，市场在特定领域充分发挥资源配置作用。这种模式是在充分认识政府与市场的特点和优劣的基础上，经过反复实践而逐渐形成的。

医疗社会保障的制定必须充分尊重和发挥政府、市场在资源配置方面的作用，实现政府与市场的均衡，这需要合理确定政府和市场的边界。基于新历史学派和德国实践，本文认为，我国医疗保障改革中界定政府和市场边界应把握如下几个原则：

第一，政府主导，基本医疗保障要确保其公益性。医疗卫生领域，尤其是基本医疗领域政府负有不可推卸的责任，政府必须介入并担当主导责任。医疗改革的一个重要指向就是基本医疗领域的政府主导和公益性。第二，政府负责政策制定、监管。政策制定和制度运行监管的主体只能由政府来承担，这也是政府介入医疗保障领域的根本前提和主要方式。第三，充分发挥市场作用，在参保方式、就医方式等方面给予自由选择权。市场机制的核心是价格机制，而确保价格机制有效的前提条件就是自由选择权利。医疗领域的特殊性制约了患者的自由选择权，患者不能像购买其他商品一样购买、更换医疗服务，这也佐证了为什么医疗保障领域一定是政府主导而非市场主导。但是，在参保方式、就医方式、购药渠道等方面，还是可以给患者充分选择权的，而实践证明，这些自由选择权的赋予，比较充分地利用了市场配置资源的优势，可以很好地补充政府在这些方面的不足。第四，针对公立医疗机构和基本医疗服务，在确保医疗服务供给的质量和数量的前提下，实现考核激励逐步替代市场利润激励。关于中国医疗领域是“市场化过度”还是“市场化不足”的争论由来已久，至今也未有一个令人满意的答案。不论事实怎样，医疗服务供给直接与经济利润挂钩的方式都不值得提倡。本文认为，在公立医院体系内，在政府逐步加大财政补贴的前提下，逐步实现业绩考核激励替代市场利润激励将是中国医改的必由之路，这也是市场的边界。

（三）我国医疗保障改革设想：混合结构型医疗保障

综合上述分析可见，我国医疗保障改革的正确方向应是“混合型”的医疗保障模式，政府主导、市场参与、混合体制为主要特点，在新医疗保障体系中，政府和市场均应有其合理边界。在此基础上，本文提出了我国建立“混合型”医疗保障的总目标、方针和基本原则。[①]

1. 目标、方针与基本原则

总体目标：建立覆盖城乡居民的基本卫生保健制度，实现人人享有基本卫生保健服务，提高全体国民的医疗保障和健康水平。

方针：一是坚持预防为主、防治结合的方针；二是坚持中西医并重的方针。

基本原则：（1）政府主导与市场机制相结合的原则。强化政府在基本卫生保健的责任，明确政府责任的方式和范围，充分发挥市场机制的作用，激活公立卫生资源存量，提高全社会卫生资源的效率和效益。（2）全民覆盖、分步推进的原则。实现绝对医疗公平（人人享有）与相对医疗公平有机结合，不断提高全民医疗保障和健康水平。降低改革风险和成本，提高改革的社会效益。（3）突出重点兼顾一般的原则，以确保公立医疗机构的公益性为突破口，以国家直接举办医疗机构免费向全民提供公共卫生和最基本医疗卫生为重点，推动整个医疗服务机构体系的重组与重构。

2. 基本思路

以确保公立医疗机构的公益性为突破口；按照中央政府保障绝对医疗公平（人人享有）、地方政府保障相对医疗公平原则，明确界定政府的责任方式和范围；着眼于卫生资源行业归口管理和资源共享，实现“三医”联动改革；建立补助供方与需方相结合、计划与市场相结合的全民医疗保障模式。

3. 具体内容

（1）医疗卫生体制改革。第一，将公共卫生、公立医疗卫生、计划生育及医疗救助等资源统一归口卫生部门，实行行业化管理，降低资源运行成本，提高资源利用效率和效益。第二，根据财政承受能力和疾病对国民健康的损害顺位，将医疗卫生细分为最基本医疗、准基本医疗、特殊人群医疗、重大疾病医疗和特需医疗，采取不同的医疗保障方式。[②] 根据全民覆盖，分步推进原则，先易后难，先窄后宽。首先免费提供窄口径的最基本医疗，随着财政支付能力的增强，相机推动宽口径的最基本医疗的免费提供。

（2）改组、改造现有公立医疗机构。第一，中央政府直接投资举办城市社区卫

① 医疗保障改革设想主要观点为武汉大学社会保障研究中心《医疗保障改革建议》部分内容。

② 最基本医疗就是所谓的小病，属于公共卫生范畴。享受最基本医疗服务是共和国公民的基本人权（健康权）之一。小病的宽口径就是现有的门急诊病，窄口径就是城乡社区卫生服务机构能够提供治疗的疾病（不包括慢性非传染性疾病）。最基本医疗由国家举办的医疗机构直接免费向国民提供，包括基本医疗服务、基本药物和基本检查检验。准基本医疗就是所谓的大病，即住院治疗的一般疾病，属于准公共产品。这类住院服务由国家举办的医疗机构廉价提供，通过社会医疗保险机构或商业医疗保险机构向医院购买。城市低保户、农村“五保户”等特困群体即“特殊人群”的准基本医疗，由包括政府出资和社会筹资的社会医疗救济基金，实施医疗救助。

生服务中心、站和农村的乡镇卫生院、村卫生室。社区卫生服务机构除承担国家要求的公共卫生服务外，承担最基本医疗的免费提供服务；在加强城市社区卫生服务的同时，按照城市社区卫生机构的模式，建设农村社区卫生中心（乡镇卫生院）和社区卫生站（村卫生室）。社区卫生服务机构保留挂号收费；设立财政专户，对社区卫生机构实行统收统支，做到应收尽收、应支尽支。第二，按照区域卫生规划要求，中央政府直接投资举办传染病医院、精神病医院、妇幼保健医院以及民族医院，承担公共医疗卫生责任。第三，各级地方政府直接投资举办的少量综合性医院（包括高等院校附属医院）。第四，政府办医院实行适度的“管办分离”。政府与医院形成委托代理关系，医院成为事业法人实体，建立法人治理结构；取消医院的行政级别和行政编制，组建由政府主管部门官员、医院代表、药方代表、社区代表、医疗保险机构代表以及相关专家等组成的董事会，实行全员聘用制，董事会聘任院长，院长聘用职员。第五，改制部分公立医院。将现有55%的公立医院（不含专科医院、民族医院和护理医院，共4508家）改制成为社会办的非营利性医院和营利性医院；改制成社会办的非营利性医院的，现有资产变现退出或转化为国有股份；改制成营利性医院的，现有资产则全部变现退出；为减少改革可能带来的社会震荡，先对即将改制的医院“断奶”，时机成熟时相机进行改制、转轨；鼓励、引导改制分流的医务人员进如社区卫生服务机构，提高其服务质量和水平。第六，鼓励、引导民营资本进入医疗市场。最基本医疗实行国家免费提供后，现有绝大部分个体诊所将自然消亡。政府引导民营资本积极参与公立医院改制，举办特色医疗、特需医疗、专科医疗、老年疗养以及社区护理等，充分发挥市场机制作用。

（3）改革医疗保险制度。针对准基本医疗的社会医疗保险改革的基本思路是：政事分开，建立社会医疗保险管理体制；立足于全民参保，建立城乡社会基本医疗保险体系；适应多层次医疗保险需求，鼓励商业医疗保险发展；改变医疗保险基金支付方式，有效控制医疗费用；从而达到切实提高基本医疗保险水平和全民医疗保障水平的目的。以政府出资为主，建立社会医疗救助基金和大病医疗救助基金，对无力缴纳基本医疗保险费的特殊人群和无力支付超过社会基本医疗保险支付上限部分的患者，实施医疗救助。此外，还必须积极推动、引导商业医疗保险的发展，以满足特需人群的特殊需求。

（4）医药生产经营体制改革。新的医改中，药品供应方必须全面参与，与整体改革相协同。在“三医联动”改革中，药品供应不单是流通体制改革，而是包括产、供、销各环节在内的整个生产经营体制的改革。基本思路是：按照安全、有效、必需、价廉的原则，与基本医疗卫生和基本医疗保险改革相对应，采取不同的产供销体制和管理方法；基于医药分开，逐步推行医药分业；强化药品监管，确保用药安全。

参考文献

[1] 唐俊：《德国率先建立社会保险制度的深层次原因》，载《华中科技大学学报（社会科学版）》2005年第1期。

[2] 杨祖义：《德国历史学派的经济史学解析》，载《中南财经政法大学学报》2001年第5期。

[3] 靳涛：《两大经济思潮的碰撞与演进》，载《江苏社会科学》2005年第6期。

[4] 徐丙奎：《西方社会保障三大理论流派述评》，载《华东理工大学学报（社会科学版）》2006年第3期。

[5] 李珍：《社会保障理论》，中国劳动和社会保障出版社2001年版，第39页。

[6] 孙光德、董克用：《社会保障概论》，中国人民大学出版社2004年版，第120页。

[7] 医药世界编辑部：《德国：国家主导型医疗制度》，载《医药卫生》2007年第5期。

[8] World Health Organization, *The World Health Report* 2000: *Health System: Improving Preformance*, p. 152, World Health Organization, Geneva, 2000.

[9] 关志强、董朝晖、崔斌：《中国卫生改革方向与总体思路》，载《社会保障研究》2007年3月27日。

[10] 胡宏伟：《中国农村合作医疗政策取向的历史回顾与评析》，载《广西经济干部管理学院学报》2006年第1期。

[11] 张元红：《农村公共卫生服务的供给与筹资》，载《中国农村观察》2004年第5期。

[12] 平新乔：《从中国农民医疗保健支出行为看农村医疗保健融资机制的选择》，载《管理世界》2003年第11期。

[13] 高伟凯、刑伟：《和谐社会与基本医疗保障制度中的政府职能转变》，载《社会保障制度》2007年第8期。

新型农村合作医疗的制度性缺陷与制度的完善

申曙光　周　坚

（中山大学岭南学院　中山大学社会保障研究中心）

摘　要：本文在充分肯定我国新型农村合作医疗制度成效的同时，明确提出，这一制度具有内在的缺陷，要根除当前的种种问题，实现这一制度的长期稳定运行和可持续发展，首先必须完善这一制度。为此，本文从理论和实际两个层面对新型农村合作医疗制度的制度目标、制度机制、制度体系、制度环境等方面的缺陷进行了系统的分析；同时，针对这些制度性缺陷造成的当前新型农村合作医疗运行过程中的主要问题，分别从制度层面予以分析，并提出了发展和完善我国新型农村合作医疗制度的方向和总体思路。

关键词：新型农村合作医疗制度　制度性缺陷　医疗保障　完善

从2003年开始试点工作以来，我国新型农村合作医疗（以下简称“新农合”）的推进速度很快。到2006年底，全国试点县（市、区）已发展到1451个，占全国总数的50.7%，覆盖农业人口达4.1亿，占全国农业人口的47.2%。可以认为，在为部分农民提供最基本的医疗保障方面，新农合已经取得了初步的成效[1]。然而，不容否认的事实是，新农合在实际运行过程中逐渐暴露出诸如农民逆向选择问题严重、基金管理混乱、基金支付压力巨大等多方面的问题，这些问题的存在使得新农合制度的施行效果大打折扣，在改善广大农民“因病致贫，因贫返困”之境况方面所起的作用有限[2][3]。

对于新农合制度施行过程中存在的种种问题，学术界开展了广泛的研究，众多来自公共政策、社会保障、经济学、社会学、医疗卫生等领域的专家学者纷纷提出了自己的意见和看法，探讨问题，提出对策。但是，现有的研究基本上都是就事论事，都是从制度运行和管理的角度分析问题，关注的重点主要放在资金这一块，重点探讨“筹资机制与比例”、“资金的使用”及“政府责任”等问题，多数都认定

"资金不足，投入不够"是新农合种种问题产生的主要原因[4][5][6]。这样的研究自有其原因，其结论自有其合理性，但遗憾的是研究视角不够开阔，难以发现问题的根源所在。

辩证唯物主义认为，事物的发展变化是内因和外因共同起作用的结果，其中内因是变化的根据，起主要作用，外因是变化的条件，起辅助作用。同样的，对于一项制度而言，只有其内在要素，即制度的定位、目标、功能、结构、配置、环境等，才能从根本上决定该制度的运行成效。因此，新农合制度内部存在的缺陷，才是造成制度实施效果不理想、制度运行困难重重的根本原因；也只有通过新农合制度的完善，才能从根本上解决当前所遇到的种种问题，实现新农合的长期稳定运行和可持续发展。

我们认为，新农合制度作为一种具有社会保险性质、面向农民和农民家庭提供医疗保障服务的制度，在制度设计上必须充分考虑医疗保障制度、社会保险制度、农村及农民这几方面所涉及的所有要素，以及要素之间的相互关系，稍有疏忽、遗漏，就会导致制度性缺陷。在文章接下来的内容中，我们将具体分析新农合制度目前所存在的制度性缺陷，探讨它们所造成的主要的问题，并将在文章的最后，从制度层面提出完善新农合制度的方向以及总体思路。

一、制度目标与公平性的缺失

作为一项制度，其最重要的内在要素就是制度目标。制度目标决定了制度的性质，决定了制度发展的方向，也直接影响着其他制度要素之间的契合。新农合制度恰好在这方面具有缺陷，主要体现为制度公平性的缺失，而这种缺失造成了制度试点过程中的众多现实问题。

（一）公平性缺失的理论分析

制度是人类社会赖以形成秩序的保障，评价一项制度的优劣关键要看它能否最大限度地增加社会的总体福利水平[7]，这就对每一项制度的目标定位提出了公平性的要求。社会保障制度是制度的一种，是在福利经济学、保险学、社会学等理论的基础上，在普遍、公平、适度、统一等原则的指导下建立起来的，承担着援助社会成员、调节国民收入分配、维护社会稳定的重任，故其基本且关键的制度目标正是追求社会公平、实现社会公平[8][9]。新农合制度作为我国社会保障体系的重要组成部分，理所当然地应将公平确立为制度的首要目标。同时由于新农合制度属于医疗保障制度，具有一切医疗保障制度的复杂性——相对于其他社会保障制度来说，其涉及的利益主体更多，利益主体之间的关系更复杂——因此，要在具体操作层面上达到公平比养老等社会保障制度困难得多，因此在制度层面上对公平性的要求也将远远高于其他社会保障制度。

现行新农合制度从我国农村经济发展水平较低、农民收入水平较低的国情出发，建立了中央财政和地方财政补助资金的拨付机制，直接对参合农民特别是中西部欠发达地区的参合农民进行资助，在增加筹资稳定性的同时也体现了筹资的公平性；另外，出于保障农村弱势群体（主要是"五保户"和贫困农民家庭）基本医疗需求的考虑，各地已在陆续建立和实施农村医疗救助制度，该制度作为新农合在扶贫和医疗救助方面的重要内容，强化了农村弱势群体获得基本医疗保障的权利，体现了新农合制度对弱势群体的关注以及一定程度的医疗服务利用公平。从这些制度安排可以看出，新农合制度在设计上对公平性目标的要求有一定的考虑。

但遗憾的是，局部的公平并不意味着整体的公平，从制度整体看，新农合在制度目标上对公平性的考虑还很欠缺：首先，新农合采用了保险的方式来管理农民的疾病风险，按照保险原理，风险分得越散，对参保人越公平，因此为保障参合农民的公平，风险池（统筹层次）的规模必须要够大，而目前制度在统筹层次设定上却没有遵循上述理论的指导，仅考虑在小范围内（一般是县级区域）分散疾病风险，这将导致某些特定风险（比如流行性传染病）发生时无法得到充分的分散，从而使得参合农民的公平在制度上已先难保证了。

其次，作为社会保障制度的一种，新农合要体现公平性，就一定要保障参合农民的基本医疗保障需求，而现行制度对农村卫生保健体系建设的不重视，致使参合农民并没有享受到预防保健等最基本的医疗保障服务，制度在目标上也违背了社会保障理论对公平的要求；同时，新农合在设置制度内容时，对农民疾病风险发生规律和实际医疗需求考虑不够，导致医疗保障服务提供和医疗服务费用分担等方面的安排有违公平性的要求，造成了参保农民在医疗服务利用方面的不公平，进而削弱了新农合制度调节收入分配、实现社会公平的作用。

最后，新农合是面向农村、服务农民的医疗保障制度，理应保证每个农村居民都能机会均等的参与制度、获得保障，然而由于制度设计过程中对农村社会结构变迁和人口流动特征的欠考虑，将大批的农村流动人员（主要是俗称"农民工"的农村外出务工人员以及失地农民）或是剥夺参保资格（比如云南某市规定外出时间超过半年的可选择是否参合），或是限制医疗服务资源使用权利，结果导致制度在参保和医疗服务利用两方面显示出极大的不公平。

从以上分析可以看出，新农合制度在设计上对制度原理和基本理论的违背，以及对制度所处现实状况考虑的不够深入，使得制度从整体上偏离了公平性的目标，导致制度目标方面存在着严重的缺陷。

（二）公平性缺失造成的现实问题分析

制度目标公平性缺失这一制度性缺陷，具体表现在补偿标准过低、参保机制有漏洞、转诊制度不规范等方面，造成了受益面不高、保障水平偏低、失地农民与农民工医疗保障缺位等多个实际问题。在这些实际问题当中，一个核心问题是有关制度“保障水平”方面的问题，对于造成该问题的原因，有很多学者认为是“资金不足，投入不够”[4][5][6]，但是我们认为，新农合制度在制度目标方面存在的公平性缺失的缺陷，主要是制度设计安排上对医疗服务利用公平性目标的缺失——每个有相同医疗服务需求的农民无法机会均等地获得并利用服务，从而导致试点过程中制度在“保障水平”方面出现严重问题：

由于农村地区的常见病、多发病主要是呼吸系统、消化系统的慢性疾病[10]，一般情况下通过门诊治疗即可治愈，较少需要住院治疗，而现行补偿机制对农民疾病风险发生规律和医疗救治的实际需要并没有作深入的考虑，所设置的以“大病统筹”为主、主要补助大额医疗费用或住院费用的制度安排，轻易地就将这些慢性病患者中的大部分挡在了受益门外，让他们自行承担疾病风险造成的损失，在增加其经济负担的同时也降低了保障水平；此外，未通过精算厘定而设置的起付线、封顶线以及共付比例等具体补偿标准，对参合农户的实际受益程度产生了一定的负面影响，并且起付线的存在，也容易成为一部分中低收入参合农户家庭利用医疗服务的障碍，造成因收入高低带来的医疗服务不公平，增加了中低收入家庭提高保障水平的难度；最后，由于对农村人口流动特征的考虑不足，转诊制度中有关异地就诊的规定，比如定点医疗机构的选择、报销期限的限制等等都较为严格，导致长期身处外地的参合农民特别是大量的农民工，即使所发生的疾病风险在补偿范围之内，也因为烦琐的报销手续和时间、地域的间隔而很难获得补偿[11]，又一次从制度上造成了特定群体在医疗服务利用上的不公平，进而影响了整个制度的保障水平。

二、制度机制与约束性的缺失

制度是非正式约束与正式约束的集合[11]，约束性是制度最基本的性质。面对参合农民、定点医疗机构与医药机构以及政府与新农合管理机构这三方利益主体，以及它们相互之间的复杂关系，新农合制度却在制度机制上缺失了约束性，从而无法有效控制制度运行过程中主体的种种机会主义行为，导致了诸多现实问题的发生。

（一）约束性缺失的理论分析

新制度经济学假定人具有随机应变、投机取巧、为自己谋取更大利益的行为倾向，进而推断人在追求自身利益的过程中会采取非常隐蔽的手段，所以必须通过制度来加以限制和约束[12]。按照这一理论，制度就是限制，制度的基本功能之一就是约束主体的机会主义行为。

由于每一项制度一般都涉及多方主体（两方或以上），各方主体利益目标始终保持一致的可能性微乎其微，主体数量越多，主体间的关系就越复杂，各主体之间、单个主体与整体制度之间目标冲突的可能就越大，各主体为实现自身利益目标而采取机会主义行为的几率也就越高，因此也就越需要在制度上安排恰当的激励与控制措施，有效地发挥制度机制中的约束功能，以协调主体关系，规范主体行为，维护制度运行的稳定性和长期性。

与那些只涉及两方利益主体（即保障需求者和保障提供者）的社会保障制度（如养老、失业）相比较，新农合是一项医疗保障制度，具有一切医疗保障制度的复杂性——在新农合制度中，除了有医疗服务需求者（参合农民）和医疗保障提供者（包括政府及新农合管理机构）两方利益主体之外，还增加了医疗服务提供者（包括医生、医院等医疗机构及医药机构）这个独立的第三方利益主体，在凸显制度约束功能重要性的同时也增加了实现制度约束功能的难度。除此之外，由于新农合制度运转的重要环境——医疗卫生市场是一个专业性极强的市场，其所具有典型的信息不对称的特征，使得各方利益主体的机会主义行为更容易操作且更难以识别，也使得社会秩序和社会公平更容易被破坏，这就对如何通过合理的制度安排以有效地发挥制度的约束功能提出了更高的要求。

虽然，新农合制度在设计上考虑到了利益主体可能出现的某些机会主义行为，也试图通过制度安排加以约束，比如对参合农民可能发生的骗医骗保行为，新农合制度在补偿机制和转诊制度方面设置了限制措施，又比如对经办机构可能出现的滥用职权现象，新农合设立了协调小组以及安排了基金公示制度予以规范，但是，现有的这些制度安排不仅在内容上不够完整，在实际操作上也流于形式，并没有很好地发挥约束受控主体机会主义行为的作用。

另外，从制度的整体配置看，现行新农合制度对医疗保障制度和医疗卫生市场复杂性的认识还不够深入，对医疗保障所涉及的三方主体特别是参合农民与医疗机构这两方的机会主义行为的诱发条件与表现方式的考虑还不够充分，与我国农村现实状况的结合还不够紧密，某些重要的制度内容对社会保险的基本原则还有所违背，因此，我们认为，当前新农合在制度上还存在着重大缺陷，即在制度机制方面缺失了约束性。这一制度性缺陷导致制度无法有效控制各方利益主体的机会主义行为，从而各方主体在试点过程中，为实现自身利益目标而采取损害他方利益行为的现象层出不穷，给制度的运行和发展造成了严重的威胁。

（二）约束性缺失造成的现实问题分析

新农合制度的制度机制约束性的缺失，在具体制度层面上的表现就是参保机制不合理、转诊制度不规范、医疗机构准入与退出制度缺乏、医务人员激励与约束制度缺损等等。这一制度性缺陷的存在，造成了种种有关利益主体机会主义行为的现实问题，其中最严重的当属参合农民的逆向选择问题和供需双方（参合农民与定点医疗机构）的道德风险问题，对于这两个问题具体的制度根源，我们接下来将分别予以分析：

1. 参合农民的逆向选择严重，这一问题出现的根本原因是新农合的制度安排给农民留下了发生事前机会主义行为的空间：首先，参保机制中倡导的自愿参加原则，违背了社会保险的强制性原则，使得那些受益概率高的老弱病残者积极参合，而身体条件好、患病可能小的农民却不愿参合；其次，参保机制的设计也没有充分考虑“农村家庭结构日趋小型化，子女婚后多数与父母分居、单立门户”的现实情况，导致“以户为单位参合”的规定不仅不能很好地发挥抑制逆向选择的作用，反而有可能减少青年农民家庭参合的可能性；最后，新农合制度忽视了当前农村恶劣的公共卫生状况，没有在配套制度方面重视农村医疗卫生体系的建设，以至于农民的身体素质和健康水平无法从根本上得到改善，“老弱病残”现象和疾病风险发生的概率在农村地区也一直居高不下，从而间接地加大了农民进行逆向选择的可能性，进一步恶化了逆向选择问题。

2. 参合农民及定点医疗机构的道德风险问题，究其原因，在于新农合制度缺失了对这两个利益主体发生事后机会主义行为的约束性：一方面，制度在患者信息甄别、转诊行为控制等方面内容的残缺，使得诊疗过程中参合农民故意加重报告或者谎报病情等行为无法得到有效控制，以至于部分农民骗医骗保的道德风险行为成为可能；另一方面，由于处方和病历审查制度、医务人员考核评价制度、定点医院准入与退出制度等供方（医院及医生）监管机制的不健全，无法对定点医疗机构及其医务工作者的医疗服务行为实行全方位的监督与控制，减少了医生（医院）诱导参合农民接受不必要的检查、治疗，或是向其提供超过基本医疗保障水平的额外服务的顾虑，因而增大了医方发生道德风险的可能性。

三、制度体系与完整性的缺失

任何制度本身都是在一个制度体系中运转，这一体系的完整和体系的正常运转都需要在配套制度建设上考虑到、安排好全体制度对象以及它们之间的各种关系。新农合制度运行过程中的不顺畅，与该制度在制度体系方面存在着完整性缺失的制度性缺陷密切相关。

（一）完整性缺失的理论分析

吴仪同志在2007年1月的全国新型农村合作医疗工作会议上，对新农合试点工作取得的成效予以了充分的肯定，指出新农和制度框架及运行机制已基本形成[13]。粗看上去，新农合大的制度框架已经搭好，筹资、补偿、基金管理等主要制度板块也已各就其位。然而，仔细分析，就会发现很多关键性的制度安排现在仍未到位或是有所残缺，整个制度系统还不够健全，尚未形成一个真正意义上的完整的制度体系。

任何制度都有其特定的制度对象，制度是为了规范这些对象在具体环境中的行为而产生的规则，而制度的完整与否，首先就要看所有应该涵盖的制度对象是否都已在制度安排中得以体现。由于新农合制度主要是以保险的方式来管理农民的基本医疗保障需求，因此制度所关注的最基本的制度对象就是医疗保障所涉及的三方利益主体，即参合农民（医疗服务需求者），定点医疗机构与医药机构（医疗服务提供者），以及政府与新农合管理机构（医疗保障提供者）。这三方也必然是制度内容设置的基础和重心，缺少对任何一方的考虑或是考虑不周都将造成制度的不完整。反观当前的新农合政策，我们可以发现，其制度关注的焦点几乎都放在了参合农民的管理上面，大部分的制度内容都是在回答参合农民如何参保、如何筹资、如何补偿、受什么控制等问题，而对于定点医疗机构和医药机构以及政府和新农合管理机构这两方主体行为的规范，在制度内容上却很少涉及，整个制度的制度配置存在严重失衡。

再者，由于制度涉及多个制度对象，它们之间的错综复杂关系以及为最大化自身利益目标而可能采取的损害他方利益的机会主义行为，将直接影响到制度的平稳运行和可持续发展，这就要求制度在将所有制度对象纳入制度考虑范围的同时，还必须针对各个对象与其他对象可能发生的矛盾冲突做好相应的调控措施安排，协调好它们之间的关系，以实现个体目标与整体目标的协同发展。然而现行制度在设计上却违背了这一制度配置要求——制度低估了参合农民、新农合管理机构和定点医疗卫生机构这三方因严重的信息不对称而相互存在的委托—代理关系的复杂程度，以及各方利益主体为维护自身利益目标而发生事前及事后的机会主义行为的可能性——其制度配置并没有注重安排协调主体目标和行为这方面的配套制度，特别是有关两个供方（医疗服务和医疗保障）行为的约束机制还很缺乏，从而导致新农合的制度内容尤其是监管板块的内容残缺不全，进一步削弱了制度体系的完整性。

通过上述分析可知，新农合制度目前不仅没有从制度上涵盖所有的制度对象，而且缺乏有效协调制度对象之间关系的制度安排，使得整个制度在制度体系方面存在着完整性缺失的制度性缺陷，进而严重影响了制度的正常运转。

（二）完整性缺失造成的现实问题分析

新农合制度的制度体系完整性缺失这一缺陷，主要表现在一些重要制度内容的缺损上，进而导致一些具体的运行和管理工作因缺乏相关配套制度的支持而难以顺利开展，引发了一系列现实问题。在种种问题当中，有关新农合基金运行方面的问题综合了筹资困难、基金收支失衡等多个“单一”问题，不仅问题本身最具复杂性，而且对新农合制度运转所造成的影响也是最严重的，因此我们有必要深入分析该问题的制度成因。

有关新农合基金运行方面的问题，可以从整体上归纳为“基金支付压力大，运行吃力”，其具体的制度根源，主要存在于基金的筹集、支付以及管理这三个方面：

在基金筹集方面，虽然新农合规定个体、集体和国家共同筹资，但制度没有足够重视对政府这一重要的制度对象行为的规范，缺乏具体的规章制度来监督政府的出资行为、强化政府的出资责任，结果一些地方政府由于财力紧张等原因，拖欠新农合资金拨款，使得新农合实际可用基金的规模大为缩水。

在基金支付方面，制度监管板块内容的不健全是新农合基金支付压力大的重要原因：首先，新农合制度机制中约束性的缺失，尤其是约束制度对象事后机会主义行为功能的缺失，比如逐级转诊制度的不完善，医务人员激励与约束制度的缺损，以及定点医疗机构准入与退出制度的缺乏等等，使得制度无法有效控制参合农民和定点医疗机构的道德风险，结果农民“谎报病情，小病大治”与医生（医院）“开大处方、重复做检查”的现象并存、频发[14]，不合理的医疗费用开支的数额和频率也随之直线增加，直接推动了基金支出的快速上涨；其次，除了有关制度对象的约束机制缺失之外，新农合制度没有深入考虑医疗卫生市场这一重要的制度环境对制度运行的影响，在制度配置上缺乏对医疗卫生市场监管的安排，从而导致农村地区药价高、假药横行，在迫使农民增加医疗费用开支的同时，也加大了基金支付的压力，加剧了新农合基金失衡的风险。

在基金管理方面，新农合制度对于参合农民与政府之间关系的处理有失公允，在制度配置上没有重视农民的知情权和管理权，缺乏能够发挥农民主观能动性和监管作用的基金管理制度，降低了基金使用情况的透明度，以至于政府的基金管理行为得不到有效监督，造成了某些地方政府擅自挪用基金以做他用等基金用途改变、基金开支异常等问题[15]，给基金的运行增添了来自政府方面的不安全因素，进一步增加了基金“收不抵支”的可能性，加大了基金平稳运行的困难。

四、制度环境与适应性缺失

制度环境通常处于一个制度系统的最外围，它描述了制度所处的一般社会规则。要实现制度目标、发挥制度功能，其首要条件就是制度的设计和配置必须适应制度环境的要求。面对各地区发展状况、农村社会经济面貌、医疗卫生市场等多个复杂环境，新农合制度在设计上没有深入考虑这些制度环境对于各个制度对象的目标和行为以及对象相互间的关系的影响，在制度配置中很少基于制度环境特征来安排配套制度，从而整个制度缺失了制度环境的适应性，在制度上造成了又一个缺陷。

（一）适应性缺失的理论分析

我国地域宽广、幅员辽阔，各个地区在经济发展水平、人口组成结构等方面存在很大的差异，而面对各地区发展不平衡这样一个制度环境，要在全国范围内按照完全统一的模式来制定、推广新农合制度，就目前而言是不现实和不可行的。新农合政策制定部门也意识到了这一点：纵观各地具体的新农合政策，基本不存在“照搬照抄，搞一刀切”的现象，多是在试点过程中逐步形成的符合当地实际的统筹补偿方案、管理运作方案，表现出较为明显的地域差异性，同时也表明，新农合制度在设计上已初步考虑到了与制度环境的衔接和相适应。

但是，由于新农合制度是一种面向农民和农民家庭提供医疗保障服务的制度，除了各地区发展状况之外，还需要面对农村、医疗卫生市场等多个制度环境，因此仅仅在制度设计上反映出地域差异性还不足以证明制度已完全适应了制度环境的要求，事实上，新农合制度在制度环境方面还存在着严重的适应性缺失的缺陷：

首先，按照面向农村、服务农民的制度定位，新农合制度应以我国农村在社会经济、医疗卫生、风土人情等方面的特点为制度设计的基础，展开制度配置，但其实际的制度内容却并没有很好地遵从这一要求，整个制度缺失了对农村这个制度环境的适应性：一是在参保机制和转诊制度上，没有结合农民特别是青壮年农民在流动性方面的特征来进行设置，致使大量外出务工的农民或是难以参加新农合，或是在参合之后因身处外地而难以享受医疗保障服务，进而产生了农民工医疗保障缺位的现象；二是在医疗资源的配置上，忽略了农村交易的重复博弈性质、血缘关系与地缘关系为主导的社会环境的影响[16]，使得绝大部分医疗投入流向县、乡级医疗卫生机构，村级医疗卫生机构因缺乏资金而运作困难，进而在农村地区造成了医疗资源分布不合理、医疗卫生服务可及性差的状况；三是在配套制度安排上，缺乏对农村初级卫生保健工作滞后、重大疾病预防控制任务艰巨的现实状况的认识，没有重视农村卫生保健体系的建设工作，结果在难以满足农民基本医疗保障需求、无法改善农村整体健康状况的同时，也增加了参合农民逆向选择与新农合基金过度支出的风险；四是一些具体的政策规定，比如资金的补助范围，还只是对城镇类医疗保障制度中相关规定的一种简单复制，没有根据农民的经济实力和农村的诊疗习俗而进行适当的调整，从而在制度上增加了农民获得价廉物美的医疗保障服务的难度，对农民的医疗负担压力也造成了一定的负面影响。以上种种分析表明，当前的新农合制度并非一项适应农村环境要求的制度，还不能有效解决农民的医疗保障问题、改善农村医疗卫生状况。

接着，我们再看制度运行的另一个重要环境——医疗卫生市场，新农合在这一制度环境方面同样缺失了适应性：由于信息不对称这个重要的制度特点，及其对各个制度对象之间的关系和行为所造成的影响，在制度设计过程中没有得到足够的重视，因此现行新农合制度没有配套恰当的制度安排以协调参合农民、新农合管理机构和定点医疗卫生机构三方相互间因信息不对称而产生的委托—代理关系，以及抑制各方利益主体在委托—代理关系和信息不对称作用下层出不穷的机会主义行为，从而导致制度的推行因这些关系和行为的存在而受到了阻碍，制度效果也大打折扣。比如在医疗服务过程中，医患双方存在着明显的信息不对称，医生（医院）由于掌握了医疗专业技术而有着信息优势、处于强势地位，很容易在其专业知识的掩护下诱导农民消费不必要的医疗服务，以最大化自身的经济利益，而面对这样一种农民利益受侵害的情况，新农合制度却缺乏有效规范医务人员和医疗机构行为的制度安排，导致医患双方的矛盾在制度下依然存在甚至有所激化[17]，一些地方参合农民的医疗负担压力不减反增[11]，进而打击了农民参合的积极性，增加了制度推广的压力。总而言之，新农合制度在处理医疗卫生市场信息不对称状况上的失效，反映出该制度并没有适应医疗卫生市场的要求，还不是一项合格的医疗保障制度。

根据上面的分析可知，新农合制度在设计上对农村和医疗卫生市场这两个重要的制度环境的特点考虑的不到位以及结合的不充分，导致制度存在制度环境适应性缺失的缺陷，制度的运行和发展也因此受到了环境因素的严重制约。

（二）适应性缺失造成的现实问题分析

新农合制度在制度环境方面适应性的缺失，导致制度在运行过程中受到了来自环境方面的不小阻力，引发了很多现实问题，其中最具代表性的莫过于农民“看病难、看病贵”这个问题。虽然这一问题在新农合制度试点之前就已出现苗头[18]，从时间上划分可以算作一个“旧”问题，但是随着新农合的推广该问题并没有得到解决，反而越来越严重[10][11][19]，成为新农合制度运行效果不佳的重要证据，因此在讨论新农合试点过程中存在的现实问题时，我们不可能也不应该回避这个问题。

对于农民“看病难、看病贵”这一问题在现行制度下继续存在甚至严重化的根本原因，我们认为，正是由于新农合在制度上存在着制度环境适应性缺失的制度性缺陷：

农民看病难，意味着农民不能便利地获得医疗服务，这主要与农村地区医疗资源分布不合理、医疗服务可及性差的状况有着直接关系，而造成这种状况的根本原因又在于新农合制度在医疗资源配置方面的制度安排不适应农村这个制度环境的要求。由于我国农村具有地广人稀的人口分布特点（相对城市而言），而且农民有偏好重复交易的行为特征，因此为保证农民的医疗服务可及性，在农村地区设置医疗服务机构与医务人员时，必须满足一定的距离与信任度的要求，即医疗机构应位于农民聚居地的附近，医务人员应为农民所熟悉，然而新农合制度在制度安排上对于这两个要求都有所违背——既没有重视建设村卫生室这个与农民距离最近的医疗机构，也没有注重培养乡村医生这一最贴近农民生活的医务工作者，将大部分的建设资金投向了县、乡两级医疗机构，仅余少部分开展村级医疗机构的建设工作——导致大量的村卫生室设备陈旧、技术落后、濒临倒闭[20]，大批的乡村医生改行转业、另谋生路[21]，让基层的医疗救治工作出现了空白，从距离或心理上增加了农民看病的难度，进而致使以下三种现象的发生：患病农民要么拖着病躯不远数里甚至几十里的前往县、乡医院排队求医，要么求助于熟人圈中的游医或是巫婆神汉[11][22]，要么干脆“小病拖着，大病抗着”，其最终结果就是在新农合制度下农民看病依然难。

农民看病贵，意味着农民获取医疗服务时所支付的价格高于其经济承担能力，其主要原因在于新农合制度特别是其监管板块内容缺失了对医疗卫生市场的适应性：首先，制度在设计时没有深入考虑医疗卫生市场信息不对称的特点对医疗机构与医务人员行为造成的影响，其制度安排在规范供方（医院及医生）行为方面存在着缺失，比如定点医院准入与退出制度缺乏、医务人员激励与约束制度缺损等等，因而在很大程度上消除了医生（医院）采取诱导需求行为的顾虑，致使不少地方的医生（医院）“开大处方，重复做检查”的现象时有发生，进而增大了农民医疗负担的压力，更有甚者，借着可以报销的幌子以及医方在专业技术上的信息优势，向参合农民提供超出基本医疗保障水平的服务，造成了“相同病情参合反比不参合贵”的怪现象[11]，在实际上增加了参合农民的医疗费用支出，也加重了新农合基金运转的压力；其次，制度在对整个医疗卫生市场的监管上同样存在着缺失，由于没有配套合理的制度来监控医疗用品的供给和农村医务人员的行医资格，从而导致农村地区假药横行、药价高、游医遍地，农民难以用合理的价格换取安全的医疗服务，结果不仅进一步加大了农民的医疗负担压力，也让制度效果受到了质疑。除了上述制度原因之外，新农合制度中的一些与农村环境不太匹配的具体政策，也是造成农民看病贵的重要原因：比如在资金补助范围和报销药品名录的设置上，既没有考虑到农民较低的经济支付能力，也没有重视中草药在农村天然的可得性，其内容与城镇类医疗保障制度的相关规定差别不大，从而也在一定程度加重了农民的医疗负担。以上种种分析表明，新农合制度下农民看病贵的问题依旧存在甚至越发严重。

五、完善新农合制度的方向与思路

前面的分析已经表明，新农合既没有全面考虑医患双方、医疗保障与医疗卫生体系等诸多制度要素之间的关系，又没有从机制上遵从社会保险的基本原理，也没有合理考虑农村的环境特性和农民的需求特点，整个制度在制度目标、制度机制、制度体系及制度环境这四个方面存在着明显的制度性缺陷；而且，新农合制度运行过程中出现的种种问题，虽然表现形式多样，但实际上都是由制度性缺陷造成的，要想彻底地解决这些现实问题，从根本上来讲依赖于新农合制度的发展和完善。

之前在分析各个制度性缺陷所造成的实际问题时，我们已从制度层面上给出了解决这些问题的思路，接下来，我们将从理论上阐明完善新农合的方向和总体思路，同时还将针对存在的四个制度性缺陷，提出改进和完善这一制度的建议：

完善的新农合制度，是要素齐备、结构完整，功能齐全、具有可持续发展性的制度，它对于我国农村地区医疗卫生和公共卫生事业的发展、农民身体素质和健康水平的提高、农民预防保健和疾病风险管理意识的增强等方面都应能起到积极的促进作用，应能全面改善农村的卫生面貌，而不是仅仅通过政府补贴的形式让“农民上得起医院，看得起病”。

新农合制度的完善，应该从医疗保障和社会保险的相关理论出发，结合当前农村及农民的实际状况，理顺制度所涉及的三方利益主体——医疗服务需求者、医疗服务提供者、医疗保障提供者之间的各种关系，围绕这些关系进行对应制度措施的增补、修订、丰富与优化；同时，也需要吸收、借鉴其他医疗保障制度在制度安排、制度结构、制度配套等制度上的合理之处，在它们指引的基础上实现新农合的创新和发展。

对于新农合制度存在的制度性缺陷，我们认为应该从以下几方面着手进行改进：

在制度目标方面，要提高公平性，首先应该在保险公平理论的指导下，从充分分散参合农民疾病风险的机制出发，提高统筹层次，扩大新农合覆盖面；然后根据社会保障制度中公平性的要求，针对农村现实的医疗卫生环境，将农村卫生保健体系的建设确立为重要的制度内容，确保预防保健等农民基本的医疗保障需求能得以满足；最后，对于具体制度内容的设置，尤其是关于参保和补偿这两方面，要综合考虑农村的人口流动特征、农民的经济收入能力以及疾病风险发生规律，保证每个农民都具有公平参加新农合和公平利用医疗资源的权利，给农民以看得见的实惠。

在制度机制方面，要增强约束性，必须增进对医疗保障制度和医疗卫生市场的复杂性的认识，在结合对农村医疗卫生现实状况分析的基础上，找出医疗保障涉及的三方利益主体所可能发生的机会主义行为的诱发条件与表现方式，从制度上增补对应的控制措施，做好处方病历审查制度、医务人员考核评价制度、定点医院准入与退出制度、逐级转诊制度、基金监管制度等约束机制的建立健全工作，同时还应修订某些不符合社会保险强制性原则要求的重要制度内容，比如参保机制中的自愿参加原则，实现对制度各方利益主体行为的全面控制和有效约束。

在制度体系方面，为满足完整性的要求，一是要确保制度全面涵盖所有的制度对象，尤其在制度配置上要注重补充规范定点医疗机构和医药机构，以及政府和新农合管理机构这两方行为的措施和制度，以形成合理的制度结构；二是要从消除制度对象间存在的信息不对称状况入手，把信息透明化和制度对象行为监管作为制度内容建设的重点，增补相关的制度安排，并且通过公共卫生体系建设等重要的配套制度的配合，全方位的管理制度对象之间的关系，协调制度对象之间的矛盾冲突，实现个体目标与整体目标的协同发展，维护新农合制度的顺畅运行。

在制度环境方面，要提高适应性，最重要的是具体制度内容的设置和配套制度的安排要充分考虑制度环境的影响，符合制度环境的发展要求。因此，新农合制度在这一方面的完善，不仅需要结合农村社会经济状况和人口分布特征，以及农民的医疗卫生习惯和行为偏好，修正参保机制、补偿机制、医疗资源配置机制等方面的制度内容中与农村环境要求脱节的具体内容；而且需要充分认识医疗卫生市场的运转及其信息不对称的特点给整个制度运行带来的严重冲击，在此基础上加强有关医疗卫生市场监管的配套制度的建设，从而使得整个制度成为真正意义上适应农村和农民需要的医疗保制度。

参考文献

[1] 卫生部：《国务院委派专家组全面评估新农合》，载《医院领导决策参考》2006年第20期。

[2] 顾昕：《新型农村合作医疗即将面临四大挑战》，载《医院领导决策参考》2006年第13期。

[3] 申曙光：《政府责任与医疗弱势群体的医疗保障》，载《学海》2006年第1期。

[4] 施晓琳：《论我国农村医疗保障制度的建立和完善——从日本农村医疗保障制度看》，载《理论探讨》2004年第3期。

[5] 赵慧珠：《新型农村合作医疗制度的难题及其破解》，载《中共中央党校学报》2007年第8期。

[6] 司林波等：《解读新型农村合作医疗制度：问题、成因与对策》，载《农村经济》2007年第8期。

[7] 江洪涛：《制度经济学》，复旦大学出版社2003年版。

[8] 郭士征：《社会保障学》，上海财经大学出版社2004年版。

[9] 申曙光：《现代保险学教程》，高等教育出版社2003年版。

[10] 卫生部：《第三次国家卫生服务调查分析报告》，中国协和医科大出版社2004年版。

[11] 汪恭礼：《参加新农合看病还是难》，载《乡镇论坛》2007年第9期。

[12] 卢现祥：《新制度经济学》，武汉大学出版社2004年版。

[13] 吴仪：《全面推进新型农村合作医疗发展》，载《求是》2007年第6期。

[14] 邓大松、杨红燕：《新型农村合作医疗利益相关主体行为分析》，载《中国卫生经济》2004年第23期。

[15] 中国西南世界银行扶贫项目贵州办公室：《贫困地区合作医疗的持续性发展》，贵州人民出版社2001年版。

[16] 刘兆发：《农村非正式结构的经济分析》，经济管理出版社2002年版。

[17] 中国社会科学院：《中国社会保障发展报告（2007年）NO. 3》，社会科学文献出版社2007年版。

[18] 秦国杰等：《缓解农民看病难看病贵的思考》，载《中华医院管理杂志》2007年第2期。

[19] 林光华、阮培金：《尽快破解农民看病难》，载《福建日报》2007 年 1 月 26 日，第 1 版。
[20]《让农民兄弟买药用药方便实惠》，载《人民日报》2005 年 8 月 15 日，第 14 版。
[21]《“新农合”：如何真正惠及农民?》，载《北京日报》2007 年 8 月 31 日。
[22] 刘仲翔：《农民的求医行为与农村医疗卫生》，载《甘肃理论学刊》2005 年第 2 期。

武昌惠民医院实践“基本卫生保健制度”的初步调查*

王保真[1]　陈　蓓[2]

（[1] 武汉大学社会保障研究中心　[2] 德国多特蒙德大学）

摘　要：该文通过调查武昌惠民医院2006—2007年的运行与管理情况，概述了其作为社区卫生服务中心和基层医院，正在实践十六届六中全会提出的“建立基本卫生保健制度”。对该院缓解贫困人群“看病难、看病贵”；其服务内容与形式、管理与运行机制的变化；区政府的主导责任与作用；公益型职能加强的外部环境条件与内部条件等作了分析；揭示了其面临的问题；提出了作者的管见。

关键词：武昌惠民医院　实践　基本卫生保健制度

基本卫生保健制度，是由政府组织，向全体居民提供安全、有效、方便、价廉的公共卫生和基本医疗服务的保障制度，是我国《卫生事业发展“十一五”规划纲要》确立的制度框架与目标。武昌区惠民医院自2005年1月以来，通过重点对特定人群提供基本医疗服务，又向周围居民提供综合性卫生保健服务，使政府举办的基层公立医疗卫生机构，其运行机制与管理体制正在逐步朝着扭转“以药养医”的补偿机制，强化城市社区卫生服务的公益性职能，建立区政府财政经费保障机制的方向，发生着可喜的变化。

一、首先着力缓解贫困人群的“看病难、看病贵”

武昌惠民医院的前身为武昌区属的二医院，是1953年建立的街道卫生院（一级甲等医院）。2003年被确定为区首义路街社区卫生服务中心，也是当年全国第三次

* 本文得到武汉市武昌区政府、武昌区卫生局、武昌区惠民医院、武汉市卫生局的大力支持；得到《中国卫生经济与培训网络》的资助，在此特致诚挚的谢意！

卫生服务调查的95个市区县样本点之一。其调查结果发现该区有48.9%的患者有病不能及时就诊，困难人群看不起病的现象十分严重。不仅影响个人健康，而且不利于社会稳定。另外，武汉市2001年虽实施了城镇职工基本医疗保险制度，但武昌区仍有51000多低保人员，6700多残疾人员没有任何医疗保障，他们由于经济原因难以缴纳保费，也未被政府举办的基本医疗保险制度所覆盖，一旦患了大病则贫病交加，急需得到政府及社会各界的关心与资助。

武昌区委和区政府，在2004年开展“共产党员先进性教育”的活动中，把解决全区57700多低保与残疾人员的医疗保障问题，作为实践“立党为公、执政为民”的重大课题来抓。首先高度重视该区未被职工医保覆盖的这部分人群，并把率先解决他们的“看病贵，看病难”的难题，作为实践基本卫生保健制度的切入点，作为构建和谐武昌及执政为民的重要举措。为此，2005年初区政府决定将武昌区二医院重新定位，作为专门服务于该区低保与残疾人员的医院，并把它作为2005年区政府承诺的十件实事之一列入政府工作报告，惠民医院由此应运而生，同时，也拉开了实践基本卫生保健制度的序幕。

2006年区政府围绕让百姓特别是困难人群“看得起病”、“看得好病”，惠民医院“办得下去”的基本目标，积极探索“政府支持，医院惠民”的新路子：①在全市率先将区属的首家扶贫医院，正式更名为“武昌惠民医院”；②针对低保和残疾人，专门制定了系列济困优惠措施；③为了保障疑难重症患者的治疗，还制定了对口双向转诊的制度；④在重点开展对特定人群提供基本医疗服务的同时，又建立了区内的惠民医疗服务网络，在徐家棚和白沙渡社区卫生服务站设立了惠民医疗门诊。不仅提供基本医疗服务，方便困难群众就近享受优惠服务；还向周围居民提供六位一体的综合性卫生保健服务。目前，在武昌区已初步形成了以惠民医院为主，惠民门诊为辅，市三医院和七医院为依托的惠民医疗服务网络。

二、探索体现政府扶贫济困意志和实现卫生公益型职能的新路

武昌惠民医院运行两年多的实践表明，它的服务内容与形式、管理与运行机制的变化，体现并初步符合基本卫生保健制度的核心内容与特点，在探索体现政府扶贫济困意志，实现卫生公益型职能方面作了有益探索。

第一，它是最贴近人群的基层医疗卫生服务机构。该院同时作为社区卫生服务中心，管辖武昌区首义路街十四个社区，共6.2万人口的社区卫生服务工作。在医院原址因按照武汉市规划要求进行拆迁期间，成立了千家街社区卫生服务站作为“过渡中心”，继续承担首义路辖区的卫生工作。2006年11月，千家街社区通过了武汉市“满意的社区卫生服务站”的验收。由于它分别坐落在首义路、徐家棚及白

沙州等人群密集居住集中的地区，贴近人群，利于向周围居民提供六位一体的综合性卫生保健服务，利于开展慢性病防治等基本医疗服务，低保和残疾人员也能方便快捷的就近看病就医。

第二，它重点服务于经过甄别的特定困难人群。2005 年初由区民政部门确定的服务对象，主要是全区 51000 低保人员和 6700 多残疾人员。2007 年服务对象又经区国资委、区工会等确定的，未被基本医疗保险覆盖、家庭人均收入不足 350 元的人群，即全区尚未改制的区属企业困难群体、街道所属的困难群体，包括企业下岗职工、环卫工人等共 7 万余特困人员，均纳入惠民就医范围，统一办理了《医疗优惠证》，从 2007 年 5 月开始可享用优惠的基本医疗服务。

第三，对特定困难人群采取了基本医疗的费用减免优惠措施。武昌惠民医院服务于特定困难人群，主要采取了“门诊挂号、诊疗等服务免费，手术检查等项目减半，药品不加成计价”等直接医疗救助方式。“优诊”患者（即特定困难人群）从 2005 年开始就享受“八免十一减半，药品平进平出”的待遇，2006 年 8 月起减免优惠的范围不断扩大，他们已可享用“十八免十二减，药品平进平出”待遇。目前该院实施的费用减免措施有：①“优诊”对象免费的诊疗项目包括：门诊挂号费、诊疗费、注射费、急诊挂号费、诊疗费、急诊观察床位费、住院床位费、空调费、健康咨询费、诊疗费、注射费、护理费、陪伴费、抢救费、出诊费、会诊费和家庭病床建床费等 18 项；②对“优诊”对象医疗检查的减半项目，包括：门诊检查费、治疗费、手术费、化验费、住院检查费、治疗费、手术费、化验费、家庭病床治疗费、放射检查费、心电图检查费和 B 超检查费等 12 项。

第四，对普通患者小伤小病实行了基本医疗的“五免服务”。从 2005 年 3 月 1 日起，惠民医院作为社区卫生服务中心及所辖的服务站，统一实施了免收“五项”医疗服务费用即：免收普通门诊挂号、普通门诊诊疗、门诊注射服务、住院诊疗、住院护理等服务费用①。截止到 2005 年 12 月底，该院和其所辖的站点，为 12.34 万人次实施了“五免”医疗服务，共计免收医疗服务费 10.90 万元。

第五，落实“六位一体”的社区卫生服务职能。①开展社区诊断。以户为单位建立家庭健康档案，每户有健康手册，实行计算机管理。针对高血压、糖尿病患病率逐年升高的趋势，对就诊的 35 岁以上患者首诊测血压、拟开展 45 岁以上就诊患者首诊检测血糖，对发现的高血压和糖尿病等 6 种慢性非传染性疾病患者建立专案，制定随访管理计划，进行系统管理。②积极推行全科、全日、全程服务，2007 年开始设立社区责任医师团队，由一名全科医师、两名护士、一名公卫医师和一名医技人员组成，中心现已成立责任医师团队 3 个，要求责任医师团队做到社区“五个

① 见《武汉市人民政府关于加强城市社区卫生服务工作保障社区居民基本医疗卫生服务的意见》（武政〔2005〕10 号），武汉市卫生局信息网。

一”即：社区每周一次建立家庭档案活动、每月一次健康教育讲座、每季度一次专家义诊、每半年一次居民征求意见座谈会、每年一次居民健康体检；和家庭“五个一”：建一份家庭健康档案、做一次健康体检、送一份健康处方、发一份社区责任医师团队宣传单、送一句改变不良生活方式温馨提示语。③努力抓好老弱妇幼等重点人群的社区保健，为新生儿建卡266人，儿童体检为1156人次，系统管理1140人次，管理率达到95%，对体弱儿进行重点监测和营养指导的专案管理；2007年对249名孕产妇进行了产前检查和产后访视；对社区60岁以上老人，伤残康复期病人，精神病人，定期跟踪服务，实行动态管理。④开展健康教育宣传工作，2007年在居委共举办社区健康教育讲座36次，发放健康教育处方7262份，共办宣传栏16期，接受健康咨询电话258人次，社区设立的健康热线电话已成为社区居民家中的“120”。通过宣传，提高了居民的卫生科普知识和自我保健能力，树立了无病早防、有病早治、小病就近的观念。

2007年1月至5月24日止，已在全区15条街道，共122个社区居委会进行了巡回义诊，共接诊12487人，其中优诊8785人，平诊3702人。免费咨询、测血压12487人，测血糖2558人。上门为特困患者服务93人，建立家庭病床25张，减免金额达35984元。他们还依托院内以党员为主的10个“吴天祥小组”，结合惠民医疗实际，组成医疗小分队，下社区进行扶贫救助和巡诊、义诊。2007年，“吴天祥小组”医疗小分队分别深入到全区的62个社区进行了巡诊，开展免费量血压、测血糖、健康教育、咨询义诊活动，共计接诊6861人次，减免费用达13861.10元。

第六，改革“以药养医”的不合理补偿机制，减少药品购销中间环节，对优诊对象实行药品的“零加成”。普通患者所用药品，严格执行15%的药品加成率。

武昌区区政府委托区卫生局与武汉市九州通医药公司（一级批发商）签订集中采购的购药合同，并由其统一直接配送，零差率销售。社区卫生服务中心和站点所需的药品，也全部实行药品统一配送。基本实现了让社区居民用上安全、价廉药品的目标。惠民医院按照合同规定的批发价购进药品后，对持《医疗优惠证》的特困对象，其药品“平进平出”，即药品按照进价，不再加成计价，不另加收费用；普通患者所用药品，则严格执行药品加成率15%的政策规定，其价格全部公示，阳光操作。

表1　武昌惠民医院与全国、湖北省医院的药品费用比较

	门诊病人药费		住院患者药费		住院病人药费占人均住院费（%）	
	2005年	2006年	2005年	2006年	2005年	2006年
①全国：平均	—	—	—	—	54.7	53.2
其中：医院	—	—	—	—	52.9	51.2

	门诊病人药费		住院患者药费		住院病人药费占人均住院费（%）	
	2005 年	2006 年	2005 年	2006 年	2005 年	2006 年
社区	—	—	—	—	63.5	63.2
②湖北省：平均	42	39	1122	1067	40.3	38.6
其中：医院	61	55	1431	1345	40.0	38.0
社区	43	24	587	244	39.0	40.0
③武汉市：平均	—	—	—	—	40.6	40.3
其中：医院	—	—	—	—	40.8	40.5
社区	—	—	—	—	50.2	46.4
④惠民医院						
优诊患者	8	9	317	102	60.0	26.3
普通患者	15.0	16.0	356	342	63.7	65.1

资料来源：①《我国卫生服务形势出现良好变化》，卫生部网站，www. moh. gov. cn。
②③④分别由湖北省卫生厅、武汉市卫生局和武昌惠民医院提供。

表 1 显示，武昌惠民医院与全国和湖北省所辖医院、社区卫生服务中心的药品费用比较，其优诊患者不论是门诊还是住院药品费，其金额都比较低。而药品费占人均住院费的比重，2006 年均有下降。该院与全国社区 2005 年的平均水平比，高出 5.3 个百分点，2006 年则低了 26.9 个百分点；与湖北省和武汉市的社区比较，2005 年分别高出近 21 和 19 个百分点，2006 年则也分别低于 13.7 和 14 个百分点。见表 1。

三、卫生公益型职能的加强缓解了困难人群的经济负担

设立惠民医院前，其门诊量较少，职工收入低，医院发展面临严重困难。开办惠民医院后，不仅门诊量增长较快，医院收入增加，医务人员的技术水平也在实践中得到明显提高，同时也盘活了本区内的医疗资源。2007 年卫生局对该院实行“三扩一加强”，即扩大优诊率、扩大宣传知晓率、扩大受惠对象，服务量明显增加。截止到 2007 年 5 月底止，优诊服务对象已达 8 万人；门诊人次由 2004 年的 660 人次/月，上升到 2007 年的 4000 人次/月。“2005 年以前该院全年的门诊量才 8000 多人次，而 2007 年一个季度的优诊病人门诊量就达到了 9000 多人，现在每天门诊量达到 200 多人，‘优诊’和‘平诊’各占一半。”①

表 2 显示，2006 年其门急诊为 45108 人次，比 2005 年增加了 4336 人次。其中

① 胡梦：《“优诊”“平诊”各占半》，载《长江商报》2007 年 6 月 8 日。

低保、残疾人员等优诊 24810 人次，住院 22 人，占门急诊和住院总人次均为 54%。截至 2007 年 1—4 月底止，医院门诊量又创新高达 30041 人次，与 2006 年同期 8195 人次的门诊量比，增长 193.26%；其中优诊（指持有“医疗优惠证”的特定人群，以下同）14446 人次，同比增长 3.1 倍。2007 年（1—5 月）平均每月门诊人次为 4601.4 人次。其中，低保、残疾人员平均每月就诊达 2765.8 人次，占总就诊人次的 60% 左右。见表 2。

表 2　武昌惠民医院 2005—2007 年门诊和住院情况表

年份	门急诊人次	其中：低保和残疾人员		普通患者		住院人次	其中：低保和残疾人员		普通患者	
		人次	占比（%）	人次	占比（%）		人次	占比（%）	人次	占比（%）
2005	40772	25767	63.2	15004	36.8	157	115	73.2	42	26.8
2006	45108	24111	54.1	20637	45.9	41	22	53.7	19	46.3
2007 年 1—5 月	23007	13829	60.1	9178	39.9	—	—	—	—	—

注：2005 年因惠民医院搬迁，就诊有所影响。在徐家棚过渡期间，因条件限制，只开设病床 18 张。2007 年只开设家庭病床。

资料来源：武昌惠民医院。

该院实施的医疗费用减免是卫生公益型职能加强的具体表现，直接缓解与减轻了困难人群患病的经济负担。“费用减免”与医疗保险中的“费用报销”相比，后者需要患者先期垫付费用，是一种事后补偿制。对于经济困难的患者来说，由于难以垫付其费用，直接限制了就诊看病。而医疗“费用减免”则可以直接减轻贫困患者或因病致贫人口的疾病负担与生活压力。按照武汉市现行一级甲等医院的收费标准测算，两年多来该院共计减免 938 万多元，其中 2005 年和 2006 年分别减免门诊和住院费用 388 万元与 400 万元，2007 年 1—5 月又减免了 150 余万元。这对困难群体而言的确是福音，是实实在在的让利。

表 3 显示，由于医疗服务项目和检查治疗的减免优惠，药品价格的零差价，医院就诊患者的费用大幅度降低。2006 年门诊优诊 24810 人次，人均费用仅为 16.14 元；全年住院共 41 人，其中优诊 31 人，优诊对象住院人均费用为 388 元。普通患者门诊和住院人均费用则分别为 28 元与 525 元。见表 3。

表3 武昌惠民医院门诊与住院费用情况表 单位：元

	2005年	2006年	2007年1—3月
优诊门诊人次费	15	16	17
挂号费	免	免	免
药品费	8	9	9
检查费	5	5	6
治疗费	2	2	2
优诊平均出院者费	529	388	—
药品费	317	102	—
检查费	62	95	—
治疗费	39	16	—
床位费	免	免	—
手术费	免	免	—
普通患者门诊人次费	26	28	29
挂号费	免	免	免
药品费	15	16	17
检查费	8	9	9
治疗费	3	3	3
普通患者出院人均费用（元）	560	525	—
床位费	27.5	20	—
药品费	356	342	—
检查费	89	85	—
治疗费	51	50	—
手术费	—	—	—

注：该院目前正处于搬迁过渡期；目前暂时未开展手术。

资料来源：武昌惠民医院。

表4显示，2005年和2006年该院的次均门诊费用和次均住院费用，不论是服务于低保和残疾人员，还是服务于普通患者的费用，均低于全国和湖北省的平均医疗费用；比全国医院的次均费用也更低。

从全国与湖北省社区卫生服务中心2006年的住院次均住院费用看，惠民医院优诊患者费用为388元，比全国社区的2645.4元低2257.4元。与湖北省社区门诊人均50元和623元的住院费用相比，分别下降了82%和66%。而服务于普通患者的人均住院费用为525元，比全国的2645.4元和湖北省的623元，也分别低2120.4

元和98元。

与武汉市社区卫生服务机构人均门诊费用、住院费用相比，2006年惠民医院的费用额都很低；以优诊患者人均门诊费用、住院费用为例，2006年分别低于武汉市社区的3.6倍和3.4倍。见表4。

表4 武昌惠民医院与全国、湖北省及武汉市医院人均医疗费用比较

	门诊患者人均医疗费（元）		出院患者人均医疗费用（元）	
	2005年	2006年	2005年	2006年
①全国：平均	93.0	94.8	3422.5	3383.5
其中：医院	125.3	125.9	4545.6	4518.9
社区	98.6	96.7	2907.4	2645.4
②湖北省：平均	77.0	77.0	2786.0	2765.0
其中：医院	121.0	114.0	3608.0	3545.0
社区	91.0	50.0	1507.0	623.0
③武汉市：平均	142.3	143.2	6318.4	6337.9
其中：医院	159.3	153.3	6741.5	6677.7
社区	65.2	56.9	2191.4	1304.6
④惠民医院				
优诊患者	15.0	16.0	529.0	388.0
普通患者	26.0	28.0	560.0	525.0

资料来源：①《我国卫生服务形势出现良好变化》，卫生部网站，www. moh. gov. cn。

②③④分别由湖北省卫生厅、武汉市卫生局和武昌惠民医院提供。

四、区政府主导是公益型职能加强的根本保证

惠民医院由政府举办，实行财政全额预算，向居民直接提供免费的公共卫生和保本的基本医疗服务，向困难人群提供更为优惠的医疗服务，体现了政府扶贫意志与基本卫生保健制度的福利性质。经济学的基本原理告诉我们，福利的本质是以政府作为最大的买主为前提的。基本卫生保健制度作为一项广义的卫生福利制度，不仅需要政府对公民享有的公共卫生与基本医疗服务买单，为贫困人群的医疗救助提供财政资金，而且还要对公民享有社会基本医疗保险、公务员的医疗补助等提供补贴或担保。这是社会保障制度（含医疗保障）作为市场经济体制的核心支柱政策决定了的。

武昌惠民医院是政府出资建立的非营利性医疗机构，它一诞生就受到区政府的高

度重视与大力资助。区政府将其经费纳入财政预算，给予资金投入和政策支持。区财政局建立惠民医疗服务财政补偿机制，做好相关资金的测算和核实工作，设立专项预算资金。2005 年 1 月投入 300 万元专项经费，给予一次性装修和设备投入，直接用于创办“济困惠民医院”。另外，区财政对人员工资实行财政全额预算，每年拿出 150 万元专项资金，保障该院在职人员工资、离退休人员生活费支出及医院运营费用。

表 5 显示，2005—2007 年 4 月止，区财政连续三年向惠民医院分别投入了 515 万元、451 万元和 257 万元，财政补助占全院总收入的比重分别为 72.6%、60.25% 和 61%。使医院由过去以收费补偿为主的模式，转向了以财政补偿为主的模式，补偿机制发生了根本改变。见表 5。

表 5　武昌惠民医院业务收入情况表

年份	收入合计（万元）	财政补助		医疗收入		药品收入		其他收入（万元）
		金额（万元）	占总收入（%）	金额（万元）	占总收入（%）	金额（万元）	占总收入（%）	
2005	515	374	72.62	72	13.98	62	12.03	6
2006	451	271	60.22	95	21.06	81	17.96	4
2007 年 1—4 月	257	157	61.08	48	18.67	52	20.23	—

资料来源：武昌惠民医院。

近年来，惠民医院购买仪器设备共开支 24.5 万元，其中，区政府投入专项拨款 13.9 万元，为医院购置了 500 毫安双球双床 X 光机、B 超、心电图机和牙科综合治疗仪等，占开支的 56.8%。见表 6、表 7。

表 6　武昌惠民医院设备购置情况表

设备名称	购置时间（年/月）	投入使用时间（年/月）	设备原值（万元）	资金来源购买主体
500 毫安双球双床 X 光机	2005. 4. 1	2005. 4. 1	2.8	区政府投资
MC—200 半自动生化仪	2001. 12. 1	2001. 12. 1	3.0	医院自购
尿十项仪	1999. 11. 1	1999. 11. 1	1.2	医院自购
B 超机	2005. 1. 1	2005. 1. 1	4.3	区政府投资
心电图机	2005. 1. 1	2005. 1. 1	3.3	区政府投资
宝丽泰血液分析仪	2002. 5. 1	2002. 5. 1	6.4	医院自购
牙科综合治疗仪	2005. 1. 31	2005. 1. 31	3.5	区政府投资

注：资金来源为购买主体，即指医院自购或区政府投资。
资料来源：武昌惠民医院。

表7 武昌惠民医院设备购置情况表

设备总金额（万元）	其中：医院自购		其中：政府投资购买	
	金额（万元）	占总金额（%）	金额（万元）	占总金额（%）
24.5	10.6	43.2	13.9	56.8

资料来源：武昌惠民医院。

医院投入的现状表明，两年多来区政府已经成为该院的最大投资者，区财政投入已经是医院资金的主要来源和渠道。这是医院经营机制发生根本变化，往公益型职能转变的关键与前提，是公共财政投入方向转变的可喜变化，也是医院能够成为基本卫生保健制度福利载体和有效组织形式的根本。院长程保国在接受访谈时深有感受地说，由于政府已经为医务人员工资和医院日常运行经费买单了，药品集中采购，统一配送，购销方面切实减少了中间环节，对优诊对象的药品销售又实行“零利润”，不仅利于从制度上根除“以药养医”弊端，而且医院和医生也没有理由再从药品和检查中牟利。

五、政府多部门综合协调是公益型职能加强的外部环境与条件

惠民医院是执行医疗救助政策的特定载体，同时，又作为社区卫生服务中心，一方面，通过适宜技术向周围居民提供涵盖疾病的早期预防诊断、早期治疗和基本药品的公共卫生与基本医疗服务；另一方面，通过医疗费用的减免与药品的“零差价”等形式，使困难人群与居民都能获得公共卫生与基本医疗服务。它的持续发展一刻也离不开公共财政支持，离不开政府的经费保障、部门的协调与相关的政策配套。

（一）公共财政资助是惠民济困持续运行与公益型职能加强的前提和物质基础。区政府投入专项资金，保证医院正常运转，而医院则通过医药品降价和收费减免，减少了特困群众的医疗支出，也放大了政府的财政投入。按照武汉市现行一级甲等医院的收费标准测算，两年多来该院共计减免938万多元，其中2005年和2006年分别减免门诊和住院费用388万元与400万元，2007年1—5月又减免了150余万元。也就是说区政府每年投入运行经费150万，使特困群众同期分别到了380万元、400万元和150多万元的实惠。

政府的直接投入，一方面，使医院为困难人群提供免费优惠医疗服务有了资金保障，利于医疗救助制度的实施；另一方面，使社区卫生服务的工作平台也有了资金保障，便于落实与推行适宜医疗技术和基本药品制度，也使向居民提供安全、有

效、方便、价廉的公共卫生和基本医疗服务得以持续进行。

实践表明，惠民医院能否健康并获得持续发展，其公益型职能能否持续加强，关键就是政府要把义不容辞的职责与推行医疗救助制度、推行基本卫生保健制度紧密结合，在实践中体现其职责，推进政府执政理念与职能的转变。同时，政府的职责又是具体的，执政为民只有生动地体现在切实解决涉及困难人群与百姓患病就医的切身利益上，才能彰显其本质特征和时代精神。①

（二）政府多个部门的综合协调与共同努力，是惠民医院稳定运行的外部环境与条件。惠民医院建设与发展是一项社会性很强的工作，涉及卫生、民政、财政、物价、药监、国资委等多部门，武昌区政府通过创办惠民医院的实践，逐步形成了多部门共同参与的协调机制。

区财政局建立惠民医疗服务财政补偿机制，做好相关资金的测算和核实工作，设立专项预算资金。两年多来，不仅给予一次性装修和设备投入，确保医院实现公益福利性宗旨所具备的基本服务条件；而且承担了医院日常运营费用，保障了该院在职人员工资性和离退休人员生活费支出。为切实保证惠民医院正常持续运转打下了经济基础，提供了经费保障。2006 年又投资了 2400 万元（含医院拆迁费）基本建设费，在新址将建造 2650 平方米的新惠民医院（与区妇幼院共属办公）大楼。为切实保证医院持续运转打下了经济基础，为医院实现公益性职能提供了良好的物质条件，基本解除了医院长期运行所需经费的后顾之忧。

区卫生部门作为惠民医院的主管部门，一是负责制订惠民医疗服务方案、发展规划、准入标准、管理规范及医疗服务减免措施，尤其注重惠民医院运行保障机制、人才管理机制、医院管理机制以及惠民服务的网络体系建设；二是加强对该院的监督与管理，规范医疗服务行为，督察其提高医疗服务质量，指导医院进行科室设置、人员调整、设备维修与添置、环境改造、制度建设以及制作核发《医疗优惠证》；三是按照有关规定组织开展惠民医院从业人员岗位培训、继续教育和工作实效的考评，协调解决有关问题。

各街道办事处和区民政局、残疾人联合会及区国资委，分别负责低保、残疾及企业下岗困难人群的优惠证办理和审核工作。通过街道、社区，开展对特惠人员宣传工作，及时办证，以及对优惠证的半年审核工作，有效完成特惠对象的身份界定。各街道办事处和区民政局、残疾人联合会及区国资委，还则配合区卫生局，统一核发《低保（残疾）人员医疗优惠证》，使其凭证享受惠民医院提供的医疗服务；优惠证办理和审核工作。

各街道办事处还负责定期召开社区工作会议，通过社区居委会向低保和残疾人

① 王保真：《医疗保障改革中的重点难点及对策研究》（内部报告），教育部重大研究项目 02JAZJD630006。

员送发《公开信》，受理相关人员的办证申请与审核发证工作，并做好相关登记、续签工作；区民政局和区残联，配合宣传区委、区政府惠民决策，指导街道、社区做好低保和残疾人员的审核发证工作。

六、激励与约束结合是公益型职能加强的内部条件

（一）注重健全质量管理机制，确保惠民服务质量。结合惠民服务实际，在原有的《武昌区惠民医院管理制度汇编》的基础上，2006 年该院又制定了：《责任医师团队服务规范》、《家庭病床管理规范》、《双向转诊技术规范》、《上门访视规范》等。为规范服务和管理流程，还制定了《社区卫生服务工作流程》、《责任医师团队目标管理责任书》、《职工绩效效考核评估方案》等，形成办事制度化、工作标准化、管理规范化、考核具体化、决策科学化的全新管理机制。同时，他们把全面落实、严格执行各项医疗制度和操作规程作为医疗质量控制的核心，以定期检查和不定期抽查相结合的方式，加强医疗质量的管理。坚持三级查房制度、首诊负责制度、病历书写质量奖惩制度、会诊制度、疑难危重病人讨论、急诊抢救等。①

（二）以对口的大医院为其技术支撑，建立双向转诊制度。为了保障疑难重症患者的治疗，该院先后与市三医院、市七医院、武汉大学人民医院建立了对口双向转诊制度。初步形成了以惠民医院为主，惠民门诊为辅，市三医院、七医院和武汉大学人民医院为依托的惠民医疗服务网络。两年来，惠民医院共上转病人 2156 人次，市三医院和市七医院下转康复病人 251 人次。上述三家医院先后向惠民医院派遣了心血管内科、消化内科、呼吸内科、外科等专业的 10 名专家，并在医疗、管理、设备、人员培训等方面给予大力指导；重建了外科手术室，帮助健全了医疗事故防范和处理、医患沟通等制度，捐赠了康复理疗设备。截至目前，专家接诊 3000 余人次，会诊 16 人次，成功抢救危重病人 10 余人次，专家查房 100 余人次，举办医学讲座 20 余次，培训医务人员 300 余人次，使特困人群能直接享受到大医院专家的服务。

（三）建立惠民医疗服务网络。为了进一步满足重大疾病困难患者的医疗需求，医院经常聘请市七医院的专家会诊、查房、参加病案讨论以及进行专业技术讲座；患者病情需转院的，优先转往市第七医院；今后还将另外再设 2 个惠民门诊，逐步形成一个中心（惠民医院），两个点（惠民门诊），市第七医院为依托的职责分明、密切配合的惠民服务网络，方便困难群众就近就诊，其经费由财政予以补足。

除此以外，该院还狠抓医院内涵建设，加强惠民医院人才梯队建设；进一步加大医院内部分配制度改革；加强医院财务管理，严格各项支出，厉行节约。医院还

---

① 武汉市武昌惠民医院 2006 年工作总结、2007 年工作计划。

注意广泛吸纳社会团体捐赠、大型企业赞助、社会爱心募捐等途径，拓宽医院资金来源。2007 年 5 月，医院接受了开办以来第一批社会捐赠，即武汉远大制药集团股份有限公司捐赠的价值 51408 元的药品。医院还与九州通医药公司协商，以每年进药总价值 1% 建立惠民医院补助基金，作为其医疗亏损的补助。充实惠民医院医疗救助基金，保障惠民医院的长期发展。①

七、惠民医院公益型职能加强面临的问题

（一）医院人员知识学历结构较低，人才梯队建设问题突出。该院学历与职称结构较低的状况一时还难以得到根本转变；目前医院既定的工薪待遇还不足以留住高水平的人才。因此，稳住人心，留住人才，狠抓人才梯队建设，提高人员业务技术素质等，是惠民医院面临的棘手问题。

（二）转诊的优惠政策与制度措施的衔接与配套。医院的医疗技术与备水平只能治疗一些常见病、多发病。由于目前缺乏定向优惠转诊政策，对转诊患者的优惠衔接，是困难人群最急切的难题与心病。

（三）惠民医院收支两条线管理的基础不扎实。当前成本核算缺乏规范性指导性文本；实践中，惠民医院的经营目标不甚清晰，保本非营利的量化指标、保本与折旧的提取等急需明确；医院的发展方向是福利性与公益性，然而医院面对的是市场经济，在现实生活中，医用卫生材料在涨，人力成本、医疗服务项目成本都在变化或上涨。若没有相关政策的支持，医院简单地实行收支两条线，基础不扎实，预算式全额管理可能还存在着潜在的财务风险。

针对以上问题，笔者提出以下管见：

首先，采取多种形式，不断提高惠民医院的医疗服务能力和水平。一是要规范其设置条件和标准，依法严格机构、从业人员和技术服务项目的准入；二是建立健全惠民医院医疗质量、医疗安全、医疗服务、医疗收费、药品购销和财务管理制度，严格执行医疗服务的诊疗规范和操作规程；三是要建立惠民医院的转诊优惠衔接制度和对口支援制度等。

其次，形成并制定转诊优惠等一整套促进其可持续发展的卫生经济政策；同时，调动社会各项资源支持惠民服务。比如支持并鼓励社会捐赠，通过接受社会捐赠，募集社会资金，拓宽惠民医院的资金筹集渠道。

最后，制定符合惠民医院预算式全额管理的经济核算规范性指导性文本，明确福利性目标，严格政府定价，加强监管，引导其健康发展。

① 武汉市社区卫生服务建设领导小组办公室编：《推进基本医疗保障进社区》，载《工作信息》第 20 期，2005 年 5 月 26 日，http：//www. whphb. gov. cn。

惠民医院在实践“基本卫生保健制度”的道路上只是迈开了坚实的一步，今后还任重道远。

参考文献

[1] 时正新：《中国的医疗救助及其发展对策》，http：//www. ccper. org/new/list. asp? no =652&sort = 医疗体制改革。

[2] 胡梦：《“优诊”“平诊”各占半》，载《长江商报》2007 年 6 月 8 日。

[3]《武汉市人民政府关于加强城市社区卫生服务工作保障社区居民基本医疗卫生服务的意见》（武政〔2005〕10 号），武汉市卫生局信息网。

[4]《我国卫生服务形势出现良好变化》，卫生部网站，http：//www. moh. gov. cn。

[5] 湖北省卫生厅 2005 年、2006 年卫生统计提要。

[6] 王保真：《医疗保障改革中的重点难点及对策研究》，教育部重大研究项目 02JAZJD630006。

[7] 武汉市武昌惠民医院 2006 年工作总结、2007 年工作计划。

[8]《推进基本医疗保障进社区》，载武汉市社区卫生服务建设领导小组办公室编《工作信息》第 20 期，2005 年 5 月 26 日，http：//www. whphb. gov. cn。

[9] 白剑峰：《湖北惠民医疗惠及城市特困群体》，载《人民日报》2007 年 3 月 22 日，第 1 版。

少数民族贫困地区农民健康现状及其新型农村合作医疗制度的选择

——以新疆部分贫困地区为例

阿布都外力

（武汉大学社会保障研究中心）

摘　要： 人口健康水平的提高对于贫困的缓解具有重要的作用，农村公共卫生事业发展滞后的现状直接影响贫困地区农民健康与收入。健康水平下降又会影响收入水平的提高，使贫困状况进一步恶化。本文描述了新疆少数民族农村贫困人口的贫困和健康现状，分析了影响他们健康的自然环境、文化习俗、社会经济和农村公共卫生等因素，提出了发展民族医药、重视预防教育、发展民族地区社会经济、改善农村公共卫生事业，同时扩大新型农村合作医疗统筹范围、恢复赤脚医生等对策建议。

关键词： 健康　贫困　少数民族　合作医疗

健康投资是人为了获得良好的健康而消费的食品、衣物、健身时间、医疗服务和生存环境等方面的支出。人口健康水平的提高对于贫困的缓解具有重要的作用。舒尔茨（Schultz）认为帮助贫困人口走向富裕道路的决定因素在于迅速提高他们的人口素质，这包括提高教育和健康服务等。他认为；由教育、保健、人口的迁移等投资所形成的人的能力增长和平均寿命的延长，都是资本的一种形成。寿命的延长使人们作为劳动大军的一员从事生产劳动的时间更长，还使“生病时间”减少。较好的健康状况又转而导致了生产劳动中每个人的劳动生产率的提高。他相信，用于“改善人口素质的投资能够极大地促进经济繁荣和提高穷人的福利”。[1] 世界银行指出，衡量生活水准除了考虑家庭收入和人均支出外，还要考虑那些属于社会福利和健康保健方面的内容，如医疗卫生设施、预期寿命、居民健康状况及公共资源的获得与利用情况，这体现了人口健康状况与贫困状态存在的密切联系。[2]

20 世纪 90 年代以来，以阿马蒂亚·森为代表的发展经济学家，提出了新的围绕能力、权利与福利而建立的经济社会发展理论体系，认为经济发展的最终目标在于社会福利的提高，发展是人们生活质量的提高和改善未来能力的扩展。经济增长是经济发展（社会福利）中至关重要的核心要素，但是发展不仅是人均收入的提高，而且还包括更公平的教育和就业机会，更大的性别平等，更好的健康和营养，更干净、更可持续的自然环境，更公平的司法和法律体系，更广泛的公民和政治自由，以及更富足的文化生活[3]。民众的健康可以看成是发挥功能的一种关键性的基本能力和价值。通常，健康被剥夺是贫困的一种形式，也是导致收入贫困的重要原因。从这个意义上分析，我国农村地区贫困人口无论在经济层面，还是在制度层面所面临的健康贫困应该是比较严重的。农村贫困人口由于其社会地位的脆弱性，对基本医疗保障及卫生服务的可及性常常处于最不利的地位，直接影响他们的健康水平。健康水平下降又会影响收入水平的提高，使贫困状况进一步恶化，很容易陷入“贫困—健康恶化—更加贫困”的恶性循环之中。[4]

健康是社会发展的基石，也是社会发展的目标。关注健康与发展已经成为全球共同的趋势。胡锦涛同志在十七大报告中提出：“加快推进以改善民生为重点的社会建设，建立基本医疗卫生制度，提高全民健康水平。健康是人全面发展的基础，关系千家万户幸福”。在过去的半个世纪里，我国的经济、社会、人口和健康模式发生了重大的变化，同时城乡在各个方面发展的差异也日益凸显。目前，农村的人口和健康问题已经成为政府和学术界关注的重点。投资于农村人口健康、改善农村的卫生条件已经成为21世纪我国政府的重大决策。

一、新疆少数民族贫困人口及其健康现状

新疆总人口为1933.95万人，其中少数民族人口1162.5万人，约占总人口的60%。新疆农村地区人口占总人口的64.85%，少数民族农村人口80%以上，远高于全国的平均58.2%的水平。新疆农村低收入标准以下人口2005年有169万人，与全国相比，新疆贫困面依然较大，新疆农村贫困人口占全国贫困人口的8.8%，高于乡村人口占全国7.1%的比重，贫困发生率为5.1%，比全国平均2.5%的水平高出1倍。2005年在农村特困人口中和田、喀什、克州三地州特困人口就占全区的85.15%，由于历史原因，北疆山区、牧区主要是游牧少数民族聚居地，南疆地区以世袭居住的维吾尔为主体。农村贫困人口以乡村人口为主体。贫困统计资料显示，新疆贫困地区的贫困人口中，少数民族贫困人口高达96%，且贫困发生率达12.66%，贫困强度大，贫困人口分布呈现极强的民族性特征。

2005年新疆贫困地区人均纯收入仅为1715.25元，为全区平均水平的69.1%。目前，新疆农村社会保障制度建设处于一种落后、分散的低水平状态，给脱贫带来了极大不利的影响。在农村，农民无钱治病、因病返贫等现象很普遍。据扶贫部门

调查，新疆低收入标准以下人口中，有8%的人因病需要救助，因病返贫占总返贫的60%左右。[5]

平均预期寿命和婴儿死亡率是评价一个国家或地区社会经济发展和人口健康的最重要指标；2000年全国人口平均预期寿命达到71.40岁，新疆人均期望寿命67.41岁，低于全国平均水平4岁。婴儿死亡率可能是健康状况指数中最有用的组成部分，因为他不仅代表了婴儿死亡率的发生，还代表了生活状况、营养水平、家庭暴力以及社会经济和健康状况的其他方面。[6]新疆婴儿死亡率55.5‰，高于全国32‰的水平。新疆农村妇幼保健不容乐观，妇女孕产死亡率191.7/万人，高于全国平均水平51/万人。新疆约有残疾人口50多万，大部分在农村。

1974年美国学者Blum在《卫生计划——社会理论的改变与应用》一书中提出了环境健康学模式。该模式认为影响人口健康的因素可分为环境、生物遗传、行为生活方式和保健服务四大类。强调环境因素，特别是社会环境因素是最主要的因素。人口健康不仅受到自然和生态因素的影响，还受到社会经济因素（如社会政治制度、经济水平、文化程度、就业等）、人口状况、社会卫生条件（如居住条件和劳动条件）保障服务等的影响。[7]Blum提出的环境健康医学模式如下，用这个模式研究影响农民健康的因素有一定的参考价值。

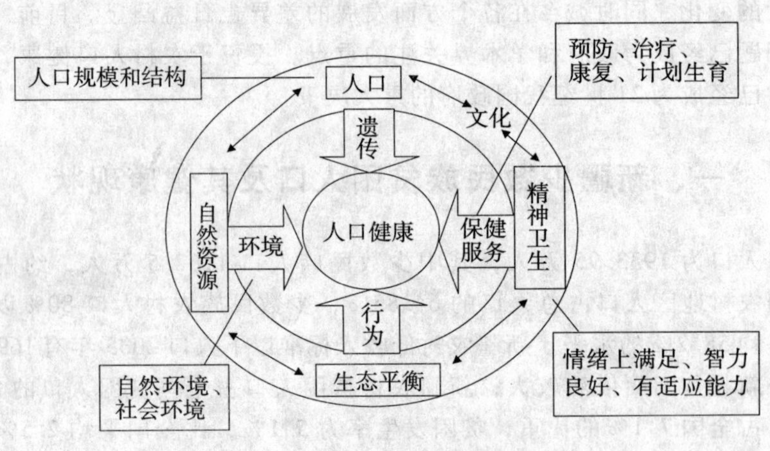

图1 环境健康医学模式

二、影响新疆少数民族农民健康的因素分析

（一）自然环境的恶化，生态环境脆弱，农村环境的污染

环境与健康的互动密切，自然和人文环境对人群健康水平和疾病发生起着极为

重要的作用。新疆的贫困人口主要集中分布北疆天山、阿尔泰山为重点的高寒农牧区，南疆则主要集中在以塔克拉玛干沙漠为周边的干旱荒漠区，这两个地区属于国家四大生态脆弱地带之一。新疆人类生产生活的活动局限于被沙漠戈壁分隔的占地面积4.3%的绿洲范围内，绿洲大的可到2000多平方公里，小的则不足10平方公里，且绿洲间距离遥远。新疆是中国荒漠化土地面积最大、分布最广、危害最严重的省区，风沙、干旱、荒漠化、盐渍化、水土流失等生态问题长期制约着经济社会发展。据统计，塔里木河下游的胡杨林由20世纪50年代的81万亩锐减到1995年的11万亩，在和田河流域，原始胡杨林有80%多被砍，而次生的胡杨林对当地防风固沙根本起不到应有的作用，有的次生胡杨林区已经被流沙覆盖。20世纪50年代全年雾日有70天，近年来变化很大，几乎不见到雾日，露已消失，空气湿度明显下降，浮尘逐年增加。1955年以来和田—墨玉—洛浦县绿洲沙尘日数平均每年增加4.5天，20世纪80年代达263天，一年每平方公里降尘由89吨增加到600吨。和田地区最严重的威胁是沙漠化，沙漠南侵速度平均每年10米以上，其中皮山、策勒、民丰的沙漠侵蚀速度很快，个别地段每年推进50米左右。[8]据航空照片和卫星照片预算，近30年中，流沙南侵和人造成的沙化土地面积3万平方公里，其中耕地沙化面积约10万亩以上[9]。新疆沙漠化土地面积正以每年400平方公里的速度不断扩展。据统计，目前新疆荒漠化土地面积为79.59万平方公里，占新疆土地总面积的47.7%。新疆还有1000多万亩农田和2亿多亩草场遭受风沙危害，有30个贫困县基本处在风沙区。脏水和空气污染（沙尘暴）是新疆贫困地区农民呼吸和肠道疾病的罪魁祸首。这两种疾病又是导致广大贫困地区高死亡率的最主要的原因。由于环境恶化，无法为农民保健提供基本的环境保障，这使得新疆贫困地区贫困发生率居高不下。

（二）思想观念落后，传染病和地方病有蔓延趋势

新疆有10个民族信仰伊斯兰教，穆斯林人口达1100多万人，占新疆人口的58%，占新疆少数民族人口的97.59%，占全国穆斯林人口的52%。宗教经过长期的历史沉淀，逐渐与民族的传统文化融为一体。宗教对少数民族的生活习俗、生产方式影响很大。特别是在南疆地区，越贫困的农民的宗教意识越浓厚。有些农民认为，疾病是上帝给予的，疾病是个人不幸与个人麻烦，是个人倒霉，上天对某些人行为不检、道德沦丧的惩罚，是“罪有应得”和“活该倒霉”。信命，不信医。陋习陈规残存、巫师骗术仍有市场，迷信仍然禁锢着不少人的思想。有些人宁肯花钱请巫师，也不愿去看医生。维吾尔族等少数民族农民，数千年来形成的生产规模小、思想保守，宗教迷信、居住分散又封闭的局面。农民世代在艰苦的环境条件下生活劳动，日出而作、日落而息。农民的目光短浅、安于现状、小富即安、不思进取，追求自给自足。近亲结婚、早婚早育、多婚多离、聚众赌博现象屡见不鲜。农民自身也普遍缺乏防病治病等基本卫生知识。许多地方病和流行病得不到及时治疗，患病人口比例高；农民对卫生的态度比较消极，农村大部分农民没有经常刷牙、洗澡的习惯。

同时，艾滋病是新疆的一大隐患，发展蔓延的绝对数居全国第四，其速度列首位，直接威胁各族人民的生命健康安全。2005 年底，全区吸毒人员已达 26993 人，其中吸食海洛因的 14536 人，蔓延到全区。据测算，全区最少有 20 万人以上在吸食大麻毒品。吸食大麻者分布来看，农村多，城镇少，自己种、自己做、伙伴食。有些维吾尔族农民认为，吸麻烟有开胃消食、壮阳的作用，它能让人忘掉烦恼、精神振奋、产生快感。正是这种认识成为大麻烟在新疆农村地区得以存在的原因。大麻毒品在新疆历史最久、分布广泛、吸者最多、发案率最高。在我国，麻烟以新疆特别是以南疆维吾尔族聚居的农村为中心。[10]

新疆仍然是全国传染病、地方病及慢性非传染病的高发区，各类传染病的总发病率为 297.58/10 万人，高于全国平均水平。南疆地区维吾尔族聚住农村存在的主要健康问题为传染病疾病，特别是饮用水传播的疾病，以及碘缺乏病。在农村常见的疾病是伤寒、消化系统疾病、肝炎、肠炎、麻疹、肺结核等。感染性疾病主要与生活环境、卫生条件、生活习惯有密切关系。肺结核、支气管炎、肺气肿与贫困落后、营养不良、生活条件差如室内空气污染和环境污染等密切相关。

（三）社会经济发展水平低，农民收入少

McKeown 等人（1972 年）的研究结论是，19 世纪后半段几个欧洲国家的死亡率下降的原因是社会水平的提高（尤其是饮食上的改善）、卫生条件的改善和更健康的环境。他们认为治疗对于这种改变没有贡献。[11] 在收入和生理、心理发病率之间有着很强的反向关系。随着收入的上升，慢性病急症的发病率都在下降，如果用各种病症的症状去考察，那么越贫穷的人，所符合的症状数量就越多。

2006 年，新疆全区农牧民人均纯收入 2742 元比全国 3587 元的水平低于 845 元。这些年来，新疆农民收入有了较快增长，但农民收入总体水平还不高，和全国平均水平的差距较大。南疆三地州农民人均收入达到 1851 元，其中喀什地区农民人均纯收入 2072 元，和田地区农民人均收入则只有 1499 元，克州也相差不多。贫困人口实际上是负债生存的，他们的生活开支中食品开支过多，对文化、保健开支很少。目前，包括贫困地区在内的许多地方已开始实施新型农村合作医疗制度，这对于贫困农民是非常有利的，但是对贫困人群来说，它们现金收入很低，家庭人口多，有些贫困家庭交不起 10 元钱，他们不愿意参加合作医疗。另一方面，参加合作医疗的农民，按规定只是部分地报销医疗费用，并且比例较低，一般在 40%—60% 之间，农民看病自己交钱比例还是很高。农牧民生病后往往“小病扛一扛，大病卖牛羊”。

表1 新疆有病不医的情况 单位:%

地区	两周未就诊比率		两周未治疗比率		应住院未住院比率	
	城市	农村	城市	农村	城市	农村
全国	57.0	45.8	9.7	14.4	27.8	30.3
新疆	50.9	45.0	14.1	18.8	38.7	42.4

资料来源：第三次国家卫生服务调查和西部卫生扩大调查。

(四) 农村公共卫生事业发展缓慢，卫生条件差

联合国儿童基金会对中国农村服务质量和安全性的调查表明，在中国农村普遍存在无安全保障和不必要的诊断和治疗。目前新疆农村的公共卫生资源、医疗方式和疾病预防等因素仍不利于提高农村人口的健康素质。南疆3046个国家重点扶贫村，占全区重点村总数的84%；在全区重点村中有1379个重点村干旱缺水，有1524个重点村人畜饮水困难，没有卫生室的有2736个。[12]南疆克州、喀什地区、和田地区医疗设备落后，且规模较小。三地州每万人口医院床位数分别为32.22张、23.49张、27.74张。低于自治区的平均每万人口39.7张水平。平均每万人口医生数分别为：19.18人、11.95人、11.30人。低于自治区平每万人口拥有医生21均水平。医疗卫生事业整体水平较差。[13]农村居民在住房面积上改观较大，但饮水条件、环境卫生、厕所卫生等方面进展，尤其是改厕进度不明显。农村改水改厕任务依然艰巨。新疆农村自来水普及率57%。农村人口饮水安全普及程度49%。饮用污染严重，国农村卫生厕所普及率53.1%，粪便无化处理率57.5%，而新疆农村卫生厕所普及率34%，粪便无化处理率34%，低于全国平均水平。[14]考虑到目前南疆地区医疗卫生技术人员素质低。乡卫生院以中专和无规定学历人员为主，大学本科人员不到0.2%；医疗服务能力差，几乎没有一所乡卫生院能开展上腹部手术、肛肠手术、细菌学涂片检查、胃肠钡餐检查、口服与静脉胆系造影，能开展三大常规和ABO血型鉴定的卫生院不超过64.6%和58.9%。[15]在农村医疗卫生基础设施还没有改善，医务人员的素质还没有提高的情况下，大幅度提高新型农村合作医疗参保率。这对农村医务所带来缺医少药的现象。

(五) 当前所实施的新型农村合作医疗保障水平低，农民就医自付比例高

我国80%的卫生资源集中在城市，全国城市居民年平均医疗费用1100元，农民平均医疗费用338元。① 而新疆农牧民人均医疗保健支出为141.97元，其中，用

① 王保真：《关于新农合转诊费用有效控制的几点思考》。

于医疗费的支出为102.70元。根据本人调查，新疆库车县（非贫困县，西气东输的基地）而按照目前的制度设计，加上中央和方政府补贴，每人每年的合作医疗筹资额只有75元。目前的医疗费用水平，指望对患大病者给予充分经济保障是很难做到的，主要医疗费用还必须由患者自付。还加上交通费和生活费，农民承担的医疗费用还是很高。

表2　新疆库车县阿克吾斯塘乡新型医疗合作简单总结表（2007年）

月份	医疗人数	报销金额（元）	免缴（元）	自缴（元）
2—3月	97	14262.71	3291	14900.85
4月	110	21392.76	3005	16629.29
5月	132	30367.25	4200.8	18709.10
6月	120	27082.29	2160	16753.44
7月	99	23764.68	1660	13603.31
合计	558	116869.69	14316.8	80595.99

资料来源：阿克吾斯塘乡农合办。

新疆库车县阿克吾斯塘乡总人口15300，参加医疗合作人口13769，该乡农民2007年前半年医疗费用116869.69元，农民自己缴纳的80595.99元，医疗报销比率32%。农民自己缴纳的比率还是很多。据该乡医院院长的介绍，该乡农民常见的病是肺结核、胆囊炎。这种补贴水平无论对于防范因病致贫、还是对于提高农民参保积极性，实际意义都受影响。

三、对策和建议

（一）因地制宜，发挥优势，发展民族医药事业

农村医疗保障制度的建立必须考虑当前农村的基本情况，因地制宜，发挥当地的资源优势。要考虑少数民族人口密集度高，收入低，预防意识薄弱，公共卫生条件差等因素。对于内地省份农村合作医疗的成功方法不能简单地移植到民族地区。对当地的经济发展水平、医疗卫生服务现状、农民疾病发生现状、就医用药及费用情况进行摸底调查，掌握各种疾病的发病率、平均就诊费用、平均住院费用等基础数据。合理确定补偿标准。[16]

维吾尔医学是以营养学、心理学、保健措施紧密结合为主的医学系统，在维吾尔族医学中的营养性食物和治疗性食物是古往今来维吾尔族饮食文化的逐渐发展产物，现代医学出现前用饮食种类的食物治病。保健是维吾尔医学形成的基础，同时维吾尔族饮食结构简单，具有营养价值高、易消化、性质适合体质等特点，也是维

吾尔族高体质、长寿的主要原因之一。1985 年，新疆被国际自然医学会列为世界上 4 个长寿地区之一，每百万人口百岁老人数居全国之冠。这也证明维吾尔医的独特和保健当地少数民族的作用。

要建立与农牧民收入水平相适应的农村牧区药品供应和监管体系的同时，重点建设若干民族医医院、民族医特色专科。加强民族地区民族医医院基础设施改造，大力改善乡村民族医药工作者的工作环境条件。现在新疆已有各级各类独立建制的中医、民族医、中西医结合医疗机构 66 所，其中维吾尔医医疗机构 39 所。这些遍布全疆、不同规模的中医、民族医医疗机构为改善新疆各族人民的健康状况、防病治病做出了积极的贡献。维吾尔医医疗方法适应维吾尔族人所生活的地理环境与气候变化，维吾尔医药品的原料都当地生产，价格便宜，花几元人民币可以购买一般急需的药品。用维吾尔医医疗方法可以解决看病难、看病贵的现象，也可以适应少数民族农民生活习惯和收入水平。

（二）加强健康教育，倡导健康的生活方式

改善人口健康关键是要改变不良的生活方式。提高人类健康的因素中，生活方式占 60%、遗传占 15%、环境占 15%、医疗服务占 10%。① 目前，各地医疗保险范围与保险服务内容主要局限于医院门诊、住院和大病治疗服务范围，对疾病预防、健康教育、健康促进和社区卫生服务等非基本医疗服务范围内容的关注不多见，缺乏相应优惠鼓励政策。改善少数民族农民的受教育状况，开展健康教育，促使他们维护、控制和改善自身健康的过程，已成为减缓健康贫困的关键因素之一。运用各种少数民族语言文字的社会媒介进行健康教育，养成符合健康要求的生活习惯，诸如适当的体育锻炼、合理的饮食营养、正常的社会行为，戒除不良的生活行为。发达国家很重视预防教育，如德国的《医疗改革法》规定，要求所有的疾病基金会对一年内没有就医的参保人返还相当于一个月保险费的“健康奖励”。联邦卫生部要求所有基金会用于健康教育宣传的经费，每人每年不少于 5 马克。[17] 建议参加合作医疗的家庭当中当年一个人没有生病或住院，第二年免交部分家庭成员的农村合作医疗费。建议使用少一部分合作医疗统筹资金，进行健康教育和预防疾病教育。

（三）改善生活环境，促进劳动力转移，增加收入

提高健康水平首先要改善生活环境。加强民族地区农村环境卫生整治，着力解决住宅与畜禽圈舍混杂问题，大力推进改圈、改厕、改厨，不断改善人居环境。挖掘农村美观素材，为农民创造一个舒适、宜人、方便、卫生、优美社会生产环境。改善农民的饮水条件是对增加农民健康来说十分必要。比如据世界卫生组织介绍：

① 李玲：《中国医改面临的条件与机遇》。

人类疾病的80%与水有关。对发展中国家来说，平均预期寿命与人均国民生产总值高度相关，人均国民生产总值每增加1000美元，平均预期寿命延长13.5岁。[18]随着收入的上升，慢性病急症的发病率都在下降。

由于维吾尔族等新疆的少数民族具有不同于汉族的体质、语言、宗教、习俗等方面的差异，使他们离开本地区，流入非民族地区将比汉族面临更为严峻的挑战。劳务性工资收入少是维吾尔族农民人均收入低于内地其他省区的主要原因。维吾尔族的省际迁移流动率仅为0.1%，转移劳动力中99%在新疆境内就业。人口迁移流动率比很低。加快农村劳动力的转移，提高非农化率，鼓励农民外出打工，提高农民的工资性收入或劳务性收入。2007年10月17日是联合国确定的第15个国际消除贫困日。联合国将今年国际消除贫困日的主题定为“贫困人口是变革者”，意在强调贫困人口自身在消除贫困中不可替代的作用。提高贫困人口自身发展能力，应当进一步增加对贫困地区农村医疗、卫生领域的投入。对新疆低收入的贫困人口个人缴纳部分要免交或少交，缺口部分由国家全额补贴或扶贫资金中支出，确实保障农民的身心健康。

（四）改善少数民族农村地区的公共卫生条件

由于医疗基础建设公益性，国家应增加贫困农村的公共卫生投入。国家在公共卫生服务体系建设、农村卫生服务体系建设、新型农村合作医疗制度建设、农村医疗卫生人才队伍建设、重点疾病防治等方面，要加大对民族地区的倾斜力度。逐步实现公共医疗卫生机构的房屋、设备、人员、技术四配套。进一步健全和完善农村医疗救助制度，切实解决少数民族群众看病难问题。加强民族地区传染病和地方病防治工作，降低重大传染病和地方病的发病率。加强民族地区妇幼保健工作，大幅度提高孕产妇住院分娩率，降低孕产妇死亡率和婴儿死亡率。发挥政府在公共资源配置中的主导作用，绝对不能让健康服务领域的体制改革走市场化的道路，否则只会加剧社会不公平。健康服务是公共物品，保证其配置和利用的公益性和公平性是本质，也是减缓农村健康贫困问题的根本所在。

（五）要扩大新型农村合作医疗的统筹范围，赤脚医生重新上岗

基本医疗保险是典型的社会保险，基本特征是其强制性、非营利性和国家的社会承担责任。农村合作医疗作为一种互助救济性的社会保障制度，要符合保险业通行的“大数原则”，即参加的人越多，保障水平越高，参保率越高，农民收益的面越大。新型农村合作医疗制度确定以县为单位进行统筹，实施统一的保费征收以及费用发后的审核、补贴发放等等。表面看来，统筹层次很低。2006年，中央和地方财政对参加合作医疗农民的补助标准由20元提高到40元。其中的问题是，中央财政的资金到位没有问题，地方财政的资金能否到位或到位后能否持久则尚难保证。

目前，新疆贫困地区人均地方性财政收入仅为156元，财政自给率不足13.8%，财政支出的大部分靠上级政府补贴。在新疆绝大部分县人口少，收集的合作医疗资金少，地方财政自给率低，地方财政无力给农民提供合作医疗补助，且农村居民居住分散，需要花费大量的人力、物力和财力来推进这项事业，运行启动成本很高。由于规模小，承担风险能力弱。所以，把农村新型合作医疗的统筹范围要扩大到地区，逐步扩大到省范围，才能保证农村合作医疗的资金保障。

表3　新疆部分贫困县人口与财政自给率表

县名	人口总数（万）	财政自给率（%）
阿合奇县	3.5	5.8
乌恰县	4.6	10.4
塔什库尔干县	3.3	5.7
民丰县	3.4	10.9

资料来源：李琨：《消除赤贫、新农村建设的紧迫任务》，人民出版社2006年版，第241页。

“赤脚医生”的重新上岗，可以更好地帮助实现“人人享有健康”的医改目标。① 像新疆这样地广人少、交通不便、农村居住点分散、单家独院、零星分散的农牧区，要重新恢复“赤脚医生”可以解决偏远地区少数民族的看病难问题。要积极发挥商业医疗保险的补充保险作用，在经济条件较好的农村推广商业保险，保障农民多样化，多层次的医疗需求。

健康是人类最大的福利。如果没有健康的身体、健康的心态和良好的社会适应能力，那么就什么都没有，就谈不到个人福利与社会福利，谈不到幸福美好生活，谈不到构建和谐社会。减少少数民族贫困人口，增加他们的收入，不断地完善新型农村合作医疗制度，提高他们的健康水平，是解决“三农”问题，实现少数民族地区的繁荣发展，构建和谐社会的必要条件。

参考文献

[1] 西奥多·舒尔茨：《对人进行投资——人口计量经济学》，首都经济贸易大学出版社2002年版。

[2] 世界银行：《中国：卫生模式转变中的长远问题与对策》，中国财政经济出版社1994年版。

① 李玲：《中国医改面临的条件与机遇》。

[3] Armatya K. Sen, 1999, *Development as Freedom*, New York: Alfred A. Knope Publisher, Inc..
[4] 赵忠:《我国农村人口的健康状况及影响因素》,载《管理世界》2006 年第 3 期。
[5][6][12] 余晓明、赵国明、潘玉珍:《挑战贫困——新疆现阶段反贫困进程的评价及分析》,国家统计局新疆调查总队,新疆农村调查,2006 年。
[7] 王桂新:《21 世纪中国西部地区的人口与发展》,科学出版社 2006 年版,第 84 页。
[8] 阿布都外力:《和田地区贫困与反贫困调查研究》,载《中国软科学》2000 年第 7 期。
[9] 刘甲金、黄俊、王宁等:《绿洲经济论》,新疆人民出版社 1995 年版,第 18 页。
[10] 阿里甫·司马义:《新疆大麻毒品犯罪的特点与对策》,载《新疆大学学报》2003 年第 4 期。
[11] Louis G. Pol Richard K. Thomas:《健康人口学》,北京大学出版社 2005 年版,第 26 页,第 289 页。
[13] 阿班·毛力提汗:《新疆农村贫困问题研究》,新疆人民出版社 2006 年版,第 55 页。
[14] 聂华林、扬建国:《中国西部农村社会保障概论》,中国社会科学出版社 2006 年版,第 298 页。
[15] 阿不都克里木:《新疆南疆贫困地区新型合作医疗资金分配与补偿比例的测算研究》,载《中国农村卫生事业管理》2004 年第 6 期。
[16] 邓大松、刘昌平:《新农村社会保障体系研究》,人民出版社 2007 年版,第 227 页。
[17] 乌日图:《医疗保障制度国际比较》,化学工业出版社 2003 年版,第 217 页。
[18] 张善余:《人口地理学概论》,华东师范大学出版社 2005 年版,第 131 页。

美国医疗保障制度及其启示

张奇林

（武汉大学社会保障研究中心）

摘　要：本文介绍了美国医疗保障制度的现状和特点，给我们的启示是无论选择怎样的医疗保障模式、设计怎样的医疗保障制度，都应符合我们制度的逻辑，正确认识和处理政府与市场在医疗保障制度中的作用。

关键词：美国　医疗保障制度　制度的逻辑

美国医疗保障制度是一个耐人寻味而又富有争议的话题。一方面，美国是世界上经济最发达的国家，同时也是医疗技术、医疗水平和医学教育最先进，医疗卫生费用支出最多的国家；另一方面，美国又是西方经济发达国家中唯一没有实行全民医疗保险的国家，国民的健康状况同其经济发展水平和医疗卫生费用的支出水平并不相称。这种反差，既让美国人耿耿于怀，也使许多人想知道，美国的医疗保障制度究竟怎么了？

一、美国医疗保障制度的现状与特点

（一）美国医疗保障制度的现状

1. 美国医疗保障制度的规模

美国是世界上卫生保健开支最大的国家。2002 年，美国的卫生总费用达到 15530 亿美元，人均 5392 美元，比经济合作与发展组织（Organization for Economic Cooperation and Development，OECD）28 个成员国的平均数高出 1 倍多。同年，美国卫生总费用占国内生产总值（GDP）的比例为 14.9%，比 OECD 的平均值高近 6 个百分点。从 1993 年起，美国卫生总费用占 GDP 的比例一直维持在 13%—15% 之间，也就是说，美国的卫生保健行业约占整个国民经济的 1/7，是美国最大的一个行业。

2. 美国医疗保障制度的架构与融资情况

美国没有全民医疗保险制度。多数美国人都是通过雇主购买的私人保险来获得医疗保障的。政府向老年人、残疾人、穷人、儿童、现役军人、退役军人等提供公共保险计划，以满足他们的卫生保健需求。这些公共保险计划主要是医疗照顾（Medicare）、医疗援助（Medicaid）和儿童健康保险（SCHIP）。具体来说，2002年，私人部分提供了15530亿美元中的8396亿美元，占总支出的54%；公共部分提供了余下的7134亿美元，占46%。由此可以看出，私人部分承担了主要的医疗保障责任。而且，自1997年以来，公共支出的增长慢于私人支出。

3. 美国医疗保障制度的覆盖范围

1998年，美国有83.7%的人口至少为一种私人或政府健康保险计划所覆盖。其中，在私人健康保险方面，有1.69亿人参加与工作有关的集体健康保险，占总人口的62.1%；还有近2000万人参加了个人健康保险。在政府健康保险方面，有3590万人注册参加了Medicare；有2790万人为Medicaid所覆盖。由于美国没有实行全民健康保险，美国至今仍有4430万人没有任何的健康保险，占总人口的16.3%。这是美国医疗保障制度面临的巨大挑战之一。

4. 保障水平与健康产出

这是一个有内在联系但又富有争议的话题。如前所述，美国在卫生保健方面的花费为世界之最。同时，美国也是世界上医疗技术最先进的国家，而且大多数的技术都可以被富裕的和中产阶级消费者所享用。此外，美国还是世界上提供全面而高质量医学教育最前沿的国家，来自世界各国的医生在这里受到最先进、最精致的培训，学习使用各种最新的医疗设备和技术。从这一角度讲，美国的医疗保障制度是成功的。但由此推论美国人更健康，并且随时可以获得质量高、价格合理的医疗服务，就很难与事实相符了。由于美国实行的是混合型的医疗保障制度，而且私人健康保险居主导地位，在这种制度下，个人获得的医疗服务与其支付能力或就业状况有很大关系，而支付能力又主要由健康保险费用而非收入决定，即使两人收入相当，但因选择和购买的医疗保险不同，他们享受的医疗待遇和保障水平也不一样。因此，美国医疗保障制度的保障水平个体差异很大，它不具有像其他OECD国家一样的均质性。美国也曾试图通过扩大Medicaid的范围，向全体国民提供基本的医疗保障，但因种种原因，Medicaid的扩展非常缓慢，而且很难融入主流的医疗保障体系，使其受益者享受主流的医疗服务。

健康产出（health outcomes）也是一个很复杂的问题。一方面，关于健康的概念和度量有很大的分歧；另一方面，影响健康的因素很多，除医疗保障制度外，收入、教育、卫生习惯等都会影响个人的健康状况。尽管如此，国际上还是习惯用预期寿命和婴儿死亡率等指标来比较各国居民的健康状况。在预期寿命方面，美国女性的预期寿命是79.4岁，比OECD的中位数80.3岁低近1岁，比最高的日本（83.6

岁）低4.2岁；美国65岁女性的预期寿命是18.9岁，与OECD的中位数持平；美国男性的预期寿命是72.7岁，比OECD中位数74岁低1.3岁，比最高的日本（77岁）低4.3岁；美国65岁男性的预期寿命是15.7岁，略高于OECD中位数15.5岁；1960—1996年间，美国女性和男性的预期寿命分别延长了6.3岁和6.1岁，但都低于OECD国家的中位数（分别为7.6岁和6.5岁）。

在婴儿死亡率方面，OECD的中位数是5.8人/千人，而美国却高达7.8人/千人，仅低于匈牙利、韩国、墨西哥、波兰和土耳其等发展中国家。

由此可见，美国在这两个指标上的排名都位于OECD国家的底部；指标的改善速度也都低于中位数的OECD国家。尽管这两个指标不能完全反映美国人的健康状况，也不能完全归咎于美国的医疗保障制度，但是，它们还是可以说明一些问题。因此，傲慢的美国人难以接受不太理想的健康产出，他们用“破碎的”、“病态的”、“不体面的”、“浪费的”、“丑陋的”等词来形容他们的医疗保障制度，表示他们的不满。

（二）美国医疗保障制度的特点

同其他经济发达国家相比，美国的医疗保障制度比较独特，但同时它又是一个非常复杂的系统，头绪很多，要想总结出它的特点，并不是一件容易的事。综合各方面的因素考虑，特别是长期的历史发展和现实的制度存在，我们认为，美国的医疗保障制度有这样的几个特点。

1. 混合性

混合性是美国医疗保障制度有别于其他医疗保障模式的一个很鲜明的特点，是“混合经济”的极好例证，“反映了美国式生活多样化和多元化的总体特征”，体现了处于美国社会福利制度核心地位的公私伙伴关系。非营利、营利和政府机构都发挥着重要作用，彼此密切合作；公共和私人健康保险计划交织在一起，你中有我，我中有你，以至于很难分清谁在组织卫生服务的融资，谁真正为健康计划买单。如果采取简单的二分法，难以反映责任分担的复杂关系。

2. 层级化

美国医疗保障制度的层级化现象非常严重，它主要表现在这样几个方面：

健康计划之间的层级化。私人健康计划与公共健康计划以及公共健康计划之间待遇差别较大，特别是Medicaid受益人几乎被排斥在主流的医疗服务之外。

医疗机构的层级化。美国的医疗服务体系实行的是“双轨制”，一个是私立系统，一个是公共系统；私立的商业医院以服务上层阶级为主，而公共或非营利医院主要是服务贫穷的或没有参加保险的中下阶级。

地域之间的层级化。医疗资源在地理上的分布很不均匀，首先表现在医生在城乡之间的分布不均衡，以城市为主的州和以农村为主的州差别很大。而且，医生的短缺不仅限于乡村地区，它还扩展到城市的某些区域。在穷人和非白人居住集中的社区很少发现私人开业医生，教育和收入水平相对较低的居民区中私人开业的医生也相对较少。

3. 企业化

美国的医疗保障制度自始至终都为企业家精神所主导。起初，医生兼具专家和企业家两种角色，他们依靠与患者的代理关系，及与同行组织的“二级”代理关系，扩大了专业人士的影响，牢牢控制了医疗保健领域。20 世纪 80 年代初首先从公共项目开始的支付制度改革将医生的双重身份和双重刺激剥离开来，其专业自主权和医疗行为越来越多地受到外界的约束。虽然这场“竞争革命”（competition revolution）是由需方推动的，但却为企业化的有管理的照顾组织（managed care organizations，MCOs）抢得先机，政府的作用相当有限。

4. 渐进性

在公共财政主导的医疗保障制度中，制度相对稳定；而在私人财政和市场机制主导的医疗保障制度中，制度变化较多。但在政府的介入方面，变化大多是渐进式的，这是从美国医疗保障制度长期发展的历史中总结出来的一个特点和趋势。究其原因，一方面，自由市场经济的力量过于强大；另一方面，美国的政治制度决定了“标准的美国政治的模式是稳定、温和的冲突及渐进式的改变”，像罗斯福新政这样的变革是不寻常和不多见的。

5. 政府有限介入

一方面，公共医疗保障开支占卫生总费用的比例在发达国家中是最少的；另一方面，联邦和州政府通过各种政策对市场行为的影响也比较有限，如政府不要求国民购买或参加某些保险计划；除了 Medicare 和 Medicaid 以外，政府不要求任何实体向国民提供医疗保障。总之，在美国医疗保障制度中，政府的作用一直次于市场。

二、美国医疗保障制度的评价与启示

以市场为主导的美国医疗保障制度在促进医学研究和技术进步，解决医疗服务的可及性和满足消费者选择等方面优于其他发达国家，但同时这一制度也存在着保障体系残缺不全，费用高企，公平性差等明显缺陷。美国人是这样来评价他们的医疗保障制度的，“从好的方面来说，我们的保健体制是世界上最好的。没有什么可以替代伟大的美国学术保健中心”；“从坏的方面来说，我们的体制也许比较乱，尤其是对那些没有得到尽早照顾的人们来说”。①

---

① 转引自雅诺什·科尔奈、翁笙和著，罗淑锦译：《转轨中的福利、选择和一致性：东欧国家卫生部门改革》，中信出版社 2003 年版，第 100 页。

优劣分明的美国医疗保障制度一直被认为是发达国家中的一个例外。但从价值判断的角度讲，这种被称作美国例外论的医疗保障模式不应该被简单地贴上“好”或“坏”的标签。问题的关键是这种模式选择符不符合其制度的逻辑。所谓制度的逻辑是制度形成的客观规律，是利益结构中各要素影响力的平衡和各种社会控制机制结合的结果。在医疗卫生领域，政府、私人财政和专业人士构成了主要的权力基础，他们分别代表的是权威、财富和技能。这些要素的关系通过科层制度、市场和社团组织等机制制度化和合法化。每一个国家因为制度环境的差异，对这些社会控制机制的运用各不相同。但不管如何运用，有两个目标是相同的，一是获得社会支持；二是将信息成本最小化①。为实现这两个目标，各国从不同的逻辑出发进行制度设计和模式选择。美国医疗保障制度遵循的私人财政 + 市场机制的逻辑源于美国社会对政府的偏见、对政治家的不信任和对私人或市场决策的偏好；资本主义私有制所导致的贫富差异以及由来已久的种族歧视政策所导致的种族差异，决定了美国医疗保障制度中存在难以解决的公平性问题；追求权利制衡的美国政治决定了美国医疗保障制度改革的渐进性。因此，美国医疗保障制度带给我们最大的启示是，无论我们选择怎样的医疗保障模式，设计怎样的医疗保障制度，都应符合我们制度的逻辑，避免逻辑的扭曲和悖论。否则，只会加大改革的成本，减小成功的可能性。

美国医疗保障制度带给我们的第二点启示是，正确认识和处理政府和市场在医疗保障制度中的作用。政府和市场在医疗保障制度中的作用是相对而言的。我们习惯从筹资机制、管理体制、服务和保险的提供等方面来划分不同的医疗保障模式，但随着现代经济关系和医疗体制的日趋复杂，政府和市场你中有我，我中有你，很难说有纯粹的政府保障计划或市场模式。政府和市场的这种模糊关系在美国的医疗保障制度中体现得最为充分。但是，这并不等于说政府与市场的作用就无法区分，或者说这种区分没有意义。实际上，政府与市场的基本作用、基本责任以及各自的缺陷都非常清楚，也没有多少争议，但问题的关键是，如何发挥政府与市场的作用，弥补它们的不足，使其相辅相成，相得益彰，这才是困扰各国政府的大难题。同时它也最能体现一个国家的政策取向，我们通常所说的医疗保障“模式”，其根本内涵就源于此。

从发达国家医疗保障制度改革的经验和趋势来看，除了美国依然坚守市场的传统外，其他建立了全民医疗保险的发达国家对市场的引入都非常谨慎。因为市场与社会弱者、福利与利润最大化从来就不是好伙伴。而且在医疗服务市场中有“天生”的强者和弱者。尽管我国不可能建立像美国一样的以市场为主导的医疗保障制度，但并不是说政府就可以包办一切。“哪里没有竞争，哪里就没有足够的激励来

---

① Carolyn Hughes Tuohy, “Dynamics of a Changing Health Sphere: The United States, Britain, and Canada”, *Health Affairs*, May/June1999, Vol. 18, No. 3: pp. 114 – 134.

刺激节俭和效率"①。而且政府干预也有"失灵"的时候。因此，适当引入市场机制，对于矫正"政府失灵"，维持医疗保障体系的活力，提高医疗保障制度的效率十分必要。在这方面，美国人对市场机制的理解和运用，以及一些先进的管理理念和方法是值得我们学习和借鉴的。

① 《转轨中的福利、选择和一致性：东欧国家卫生部门改革》，中信出版社2003年版，第24页。

城镇居民医疗保险覆盖农民工的思考

毛 瑛 王颖文 聂 兰

（西安交通大学公共政策与管理学院）

摘 要：在医保体系中的发展中，一直存在一个长久以来得不到解决的问题，那就是农民工的医疗保险问题。本文在各地经验的基础上，尝试通过一种新的思路来解决农民工的医保问题。主要通过对城镇职工医疗保险、城镇居民医疗保险政策分析，探讨将农民工纳入城镇居民医疗保险的可行性。随着城镇居民医疗保险政策的逐步推进和完善，是否能将农民工纳入城镇居民医疗保险还是一个需要进一步讨论的问题，而本文在此方面做一些前瞻性的思考。

关键词：城镇居民医疗保险 农民工 可行性

一、农民工基本概况

目前，我国农民工人数达2亿多人。据农业部统计，我国外出的务工农民已达1.2亿，并以每年500万的速度在增长，据国家信息化专家咨询委员会的统计结果，2000年底我国各类农民工总数达2.5亿。但在这样一个庞大的群体里面，拥有养老保险的人数不超过3000万人，拥有医疗保险的更是微乎其微。在国家统计局最新公布的《全国1%人口抽样调查的主要数据公报（2005年）》中显示，我国流动人口为14735万人，在这将近1.5亿人口中就包括了1.2亿农村流动人口，其中有约1亿人从农村流入城镇，在这1亿人中又有六成以上的流入地级以上大中型城市中。现在我国农民工的经济状况仍然处在一个较低的水平，据国家统计局2007年2月发布的城市农民工生活与教育状况调查结果显示，各地农民工的人均月收入仅为966元。

由于农民工的特殊情况，各地相继颁布了和建立了关于农民工医疗保险的一些政策，如北京颁布的《北京市外地农民工参加基本医疗保险暂行办法》，详细规定了外地农民工纳入医疗保险统筹基金和住院大额医疗互助资金支付的医疗费报销范围；重庆市颁布《重庆市农民工大病医疗保险市级统筹试行办法的通知》，建立了专门针对农民工的医疗保险。但是由于各地没有统一的政策规划，无法相互衔接，同时由于政府监管以及企业责任缺失，农民工的切身利益还是无法得到有效的保障。

随着《国务院关于开展城镇居民基本医疗保险试点的指导意见》（以下简称《意见》）的颁布，全国很多地方都相继建立了城镇居民医疗保险，各地都在《意见》的指导下，相继开展了城镇居民医疗保险的试点工作，如江苏、陕西、福建等省。本着低水平起步、自愿性以及家庭缴费为主、政府适当补助的原则，在解决城镇居民医疗保险问题上迈出了历史性的一步，同时这些原则也为解决农民工这一城市中的新生群体的医疗保障问题提供了参考依据，当然解决这一群体的医疗保障也面临一些难点问题。

二、农民工纳入城镇居民医疗保险的可行性

（一）从城镇居民医疗保险的参保范围来看，《意见》规定不属于城镇职工基本医疗保险制度覆盖范围的中小学阶段的学生（包括职业高中、中专、技校学生）、少年儿童和其他非从业城镇居民都可自愿参加城镇居民基本医疗保险。从参保的范围看，其规定是城镇的非从业居民，虽然城镇以及非从业居民这些限制已经将农民工特别是其中流动性较强的部分排除在外，但是这里必须指出的是，农民工群体本身与上述的城镇非从业居民在深层次上有很多的相似之处：首先，他们都是社会的弱势群体，社会地位上都没有较大区别，确切地说农民工的社会地位要略低于城镇居民。其次，他们都是社会福利缺失的阶层。由于中国国情的复杂性，长期以来这部分弱势群体的应该享有的社会福利都处于缺失状态，农民工更是如此。随着经济的发展，农民工现在已经成为中国产业工人必不可少的一部分，对 GDP 的增长做出了巨大的贡献和牺牲，却长期被排除在各种社会保险之外。第三，城镇非从业居民的生活来源与农民工的可支配收入，没有较大的差别。因为城镇非从业居民本身没有实际的收入，他们收入主要来源于家庭主要劳动力的收入的再分配，虽然城镇职工的各项收入都要高于农民工收入，但是在家庭内部成员的平衡后，人均收入与农民工相差不多，有些学者观点认为现在城镇中的一些困难群体实际收入还要少于农民工的收入。

（二）从筹资水平来看，《意见》要求试点城市应根据当地的经济发展水平以及成年人和未成年人等不同人群的基本医疗消费需求，并考虑当地居民家庭和财政的负担能力，恰当确定筹资水平；探索建立筹资水平、缴费年限和待遇水平相挂钩的机制。具体来说各地的筹资标准都在 200 元左右，例如陕西省，其规定成年人基本医疗保险的缴费标准原则是每年不低于 200 元，学生儿童的缴费标准每人每年不低于 60 元。这些标准都将在各地的实际情况上制定，是城镇的非从业居民可以负担

的。这种低层次收入标准也为农民工的参加城镇居民的医疗保险提供了可能性，具体来说，见表1。

表1　2001—2005 年农民工工资变化情况

年份	数量（万人）	平均工资（元/年）	年增长率（%）
2001	8961	5502	—
2002	9400	5597	1.7
2003	9820	5279	-0.57
2004	11823	6471	22.6
2005	12578	6577	1.6

数据来源：白暴力：《农民工工资收入偏低分析——现实、宏观效应与原因》，载《经济经纬》2007 年第4期。

从表1可以看出，200元左右的缴费约占到2005年的平均工资的3.09%，2006年平均工资的3.04%左右，总体约为3%左右，这与专家关于农民工的医疗保险的个人缴费的缴费率约在2%有一定偏差，但是根据表中工资的平均工资增长率计算，在几年内完全可以降到2%左右。同时各地现在只是进行了城镇居民的试点工作，要达到全民覆盖还需要一定时间，这正好为农民工的参保创造了条件和争取了时间。

（三）从缴费和补助方面来看，《意见》中指出城镇居民基本医疗保险以家庭缴费为主，政府给予适当补助。参保居民按规定缴纳基本医疗保险费，享受相应的医疗保险待遇，有条件的用人单位可以对职工家属参保缴费给予补助。这里的家庭缴费建立在单个不同成员的基础上，理论上农民工可以个人或是为家庭成员参保。需要指出的是《意见》对于中央和地方财政的补助做出了明确的规定，同时对企业也提出了一定的要求。所有这些本意上都是为城镇居民参保创造了条件，但是也解决了关于农民工的医疗保险长期以来各地政策不统一的问题，同时明确了农民工医疗保险中政府主体责任的问题，特别是规定将补助都必须纳入各级财政预算，这些会从根本上解决政府责任缺失的问题，这也为政策执行性和保持可持续性创造了条件。

（四）从费用支付方面来看，《意见》要求城镇居民基本医疗保险基金重点用于参保居民的住院和门诊大病医疗支出，有条件的地区可以逐步试行门诊医疗费用统筹。据有关调查显示，城市的外来从业人员主要是以年轻人为主，农民工的平均年龄约为29.61岁（城市农民工参加医疗保险及筹资意愿调查研究，任建萍；徐玮，2006年8月第6期《中国卫生经济》第25卷（总第282期））。2003年北京近80%的外来人口年龄小于40岁，总体来说，他们的身体健康状况良好，至少最初在加入到外来务工人员中的这部分群体是这样，这部分群体亟须解决的就是大病保险问题。所以在费用支付方面，农民工也能够符合《意见》的要求，这当然也为城镇居民保险覆盖到农民工这一特殊群体创造了有利条件。

三、农民工纳入城镇居民医疗保险面临的问题

现在国内很多学者都采用分层的方法来分析农民工参加医疗保险的问题，如对已经城市化的农民工完全可以加入到城市职工医疗保险中来。已经城市化的农民工是指，在城市有稳定的工作以及收入来源，并且有固定的住所，除了户籍之外，已经与城市居民无太大差异，已经完全或者基本城市化。这部分群体的医疗保障可以通过户籍制度的改革来实现。但这只是农民工群体中很小的一个部分，大部分农民工尚未达到城市化的水平，这些农民工参加医疗保险依然存在众多复杂的问题。在吸取以往工作经验的基础上，以及根据城镇居民医疗保险的特点，城镇居民医疗保险最终能否覆盖到农民工这个特殊的群体，必须解决如下的问题：

（一）缴费的问题。虽然每人每年的缴费约为200左右，如果加上配偶以及子女，一共约为460元左右，总体数额并不多，但是相对于全国农民工966元的平均收入来说，这并不是一个很小的数目，即便是个人缴纳的费用降到1%，外来务工人员还是不愿意缴费。另外一点，在农民工有能力在外地打工的情况下，身体状况一般都是良好，即使存在小的问题，也不愿意参加保险。再一个必须指出的问题就是根据深圳20世纪90年代经验表明，外来人口不愿意参加城镇职工医疗保险的一个深层次因素就是复杂的社会原因，如对政策不解，各种原因导致的对政策的不信任，并且仅仅提供住院医疗的情况是不能满足其医保需要的。

据有关调查，农民工的年龄分布为：20岁以下的占全部农民工人数的17%，20—30岁的占40%，30—39岁的占36%，40岁及40岁以上的占7%，其中35岁以下（含35岁）的占83%。这样一个高活力群体一旦得病，就会十分地脆弱，很容易失去经济生活来源，加之在城市中不能被其他医疗保障体系所接纳，昂贵的医药费用会使其中的一些人不得不采取其他的非正常手段，来获取生活来源，这样就会成为社会不安定的重要因素之一。

总的来说，缴费的问题必须明确和解决下面三个基础问题：

1. 对于农民工这一个特殊群体是采用自愿缴费还是强制性的方式？如深圳在“布吉模式”基础上制定的《深圳市劳务工医疗保险暂行办法》，《办法》在企业是否参保方面的规定带有明显的强制色彩。

2. 谁来缴费，是单位还是个人？如在北京试行的办法规定，在北京打工的外地农民工，由用人单位缴纳基本医疗保险费用，外地农民工个人不缴纳，并且不建立个人账户，不计缴纳年费，在缴费当期享受相关待遇。

3. 如何缴费，是通过企业代扣还是由农民工个人直接向有关机构缴纳？这些问题都会直接影响到这一特殊群体的原意缴费以及是否能及时缴费等。这对于农民工

来说这是一个非常敏感的话题，所以这一问题能否解决也是能否将农民工纳入城镇职工医疗保险中的关键问题之一。

（二）转移性的问题。现行制度中医疗保险关系不具备转移性，不适应农民工流动性强的特点。这也是长久以来制约将农民工纳入医疗保险体系中的主要原因之一。由于农民工是高流动性群体，属于哪里经济热就向某地集中的情况，不存在一个长久或是一个固定的工作单位或是场所。这一情况在很大程度上影响了其参加医疗保险的行为。下面是对杭州市六十家企业的一份调查数据。

表 2　单位未给农民工参加医疗保险的原因

未参保原因	频数（N）	构成比（%）
农民工流动性大	12	57.14
医疗补助发放在工资里	4	19.05
个人不愿意参保	5	23.81
合计	21	100

资料来源：任建萍、徐玮：《企业对农民工参加医疗保险的意愿调查》，载《中国卫生经济》2006 第 3 期。

从表 2 可以看出，由于农民工的高速流动导致企业无法或是不愿意给农民工参保。即使参加了保险的农民工由于各地实行的暂时性政策由于各地经济发展情况不同而无法衔接，导致了缴费不连续甚至退保的问题。由于高速流动性的问题，各地能否建立相关的衔接制度以及如何衔接，这些都显得非常的重要。从即将在全国范围内实行的城镇居民医保来说，这也是一个不容忽视和必须面对的问题，能否在《意见》的指导下，各地城镇居民医保在低水平覆盖的基础上建立一个可以相互融合的制度，是限制农民工参加保险的瓶颈之一。

（三）政府的补贴和补助问题。《意见》对中央财政和地方财政补贴提出了具体的标准，拿陕西省来说，陕西省对于列入国家试点的城市参保居民，中央财政每年按人均 20 元给予补助，同时陕西省按照中央的标准一定给予补助，补助的标准在 50% 左右。这些都是从城镇居民的角度来说，如果农民工能够加入城镇居民医疗保险体系中，对中央和地方的财政都是一笔开支，由于各地经济状况以及财政运行的不同状态，各地政府是否愿意，能否负担起这笔开支，并且是否能将政府负担的补助统一化，也是限制农民工参加医疗保险的又一个问题。

（四）如何转变农民工主观认识。确切地说，农民工也是理性消费者，追求的同样是效用最大化，是否参加保险取决于参保费用及对参保效用的预期。按照每月 1000 元左右的工资，参照农民合作医疗每人每年 10 元的标准，一户每年缴纳 20 元至 30 元的基本卫生生医疗保障费用，与城镇职工按其上年月平均工资的 2% 缴纳基本医疗保险费用的比例基本持平，应该说这个收费比例是农民工完全可以承受的。可见，农民工不愿意参加基本医疗保险的关键不在于对参保费用，关键是在提高效用的基础上，如何转变他们对社会保障的认识。

在前文已经涉及关于农民工主观不愿意缴纳保费的问题，这是由于各方面复杂的社会原因导致了农民工对现行各种政策存在一定的抵触心理，不能对社会保障和保险有一个全面，正确的认识，再加上各个行政责任主体的一些违规以及各地的一些不良操作甚至有些地方“欺诈”行为，更是加剧了农民工的“不信任”心理。具体来说农民工的担心表现在以下两点：其一农民工对统筹基金能否有序正常的运行没有把握，再加上农民工弱势群体的身份，农民工担心制度执行过程中存在的诸多问题和漏洞最终损害的是农民工自身的利益，进而进一步加剧了他们对医保甚至社保的“不信任”心理。其次，农民工多是身体强健的年轻人，这在前文已经提到，他们担心现在在医保中的投入在真正遇到问题时自己却享受不了，因为现在对农民工的医保主要都是保大病，保当期，而在调换单位后却没有办法享受到医保。看来，如何改变农民工思想认识的问题，也将是城镇居民医疗保险能否将农民工覆盖的问题之一。

四、政策建议

城镇居民医疗保险在全国范围还处于一个试点阶段，处于摸索试行阶段，政策还需要一个完善和调整的阶段，而在保障居民基本政策的基础上如何将农民工也覆盖在内，将是一个更复杂的过程，具体来说可以从以下几个方面进行改善：

（一）建立健全各地衔接制度。由于城镇居民保险费用缴纳主要有家庭以及个人缴纳，在转移上操作相对于城镇职工的医疗保险简单得多，解决这个问题的关键就是如何解决保险金过渡以及时间连续计算的问题。这在国内有些地区已经开始了尝试性的探索。

在时间的计算上，深圳市颁布的《深圳市劳务工医疗保险暂行办法》中提出了的关于不同医保制度之间时间计算问题，在办法中提到：（1）参保人由参加劳务工合作医疗保险转为参加深圳市社会医疗保险的，其连续参加劳务工合作医疗保险时间可部分视同为连续参加社会医疗保险的时间，具体计算法方法是：由参加劳务工医疗保险转为参加住院医疗保险的，连续参加劳务工医疗保险的时间除以2，视同连续参加住院医疗保险时间。（2）由参加劳务工医疗保险转为参加综合医疗保险的，连续参加劳务工医疗保险的时间除以12，视同为连续参加综合医疗保险的时间。上述的计算方法虽然不适用于其他险种以及其他地区的转换，但是从深圳市的暂行办法中可以看到，只要能够设计合适的衔接方法，时间的连续计算问题是可以解决的。

保险金转移的问题，在过去推行经验上，一个可行的也比较常用的做法就是采用“一卡通”形式，即将个人的基本情况以及缴费等各种情况都记录在卡中，随着农民工的流动直接将所有保费等转移。但是城镇居民保险是以年缴费作为记录的方式，所以即使各地在缴纳总额上存在不一样的情况，可以对今年少缴的部分补交，过去年份缴纳的费用则不进行补交；如果多缴的话，则自动转移进入下个缴纳期，总的来说也就是采用动态平衡的方法来计算缴纳费用。利用这种方法可以解决农民工流动性产生的政策以及资金衔接问题。

（二）建立以政府、企业联动的策略。首先在宣传上的联动，由于政府是政策制定的责任主体，必须以政府为义务主体建立一个宣传策略。同时由于农民工作的地点是在企业，所以又必须通过企业这一平台来扩大宣传。这样将政府与企业联系在，不仅能使政策可以加快和加大宣传的力度，同时还可以通过企业作为媒介来使农民更加详细了解政策。具体宣传包括两个方面：一方面，要通过宣传医疗保障的相关知识和政策，使广大农民工了解自己应该享有的权利，增强维权意识，真正认识到参加社会医疗保险是对自己权益的保护。另一方面，要加强法制宣传，使众多的用人单位认识到自己在农民工医疗保障方面应该做哪些工作，负哪些责任。其次在具体实施上进行联动。由于城镇居民医疗保险并没有涉及企业必须应尽的责任，但是为了鼓励农民加入城镇的医疗保险，政府可以对能积极宣传并能够积极鼓励农民工参保的企业给予一定的政策优惠。以此来提高农民工的参保率。也只有这样，才能让农民工积极参与医疗保障。

（三）通过立法明确、规范地方政府的责任和义务，切实协调好各方的关系。城镇居民医疗保险牵涉了中央和地方财政的补贴和补助问题，由于各地政策以及财政状况的不同，在具体的实施和操作上会存在各种各样的问题，尤其是各地方政府能否将补偿政策落到实处。在已有的关于农民工的医疗保险政策上，如北京的《北京市外地农民工参加基本医疗保险暂行办法》政策，山西省的《关于农民工参加基本医疗保险的暂行办法》，贵阳的《贵阳市关于农民工参加基本医疗保险的实施意见（试行）》等等，在这些办法中都没有涉及补偿政策，所以单从农民工医疗保险这一部分来说，究竟政府应该怎么做，国内暂时还没有一个明确的可以有效借鉴的经验。特别是当农民工也覆盖进入城镇居民医疗保险时，财政以及农民工和城镇居民之间的矛盾将会显现出来，所以必须通过强有力的监督和协调政策来保障各方的利益都不受损害，并最终通过帕累托最优的方式来解决问题。

（四）适当调整户籍制度。多数城市的户籍制度已经开放，但是这其中并不包括在农民可移居的城市范围。所以即使农民能够参加城镇居民医疗保险，但是由于非城镇户口的存在，影响了农民工能够享受到的城市社会福利，限制了农民工的心理和行为，也正是由于户籍制度的限制，造成了农民工在医保上的种种问题。虽然现在完全开放户籍制度上需要社会理性以及实践性等各种前提，满足这些条件暂时都是不现实的，但是关于农民工的户籍制度可以根据各地的实际情况进行一些微调，使已经符合城镇居民条件的农民工加入到城市医保体系中来。

参考文献

[1] 杨艳、陈立坤、唐荣：《农民工医疗保障问题探讨》，载《北京市计划劳动管理干部学院学报》2005 年第 3 期。
[2] 柏萍：《论农民工社会保障的路径》，载《选择理论参考》2007 年第 4 期。
[3] 胡艳：《浅谈农民工的社会保障问题》，载《安徽农业科学》2007 年第 35 期。
[4] 冯杰：《完善农民工医疗保障制度的几点思考》，载《西南交通大学学报（社会科学版）》2007 年第 6 期。
[5] 叶波：《城镇居民医疗保险势在必行》，载《四川劳动保障》2007 年第 5 期，第 268 页。
[6] 吴小明：《新形势下的农民工医疗保障探讨》，载《发展》2007 年第 6 期。
[7] 陈启春：《我国户籍制度的历史作用及其开放条件研究》，载《太原师范学院学报》2006 年第 4 期。
[8] 余桔云：《农民工参保难的成因及对策》，载《金融与经济》2006 年第 7 期。
[9] 韩建民、马子量：《新时期城镇贫困群体演化趋势研究——城镇中农村流动人口的贫困问题分析》，载《宁夏社会科学》2007 年第 7 期。
[10] 李彦敏：《关注农民基本卫生医疗保障体系建设》，载《调研设计》2004 年第 1 期。
[11] 北京市统计局：《2003 年外来人口动态监测调查报告》，2004 年。

构建新型农村合作医疗可持续发展的需求基础

杨红燕　李宜凌

（武汉大学社会保障研究中心　中南民族大学管理学院）

摘　要：本文对引发新农合需求偏离标准需求理论和需求不足的原因做了探析，认为信息不对称条件下农民疾病风险与风险态度等不同导致的自愿参加原则下混同均衡的不存在是影响农民对新农合的需求的重要理论根源，也是制约新农合发展的核心难题。针对影响新农合需求的农民的理性程度、疾病风险、风险态度、对新农合信任程度以及政府补助、医疗服务质量与价格、替代性保障制度和新农合自身状况等因素，提出了构建新农合需求基础的相关政策建议。

关键词：新型农村合作医疗制度　需求　信息不对称　覆盖率

2003 年以来，新型农村合作医疗（以下简称新农合）作为中央解决“三农”问题、改善农民健康、促进农村社会和谐，建设社会主义新农村的一项重要举措，在全国范围内迅速开展，成为最受农民欢迎的乡村新政之一。截至 2007 年 6 月 30 日，全国开展新农合的县（市、区）达到 2429 个，占全国总县（市、区）的 84.87%，参加合作医疗人口 7.2 亿，占全国农业人口的 82.83%。在为新农合的快速推进而欢欣鼓舞的同时，我们必须清醒地认识到，尽管较之以往合作医疗，国家对新农合提供了更大的支持，但这并不足以确保农民对新农合有充分的需求，困扰以往合作医疗的需求不足难题并没有得到解决。农民对新农合的需求是整个制度建立的基础和前提，是制度顺利运行的关键因素。需求不足对于制度的持续发展是一个巨大隐患。因此，探寻新农合需求不足的原因，并对症下药及时引导农民对制度的内在需求，就成为新农合实现可持续发展亟待解决的问题。

一、农民对新农合的需求对标准需求理论的偏离

（一）标准医疗保险需求理论

西方卫生经济学理论中，预期效用理论和进入理论对于医疗保险需求做了较好的解释。

1. 预期效用理论（Expected Utility Theory）

为实现预期效用最大化，消费者可以在两种方案中做出选择。一是购买医疗保险，代价是支付一定的保险费；二是自我保险，这样就面临两种可能性，一种是以较小的可能性患病而蒙受大笔损失，另一种是以较大的可能性不患病。如图 1，在购买保险的情况下，假设最初某消费者处于 M_3 点，财富为 W_3，其总效用为 U_3，消费者出现医疗风险的概率为 P_i，损失为 W_i。则“净保险费”为 $P_i \times W_i$。购买医疗保险后，财富从 W_3 降为 $W_3 - P_i \times W_i = W_2$，总效用也会降到 U_2，即移到 M_2 点。随着疾病发生概率的变化，消费者购买保险后的效用将沿总效用曲线移动。

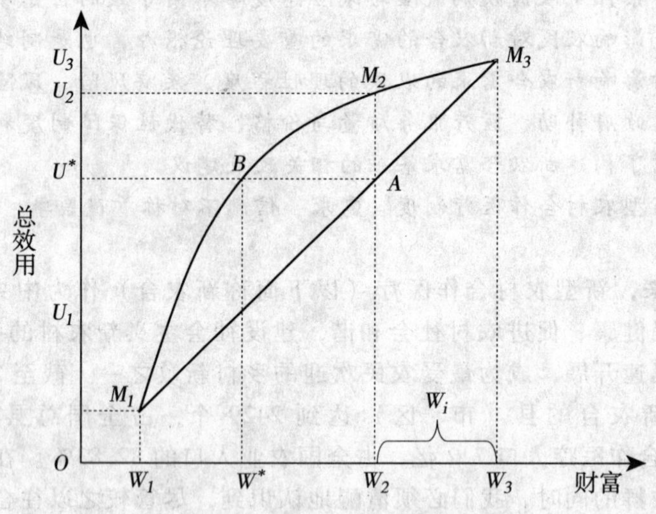

图 1　参加保险与自我保险的效用比较

在自我保险的情况下，消费者有较小的可能性 P_i 发生疾病风险，效用降至 U_1，即 M_1 点；另有 $(1 - P_i)$ 的可能性疾病风险不发生，效用保持 U_3，即 M_3 点。则消费者的预期效用为：

$$EU = P_i \times U_1 + (1 - P_i) \times U_3$$

M_1 和 M_3 两点间的连线即是预期效用曲线，它表示在选择自我保险的情况下，

发生疾病的各种概率的预期效用。患病的概率越高（低），预期效用就越接近 M_1（M_3）点，若肯定患病 $P_i=1$，消费者就达到 M_1 点，若肯定不会患病 $P_i=0$，消费者就位于 M_3 点。

只有当购买保险的效用 U_i 大于自我保险的预期效用 EU_i 时，消费者才会选择购买保险。事实上，如图 1 所示，如果消费者是风险厌恶的（效用函数为凸函数），那么就意味着预期效用曲线总是位于实际效用曲线下方。这样，购买保险的实际效用总是大于自我保险的预期效用。因此，在保险费水平为依据损失概率和金额计算的净保费而不包含管理费用等附加保费时，购买保险是消费者的最优选择，所有的消费者都会购买保险。

2. 医疗保险需求的影响因素

由于保险公司运行中要支付管理费用并赚取利润，所以保险公司会在“净保费”外附加费用来出售。此时，消费者对医疗保险的需求就取决于附加费用的高低及一些影响因素。（1）附加费用高低与医疗保险需求反向变动。（2）消费者风险态度通过影响效用曲线形状而影响医疗保险需求。（3）疾病风险发生概率越接近 0.5，即事件越不确定时，对医疗保险需求也越大。（4）疾病预期损失程度与医疗保险需求同向变动。此外，医疗保险需求还与消费者收入、一国居民的文化传统、保险意识以及医疗技术等因素有关。

3. 进入理论（Access Theory）

进入理论认为：人们购买保险不仅是要避免财务损失，也想要提高其支付昂贵医疗服务的能力。由于医疗费用的飞速上涨，不幸患大病的巨额医疗费用损失是许多消费者负担不起的。此时，利用医疗保险不仅可以使消费者避免财务风险，还可以使他们本来无力负担的医疗服务成为可能。

（二）农民对合作医疗的需求

1. 传统合作医疗和恢复重建合作医疗时期农民对合作医疗的需求

传统合作医疗之所以取得了成功，正是因为它起源于农民自发的医疗互助组织，反映了农民的根本愿望，制度供给适应了农民旺盛的需求，得到了农民的拥护。20 世纪 70 年代，制度覆盖率达到 90%。不过，值得注意的是，即便是取得辉煌成就的传统合作医疗，其发展历程也并非一帆风顺的。相反，合作医疗覆盖率的每一次大幅上升，都和政府强大的政治动员力量是分不开的（如图 2）。而可持续发展可以说也是困扰当时合作医疗的一大难题。

20 世纪 80 年代后，受家庭联产承包责任制的推行、集体经济组织的解体等多种因素的影响，合作医疗的覆盖率迅速下降。如图 2，1982 年全国实行合作医疗的行政村比例由 20 世纪 70 年代的 90% 降到了 52.8%，1985 年更是猛降到了 5%。即便是政府大规模恢复与重建合作医疗高潮的 1997 年，合作医疗的覆盖率仅占全国行

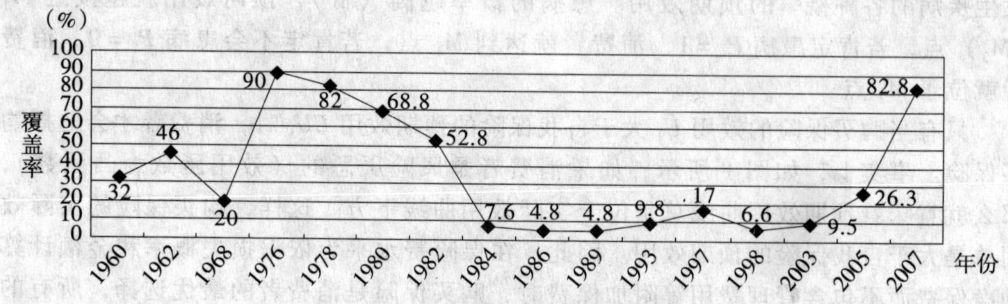

图 2　合作医疗覆盖率趋势图

注：1993 年、1998 年和 2003 年数据是合作医疗的人口覆盖率，即调查人口中参加合作医疗的比例；2005 年、2007 年的数据是开展新农合的试点地区农业人口占全国农业人口的比例。其余的数字系合作医疗的村覆盖率。

资料来源：1. 顾昕、方黎明：《自愿性与强制性之间——中国农村合作医疗的制度嵌入性与可持续性发展分析》，载《社会学研究》2004 年第 5 期。

2. 卫生部统计信息中心：《中国卫生服务调查研究　第三次国家卫生服务调查分析报告》，中国协和医科大学出版社 2004 年版。

3. 《中国新型农村合作医疗试点覆盖人口已达 2.33 亿》，中新网，2006 年 1 月 6 日。

4. 白晓威：《农民医疗保障覆盖面已达我国历史最高水平》，搜狐健康频道《健康新闻》社会关注，2007 年 10 月 16 日。

政村的 17%。这与 20 世纪 70 年代合作医疗 90% 的覆盖率相比，简直不可同日而语。恢复重建时期合作医疗屡扶屡倒、难以持续的关键，与农民对合作医疗的需求不足有关。卫生部 1997 年对 2960 户农民的调查表明，有近 1/3 的农民不愿意参加合作医疗制度。在此情况下，依靠政府力量自上而下建立的合作医疗制度基础不牢，不可避免地呈现了短命的特征。

2. 农民对新农合的需求

2003 年 1 月，国务院发布的《关于建立新型农村合作医疗制度的意见》规定，新农合是政府组织、引导、支持、农民自愿参加，个人、集体和政府多方筹资，以大病统筹为主的农民医疗互助共济制度。从本质上看，新农合和以往的合作医疗相同，都是自愿互助性质的。最大的不同之处就在于新农合中政府给予了大量的资金资助，而恢复重建时期的合作医疗主要是农民自己缴费，传统合作医疗得到的是集体经济的大力支持。调查结果发现，仅仅是政府资金资助的变化并不足以使农民对合作医疗的需求发生根本性转变：从恢复重建时期需求不足的状态转变为新农合时期的需求充分状态。2003 年国家卫生服务调查结果显示，农民中有 11.7% 的人明确表示不愿意参保，17.4% 的人表示说不好，真正愿意参加合作医疗的比例仅仅达到了 70.9%，离 100% 还有很大距离（如图 3）。作为衡量新农合发展程度的重要指标的参合率，也不能真正代表农民的参合意愿。例如，在武大社保中心 2006 年对全国新农合开展状况的实地调查中，对于参保原因，农民回答“有好处”的占72.1%，而回答“被动员”和“干部带头”的比例分别为19.2%和8.7%。而一些达到100%参保的地区几乎全部都是由政府或者集体经济组织垫付了农民的参保费用，实质上是一种强制性的免费参保。

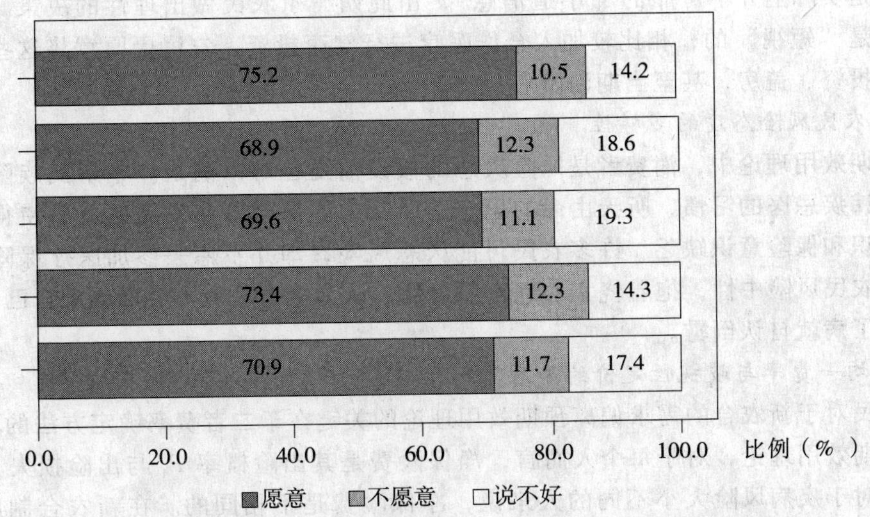

图3　2003年卫生服务调查农村人口参加新农合意愿构成

资料来源：卫生部统计信息中心：《中国卫生服务调查研究　第三次国家卫生服务调查分析报告》，中国协和医科大学出版社2004年版。

由此可见，农民对新农合的需求偏离了标准需求理论，需求并不充分，导致新农合的供给缺乏充分的需求基础，影响了制度的顺利运行与可持续发展。

二、新农合偏离标准需求理论与需求不足的原因解释

农民不愿参加合作医疗的情况似乎出人意料：医疗费用的上涨速度远远超过了农民收入的上涨速度，农民无钱治病、因病致贫现象凸显。新农合制度的筹资中，各级政府的补贴占了4/5左右，农民个人的筹资仅占筹资总额的1/5左右；而且，制度的管理费用由财政负担。按照预期效用理论的分析，农民应该都愿意参加制度。而且，新农合以保障大病为主。按照进入理论，加入制度有助于解决农民看不起病的难题。可现实中为什么农民反而不愿参加新农合呢？

（一）新农合需求对于标准需求理论的偏离

农民对新农合的需求偏离标准需求理论的原因，在于农民对新农合的需求与标

准需求理论假设存在差异。

1. 农民的有限理性

预期效用理论中理性经济人假设现实中难以满足。由于农民学历和教育水平的有限，加上一些农村地区公共信息传播不畅，农民实际上能够获得的信息很有限，且多数是实际上并不可靠的“小道消息”，由此妨碍了农民做出理性的决策。现实中农民是“短视”的，相比较加入合作医疗进行健康投资，农民更愿意将这些钱用于增加投资、盖房，甚至当期消费。

2. 农民风险态度的多样性

预期效用理论中，消费者是风险厌恶的假设前提也难以满足。中华民族隐忍的传统、讳疾忌医的习惯、听天由命的思想，以及中国保险事业发展的落后使得农民健康意识和保险意识缺乏。许多农民可能厌恶风险，却并不愿去参加医疗保险；还有许多农民风险中性，抱着侥幸心理不愿参保，认为疾病一般不会降临到自己头上，万一生了病就自认倒霉。

3. 均一费率与歧视性定价的矛盾

农民对于新农合的需求偏离预期效用理论的关键在于二者费率确定方法的不同。按照预期效用理论，对于每个人而言，净保险费是其出险概率 P_i 与出险损失 W_i 的乘积。对于疾病风险大小不同的人来说，净保险费是不相同的。在新农合制度中，虽然整个制度的保险费水平等于病人平均生病的概率与平均医疗花费（报销额）的乘积。但是，对于每个参加者而言，他的保险费率并非等于他本人的患病概率与患病损失的乘积，而是在一个统筹地区范围内按照统一的水平，比如 10 元来确定的。这样，对于疾病风险不同的人来说，他们的净保险费就是相同的。同样的保险费水平对于健康者而言显然太高，而对于已经患病或易患病人群而言却太低，远远低于按照他们自身的出险概率和损失大小计算的保险费率。这样，就会引发健康者不愿参保而易于患病人群热衷参保的“逆选择”现象。

对此，商业保险的解决办法是遵循预期效用理论，采用完全的价格歧视，对疾病风险不同的人实行不同的保险费率。这样，所有的人都会参保。但是，现实中保险人与被保险人之间存在的信息不对称现象导致完全歧视性定价政策的实施是不可能的。事实上，斯蒂格利茨（Stiglitz）等人的研究表明，在竞争或垄断的医疗保险市场，如果保险方和被保险方信息不对称，被保险方人群存在不同的疾病风险或被保险方的风险态度不同，则不存在所有被保险人订立同一保险合同的混同均衡。合作医疗制度中的信息不对称现象与农民间疾病风险的差异都是无法消除的客观现实，农民间风险态度的差异作为一个主观因素虽然可以通过宣传教育等手段加以调整，但同样不能从根本上消除。因此，理论上说，自愿参保的结果必然无法实现市场出清和均衡，即自愿性质的合作医疗参保率永远不可能达到 100%。

这一结论正好与合作医疗的发展史相吻合。新农合同样具有自愿参加、信息不对称、农民疾病风险与风险态度不同等特征，出现需求不足的问题也就可想而知了。由此可见，信息不对称条件下农民疾病风险与风险态度等不同导致的自愿参加原则下混同均衡的不存在是影响农民对新农合的需求的重要理论根源，也是制约新农合发展的核心难题。而性别、年龄、婚姻状况、学历等农民疾病风险、风险态度和理性程度的影响因素也由此成为农民参合需求的影响因素。

（二）农民对新农合需求不足的其他影响因素

在新农合实行“均一”费率的情况下，虽然整个制度本身没有“保险附加费”，但是，对于疾病风险小的人而言，“均一”保险费本身就高于按照自身疾病风险和损失大小计算的保险费，从而相当于包含了一部分“保险附加费”。此时，农民参加新农合的决定就类似于标准需求理论里面存在保险附加费的情况，受多种因素的影响。

1. 政府补助金额与实际保险费水平

农民对新农合的需求首先取决于参合的成本大小，即新农合保费的高低。新农合中，政府对中、西部地区农民每人每年补助 40 元，占筹资总额的 80% 左右，而农民每人只需出 10 元。这种筹资结构对于吸引农民参保起到了重要作用。2006 年笔者的调查显示，如果取消政府补贴的话，只有 53.8% 的人表示仍愿意参保，而 46.2% 的人表示将不愿参保。倘若政府资金支持不到位，将大大影响农民的参保态度。此外，即使政府的资金补助完全到位，它也只能部分地减少农民加入制度的成本，而不会消除这一成本。仍然会有部分农民因预期收益小于保费支出而不愿参加制度。这就意味着新农合不可能达到 100% 参保。

2. 收入的差异

按照人均收入的 1% 确定保险费的标准，年人均收入在 1000 元以下（大致相当于农村低保线水平）的家庭是负担不起人均 10 元的保险费的。理论上，这部分人群能够得到医疗救助，实现免费参保。但是，由于医疗救助资金的匮乏，还有一定比例的贫困人群未被纳入到救助范围内。而且，即便是参保的贫困人群，在与普通人群相同的报销标准下，也会因无力支付起付线下的医疗费用而事实上无法享受到制度的实惠。这部分贫困人群的新农合需求因此受到影响。

不过，大量的研究同时表明，收入水平并非影响合作医疗开展的最根本因素，收入高的农民不见得比收入低的农民更愿意参加合作医疗。如，第三次卫生服务调查的结果显示，在经济不发达的四类农村地区，实际缴纳合作医疗的费用（12.7 元）比二类（7.4 元）、三类（5.2 元）农村地区要高。而且，在同样的缴费水平（10 元）下，四类地区愿意参加合作医疗的比例要高于二类和三类地区（如图 3）。这也似乎印证了农户参加合作医疗的积极性与当地经济发展水平之间的“U 型关系”理论。

3. 医疗服务可及性与服务质量、价格问题

离医疗机构距离远、定点医疗机构技术水平和服务态度差、定点医疗机构收费偏高等因素的存在都会影响农民对新农合的需求。新农合试点中，部分医疗机构设备陈旧、医务人员技术水平低；对新农合药品加价，以及“诱导需求”、转诊不规范等行为的存在都严重影响了农民对新农合的需求。

4. 新农合制度自身的问题及农民对制度的信任

筹资方面，政府筹资不到位，经办机构的“套资”、“钓鱼”等不规范行为；管理方面，资金紧缺，机构、人员编制不到位，挤占、挪用合作医疗基金现象；补偿方面，补偿水平低、受益面窄与基金结余率高并存的现象，以及报销手续烦琐、人情报销等问题；医疗服务与药品提供方面，定点医疗机构技术水平低、以药养医、诱导需求问题；发展方向方面，农民自愿、互助还是走向社会保险的方向不明朗；保障内容方面，“保大”还是“保小”，实行社会统筹还是家庭账户等问题仍无统一答案；等等。诸多问题的存在，加上以往合作医疗朝令夕改的记忆和乡村干部的不正之风等将引发农民对制度的不信任。调查结果显示，在对合作医疗表示信任的家庭中愿意参保的比例，明显高于对合作医疗表示不信任的家庭中愿意参保的比例。由此可见，新农合自身不完善的问题与农民对合作医疗的不信任是制约农民对新农合需求的重要因素。

5. 替代性保障制度

预期效用理论只考虑了单一的一种保险制度，而现实中，农村除了新农合之外还有一些正式与非正式的保障制度。如统筹互助医疗或商业健康保险等正式保障制度，以及亲友间形成的借贷、给予财物等各种非正式的保障措施。中国农村合作医疗的长期缺乏刺激了非正式疾病风险保障机制的发展，也促进了商业保险、互助医疗等正式保障制度的产生。在农民的保障需求既定的情况下，这些正式与非正式保障机制对于新农合会形成一定的“挤出”效应。尤其在新农合建立初期，农民对制度了解和参与程度有限，自我感觉处于知识和规则的不利地位，看病必须在定点医疗机构，索赔时要经过层层审批，担心很难从制度中得到实惠。这些都将减少农民对新农合的需求。

总之，在农民有限理性、农民之间疾病风险和风险态度各不相同，新农合自身存在诸多问题，其他正式医疗保障制度对新农合存在替代性等多种因素的作用下，仅仅中央政府政策与资金支持状况的改变并不能保证新农合能很快走向成功，达到100%的覆盖率。

三、构建新农合需求基础的对策

新农合制度只有在适应农民需求、得到农民拥护的情况下才能走出以往合作医

疗难以持续的“怪圈”，实现可持续发展。在以后的新农合制度建设中，要积极引导农民对制度的内在需求，促进供给与需求的匹配和制度的可持续发展。

（一）政府要坚定不移地对新农合给予大力支持，通过舆论宣传，营造一个全社会关心、支持新农合发展的环境。在性别、年龄、疾病风险等客观因素无法改变的情况下，可以通过对农民的宣传教育，提高农民的健康观念、保险意识、合作意识，改善农民的风险态度以及对新农合的信任程度等主观因素，克服农民短视心理与非理性，提高对新农合的需求。

（二）对新农合与农村其他正式与非正式保障制度进行合理的定位与分工，使各种保障制度之间形成无缝衔接、相互促进的保障体系。相对于正式保障机制，非正式保障机制有自己的优势：不仅简单可行，而且不易发生由于信息不对称引起的道德风险。新农合没有必要、不应该、也不可能对前者形成完全的替代。因此，新农合应该着重引导非正式保障机制保障不力的部分，非正式风险保障机制立足于弥补新农合保障的缺口之处，如需要个人自付的那部分医疗费用。对于那些封顶线以上的特大数额的医疗费用以及更多样化的医疗保险需求，则主要由商业保险来提供。政府应该对商业健康险给予税收优惠，并通过医药体系的配套改革，遏制以药养医、药价虚高等不规范行为，为各种保障机制的运行提供良好的环境。

（三）进一步完善新农合制度。首先要明确新农合的发展方向。长久来看，新农合的发展方向应该是走向强制性社会医疗保险。在目前经济基础及管理水平等实行强制保险的条件不具备的情况下，权益之计是通过政府补贴，引导农民对新农合的需求。同时，采用滚动式缴费、将粮食直补资金用作农民缴费、“粮食换医保”或“土地换医保”等变通的方法，改进新农合的缴费方式，提高制度的参合率。其次，巩固政府补贴制度。在当前新农合建立的初期阶段，政府筹资应该保持在筹资总额的50%左右，并且要保证政府补助资金及时、足额到位。同时，在各级政府和农民之外，应该积极探索集体或社区等其他的社会筹资主体。再次，进行医药体系的配套改革，降低药价；通过政府出资加强对基层医疗机构的设备更新；采用城市卫生支援农村、组织农村医务人员培训、医疗服务城乡一体化等措施，提高医疗服务质量、改善可及性。最后，根据各地农民对新农合需求的不同，建立不同的新农合制度模式，如东部农村与城郊农村可以推广建立城乡一体化、阶梯架构的模式；广大的中西部地区则建立大病为主，小病统筹的模式；而少数中西部贫困地区，当务之急是要集中资源完善农村医疗救助制度和农村医疗服务供给体系，加强公共卫生、预防保健工作，在此基础上推广保障小病为主的合作医疗制度。

（四）完善医疗救助制度，满足贫困人群的新农合需求。一方面，改变目前医疗救助制度没有明确规划、资金缺乏的状况，严格根据贫困人数和患病比例数据计算出所需资金，并通过财政拨款的形式建立稳定的资金来源渠道。另一方面，改善制度管理。加强负责医疗救助管理的民政部门与负责新农合管理的卫生部门的合作与两项制度的衔接，在依靠政府补助实现贫困人群免费参保之外，由新农合管理部门对贫困人群制定更为优惠的报销政策，实现新农合与医疗救助报销资金的“一站式”管理。

值得一提的是，对农民的内生需求的引导是一个缓慢的过程，而新农合相关问题的解决、理想模式的探索与医药等配套体系的完善也需要一个过程。这就决定了新农合制度的完善是一项长期、艰巨的任务，不可能一蹴而就。

参考文献

[1] 高梦滔、王健：《从需求角度对新型农村合作医疗可持续性的思考》，载《卫生经济研究》2004 年第 10 期。

[2] 刘远立、任苒等：《合作医疗需求的经济学研究》，载《中国卫生经济》2002 年第 5 期。

[3] 刘庆和：《西部贫困地区农村合作医疗资金供给为何不足》，载《贵州社会科学》2001 年第 2 期。

[4] 蒋远胜、肖诗顺、宋青锋：《家庭风险分担机制对农村医疗保险需求的影响》，载《人口与经济》2003 年第 1 期。

[5] 邓大松、杨红燕：《新型农村合作医疗利益相关主体行为分析》，载《中国卫生经济》2004 年第 8 期。

[6] 樊桦：《农户合作医疗需求分析》，中国社会科学院研究生院博士论文，2003 年。

[7] 保罗·J. 费尔德斯坦著：《卫生保健经济学》，费朝晖等译，经济科学出版社 1998 年版。

[8] John A. Nyman, 1998, “Theory of Health Insurance”, *Journal of Health Administration Education*, 16(1) .

[9] Kenneth J. Arrow, 1963, “Uncertainty and the Welfare Economics of Medical Care”, *the American Economic Review*.

[10] Stiglitz, J. E., Monopoly, 1977, “non-linear pricing and imperfect information: the insurance market”, *Review of Economic Studies*, (14).

浅析医疗保障产品公共性的缺失及其防范

吴振华

（武汉大学社会保障研究中心）

摘　要： 医疗保障制度的改革已日益成为社会热点问题，对医疗保障产品属性的分析有利于我们把握医疗体制改革的方向和突破口。本文从不同类型的医疗保障产品介绍入手，分析了不同层次的医疗保障产品的公共性，并从理论上分析了政府干预医疗保障的必要性和局限性。在文章最后还提出了政府应该如何作为以防范医疗保障产品公共性缺失的问题。

关键词： 医疗保障　公共产品　资源有效配置

人生最宝贵的是生命和健康，健康是人类生存与发展的基本要素；健康权是一项基本的人权；居民的健康状况也是衡量一个国家社会发展水平的重要指标之一。传统观念认为无病、无伤就是健康。但是，从风险的角度看，疾病风险的发生，不是主观制造的，不是人为的，是一种客观存在。疾病风险危害的对象是人，具有危害的严重性、普遍性、复杂性和社会性等特点。对于个体健康和整个社会的安全与稳定都是一种威胁。为了减少或消除疾病风险以及由此带来的损失，更好地维护国民的健康，由国家主导建立社会医疗保障制度就成为必要，也正因为此，人们一直将公平性与普遍性视为医疗保障追求的目标，即所有公民能均等地享有获得医疗预防保健服务的机会，消除或缓解人们在需要就医时的“经济屏障”，让那些希望获得基本医疗预防保健的人不会因付不起钱而被拒之门外，以充分实现实际上平等的公民权。在理论上弄清楚医疗保障的公共性，有利于理解政府应如何防范医疗保障公共性的缺失。

一、医疗保障制度的公共产品属性

关于公共产品的供给，经典的解释是，私人生产者难以通过市场交易获得其全部应得的收益，因此需要政府承担规范、筹资乃至直接提供某些服务的责任，以促使这些产品和服务的供给达到社会所期望的水平。

在同私人物品的特性中比较得出，公共物品一般具有效用的不可分割性，消费的非竞争性，受益的非排他性三个特性。把政府的职能概括为提供“公共品（public goods)”几乎成为当代西方经济学家的共识。公共选择学派的奠基者布坎南把公共物品界定为“任何由集体或社会集团决定的，为了任何原因，通过集体组织提供的物品或服务。”萨缪尔森认为“公共品是这样一类商品：将该商品的效用扩展于他人的成本为零，因而也无法排除他人共享。”① 由于私人提供公共品普遍不足，政府必须介入以鼓励公共品生产，社会保障制度由于其所具有的公共性当然地成为公共管理的职能之一。

从经济角度看，人群健康状况与宏观经济发展、微观经济效益的正相关关系已获得普遍认同，国民身心健康状况与人口综合素质密切相关，医疗卫生、健康相关产业对国民经济发展的贡献显而易见，医疗保障与缓解贫困，卫生筹资与公共财政体制等重大议题聚焦投资人民的健康。从社会的角度看，医疗服务与卫生政策是社会政策框架和社会福利制度最重要的组成部分，医疗服务在贫困救助、社会保险、义务教育、公共住房等社会服务阶梯中处于最高的平台，医疗服务质量与公民身心健康状况成为衡量社会结构现代化程度、社会发展质量、社会福利水平，成为衡量社会公平、社会平等、社会政策能力建设和社会和谐程度最佳指标体系。从社会福利制度结构变迁和发展规律角度看，全民医疗保险制度建设是世界性的发展趋势，各国政府都在努力扩大医疗保险的覆盖面，提高医疗保障待遇，改善公民身心健康状况。试想，如果社会上每一个人，无论个人的身份如何，不论他是在城市还是在农村，都能受到医疗保障的保护那自然是理想的。但是，即使那些有最先进生产力的国家，也很难要求每个人都有完整的或充分的保护。因此，大多数国家在最初实行医疗保障计划时，保护范围是很有限的，之后随着经济的发展，才逐步扩大化。可见，医疗保障公平性与普遍性是一个缓慢的发展过程②。

作为社会保障制度的子系统，许多人把医疗保障制度看作社会医疗保险、医疗救助以及国家知道下建立的医疗互助制度的综合体，属于社会保障的一部分。但是医疗保障跟养老、失业等社会保障制度相比有其特殊性，养老和失业保障制度的待遇主要以现金的方式发放，而医疗保障制度的待遇则牵涉到实物的配送，即医疗服务的提供。从这个意义上来讲，考虑一个医疗保障制度，不仅要考察它的资金筹集系统，还要关注它的服务提供系统。

① 保罗·萨缪尔森、威廉·诺德豪斯：《经济学》（第16版），华夏出版社1999年版，第29页。
② 张琪：《中国医疗卫生体制改革的几个问题探讨》，载《人口与经济》2007年第2期，第78—79页。

二、从医疗保障产品的不同类型看其公共性

医疗保障制度的定义可以是：国家通过立法和行政措施设立的，旨在保证社会成员医疗服务的各种制度安排的总和。例如在我国，医疗保障制度主要有医疗保险、合作医疗和医疗救助以及医疗福利等制度安排。

目前，我国公立医疗机构占有90%以上的医疗资源，但是国家无力通过税收和财政补助直接对医疗机构进行补偿，医疗机构主要通过市场收费来获得补偿。因此，在公共筹资途径缺失的情况下，我国庞大的公立医疗体系并不能提供类似英国的国家卫生服务。

当然，公立医疗机构在我国医疗保障制度中的贡献不可否定，在政府支持的一些医疗卫生项目中，例如计划免疫、传染病治疗，以及某些基本医疗服务等，公立医疗机构以低于成本的收费向国民提供服务，也体现了医疗保障的性质。

我国政府正在通过建立多种形式的卫生公共筹资制度，并结合现有的医疗服务提供体系来为国民提供医疗保障。现有的医疗保障主要有：属于社会医疗保险性质的城镇职工医疗保险制度；属于国家健康保险性质的公费医疗制度；兼有社会保险和互助保险性质的农村合作医疗制度；部分地区实行的城镇居民医疗保险制度；另外还有补充医疗保险。

我国目前医疗保障制度可以用图1来概括，其特征是：多层次、多板块。

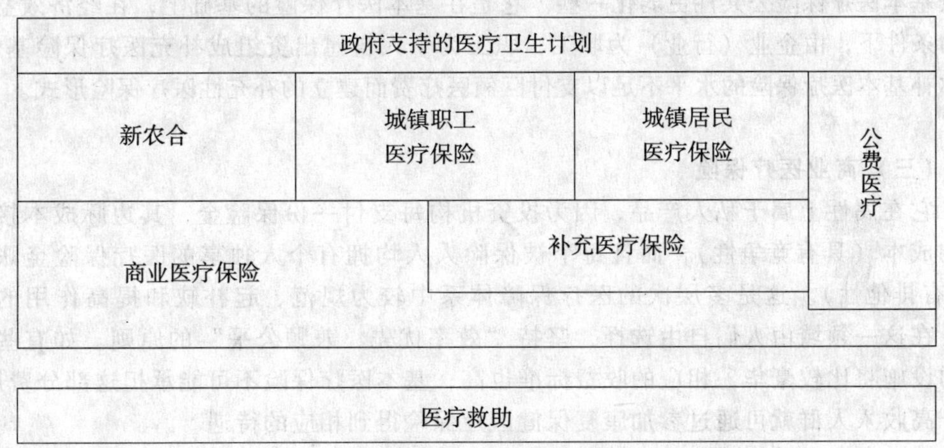

图1　我国目前医疗保障制度

从筹资和医疗服务提供的方式来看，城镇居民医疗保险和补充医疗保险都兼有社会医疗保险和互助医疗保险的性质。我国的商业医疗保障尚处于起步阶段，不管

从覆盖人口还是筹资金额上看，都处于从属地位。

社会医疗保障是国家和社会根据一定的法律法规，为向保障范围内的劳动者提供患病时基本医疗需求保障而建立的社会保险制度。我国的社会医疗保障狭义的概念由基本医疗保险、企业补充医疗保险和个人补充医疗保险三个层次构成，广义的还包括医疗救助。医疗保障的产品属性比较复杂，从宏观上，尽管在总体上具有明显的外溢性准公共产品的特点，但是从微观层面看，各个层次医疗保障产品具有不同的属性，相应的公共性程度也不同，政府在其中的作用也不尽相同。具体结合到医疗保障产品来看：

（一）基本医疗保险

基本医疗保险是多层次的医疗保障体系的基础，在产品属性上属于准公共产品。基本医疗保险也是国家医疗政策的重要组成部分，属于法定性质的政府行为，以强制性实施为主，财源主要来自强制筹集的保险费。基本医疗保险坚持“低水平，广覆盖”的原则，强调“公平优先、兼顾效率”，只承担基本医疗的保障职责，即限于提供适应绝大多数参保职工必要医疗需求的、医疗服务机构采用成熟的和适宜技术所能提供的、医疗保险基金有能力支付费用的医疗服务。

（二）补充医疗保险

这是完整的医疗保障体系不可缺少的组成部分，在产品属性上属于准公共产品，且较基本医疗保险公共性更弱化一些。它是在基本医疗保险的基础上，在经济效益许可的条件下，由企业（行业）为职工、职工为个人自愿出资组成补充医疗保险基金，为弥补基本医疗保险的水平不足以支付巨额医疗费而建立的补充性医疗保险形式。

（三）商业医疗保险

它在属性上属于私人产品，因为投资机构每支付一份保险金，其边际成本接近平均成本（具有竞争性），而且每个被保险人人均拥有个人独享的医疗保险金账户（具有排他性）。这是多层次的医疗保障体系中较为规范、起补缺和提高作用的层次。在这一领域由人们自由选择，坚持“效率优先、兼顾公平”的原则。如有些病房的设施将比较豪华，相应的收费标准也高，基本医疗保险不可能承担这部分费用，部分高收入人群就可通过参加康复保健医疗保险得到相应的待遇。

（四）医疗救助

社会医疗救助制度是多层次医疗保障体系的重要组成部分，在产品属性上属于纯公共产品。社会医疗救助制度的形式主要有三种：一是提供社会医疗救助金，给救助对象以经济补偿；二是给医疗机构一定的经济补贴，使后者直接减免救助对象的部分医疗费；三是由社会医疗救助机构举办专门医疗机构，免费为救助对象提供医疗服务。社会医疗救助制度在实施救助时，应遵循满足基本医疗需求、限定困难群体、紧急病症优先和加入社会医疗救助活动者及其家属优先享受等原则。

三、政府干预医疗保障的必要性

医疗保险作为社会保险的一个项目，具有社会保险的强制性、互助共济性、福利性、社会性等基本特征。与此同时，由于疾病风险和医疗服务的特殊性，医疗保险又有着不同于其他社会保险项目的个性与特点。

（一）医疗保障产品的异质性

不同的保险产品覆盖的医疗服务的内容、医疗费用补偿方式和医疗保险定价方式不同，不同保险机构的声誉也不同，致使医疗保障产品异质性明显。为了实现医疗保障覆盖的广泛性，需要政府进行干预。

（二）信息不对称

医疗保障市场的信息不对称现象更加严重。保险机构与医疗服务方和被保险人之间都存在信息不对称。结果可能导致保险支出难以控制或医疗保障覆盖面难以扩大，保险制度无法顺利运行。一方面，由于由保险机构承担全部或部分治疗费用，被保险人会“小病大养”，做一些不必要的检查或多开昂贵药品，即道德风险行为；医生为了自身利益，可能提供过量医疗服务，开大处方、昂贵药，即“诱导需求”，导致医疗费用支出增大。另一方面，被保险人对自己的健康状况拥有更多信息，被保险人可能利用这一信息优势损害保险机构的利益。如只有身体状况差的人才愿意投保医疗保险，而身体健康的人则不愿投保，由此导致疾病风险得不到有效分散和保险机构的亏损，医疗保险无法顺利运转。

（三）医疗保障供给的“风险选择”

保险机构为实现自身利益最大化，会进行“风险选择”，通过体检将已经患病或者体弱多病的老、弱、病、残等人群排除在医疗保障范围外，即“挤奶油”（cream-skimming）行为。而且，参加医疗保险必须首先缴纳保险费，这也会把那些基本生活仍存在困难的低收入人群排除在外。因而，单纯市场机制作用不可能保证所有人，尤其是健康状况差和低收入等弱势人群享有必须的医疗服务，不能达到社会公平目标。

保险机构对医疗服务领域的介入割裂了医疗服务领域供给与需求双方之间的直接联系，把供需双方的关系变成医疗服务供给方、需求方与医疗保险机构之间的三角关系。从而降低了医疗服务供需双方对价格的敏感性，使医疗保险市场的运作机制更加复杂，市场失灵现象更加严重。

总之，上述缺陷使各种市场医疗保险形式的运行会出现效率损失，甚至医疗保险市场根本就不存在，无法保证社会公平目标的实现。政府干预医疗保障的必要性就在于此，政府拥有强制性、普遍性的国家权力、合法性权威和财政支持，能够提供特定的服务来弥补医疗保障市场自治和社会自治的不足和缺陷。

四、政府干预医疗保障的局限性

政府对医疗保障市场的干预是市场发展的必要条件，但并非医疗保障领域实现社会福利最大化的充分条件。因为政府干预并不是万能的，也存在一定的局限性。政府不应该也没有能力承担全部的医疗保障责任，这主要是因为“政府失灵”的存在，以及市场和社会自治所表现出来的相对优势。

（一）政府干预医疗保障市场受政府财政能力、本国经济发展水平的限制

医疗保障对政府的能力要求甚高，政府能否促进经济持续发展从而为医疗保障准备充分的资金，能否保证基本医疗保险基金的保值增值，都是政府面临的巨大风险。社会保障本质上要求全面覆盖社会整体，而在我国，社会保障的覆盖面很窄，劳动保障部统计显示，截至2007年9月底，全国社会保险参保人数分别为：养老保险1.97亿、失业保险1.15亿、医疗保险1.89亿、工伤保险1.15亿、生育保险0.73亿①。即使相对全国人民而言，这覆盖比例也是偏低的。

（二）道德风险的存在

政府对于社会上每个人医疗保险需求种类、大小等信息不可能完全了解。政府干预尽管可以通过普遍的强制力在某种程度上规避道德风险，但往往又会引发更为严重的道德风险。例如：在城镇，医疗保险金是由职工和职工所在企业共同缴纳的。建立独立于企业之外的社会保险制度，意味着社保机构和政府承担了兜底责任，这使得以企业为代表的参保者倾向于采取各种对策，包括瞒报职工人数，低报缴费总额等，逃避缴费义务。新型农村合作医疗制度坚持农民自愿参加的原则，难以规避农民参加合作医疗的逆向选择问题。一些农民十分注重参加和不参加合作医疗的得与失，如果家庭中有老人和小孩，家庭人口患病的可能性就大，参合后获得补偿的机会就多，这样的家庭十分愿意参加新型农村合作医疗制度；反之，考虑参合后可

---

① 《我国五项社会保险覆盖范围进一步明确》，新华网，http://news.xinhuanet.com/newscenter/2007-12/23/content_7300017.htm。

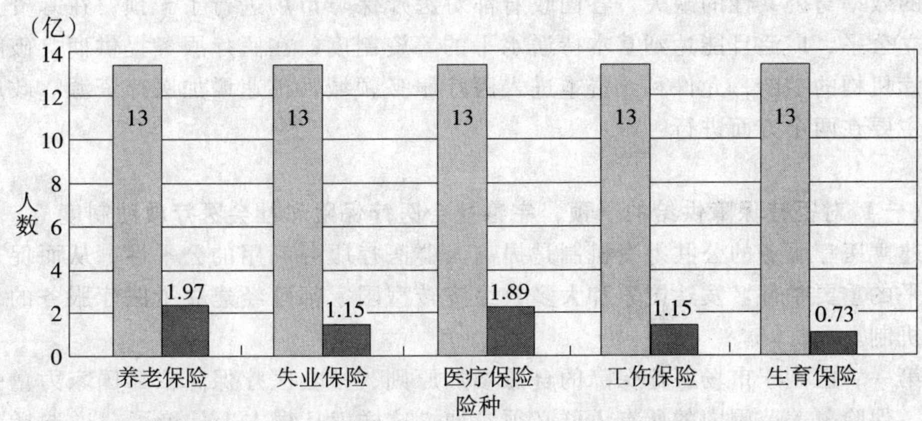

图 2　全国社会保险参保人数（截至 2007 年 9 月底）

能失大于得的家庭积极性就不高。即使是参加了合作医疗的农民，由于当年没有生病，没有享受到医疗卫生服务，也会因为觉得参加合作医疗不合算而退出。这样的结果影响了新农合制度的收支平衡。

（三）政府干预还可能出现政府失灵

如一些国家公共医疗机构官僚主义盛行，效率低下，浪费严重。由于没有竞争，公共医疗服务往往会漠视病人的要求和需求，运行效率退化。许多发展中国家普遍存在医护人员的腐败、欺诈、收取回扣和红包等现象。对于新型农村合作医疗来说，相比城市而言，乡镇政府的管理人员往往素质较低，加上管理人员数量不足，很多都是临时抽调的人员，导致了乡镇政府机构的工作效率低下，无法落实开展农村合作医疗的管理和宣传工作，出现管理不透明或者政务不公开等不正之风。与此同时，基层新农合的管理机构硬件设备水平较低，也影响了乡镇机构的管理效率。

（四）市场调节的优越性

对于商业医疗保险这种私人物品，应该相信市场调节的优越性，并且市场调节也已经显示出了这种优越性。商业保险以诚实信用，平等互利和自愿公平为基本经营原则，通过建立保险基金保障社会生活和经济秩序的稳定，通过市场调节保险的供给与需求，通过双方的私人合同来规范保险的权利义务关系.

五、政府如何防范医疗保障公共性的缺失

一个医疗保障制度是资金筹集系统和服务提供系统的结合。为了克服医疗保障

市场的效率与公共性的缺失，各国政府都对医疗保障市场进行了干预，在筹资上尽快建立公平、广泛且能达到基本待遇水平的筹资制度；在医疗服务提供商，破除国有医疗机构的垄断，允许私人资本进入医疗服务领域，迅速增加医疗资源。政府的干预主要在两个方面进行：

（一）对医疗保障供给的干预，完善社会医疗保险和社会医疗救助制度

建立医疗服务的公共筹资机制是提高人群医疗服务利用的公平性，从而促进健康公平的重要条件。发达国家和大多数经济转型国家都已经建立了医疗服务的公共筹资机制。

第一，区别于市场医疗保障的自愿参加原则，社会医疗保障依靠国家力量强制实施，保险覆盖范围内的所有人群必须参加。这样就从根本上杜绝了“逆选择”行为的发生。可以说，社会保险是解决逆选择问题最有效的方法。依靠政府强制力实施的社会保险制度还可以省去市场保险形式的广告、宣传、营销等管理费用，使制度交易成本大大降低，提高了制度的效率。

第二，就狭义的精算意义上来看，社会保险并不是保险。被保险人缴纳的保险费与得到的保险给付之间并不存在严格精算意义上的一一对应关系。正因为如此，社会保险才得以在参加制度的被保险人之间实行风险调剂，在高收入与低收入者之间、出险者与未出险者之间进行再分配，从而增强了制度的公平性。

第三，社会救助制度国家出资、管理，保障极少数最低收入者医疗需求的特点可以弥补这一缺陷。社会医疗救助与社会医疗保障制度形成合力，对保险范围内人群既定的医疗需求提供保障，较好地克服了医疗保障市场的效率与公平缺失。

（二）对医疗服务供给的干预，改善医疗保障市场失灵状况

解决了社会成员基本医疗需求的筹资和支付能力问题，要完全实现医疗保障的效率与公平目标，还必须解决医疗服务市场失灵问题。

政府对医疗服务市场的干预，也可以采用补贴、税收和管制等方法。政府可以制定相关法规，强制医疗服务提供者、药品商披露医药品的相关信息；或者通过制定区域卫生规划，确定医学院校的招生规模等，对医疗服务供应的数量进行控制，以实现供给与需求的匹配。政府还可以对一些重要的医疗服务、药品制定政府定价或政府指导价实行价格管制。

另外，许多国家采用了政府直接提供医疗服务的方式。政府直接投资开办医院，雇用医务人员，提供医疗服务。医生是国家工作人员，收入来自于国家发的工资，与销售医疗服务和药品的数量脱钩。政府提供医疗服务能够从根本上消除医生诱导需求的利益根源，解决具有正外部性医疗服务提供不足的问题，克服收入分配不平等对医疗服务享受的障碍，控制医疗服务提供方的道德风险行为引起的医疗保障效率损失，更好地实现社会福利最大化的目标。

（三）除了公立医疗机构的改革外，开放医疗服务市场，引入私人资本也是完善医疗保障制度的必要措施

长期以来，我国把医疗服务作为一种社会福利，而排斥了私人医疗服务机构的存在。公立医疗机构垄断的结果是，一方面医疗资源无法向效率较高的私立医院流动，另一方面公立医疗机构因为缺乏竞争压力，而降低资源使用的效率。在我国，应鼓励在医疗服务体系中引入竞争机制。这主要包括两个方面的措施：一是加强公立医疗机构体系内部的竞争；二是医疗服务领域向私人资本开放，促进整个医疗服务市场的竞争。

因而，医疗保障目标的实现，不是用理想的政府去代替不完善的市场，也不是用理想的市场去替代不完善的政府。而是应当转变观念，将政府干预与市场调节两种机制结合起来，使二者的总和效用最大化。

我国的经济基础已经较为雄厚。2007 年，全年国内生产总值 246619 亿元，比上年增长 11.4%，加快 0.3 个百分点，连续五年增速达到或超过 10%；我国财政总收入累计完成 51304.03 亿元，同比增收 12543.83 亿元，增幅达 32.4%①；再加上国有企业的利润收益与国有土地收益，政府控制的财力将达到 7 万多亿②，以这样的经济发展水平与国家财力，建设一个水平适度的能够覆盖城乡居民的医疗保障体系是完全能够做到的。

参考文献

[1] 黎民：《公共管理学》，高等教育出版社 2006 年版。

[2] 黎民：《社会保障领域的道德风险及其规避》，载《社会科学研究》2004 年第 5 期。

[3] 高文敏：《中国社会保险公平研究》，载《社会科学辑刊》2003 年第 4 期。

[4] 杨红燕：《基本医疗保险保障范围分析》，载《中国卫生事业管理》2003 年第 12 期。

[5] 刘昌平：《从公共管理的视角分析社会保障私有化趋势》，载《浙江学刊》2001 年第 5 期。

[6] Fabio M. Bertranou, 1999, "Are market-oriented health insurance reforms possible in Latin America? The cases of Argentina, Chile and Colombia", *Healthy Policy*.

---

① 谢伏瞻：《2007 年国民经济平稳快速发展》，http：//www.gov.cn/gzdt/2008-01/24/content_867700.htm。

② 阳敏：《打造全民社保网——全国人大常委、社会保障专家郑功成专访》，载《南风窗》2008 年第 1 期。

浅析本土文化对健康促进的影响*

刘大玉

（武汉大学社会保障研究中心）

摘　要：卫生部长陈竺认为："解决13亿人的健康问题，首要的是关注疾病的控制与预防"。医疗改革也必须直面自己特有的文化土壤，促进人们行为转变，否则很难避免改革过程中的尴尬局面。本文试图探讨文化对健康促进的影响，以期对中国医疗改革提供有益借鉴。

关键词：文化　健康促进　医疗改革

卫生部长陈竺认为："解决13亿人的健康问题，首要的是关注疾病的控制与预防"。世界卫生组织曾指出：个人的健康和寿命有60%取决于自己，15%取决于遗传，10%取决于社会因素，8%取决于医疗条件，7%取决于气候的影响。改善健康状况的主要因素并不是医疗条件和医疗技术的进步，而是自然与社会环境的综合影响。① 中国的国力、国情都不允许我们照搬西方现有医疗模式，"预防为主"的医疗模式应当是中国医疗改革的根本思路。文化决定思想观念，思想观念决定行为，本土文化决定了国人的观念和行为，"预防为主"最难解决的就是树立个人正确的健康观念并保持良好生活方式的问题，因为"最好的医生就是你自己"②，医疗改革也必须直面自己特有的文化土壤，促进人们行为转变，否则很难避免"伪改革"的尴尬命运。

一、本土文化对健康促进的正面影响

中医在健康促进方面具有优势。中医历来讲究"未病先防"、"既病防变"、"已

* 本文是国家自然科学基金重点项目（项目号：70533040）的阶段性研究成果。

① 黄敬亨：《让群众掌握自身健康的命运——新世纪卫生保健的策略》，载《江苏卫生保健》1999年第1期。

② 杨霞、钟南山：《最好的医生是你自己》，载《市场报》2007年3月2日，第22版。

病早治”，《素问·四气调神大论》所谓：“圣人不治已病治未病，不治已乱治未乱，此之谓也。夫病已成而后药之，乱已成而后治之，譬犹渴而穿井，斗而铸锥，不亦晚乎！”唐代医家孙思邈把疾病分为“未病”、“欲病”、“已病”，并指出要“消未起之患，治未病之疾，医之于无事之前。”① 中医这种防患于未然的理念对人们健康生活、预防疾病有着重要的指导意义，卫生部长陈竺指出“用现代生物学手段，用中医原始和质朴的、讲究整体、注重变化为特色的治未病和辨证施治理念来研究亚健康以及慢性复杂性疾病，是东西方两种认知力量的汇聚，是现代医学向更高境界提升和发展的一种必然性趋势”。② 中医的整体理念和平衡观若能有效深入人心，必将大大促进健康促进事业，扭转人们重治疗轻预防的观念，朴素宁静的健康观比昂贵的医疗仪器更能有效地改善国人的健康水平，使有限的资源和经费产生最大的效用。

养生文化源远流长，日久弥香。我国的养生文化既见于医家，亦见于文、史、哲诸学者中，学派诸多，异彩纷呈。精神养生、动形养生、固精养生、食疗养生、药饵养生等多种养生方法各有千秋，每种养生方法都有悠久的历史和深刻内涵，在中国人民长期的历史实践又不断丰富发展，形成了适合不同身体条件的养生方式、方法，为国人预防保健做出了巨大贡献。此外，中华养生文化的基本思想也契合了构建和谐社会的伟大理念，调寄情志、淡泊名利、舒畅情绪、排泄郁闷、积极有为、涵养道德等等养生理念无一不折射出重视内心修养，平衡心态的人生哲学，好好将其发扬光大必能促进国人生长发育，增强体质、延缓衰老，大大减轻医疗机构和医疗经费的负担，从而在源头上防微杜渐，夯实医疗事业的基础，保证医疗改革不在一个脆弱的平台上进行。

二、本土文化对健康促进的负面影响

普遍的急功近利心态导致了国民身体素质的不断下降。近代以来中国急功近利的失败案例给了国人许多惨痛的教训，然而这样的教训并未从根本上改变我们只重眼前，不重长远的行为模式。据教育部、科技部等部委从 1984 年到 2004 年组织的数次全国学生体质健康调研报告显示，学生耐力素质在 20 年里持续下降，速度、爆发力、力量素质呈阶段性下降，学生中超重与肥胖检出率不断增加，学生健康状况不容乐观。从 1984 年到 2004 年，由教育部、国家体育总局、卫生部等有关部门组织了四次全国多民族的大规模学生体质与健康调研，每次有将近 40 万学生参与，结果表明，20 年来我国学生虽然身高和体重增加了不少，但部分体能指标连续呈下降

① 洪蕾、冼华：《中医“治未病”的理论研究》，载《中国中医基础医学杂志》，2007 年 13 卷第 2 期。

② 曾利明：《卫生部长：中医有望对医学模式带来深远影响》，中国新闻网，2007 年 10 月 16 日。

趋势。耐力、爆发力以及反映肺功能的肺活量等体能素质指标继续呈下降趋势。而超重及肥胖的检出率也继续呈上升趋势，在我国的城市男生中，肥胖和超重已经达到了四分之一。① 面对如此严峻的形势，尽管可以指出我们有体育教育不充分、体育场地面积不足、体育设施不齐备等等客观因素，但不可否认我们根深蒂固的急功近利心态导致的应试教育才是导致学生体质下降的根本原因。社会、学校、家长几乎都牢牢团结在以分数为中心的应试教育周围，升学率作为衡量学校教育质量好坏的唯一依据，素质教育只说不做或者只说不真做，这里没有人的全面发展，而只有分数万岁的单一思想，时至今日，这样的教育理念并未彻底改变。少年强则中国强，今天的孩子明天就是国家的主力，全国青少年的健康问题关系民族未来，在青年阶段若埋下的健康隐患将成为国家发展的巨大隐患，医疗问题的解决只可能是遥遥无期。此外，成年人的身体素质的下降，以及与疾病预防息息相关的环境保护等问题都是急功近利思维导致的恶果。以环境保护为例，党中央非常重视环境保护工作，提出要落实节约资源和保护环境基本国策，建设低投入、高产出，低消耗、少排放，能循环、可持续的国民经济体系和资源节约型、环境友好型社会。然而把 GDP 视为最重要政绩在地方仍然存在强大的惯性，我国的环保官员在近年来也坦陈“中国的环保形势依然十分严峻”。环境保护的问题不解决或者环境状况没有真正改善，健康促进只会是费力不讨好，医疗改革也只能是空中楼阁了。

严重的信仰缺失扭曲了国人的生活习惯和生活方式。生活习惯，包括良好的卫生习惯、饮食习惯、睡眠起居习惯、与个人生活有关的行为习惯等。养成良好的生活习惯需要从小处开始，从细节入手。目前，我国社会正处于有巨大变革的转型期，旧有的信仰体系分崩离析，而新的信仰体系在慢慢构建，在全球化浪潮冲击下，面对西方文化的强势冲击，国人的信仰真空很容易就被消费主义、拜金主义等等所占领，没有深层次的精神追求的民众在生活习惯、生活方式上也迅速向纵欲式、享受式的生活靠拢，由此折射出了国人普遍的浮躁情绪。在盲目的崇洋心态下，过度消费甚至奢侈消费成为荣耀，一方面侵害了自己的身体，另一方面又浪费了资源、破坏了环境，健康的生活方式或生活习惯可以说教但不被普遍接受和采纳。2003 年全国爆发“非典”疫情，引发人们重新审视自己长期以来的生活习惯。非典，让中国每个人直面着“健康还是病痛”、“生存还是死亡”的问题，让很多人把社会认知的基础转回了人的自身、生命的本质。在北京等发现疫情的地区，晨练的市民越来越多，以家庭为主的各类体育运动也渐次升温，羽毛球、网球、篮球等日常健身体育器材在一些商场几乎脱销。② 然而今天看来，当时的喜人场景已成历史，灾难过去

① 《训练营中的较量 中国孩子输了》，载《中国青年报》2006 年 9 月 7 日。

② 汪金福、张旭东、黄庭钧：《非典引发中国人重新审视生活习惯》，新华网上海频道，2003 年 5 月 18 日。

了，健康的生活方式也同时“鸟尽弓藏”了，养成良好的生活习惯只不过是昙花一现，由此可见，全民族的健康观不可以靠一次次灾难应急的方式建立，这种突击式、功利性的运动行为是不可持续的，必须建立一种有利个人、社会的和谐的价值体系和道德观念以促成个人良好的生活习惯和生活方式，否则医疗领域纯粹技术性的改革是无法解决根本问题的。

三、基于本土文化的“健康革命”

任何社会都是由一定的经济、政治和文化构成的有机统一体，只有三者的有机统一，相互促进和协调发展，一个社会才会有长期可靠的稳定与发展。文化是人类社会实践的产物。每一社会、每一国家、每一时代都有与之相适应的文化，并随着社会物质生产的发展而发展。历史证明，与经济基础相适应的新文化一旦建立，就会以强大的人文力量培养一代又一代对本土文化具有强烈的认同感和归属感的新人。可以说，文化调节、干预人的行为，文化培养、激发人的内在力量。进入 21 世纪，文化的地位和作用更加突出。一个国家和民族强大与否，既取决于经济实力，也取决于文化实力。从这个意义上来说，国民健康文化的建设对于提高国民身体和心理素质，提高经济发展水平与效率具有特殊的意义。市场经济不是万能的，国民身体素质的下降、精神焦虑的加重、社会生活中的冷漠、封闭和功利型的人际关系都在一定程度上阻碍了人们对健康生活的积极投入。今天，全社会要形成全民健身运动，全民健康的价值取向，就要充实本土文化的底蕴，整合我们优秀的养身文化基因，以促进国民健康文化价值观念的正确发展。

世界卫生组织提出：健康是一种在身体上、精神上的完满状态，以及良好的适应能力，而不仅仅是没有疾病和衰弱的状态。对此，不少学者又做了具体说明即：躯体健康、心理健康、道德健康。躯体健康指人体生理的健康。按世界卫生组织提出的十条健康标志，躯体健康就占五条：肌肉、皮肤富有弹性；走路轻松有力，体重适当，身材均匀；头、肩、臂位置端正、协调，眼睛明亮，反应敏捷，头发光泽；能抵抗疾病等。心理健康指的是自我感觉良好，情绪稳定，积极情绪多于消极情绪，有较好的自我控制能力，能保持心态上的平衡。自信、自爱、自尊，而且有自知之明。保持正常人际关系，能够得到他人的信任和爱戴，自我安全感强。对于未来充满感情和希望，目标明确，不断进取，有理想和事业上的不断追求。道德健康指确切地识别真伪、善恶、荣辱、美丑等是非观念，遵守社会公德与准则，为他人做好事、善事，乃至为幸福做贡献，不损害他人利益来满足自己的狭义所需。显然，健康的定义比我们通常认识的范畴宽泛得多。

我们要进行的是一场传播公共健康观念、培育公民健康行为规范的攻坚战、持久战。健康观念是精神文明的深层内容，公民健康行为规范是精神文明的具体体现。

我们不能坐而论道，空谈国民健康价值观念和健康行为规范，为了唤起公众对引发疾病的各种危险因素如高血压、肥胖、缺乏运动、营养失衡、吸烟等等的关注与重视，让国民接受“疾病预防重于治疗”的健康理念. 必须在运作机制层面上采取有效措施并付诸行动。第一，广泛宣传、逐步普及健康基本知识和疾病预防与控制理念。有关消息显示：青少年时期形成的一些不良习惯和运动方式不仅危害健康，还与其成年后的不良生活方式及一些与生活行为因素密切相关的成年期疾病如单纯性肥胖、糖尿病和心脑血管疾病有显著关系。① 因此，我们应该从幼儿园开始，开展好所有中小学生、大学生的健康教育课，逐步把学生疾病防治知识纳入教学大纲中，有具体的教学计划、教案、有总结，让学生提高自我保健意识和防病意识。第二，借鉴国外健康预防与建设的先进经验，通过生动活泼的形式，使公民健康行为规范和疾病预防观念入耳入脑，落实到行动上。要让国民深刻认识到生活方式、饮食、运动与身体健康息息相关。心脏病、糖尿病、中风等疾病年龄的年轻化，均与饮食习惯和缺乏运动有关系，良好的饮食习惯和适当的运动锻炼不仅对生长发育具有促进作用，还可有效控制、预防或推迟一些中老年疾病的发生，为社会提供一定的社会和经济效益。第三，相关部门应加大力度作好健康教育宣传工作，通过电视、广播、报纸等媒体日积月累地熏陶国民，使健康价值观念深入人心。第四，狠抓社区健康教育文化，聘请健康教育专业人员举办讲座、培训班、宣传健康教育知识。第五，各级领导干部以身作则，上行下效，领导干部应率先加强体育锻炼，把有规律的有氧活动纳入基本生活中去。第六，全民健身运动要讲究因人而异、全面锻炼、循序渐进、持之以恒、自监自控、合理运动时间等原则。有关部门要积极改善公众体育设施，为百姓创造良好的锻炼环境和氛围，激发国民体育锻炼兴趣，提高他们对体育运动参与程度。

党的十七大报告指出“健康是人全面发展的基础，关系千家万户幸福。要坚持公共医疗卫生的公益性质，坚持预防为主、以农村为重点、中西医并重，实行政事分开、管办分开、医药分开、营利性和非营利性分开，强化政府责任和投入，完善国民健康政策，鼓励社会参与，建设覆盖城乡居民的公共卫生服务体系、医疗服务体系、医疗保障体系、药品供应保障体系，为群众提供安全、有效、方便、价廉的医疗卫生服务。”

我们相信，健康是人类孜孜不倦的追求，它体现着人类对自身前途和命运的基本关怀，依靠生硬的行政命令，不可能使公民健康价值观念深入人心，也不可能使其健康行为规范长久保持。必须通过生动活泼的运行机制来加以诱导，才能激发公众疾病预防、控制意识和健康价值的认同。

---

① 叶广俊：《儿童少年卫生学》，人民卫生出版社 2001 年版，第 95—97 页。

四、社会保险关系接续

SHEHUI BAOXIAN GUANXI JIEXU

统筹发展城乡社会保障制度
构建覆盖全民的社会保障体系

邓大松　胡宏伟

（武汉大学社会保障研究中心）

摘　要：我国社会保障制度改革已经取得巨大成效，但社会保障领域还有不少难点问题尚未解决，同时，也面临人口老龄化、就业形势多样化、城市化等严峻挑战。因此构建覆盖城乡居民的社会保障体系是一项艰巨的历史工程也是完善社会保障体系的必然选择。本文提出了构建覆盖城乡居民社会保障体系的目标模式与制度特征，以及在构建覆盖城乡居民社会保障体系过程中应处理好的八个关系和应作出的理性选择。

关键词：社会保障体系　目标模式　制度特征

社会保障是一项基本的社会经济制度，是最基本的民生问题。党的十六届六中全会明确提出，到2020年基本建立覆盖城乡居民的社会保障体系，这是我国社会主义市场经济发展和现代化建设进程的必然要求，是落实科学发展观、统筹城乡发展的必然要求，是维护社会公平正义、促进和谐社会建设的重要内容，也是保障广大群众根本利益、促进社会福利公平共享的重要制度基础，更是党以人为本、执政为民的执政理念的根本要求。胡锦涛总书记在党的十七大报告中明确指出，实现全面建设小康社会奋斗目标的要求之一，就是“加快发展社会事业，全面改善人民生活”，而其中具体的目标就包括“覆盖城乡居民的社会保障体系基本建立，人人享有基本生活保障”。同时，在谈及促进国民经济又好又快发展时，报告指出，要“统筹城乡发展，推进社会主义新农村建设”。这对于探索、建立统筹城乡社会保障制度具有很强的现实指导意义。

自20世纪80年代以来，我国社会保障制度改革取得巨大成效：社会保障逐步由国家统管转变为国家、单位、个人三方共同负担；由企业保障逐步转变为社会保障；由部分国民享有逐步转变为全民共享；由现收现付制逐步转变为部分积累制；

由政策调整逐步转变为法律规范。有中国特色的社会保障制度基本框架已经确立，基本制度日趋成熟，社会保障事业取得了巨大成就。

但同时，也应看到，我国社会保障领域还有不少难点问题尚未解决，同时，也面临人口老龄化、就业形势多样化、城市化等严峻挑战。构建覆盖城乡居民的社会保障体系是一项艰巨的历史工程。

一、覆盖城乡居民社会保障体系的目标模式与制度特征

对比当前的社会保障体系，到2020年，覆盖城乡居民的社会保障体系将拥有更为齐全的保障项目、更公平合理的制度衔接体系、更为完善的法律法规体系、更为稳定的公共财政支持体系、更为规范的业务管理体系和更为严密的保障监管体系。总的来看，覆盖城乡居民的社会保障体系应具有如下制度特征。

（一）全面覆盖、项目齐全

所谓“全面覆盖”就是指社会保障制度要覆盖城乡全体居民，户籍身份不再是确定能否享有社会保障权利的依据，社会保障是公民的一项基本权利这一原则得到贯彻，所有公民都能平等享有社会保障权。全面覆盖的重点和难点将是我国农村地区。当前，我国城乡社会保障的覆盖面稳步提高，但农村只有较少地区开始推行了养老保障，广大中西部农村地区所拥有的社会保障项目很少。到2020年，统筹城乡的社会保障体系基本建立，将彻底改变广大农村地区无社会保障、社保项目残缺不全的局面，城乡居民都将享受到基本的社会保障待遇。

与当前社会保障制度包含的项目相比，2020年所建立的覆盖城乡居民的社会保障体系应更为完善和全面，将包括社会保险、社会救助、社会福利和社会慈善事业等所有基本社会保障项目，城乡之间、地区之间、不同人群之间基本项目覆盖的差异将大为缩小。此外，商业性保险项目也将极大发展，并覆盖城乡，作为重要的保障项目，商业保险将弥补社会保障在保障水平和层次上的局限，满足更高水平、更多种类的保障需求。

（二）城乡衔接、多元参与

到2020年，覆盖城乡居民的社会保障体系基本建立，并不等于社会保障资源在城乡分配上是绝对平均、毫无差异的，城乡基本社会保障制度建设仍将存在一定程度的差别。虽然城乡基本社会保障体系并非完全相同，但城乡社会保障制度已经充分衔接。“城乡衔接”指的是城镇、农村的各项社会保障制度将有效衔接，在基本保障项目上既基本一致，同时也体现城乡差别，允许适度的制度差异，尤其是适度的水平差异。但总体上，城乡基本社会保障制度已基本趋同，而且，发展趋势将是

日益衔接、统一为一体。

经过20多年的改革，我国社会保障体系已经基本由国家统管、单位包揽走向了国家、单位、个人和社会多元化参与。而且，到2020年，覆盖城乡的社会保障体系也是要国家、单位、个人和社会共同参与的，国家在覆盖城乡的社会保障体系中发挥主导作用，但绝非包揽。覆盖城乡居民的社会保障体系仍将是一个多元化参与的体系，到2020年，一个权责分配明晰、制度运行稳定的主体参与机制将建立起来，国家、单位、个人和社会都将遵循更为规范、合理、有效的参与秩序与规则，共同推进社会保障事业发展。

（三）多种层次、重在基本

到2020年，覆盖城乡居民的社会保障体系仍将具有“多种层次”的特征，主要体现在两个方面。首先，项目水平多层次。到2020年，覆盖城乡居民的社会保障体系将包含多种保障层次项目，社会救助、社会保险、社会福利、商业性保险项目将构成水平由低到高的多层次的保障体系，满足不同层次的社会保障需求。其次，享受水平层次。即使到2020年，我国实现全面小康社会，我国生产力发展水平不均衡的局面仍不可能根本扭转，地区之间、城乡之间经济发展水平仍将存在差异，居民之间的收入差距仍将存在，这就决定了我国社会保障水平不可能是整齐划一的，而将是多层次的。具体到各居民而言，每个居民所最终得到的全部社会保障也将是有差异、不同层次的。届时，国家将实现最基本社会保障全国统筹，而这个基础之上的保障部分允许差异存在，各地区、各主体享受的最终社会保障水平将是存在层次性的。覆盖城乡居民的社会保障体系的重点是基本社会保障项目的全面覆盖，这是由我国基本国情决定的，也是在充分借鉴发达国家社会保障建设经验基础上得出的理性认识。

从另外一个角度而言，“重在基本”就是要处理好政府管理与市场机制之间的关系。到2020年，覆盖城乡居民的社会保障体系基本建立，国家主导与市场机制之间的作用范围划分将更为应科学、明确。国家主导的社会社会保障建设将围绕基本社会保障项目，加大国家财政支持力度，贯彻公共性原则，向城乡居民给付基本相同的社会保障待遇，体现社会保障的公共性和公平性。而其他补充保障部分应贯彻市场原则，充分发挥市场的作用，坚持权利与义务对等，多筹多得，少筹少得，不筹不得。

（四）统筹层次高、水平适度

到2020年，我国经济社会建设取得较大进步，社会保障制度建设取得长足发展，覆盖城乡居民的社会保障体系基本建立，基本社会保障部分全国统筹的条件已较为成熟，基本社会保障全国统筹将基本实现，而其他保障部分则因地而异，存在差别。基本社会保障全国统筹基本实现将有利于统筹兼顾，解决由于统筹层次低所带来的各种社会矛盾、问题；将有利于综合平衡，保障全国范围内基本社会保障待遇公平；将有利于社会保险关系接续，提高社保关系的便携性，保障全国范围内基本社保关系自由接续；有利于分散风险，提高社会保障体系的抗风险能力。

社会保障水平确立的一个基本原则就是要与经济发展水平保持一致，不能过高或过低，要遵循适度原则。胡锦涛同志在十七大报告中，分析改革开放取得举世瞩目发展成就时指出："我国仍处于并将长期处于社会主义初级阶段的基本国情没有变，人民日益增长的物质文化需要同落后的社会生产之间的矛盾这一社会主要矛盾没有变"。胡锦涛总书记关于"两个没有变"的论断要求我国社会保障建设要充分考虑我国经济社会发展现状，不能盲目提高社会保障水平，制度设计和改革必须坚持适度原则，建立覆盖城乡居民的社会保障体系要坚持"广覆盖、保基本、多层次、可持续"的方针。到2020年，覆盖城乡居民的社会保障体系也应充分考虑我国经济发展水平和国家财政能力，按照政府、单位、个人都能接受的原则，建立社会保障成本在政府、单位、个人之间合理的分担机制，保证社会保障水平的适度性。届时，全面覆盖城乡的社会保障体系保障水平将大为提高，但总体上应仍处于较为基本的保障水平，这是由我国经济状况、人口数量等因素综合决定的。

（五）法制健全、经办规范

覆盖城乡居民的社会保障体系应具有较为完善的法律、法规体系，社会保障法律和社会保险各单行法规已经颁布并实施，社会保障事业有法可依，社会保障行为监管有据。此外，社会保障监察执法范围将逐步扩大，监察程序较为完善，监察机构更为健全，执法队伍素质大幅提高，对违法行为的查处能力进一步提高。

社会保障经办水平直接关系到社会保障制度、政策的执行和落实，如果没有规范、有效的经办队伍，覆盖城乡居民社会保障体系的保障作用将大为降低。到2020年，覆盖城乡居民的社会保障体系基本建立时，经办机构和队伍建设也将取得更大进步。经办机构的管理制度更为规范，业务流程更为科学，服务标准更为具体，工作条件和环境设施将大为改善，经办管理服务的规范化、信息化、专业化建设水平达到更高标准，社会保障整体经办能力大幅提高。此外，到2020年，社会保障管理社会化将基本实现，社会化管理将提高社会保障制度运行的稳定性、安全性和公平性。

（六）基金增值、持续发展

社会保障基金是社会保障制度运行的物质基础，是社会保障制度和政策稳定运行的关键。到2020年，覆盖城乡居民的社会保障体系基本建立，社会保障基金安全和增值机制基本形成。

第一，基金筹集机制更为完善。社会保障基金将拥有更为广泛的筹资渠道，来源多元化、筹资规范化，基金征缴能力大为增强，基金筹集稳定且有保证。

第二，基金安全、监管机制更为健全。到2020年，覆盖城乡居民的社会保障体系基本建立，基金的安全性大为提高，建立了较为完善的基金监管制度，基本杜绝基金被挤占、挪用的显性损失，社保基金真正成为“阳光基金”、“放心基金”。

第三，基金稳健增值。到2020年，我国将能较为稳定的确保基金增值，基金投资环境更为成熟，基金投资范围扩大，投资、运营能力大为增强，基金实现稳健增值。

到2020年，覆盖城乡居民社会保障体系的可持续将大为增强，社保制度更为完善，经办管理效率较高，基金筹资渠道相对稳定，保值、增值能力大大增强，社会保障社会化管理基本实现，制度可持续性大为增强。

（七）注重公平、讲求效率

公平与效率是一对矛盾，但又不是截然对立的，两者有统一的一面。社会保障是社会再分配的重要形式，也需要处理好效率和公平的关系。2020年，覆盖城乡居民的社会保障体系基本建立，制度设计更为科学，经办管理更为规范，基金监管和使用更为科学有效，制度有足够的“弹性”，与经济转轨和社会转型的契合性更强，社会保障体系有效性大为提高，体系运行具有更高的效率。

公平性是社会保障制度的重要特征，也是社会保障制度建设的重要目标，所以，覆盖城乡居民的社会保障体系建设要更加注重公平。要按照公共服务均等化的原则，强调公平，注重代内公平和代际公平，充分考虑社会保障资源在城乡居民、不同群体、不同地区、不同行业之间的合理分配，要充分保证所有居民毫无差异的获得最基本的社会保障项目。2020年，覆盖城乡居民的社会保障体系将加大社会保障资源向弱势群体、困难地区、困难群众、困难基层倾斜的力度，将确保这部分群体也能通过再分配获得基本社会保障。

二、构建覆盖城乡居民社会保障体系应处理好八个关系

建立覆盖城乡居民社会保障体系需要进一步完善相关制度和政策，需要进一步调整各类社会关系，从现在至2020年覆盖城乡居民社会保障体系基本建立，应着力处理好如下八个关系。

（一）处理好各级政府，尤其是中央与地方政府的关系

政府是社会保障制度的主导者，正确处理各级政府尤其是中央与地方政府的关系对构建覆盖城乡居民的社会保障体系意义重大。要改变长期以来各级政府社会保

障建设责任分担不明的状况，改变企业依赖政府、地方政府依赖中央政府的状况，要根据我国国情和不同社会保障项目的特点，合理确定中央与地方的职权范围，明晰中央政府与地方政府在社会保障制度建设与改革中的相互关系，要明确中央对基础养老金等项目地方统筹的补助金额和逐步提高的标准。在实行社会保障全国统筹之前，基础养老金等项目的责任主体是地方政府，在基金不足的情况下，要明确地方政府财政的兜底责任，增加地方政府的财政投入，中央政府给予适当补助。在实行全国统筹以后，统一各地基础养老金缴费基数和比例，基金不足部分由中央财政兜底。

（二）处理好政府、企业与个人的关系

要处理好政府、企业和个人的关系，明确界定三者的权责范畴。要明确政府对基本社会保障统筹部分的责任，加强政府对社会保障的管理，充分发挥政府调节收入分配、维护社会公平、提供均等公共服务的职能，切实履行政府职责。同时，要切实做到权利与义务相对应，认真履行单位的社会责任，履行个人的缴费义务，重视制度运行的效率，建立良性的运行机制。要明确个人承担社会保险个人账户的责任，而企业既要承担社会统筹部分的责任，又要同职工一道承担企业年金的责任管理。各级政府在完善社会保障制度过程中，应规范经济行为和政府行为，锁定社会统筹的支付风险，制定有关优惠政策，调动企业和个人参与社会保障的积极性，促进个人账户和企业年金的发展。

（三）处理好政府与市场之间的关系

处理好政府与市场的关系，充分发挥政府的主导作用和市场的资源配置作用，实现政府与市场作用互相促进、互为补充、互相协调，建立公平与效率的均衡机制。政府应主要保障社会公平，促进社会保障资源的公平分配；而市场机制主要提高效率，调动各方积极性。政府应主要负责财政支持项目，承担社会保险的管理责任，逐步退出竞争性领域，将企业年金管理和个人账户基金投资运营职能让渡给市场。各级政府应转变职能，在管好政府基本保障项目的基础上，为市场机制充分发挥作用创造良好的政策环境。

（四）处理好政府各部门之间的关系

要进一步理顺政府各相关部门在社会保障建设中的关系，明确各部门的职权范围，避免部门之间职权交叉、政策冲突甚至相互掣肘的局面出现。在劳动和社会保障部建立之前，我国社会保障制度分属不同的政府职能部门管理。而当前，仍然有部分社会保障职能尚未理顺，如农村社合作医疗制度划归卫生部管理，农村最低生活保障制度属于民政部管理、机关事业单位社会保障改革推进缓慢、全国社会保障基金理事会的权属不明晰、劳动保障部与金融监管机构在基金监管方面协调不畅、社会保险费征收困难，等等。社会保障管理职能的集中化和专业化问题未能很好解决。因此，建立覆盖城乡居民的社会保障体系，就必须改变现有社会保障职权分散的局面，着力提高管理的集中化与专业化水平，将社会保障相关管理职能逐步集中到国家专管部门，实行专门、全面管理，实现社会保障职权的归口管理。同时，建立并完善部际协调机制，协调各部门在社会保障管理方面的各种事务。

（五）处理好城乡社保制度建设的关系

由于长期的二元社会结构，我国社会保障发展及不平衡，农村养老保障制度建设缓慢，缺医少药问题突出，多数地区仍基本停留于家庭保障，社会保障总体建设非常滞后。建立覆盖城乡居民的社会保障体系，就必须充分考虑我国尚未充分打破城乡二元结构，既要统筹城乡社会保障建设，又要在一定程度上区别对待。建设覆盖城乡居民的社会保障体系要求逐步将城乡各类居民都纳入社会保障覆盖范围，实现应保尽保。同时，针对我国人口流动和城市化加速的趋势，制定城乡各类社会保障制度、政策和标准逐步衔接的配套办法。但是，认为覆盖城乡居民的社会保障体系建立之后，城乡社会保障差异将被彻底消除是不正确的，也是不现实的。应理性认识城乡经济社会发展的差别，根据实际情况，建立城乡有别的社会保障项目，体现保障水平的差异性。当前，城镇社会保障建设的重点是进一步完善以城镇职工基本养老保险、城镇职工和居民基本医疗保险、失业保险、工伤保险和生育保险为主要内容的社会保险体系，改革机关事业单位养老保险制度，还要探索城镇没有参加养老保险的困难集体企业和无工作老年人的基本生活保障办法。同时，要抓紧研究既符合农民工特点、又能与现行养老保险制度相衔接的农民工养老保险办法，推动农民工参加工伤保险和医疗保险。而农村地区社会保障建设应大力推进新型农村合作医疗制度建设，探索建立新型农村养老保险制度和农村综合社会保险制度。还要针对未能参加社会保险或即使参加了社会保险而生活依然贫困的城乡居民，完善城乡居民最低生活保障和社会医疗救助制度。

（六）处理好城镇职工与非城镇职工社会保障覆盖的关系

当前，我国城镇职工社会保障体系框架已经基本建立，今后的任务是大力完善和发展。我国应突出解决好城镇非企业职工的社会保障覆盖问题，这是建立覆盖城乡居民社会保障体系的重点和难点。提高这部分人群的社会保障覆盖水平不仅是建立覆盖城乡居民社会保障体系的要求，更重要的是保障公民基本权益、体现国家责任。当前，针对这部分群体特点探索社会保障体系建设，应坚持“低进低出、高进高出、平进平出”的原则，杜绝违背权利和义务对应的原则，以低标准缴费政策盲目扩大覆盖面的做法，应充分考虑这部分人群和国家财政的负担能力，以适度覆盖范围、较低保障标准起步，逐步扩大这部分群体的社会保障覆盖范围和保障水平。

（七）处理好制度建设与经办管理能力建设之间的关系

加强社会保障制度建设是社会保障事业的必然要求，是保证社会保障规范、合法、稳定运行的制度基础，要加大社会保障制度研究、探索和实践，加强社会保障法律、法规和政策建设，确保社会保障运行有法可依、有章可循、有条不紊。但是，社会保障经办能力跟不上，不论多么完善的制度都将是难以落实和执行的。随着经济社会快速发展，社会保障覆盖范围不断扩大，特别是大量灵活就业人员、农民工和城乡居民纳入社会保障覆盖范围后，社会保障经办管理工作的范围、内容、对象、项目和方式都发生了很大变化，经办管理服务能力建设滞后问题日益突出。而建设覆盖城乡居民的社会保障体系则要求更高水平的经办能力。所以，今后我国社会保障建设要坚持制度建设和经办能力建设协调进步的原则，同步推进制度建设和经办能力建设，在制定和完善制度与政策同时，着力提高社会保障经办能力，改变经办能力滞后于制度建设的现状，使二者协调发展。

（八）处理好当前体制转轨与长效机制建设的关系

我国社会保障建设当前和今后都面临诸多挑战，既面临当前涉及群众切身利益的突出矛盾，也面临一系列影响长效建设和持续发展的问题。我国社会保障制度建设和改革既应立足当前，又要着眼长远，处理好当前体制转轨与长效机制建设的关系。当前，我们应积极完善相关制度和政策，采取有效措施，大力解决好历史遗留问题，尤其是体制转轨遗留问题，如认真落实好2008—2010年企业退休人员待遇调整工作，扎实推进困难企业职工和退休人员参加医疗保险工作，积极探索“老工伤”待遇问题的确定办法，大力解决好困难企业工资拖欠问题，认真落实失地农民社会保障各项政策，切实做到应保尽保。同时，我国社会保障制度建设和完善应着眼长远，充分考虑长效机制建设，加快制度改革和创新步伐，提高制度发展的可持续性。建立长效机制应重点扩大做实个人账户试点范围，加强基金归口管理，探索建立社会保障待遇水平随经济发展、物价变动而合理调整的机制，合理确定最低工资标准、失业保险金标准和最低生活保障标准的比例关系，要逐步扩大失业保险覆盖范围，发挥其促进就业的功能，完善“预防、康复、补偿”三位一体的工伤保险体系，等等，实现社会保障事业的可持续发展。

三、加快覆盖城乡居民社会保障体系建设的理性选择

虽然我国社会保障制度基本框架已经初步确立，但客观讲，我国社会保障制度还尚未成熟，今后很长一段时间都将处于探索和改革阶段。建立覆盖城乡居民的社会保障体系还需创造更多、更好的条件，付出更大的努力，当务之急应做好如下五

项工作。

（一）探索一种廉价、公平、有效的医疗保障制度

当前，我国“看病难、吃药贵”问题突出，医疗保障改革已成为社会保障建设最需迫切解决的问题。应着力探索一种廉价、公平、有效的医疗保障制度。建议改革现有医疗保障制度，逐步确立三个层次的医疗保障体系。第一层次是普遍性的基本医疗。在劳动和社会保障部与卫生部共同参与、配合下，建立覆盖全国的、普遍性的、最基本的医疗保险制度，向全体国民提供一般性疾病免费医疗，并提供最基本的疾病预防和保健服务。这部分保障基金来源于中央和地方财政转移支付。第二个层次是大病与特殊病种保险。建议劳动保障部和商业性保险公司合作建立大病与特殊病种保险，患者在保险待遇上能突破现有条例的规定，根据商业保险原则获得不超过商定保险金额的给付，解决患者因大病致贫或返贫的问题。这部分保险基金由被保险人个人和所在单位筹集。第三个层次是国家建立的基本医疗救助制度。对那些未参加大病与特殊病种保险或参加了但其给付金不够支付的患者，通过收入和财产调查证明的确无力支付巨额医疗费用的患者实施医疗救助计划，以保证特殊人群不因患大病而陷于困境。救助基金主要由国家和地方负担，鼓励各种社会捐助。

（二）改革社保基金筹集机制，完善财政转移支付制度

随着社会保险体系不断完善和覆盖范围不断扩大，加之我国老龄化趋势加速、城乡就业矛盾突出，社会保险基金现有规模和筹集机制已经不能适应社会保障发展的需要，社会保障基金严重不足，基金筹资任务非常繁重。要坚持基金来源多元化原则，广拓筹资渠道，规范筹资程序和行为，提高基金征缴能力，加大对逃缴、漏缴行为的惩罚力度，确保基金稳定筹集。

此外，考虑到我国存在巨额的社会保障隐性债务，国家对社会保障的转移支付应建立规范的制度保证，通过加大财政支持力度，为社会保障广覆盖奠定坚实的物质基础，同时确保社会保障的公平性和公共性。要建立社会保障财政转移支付力度随经济发展水平提高和国家财力增强而动态持续提高的机制，调整财政支出结构，逐步提高社会保障支出占财政支出的比重，要加大财政向农村倾斜、向人民群众最迫切的社会保障需求倾斜、向支持机制建设和体制创新倾斜。当前，重点要加大财政对城镇居民医疗保险制度和新型农村合作医疗制度的支持力度，提高补助标准，加大城乡医疗救助的财政投入，积极发挥财政投入在覆盖城乡居民的社会医疗保障制度建设中的作用；要加大对农村最低生活保障制度和五保供养制度的投入，保障农村贫困居民的基本生活；加大财政投入力度，着力解决体制转轨遗留问题，逐步提高退休人员工资待遇标准。

（三）健全基金监管机制，确保社会保障基金保值、增值

社会保障基金从本质上看并不是某种收入，而是一种负债，正如人们常说是“血汗钱”、“养命钱”，为保证这部分“养命钱”有足够的偿付能力，必须将强基金监管，确保不被挤占、挪用、贪污，使之成为真正的“放心基金”、“阳光基金”。当前，应着力做好如下七个方面：

第一，应建立直属于国务院领导的全国社会保障基金监管机构，统一监督管理全国的社会保障基金运营。

第二，进一步制定和完善基金监督管理法律、法规，建立、健全内部控制制度、征缴与稽核制度、信息披露制度和要情报告制度。

第三，将社会保障基金收支及各项基金结余的投资运营活动纳入预算管理，完善社会保险基金预算管理办法，规范社会保险基金的预算、执行、决算等程序。建立社会保险基金财务制度，从制度上规范其收支和投资行为。

第四，逐步推行社会保障基金财政集中收付制度，减少周转环节，降低成本，提高资金使用的透明度和效率。

第五，加强对社会保险基金中长期收支状况的预测预警研究，及时监控和报告社会保险基金运行中的风险和问题，为研究制定相关政策、编制基金收支预算提供依据。

第六，应加大监管队伍建设，改善监管队伍结构、规范监管行为、提高监管效率、加大监管力度，发挥行政监督、专门监督和社会监督的合力作用，形成人人关心基金安全、重视基金安全、维护基金安全的社会氛围，提高基金运作的透明度。

第七，还应进一步完善基金投资营运机制，提高机构的投资营运能力，确保基金稳定增值。

值得一提的是，我国社会保障基金监管建设步伐正在加快，到2006年底，全国共有30个省成立了省级社会保障监督委员会，逐步加强基金监督工作，基金管理进一步规范。

（四）积极推进农村社会保障制度建设

在社会主义市场经济条件下，建立、健全农村社会保障制度有利于落实计划生育基本国策，有利于应对农村人口老龄化，有利于消除“三大差别”，推进城镇化和社会主义新农村建设。积极推进农村社会保障制度建设是落实科学发展观，实施以工促农、以城带乡，加快工业化、城市化和现代化建设，构建社会主义和谐社会的重大举措，符合中国实际和广大农民的心愿与要求，是构建覆盖城乡居民的社会保障体系的战略要求。

当前，我国积极推进农村社会保障制度建设的重点应是大力推进新型农村合作

医疗制度建设，尽快将全部农村居民纳入到新型农村合作医疗的覆盖范围内；积极探索和建立农村综合社会保险制度，推进农村社会化养老进程；还要进一步完善农村最低生活保障制度，逐步扩大最低生活保障覆盖范围，逐步提高最低生活保障标准；针对农村医疗卫生状况不佳、穷困农民“看病难、看病贵”的现实状况，应扩大医疗救助的覆盖范围，并尽可能地提高其标准。

应该看到，我国推进农村社会保障制度已经具备了一定的前期基础。2006 年末全国参加农村养老保险人数为 5374 万人，全年共有 355 万农民领取了养老金，比上年增加 53 万人，全年共支付养老金 30 亿元，2006 年末农村养老保险基金累计结存 354 亿元。农村合作医疗取得长足发展。截止到 2007 年 6 月 30 日，我国已有 7.2 亿农民参加了新型农村合作医疗，占全国农业总人口的 82.83%，已开展新型农村合作医疗的县、市有 2429 个，占全国总县、市的 84.87%，合作医疗基金本年度已筹集到位 241.47 亿元，基金支出总额 133.38 亿元。农村最低生活保障也初具规模，2006 年，1509 万农村居民得到了政府最低生活保障，比上年增加了 684 万人。

（五）加快社会保障法制建设

社会保障法制化是完善社会保障制度的必然要求，是实现社会社会保障制度规范、可持续发展的重要保证，也是维护公民基本权利和劳动者合法权益的根本需要。各国社会保障建设实践也证明，社会保障向前发展，相应的法律建设必须先行，社会保障法制建设滞后于社会保障建设实际需要将阻碍社会保障事业的健康发展。

根据我国基本国情，借鉴国外社会保障法制建设经验，我国社会保障法制建设应遵循四个原则。

第一，要与我国经济社会发展水平相适应，制度建设既要尽力而为，加快建设，又要量力而行，充分考虑经济社会的承受能力，不给未来制度运行造成难以承受的压力。

第二，要立足当前、着眼长远，制度建设要为改革留有余地，应认真总结我国社会保障建设和改革的成功经验，并将其法定化；对那些经验尚不成熟但符合改革方向的探索性做法，可以做出一些倡导性、指向性的规定；对于那些争议较大、实践证明效果不明显的做法不宜制度化。要做到分类规范、分步实施、循序渐进、逐步完善。

第三，制度建设坚持权利与义务相对应、公平与效率相结合、更注重公平的原则，社会保障制度立法建设要有利于促进维护社会公平、富有效率、和谐发展、可持续性强的社会良性机制的形成。

第四，坚持立足本国国情和借鉴国外经验相结合，既要注重总结我国 20 多年的社会保障改革经验，也要注重借鉴国外有益的社会保障建设经验，还要汲取国内外社会保障建设和改革的深刻教训，为社会保障法制化提供实践经验支持。

搭建城乡融通的制度平台

——解决农民工养老保险问题的思路

林治芬

（南京财经大学公共管理系）

摘　要：解决农民工养老保险问题的根本办法是为其搭建一个城乡融通的养老保险制度平台。在这个平台上，农民工同所有劳动者一样，无差别地自主缴费，并根据缴费享受相应的统筹配套待遇；一人一号的养老保险个人账户储蓄卡，全国通用，无论农民工身在何方，只要按卡缴费，退休后就能凭卡领取养老金待遇。

关键词：农民工　养老保险　个人账户　储蓄卡　统筹配套待遇

2006 年 3 月《国务院关于解决农民工问题的若干意见》指出："抓紧研究低费率、广覆盖、可转移、并能够与现行的养老保险制度衔接的农民工养老保险办法；抓紧研究农民工养老保险关系异地转移的办法。"两个抓紧体现出中央对农民工养老保险问题的重视，也显示了农民工养老保险问题的现实紧迫性和重要性。

2007 年 6 月 10 日泛珠三角区域劳务合作联席会议上传出劳动和社会保障部初步拟订的农民工养老保险办法。其内容是将农民工分为三类：一类是稳定就业的农民工继续参加城镇企业基本养老保险制度；一类是没有条件的农民工参加农民工养老保险，个人按本人工资 5% 缴费，用人单位执行所在地城镇企业职工基本养老保险的缴费规定，社保机构按农民工本人工资收入的 15% 建立完全积累式的个人账户，每年负责将其缴费信息及个人账户储存额转回原籍；最后一类是在城镇灵活就业的农民工，可以自愿参加农民工养老保险，也可以参加农村社会养老保险，在符合规定的条件时，分别领取养老保险。农民工养老保险基金由省级社保机构统一管理运营。

该方案最大的缺陷在于背离了农民工流动性强的特点，农民工今天是稳定就业的，明天就可能是灵活就业的，人为将农民工划定三类群体并分设不同的制度，一旦农民工就业发生变化，就会面临不同制度间的转换困难。同时，农民工所在企业缴纳的社会统筹基金完全留在缴费地，将来领取退休金却要由原籍地支付，这显然造成两地之间利益的失衡。而且，缴费信息与缴费额每年一次在两地间转移也很难实现。因此，该方案至今仍未出台，就是说我国农民工的养老保险制度仍然在设计选择中。

一、农民工养老保险的制度目标与设计

农民工养老保险制度系起步新建，我们在设计这一制度时必须有长远战略考虑，既要普遍适用于不同就业形式的农民工，又能够与城镇、农村养老保险制度共融，万不可给日后制度调整或统一留下隐患。

解决农民工养老保险问题的总体目标应该是一人一卡，卡随人走，缴费有记录，待遇有保障，责任与利益看得见，摸得着。依此目标构建农民工养老保险制度的基本思路是：以政策激励下的个人自主缴费为基础，根据个人对制度的贡献（缴费基数和缴费年限）确定享受的养老金待遇。具体内容有：

1. 建立全国联网的养老保险个人账户

由农民工自主选择在自己的户籍所在地或打工所在地的社会保险经办机构进行登记，以自己身份证号开立账户；由社保经办机构选定代理银行，农民工自己选择代理银行的就近网点，办理养老保险个人账户储蓄卡。每个人只能开设一个账户，账户号码即农民工自己身份证的号码，凭密码使用账户。不论农民工本人在哪缴费，只要记住其卡号，缴费就直接进入个人的这张储蓄卡。经办机构委托投资的利息收入也要定期打入卡中（就如同各种基金运作管理一样），农民工可以随时随地查询卡里的余额。农民工养老保险个人账户实行全国联网，全国通存通兑。

2. 农民工自主缴费

有了全国联网的个人账户，农民工在哪里缴费都行，只是要记住个人账户卡的号码就行。同时，按什么基数、什么比例缴费，也由农民工自主选择。作为制度约束条件只有一个，即养老保险个人账户未来的养老金目标替代率为40%（其中第一支柱基本养老金为15%）。根据这一目标，经办银行可以为农民工提供各种方案供其选择，农民工可以在有工作时多缴，没工作时少缴；愿意在收入高潮时一次性交齐也行，按月、季、年分缴也行；可以自己到银行缴纳，也可以由单位代扣代交。作为缴费的政策激励是：（1）向养老保险个人账户缴纳的收入免征个人所得税；（2）存入个人账户里的存款免征利息税；（3）国家根据农民工个人缴费基数和缴费年限给以每年0.7%①的统筹配套待遇，即每缴一年，社会统筹给予相当于个人平均缴费基数的0.7%的配套待遇。由此，农民工个人缴费基数高、缴费年限长，所得

① 按照平均个人缴费年限15年计算，每年配套0.7%，共计配套10.5%，与10%统筹目标替代率吻合。

的统筹配套待遇就多。

在以政策激励个人缴费的同时，对不自主缴费的人要有相应的处罚，一是不给予税收减免优惠，二是不给予统筹待遇配套。这样在正反双重激励下，再辅以到位的宣传和服务，大多数农民工应该会自主缴费，再不缴费的可能主要是以下两部分人了，一是超高收入的农民工，他们可能已不屑养老保险制度这点待遇，既然他们能自己解决养老问题，政府也没有必要一定要他们参加制度；另一部分就是超低收入的农民工了，他们可能确实没有能力缴费，若果真如此，这部分人就通过社会救济解决其养老，也不必强行其一定加入。

3. 根据个人缴费确定养老保险待遇

农民工参加养老保险制度并按规定缴费，达到退休年龄后，可以享受养老保险待遇。农民工养老保险待遇由两部分组成：一是个人账户的养老金待遇，其月领取额：（个人账户累积额/退休后余命年数）×12；二是社会统筹给予的养老金配套待遇，其月领取额：个人账户平均月缴费基数×缴费年数×0.7%。

农民工养老金可以在退休后定居的城市领取，也可以在返回居住的农村家乡领取（没有银行的地区，可到信用社领取）。不论在哪里领取，其待遇都是一样的，农民工个人养老金待遇不因领取地的不同而不同，只与其个人缴费基数和缴费年限有关。

二、农民工养老保险制度的特点

上述制度设计的最大优点是构筑起一个城乡融通、全国通用的制度平台。该制度平台的第一个特点是“融”，不仅把所有的农民工融入统一的制度，而且不论城乡，不分地域行业，不分身份，不论就业形式，所有的劳动者都站在同一平台上，平等缴费，平等享受待遇，作为基本养老保险制度，所有的劳动者都是一样的；现有制度下的特殊待遇（高于目标替代率部分的养老金）由地方补充养老保险、行业和单位补充养老保险解决。从而彻底拆除养老保险领域里各种“壁垒”，使基本养老保险制度城乡统筹协调发展，实现广覆盖的目标。

该制度的第二个特点是“通”：（1）农民工群体最本质的特点是流动性，他们或城或乡，或工或农，或固定就业或临时就业，今天在这个城市，明天可能就到另一城市，全国通用的养老保险个人账户，与农民工的流动性相吻合，有效地解决了农民工养老保险关系转移的难题。（2）不仅农民工，而且所有劳动者都可以实现养老保险个人账户在全国的通用；不仅空间地域范围实现了通用，而且不同身份的劳动者之间也实现了通用；今天你是公务员，明天你成为事业单位或企业职工；今天你是企业职工，明天你成为事业单位职工或公务员，只要个人如常缴费，其养老保险待遇都不受影响，这样使制度最大限度地贴近劳动者，方便劳动者，具有便民性与可持续性。（3）该制度设计与现行养老保险制度之间相通，基于个人缴费的养老保险待遇确定方法，以及养老金目标替代率等基本设计都与现行制度相衔接，不必改变现行制度，而且通过农民工试点，可以推广至全部社会成员的养老保险。这样便于政府取信于民，保持制度连续性，并缩小新制度实施成本。

三、农民工养老保险制度的核心点

城乡融通的农民工养老保险制度的核心点在于以个人缴费基数（劳动者最后10年的平均缴费基数）为基础进行统筹待遇配套，而不是像2005年以前以社会平均工资为基础进行统筹待遇配套，也不像2006年制度以个人平均工资和当地社会平均工资的平均数为基础进行统筹待遇配套。2006年制度虽然比2005年制度增加了对个人缴费基数选择的正向激励，但还是硬性拉低了高缴费者的养老金待遇，对缴费者选择缴费基数的逆向激励仍在；而且由于有当地社会平均工资加入，劳动者工作、退休以及退休后生活地变化了的，在确定、发放其养老金时就会出现很多麻烦，不利于养老金管理。因此，以参保者个人缴费基数为基础确定其养老金配套待遇，可以有效增强对个人缴费的正向激励，也极大地方便了养老金管理。

对此，可能有人会提出制度没有体现再分配功能。笔者认为，养老保险社会统筹配套待遇已经体现了再分配，假如一定要体现对低收入群体的再分配倾斜，可将缴费者缴费基数与全国平均缴费基数进行对比，其个人缴费基数相当于全国平均缴费基数60%—100%的，按个人缴费基数每年0.77%予以养老金统筹待遇配套；其个人缴费基数相当于全国平均缴费基数100%—200%之间的，按个人缴费基数每年0.70%予以养老金统筹待遇配套；其个人缴费基数相当于全国平均缴费基数200%—300%之间的，按个人缴费基数每年0.63%予以养老金统筹待遇配套。不过，社会统筹配套最终只解决10%左右的养老金替代，原本有限的基数，加进这一点点调节，所起的作用是很有限的。更主要的是为这一点点有限的作用，需要增加城乡两个口径的平均缴费基数的统计，并需要将参保者的缴费基数与之进行比较，还要考核缴费者在农村与城镇分别的缴费年限等，其实行成本远远大于效益。

其实，关于养老保险制度的再分配问题，贝弗里奇早在1942年的《社会保险及相关服务》中就指出："每个享受同样待遇的人都要支付相同的缴费，缴费意味着对能够享受待遇的人，不论贫富都一视同仁；而征税则意味着富人因支付能力强，要向社会公用事业支付更多的款项。"① 因此，一定要养老保险制度中的统筹待遇配套体现再分配，很可能是我们在认识上的一个误区。

① 劳动与社会保障部社会保险研究所译：《贝弗里奇报告——社会保险和相关服务》，中国劳动社会保障出版社1995年版。

四、农民工养老保险制度的难点

（一）农民工养老保险个人账户全国联网及通存通兑能否实现？在计算机发展的今天，账户联网应该不会有技术障碍，银行的储蓄卡和基金管理已经实现了全国联网与通行；而且，农民工没有养老保险历史债务，也没有个人账户空账，没有操作的制度障碍。因此，该目标能否实现，很大程度取决于政府执政的理念和能力。

（二）农民工养老保险个人账户资金的管理。首先要明确，社会保险经办机构作为受托人负责其管理、账户登记、查询等都由社保经办机构负责，其资金由其委托专业银行代管，资金投资运作权集中在省级社保机构，由其委托专业基金公司或全国社会保障基金理事会进行投资运作，所得投资收益要定期结算并打入农民工养老保险个人账户。

（三）养老保险社会统筹待遇配套问题。养老保险制度是一个有机整体，按照上述制度设计，其个人账户部分保留缴费，社会统筹与医疗保险社会统筹及失业、工伤、生育保险缴费一起，改征社会保险税，其总和税率为20%（养老15%，医疗2%，失业1.5%，工伤1%，生育0.5%），由用人单位缴纳。税费分征分管，独立核算。养老保险税收入按一定比例实行中央与地方分享，目标替代率以下的基本养老保险制度实行全国统筹，个人账户全国联网，所以农民工在哪里领养老金，其名单就统计在哪，相应的养老保险税收入就分配到哪，哪里的财政就相应给予统筹待遇配套。因此，基本制度内的养老金统筹待遇配套是有资金保证的。

养老保险对农民工一生尤其是老年生活的影响是重大的，而且对经济社会长期和谐发展具有深远影响，其复杂程度大大超过了工伤和大病医疗保障，因此，更需政府和社会给予充分关注和认真讨论。

实现全国社会保障"一卡通"

——由"地方粮票式"的保障到"全国粮票式"的保障

褚福灵

（中央财经大学保险学院）

摘　要：就当前来看，社会保险关系不能在全国范围内实现有效接续，影响了劳动力的合理流动和社会的和谐稳定。造成社会保险关系不能有机衔接的原因有多种，"统筹基金"不能跨统筹地区转移是主要原因。改革"统筹基金"不能转移的政策规定，建立全国社会保障"一卡通"制度，就能够实现社会保障关系在全国范围内的有效接转，做到在全国范围内共担社会风险。

关键词：社会保险关系　一卡通

随着改革开放的不断深入，我国逐步建立了包括社会保险和社会救助等项目在内的社会保障制度。尽管我国在社会保障体系建设方面取得了一定成效，但也日益显现出一些制度性缺陷。在实际工作中存在的突出矛盾之一，就是"跨统筹地区"的社会保险关系难以有效接续问题。研究表明，要将现行城乡分割、地区分割、人群分割的社会保障体系改革为城乡统筹、全国"一盘棋"的社会保障体系，就应当走全国社会保障"一卡通"之路。

一、问题的提出——"地方粮票"式的社会保障制度影响了劳动力的合理流动

（一）基本养老保险和基本医疗保险存在跨区缴费年限不能衔接的问题

社会保障制度包括众多的保障项目，其中基本养老保险制度和基本医疗保险制度是其重要组成部分。自 1997 年确立社会统筹与个人账户相结合的基本养老保险筹资模式以来，在实际工作中遇到的棘手问题是，不同统筹地区（统筹地区是指统一收支社会保险费的行政区域，就全国来看，有省级、地区级和县级多种统筹层次）

的缴费年限不能直接叠加，导致跨区流动劳动力的养老保险关系难以接续。1998年以来建立了城镇职工基本医疗保险制度，不但存在不同统筹地区的基本医疗保险缴费年限不能直接叠加的问题，同时存在异地报销医药费难的问题，这不但影响了退休人员的基本医疗保险待遇，也影响了退休人员的异地安置问题。

（二）基本养老保险缴费年限不能跨区接续问题影响了劳动力的合理流动

现行基本养老保险制度规定，达到一定的缴费年限（一般是15年）才能享受按月领取养老金待遇。如果某职工由一个统筹地区流动到另一个统筹地区，该职工必须在新转入地区再缴满15年的养老保险费后，才能享受按月领取养老金待遇。如果该职工工作若干年后，因故再次调入一个新的统筹地区，要想享受按月领取养老金待遇，还必须"从头"缴费15年。曾出现过这样的例子，某职工在A地缴纳基本养老保险费13年，在B地缴纳基本养老保险费14年，但却不能享受按月领取养老金待遇。主要原因是不同统筹地区的缴费年限不能直接相加，而该职工在任何一个统筹地区又没有达到规定的缴费年限，所以无法顺利办理退休手续并享受相应待遇。流动频繁的农民工之所以不愿意参加基本养老保险或者要求"退保"，也同现行的养老保险关系不能跨区转移接续的制度缺陷有关。分析表明，这种不同统筹地区的基本养老保险缴费年限不能直接叠加的制度模式，非但严重弱化了养老保险的保障功能，而且严重阻碍了劳动力在全国范围内的正常流动和合理配置。

（三）基本医疗保险缴费年限不能跨区叠加以及医药费异地报销难的问题弱化了医疗保障的应有功能

根据现行制度规定，职工达到规定的医疗保险缴费年限（各地规定有所不同，大致是男职工基本医疗保险缴费年限应当在25—30年以上，女职工应当在20—25年以上），退休后不再缴费并享受基本医疗保险待遇。在实际工作中，当职工需要跨统筹地区流动（比如工作调动）时，新的统筹地区往往不承认该职工在另一个统筹地区的基本医疗保险缴费年限，要想在本统筹地区退休后享受基本医疗保险待遇，还必须在本统筹地区缴纳基本医疗保险费达到规定的年限（比如还需要缴费25年），否则，该参保人就不能享受本统筹地区的基本医疗保险待遇。

现行制度规定，只有在本地定点医疗机构就诊，当地医疗保险经办机构才给予报销医疗费用。现在的情况是，随着城市发展和观念转变，老年人城际流动越来越频繁，但这些老年人在异地得病后的医疗费难以报销，"医疗卡"也不能用。特别是患一些慢性病（如心脏病、高血压、糖尿病等）的老年人，在原居住地享有能报销一部分药费的医疗保障，到异地就无法享有这种保障。这不仅给老年人造成了很大的经济负担，也造成了很大的精神负担。使这些高龄老人在投靠异地工作的子女时顾虑重重，非常不利于退休职工的养老选择。而在异地工作的子女想回去照顾老人一段时期，也存在子女在“当地”发生的医药费在“工作”地不容易报销的问题。这种分割性很强的医疗保障体制不适应社会主义市场经济需要，阻碍了人员的合理流动，属于典型的“地方粮票”，应当予以改革。

综上所述，在当前城乡劳动力流动相当频繁的背景下，跨统筹地区的养老保险缴费年限不能叠加的弊端日益明显，如果不采取有效措施加以解决，势必使人们对社会保险制度产生质疑，并可能对经济发展和社会和谐带来影响。同时，应当从我国国情出发，尽快实现“医保卡”全国联网，确保在全国范围内共担医疗风险。

二、原因分析——“统筹基金”不能跨统筹地区转移是主要症结

（一）不同统筹地区的缴费年限不能相加是制度缺陷的反射

不同统筹地区的缴费年限之所以不能相加，其根源来自各个统筹地区实行基本养老保险基金和基本医疗保险基金收支自求平衡的财政体制，以及“只转移个人账户资金，不转移统筹基金（企业缴费部分或者缴费总额中的规定部分）”的政策规定。

根据现行制度，基本养老保险待遇由基础养老金和个人账户养老金组成，基础养老金部分按照退休地区职工平均工资和个人缴费工资的一定比例由所在地区从基本养老保险统筹基金中支付。由于各个统筹地区的基本养老保险基金收支自求平衡，地方财政兜底，而在转移职工养老保险关系时，只转移个人账户基金部分，不转移企业缴纳的统筹基金部分，转入地区必然只承认在本地的实际缴费年限，而不承认在其他地区的缴费年限。这就是为什么不同统筹地区的缴费年限不能相加的主要原因，也是财政分灶吃饭体制在基本养老保险制度中的反映。

根据现行制度，职工退休后不再缴费并享受基本医疗保险待遇，其中住院费用由统筹基金报销，门诊费用由医疗卡中的个人账户部分解决（退休职工的个人账户部分从统筹基金中划拨，退休职工个人不再缴费）。可以认为，退休职工的住院费用和门诊费用均从医疗保险统筹基金中解决。由于医疗保险基金在不同的统筹地区内部自求平衡，加之跨区转移医疗保险关系时仅仅转移个人账户基金而不转移统筹基金，在这种政策规定下，转入医疗保险关系的地区为了确保本区基金平衡，对在其他地区的医疗保险缴费年限将不予承认，由此来限制退休后享受医疗保险待遇的人数。同样，由于医疗保险基金在不同统筹地区内部自求平衡，“医保卡”往往只能在发卡地区有效使用，跨地区使用时便会遇到困难。

（二）改革“统筹基金”不能转移的政策规定是实现跨区缴费年限有机衔接的关键

实践表明，在劳动者从一个统筹地区向另一个统筹地区流动时，所谓的“只转

移个人账户资金，不转移企业缴纳的统筹基金”的政策规定，已经成为两个统筹地区的养老保险关系和医疗保险关系不能顺利接续的根源。研究表明，应当进一步明确企业缴纳的统筹基金部分附属于个人权益，而非某个地区、某个行业或者某个用人单位的权益，应当确保该统筹基金部分随同参保职工跨区转移。

三、对策建议——实现全国社会保障“一卡通”，在全国范围内共担社会风险

现在的社会是个流动性很强的社会，人们的就业地域已不像计划经济时期有很强的固定性。随着市场经济的建立，人们的就业观发生了很大的变化，不可能在一个固定不变的地方工作很长时间，这就要求实行全国社会保障“一卡通”的制度。

（一）全国社会保障“一卡通”的基本思路

所有城乡居民均应当建立全国通行的、唯一的社会保障卡（册），该卡记录着每一个参保人员的缴费信息和待遇享受信息。社会保障卡（册）由参保人持有，工作转移到哪里凭此卡（册）参加当地的社会保障项目（可考虑根据收入情况等缴费，与本人是否为本地户籍无关），并将该参保人员的缴费信息和待遇享受信息记录到该卡（册）上。持卡人在某个地区发生风险并需要在当地享受社会保障待遇时，其他地区有义务将曾经缴纳的费用（包括单位缴费和个人缴费）划拨到风险发生地，以资助该持卡人化解所遭遇的风险。通过“一卡通”实现全国范围内共担社会风险，确保社会保障系统的整体性、有效性和持续性，真正实现“以人为本”。

（二）养老保险“一卡通”的制度框架

不论是城镇工还是农民工和农民，不论是稳定工还是灵活工，不论是当地工还是外地工，不论是企业主还是自雇人员，均凭全国通行的唯一的社会保障卡（册）参加当地的养老保险，一生中不同工作地区的缴费和待遇信息均计入该社会保障卡（册）中。当累计缴费年限符合规定要求并达到其他退休条件时，可以在退休地享受按月领取养老金待遇，但该退休人员曾经缴费的其他地区有义务通过“银行系统”将所有缴费本息（包括单位缴费和个人缴费部分）划拨到该退休地的社会保险经办部门，以共同化解该退休人员的养老风险。

在当今网络信息技术日益发达的今天，通过建立“社会保障卡”就可以完成职工缴费、账户管理和待遇支付等事项，进而实现以“个人”为养老保障单元（同以单位为保障单元相对立）。凡是符合条件的参保人，均可以办理社会保障卡，正如办理“银行卡”一样方便。社会保障卡中记录着个人在不同地区、不同工作时段的全部缴费信息，社会保障卡由参保人持有，人走到哪里，卡跟到哪里，养老保险关

系也就转移到哪里。在职工个人调动工作期间，个人账户部分的资金随同社会保障卡转移；当职工个人退休时，统筹基金部分将按照职工个人在不同地区、不同时段的缴费情况分段计算，并由不同地区的经办机构负责将资金划转到职工个人办理退休手续的地区，基础养老金的计发基数采用不同地区职工平均工资和个人缴费工资的均值。通过这样一种方式，在当前财政分灶吃饭情况下，可以较好地协调各个方面的利益关系，较好地实现城乡统筹和地区统筹，从而使全国范围内的养老保险体系成为一个有机的整体，并使职工个人得到适中的养老保障。

（三）医疗保险“一卡通”的制度框架

不论是城市居民还是农村居民，不论是城市劳动者还是乡村劳动者，均凭全国通行的唯一的社会保障卡（册）参加当地的医疗保险（包括农村合作医疗），一生中在不同居住地区的缴费和待遇信息均计入该社会保障卡（册）中。任何城乡居民（包括退休人员）凭社会保障卡在全国的任何医疗保险定点机构都可以就医看病，医药费报销标准按患者所在地的规定执行，所需资金可通过“银行系统”由患者“所在地”对患者“就医地”进行远程支付，以共同化解其疾病风险。劳动者的医疗保险累计缴费达到规定年限并符合其他规定条件，退休后不再缴费并在退休地享受基本医疗保险待遇，但该退休人员曾经缴费的其他地区有义务通过“社会保障银行系统”将所有缴费本息（包括单位缴费和个人缴费部分）划拨到该退休地的社会保险经办部门，以共同化解该退休人员的疾病风险。

除此以外，失业保险、工伤保险、生育保险和社会救助等社会保障项目均应当实行“一卡通”制度，由此做到在全国范围内实现社会保障关系的“可转移、可接续”，确保社会保障在全国范围内的有效性。全国社会保障“一卡通”的制度框架如图所示：

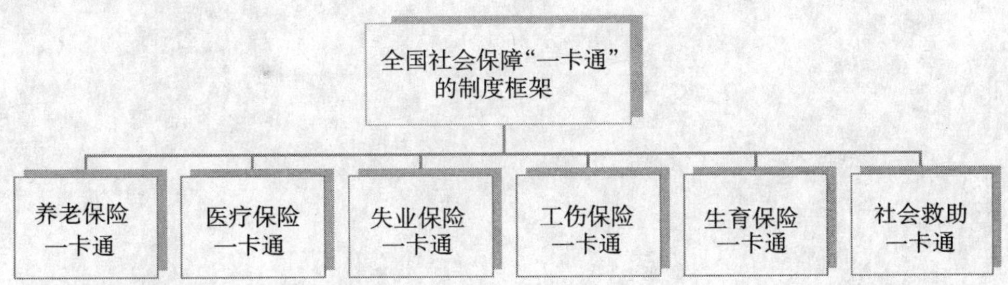

如果能够实现全国社会保障“一卡通”，就能够实现社会保障关系在全国范围内的有效接转，能够做到在全国范围内共担社会风险，防止社会保障制度的“地区性失灵”，将“地方粮票”变成“全国粮票”，为建立覆盖城乡居民的社会保障体系奠定制度基础。

参考文献

［1］郑功成：《科学发展与共享和谐——民生视觉下的和谐社会》，人民出版社 2006 年版。

［2］郑秉文：《国外社会保障模式改革的经验与启示》，载《国外理论动态》2007 年第 4 期，第 1—8 页。

［3］褚福灵：《社会保障国际比较》，中国劳动和社会保障出版社 2006 年版。

［4］李珍：《社会保障理论》，中国劳动社会保障出版社 2001 年版。

［5］和平：《社会保障概论》，中国劳动社会保障出版社 2001 年版。

［6］褚福灵：《社会保障"摸着石头过河"不可取》，载《中国卫生》2007 第 6 期，第 51—53 页。

［7］褚福灵：《建"社保银行"管理社保基金》，载《人民日报（海外版）》2007 年 5 月 31 日，第 5 版。

［8］褚福灵：《寻找全民医保的现实路径》，载《人民日报（海外版）》2007 年 1 月 30 日，第 5 版。

［9］褚福灵：《养老保险关系应跨区衔接》，载《人民日报（海外版）》2006 年 12 月 25 日。

高新技术企业养老保险难题及其制度创新

刘志英

（武汉大学社会保障研究中心）

摘　要： 高新技术企业具有兴衰快、高风险、高收益、强集聚等特点，技术创新是企业的生命力，人力资源是创新的源泉。由于我国养老保险制度的不完善，以及高新技术企业及其职工的特殊性，企业和职工都缺乏参加基本养老保险和企业年金的积极性和主动性。但是，通过基本养老保险、企业年金和人力资源管理的不断创新，可以激励企业和职工参加多层次养老保险。

关键词： 高新技术企业　养老保险　制度创新

一、高新技术企业的特点

高新技术企业是指运用高新技术研究、开发、生产和经营（单纯的商业经营除外）性能及功能优异、附加值高的高新技术产品的知识密集、技术密集型经济实体。

（一）企业规模小、兴衰快。高新技术企业一般有新兴企业、转型企业和集团企业三种类型，其中很多是中小企业和处于起步阶段的新兴公司，这些企业在创业初期规模较小，人员组成简单。高新技术产品一旦研制、开发成功，产品技术含量高、附加值高，企业又掌握创新技术和处于新兴行业，因此，企业会超常规发展，队伍高速成长，使成长期发展呈“跳跃式”高速增长。但是，高新技术变化迅速，旧技术易被新技术取代，产品更新换代迅速，高新技术产品寿命周期短。如果企业无法持续进行技术创新，便会迅速走向衰退。美国高新技术企业的寿命一般在5年左右，仅有30%能够维持在5年以上。

（二）企业面临高风险。高新技术企业的成功率极低，美国的成功率只有15%—20%。高风险主要表现在以下三方面：（1）初创期的投资风险和技术风险。

创立高新技术企业的门槛较高，其建立成本大约是传统企业的10—20倍。而且研究开发是一项探索性工作，未知因素和不确定因素很多，使企业初创期的技术风险和投资风险很大。(2) 成长期的市场风险。产品研制成功后，企业面临“产品是否还适应市场的需求”、“如何让消费者接受新产品”、“如何打通销售渠道”等营销问题。这些问题短期内难以解决，使企业经历较长的成长期。(3) 成熟期的管理风险和再创新风险。高新技术产品成熟后，一方面，企业规模迅猛扩大，员工数目迅速增长，面对巨额利润，利益分割问题尤显突出，企业的制度创新和管理创新，来稳定高速运转、高速膨胀的企业尤显重要。另一方面，高新技术产品的生命周期很短，需要马上进入下一轮新产品开发和研制，否则企业会迅速走向衰退。

（三）企业获得高收益。高新技术企业一旦投资成功，就会带来可观的收益。高收益主要来自以下三方面：(1) 高技术含量、高附加值。人的创造力和领先的技术决定高新技术产品的高价值，决定企业的高收益。(2) 技术垄断收益。新产品研制成功以后，企业往往通过制订市场准则来控制市场，形成垄断，然后凭借技术垄断地位获取超额垄断利润。(3) 规模经济收益。高新技术产品开发研制初期风险投资很大，产品成熟以后企业往往锁定技术，投入迅速减少，使企业生产形成规模报酬递增现象。

（四）集聚效应极强。高新技术企业表现出很强的集聚特征：(1) 收益集聚，由前期高投入、后期低投入和高收益决定企业的规模经济特性。(2) 人才集聚，在一定时间内大量知识型人才集聚在企业，成为企业发展的动力与源泉。(3) 空间集聚，企业分布的行业和地域相对集中，主要分布在IT、生物医药、环保、新能源、新材料等朝阳产业和大中型城市的工业园、科技园区或高新技术开发区。(4) 技术集聚，企业为防范再创新风险将原有技术锁定，在原有技术的基础上进一步拓展，使应用技术相对成熟和集中，甚至不惜放弃最优技术。

（五）技术创新是企业的生命力。创新贯串高新技术企业的发展始终，初创期的重点是技术创新，成长期的重点是市场创新，成熟期的重点是管理创新。但是，高新技术及其产品的有效生命周期一般很短，为了应对激烈竞争和扩展生存空间，企业发展的各个时期都离不开技术创新，技术创新是企业生存和发展的关键。初创期需要技术创新开发研制新产品，技术创新是企业生存的起点；成长期需要完善现有技术和现存产品，技术创新是企业扩展的载体；成熟期需要新技术重新开发研制新产品，技术创新是企业发展的精髓。

（六）人力资源是技术创新的源泉。成功的高新技术企业，科技人员比重一般占到30%以上。与传统企业相比，高新技术企业的优势首先表现为高技术人才的创新意识和创新能力。技术创新者是企业核心技术的源泉，是企业核心资源的组成。通过持续技术创新，企业的科技优势会转化为经济优势，充足的人力资源是实现高新技术企业“创新——效益——再创新”的良性循环的根本。

二、高新技术企业养老保险难题

我国企业养老保险由三支柱组成：第一支柱是基本养老保险，第二支柱是企业补充养老保险，第三支柱是个人储蓄性养老保险。养老保险三支柱方案对保障老年人基本生活和安定社会起到了一定积极作用，但是，实践中对高新技术企业的影响微不足道。

（一）企业和职工缺乏参加基本养老保险制度的主动性和积极性

按照国发（1997）26号文件（简称26号文），从1997年7月开始，我国实行统一的社会统筹和个人账户相结合的企业职工基本养老保险制度。对高新技术企业来说，该制度存在以下几个问题：

1. 基本养老保险制度缺乏流动性，难以满足高新技术企业职工的流动需求。我国基本养老保险原则上实行省级统筹，实际多为县市级统筹，各统筹单位政策不统一，养老保险关系无法转移接续。劳社部发（2001）20号文件规定城镇企业成建制跨省搬迁，应按规定办理企业和职工养老保险关系转移手续，但只转移个人缴纳部分。个人跨统筹区域转移养老保险资金几乎不可能，因为按照规定只能转出个人所缴纳的个人账户部分，其金额不到企业和个人缴纳养老保险费的1/3，转出地乐意，而接受地不愿意。然而，高新技术企业职工文化素质高，队伍年轻，大部分员工平均年龄在30岁左右。年轻人有活力、创造性强，具有独立性和自主性，稍有不满就会选择跳槽，有很强的流动意愿。高新技术产品生命周期短，高风险和高收益并存，不确定性大，企业稳定性差，成功率低，不少员工被迫流动。

2. 基本养老保险给付水平很低，与高新技术企业职工收入相差甚远。26号文规定缴费满15年就可以领取基础养老金，基础养老金为当地上年度职工月平均工资的20%，国发（2005）38号文件（简称38号文）将基础养老金实际降为15%。26号文按照退休人员预期寿命10年来设计基本养老保险制度，个人账户按照120个月来计发，退休10年后无个人账户养老金可领；38号文规定“个人账户养老金月计发月数根据职工退休时城镇人口平均预期寿命、本人退休年龄、利息等因素确定”，实际降低了个人账户领取金额。总之，无论是基础养老金还是个人账户养老金，给付水平在进一步下降。然而，高新技术企业高风险和高收益并存，在职职工的工资水平较高，大多数职工属高收入阶层，几百元的基本养老金根本引不起他们的兴趣。

3. 基本养老保险制度覆盖面窄，高新技术企业“逆选择”严重。26号文规定基本养老保险的覆盖对象为城镇所有企业及其职工，包括高新技术企业在内。但是，基本养老保险仍然沿袭计划经济体制的做法，参保单位多为国有企业和集体企业。26号文规定企业缴费比例为职工工资总额的20%，分两部分计入社会统筹账户和个人账户。为了做实个人账户，38 号文件又规定“从 2006 年 1 月 1 日起，个人账户的规模统一由本人缴费工资的 11% 调整为 8%，全部由个人缴费，单位缴费不再划入个人账户。”该做法使社会统筹账户由 1997 年的 14% 增加到 2006 年的 20%，再分配性增强。社会统筹的共济性，使高新技术企业及其职工成为“劫富”对象，“逆选择”现象十分严重。

4. 高保费率使企业望难止步。低征缴率、低覆盖率、低退休年龄、低投资收益率等原因使养老保险费率居高不下。26 号文规定“企业缴费比例一般不得超过企业工资总额的 20%，具体比例由省、自治区、直辖市人民政府确定。”各地实施时企业缴费比例往往高于 20%，例如武政（1998）66 号文件规定“企业每月按缴费工资基数的 25% 缴纳基本养老保险费”。加上其他基本社会保险，企业社会保险缴费比例绝对在工资总额的 30% 以上。初创期高新技术企业高投入，资金十分有限，面对如此之高的保费率，企业能不参保就不参保。企业进入成熟期后，投入减少收益增加，但是职工普遍年轻、短视，没有强烈的参保愿望，缺乏一定的监督机制。政府出于保护高新技术产业和财政收入的考虑，往往对这些企业“逃保”睁一只眼闭一只眼。

（二）缺乏建立企业年金的激励机制和利益驱动

我国《企业年金试行办法》自 2004 年 5 月 1 日实施以来，企业年金发展十分缓慢，高新技术企业很少涉足，其主要有以下几个原因：

1. 参加企业年金存在门槛限制，基本养老保险阻碍企业年金的发展。根据劳社部发（2004）20 号文件的规定，参加基本养老保险是参加企业年金计划的前提，该规定使很多没有参加基本养老保险、但对企业年金感兴趣的企业被排除在外。一方面，基本养老保险制度的低覆盖率影响企业年金的发展规模，高新技术企业很少参加基本养老保险，职工更没有机会参加企业年金计划。另一方面，基本养老保险替代率为企业年金所留空间较小。一般认为养老金替代率达到 80%，就能满足养老需求。基本养老保险目标替代率为 60%，给企业年金留下的空间仅有 20%。

2. 税收优惠政策不明确，缺乏参加企业年金计划的利益驱动。《企业年金实行办法》没有规定统一的税收优惠政策，仅指出“企业缴费的列支渠道按国家有关规定执行”。国发（2000）42 号文件曾指出“企业缴费在工资总额 4% 以内的部分，可从成本中列支。”企业税收优惠少，政策不明确，各地具体实施标准不一致。职工参加企业年金没有任何税收减免，缺乏参加该计划的利益动力。按照国际惯例，企业年金是以企业为主导的一种补充养老保险制度，政府主要通过向企业和个人提供税收优惠，来承担部分责任。例如，美国和澳大利亚政府用于企业年金保险税收减让的隐性支出约为 GDP 的 1%，英国为 3%。

3. 操作程序烦琐，投保成本和风险大。按照《企业年金基金管理试行办法》，投保操作流程从委托人到受托人、账户管理人、基金托管人、投资管理人，要经过5个托管链。操作流程长，既增加人力、物力和财力，又增加风险和监管难度。企业年金产品每年提取受托人管理费0.2%，托管人管理费0.2%，投资人管理费1.2%。每月还要为每个账户缴纳5元的管理费。各种管理费相加，企业年金成本偏高。烦琐的操作程序和过高的管理成本，使高新技术企业不愿、也不敢为职工建立企业年金。

4. 企业年金目标设计不明确，与企业人力资源管理相矛盾。我国企业年金实行基金完全积累，采取个人账户方式进行管理，筹资模式采用既定供款（DC）制。职工参加企业年金的主要目的是提高退休生活质量，企业建立企业年金的主要目的是进行人力资源管理。企业为了吸引和留住人才、增强企业凝聚力，需要采取多项人力资源管理措施，为职工提供企业年金就是其中一项。然而，我国企业年金具有流动性，“职工变动工作单位时，企业年金个人账户资金可以随同转移。”流动性个人账户的设计，忽视了企业的利益，使高新技术企业无法通过年金计划积累人力资本，弱化了企业人力资源管理功能。

5. 企业年金自愿参加，“当家人”不明确。我国企业年金属自愿性质，目前主要是电信、电力、电网、石油、石化等中央企业参加，基本集中在垄断行业。由于制度设计缺陷和短视行为，高新技术企业和职工还不愿参加企业年金。企业年金基金的投资、监管涉及劳动和社会保障部、银监会、证监会、保监会、财政部、国资委等多个部门，各个部门的政策侧重点和倾向性不同，使企业需花大量的时间、精力和财力来弄清到底谁当家，而多数高新技术企业的管理者不愿在此浪费资源。

（三）国家鼓励开展个人储蓄性养老保险，但很少有人购买商业人寿保险

个人储蓄性养老保险是由职工自愿参加、自愿选择经办机构的一种补充养老保险形式，一般采用商业人寿保险的形式。由于我国商业保险机构缺乏约束力和规范性，商业保险信息不对称和道德风险，以及人们保险知识的匮乏，大家对中国商业保险机构缺乏信任和信心，期盼着国外商业保险公司早日进入中国。高新技术企业职工文化素质较高、工资收入较高，少部分人会选择购买商业人寿保险。

三、高新技术企业养老保险的制度创新

（一）改革基本养老保险制度

基本养老保险制度是以政府为主导的养老保险第一支柱，也是我国企业职工最主要的养老保险形式。基本养老保险制度自1997年运行至今，面临的最大问题是转制成本的消化。为了减轻政府负担、做实个人账户，出台了38号文，对原有制度进行修正，将一部分政府责任转嫁到个人头上。但是，改革偏离了保障退休人员基本

生活的目标，对企业（尤其是高收入企业）及其职工缺乏吸引力，因此，需要进一步改革和完善：

1. 加强社会保障立法，充分体现强制性。任何社会保障制度比较成熟的国家，都是立法先行，而我国至今尚无一部综合性的社会保障法律，立法工作严重滞后，法律效力低，实施机制弱化。各项社会保障制度都是通过行政法规和规章制度颁布的，缺少基本法律支撑，立法层次低，实施起来强制性不够。

2. 提高征缴率和覆盖率，降低保费率。我国基本养老保险制度“征缴率低、覆盖面窄”是一个不争的事实，2001 年 12 月劳动和社会保障部曾专门就“扩面、缴费”问题发布 20 号文件，但执行效果并不理想，参保人数略增的同时退保现象十分严重，退保侵蚀了当事人的利益，挫伤了企业和职工参保的积极性。

3. 提高统筹层次，增强账户的流动性。通过提升基本养老保险社会统筹层次，真正落实省级统筹，解决省内社会保障关系转移和待遇兑现问题。条件成熟时，可以考虑建立全国统一的社会统筹基金。消除养老保险流动难的障碍，比如，可以考虑通过“中人”过渡性养老金账户化、财政拨款和变卖国有资产等办法消化转制成本；改变养老金计发办法，由与当地社会平均工资挂钩改为与个人缴费工资挂钩。

4. 提高退休年龄，增加养老保险基金积累。实践证明，老年人经验丰富，他们腾出的岗位年轻人往往难以胜任，低退休年龄对缓解我国就业压力没有多大帮助，完全是人力资源的浪费。在减少养老金积累的同时增加养老金给付，加重了基本养老保险的制度负担。

通过上述变革，可以激励高新技术企业主动参加基本养老保险，可以帮助职工克服短视行为，提早考虑养老问题。

（二）完善企业年金制度

激励高新技术企业建立企业年金的制度创新有以下几点：

1. 给予企业更多的选择权。一是，筹资模式的选择权。企业年金筹资模式可以选择既定给付制（DB）或既定供款制（DC）。DB 模式使企业承担更多的责任，但将职工利益与企业发展紧密结合起来。DC 模式企业责任轻，但弱化了企业年金计划的人力资源管理功能。两种筹资模式各有利弊，选择权留给企业。二是，年金账户流动程度的选择权。由企业根据职工在本单位工作的年限确定企业年金的流动比例，有助于企业加强人力资源管理。

2. 协调第一支柱和第二支柱的关系，完善政府扶植。基本养老保险和企业年金的关系应由隶属改为并列，取消参加基本养老保险是参加企业年金计划的前提，降低基本养老保险的替代率，使企业年金替代率达到 40%—50%，成为真正的第二支柱。从经济学的角度来看，企业和职工都是经济人，企业追求利润最大化，职工追求效应最大化。政府为企业年金提供税收优惠，可以激励企业建保、个人参保的积极性和主动性。

3. 降低管理成本，建立风险管理机制。美国、日本、瑞典等国都设有公共养老金担保机构，但是我国在企业年金发展初期不适宜采用政府担保。因为企业普遍缺乏自律，政府担保往往会孳生道德风险，企业偏好高风险投资策略，将风险转嫁给政府，加大政府责任，造成巨额财政负担。

4. 参加企业年金由自愿性改为半强制性。假定一些经济条件，符合条件的企业都要求建立企业年金，其职工必须参加单位设置的企业年金。

通过上述企业年金完善措施，可以密切职工与企业的关系，稳定职工队伍，增强企业的凝聚力和吸引力，促进企业发展。

（三）购买商业养老保险

人力资源是高新技术企业生存和发展的源泉，除建立企业年金外，企业还可以考虑为职工购买商业人寿保险。商业人寿保险是由商业保险公司经营的一种保险种类，它以人的生命或身体为保险对象，在被保险人年老退休或保期届满时，由保险公司按合同规定支付养老金。从运作模式上来看，有DC计划，也有DB计划；从领取方式来看，有即期年金、延期年金、生命年金、确定年金、确定期限的生命年金、递增年金、联合年金。保障待遇取决于投保人投保金额的多少，即多投多保，少投少保。根据企业经济实力和职工贡献大小，企业可以选择一些合适的人寿保险产品进行投保，并采取相应措施保障企业和职工的权益。

参考文献

[1] 郑小平：《高新技术企业的经济学特征》，载《西南民族大学学报（人文社科版）》2004年第2期。

[2] 黄乾：《论高新技术企业的产权与治理结构特征》，载《南方经济》2003年第2期。

[3] 杨玲：《企业年金请给民企机会》，载《中国保险》2005年第3期。

[4] 公晓红、祁瑞年：《养老保险何时能“流动”》，载《中国劳动保障报》2005年9月12日。

[5] 郁丽：《企业年金制的利益魔方》，载《中国新闻周刊》2006年第7期。

[6] 李杰：《发展我国企业年金的障碍与对策》，载《内蒙古财经学院学报》2005年第5期。

[7] 白云：《企业年金并非补充养老的唯一模式》，载《中国保险》2005年第4期。

我国农村养老保险主体缴费责任与能力探析*

李雯铮

（武汉大学社会保障研究中心）

摘　要：我国农村社会保险事业发展呈现停滞状态，问题的症结在于《基本方案》对农村养老保险缴费主体及其责任界定有误。本文分析了政府、集体责任缺失现状，在研究三方经济支持能力基础上对农村养老保险主体的缴费责任进行重新界定，重点论述了参保方式由自愿转向强制的必要性、可行性及前提。并分别从政府、集体、农民角度对创新资金筹措机制做了初步探讨。

关键词：政府责任　强制参保　经济支持力　资金筹措

我国现行农村养老保险制度是根据国发［1991］33号文件精神，按民政部《县级农村社会养老保险基本方案〈试行〉》（以下简称《基本方案》）展开的初步探索。该方案规定的农村养老保险资金筹集的原则是“个人缴费为主、集体补助为辅、国家予以政策扶持”。个人是缴费主体，集体可以适当补贴，但不做硬性规定，国家主要通过对所缴保险费免税进行政策扶持。在这一方案的指导下，各地不同程度地开展了农保工作，取得了一定成效。然而截至1996年底，全国累计参保人数为6594万人，参保率不足1%，已领取保险金人数31.6万人，占参保人数的5‰。1998年向59.8万参保人发放养老金，人均约42元，月均3.5元，这显然难以保证参保者的基本生活①。1999年，《国务院转批整顿保险业工作小组保险业整顿与改革方案的通知》要求对“农保”进行清理整顿，停止接受新业务。表1显示，2000—2004年间，参保人

* 本文系2007年国家社会科学基金项目《中国基本养老保险基金缺口测算与财政保障能力研究》（07CJY053）的阶段性研究成果。

① 陈姣娥：《论政府在农村社会养老保险制度中的缴费责任》，载《人口与经济》2006年第3期，第77页。

数逐年下降，基金增长缓慢，农村养老保险事业发展呈现停滞状态。

表 1　2000—2004 年我国农村养老保险参保情况表

年份	参保人数（万人）	农村人口（万人）	制度覆盖率（%）	领取养老金人数（万人）	年末养老保险基金结存（亿元）
2000	6172	80837	7.64	97.8	195.5
2001	5995.1	79563	7.53	108.1	216.1
2002	5462	78241	6.98	123.4	233.3
2003	5428	76851	7.06	198	259.3
2004	5378	75705	7.10	205	285

资料来源：根据《2004 年国民经济和社会发展统计公报》及 2000—2004 年《劳动和社会保障事业发展统计公报》整理。

农村养老保险工作缘何步履维艰？学术界的研究主要集中在对《基本方案》局限性的评议上：农村养老保险的定性定位问题、筹资问题、缴费标准与计发系数合理性问题、基金管理与保值增值问题等等。笔者认为，问题的症结在于《基本方案》对农村养老保险缴费主体及其责任界定有误。资金筹集是任何一项养老保险制度的初始环节，也是最根本的环节。资金筹集不到位，基金的投资运营和养老金给付只能是无米之炊。部分学者意识到了政府在社会保险中的责任，但他们的焦点更多的放在城镇社会保险中，如转制成本的解决、基础养老金的财政兜底责任、医疗卫生领域公共支出的扩大等等。至于农村养老保险缴费主体及其责任（主要分析政府责任）如何界定，如何创新机制来保证责任的落实却较少涉及。本文主要就这两个问题进行初步探讨，以期抛砖引玉之效。

一、农村养老保险缴费主体及其责任界定

（一）政府责任与义务的缺失及重新定位

政府在农村社会养老保险制度中的责任包括政治责任与经济责任两方面。政治责任主要指出台专门性的法规、规章、组织引导农民参保以及采取合适的强制形式；经济责任主要有为农民参保提供补贴性支持、对养老保险金提供保值补偿、为农村社保机构提供经费等等。

1. 导致政府责任缺失的制度定位及后果

1992 年，农村养老保险工作的开展面临着农村经济社会发展水平仍比较低下，农村人口较多，地区发展非均衡的基本国情，这就使我国农村社会保障制度建设缺乏明确一致的制度理念以及对所有成员进行全面保障的客观条件与能力。故《基本方案》在责任形式的选择上，考虑到国家、集体和个人的实际承受能力，采取缴费

与待遇不确定型。缴费上“以个人交纳为主的基础上，集体可根据其经济状况予以适当补助（含国家让利部分）”，对集体和国家的缴费义务不做强制性规定。而待遇领取方面则类似于城镇养老保险中个人账户的领取方式，按缴费期间的账户总积累额分配到十年保证期。在保险方式的选择上，采取了“个人缴纳为主、集体补助为辅、国家予以政策扶持”的个人账户积累方式，期望依靠政府的有效组织形成制度，通过主要靠农民自身的努力逐渐积累起来的养老金，与土地、家庭、社区保障一起构筑农村的养老保障体系①。这种制度定位决定了政府的责任与义务是模糊不清的。在政治责任方面，政府未出台可据以执行的法律法规，制度不具备强制性，全凭农民的意愿决定是否参加。在经济责任方面，仅仅提供一个所缴保费免税政策，当部分地方农保经办机构业务经费从农保经费中提取。政府缴费责任的缺失使得农村社会养老保险制度实质上成为自存自用的个人储蓄。同时导致农保制度对农民缺乏吸引力，农民积极性难以调动。相关调查表明，“农民对于养老保险制度的需求十分迫切”，“现行制度下农民的养老保险参与意愿和投保水平很大程度上取决于政府的引导与宣传”。②

2. 政府责任的重新定位

与1992年民政部在全国开展农村社会养老保险工作时的社会经济条件相比，目前农村养老保险的运行环境有了较大改善。包括经济的持续高速增长、财政和农民收入的增加；全社会养老保险的意识不断增强等等。这些基本条件的变化，为政府重新定位农村社会养老保险的责任和义务提供了可能。而人口老龄化步伐的加快，城乡社会保障水平差距的不断加大，社会对建立农村社会养老保险制度呼声的不断增强，要求政府重新定位在农村社会保险中的责任和义务，促进农村社会保障事业的发展。

（1）从国民社会保障权利的角度来看。《宪法》规定：“中华人民共和国公民在年老、疾病或者丧失劳动能力的情况下，有从国家和社会获得物质帮助的权利”，这种权利不能仅仅在城镇职工的养老保险中获得体现，在养老保障方面农民也应该享有和城镇职工同样的国民待遇。

（2）从历史贡献角度来看。建国以来中国农民为国家工业化建设和社会经济发展作出了巨大的牺牲和贡献，有关研究表明，从1952年到1990年，中国农业通过税收方式、“剪刀差”方式和储蓄方式为工业化提供资金积累总量达11594亿元。其中，通过税收方式提供1527.8亿元，通过“剪刀差”方式提供8707亿元，通过储蓄方式提供1359.2亿元③。另据国家发改委专家测算，改革开放的20多年中，仅征用农地的

① 福建省农村社保模式及其方案研究课题组：《农村社会养老保险制度创新》，经济管理出版社2004年版，第329页。

② 乐章：《现行制度安排下农民的社会养老保险参与意向》，载《中国人口科学》2004年第5期，第46页。

③ 郑敏：《农村养老保险制度及其经济支持能力研究》，西北大学，2006年，第17页。

价格“剪刀差”，就从农村拿走2万多亿①。然而工业化的收益却几乎为城市居民所垄断，农业在为国家提供巨额积累而承受重负的同时失去了自身的发展条件，这对广大农民来说是很不公平的，政府有责任对农民多年来承受的重大损失做出补偿。

（3）从农业的抗风险性特点与我国农业生产组织形式来看。农业是自然风险与市场风险相互交织的弱势产业，我国的农业生产组织又主要以家庭为单位，分散程度，抗风险能力弱，这就决定了农民及其家庭对制度化的社会保障有着客观上的强烈要求，需要政府的强力介入与经济支持。

（4）从发达国家开展农民社会养老保险的实践看。工业化国家通过大量补贴方式，鼓励农民参加公共年金制度。即使德国和日本强调个人缴费为主、资金来源不同于“福利型”国家的“自保公助型”农村社会养老保险，在个人缴费不足时也予以资助，农保基金中大约有1/3来自国家补贴②。

（二）集体补助责任不充分与再定位

1. 集体补助的现状

《基本方案》在资金筹集模式中对集体责任的规定是：“集体补助为辅”，“集体补助主要从乡镇企业利润和集体积累中支付”，“在以个人缴纳为主的基础上，集体可根据其经济状况予以适当补助（含国家让利部分）。具体方法，可由县或乡（镇）、村、企业制定。”

表2 2001年部分地区农村社会养老保险资金收支情况

地区	保费收入（1）（万元）	个人缴费（2）（万元）	集体补助（3）（万元）	（2）/（1）（%）	（3）/（1）（%）
全国	170806.7	91499.4	79307.3	53.57	46.43
北京	6522.3	2363.1	4159.2	36.23	63.77
辽宁	2127.0	1824.0	303.0	85.75	14.25
江苏	35349.4	17892.7	17456.7	50.62	49.38
湖北	2100.0	1750.0	350.0	83.33	16.67
四川	709.4	682.6	26.8	96.22	3.78
陕西	344.7	327.5	17.2	95.01	4.99

注：地区选择上基本按六大行政区划列示。

资料来源：《2002年劳动和社会保障部统计年鉴》，http://www.molss.gov.cn/gb/zwxx/2005-12/02/content_95868.htm，2005年12月2日。

① 石秀和：《中国农村社会保障问题研究》，人民出版社2006年版，第128页。

② 陈桂华、毛翠英：《德、日农民养老保险制度的比较与借鉴》，载《理论探讨》2005年第1期，第68页。

从表2以及劳动和社会保障部的历年统计数据进行分析，可以发现：首先，从农村养老保险收入结构来看，总量上遵循的是个人缴纳为主，集体补助为辅的方针。如果将全国的数据作为一个整体进行分析，则集体的缴费比例约为46.43%，较好的贯彻了“集体补助为辅”的原则。但是从地区结构来看，集体缴费的状况主要集中在少数几个经济较为发达的地区——北京、上海、深圳、江苏、山东这五省市集体所缴纳的补助占全国集体补助的97.81%①，剩下的绝大多数地区集体缴费的数量十分有限，参加养老保险的农民基本上是自己缴费。

2.《基本方案》对集体责任规定的局限性

《基本方案》规定：“集体补助主要从乡镇企业利润和集体积累中支付”，实质上是把乡镇企业作为了农民养老保险金的来源之一。但问题在于，在中国广大的农村地区，乡镇企业的发展并不平衡。事实上从统计数据来看，集体缴费比重较高的地方也是乡镇企业比较发达的地方。这一规定已从制度上把绝大部分没有乡镇企业的农村地区排除在了集体补助之外。从图1可以看出，我国乡镇企业发展仍然呈现东强西弱的格局，东中西部集体经济对于农民参加养老保险补助的能力存在很大差别。

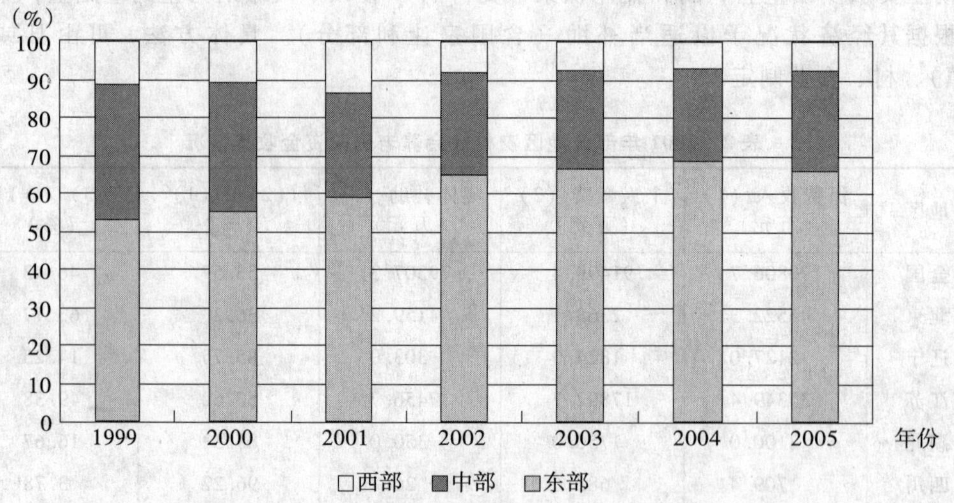

图1 1999—2005年我国东中西部乡镇企业利润占全国利润比重

资料来源：农业部：《2002—2006农业部中国农业发展报告》，http://www.agri.gov.cn/sjzl/baipshu.htm，2007年12月10日。

① 根据《2002年劳动和社会保障部统计年鉴》计算得出。http://www.molss.gov.cn/gb/zwxx/2005-12/02/content_95868.htm，2005年12月2日。

同时，《基本方案》对集体补助的数额以及不予以集体补助的惩罚都没有明确作出规定，这为当地乡村集体逃避集体补助留下了制度空缺，即使在乡镇企业发展较好的地区，部分乡镇的集体补助也没有落到实处。

此外在少数提供集体补助的地方，补助的提供具有极大的随意性和不公平性。如村干部入保可获得几百上千或几千元的集体补助，而普通农民入保却没有享受集体补助，或补助很少。把集体补助当作“职务补助”，是对社会保险的错误认识，不符合社会保障的公平原则，也不利于干群关系。

3. 集体补助对农民参保的激励

在现行政策下，国家的政策扶持作用是通过对集体缴纳保费部分免税进行的，集体补助落实不到位，政府的补助只是一纸空文。农村养老保险费的筹资原则也由规定的“个人缴费为主”变成了实际上的个人缴费。

有关集体补助与农民参保积极性之间关系的定量分析结论显示①：个人缴费与集体补助相关系数为0.7893，保费收入与集体补助相关系数为0.9947，几乎为线性关系，表示集体补助与保费收入相关程度相当高。但值得注意的是参保率一方面与集体补助相关程度高，另一方面又与集体补助比重呈弱相关关系，系数仅为0.2186，这对政策设计提供了一个很好参考价值。此外，参保水平越低，弹性系数越大，意味着较少的补助能大幅度提高农民的参保率，当然这也说明政府的财政支持不可或缺。

具体到参保率与集体补助的数量关系，结论指出：每增加1亿元的集体补助可以使参保率增加5.813个百分点。2002年全国农村从业人员为45577.9万人，如果补助再增加1亿元，则参保人数将增加2649万人（45577.9×5.813%），相当于2002年参保总人数的47%，全国参保率可由11.98%提高到18.2%②。

二、农村养老保险参保方式的转变：由自愿性转向强制性

农民缴费仍然是养老保险制度运行的基础，为自己养老缴费是个人义不容辞的责任。当然对于强制农户参保首先要给出一个范围和对象的界定。强制性并不意味着“一刀切”。考虑到我国农村地区发展差异的客观现实，政策目标、执行强度、筹资水平及相应的保证水平应有地区间的差别。农村养老保险并不是一个孤立的制度，需要其他配套政策的完善。比如说欠发达地区的贫困乡村、贫困农民可以自愿参保，政策重点仍然放在“扶贫”和最低生活保障制度上等等。

---

① 杨燕绥、赵建国、韩军平：《建立农村养老保障的战略意义》，载《战略与管理》2004年第2期，第39页。

② 杨燕绥、赵建国、韩军平：《建立农村养老保障的战略意义》，载《战略与管理》2004年第2期，第46页。

（一）自愿性向强制性转变的必然性分析

《基本方案》之所以采取农民自愿参保的方式，是由当时特定的社会经济条件决定的。政策设计者认为“一方面依法建立制度，强制实施是社会保险的基本特征之一，而目前农村的实际情况是强制实施还不具备条件。”“……需要采取政府组织引导和农民自愿参加相结合的方法来推动工作。①”但他们同时指出“自愿是我国农村建立社会保险发展进程中阶段性的工作方法，而不是社会保险制度发展进程中阶段性的工作方法……就全国而言，在整个发展过程中，是要经历一个由自愿到必须参加的过程”②。当前，农村养老保险实施的客观形势要求参保方式由自愿性向强制性转变。

1. 自愿参保导致政策效果与政策目标偏离

养老保险工作开展过程中，允许农民自愿参保已带来很多负效应，无法避免农民在养老问题上的“短视”与“搭便车”行为，富裕户、年轻人、中年人不愿保，贫困户不能保，还有部分农民存在疑虑而不敢保。农村社会养老保险实施过程中出现的逆选择显然违背作为保险运营基石的大数法则和风险共担原理，致使制度无法随着参保人数的扩大和风险发生率的降低而实现良性循环。政府介入后，强制有条件的农民为将来的老年生活进行储蓄或保险，不但可以减少这种道德风险，而且有助于将社会救济基金真正用在最需要帮助的贫困者身上。

2. 应付老龄化高峰要有足够的基金储备时间

由于农村社会养老保险的投保年龄是20—60岁，按照享受养老保险待遇资格的最低年限计算，从实行投保积累养老基金之日起到享受养老金待遇的最短周期大约需要用15年左右。因此目前我国农村20—45岁的青壮年将是未来老年人口的主要部分，同时也是养老保险的主要缴费人群。只有现在就要求农民强制参加和强制缴费，才能抓住老龄化前的这段黄金时期储备扩充养老基金，应对21世纪中叶将出现的支付危机。

（二）自愿性向强制性转变的可行性分析

1. 农民存在对养老保险制度的需求

人口老龄化的直接后果之一就是养老的绝对需求加大，特别是在中国农村。由于是计划生育重点区域，农村的独生子女户，特别是独女户和双女户在大幅度增加，“4—2—1”的家庭结构在逐渐形成；同时由于农村大批年轻劳动力离开家庭向城市

① 张朴：《关于农村社会养老保险有关理论和政策问题的思考》，载《农村社会养老保险基本方案论证报告》，民政部，1999年，第139—158页。

② 张朴：《关于农村社会养老保险有关理论和政策问题的思考》，载《农村社会养老保险基本方案论证报告》，民政部，1999年，第139—158页。

流动和转移，使得农村的人口老龄化速度更快于城市。而由于农村年轻人生活观念的变化，以及受土地和宅基地分配方式的影响，农村中子女与老年人分户的情况越来越严重，家庭保障岌岌可危。

笔者 2007 年暑期在襄樊市保康、谷城、老河口、襄阳区四县城农村地区的实地调查中发现，大部分种地农民尤其是青年、中年人群都了解农村养老保险，愿意参加“年轻时交钱，老了可以像城里人一样每月领取养老金”的制度。只是他们对于制度的具体方案存在疑虑，而这中的很大部分是可以通过制度设计、制度公信力建设和政府的宣传引导来消除的。

2. 大多数农民具有缴费能力

图 2 是 1991—2005 年间我国城乡居民收入比与支出比。尽管在绝对值上城镇居民的收入要远大于农村居民，但城镇居民收入的提高也伴随着支出的扩大。从比例上看，城乡居民的收支比例相当，并且 1997—2005 年城镇居民的支出比例要快于其收入的增长，可以认为城乡居民剩余可支配收益的比例相当。既然如此，根据农村的实际生活水平，从剩余可支配收益中拿出一部分作为养老之用，对大多数农民而言还是在其承受能力范围内的。

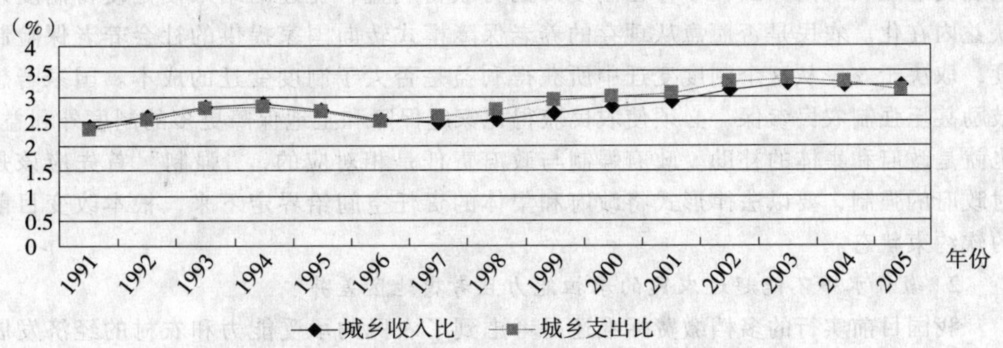

图 2　1991—2005 年我国城乡人民收入比与支出比

注：①城乡收入比指城镇居民人均可支配收入与同期农村居民人均纯收入之比；

②城乡支出比指城镇居民人均消费支出与同期农村居民人均消费支出之比。

资料来源：根据 1991—2006《中国统计年鉴》整理，http：//www. stats. gov. cn/tjsj/ndsj/。

从表 3 可以看出，2003 年中等收入户农民人均纯收入为 2164. 93 元，超过全国城镇居民平均最低生活保障水平 1824 元（全国城镇最低生活保障标准为 152 元/人·月），接近全国城镇实际贫困线 2316 元（全国城镇实际贫困线为 193 元/人·月）①。但大部分农民有土地作为保障，可从土地上获得一定的食物作为补偿，从基

① 洪大用：《中国城市居民最低生活保障标准的相关分析》，载《社会保障制度》2003 年第 10 期，第 27 页。

本生活的保障上比城镇居民占优势，这就为农民参与社会养老保险提供了经济支持。根据2004年统计资料的显示，2003年中等收入以上的农村居民户数占总户数的73.51%，其中高收入户占11.85%。

表3　2003年不同收入组农户家庭基本情况表

分组	低收入户	中低收入户	中等收入户	中高收入户	高收入户
人均纯收入（元）	865.9	1606.53	2164.93	2826.85	5298.58
户数所占比重（%）	6.72	19.75	15.84	45.82	11.85

资料来源：2004年《中国统计年鉴》，http://www.stats.gov.cn/tjsj/ndsj/yb2004-c/indexch.htm，http://www.stats.gov.cn/tjsj/ndsj/yb2004-c/indexch.htm。

（三）自愿性向强制性转变的前提

1. 重新界定三方尤其是政府的补贴责任和范围

农村养老保障从家庭保障和土地保障转向社会化养老保险是制度安排的变迁。制度变迁能实现的原因在于存在制度外的可获得利益，变迁的结果便是使得制度外获益内在化。农民是否愿意从现存的养老保障模式转向国家提供的社会养老保险制度，取决于农民从这个制度变迁中所获得利益是否大于制度变迁的成本。国家若想鼓励甚至强制农民参保，必须使农民获得比家庭保障和土地保障更多的制度外利益，也就是政府和集体的补助。政府强制与政府责任是相对应的，“强制”首先应该是对政府的强制，要以法律形式将政府和集体的责任空间给界定下来，根本改变目前的软约束状态。

2. 缴费水平不能超过农民的承担能力且考虑地区差异

我国目前实行的多档缴费标准还是考虑到了农民的承受能力和农村的经济发展水平。另外针对农民收入不稳定的状况，还允许农民预缴和补缴，这样就具有很强的灵活性。考虑到我国地区发展不平衡的客观现实，个人、集体和政府三方的负担比例也应有所区别。

3. 加强政府的宣传引导作用

至今农村养老保险发展缓慢的一个重要原因就是政策宣传不到位，农民对政策不了解。农民的承受能力包括经济条件承受能力和思想观念承受能力的制约①，后者有可能被忽视，应加大宣传力度和公信力建设，消除农民疑虑。同时，任何政策的建立、更改都会带来摩擦和成本，不能因噎废食。比如我国的计划生育基本国策，推行之初也有很大部分群众不能理解和接受，但实践证明其对于扭转中国人口急速

① 吴凤：《农村社会养老保险要不要“强制”》，载《中国改革报》2004年12月8日，第2版。

膨胀的作用，是利在千秋的。

三、缴费主体经济支持能力分析及资金筹措机制创新

政府和集体的责任再定位意味着补助义务的制度化和补助力度的加大；对农民的责任再定位是指依据各地区的经济状况和农民的不同身份，在有条件的地区和人群中实行强制性参保。然而在责任重新定位中，参与各方的经济支持能力和资金筹措机制是前提保障。

（一）缴费主体的经济支持能力分析

1. 政府财政支持能力分析

（1）“政府财力不足”假定下的问题

政府在农村社会养老保险中缴费责任缺失的一个潜在理由是“政府财政力量不足”。但在承认这一理由的前提下，也存在支出比例偏低、城乡投入不均衡状况。首先是社会保障支出占财政支出比重偏低。根据国际劳工局统计，1996 年美国社会保障支出占联邦财政支出的比重是 48.8%，占 GDP 的比重为 16.5%，德国社保支出占财政支出和 GDP 的比重分别为 52.1% 和 29.7%，法国为 55.3% 和 30.1%，英国为 54.9% 和 22.8%。① 而 2002 年我国社会保障支出占财政支出的比重为 13.41%②，与发达国家相比差距还是十分明显。

其次是城乡投入失衡。据统计，在 1993—2003 年间，农村社会保障支出约占全国社会保障支出的 2%；农村人均社会保障支出约占全国人均社会保障支出的 2.1%—2.5%；农村人均社会保障支出约占城镇人均社会保障支出的 6%—8%③，充分说明了我国农村社会保障问题的严重性。在社保资金投入量一定的情况下，这种重城轻乡的二元社会保障制度实际上是以牺牲农民的利益为代价的，有损社会公平。

因此，即使在“财政力量不足”假定下，如果城乡投入比例合理，政府是能够承担农村社会养老保险缴费责任的。

（2）“政府财力不足”假定不成立

近年来我国财政收入每年以高出 GDP 6%—7% 的速度为国家财政积累财力，财政收入已从 1990 年的 2937 亿元增加到 2006 年 31649.29 亿元④，政府经济承受能力

① 王树和：《转型期中国农村养老保障问题研究》，山东农业大学农业经济管理系，2006 年，第 115 页。

② 根据 2003 年《中国统计年鉴》相关数据计算得出。

③ 刘生华：《农民工社会保障问题》，载《当代经济》2007 年第 1 期，第 42 页。

④ 《2006 年中国统计年鉴》，http：//www. stats. gov. cn/tjsj/ndsj/2006/indexch. htm。

增强。据有关测算，每年只要以财政收入总额的1%—2%就基本上能够解决农村养老保险制度对资金的需求①。可以这样推算：参照城镇职工基础养老金发放标准为上年度职工月平均工资的20%为参保农民养老金标准；农村的劳动力总量为6亿，农民的人均月收入为城镇居民的1/5，即城镇为1000元，农村200元；参保农民的养老金支出总额为：200元×20%×12月×6亿=2880亿元。假设政府按照参保农民缴费额同比例补贴，则政府的财政补贴总额为1440亿元。

2. 集体的缴费能力

（1）产业结构优化创造更大获利空间

2006年，第一产业收入达31896.7亿元，增长7.4%，增速比上年下降0.5个百分点，对农村经济总收入的贡献率为8.9%；第二产业131161.1亿元，增长16.2%，增速比上年增加2.5个百分点，对农村经济总收入的贡献率为73.2%；第三产业31532亿元；增长14.6%，增速比上年增加1.1个百分点，对农村经济总收入的贡献率为16.1%②。第二、三产业的快速发展使农村的产业结构进一步优化。也为集体经济创造了更大的获利空间，不论通过出让集体土地控股分红还是直接创办企业等方式，集体经济所积聚的资金都能成为农村社会养老保险的有益支柱。

（2）乡镇企业的产生和发展壮大集体经济实力

20世纪80年代以来，我国乡镇企业发展迅猛，为经济增长做出了突出贡献，近年来虽然在发展速度上有所下降，但总体上仍与我国国民经济发展趋势相一致，经济运行态势较好。2006年，乡（镇）办企业收入56210.20亿元，比上年增加7692.4亿元，增长15.9%，对农村经济总收入的贡献率为30.8%；村组集体收入18309.16亿元，比上年增加1743.9亿元，增长10.5%，对农村经济总收入的贡献率为7.0%；其他经营收入35268.77亿元，比上年增加6114.7亿元，增长21.0%，对农村经济总收入的贡献率为24.5%；农民家庭经营收入达90451.25亿元，比上年增加9399.7亿元，增长11.6%，对农村经济总收入的贡献率为37.7%③。

但是，正如上文分析《基本方案》规定的集体补助来源合理性时指出的，我国乡镇企业发展仍然呈现东强西弱的格局，东中西部集体经济对于农民参加养老保险补助的能力存在很大差别，因而不能对全国各地区集体经济的补助能力盲目乐观，必须力辟壮大经济实力的新路。

① 安增龙：《中国农村社会养老保险制度研究》，西北农林科技大学，2004年，第103页。

② 农业部经管总站信息统计处：《2006年农村集体经济统计情况分析》，载《农村经营管理》2007年第6期，第44页。

③ 农业部经管总站信息统计处：《2006年农村集体经济统计情况分析》，载《农村经营管理》2007年第6期，第44页。

（二）资金筹措机制创新

1. 政府补贴思路创新——政策补贴划转养老保险基金

不少学者对政府补贴的基金来源进行过研究，观点主要有：分享部分国有资产变现收入和国企利润，给农民以国民待遇①。财政直接出资，如在三方筹资原则中直接承担部分出资责任，又如对农村养老保险管理机构和经办机构，实行全额拨款，避免现行制度从农村养老保险基金中提取管理费的情况。政府让利让税，包括对现行农民的直接税收负担实行轻税或免税政策，对农村养老保险基金筹集和基金运营免征任何税款，对企业支付的养老保险费税前列支以及对农村养老保险基金存储实行特殊利率政策等等②。还有一些辅助筹资方式，如：发行福利彩票、社会募捐、发行专项国债、社会保障基金增值收益等。

以上各种思路有一个共同结果：均会导致财政收入的减少或财政支出的增加。而实践中还存在一种基本无须增加额外财政投入的方式，即考虑财政农业补贴的转化，将原来对农业的支持的一部分补贴，转化为农村养老保险基金的资金来源，补充农村社会保障基金的不足。

国家在取消农业税的同时加大了对农民的补贴力度。2004 年国家开始从粮食风险基金中拿出相当部分资金，对种粮农民实行直接补贴。辽宁省 2005 年实际发放粮食直补资金共计 6.73 亿元，补贴总面积 4819 万亩，共有 623 万个农村家庭受益，平均每户补贴 108 元③。通过补贴政策的支持，很多地方都出现了农民增产增收的大好形势，但在基层也出现了许多良田抛荒的现象，很多农民都有不种田也有钱买粮吃的懒惰思想。将国家财政和地方财政给农民的粮食综合补助款纳入农村养老保险制度既减轻了财政直接出资的负担，也有利于克服农民的短视倾向，实现原有的政策目标。这种思路延续下来，还可以优先考虑农村计划生育“双户”补贴的划转。

2. 集体补助的来源拓展——变革土地流转制度

目前，我们农村采取的土地所有制是农民集体所有制的形式，同时确立了以农村土地承包经营权为核心的家庭联产承包责任制。其中土地承包经营权的法律含义是农村土地承包人对其依法承包的土地享有占有、使用、收益和一定处分的权利，这些权利是村民作为集体组织成员享有的，是其自身生存发展以及提供一部分社会保障功能的法律基础。但是随着经济发展和农业产业化程度的提高，将这些权利固

---

① 宫春子：《关于农村养老保险基金来源及管理的思考》，载《吉林财税高等专科学校学报》2007 年第 1 期，第 45 页。

② 石秀和等：《中国农村社会保障问题研究》，人民出版社 2006 年版，第 133—134 页。

③ 杨忠厚：《辽宁完成粮食直补资金发放工作　惠及 623 万农户》，中国网，2005 年 7 月 4 日，http://www.china.org.cn/chinese/difang/906367.htm。

化，仅仅局限于单个集体组织成员内部已经越来越不适应农业生产以及拓展经营权权利空间的要求。土地承包经营权的流转成为广大农村的一种自发的探索。农村土地承包经营权流转，是指在农村土地承包期内，承包方以转包、转让、出租、入股、互换等方式将承包土地的使用权转移给第三方从事农业生产经营的经济现象。承包经营权流转，不仅可以促进土地的规模经营和集约经营，使我国的农业发展早日跳出小农经济的桎梏，实现农业的产业化，而且其流转过程中对土地权利资产化的彰显，更会给集体组织及其成员带来可以预见的高效益，冲破集体组织和村民个体对缴纳社保养老金经济支持能力不足的瓶颈。

在实践中已经开始探索的流转方式包括出租转让、反租倒包，主要表现为山东模式，这种模式的着眼点是变直接经营土地获取土地基本生活保障为通过土地使用权交易获取间接的土地基本生活保障所需要的物资或资金，具体运作是由集体经济组织出面，将农民的承包地倒租过来，然后以更高的租金出租给其他农业经营者。在集体补助对养老基金经济支持能力不足的情况下，可以考虑从这一部分租金差价中提留一定的比例直接转入村民养老基金，这样不仅可以缓解养老基金不足的现实难题，更重要的是可以促进农村剩余劳动力的转移，减轻集体组织为其组织成员提供养老补助的现实压力。

另外一种在实践中比较成熟的流转方式是入股、以土地换保障，就是通过将土地的资产化特征显现，利用土地资产入股获得社会保障所需要资金或以土地换保障，比较典型的是南海模式。它的特点在于由股份制合作组织直接出租土地或修建厂房再出租，村里的农民出资入股，凭股权分享土地非农化的增值收益。南海土地股份合作组织同时也是土地所有者——村集体组织。代表土地所有者的股份合作组织控制着土地非农用途的转让权，占据了大部分土地增值收益，50%以上的经营收益成了集体资产，归集体组织管理者支配①。这种模式由于组织成员本身参与分红，所以集体组织提供养老补助的经济压力会相对比较小，提高统筹层次和养老水平的空间也会比较大，但是即便如此，也要未雨绸缪，用制度化的方式从集体收益中提取一部分作为养老补助基金，这样才能最大限度的解除组织成员的后顾之忧。值得指出的是这种模式中承诺农民以“股民”身份参与分红，这就对推行这种形式的集体经营者提出了更高的要求，即农民对土地价值不断增值的分利预期。更为现实的，国家出于对粮食安全、生态环境保护的考虑，现行法律限制农业用地转变为建设用地，这也决定了这种模式推广的局限性。

3. *参保农民“农转非”后养老保障解决——参加城镇基本养老保险*

农民年老丧失劳动能力时，一般会将其拥有使用权的土地交由下代耕种，下代

---

① 北京大学中国经济研究中心课题组：《南海模式和昆山模式》，载《南方周末》2007年10月11日，第14版。

用部分耕种收获满足老人的生存需求，可见，土地又承载着养老保障的功能。农民在土地被征用后进入城市，转为城镇居民，也就意味着失去了传统的、稳定的养老保障。这部分群体养老问题的解决应考虑将其纳入城镇基本养老保险制度。基本思路是用土地换统筹账户，原参加的农村养老保险的账户积累额换个人账户，做好与城镇基本养老保险制度的衔接。社会统筹账户户部分基金来自地方政府，从政府的土地收益中列支，一次性缴清15年。而个人账户基金来源是原来参加的农村养老保险制度下的账户积累额。考虑到现行农村养老保险制度缴费水平较低，基金积累较少这一客观事实，除转移原农保制度下养老权益外，个人账户还应该补充集体缴费和个人缴费，这样才能缩小与原城镇居民的积累差距，保障这部分群体老年后的基本生活水平。这种筹资模式的三方出资比例及资金来源可以借鉴当前大部分地区的比例：政府出资部分不低于保障费总额的30%，集体承担部分不低于保障费总额的40%，从土地补偿费中列支；个人承担部分从征地安置补助费中抵缴。对于年龄达到退休年龄（男60周岁、女55周岁）的失地农民，一次性将费用交齐。由于被征地农民的特殊性，他们的收入并不一定都是稳定的，所以对于处在劳动年龄段的“农转非”居民，缴费时间具有一定的弹性，他们可以按月缴纳、按季度缴纳、按年缴纳或者是根据自己的收入情况，决定缴纳时间。由于我国地区经济发展的不平衡，可以在政策允许范围内进行调整。

参考文献

[1] 陈姣娥：《论政府在农村社会养老保险制度中的缴费责任》，载《人口与经济》2006年第3期，第77页。

[2] 福建省农村社保模式及其方案研究课题组：《农村社会养老保险制度创新》，经济管理出版社2004年版，第329页。

[3] 乐章：《现行制度安排下农民的社会养老保险参与意向》，载《中国人口科学》2004年第5期，第46页。

[4] 郑敏：《农村养老保险制度及其经济支持能力研究》，西北大学，2006年，第17页。

[5] 石秀和：《中国农村社会保障问题研究》，人民出版社2006年版，第128页。

[6] 杨燕绥、赵建国、韩军平：《建立农村养老保障的战略意义》，载《战略与管理》2004年第2期，第39页。

[7] 张朴：《关于农村社会养老保险有关理论和政策问题的思考》，《农村社会养老保险基本方案论证报告》，民政部，1999年，第139—158页。

[8] 阳义南、王叙坤：《农村社会养老保险由自愿向强制转变的可行性分析》，载《西北人口》2000年第4期，第6页。

[9] 洪大用：《中国城市居民最低生活保障标准的相关分析》，载《社会保障制度》2003年

第 10 期，第 27 页。

[10] 王树和：《转型期中国农村养老保障问题研究》，山东农业大学农业经济管理系，2006 年，第 115 页。

[11] 陈少晖：《农村社会保障：制度缺陷与政府责任》，载《福建师范大学学报（哲学社会科学版）》2004 年第 4 期，第 34 页。

[12] 安增龙：《中国农村社会养老保险制度研究》，西北农林科技大学，2004 年，第 103 页。

[13] 农业部经管总站信息统计处：《2006 年农村集体经济统计情况分析》，载《农村经营管理》2007 年第 6 期，第 44 页。

[14] 宫春子：《关于农村养老保险基金来源及管理的思考》，载《吉林财税高等专科学校学报》2007 年第 1 期，第 45 页。

[15] 王克强：《中国农村集体土地资产化运作与社会保障机制建设研究》，上海财经大学出版社 2005 年版，第 112 页。

五、其他社会保障问题

QITA SHEHUI BAOZHANG WENTI

Social Security and Economies in Transition

——Experiences from Eastern Europe and South America

Heinz-Dietrich Steinmeyer

1. China has done a great job in developing its economy and is also concerned about the social consequences of this development. The author of this paper has been a close observer of this for the last ten years. But there are still problems ahead

—The demographic problem in social security in general but especially in pensions

—The problem of social security and health care for the rural population

—Law enforcement in social security

—Development of supplementary pensions

—Reducing barriers for free legal movement

China has to find its own ways and means to solve the problems. From the outside there can be help to find the own way and avoiding mistakes already made in other countries.

So there might be introduction of experiences from other countries.

2. The author of this paper has done consulting work in a number of countries in Eastern Europe and South-eastern Europe as well as in South America. The situation in these countries is peculiar from country to country but nevertheless there are similarities and experiences could be shared with other countries. The author has done consulting work on

—free movement of workers and labour law

—free movement of workers and social security law

—improving pension systems

—introducing more participation in policymaking and management of pension funds

—labour market policy and social security

3. Compared to China it is all on a smaller scale since the countries are much smaller but the general situation is similar. There are very advanced regions in a number of countries but also rural areas on a lower level of development. But wortt to discuss the experiences.

4. Problems of these countries are-or have been

—a usually big informal labour market

—low compliance with payment of social security contributions

—generous systems for state employees and less generous for the others

—difficulties to include the rural sector

—management problems in social security

—demographics-aging population

5. Ways to approach the problems are

a. Improving law enforcement

—Perspective:

—full protection of all workers legally employed by avoiding deficits

—improving the attractiveness of formal - legal - labour

—*Example* of a country where all unemployed were covered by free health Insurance and thus it was more attractive to work in the informal rather than the formal labour market

b. Generating social security systems without privileges for certain groups (except financed by themselves)

—Perspective: Increased solidarity

—*Example*: A great number of developing countries which started with covering state employees

c. Creating a sound balance between contributions and benefits by Increasing retirement age rather than using early retirement as a means for fighting unemployment Introducing actuarial reductions in case of early retirement

—*Example*: all industrialized countries, all Eastern European countries

d. Creating special provisions but not special systems for the rural sector

—defining income-problem of non-money-income

—lump sum benefits or income-related benefits

—*Example*: countries with a large rural population - historical experiences in the now industrialized countries

e. Creating supplementary pension schemes

—Tasks

—protecting workers from insolvency,

—sound basis for the operation of funds

—*Example*: Countries in Middle and Eastern Europe

f. Legal free movement of workers-within one country What are the barriers?

—different social security systems or rules

—different rules in case of labour

Solutions:

—harmonization of the rules and/or systems

—co-ordination of the rules/systems

—*Examples*:

European Union with a system of co-ordination of social security systems and harmonization of rules in labour law Reunited Germany-extending the rules and systems of the West to the East

6. China has to find its own way.

—In the long run best way not to have a special system for the rural population but only special rules

—There is need to harmonize systems among the provinces or co-ordinate them

—China should do steps to solve the demographic problems as soon as possible

—Standards for supplementary pension schemes should be established as soon as possible

—Clear rules-also known to the general public-are decisive for a sound functioning of social security

Social Insurance: The United States Social Security System

Robert A. Reuther

Abstract: The Social Security system in the United States was initiated in 1935 in response to social and economic issues caused by the Great Depression. It has evolved through the years and currently assists 50 million people. It is best known for its retirement benefits, but it actually assists surviving spouses and children, as well as disabled workers and their dependents. In spite of recent criticism and cries for reform of the system, it is the nation's most successful and for the most part financially secure social insurance system the country has; it offers a safety net for workers and their families in the event that the primary source of income is lost due to retirement, disability or death.

Introduction

The social security system in the United States was first enacted in 1935 as remedial legislation in response to the Great Depression and as part of President Franklin Delano Roosevelt's New Deal program. The original Federal Act addressed a variety of social problems throughout the country and as stated in the Preamble to the Act:

An Act to provide for the general welfare by establishing a system of federal old-age benefits, and by enabling the several states to make more adequate provisions for aged persons, blind persons, dependant and crippled children, maternal and child welfare, public health, and the administration of their unemployment compensation laws; to establish a Social Security Board; to raise revenue; and for other purposes (Social Security Act 1935).

The system is now over 60 years old and several major amendments have been passed through the years that added and changed the original act by including more occupations, adding dependent and survivors, broadening the coverage, providing medical benefits and establishing the Social Security Administration. Critics of the system say it needs a complete overhaul and often describe it as being in a state of crisis. The biggest dispute is whether it can sustain itself in its current form and provide guaranteed benefits on a predictable formula. The system, like all other government programs needs to be strengthened; however, the current Social Security in the United States is still the best form of social insurance for retirement, disability and medical benefits the country has for the overall well being of its people.

This paper will concentrate on the old-age and survivors insurance, disability insurance, and medical benefits programs. These are the programs which the worker contributes to for the purposes of retirement. It will exclude two other topics under the Social Security Act: assistance to persons in financial need and unemployment insurance because they are not directly related to workers' retirement benefits and are extensive programs themselves. The next part of the paper will explain the current issues and concerns with the program which need to be remedied to assure that the program will be secure in years to come. It will conclude with the author's explanation of why this federal government program is the best retirement insurance available in the United States at this time.

Old-Age and Survivors Insurance

Old age and survivors insurance is partially funded by the worker. Qualification for any of these benefits is determined by a formula which is figured out in three-month quarters over a period of 10 years. This means that a person can only benefit from social security insurance if he or she, or a spouse has been employed for ten year over a lifetime and has contributed to the fund. There are a few exceptions to this rule, but this is the general premise under which a person is eligible. Each quarter is worth a credit, and in a person's lifetime 40 credits are necessary to qualify for most benefits. The quarters require a minimum amount of wage per time period to qualify. Each year the minimum amount is increased. For example in 2006, the minimum amount was $ 970 for a quarter; the minimum in 2007 is $ 1000, and in 2008 it will be $ 1050 (Social Security Online Press Release 2008).

Once a person qualifies for old age retirement benefits, he or she can choose to retire at age 62 for a reduced amount, or receive the maximum benefit at age 65—if a person was born on or before 1938. If a person was born in 1939 or after, the maximum benefit increases according to a sliding scale of two additional months for each birth year until age 67 is reached. For example, if a person was born in 1939, he or she does not qualify for full retirement benefits until two months after his or her 65th birthday. If a person was born in 1940, full benefits will not begin until four months after the 65th birthday, and the sliding scale continues with an increase in two months per year. Eventually, by the year 2015, full Social Security benefits will not be available until age 67. Benefits are based upon the number of quarters worked and the amount of tax paid into the system over time in an individual's working life.

The employee tax rate for in 2006 and 2007 is 6. 2 percent of a person's gross pay and will continue at this same rate in 2008. The employer withholds this amount from a person's wage and then the employer is obligated to contribute 6. 2 percent as well—that is, to actually match what the employee has paid. When combined, the Social Security tax rate for both employee and employer is 12. 4 percent. People who are self employed must pay the total tax rate of 12. 4 percent themselves. A wage base limit has been set, so that in 2007 a person pays Social Security tax until he or she earns the set amount of $ 97500; after earning the determined amount, no tax is withheld. This amount will be increased to $ 102000 in 2008 (Online Press Release 2008).

Spouses of a worker age 62 or older (male or female) are also entitled to benefits if the worker is entitled to benefits based on the contribution of the employee and employer. A spouse is entitled to one half of the worker's benefits; if the worker dies, the spouse is entitled to the worker's full benefits. However, if a spouse has worked and has qualified for a pension of their own, the spouse can elect to receive either his or her own pension or that of the spouse. The spouse will always choose the highest benefit. Divorced spouses are entitled to benefits if the marriage lasted ten years. Children of a retired worker are also entitled to some benefits.

Social Security Dependants' Benefits are payable to your unmarried children under age 18, or age 19 if they're still in high school, or to your children age 18 or over who were severely disabled before age 22 and who continue to be disabled. Benefits can continue to be paid into adulthood if your child has a disability that began prior to age 22 (Social Security Administration Qualify and Apply).

Unlike most American private pension benefits have an inflation adjustment. Since 1973, an automatic cost-of-living adjustment (COLA) has been made each year. In 2006, the increase was 4. 1 percent; in 2007 the increase was 3. 3 percent; and in 2008 the increase will be 2. 3 percent. (Social Security Online Press Release 2008) "In general, the COLA is equal to the percentage increase in the Consumer Price Index for Urban Wage Earners and Clerical Workers (CPI-W) from the third quarter of one year to the third quarter of the next" (Social Security Cost-of-Living Adjustment).

The Social Security program is based upon a pay as you go model by taxing present employees and using these revenues to pay current benefits (Coronado & Smith 2005). The revenues collected from the wage withholdings are transmitted to the Department of the Treasury. Two trust funds have been established: Old-Age and Survivors Insurance (OASI) and Disability Insurance (DI). The Department the Treasury maintains the two trust funds and is responsible for: (1) Keeping track of the revenues and expenses, and (2) Automatically paying benefits and administrative expenses for each fund without legislation. The program is overseen by the Board of Trustees of the Social Security program who report to the United States Congress annually concerning the Trust Funds' finances and actuarial statistics (Social Security Online, Trust Fund Data).

Revenues not used to pay immediate benefits and expenses are invested on a daily basis in non-market treasury "special issue" securities backed by the full faith and credit of the United States. Each security is given an interest rate determined by a formula at the beginning of the month. (Social Security Online, Trust Fund Data, Trust Fund FAQ) The rate for each month is the average market yield on marketable interest bearing securities of the federal government. The securities are not callable until after four years from the last business day of the prior month, the day when the rate is determined. The average yield is rounded off to the nearest eighth of one percent. (Social Security Online, Interest Rate Formula) Interest is paid to each funds' securities semi annually at the end of June and December. Funds are redeemed at their face value with interest and not at a market determined value. They therefore never lose or appreciate in value. The treasury places the money into the General Fund of the United States and the monies can be used for any federal government purpose (Trust Fund Data, Trust Fund FAQ).

Each fund has a different rate of interest due to separate revenues and expenses. For example in 2005, the effective rate of interest for Old-Age and Survivors Insurance (OASI) was 5.4 percent and the rate of interest for Disability Insurance (DI) was 5.5 percent. The combined figure was 5.5 percent. (Trust Fund Data, Effective Interest Rates). The amount of revenues for both funds was \$ 931.9 billion and the expenses were \$ 759.4 billion, or a net increase of \$ 172.5 billion (Trust Fund FAQ), The 2007 Annual Report of the Board of Trustee states that in 2006, the OASI fund increased by \$ 181.3 billion and the DI fund increased \$ 8.2 billion. The assets of the OASI fund at the end of 2006, was \$ 1844.3 billion and the DI fund's assets were \$ 203.8 billion.

Disability Benefits

The Social Security disability provision of benefits is an extension of the retirement program established to provide benefits for total disability before the standard age of retirement of 65. The person must be unable to work based upon a medical condition and the disability must last, or be expected to last at least one year or to result in death. A wage earner must be disabled for five full months before he or she can receive the benefit. The applicant wage earner must have the appropriate number of qualifying quarter credits. The credits range on a sliding scale from six quarters in three years for a person whose age is less than 24, to 40 quarters for a person 62 or older. Once the wage earner receives benefits they continue until age 65, and then the benefits automatically convert to retirement benefits at the same rate. The cost of living provision also applies to disability benefits and Medicare benefits (Social Security Online-Disability & SSI).

Certain family members can also receive benefits after the disabled worker has received his/her benefits: spouse, divorced spouse, and children who fit in defined categories. The benefits for qualified recipients in this group are 50 percent of what the worker receives; the total combined benefits for spouses, divorced spouses, and children may not exceed 180 percent of the worker's disability pension.

Medicare Benefits

In addition to Old Age and Survivors Insurance, Social Security also includes Medicare.

Medicare was originally signed into law on July, 30, 1965, by President Lyndon B. Johnson as amendments to Social Security legislation. In order to qualify for full Medicare benefits, individuals or their spouse must have worked for at least 10 years in Medicare-covered employment and be at least 65 years old and a citizen or permanent resident of the United States. Individuals under 65 can also be eligible for Medicare if they are disabled or have chronic kidney disease and have been receiving Social Security disability benefits for at least 24 months.

Medicare for retired or disabled people who receive Social Security benefits includes four parts—A, B, C and D. Part A provides for inpatient hospital care, nursing care, and other services. It is provided to every retiree who has credit for 40 quarters. Part A is available in 2008 for retired workers who have 30 to 39 quarters of credit for a monthly fee of $ 233 a month; for retired workers who have less than 30 quarters, the payment is $ 423 a month (Medicare Premium and Coinsurance Rates for 2008). Part C is a plan that provides all medical services through one private plan, and Part D is a prescription drug coverage plan.

Medicare Part A

Part A is financed by a tax on the current wage earners and employers (Social Security Administration Answers). Presently a tax on wages is imposed on the employee and employer at 1.45 percent, or a total of 2.9 percent which is collected and paid by the employer. There is no ceiling for the tax and it is imposed on all wage income (Internal Revenue Service Publication 15). However, high wage earners can exclude themselves by contractual arrangements such as by receiving stock options and other benefits that are not wages.

In 2007, the recipients of Part A must pay the first $ 992 of hospital medical costs, called a deductible, when admitted as an inpatient. In 2008, this deductible will increase to $ 1024. This amount covers the first 60 days of inpatient care. If individuals stay in the hospital between 61 and 90 days, they are obligated to pay $ 248 per day; in 2008, this amount will increase to $ 256. Each day beyond 90 days, the cost increases to $ 496 per diem; in 2008 that amount will be $ 519. (Medicare Premiums and Deductibles for 2007, and 2008). Part A also covers the complete cost for the first 20 days in a skilled nursing home; for days 21 through 100, the person must pay $ 124 per day and will be increased to $ 128 a day in 2008.

Medicare Part B

Part B is a voluntary program for the qualified retired or disabled worker over 65. It covers nurses and doctors' services and products not covered under Part A, primarily for outpatient care. It includes outpatient hospital visits, and other medical services such as x-rays, blood transfusions, renal dialysis and chemotherapy as well as supplies like canes, walkers, oxygen, artificial limbs and other necessities.

Part B is financed about 25 percent by monthly premiums and about 75 percent from general fund revenues Of the United States Treasury (National Committee to Preserve Social Security and Medicare). In 2006, the monthly payment for the recipient was $ 88.50, but was increased in 2007 to $ 93.50. This amount is for individuals receiving $ 80000 or less in income or less than $ 160000 for married couples. In 2008, the amount will increase to $ 96. 40. The Medical Prescription Drug Improvement, and Modernization Act of 2003, increased the cost for higher income individuals. There is a sliding scale for higher incomes with a maximum of $ 161. 40 for individuals with incomes above $ 200000 or for couples above $ 400000. By law subsequent increases cannot be more than the cost of living adjustment (Medicare Premiums and Deductibles for 2006). In 2007, Part B requires the recipient to pay the first $ 131 deductible, before the coverage begins. After the final bill is received, Medicare will pay 80 percent of the outpatient cost beyond the $ 131. The deductible will be raised to $ 135 in 2008 (Medicare Premiums and Coinsurance Rates for 2008).

Medicare insurance is sometimes coordinated with private insurance carried by the worker or provided by the previous employer of the retiree. What Part A or Part B does not cover, the private insurance coverage will handle. However, coverage elected under Part B will lower the cost of the private coverage. If private insurance coverage is paid by the retiree's employer, the retiree may receive a refund by the former employer. Generally speaking, it is cost effective to participate in the elective Part B even if one has private insurance.

Medicare Part C

Part C is called the Medicare Advantage Plan and allows the individual to transfer coverage of Part A and Part B to a private health company. Approved Health Maintenance Organizations (HMO's) and Preferred Provider Organizations (PPO) provide the coverage for this purpose. The individual must have coverage under both Parts A and B to participate in Part C. The premium for Part B and the coverage costs under Part A are transferred to the company. The company must provide the same or more coverage than is provided under Parts A and B. In some cases, these carriers may provide more coverage such as vision, dental, and hearing services. They may have prescription drug riders for an additional fee.

Medicare Part D

The Medical Prescription Drug Improvement, and Modernization Act of 2003, amended the Social Security Act to provide for voluntary medical prescription drug coverage for retirees over 65 and disabled workers. Everyone with Medicare is eligible to join an approved medical prescription plan or an approved Medical Advanced Drug plan under Part C. Premiums in 2007 may not exceed $ 265 a month. The purpose of this plan is to protect an individual against unexpected high drug expenses. Part D may be advantageous to individuals who do not have a drug provision rider to a private insurance policy. In many cases, the cost of private insurance policies is equal or better than Part D's drug coverage.

Individuals with limited incomes and assets may apply for government subsidies up to $ 3300 a year. To qualify, an individual's income must be under $ 15315 or $ 20535 for a married couples. Resources such as bank accounts, stocks, and bonds for an individual may not exceed $ 11710 and $ 23410 for a married couple. A person's house and automobile are excluded in the determination of assets (Social Security Administration Publication No. 05—10506).

Current Concerns with the Program

The current Social Security program is presently under attack in three areas:

1) Projections have been made that in the future the program will not be self funding and alternatives need to be created to more effectively finance the funding; 2) The current program discriminates in benefits against woman; and 3) The program does not apply to everyone who is working or has worked. Thus certain groups are excluded from benefits.

Funding Projections

American workers have traditionally had three sources of income: Social Security, employment sponsored pension plans, and personal savings. The only one that is a federally administered program is Social Security and that consists of the three components of disability insurance, retirement insurance and survivors insurance. President George H. W. Bush himself has recognized the importance of this federal program and what it encompasses.

Social Security was one of the great moral successes of the 20th century by providing a critical foundation of income for retired and disabled workers. For one-third of Americans over 65, Social Security benefits constitutes 90% of their total income (The White House).

According to the 2007 Annual Report of the Social Security Commission, the expenditures of the Social Security System will exceed revenues in 2017. By 2041 the fund will not be able to fully meet its obligations. Alternatively, the nonpartisan Congressional Budget Office predicts solvency in the Social Security fund until 2051. The 2007 Annual Report states that Part A of Medicare (hospital) fund will not be able to meet its obligations after 2019. Parts B and D of Medicare are partially funded by the individual's premiums and consequently have less of a solvency problem.

The 2007 Annual Report recommends that the Social Security tax be immediately raised by 16 percent and that benefits are reduced by 13 percent or some combination of the two. The basic problem is that Social Security is a "pay-as-you-go" or self funding insurance. In the future disbursements will exceed revenues. In 1950, sixteen workers supported one retiree. That number has increased to 3. 3 workers supporting one retiree in 2007. It is projected that by 2030, 2. 1 workers will support one retiree. The decrease in the number of contributions by supporting workers is a major part of the problem.

Several proposals for correcting the projected future deficits have been made. One is to make technical adjustments to the consumer price index which is used to measure the yearly cost of living inflationary adjustments. These proponents are of the opinion that this index does not really measure inflation correctly. Some argue that the tax needs to be raised. Many argue that benefits need to be decreased. Others propose that the funds received over expenses should not be borrowed and put into the general fund. They believe that excess funds should be put in stocks and bonds. The critics to this proposal state that this government intervention would create political influence on the economy. Some would like to put all or part of the tax into personal savings accounts. The individual would then have some control over the accounts investment.

President George H. W. Bush has stated that he will listen to any good idea that does not include raising payroll taxes.

Fixing Social Security permanently requires a candid review of the options. Over the years, many people from both parties have offered suggestions such as limiting benefits for wealthy retirees, indexing benefits to prices, instead of wages; increasing the retirement age; or changing the benefit formula to create disincentives for early retirement. All options are on the table (The White House).

The Bush program calls for putting part of the payroll taxes into personal savings accounts. These accounts would be created voluntarily by the individual. The account funds would be invested in conservative stocks and bond accounts. The amount of the contribution has not been stated. However, two problems exist: 1) This does not solve the deficit problem, and 2) These funds fluctuate according to market conditions and there is no fixed amount to determine the exact future amount to be received from any annuity.

Discrimination in Benefits to Women and Children

The subject of women's benefits is an important issue in Social Security. Today 60 percent of Social Security recipients over 65 are women. Woman over 85 receive 72 percent of the benefits. Women who are widowed, divorced, or never married compose 44 percent of the population. When this group reaches 65, they will rely 90 percent on Social Security for income (National Partnership for Woman and Families).

The Social Security system is gender neutral in its provision of benefits to men and women. However, the present application in the American work culture does result in inequality for a number of reasons. First of all, the original program in 1935 was based upon different demographics than the current composition of American society. The program was based upon one wage earner, a man, and it was assumed at that time that women were homemakers. Because homemakers are not wage earners and do not pay taxes they were entitled to one half of their husband's Social Security. The couples combined benefits are then 150 percent of the one wage-earner recipient. Upon the worker's death the spouse will receive the worker's full benefits which replace the one-half spousal benefit.

Today more women work in the labor market than ever before, and they are contributing to Social Security; the numbers are increasing annually. Upon retirement, they may receive one half of their husband's Social Security or their own benefits based upon their earnings. If they elect their husband's because it is higher, or if they have not worked 10 years to qualify, they receive nothing for the Social Security tax they themselves have paid into the system. Frequently, the working wife has a lower income during the years she has worked due to several factors including part-time status, less opportunity to invest in savings plans, and spending less time in the work force because of raising families and taking care of aging parents. A study in 2005 revealed that the national wage for working women was 77 percent that of men. Thus the system has brought about a tax that was intended to provide benefits to all, but it fact leaves women questioning whether they are receiving an adequate return on the contributions they have made to Social Security.

Another inequity arises if a woman homemaker becomes disabled, because she is not likely to have the required number of years paid into the Social Security system to qualify for a disability pension. If she does qualify, she most likely will have less qualifying quarters and lower wages than a male in similar circumstances. Consequently her benefits will be less than a man's.

In the 1930s, divorce rarely occurred. Today, 50 percent of marriages in the United States end in a divorce and 60 percent of remarriages end in a divorce. Under the present rules of Social Security, divorcees are entitled to spousal benefits upon the worker's retirement only if the marriage lasts 10 years. A woman who has not been married for 10 years will lose the spousal Social Security benefit. If the divorced spouse remarries before age

60, she loses the spousal benefit as well. If divorced spouses take on a new relationship, the law discourages marriage. Social Security provides benefits to surviving spouses and children if the marriage has lasted nine months. The benefits are based upon the assumption that the surviving spouse (usually a woman) will remain unemployed and be at home with the children. If the surviving spouse is under 65, is employed and earns over $ 12960 a year, the spouse's benefits will be reduced one dollar for each two dollars earned over that amount. The amount will be increased to $ 13560 in 2008. If the survivor's income tax rate is the lowest rate at 15 percent, combined with the Social Security tax rate of 12.4 percent and Medicare tax of 2.9 percent, the earnings over $ 12480 marginal tax rate is 80 percent. Therefore, the individuals' ability to earn is limited because of the combined heavy taxes. This produces an incentive not to work.

Individuals Not Covered by the Program

The Social Security system basically applies to those who have worked and contributed to the program for 10 years or more. The time period for qualification excludes those people who have worked beyond the borders of the United States and to those unmarried people who have not worked for the required period. Self employed individuals whose business does not produce a profit, pay no taxes and are not given credit for their work. As a result, they do not meet the quarterly amount of income. The Federal Government and 15 states have exempted themselves from Social Security. These employees therefore do not qualify for the program. Several of the states have large populations such as California, Illinois, Ohio, and Texas. The employees exempted are public school employees, firefighters, police, social workers, and other civil servants. The theory is that their pension is higher than and replaces it. At one time this may have been true, but not today; private pensions are equal to or exceed government pensions.

Two amendments have been passed which drastically limit benefits. In 1977 Congress enacted the Government Pension Offset (GPO). Those people who retire after December 1982, and work for the federal government, or a state or local government, which are not covered by Social Security, cannot receive a spousal benefit. The only exception is that amount of the spousal pension exceeding two thirds of the non taxed pension will be allowed.

In 1983, Congress enacted the Windfall Elimination Provision (WEP). This act reduces the earned Social Security benefits of individuals who receive a public pension from a job not covered by Social Security. It affects people who worked both as public employees in jobs not covered by Social Security and in jobs in which they earned Social Security benefits. It reduces the factor by which average earnings are multiplied to determine Social Security benefits. In other words, it causes employees outside the system to lose a significant portion of their Social Security benefits. All persons who receive a pension from a non taxed government entity after 1985 will only be eligible for 60 percent of benefits earned from another employer. The only exception and exemption is if a person has received 30 years or more credits in a Social Security taxed job.

All the public employees in this group, besides not receiving pension benefits from are not eligible for Medicare benefits, except Part A, for which they must make monthly contributions. They are excluded from the medical benefits of Social Security and in most cases they can not duplicate the coverage at the same cost or less from private carriers.

Best Form of Social Insurance

The three-legged stool has been considered the basic model for retirement in the United States since the late 1940s. It is a metaphor that has been used to describe saving for the future and one's retirement. One leg is Social Security, another is the company pension plan and the third is personal savings. In reality, however, in the 21st century, more and more people depend on Social Security as their primary source of retirement income. Company pension plans are becoming a thing of the past, and saving money is nearly impossibility for many Americans, especially those who live near or below the poverty level. The current Social Security system serves most working Americans adequately. It is more than just a retirement program. "It is a family income protection program that reflects the commitment of the country to the economic security of workers, retirees and their families" (AARP). It serves as an anti-poverty program and it covers a person's lifespan.

Although the system has been under attack in recent times and reformers are looking at options to change the system or improve it, including privatization, the current system contains many benefits that should be maintained and strengthened. The most important of these benefits include full cost-of-living adjustment, guaranteed lifetime benefits, a progressive benefit formula, spousal and widow benefits, and survivor benefits. Any improvements that need to be made should maintain these guaranteed benefits and consider the inequities in the system as well.

In 2007, almost 50 million Americans—retired, disabled and survivors will receive over $ 585 billion in Social Security benefits. The average benefit for a retiree this year is $ 1050 month. A disabled worker receives $ 979 a month, and survivors of workers receive $ 1012 (Social Security Fact Sheet). The Social Security retirement fund provides

41 percent of the income for the elderly. Since the inception of Social Security and Medicare, the elderly below the poverty line has fallen from 35 percent to 10 percent.

Medicare has provided $ 180 billion a year in benefits under Part A, and $ 150.3 billion a year under part B. Part D provides the retiree or disabled worker with limits on drug costs per month. There is also a subsidy for certain low income workers of up to $ 3300 in benefits a year.

To a young worker with a family, Social Security has been said to be the equivalent of an insurance policy of $ 400000 and a disability insurance policy of $ 350000. Without Social Security these benefits would not exist (National Center for Policy Analysis).

Social Security unlike many pension annuities and personal savings lasts a lifetime. The defined benefits and investment have made the program not subject to private market conditions. As a result there is no negative fluctuation in value of the assets or benefits. One can predict the benefits. In fact, unlike most annuities, there is a cost of living provision which protects the benefits from inflation. Thus the benefits over time will increase but not decrease. Furthermore, there is a safety fact in that it is administered by the Federal Government and the benefits will be there. There is more stability in the longevity of the American government than a private company or organization. Private organizations can go out of existence, go bankrupt, or limit liabilities in other way such as reorganization.

Conclusion

Over forty-seven million Americans receive Social Security benefits (Fact Sheet: Social Security). The majority of these people receive retirement benefits and more than a third of Social Security beneficiaries are survivors of deceased workers, spouses and children of retired or disabled workers, or disabled. Because Social Security's insurance payments are adjusted annually to protect against inflation, beneficiaries are assured of protection that would rarely be possible with private insurance. Without Social Security, nearly half of aged beneficiaries would live in poverty. There is no doubt that the current system needs to be strengthened and improved; however, at this point in time, the program is efficient and effective and does not need to be replaced. It is a valuable asset and the challenge to Americans and its government is to address the shortfalls of the program, take substantial steps needed to insure its continuation and create a system where all people win when it comes to Social Security benefits. The future of the program rests in the hands of the American people, the Congress and the President.

References

[1] American Association of Retired Persons (AARP), "Social Security: real issues, real people", Available: www. aarp. org/money [Oct. 2, 2007].

[2] Coronado J. L. & Smith P. A. (2005 September), "Social Security at 70: issues, and alternatives", *National Tax Journal*. 58 (3), 505—522. Retrieved March 8, 2006 from Gale Group Database.

[3] Department of the Treasury, "Internal Revenue Service", *Publication* 15, *Employer's Tax Guide*, Available: www. irs. gov/efile [September 5, 2007].

[4] "Fact Sheet, Social Security. Alliance for Retired Americans", Available: www. retiredamericans. org [October 2, 2007].

[5] Medicare Premiums and Deductibles for 2008, "Center for Medicare and Medicaid Services", Available: Medicare and Medicaid Fact Sheets at www. cms. hh s. gov/apps/media/fact Sheets. asp [Sept 15, 2007].

[6] "National Center for Policy Analysis", Available: http: //www. ncpa. org/ [October 24, 2007].

[7] National Committee to Preserve Social Security and Medicare, "Facts about medicare", Available: www. ncpssm. org/medicate/fastfactm [October 12, 2007].

[8] "National Partnership for Woman and Families", Available: www. national. partnership. org [October 23, 2007].

[9] "Social Security Act 1935", Available: www. ourdocuments. gov. [Sept. 8, 2007].

[10] Social Security Administration Publication No. 05—10506 (June 2007), Available: www. socialsecurity. gov [Sept. 28, 2007].

[11] "Social Security Fact Sheet 2007", Social Security Press Release. Available: www. ssa. gov/pressoffice/factsheets/colafacts2007. htm.

[12] Social Security Online, Administration Answers, Available: www. socialsecurity. gov [September Social Security Online. Cost of living adjustment. Available: www. ssa. gov/oact. cola/latestcola. html [September 29, 2007].

[13] Social Security Online, Disability & SSI, Available: www. ssa. gov/d&sl [March 16, 2006].

[14] Social Security Online, Disability and SSI, qualify and apply, 2005, Available: www. ssa. gov/d&sl. html [September 29, 2007].

[15] Social Security Online, Interest Rate Formula, Available: www. ssa. gov/oact/progdata/interestrateformula. html [October 18. 2007].

[16] Social Security Online, Press Release 2008, Available: http: //ssa. gov/pessoffice/pr/2008cola-pr. html [October 10, 2007].

[17] Social Security Online, Trust Fund Data, Effective Interest Rates, Available: www. ssa.

gv/oact/progdatta/effectove [March 16, 2006].

[18] "The 2007 Annual Report of the Board of Trustees of the Federal Old-Age and Survivors Insurance and Federal Disability Insurance Trust Funds", Available: http: //www. ssa. gov/oact/tr/tr07/ [October 24, 2007].

[19] The White House. Focus, "Social Security", Available: www. whitehouse. gov. focus/socialsecurity [October 23, 2007].

[20] SSA Publication No. 05—10045, January 2007, ICN 460275 , Windfall Elimination Provision of 1983, Available: www. socialsecurity. gov/WEP. [August 15, 2007].

[21] U. S. Department of Health and Human Services, "Medical prescription drug improvement and modernization act of 2003", Available: www. hhs. gov [Aug. 28, 2007].

[22] U. S. Department of Health and Human Services, "Medicare premiums and coinsurance rates for 2008", Available: www. hhs. gov [October 7, 2007].

[23] United States Government Accountability Office, "Government Pension Offset Reform Act of 1977", Available: www. gao. gov [Sept. 3, 2007].

澳门社会政策中社会保险的缺位及修复

鄞益奋

（澳门理工学院社会经济与公共政策研究所）

摘　要：澳门的社会政策是一个以社会保障基金的供款式援助和社会工作局的非供款式援助为核心的双层保障体系。文章采用社会政策的分类分析，从社会保险、社会救助和社会福利几个方面对澳门的社会政策进行了总体性的描述，认为澳门社会政策中不存在真正意义上的社会保险，社会保障基金形式上虽然符合社会保险的基本规定，但本质上却违背了社会保险的根本精神，需要注入社会保险的社会再分配原则和责任分担原则对澳门社会保障基金进行制度重构。

关键词：社会保障基金　社会保险　社会救助　社会福利

当前澳门的社会政策正处于关键的历史转型阶段，社会保障成为澳门经济发展后首当其冲的经济社会问题。在澳门的经济发展取得举世瞩目的成就之时，澳门社会各界普遍要求提高社会福利水平，共享经济发展成果。然而，澳门经济发展的对外依赖性以及社会保障水平"能升不能降"的刚性发展定律决定了，澳门社会保障水平的提高需要建立在审慎分析的基础之上。在社会各种提高福利水平的利益诉求面前，澳门政府除了要加大资源投入、提高相应的福利水平之外，更重要的是应该检视当前澳门社会保障制度所存在的问题，谋求社会保障制度的完善，实现资源的合理配置和优化配置。

一、澳门社会政策的基本轮廓

社会政策是一个内容非常复杂的体系，学者们对于社会保障、社会福利等概念之间的包容关系至今仍然存在一定程度的分歧。但就总体而言，一般的看法是把社会保障（social security）看成是一个包含社会保险（social insurance）、社会救助（social assistance）、社会福利（social welfare）的体系。依照这种分类方法，社会政策是一个包括社会保险、社会救助、社会福利在内的综合体系。因此，可以通过对澳门的社会保险、社会救助以及社会福利的总体把握来对澳门的社会政策进行一个轮廓性的描述。

（一）澳门社会政策中的社会保险

社会保险是“以劳动者为保障对象，以劳动者的年老、疾病、伤残、失业、死亡等特殊事件为保障内容的一种生活保障政策，它强调受保障者权益与义务相结合，采取的是受益者与雇用单位等共同供款和强制实施的方式，目的是解除劳动者的后顾之忧，维护社会的安定”。① 其中，以劳动者为保障对象、保障者权益与义务相结合、共同供款、强制性供款是社会保险的基本特征。

澳门社会保险主要由“社会保障基金”这一机构来承担。澳门社会保障基金是以劳动者为保障对象的一种强制性供款式制度，在基本规定上隶属社会保险的范畴。首先，澳门社会保障基金是以劳动者作为保障对象的，澳门社会保障基金的宗旨就是“加强对澳门雇员的保障”，而且，涉及的保障包括养老金、疾病津贴、残疾恤金、失业津贴等多方面的内容。其次，澳门社会保障基金严格体现了保障者权益与义务相结合的原则，规定了缴费是受益的前提条件，澳门社会保障基金是一种共同供款的制度，当前的澳门社会保障基金规定的供款金额是每人每月45澳门元，其中30澳门元由雇主支付，15澳门元由雇员支付（在自愿供款中，45澳门元全部由受益人交付；非本地雇员供款中，45澳门元全部由雇主交付）。最后，澳门社会保障基金是一种强制性的供款，澳门社会保障基金制度规定，除自愿供款及自雇劳工供款外，所有雇主均须为其雇员向社会保障基金登记及供款。

（二）澳门社会政策中的社会救助

社会救助的内涵，是指国家与社会面向由贫困人口与不幸者组成的社会脆弱群体提供款物救济和扶助的一种生活保障政策，它通常被视为政府的当然责任或义务，采取非供款、无偿救助的方式，目标是帮助社会弱势群体摆脱生存危机，维护社会秩序的稳定②。可见，社会救助是面向贫困者的一种救济活动，采取的是一种非供款式的、无偿给予现金或实物的形式。社会救助形式的社会政策又被称为“保护性社会政策”。从人类历史的发展脉向来看，社会救助是社会政策最早的表现形式，社会政策是由社会救助发展而成的。

澳门社会救助的功能主要由社会工作局来承担和履行。澳门社会工作局信奉平等、效率、互助和参与四大原则，其核心宗旨在于通过提供金钱、物质的方式或技

① 郑功成：《社会保障学——理念、制度、实践与思辨》，商务印书馆2004年版，第18页。
② 郑功成：《社会保障学——理念、制度、实践与思辨》，商务印书馆2004年版，第15—16页。

术支援，向有经济贫困情况的人士及团体提供社会援助①。社会工作局的社会救济功能主要体现在个人及家庭服务中的经济援助，经济援助又分为一般性经济援助、弱势家庭特别援助、偶发性经济援助和敬老金。其中，一般性经济援助的对象是“因缺乏或收入不足而需要协助其获得基本的生活条件的个人或家庭”；在一般性经济援助的基础上，社会工作局除每月向处于最低维生指数以下的个人或家庭发放定期津贴外，亦为单亲、残疾人士和长期病患者家庭提供特别援助；此外，社会工作局为因突发事故而陷于困境的个人或家庭提供偶发性经济援助，为年满65岁的澳门特别行政区的永久居民提供敬老金。

（三）澳门社会政策中的社会福利

由于在历史上西方国家的社会福利与慈善事业和济贫活动有着千丝万缕的关系，因此对于社会福利与社会救助、社会保障的关系有着各种不同的理解。这里强调指出的是，社会福利是与社会保险、社会求助并行的、在社会保障下面的一个子概念。社会福利既不同于面向劳动者保障的社会保险，也不同于面向贫困者的社会救助，而侧重于向全体公民提供普惠的保障（尤其是精神保障、服务保障的层面）。“社会福利不单是为了保障社会成员的基本生活，或解除社会成员的后顾之忧，还在于促使社会成员的生活质量不断得到改善和提高，满足诸如教育文化等方面的需要，其供给主要是以提供服务的方式，是服务保障的层次。”②

澳门社会工作局除了履行社会救济的功能之外，还肩负着提供社会福利服务的重任。在社会工作局的历史发展过程中，社会工作局的工作从单一的救济服务朝向多元化的社会服务的方向发展，具体包括儿童及青少年服务、复康服务、长者服务、防治药物依赖服务等。此外，澳门的慈善性社团也承担了相当部分的社会福利工作，包括同乡会、基金会、街坊会、互助会等在内的社团，广泛参与到澳门的社会福利和慈善活动，形成政府之外一支重要的社会福利提供队伍。

从社会政策的一般分析可见，澳门社会政策是一个比较完善的体系，涵盖了社会保险、社会救助、社会福利三部分的内容。其中，社会保险对应于澳门社会保障基金提供的供款式经济援助，社会救助对应于澳门社会工作局提供的非供款式经济援助，社会福利对应于社会工作局提供的服务援助。

二、澳门社会保障基金对社会保险精神的偏离

如上所述，澳门社会保障基金是针对雇员生活保障的一种制度设计，坚持受益

① 澳门社会工作局网站，http：//www. ias. gov. mo/web2/gb/index－g. htm。

② 郑功成：《社会保障学——理念、制度、实践与思辨》，商务印书馆2004年版，第21页。

者权利与义务结合的原则，实行共同供款和强制供款的方式，这些特征符合社会政策中社会保险的基本属性规定。然而，从澳门社会保障的具体运行来看，它并不是完全意义上的社会保险，澳门社会保障基金中缴费与收入不相关、缴费与收益高比率、保障项目覆盖过多等方面的制度规定表明了，澳门社会保障基金在实践过程中出现了对社会保险精神的偏离，违背了社会保险中的社会再分配原则和责任分担原则。

（一）对社会再分配原则的偏离

就社会保险的基本特征来看，在社会保险的缴费上，高收入者需要交付更多的保费却不一定能够获得更多的收益。这个特征事实上是实现社会保险再分配功能的前提条件。在一般的社会保险制度设计中，高收入者比低收入者要缴付更多的供款，而其所得收益却不一定与供款额有直接关系。与商业保险不同，社会保险的给付坚持最低保障原则（社会适当原则），主要是针对危险事故发生时所提供的维持基本生活水平的给付。因此，在社会保险中，缴纳较高保费者并不能得到更多的收益，而只是得到最低生活水平的保障。通过这种制度安排，政府利用高收入者的部分供款来补贴低收入者的福利，以此来纠正市场一次分配所带来的不公平结果，从而达成消除绝对贫困、缩小贫富差距、维护社会平衡和稳定的目的。

因此，缴费水平与收入水平直接相关联，是社会保险的重要特征和基本原则，有学者把其称之为“费用合理性原则”，即“收入较高者要缴的保险费较高，收入较低者则交保险费较低，一些低收入户，由政府补助保险费①”。然而，澳门的社会保障基金实行的是缴费定额制和收益定额制，受保人不论收入水平的差异，交费一律是每人每月 45 元，而各项津贴收益也是等齐划一的。这表明了，澳门社会保障基金是一个缴费与收入不相关的制度安排，其制度安排无法实现社会保险通过政府的二次分配来实现拉近贫富差距、维护社会均衡的功能。

（二）对责任分担原则的偏离

按照社会保险的一般原理，社会保险的主要资金来源是保险费的收入，“社会保险虽也有政府补助保险费及行政费用，但是主要的财政来源为被保险人的保险费②。”这事实上正是社会保险与社会救助的本质差异所在，即社会保险主要的资金来源是保险费的收入，而社会救助的财政来源则来自于政府的税收。也就是说，社会救助的资金来源由政府财政承担，而社会保险的主要资金来源应该是被保险人的保险费，这个原则可以视为社会保险中的责任分担原则，它要求社会保险要政府、

① 梁初、冉永萍：《社会保险》，五南图书出版公司 1997 年版，第 7 页。

② 梁初、冉永萍：《社会保险》，五南图书出版公司 1997 年版，第 9 页。

企业、个人多方共同分担责任，政府财政收入不是主要的资金承担者，社会保险依靠保费实现自给自足，达成收支平衡。

虽然由于各国政府经济发展水平与社会保障模式的不同，政府的财政支出占社会保险费的比例不尽相同，但在大多数国家中，政府的财政支出一般只占社会保险费的1/4左右，大部分是由企业和个人负责的①。从世界各国社会保险改革的发展趋势来看，政府、雇主和个人分担责任的差距已经越来越接近，政府的财政补贴不但在减少，而个人负担的比例则不断在加大。相比之下，澳门社会保障的基金来源，主要由雇主及雇员的供款、特别行政区政府每年财政总预算收益1%的拨款及本基金投资所得的收益，其中，政府的财政支出占了很大的比例②。这体现在澳门社会保障基金中缴费与收益的高比率、社会保障基金的保障项目覆盖过多。

首先，澳门社会保障基金实行的是缴费与收益的高比率。澳门社会保障基金制度规定，受保人每人每月交45元澳门币，到65岁退休时便有每人每月1450澳门元的养老金（根据澳门最新的政策规定，领取养老金的年龄已经下调到60岁）、每人每月1450澳门元的残废金等各项收益。这种缴费与收益的高比率决定了，澳门社会保障基金很难以保险费的收入为主要的资金来源。其次，澳门社会保障基金覆盖的项目过多，进一步加大了政府的负担。在社会保障基金中，除了养老金、残疾恤金、疾病津贴、失业津贴等社会保险的常规项目以外，还包括了社会救济金、出生津贴、结婚津贴等项目。虽然特区政府在新近的法规规定，社会救济金在2007年7月1日以后转移到社会工作局，但仍然保持着结婚津贴、出生津贴等属于个人责任范畴的保障项目。这就意味着，澳门社会保障基金，并无法通过自给自足来达成收支平衡的，资金大部分来源于政府的财政补贴。

对社会再分配原则和责任分担原则的偏离表明了，社会保障基金制度存在着两个主要问题，一是不能实现用高收入者的缴费来补贴低收入者的福利的再分配功能，二是无法实现资金的自给自足，政府的财政补贴是社会保障基金的主要来源。前者用社会福利“无差别对待”的思路，抹平了高收入者和低收入者在缴费上的差异，给不同收入者以相同的社会保险门槛；后者则用社会救助“政府负责”的思路，使政府承担了大部分的责任，混淆了社会保险与社会救助的区别。因此，社会保障基金虽然表面上是社会保险，实际上却蕴藏社会福利和社会救助的属性，这使社会保障基金无法实现拉近贫富差距的功能，也加重了政府的财政负担。

---

① 王绪瑾：《社会保险筹资模式比较》，载《北京商学院学报》1998年第6期，第44—47页。

② 澳门社会保障基金2000年度报告显示，2000年，供款项目占澳门社会保障基金整体收入的36.0%，政府财政总预算拨款占47.9%，投资收益占15.5%，其他收入占0.6%。转引自涂晓芳：《澳门社会保障政策评析》，载《北京航空航天大学学报》（社会科学版）2005年第3期，第51—55页。

三、重构澳门社会保障基金制度

澳门的社会保障基金制度，既有社会保险的基本特征，又隐含着社会救助和社会福利的因素，不利于澳门社会政策体系的良性发展。一方面，由于社会保险的救助性和福利性，使得澳门政府在社会保险的财政负担过重，无法体现政府调节收入差距的调控作用；另一方面，社会保险的救助性与福利性，导致社会保障基金与社会工作局的职能出现了交叉和重复，增加了行政成本。事实上，随着人口老龄化时代的来临，社会保障基金制度对澳门特区政府的压力也越来越大，这是因为，"高比率、全覆盖、政府担保的社会保险制度，在人口老年化的趋势下恐怕难以为继。①"因此，改革澳门社会保障基金制度，使澳门社会保障基金遵循社会保险中的责任分担原则，实现社会再分配功能，就有了理论和现实两方面的必要性。

重构澳门社会保障基金的思路，在于使社会保障基金恪守社会保险的定位，放弃社会保障和社会福利的功能，从而理顺社会保险、社会福利与社会救助的关系，建立一个分工协作的社会政策体系。换言之，重构澳门社会保障基金的宗旨，在于还原社会保障基金的社会保险面目，建立完全意义上的社会保险体系。

首先，应该建立一种缴费水平与收入水平挂钩的社会保障制度，实现社会保险调节收入差距的作用。事实上，社会保险是一种收入保险，保费与收入者因紧密相关，对高收入者征收更多的保费，对低收入者则可以考虑少交甚至免交保险费。与此同时，保险收益则坚持"最低保障"原则，高收入者的高保费并不意味着高收入者可以获得更多的收益，所有受保人的收益是相同的。这是因为，社会保险的宗旨在于提供意外事故发生后的基本生活保障，并不遵循商业保险中收益与缴费紧密相关的逻辑关系。社会保险除了保险性之外，更重要的是社会性，而社会性恰恰就体现社会保险对于商业保险收益与缴费成正比例原则的超越，用高收入者的一部分缴费来弥补低收入者的福利，从而实现均衡社会利益的目的。

其次，明确社会保险责任分担的原则，合理确定缴费与收益的比率。社会保险的目的在于防止遇险后陷入贫困状态，社会保险应该是一个国家和政府投入较少、而主要依靠社会成员互助共济的稳定机制。因此，社会保险不应该由政府承担过多的责任，而应该体现社会保险的互助性和共济性。在规定责任分担原则的指导下，根据险种确定各方负担的法定比例和保险的负担方式。在这个过程中，合理的社会保险费的确定，要依靠保险精算技术订出保险费，力求社会保险的成本能达到收支平衡。

最后，去除福利性的津贴项目，扩大社会保险的覆盖面，实现全民社保，提高

① 杨团：《中国的社区化社会保障和非营利组织》，载《管理世界》2000年第1期，第111—120页。

基本保障项目的保障水平。社会保险提供的是基本的生存和生活保障，并不提供发展保障。因此，应该去除社会保障基金的福利性津贴项目，把社会保障基金清晰地界定在提供基本生活保障的定位上。在这个基础上，扩大社会保险的覆盖面，力求满足全体居民的基本生活保障需求，实现全民社保。① 与此同时，提高养老金、残疾恤金等基本保障项目的保障水平。由于澳门社会保障基金规定，养老金、残疾恤金、社会救济金、失业津贴及疾病津贴之给付不得互相重叠，澳门在基本生活保障项目的保障额度是不够的，达不到澳门地区居民收入中位数的三分之一。因此，提高基本保障项目的保障水平，也是澳门社会保障基金制度未来的一个改革方向。

四、结　论

当前澳门的社会政策体系中，既无法实现对收入差距的平衡作用，又无法发挥个人和社会的责任，政府承担的责任过多，造成了政府在承担沉重的社会保障支出的同时，并无法有效地扩大社会保障的覆盖面和提高社会保障的保障水平。完善社会保障基金制度，需要政府发挥社会保障基金调节贫富收入差距的社会再分配功能，同时让企业和个人在社会保险中承担相应的责任，改变政府承担过多责任的局面，扩大受益的覆盖面，实现全民社保，提高基本生活保障的保障水平。

① 当前澳门距离全民社保的理想并不遥远。社会保障基金在1990年成立以来，其收益对象逐步扩大。一开始澳门社会保障基金的对象只是受雇的雇员，而在特区成立后，社保基金的保障范围扩展到自雇人士，包括小贩、渔民、的士和货车司机等等。目前，澳门正在讨论将导游、职业医生和保险从业人员纳入社保对象。与此同时，社会上有人提出，应将家庭佣工以至家务工作者（家庭主妇）和小商户经营者等也纳入社保基金的自雇人士，如果这个要求得到满足了，澳门基本上就实现了全民社保了。参见：《社保基金应全民化　鼓励企业为员工设退休制度》载《华侨报》2006年4月21日。

中国社会保障制度改革前瞻

唐 钧

摘 要：本文根据我国社会保障目前存在的问题与取得的成就，结合国外的研究成果，在人性化、行得通、求适度、可持续四个目标之下，对我国社会保障制度的改革进行展望和规划。提出"基础—整合"的社会保障制度及其实现路径，并对扩大社会保障覆盖面、个人与企业各缴各的社会保险费、非企业职工的社会保险、流动人口的社会保障和农民的社会保障等问题做出具体阐述。

关键词：前瞻 社会保障 改革 以资产为本 基础—整合

进入新世纪，中国的社会保障研究似乎应该更上一层楼。能否有新的突破，可能关键在于三个"超越"：其一，要超越20世纪既成的对社会保障的刻板印象；其二，要超越教科书式的社会保障概念体系；其三，要超越发达国家工业化过程中形成的对社会保障制度的思维定式。那么，中国21世纪的社会保障制度应该是怎样的呢？

一、"以收入为本"与"以资产为本"

无论是采用现收现付制，还是采用储备积累制，传统的社会保险制度模式都是"以收入为本"的。从20世纪80年代开始，由于人口老龄化进程加速，现收现付制被认为无法应付"银发浪潮"的冲击，因而不再为一部分经济学家们看好。90年代初，在一些国际组织和经济学家的推动下，储备积累制声名鹊起。但是，另一些专家学者当时就指出：储备积累模式只是改变了风险的内容，而风险本身却并没有减轻。① 果不其然，仅仅5年以后，养老基金的贬值成为国际社会关注的焦点，这

① 高山宪之著，王新梅译：《全球性养老保障制度的最新争论与改革动向》，中国社会学网，（http://www. sociology. cass. cn）。

包括："美国私营养老基金缩水5000亿美元"，"智利私营养老保险基金投资效益持续下降"……

储备积累制的出路在哪里？新加坡中央公积金的经验可以给我们的启发：这项制度开始建立时，就采取了完全储备积累制。当时的制度设计是"以收入为本"的，其唯一的目标是：劳动者在劳动年龄阶段与雇主双方向中央公积金供款，积累起一笔资金，到年老退休后，积累的资金便可用作养老之用。

后来，随着国际资本市场的不稳定和渐趋疲软，相关政府管理部门考虑到不应把所有的鸡蛋都装在一个篮子里，便陆续将住房、教育和医疗等保障目标也加入到中央公积金制度中，从而形成了一个具有多重复合目标的社会保障制度设计。这样，对于劳动者来说，公积金就不再是一笔完全由政府控制只能用于老年生活保障的"死钱"，而是一笔属于自己的资产，甚至是可以用于向住房、教育等方面的投资的资本。

应该指出：这个变化具有革命性的意义，完成了社会政策从"以收入为本"到"以资产为本"的飞跃。美国的迈克尔教授非常赞赏新加坡的中央公积金制度，以此为蓝本，概括出了"资产建设（Asset Building）"的社会政策理论，而这个理论可能是能够直接帮助当今中国的社会保障制度走出困境的"芝麻一开门"咒语。

综上所述，公民的基本权利（社会权利）和社会经济发展的需要决定了中国的社会保障制度进一步深化改革是势在必行，而资产建设理论可能是帮助和支持我们走出困境的最重要的理念。

二、社会保障制度改革的目标

现在，关于改革开放以来出现的种种社会经济问题已经有个令国人耳熟能详的套话：改革中出现的问题要靠深化改革来解决。但是，这句老生常谈式的话语本身却是富有哲理的，问题在于怎样去实践和运用。

那么，中国的社会保障制度下一步的改革目标应该怎样确定呢？按"科学发展观"的要求，我们可以提出以下4点：

人性化——以增进和改善民生为终极目标；

可持续——有自我生存和自我发展的能力和潜力；

求适度——适合中国当前的社会经济发展水平；

行得通——与中国的文化传统及社会经济环境相适应。

接下来，我们将根据这4点目标，提出一个在社会保障领域"深化改革"的具体思路。

三、“基础—整合”的社会保障制度

20世纪末，在深入分析社会保障领域中的各种问题的基础上，我们提出了建设“基础—整合”的社会保障制度的政策设计思路，希望用“整体大于部分之和”的理念来重构中国的社会保障制度。于是，便给了理想中的社会保障制度两个限制词——“基础”和“整合”，这两个词的含义是：

所谓“基础”：是把所有的社会保障制度都分成“基础”和“补充”两部分。政府的主要责任是用“社会统筹”，亦即以“现收现付”的方式来确保基本生活水平，并用财政托底的手段来确保政府的社会承诺的兑现。补充项目则引进“资产建设”的理念，按个人账户的方式进行准市场化的运营。

什么是“基本生活水平”？我们给出的解释是：一个城市中一个普通居民家庭的日常生活开支水平，一般用人均生活水平来表示。2005年，中国社科院社会政策研究中心用“预算标准法”对上海、北京、西安、天津、沈阳、武汉和成都7个城市进行了居民基本生活水平的定量调查。

在这次调查中，对“基本生活水平”的界定涉及3个方面：其一，“日常生活需求”，包括食品、衣着、医疗、文化、交通通讯、居住、日用杂项7个方面；其二，“耐用消费品”，包括家具、厨卫设备和家用电器3个方面；其三，“教育费用”，包括所有的学校收费；其四，北方城市（北京、西安、天津和沈阳）还包括冬季取暖费。

在对调查数据进行统计分析后，我们计算出了北京、上海等7个城市的“城市居民基本生活水平”：上海为905元，北京为668元，西安为665元，天津为525元，沈阳为458元，武汉为429元，成都为315元。①

在“基础”的含义中，还包括：社会保障体制要以最低生活保障制度为基础，就业支持服务、健康医疗服务和社会福利服务要以社区服务为基础，等等。

所谓“整合”，就是要将社会保障制度看成一个整体。所有的社会保障层次（社会福利、社会保险、社会救助）和社会保障项目（养老、医疗、失业、工伤、生育、伤残、遗属）之间，基本保障和补充保障之间，收入保障、资产保障和福利服务之间都有着不可分割的有机联系。

譬如，一般认为，近10年以来，养老保险的“缺口”是因为老龄化进程加速而造成的。其实，还有一个更重要的原因被有意无意地忽视了，这就是90年代中后期的下岗失业大潮。一直以来，中国的养老保险制度参保人的主体是“体制内企业”（国有企业和集体企业）的职工，但是，从20世纪90年代中期以来，“体制内

---

① 引自中国社科院社会政策研究中心的研究课题《城市居民基本生活水平》的主报告。

企业”职工人数急剧缩减。1995年，是建国以来“体制内企业”职工人数的峰值，当时国有企业职工达1.49亿人，集体企业职工达1.10亿人。但是，此后国有企业因为破产关闭、下岗分流和转制并轨，到2004年，在岗职工只剩下1.06亿人，差不多减少了三分之一；集体企业则因破产和转制，到2004年，只剩下职工0.64亿人，差不多减少了五分之二。作为中国养老保险参保主体的“体制内企业”职工人数骤减，也意味着这些人突然间不缴费或只是象征性地缴费了，养老保险基金当然会顿时吃紧。这个例子说明了失业风险同时会导致养老保险制度的风险。

又如，现在相当一部分退休人员反映养老保险金偏低。但是，仔细分析，他们的担忧实际上不是基本生活得不到保障，而是生病了怎么办？他们其实是希望通过增加养老保险金来抵御疾病的风险。这个例子说明了退休老人在经济上忧心忡忡实际上是因为没有一个可以信赖的医疗保险制度而造成的。

总而言之，常常被割裂开来看成一因一果的社会保险制度，实际上是一个整体，年老、疾病、失业等社会经济风险实际上是互相影响的，在个人和家庭的微观层面上是这样，在国家的宏观层面上也是一样。

四、上海的经验——小城镇社会保险

如果说，提出“基础—整合”的社会保障制度只是一种理论上的探讨，那么上海市的“小城镇社会保险”（简称“镇保”）正好从改革实践的层面上给了这个理论假设以实际的支持。

“镇保”被上海市劳动和社会保障局形象地概括为“24% + X”，其中，“24%”所指正是“基本保险”部分，“X”所指则是“补充保险”部分。具体而言，“24%”的含义是：基本保险部分的缴费率为24%，并且是以上一年社会平均工资的60%作为基数，其中包括17%的养老保险、5%的医疗保险和2%的失业保险。[①]这是“镇保”的基础性平台，实行社会统筹、现收现付，政府以财政托底以确保基本保险的实现。

“X”的含义是：在参加了基本保险之后，企业和个人还可以自愿选择是否参加及参加何种补充保险，属于投保者有完全个人产权的“个人账户”，保险的给付与缴费多少以及保险基金的运营状况直接挂钩。[②]

上海市建立“镇保”的原因是现行城镇职工社会保险制度（简称“城保”）的缴费率太高。2004年，上海市的现行城镇职工社会保险制度的缴费率具体为：养老，企业缴纳工资总额的22%，个人缴纳工资的8%；医疗，企业12%，个人2%；

① 以上数据与下文中没有特别注明的数据均为2004年的数据。

② 《上海农民将享受“镇保”》，载《文汇报》2003年8月13日。

失业，企业2%，个人1%；工伤，企业0.5%；生育，企业0.5%；住房公积金，企业7%，个人7%。总计，企业缴纳工资总额的43%，个人18%。两者相加，上海市现行制度的缴费率已高达48%，加上住房公积金竟达61%。国际上一般认为：养老保险，企业缴纳部分的警戒线是10%，达到20%就难以为继了。然而，在上海则达到了22%。

高缴费率无疑是一道高门槛，必然使相当一部分企业，尤其是私营的中小企业没有能力进入社会保险安全网中。部分国有企业因为享有特殊地位，仍在覆盖范围内，但欠缴保险费的情况严重，这又造成了社会保险制度本身的财政困难。于是，整个社会保险制度的运作便进入了一个恶性循环：因为资金困难，就在提高缴费率上做文章；提高缴费率又使未参保的企业和个人难以加入，已参保的则更多的欠费……

从一些数据上我们可以看到，上海市的“城保”参保人数自20世纪末以来增长缓慢。1999—2003年，总参保人数的平均增长率仅为2.0%；离退休人员的平均增长率却有3.1%；而最关键的在职职工中参保人数平均增长率只有1.3%。这是否说明，如果不进行政策调整，“城保”的发展潜力已近极限。

再看“镇保”，其好处在于：大大降低了参加社会保险的门槛，其中的“24%”是以上一年平均工资的60%为基础的。① 按此计算，“镇保”的“基本保险部分”的缴费率实际上只有“城保”模式的30%，实际上是前一年社会平均工资的14.4%。同时，政府作出承诺，将来领取的养老金保证不低于基本生活水平。而且所有的养老金领取者基本处于同等水平。这就在基本养老金这一块，切切实实地实现了社会公平。

因此，自2003年10月“镇保”正式实施以来，发展很快，到2004年底，仅一年多时间，就有59万人参加了新制度；再过一年，到2005年年底，已经有110万人参加了新制度。② 这个数字与城保的缴费人数相比，大约是1:4。

五、新加坡经验+上海“镇保”模式

进一步研究“镇保”制度发现，如果制度设计中的“X”部分不能充分发挥作用，那么这项制度至多被看成是适合低端劳动力参加的“低缴费、低给付”的制度。但这显然不是改革的终极目标。

如果在资产建设理论的指导下，将上海“镇保”模式中的“X”部分与新加坡经验整合起来，这就打通了补充保险与“个人发展账户”的通道。这样的制度设计

---

① 资料数据由上海市社会保险局提供。

② 高路：《上海镇保人数破百万，离土农民历史遗留问题渐消》，新华网，2006年1月25日。

具有以下三点革命性的意义：

其一，产权明确，用于发展。“个人发展账户”中的储蓄款项，完全归个人所有。但是政府限制其用途，只能用于个人或家庭的发展目标，诸如养老、购房、教育（包括个人深造和子女上学）以及个人或家庭的小本经营，也可以包括在特定情况下的医疗费用，我们称之为“内涵式”的发展模式。这也意味着，除养老之外，用于购房、教育、医疗的资金，都以按揭的方式操作，并按银行的现行贷款利息（5%—7%）分期还款。

其二，确立目标，多元整合。不同的家庭在不同的时期有不同的需要，25—30岁最需要的是买房，到40—45岁时重点是子女教育，然后才是60岁或65岁以后的养老，所以一笔钱在不同的时间段可以用借贷的形式取出来用于不同的目标，然后以按揭的方式分期还款。

与医疗相关的“特定情况”，是假设一个人在40岁时得了重病，他也可以取出个人账户中的钱应对急需，如果病情未能控制而英年早逝，那么他也不存在养老问题了；如果病情得到控制，那么他仍可以继续工作、继续还款。在更为特殊的情况下他也可以不还，这样个人账户对其养老所起的作用就会减弱，但因为还有基本养老保险和最低生活保障制度，最后的手段还有房产的“倒按揭”，所以年老后的基本生活应该仍然是有保证的。

其三，中长目标，互为制约。显而易见，以上所说的住房和教育都是人生或家庭生活中的中期目标，而养老则是一个长期目标。当把这些中期和长期的目标放到同一个政策框架中时，他们实际上就会互相牵制。借了住房或教育的款不还，就有可能影响退休后的老年生活。

其四，集中资金，综合利用。这样的政策设计还可以将现行的分属住房公积金与养老保险基金的资金合并到一起，大大减少企业和个人的总缴费率，促进即期消费。

六、新疆呼图壁经验对新思路的验证

在设计新的社会保险模式的过程中，2003年，我们发现了新疆维吾尔族自治区呼图壁县农村养老保险对受保农户实行“保险证质押贷款”的经验，他们采取类似“个人发展账户”的方式7年间使基金翻了一番。这无疑是对改革新思路的可行性的又一力证。

1995年，呼图壁县开始建立农村社会养老保险制度（以下简称“农保”），7500多户农户加入了这项制度，此后两年间，共筹集资金1200多万元。1997年，由于众所周知的原因，农保被“暂停”。因此，怎样保证这1200多万元从农民手中收上来的钱不贬值就成了摆在呼图壁县农保办面前的棘手问题。

从1998年开始，呼图壁县农保办通过与县里几家国有银行签订“委托贷款”协议，开始了“保险证质押贷款”的有益尝试：农民只需把手中的保险证抵押给有关部门，就可以按其本金的一定比例从银行贷到急需的资金。

这种贷款方式对农民来说，是把本来几十年以后才可以使用的“死钱”变成了随时可以贷出，用于发展生产、子女教育、基本医疗等方面的“活钱”。现在在呼图壁一些农民手中，保险证成为“准信用卡”，急需用钱时就抵押给银行贷出资金。最常见的“标准模式”是春耕时贷出，秋收时还贷。至于利息，因为与银行利息相等，农民能接受。更重要的是，因为意识到这些利息实际上是“还给自己的”，农民想得开。因为制度本身具有很大的吸引力，使政府想方设法要农民参加社保，变成了农民自己积极要求参加社保。

对于社会保险机构来说，毫无疑问，这种方式解决了农保资金保值增值的问题。1998年以来，呼图壁县的农保基金已经翻了一番，从1000多万元增加到2000多万元，平均每年获利7%以上，虽然不大，却非常稳定。因为保险证上的金额始终大于实际贷款，所以基本上没有风险。经过几年的试验，还没有出现贷款人无法归还借款而要用被质押的保险金额核销顶账的情况。

对于银行来说，首先是为支援新农村建设做了一件好事，其次是从委托贷款中获得经济利益。虽然获利不大，但因具体事务实际上都是由农保办操作，所以银行的成本也很小。同时也不存在风险，1998—2004年，每年的还贷率都达到了99%。期间可能有因为各种原因推迟还贷的，但绝没有坏账。①

因此，这是一项农民、农保办和受委托贷款的银行三方共赢的大好事。更重要的意义则在于是为社会保险制度的改革探索了一条新思路，用实践证明了“个人发展账户”并非“乌托邦”。

七、新思路的路径依赖及制度转换

以上所述的社会保险制度改革的新思路，是按照对现行制度的“路径依赖”，充分考虑了与现行制度衔接的接口的。

首先，新思路提出的“基本保险”加“补充保险”的思路，与现行制度的提法基本一致。其差别在于现在的“基本保险”涵盖太宽，将“社会统筹”加“个人账户”全部包括在内，此外还有“补充保险”，即“企业年金”。而新思路则将“基本保险”与“社会统筹”等同起来，并且降低缴费率，同时也降低基本保险的目标——以确保“基本生活水平”为衡量尺度，使所有的劳动者退休后享受基本一致

① 刘大为、金炜：《“呼图壁模式”能否破解农保困局》，载《中华工商时报》2005年8月22日。许智博：《张时飞：解读“呼图壁模式”》，载《西部时报》2005年7月4日。

的保险待遇。"个人账户"部分即"补充保险"，也就是现在所谓的"企业年金"，将这3种说法归并为一体，称为"个人发展账户"，这与劳动者的工资水平，亦即与理论上的"个人贡献"挂钩，与"内涵式"的基金运营状况挂钩，多投保，多得利。因此，新思路的"基本保险"加"补充保险"仍然可以归纳成"社会统筹"加"个人（发展）账户"。

其次，在操作层面，社会保障基金分成两个部分，"社会统筹"部分，实行现收现支，由劳动与社会保障部门实施。"个人账户"部分走"内涵式"的发展道路，基金运作仍然可以与现行的制度安排接轨，譬如"住房贷款"仍然可以由"住房公积金"管理机构运营，"教育贷款"则由教育部门专设"助学贷款"管理机构执行，"医疗贷款"则由现行的"医疗个人账户"管理机构发放，"创业贷款"可由现行的就业服务机构运作，等等。

但是，可能在中央政府层面，要设一个社会保障委员会，统管所有的社会保障政策。同时，设一个基金管理机构，统管所有的社会保障基金。对于"个人发展账户"的管理，可以统一为一个基金，专设一个基金管理和监督的委员会，下设各种具体的贷款管理机构，按以上所述各负其责。基金管理和监督的委员会不管具体运作，只管法规和监督。

八、扩大社会保障覆盖面

这又是一个老生常谈的话题，但是，迄今为止，并没有取得突破性的进展。按2005年全国1%人口抽样调查的数字，16—59岁的劳动年龄人口将近9亿，但其中参加城镇失业保险的仅有1亿人，失业保险覆盖率约为11%；参加城镇职工养老保险的有1.31亿人，参加农村社会养老保险的5000万人，加起来1.81亿人，养老保险覆盖率约为20%；在1.4亿60岁及以上的老年人口中，离退休人员有4367万人，领取养老金的农民有302万人，总共4669万人，养老保险的覆盖率为32%。在13亿人口中，有1.30亿人参加了城镇职工医疗保险，有1.79亿人参加了新型农村合作医疗，覆盖率为24%。且不论这些制度提供的保障质量如何，仅从以上的数字可以看到，在中国，进一步扩大社会保障制度，尤其是社会保险制度的覆盖面，还任重而道远。

但是，要扩大社会保障制度的覆盖面，必须先解决几个问题。如前所述，若以"人性化、可持续、求适度、行得通"为衡量标准，按新思路进行改革，有些问题的解决已经有了方向。最主要的是，新思路的"内涵式"的制度设计，从技术上解决了社会保障基金的增殖保值，亦即"可持续"的问题；同时，"整合式"的制度设计也使社会保障制度，尤其是社会保险本身对参保者具有吸引力，这基本上与"人性化、可持续、求适度、行得通"的要求相吻合。

九、个人与企业各缴各的社会保险费

现在的问题是要考虑怎样使所有潜在的社会保障对象都能“无障碍”地参加到社会保险制度中来，这也是要解决“人性化、可持续、求适度、行得通”的问题，因此，关键是要克服前文中提到的现行制度“按人头收费”和“捆绑式缴费”的弊病。

新的改革思路是，将个人缴费与企业缴费分开——各缴各的。劳动者按照自己工资的一定比例，直接向政府的社会保险机构缴纳社会保险费。当然也可以采取由企业代扣的形式，这应该允许参保人自由选择。劳动者只要依法按章缴纳了社会保险费，就应该被认定参加了社会保险，而与其雇主是否缴费无关。“基本保险”或“社会统筹”的部分以保障基本生活水平为目标，按低起点、累进制的原则设计缴费标准。同时规定，要想参加“补充保险”，建立“个人发展账户”，必须先参加“社会统筹”。“个人发展账户”的缴费可以设若干档次，给予不同的待遇，参保人可以自由选择。但对于缴费和待遇，一定要封顶，所有的社会保障待遇都必须有个度，并不是收费越多越好、待遇越高越好。由于制度本身具有吸引力，能够统筹兼顾地解决人生各个阶段的诸多实际问题，可以预计，凡有经济能力参加社会保险制度的，都会作出明智的选择。在这样的社会环境和舆论氛围下，再作出“强制参加”的法律规定也肯定会受到老百姓的支持和拥护。

企业缴纳部分，建议以税收的原则和方式征收。按累进的方式，利润大的企业应该多缴；利润小的企业可以少缴，没有利润乃至亏损的企业可以缓交乃至免缴（只要政府和法律认可这样的企业还有存在的必要）。对“基本保险”或“社会统筹”部分，征税的原则是“以支定收，现收现支，略有结余”，先对所需支付的保险费和个人缴费收入作出预算，然后以对企业征税来平衡收支。当然，也可以通过其他方式来征税，譬如加征奢侈消费税、烟酒税，甚至通过诸如发达国家常常采用的对一般消费品征税的方式来征税，以减轻或部分减轻企业的负担。至于“补充保险”或“个人发展账户”部分，从企业的角度看，是提高福利待遇以留住人才；从劳动者的角度看，是个人规避社会经济风险和自身发展所需。因此，法律规定是一定要参加，但选择哪一个档次，可以通过劳资双方集体谈判、集体签约的方式来进行抉择。

十、非企业职工的社会保险

现行社会保险制度被定义为“城镇职工”的社会保险制度，上述将个人与企业分开各缴各的保险费的方式，可以打破这种“社会身份”的限制。因为按新思路，社会保险关系被简化成公民个人与政府有关部门之间的“公共服务”性质的契约关系。每一个公民只需按规定缴纳了保险费，就与政府的社会保险机构之间形成了社会保险的契约关系，这种简单化了的社会保险关系无疑是有利于扩大社会保险的覆盖面的。

譬如，政府公务员和事业单位职工，他们个人参加社会保险时，其社会身份已经不起作用，他们也是按收入的一定比例缴纳保险费后，与政府有关部门建立起社会保险关系。他们的“个人发展账户”的待遇，可以由政府立法作出对公务员和事业单位职工的明确规定，然后包含在当劳动者个人进入这个领域时的“双向选择”之中。

又如，非公企业的职工、自雇人员（个体劳动者或自由职业者）以及“弹性就业人员”也是完全以个人身份与政府有关部门建立社会保险关系，而不受其“社会身份”的限制。非公企业职工无须顾忌雇主是否愿意为他们缴纳社会保险费，自雇人员（个体劳动者或自由职业者）以及“弹性就业”人员则可以完全根据他们的收入来规定缴费比例，而无须因为没有“雇主”而要比其他公民多缴一份钱。

从理论上说，农民参加社会保险也没有了“身份”障碍，他们只需按他们收入的一定比例缴费就行。当然，农民的收入如何核算，应该由一个切实可行的办法。

十一、流动人口的社会保障

目前在中国，有一部分“亦工亦农、城乡两栖”的农民工，有调查表明，这部分人大约有1.2亿—1.5亿之多。从某种意义上说，他们已经是中国“产业工人的重要组成部分”，是“当代中国经济建设的主力军”。他们的特点是：流动性很强，这就导致了一个问题，社会保险如何覆盖农民工以及在城市间流动迁移的流动人口。

如前所述，目前很多地区已经出台的对农民工的社会保险政策是不成功的。尤其在养老保险方面，现行政策对农民工未来的老年生活并没有形成切实的保障。要使社会保险制度覆盖到流动人口，就必须使制度本身能够与“流动”相适应。现在的思路常常停留在提高统筹层次和等待制度统一，但这在中国可能是非常遥远的事情。其实，即使在没有实行全国统筹的前提下，还是有办法解决这个问题的。

从国际经验看：“在欧盟，劳动者先后在不同的国家就业，……不论在哪个国家工作并缴纳社会保险费，都可以在当地进行权益记录。将来在任何一个国家退休，也都可以通过相关凭证就地享受养老保障。”① 在欧盟不同的国家之间都可以做到的事情，在中华人民共和国一国之内没有理由做不到。

我们是否可以作出这样的政策安排：劳动者在某地工作了一段时间并缴纳了社

① 白天亮：《何平：农民工社保如何更“保险”》，载《人民日报》2004年5月19日。

会保险费，在其准备向其他地方流动时，可到当地的社会保险机构办一个结算手续并取得一份证明文件，其社会保险交费记录应该由当地机构妥善保存。这样，劳动者在不同地区工作，就会留下若干份交费记录。等劳动者到退休年龄时，可以在不同的地区按以往的记录和退休当时当地的养老保险实际待遇水平领取养老金，有一年是一年，由相关各地的社会保险机构向其支付。这样，就可以以“不带走”的思路来解决现下经常讨论的流动时社会保险记录如何“带走”的问题。

当然，这样做看起来会很琐碎。但只需在中央和省一级建立一个专门的社会保险金支付的核算中心，为曾经在各省市之间流动的退休人员服务。这样，流动人口就可以在其退休后定居的地方领到其应该领到的所有养老金，然后再由中央的核算中心牵头，实现各省市之间的资金流转。

这样的政策设计，还可以解决退休后异地养老的问题。因为在今后一个较长的时期，各地的社会保险给付仍然会得到中央的财政补贴，所以无须担心地方政府“赖账”。现在的电脑资讯如此发达，所以在技术上应该也没有问题。

十二、农民的社会保障

以上说到，新思路因为没有身份限制，其实农民也可以与拥有其他社会身份的人一样，譬如公务员或企业职工，以同样的方式参加社会保险。但是，实际上，他们仍然会受到各种各样的限制，最为明显的是其参保的经济承受能力。现在已经进入和即将进入老年期的两代到三代农村人口，无论在计划时期，还是在转轨时期，几乎终身都处于自身的发展机遇被剥夺的境遇，而且他们现在已经没有可能再通过自己的努力来改变这样的社会境遇。因此，社会养老保险制度实际上很难帮助他们。

同时，从长远看，在可以预期的21世纪上半期的中国工业化、城市化、现代化的发展进程中，即使能使60%—70%的人口进入城镇，但以人口高峰期15亿人计算，终究还有5亿—6亿人仍然要生活在农村。他们的经济能力现在还很难预测。

如前所述，现代社会保障制度除了社会保险和社会救助之外，还有一种保障手段，即“社会津贴”。因此，政府是否可以考虑对70岁以上的农村老人实行普遍发放的老年津贴，以作为对他们一生中的机会不公平的经济补偿。实行养老津贴制度的好处在于：与社会保险相比，社会津贴无须保障对象先行缴费，经费来源于国家财政；与社会救助相比，社会津贴无须经过家庭经济调查，只要到了法定年龄就可以领取。

一个现实的问题是：实施这项政策需要多少资金？按2000年的“五普”数据，中国65岁及以上的老年人为8809万人，其中5938万人生活在农村，占67%。按2005年1%人口抽样调查数据，中国65岁及以上的老年人为10045万，仍按“五普”的农村老人比例为三分之二计算，应有6730万65岁及以上的老人生活在农村。

按中国老龄科学研究中心所作的“中国城乡老年人口状况一次性抽样调查”提供的数据，中国70岁及以上的老人占65岁及以上比例为62%，以此计算得出的数据为4173万人。如果政府为每个70岁及以上的老人每年提供600元（每月50元）老年津贴的话，总共需要资金250.38亿元。这个数字仅占2006年全国财政总收入39373.2亿元的0.64%，占2006年财政增收部分9607.06亿元的2.61%。

有人会说，现在负担不重，但随着老龄化进程的发展，将来的发展趋势会如何呢？中国60岁及以上的老龄人口可能在2040年的左右达到高峰——4亿人，如果保守一点，按城乡各半，那就有2亿人。按“中国城乡老年人口状况一次性抽样调查”的数据，60岁及以上的农村老人中70岁及以上的占44.18%，那就有8836万人，如果每人每年1000元的话，那就需要883.6亿元。如果在今后的33年中，中国政府的财政收入平均每年增长5%，那到2040年就是20万亿元左右，届时老龄津贴的支出仅占当年财政收入的0.44%。

毋庸置疑，这样的政策设计，农村老人得益是多方面的。更重要的是，这实际上是一笔社会投资。在解决了农村老人的基本生活费用之后，就可以大力发展农村的老年服务设施，譬如养老院和在社区服务支持下的居家老人服务。老人可以用政府提供的费用购买养老机构和社区的公共服务。这样做，还解决了一部分农村劳动力就地就业的问题。

十三、未来的展望

总而言之，社会政策学主张公民有生存权、健康权、劳动权、受教育权、居住权和资产拥有权，如果我们用一个制度将这些公民的基本权利整合在一起，而且使其在“基础—整合”的社会保障制度和“个人发展账户”的框架中相辅相成或相反相成地互动，从而形成良性循环。① 公民的社会权利得到保障，基本生活需求得到满足，“四座大山”被移开，老百姓的疑虑被消除。在一个“人性化、可持续、求适度、行得通”的社会保障制度保护下，启动内需成为现实，中国国内的消费市场成长起来。以此为前提，我们可以展望，中国社会经济的发展前景将是何等光明。

① 关于医疗保险的基础部分，我们主张用以社区健康服务中心为基础，以公立医院为技术骨干来建设全民健康保险制度。至于失业保障的基础部分，我们主张以最低生活保障制度和失业期间生活贷款为基础，以社区的职业辅导和培训网络帮助劳动者寻找可持续生计来建立劳动者失业保障制度。限于篇幅，另外撰文详述。

社会保障公平与效率的制度变迁

林毓铭

（暨南大学行政管理系）

摘　要： 在西方福利国家，社会福利变“普遍性原则”为“有选择性原则”，决策者削减了慷慨的福利金，严格福利享受计划，实行成本控制，一些社会服务私有化，效率成为关键要素。在我国，社会保障二元化现象明显，统筹城乡社会保障发展，调整社会保障资源使用结构，基础性改革最首要的制度参数是公平问题。缺失制度公平的同时也带来了社会保障资源配置的效率损失，公平与效率要有机统一但又难以兼顾，理性地进行公平与效率分析，有助于建构和谐社会的社会保障制度，促进社会保障的可持续发展。

关键词： 社会保障　公平和效率　资源配置　公共产品

公平与效率的关系问题始终处于西方社会福利理论研究的核心地位，从宪政上分析，社会公平就是社会赋予公民的政治利益、经济利益和其他利益能够得到较为充分的体现，它意味着权利、规则的平等、收入分配的合理、机会的均等和司法的公平。效率是指技术水平和资源存量一定的条件下通过资源的最优配置和有效利用，努力克服官僚主义福利制度，给社会带来的最大福利。与西方国家不同，我国将社会福利称之为社会保障，构建小康社会与和谐社会，社会保障覆盖全体国民，才能从真正意义上说在中国建立了社会保障制度。社会保障资源的短缺与有限性，尤其需要社会保障资源配置要兼顾公平与效率的关系，以促进社会保障的可持续发展。

一、公平及效率问题的注解与诠释

在西方经济学中，公平与公正难以区分，萨缪尔逊在其著名的《经济学》一书中，将公平与公正混同在一起。在一般意义上说，公平包括公正与平等，公平作为一种价值判断标准，是客观公正性与主观认同性的统一，具有多维度和多层次性。

从政治学上而言，公平指的是权益与义务、行为与报应之间的对称；从道德伦理上说，公平要求每个人都拥有平等的生存、发展权利和机会；从经济学的角度评价公平，包括制度公平、市场公平和补偿公平三个层次。

罗尔斯提出了公正原则，第一个原则（自由原则），就是每个人都有平等权利来享受最广泛的基本自由，并与其他所享受的类似的自由保持一致；第二个原则（差别原则），社会和经济的各种不平等以如下方式得到解决，即为社会中处于最不利地位的人们最大可能的利益，同时确保公平的机会平等。公平包括横向公平和纵向公平，横向公平即对同等经济地位的人实行同等待遇，它要提供最低标准这一底线，保证平等的机会与机会均等；纵向公平即指对不同经位的人实行差别待遇，也指富人向穷人的收入或消费再分配。在市场机制内，市场失灵或社会保障制度之外的制度与政策造成的不公平，包括社会地位、行业差距、就业机会、教育或培训机会、创收机会、身份问题等要素的不平等。这些不公平最后会直接造成收入的不平等与社会保障享有资源的不平等，它要通过政府干预和社会保障进行较为公平的二次分配来削减贫富差距，为人们提供最基本的生活保障。

效率作为在人们的偏好既定的条件下，如何将有限的资源充分利用的问题，在市场领域，要实现总体均衡，经济效率包括生产过程中投入与产出效益的最大化、产品组合效率中追求产出的最优组合、消费效率中每个人的边际替代率相等。效率实际是指在技术水平和资源存量一定的条件下，通过资源的最优配置和使用，给社会带来的最大福利。意大利经济学家在序数效用论的基础上，围绕最适度条件提出了帕累托效率（帕累托最优），帕累托效率是指生产资源的重新配置，已经不可能使任何一个人的处境变好，除非至少使另一个人的处境变坏那种状态。这种最佳状态，说明经济处于最有效率状态，或者说这里的资源配置能使总体效用达到最大值，其产量可以使消费者得到最大满足，而任何重新组合都会使消费者的满足减少。

我国讨论社会保障的公平与效率问题由来已久，在人均 GDP 超过 1000 美元社会矛盾尤为凸显的阶段，人们的公民意识日益觉醒，呼吁建立一体化的城乡社会保障制度、消除城乡社会保障二元化现象，“公平”成为当今社会保障改革中使用频率最高的一个百姓用语。然而，公平与效率历来都是矛盾的对立统一体，两者难以兼顾。但追求社会保障的公平的同时提高社会保障资源配置效率，这是社会保障改革的基本宗旨。

二、现代社会保障公平效率理论与社会保障资源配置

在市场领域，市场经济根据经济绩效给生产要素的供给者提供劳动报酬，市场竞争的优胜劣汰，其结果必然形成人们收入上的不均等，出现贫富差距，如果追求经济公平，势必会影响人们追求效率的积极性，收入均等化必然会损失效率，公平

与效率是矛盾的统一体，公平与效率的交替就是：追求公平，就会牺牲效率，追求效率，就必然会造成收入上的差别。在社会保障分配中，采用“阳光普照”的分配方式，公平程度最高，但效率低下。福利国家主张政府介入进行收入的再分配，不同的分配方式对于效率会造成影响。因此，在公平与效率发生冲突与更替之间进行协调和选择时，需要多大程度的再分配问题就显得十分重要。这个问题需要在政治哲学中寻求支持：一是要素禀赋的准则，主要指市场面前人人平等，只要起点平等，在市场条件下出现任何结果都是可接受的；二是边沁的功利主义原则，主要认为收入分配应该追求社会总福利和人均福利的最大化；三是罗尔斯著名的两项正义分配原则，即：(1) 每一个人对于一种平等的基本自由之完全适用体制都拥有相同的不可剥夺的权利，而这种体制与适于所有人的同样自由体制是相容的。(2) 社会和经济的不平等应该满足两个条件：第一，它们所从属的公职和职位应该在公平的机会平等条件下对所有人开放；第二，它们应该有利于社会之最不利成员的最大利益。[1]

我国一些社会保障不公平产生于政府职能的缺位，要提高社会公平程度，就要不断完善社会主义市场经济体制，实现市场公平向社会公平转变。对于困难群体，社会必须为他们提供基本的社会保障和福利，通过各种经济手段缩小居民之间过大的收入差距。政府必须把建立公共服务型的政府作为政府改革的目标，把为公民提供基本的公共物品作为政府的重要职责。政府为低收入者、无收入者、失去劳动能力者提供基本的生存条件与基本的生活需要，已经成为本届政府亲政为民的基本宗旨。中央财政安排的专项扶贫基金由 1980 年的 10 亿元增加到 2005 年的 130 亿元，累计达到 1155.8 亿元。全国贫困发生率已降低到 3% 以下。[2]政府为农村居民提供最低生活保障、教育卫生等公共服务，以使中国农村居民分享到改革开放所取得的成果。“十一五”期间，我国在追求经济高速增长的同时，政策取向将更加关注增长的均衡、机会的均等和社会的公平，以避免“马太效应”的进一步升级。

西方的社会福利制度一度具有浓厚的公平色彩，公平与效率的关系问题始终是其研究的核心，尤其是以公平为出发点来构筑其社会福利经济理论，是作为公平的基本权利和义务由法律加以保证和强制实施的，其功能是为满足社会公平目标而提供的一种安全稳定机制，以弥补市场分配的缺陷。同时社会福利又会对经济效率起着独特的作用，它从人力资本的数量和质量两个方面来保障对经济发展必要的要素收入，从更宏观的意义上促进资源的有效配置。当公平与效率不一致时，将公平放在优先的位置，以公平促进效率，这是制度设计的初衷和目的，以社会公平为出发点来论证社会福利最大化的政治实现问题。

福利国家普遍存在一个效率问题，在现代社会福利理念中，以英国的布莱尔、美国的克林顿、法国的若斯潘、德国的施罗德、意大利的达莱马等人上台执政为代表，在欧美兴起了“第三条道路”。克林顿经济学包含了新凯恩斯主义的经济思想和政策主张，诊断政府必须干预经济，以实现充分就业和经济增长的目标，具体表现为短期内用财政赤字刺激经济，促使经济复苏，增加政府开支以缓解就业；长期内逐步减少财政赤字，增加政府公共投资，以维持经济持续稳定的增长，改革美国的健康保险制度是克林顿政府社会福利政策的重心。克林顿认为：从美国历史中可以得出的经验是，美好的生活并不仅仅是指个人自由和物质财富，还需要培养社区关系及关心公共事务，人民为了保持自由，必须在私利和公益、自己的福利与整个社区的福利乃至民族之间保持平衡。

社会民主主义把建立和发展社会福利制度作为实现社会主义的手段，通过建立社会福利制度，国家不再是维护资产阶级利益的统治工具，而成为代表全体人民利益的“权力共同体”，主张实行充分就业的经济政策，在私有制和私人企业经营的基础上，对部分产业实行国有化，由国家制订和推行必要的经济计划，通过国家干预使财富和收入分配趋于均等，实行一系列福利国家的社会经济政策，扩大社会福利，以克服市场自发运行所带来的各种弊端。英国首相布莱尔的“第三条道路”是社会民主主义的超越和发展，“第三条道路”倡导积极的福利，其开支不再是完全由政府来创造和分配，个人和政府的契约发生了转变，自主和自我发展成为重中之重。如：国家不仅应该提供适当水平的养老金，而且应支持强制性的养老储蓄；逐步废除固定的退休年龄，把老年人视为一种资源而不是一种负担；对劳动力市场实行严格管制，福利支出主要引向人力资源的投资，政府强调终身教育。

德国前总理施罗德则主张实行带有国家干预色彩的政策，由政府出资搞紧急的就业计划，减少青年人的失业；由政府与劳资双方一起，组成三方联盟，共同协调政府的经济政策、企业的投资政策和工会的工会政策，使之有利于增加就业；改善社会再分配，增加低收入阶层的收入，刺激消费，带动经济增长与就业等。这些项目所起的作用不仅是经济性的，而且也是政治性的，一开始就是为了控制失业。

法国总理若斯潘认为，没有国家就没有市场，市场经济需要规则，需要强有力的机构，需要稳定，需要组织。他领导的政府不相信市场是万能的，坚持要靠公共权力的干预来弥补市场的缺陷。为解决法国的高失业率，推出政府资助，创造70万青年就业机会的计划，又通过立法，强制推行一周35小时工作制。同时，他又非常重视市场机制的作用，坚持缩减政府开支和预算赤字，追求有效、创新的政府，改造国有企业，改革医疗保险制度、退休制度等。

综上所述，西方国家政要均比较注重福利危机情况下的经济效率问题，当西方国家面临财政困难从社会福利的普惠制到“有选择性原则”时，采取了效率优先兼顾公平的社会保障机制。在中国，由于城乡社会保障资源浓重的二元结构，严重影响社会保障公平，统筹城乡社会保障发展，实施广泛覆盖城乡的社会保障制度成为构建和谐社会的主旋律，我们在追求社会保障相对公平的同时，要充分考虑中央和地方社会保障财政的供给能力，既要改善社会保障资源的配置结构，更要充分节约有限的社会保障资源，降低社会保障管理成本，提高社会保障资源配置效率，实现社会保障的可持续发展。

三、社会福利分配理论中的公平与效率在我国的运用

根据福利经济学的原理，社会福利函数与消费者个人效用函数的拟合度越高，那么相关的社会选择带给个人的效用满足程度就越大。对市场经济而言，实施“效率优先，兼顾公平”的原则。在社会福利分配中，“公平优先，兼顾效率”这是贝弗里奇报告中强调国民保险的全面性、统一性和强制性的重要主题，不存在任何社会歧视。而发展到20世纪八九十年代后，社会福利分配的理念被追求社会福利分配效率所代替，社会福利的政治策略还竭力灌输一系列以社会公民权为核心的价值观。我国社会保障资源配置如何处理社会保障公平与效率的关系，是一个需要认真对待的政治问题。

（一）建立城乡最低生活保障制度——公平最基本的底线

以最低生活保障制度作为对低收入人群或无收入人群的道义供给，这是我国最基本的公平底线，也是保证社会稳定最必要的执政基础。目前这项制度还不尽完善，制度设计中诱发了假离婚骗保、瞒报家庭收入、不愿就业宁愿领取低保金等一系列道德风险问题。但从整体制度运行而言，还是保证了城镇下岗失业人员、无劳动能力人员、低收入退休人员等群体的基本生活供给。[3]但实施城镇最低生活保障制度的同时引发另一个问题，新农村建设中要不要同时建立最低生活保障制度？建立农村最低生活保障制度体现了政府积极地承担了更多的公共职能，但相应资源需求的扩张与地方财政困境之间也呈现出尖锐的矛盾，而关键是在农村集体经济普遍衰落的情况下，农村最低生活保障的资金供给问题。如今县乡普遍的财政困难在很多地方已转化成数额巨大的隐性债务，成为整个国家财政和宏观经济的一大隐患。根据政府高层部门对全国不同地区的定点检测数据推算，目前仅乡、村两级各类公共债务，每个县平均就有2.55亿元。按全国约2100个县级行政单位计算，乡村债务总规模达到5355亿元。[4]向支持农村新型合作医疗制度建设那样，仅依靠中央与省级财政为农村最低生活保障制度输血，显然不是长久之计，经济的拮据会冲击城乡公平的底线，统筹城乡最低生活保障制度，允许城乡存在与生活指数相关的补偿差别。仍需要各级财政在建设社会主义新农村的进程中酝酿造血机能，来支持农村最低生活保障制度的建设。

（二）社会保险资源配置的公平与效率

1. 养老保险制度设计的公平与效率

养老保险制度设计的公平与效率，主要体现在养老费的缴付与养老金的发放，

要突出公平与效率准则。养老金政治的一种平等主义的观点认为：统一的社保体系有统一的标准，实行“按需分配”而非按级别、素质等要素分配。在养老金发放问题上，他们认为每个人退休后的养老金应该是一样的数额，如果工作时按要素分配，退休后你不再工作，大家都一样是老人，凭什么你要比别人领得更多的养老金呢？所以应该“一视同仁”，明确发放社会保障金的条件是个人无力支付标准生活费用，社会再“雪中送炭”进行差额补助。[5]在一些国家，养老保险制度其中一个功能是减少养老金的贫富差距，实现青年人向老年人、富人向穷人、男性向女性的再分配。因此，约翰·迈尔斯和保罗·皮尔逊认为：养老金将围绕政府作为调节者负责解决市场失灵问题和各种方案中福利分配不均问题①。在美国，养老金存在差别是违反宪法的，以凸显公平准则，养老金的主要目的就是要熨平收入，实现制度公平。我国2006年开始实施的养老保险新政坚持按照新的基本养老金计发办法，参保人员每多缴一年增发一个百分点，上不封顶，有利于形成“多工作、多缴费、多得养老金”的激励约束机制。目前养老保险新政的“多缴多得”凸显了效率、未顾及公平或再分配问题，主要原因是我国的养老保险缴费机制还不成熟，虚报、瞒报、恶意欠缴问题还较为突出，需要一种激励机制来促进养老保险缴费的更快增长。当然，养老保险DC制与DB制两者如何融合，应该是我国未来养老保险公平与效率机制的选择。

从养老保险补偿的公平机制看，我国城市养老保险费用隐性负债达数万亿元，国家财政补偿计划经济时期低工资年代由于未能储存养老保险基金的这部分隐性负债在理论上是成立的。由于国家财政的不作为，这种被动补贴随着养老保险基金的“空账化”越来越高而水涨船高，“两个确保”政策保证了城市离退休人口养老保险基金的需要。而在农村，没有政府财政养老保险基金补贴，农村养老保险制度设计和运作基本失败。应该说，农民为我国工业化的初级发展做出了突出贡献，但国家和有关部门并没有计算农民养老保险的隐性负债，也没有“确保”政策或相关补贴政策回报农民，这种二元化的公平缺失显然是农村养老保险制度难以为继的体制因素。

2. 医疗保险中的公平与效率

针对公共物品而言，医疗服务体系所提供的劳务和产品中，有相当大的一部分，属于公共产品和公共服务，或者是外部性十分明显的准公共产品和服务。由国务院发展研究中心社会发展研究部和世界卫生组织共同完成的一份针对“中国医疗卫生体制改革”的研究报告指出：中国现有的医疗卫生体制出现商业化、市场化的倾向是完全错误的，违背了医疗卫生事业的基本规律。医改失败首先是政府的医疗福利投入过低，投入分配不公，卫生资源在市场分配上存在着“重大城市轻小城市”、“重城市轻农村”，“重参保人群轻未参保人群”的问题；其次是95%以上的公立医

① 约翰·迈尔斯，保罗·皮尔逊：《养老金改革的比较政治学》，载《福利制度的新政治学》，商务印书馆2004年版，第454页。

院实际正按照营利性的商业模式在运营，一味追逐利润，具有明显的趋利性，造成了“看病贵、看病难”的社会怨恨。政府缺少必要的投入和干预是造成中国有限的卫生资源使用效率低下的主要原因。中国政府在总体医疗费用中的公共投入仅为17%，而美国政府至少投入了总需要的45%，几乎是中国的三倍。2000年，世界卫生组织公布191个成员国的卫生筹资分配公平性评估排序，中国排在倒数第4位，主要是在推向市场的过程中，忽略了卫生工作的特殊性，忽略了国家应负的责任。

我国医疗保险改革预定的推进梯次，并没有遵循“谁最需要谁先享受”的公平原则，而是走的一条“哪里容易哪里先行”的效率之路，医疗保险改革先城镇还是先农村一直存在悖论。在医疗体系中，逆向选择、道德风险包括第三方支付都可能引致医疗保险的效率低下。从宏观管理上坚持三项制度改革，加大供给方面的节约激励、实行医疗保险基金财政专户预算管理、完善定点医院的仲裁制度与结算制度、强化医疗费用过快增长的防范机制，坚持科学的政府采购制度等，都是提高医疗保险改革效率的有效措施。从微观管理上，在转变政府职能、实行管办分离的同时，作为对公益性的补充，鼓励社会资本投资办医院，打破公立医院垄断经营。政府如果能够尽职尽责，政府将其医疗福利支出公平地分配给每个公民，这个市场本可以更为均衡地发展，医疗服务市场可以细分，更好地满足低收入者的需要。打破城乡、所有制等各种界限，这必然会吸引更多投资者到大城市外的县城、乡镇设立面向农民的、价格低廉的医院，提高医疗效率，农民就不必跑到大城市、大医院就医，解决“看病贵、看病难”的问题。目前国务院课题组提出的“全民医疗保健政府埋单”模式，暂且不论财政然否真正承受的问题（因为学者们在几乎所有的改革遭遇困难时提出的政策建议之一都是加大“财政支持力度”，财政不是取款机，除中央财政之外，毕竟中国的大部分地方财政还是吃饭财政），即使有了制度公平，但其中的医疗道德风险造成的效率缺失是我们难以规避的。

3. 失业保险中的公平与效率

“失业”一词是一个比较敏感的政治术语，我国国有企业下岗职工进入再就业服务中心，享受下岗职工基本生活费，即使没有安排工作也不称其为失业，而非国有企业职工一旦失去工作就要进入社会重新寻求就业机会，国企与非国企的待遇差别凸显了一个公平问题。部分国有企业下岗职工隐性就业（道德风险）得到双重保障又凸显了“双重待遇”的公平问题。“三条保障线”向“两条保障线”转轨并制，消解了国企与非国企下岗人员的待遇公平问题。第二个公平问题会随着取消国有企业下岗职工再就业服务中心而得以解决，但“隐性就业”的界定要有一个科学的方法，否则失业人员的隐性就业问题不利于有效地维系失业基金使用的公平性。

失业保险按照“大数法则”运行，目前的失业保险面临两难困境：给付水平低了，就与最低生活保障线相重合或接近，失去意义；给付水平高了，就可能酿成懒汉经济。我国社会发展陷入了一个经济高增长与高失业率的“双高”怪圈，由于人为地从制度上限定“公开登记失业率”，掩盖了真实失业率。

为了提高有限的失业保险制度的运行效率，应该将消极的“失业保险”转变为积极的就业促进。政府将失业人员的转岗培训、积极引导就业与提供有效的就业信息服务放在首位。从财政政策上，政府提供公共物品实行反失业的财政政策：一是要实行规范的中央财政转移支付政策与支付方式，以提供各地大致相同的公共服务，缩小地区差距；二是要支持产业结构调整和优化，促进产业结构升级，减少我国最大威胁的结构性失业；三是确定合理的宏观税负水平，通过税收降低贫富差距，控制税收增长规模；四是适度控制国债发行规模（除目前出台的发行特别国债之外），充分发挥国债发行在促进就业增长中的正向作用，提高就业弹性；五是刺激消费需求，尤其是发挥社会保障对消费需求的促进作用，重点提高居民对社会保障的政治预期。六是在具体政策上，实行税费减免、小额信贷政策，帮助和促进劳动者自谋职业、自主创业；推行社保补贴等政策鼓励企业吸纳更多下岗失业人员；就业援助特别是公益岗位社保补贴、岗位补贴政策，有效改变困难群体人员就业无门的困境；实行主辅分离、辅业改制等相关政策，绝大多数富余人员在改制企业中得到了安置；动员社会力量开展职业培训，实行政府培训补贴与再就业效果挂钩，推动创业培训与小额贷款政策相结合。

（三）性别平等中的公平与效率

在男性占强势的父权社会，女性的社会地位、经济权益与劳动权利均处于被动的不平等势态，性别社会化、性别不平等、性别与性的社会建构等事实上酿成了社会现实中的“两律背反”现象，将直接对人口老龄化与高龄化社会造成生态危机与社会保障的资源危机。在世界各国，就业的性别歧视非常明显，是造成女性弱势的重要原因。

表1　主要国家女性对男性的收入之比（女/男）

美国 0.67	日本 0.58	法国 0.59	德国 0.71
英国 0.61	瑞典 0.77	奥地利 0.74	澳大利亚 0.73
瑞士 0.65	俄罗斯 0.64	波兰 0.62	伊朗 0.29
中国 0.66	印度 0.38	巴西 0.42	南非 0.45

资料来源：《国际统计年鉴 2004》；《2004 年人类发展报告》。

扎巴尔扎和阿鲁费特根据奥克塞卡作出论证，认为在英国工资差别可以分为两个部分：一部分取决于不同的特征（$X^m - X^f$）的劳动报酬；另一部分取决于某种特征（$a - b$）的劳动报酬。具体如下式所示：

$$w^m - w^f = a(X^m - X^f) + X^f(a - b)$$

w^m 代表男性的工资；w^f 代表女性的工资，两者分别取决于受教育年限、工作经验、健康条件之类的特征。a 和 b 是系数。a（$X^m - X^f$）表示由于男女两性身心条件不同所形成的工资差别，即便毫无个人偏好的影响，按照平等的原则按劳付酬，这种工资差别也无法消除。X^f（$a - b$）是由于不公平的劳动评价所形成的工资差别这种差别就要归因于性别歧视①。

在中国，性别歧视测算资料可以在多个维度上加以反映：（1）就业稳定性指数：男性合同制工人的比例高于女性 5 个百分点，女性临时工、试用工、学徒工的比例高于男性 8 个百分点。（2）工作质量指数：男性和女性的平均收入分别是 7434.10 元和 4552.73 元，男性是女性的 1.63 倍。（3）福利和保障指数：男性平均享受各类福利待遇的比例是 44.58%，女性是 42.28%。（4）职业发展指数：男性处于领导地位的比例是 79%，女性是 21%。[6]

女性的弱势与某些边缘化主要表现为：妇女地位在社会转型期有所下降，在经济领域表现得较为明显，如性别分化出现，女性职业结构相对下沉，女性因为性别在就业、再就业中受到歧视的现象较男性突出，有的单位和部门在招工中存在的招男不招女的问题，下岗女工转岗困难，女性失业严重或是比男性提前 5 年以上内退，女性就业边缘化等，妇女角色冲突越来越大；在二元劳动力市场中，一方面女性多数被挤到次级劳动力市场，另一方面也引起了女性劳动力群体内部的分化，女工权益被侵害，同工不同酬的现象普遍存在，女职工劳动保护出现滑落，劳动力的竞争使部分妇女成为制度改革的牺牲品，一些女性仍然生存在二元结构的复杂因果链条之中，经历着现代化进程中的多重文化对她们的影响。男女两性在工作职位和晋升机会上存在的差异直接影响到他们之间收入的差异，所获得的社会保障和职工福利的差异，实质上反映了妇女的社会地位与男性所存在的差异。

20 世纪 70 年代后，随着女性劳动参与率的上升，男女平等的原则在一些国家的立法得到了实质性的确立。中国国务院发布的《中国妇女发展纲要》（2001—2010 年）制定的总目标提出：贯彻男女平等的基本国策，推动妇女充分参与经济和社会发展，使男女平等在政治、经济、文化、社会和家庭生活等领域进一步得到实现。保障妇女获得平等的就业机会和分享经济资源的权利，提高妇女的经济地位；保障妇女的各项政治权利，提高妇女参与国家和社会事务管理及决策的水平；保障妇女获得平等的受教育机会，普遍提高妇女受教育程度和终身教育水平；保障妇女享有基本的卫生保健服务，提高妇女的健康水平和预期寿命；保障妇女获得平等的法律保护，维护妇女的合法权益；优化妇女发展的社会环境和生态环境，提高妇女

① Zabalza, A. and Arrufat, J. L., 1985, "The Extent of Sex Discrimination in Britain", in A. Zabalza and Z. Tzannatos, *Women and Equal Pay: The Effets of Legislation on Female Employment and Wages in Britain* (Cambridge University Press).

生活质量，促进妇女事业的持续发展①。客观地说，这一纲要是同世界妇女福利改革同步的，但具体实施过程中局限于各种经济与政治权利及传统文化的博弈，很难得到有效落实。

（四）社会救济制度中的公平与效率

实行“八七”扶贫攻尖计划以来，如果按扶贫资源类型分类评估，中央政府通过3种方式提供扶贫资源：财政扶贫资金、以工代赈资金、贴息贷款。我国一些集中连片的贫困地区整体解决了温饱问题，沂蒙山区、井冈山区、大别山区、闽西南地区等革命老区群众的温饱问题已经基本解决，这些地区的经济社会面貌发生了深刻变化。国务院扶贫办公布的《中国农村扶贫开发纲要（2001—2010年）》中期评估结果显示，纲要实施5年来，全国没有解决温饱的贫困人口由2927万减少到2365万，减少了562万人；低收入贫困人口从6102万减少到4067万，减少了2035万人。[7]但落后的农村总是难以赶上快速发展的城市，城乡差别拉大不仅仅体现在城乡居民收入差距的持续拉大，还突出表现为城乡二元结构矛盾越发明显，农民安全感逐年下降，青壮年劳动力几乎大部分离开了农村，农业中因生产要素过度流失而出现了凋敝和萎缩的现象。

农业剩余劳动力大量涌向城市必然同城市本身的就业不足产生矛盾，哈利斯—托达罗的人口流动模型认为：尽管城市中存在失业，投入城市的人仍还是可以作出合理的决策，与其说是城乡现实的收入差异，不如说是城乡预期的收入差异，而影响他们预期的有两个因素，一是城乡实际工资的差异；二是在城市求得工作机会的可能性：[8]

$$M = h(PW_u - W_r)$$

M代表某一时期由乡村到城市的人口流动人数；h代表潜在移居者的反映率；P代表在城市找到工作的概率；W_u代表城市收入；W_r代表乡村收入。

本模型中，如果城市预期收入超过乡村的收入，由乡村向城市的流动就会继续；当人口流动迫使城市工资下降，或使城市失业率上升，使得城市的预期收入等于乡村收入，流动就会停止；当乡村收入大于城市的预期收入，就有可能出现劳动力回流乡村。经济因素并不是影响农民进城的唯一因素，需要我国政府大力缩小城乡各种机会不平等的现象，通过社会主义新农村建设完善各种基础设施，缩小城乡收入差距，从经济增长与社会发展上高度重视农村的发展，通过人口回流检验新农村建设的实际效果。

要提高社会救济的扶贫效率，除了收入扶持以外，在农村，国家投资的“以工代赈”改善农村基础设施条件的项目，应优先安排贫困劳动力；鼓励和帮助贫困及

---

① 参见国务院2001年5月22日发布的《中国妇女发展纲要》（2001—2010年）。

缺地农民外出打工，促进农村剩余劳动力转移；打破妨碍劳动力流动的制度性障碍，建立竞争性的劳动力市场；对农民进行各类技术培训和文化教育服务。并提供基本计划生育服务和基本公共卫生服务，使每个人都能享受基本卫生保健；提供基础教育服务，保证所有的孩子都能获得受教育的权利和机会；提高广播电视人口覆盖率，为贫困地区提供更为方便的通讯服务；为贫困地区提供供水、供电的基础条件。

中国不仅要付诸巨大努力解决农村领域的不同类型贫困问题，也需要密切地关注并实施有效政策解决城市领域不同类型贫困问题。这样一个庞大的贫困群体来自于国有企业改革和调整导致失业的群体；资源枯竭型城市中大量具有正常劳动能力的城市居民；退休较早、仅依赖退休金生活的老年人；流入城市、成为城市新贫困阶层的大量农村人口。同时，社会保险、医疗保险等制度上的缺位与失效，也在随时随地制造和产生着新的城市贫困。城市贫困问题的解决，关键是政府应该对贫困人口给予一定的制度保障，同时积极鼓励劳动者就业，以就业获取收入作为基础保障，这是由我国国情所决定的保障模式。实施就业优先的经济发展战略和加强就业服务体系建设，显得尤为关键。另一个存在的问题是政府扶贫计划几乎都是针对男性，并把能够提高收入潜力的就业职位和培训项目提供给男性，妇女仍然是贫困经济中最脆弱的人群。因此中国的反贫困政策应使妇女、儿童和老人福利产生积极的正面影响，不仅要把妇女归入发展计划，而且要优先提高妇女的教育水平和经济地位，因为这是实现发展目标的关键。

（五）进城务工农民社会保障供给的公平与效率

义务教育是每个公民均应享受的公共物品，但是由于受到身份和地缘经济的影响，农民工子女享受义务教育的权利被剥夺。农民工“家庭教育支出普遍占了农民工家庭消费总支出的三分之一以上，如果在外打工收入不高，家中小孩又多，教育费用可能占总费用的一半以上。”[9]在社会保障方面，农民工参与城市养老保险面临制度门槛高、城乡之间社保不能实现有效对接、现行的城镇养老保险制度对农民工这种范围广、流动性大、劳动关系不稳定、工作时间长短不一的特殊人群缺乏制度设计和保障。农民工在城市内缴纳的社会保险，带不回户籍所在地，也不能享受相应待遇。人为的地区保护、农民工对政策不了解等因素的影响，致使农民工纷纷退保。政府让农民工参保，可以让地方社保基金更充足；退保时，农民工并不能领回全部金额，“大头”被强行充入地方社保基金；在劳动歧视与工资歧视方面，农民工的劳动安全卫生条件很差，往往缺乏最基本的劳动保护。他们集中在劳动密集型产业和劳动环境差、危险性高的劳动岗位，尤其是城里人不愿干的建筑施工作业、井下采掘、有毒有害、餐饮服务、环卫清洁等工作。全国每年因工伤致残人员近70万人，其中农民工占大多数。农民工从业人数较高的煤炭生产企业，每年因事故死亡6000多人。工伤和职业病已经成为一个重大的公共卫生问题和社会问题。在收入方面，被调查农民工的月工资均比较低，主要集中在500元至800元之间。其中，每月收入在300元以下的占3.58%，300元至500元的占29.26%，500元至800元的占39.26%，800元以上的占27.90%①。

农民工对于推动自由的劳动力市场的形成，对于推动中国的工业化、城市化作出了巨大贡献。据世界银行统计表明，进城务工农民至少为中国经济增长贡献了一个百分点。提高对农民工公共物品的服务效率，各级政府的职能定位、管理理念、行为方式都应发生变化，传统的户籍制度、劳动就业制度和社会保障制度需要发生观念变革与制度变革。其一，需要中央政府与各级地方级政府痛下决心，率先改革户籍制度，尊重和保障农民工的迁徙自由，建立适应农村劳动力流动，逐步定居城镇的公共服务管理机制，切实保障农民工的政治与财政权利。其二，解决中央与地方政府在公共物品供给的责任分担问题，中央转移支付政策及时到位，农民工的公共物品份额有坚实的财政保障，落实农民工子女教育、公共卫生保健、最低工资保障、欠薪追讨机制、社会保障等有形公共物品与无形公共物品的到位。其三，创建公共服务型政府，依据法律文件，建立为农民工服务的绩效考核指标和行政问责机制，降低农民工维权司法门槛，实行属地管理，促进农民工身份的合法化与人格化。在制度公平上下工夫，才有可能使农民工在参与城镇社会保障制度时彰显制度效率，类似的农民工大规模地退出城镇养老保险制度，与其说是制度设计失误，不如说是为农民工制造了效率极差的制度陷阱与政府诚信的丧失。

参考文献

[1][2][美]约翰·罗尔斯，姚大志译：《作为公平的正义——正义新论》，上海三联书店2000年版。

[3] 林毓铭：《低保制度需诚信支持》，载《中国统计》2006年9月。

[4] 秦大军、宋常青：《数千亿县乡财政赤字成中国新农村建设绊脚石》，http://www.xinhuanet.com，2006年3月4日。

[5] 景天魁：《中国社会保障的理念基础》，http://www.sociology.cass.cn。

[6] 李军峰：《就业质量的性别比较分析》，载《市场与人口分析》2003年6月。

[7] 姚润丰、江毅：《国务院扶贫办称全国农村有2365万人未解决温饱》，载《新京报》2006年3月29日。

[8] 杨培雷：《当代西方经济学流派》，上海财经大学出版社2003年。

[9] 陈春园、杨媛媛：《子女教育、打工生活成本和住房制约农民工消费》，http://www.xinhuanet.com，2005年5月18日。

① 参见2006年4月国务院研究室发布的《中国农民工调研报告》。

论中国城市偏向的社会保障制度与城乡居民收入差距*

曾国安　胡晶晶

（武汉大学社会保障研究中心　武汉大学经济与管理学院
武汉大学政府管制与公共经济研究所）

摘　要： 中国城乡居民收入差距的形成和扩大城市偏向的社会保障制度密切相关。城市偏向的社会保障制度反映在社会保障模式、社会保障管理体制、社会保障覆盖面和社会保障水平等方面。这种城市偏向的社会保障制度增加了城镇居民的隐性收入，降低了农民抑制因灾致贫的能力，降低了农业劳动生产率，阻碍了计划生育政策的实施和农村劳动力素质的提高，从而最终导致了城乡居民收入差距的扩大。要缩小城乡居民收入差距，就必须改变城市偏向的社会保障制度，逐步建立城乡一体的社会保障制度。

关键词： 社会保障制度　城市偏向　城乡差距

一、城市偏向的社会保障制度的表现

所谓城市偏向的社会保障制度是指在城乡居民的社会保障资金缴付负担（相对水平）相同或者农村居民缴付负担（相对水平）更重的条件下，社会保障给付有利于城市居民的社会保障制度。这种偏向会通过社会保障给付对象、给付水平等反映出来，总体上来说，它是一种排斥农村居民的社会保障制度。①

新中国成立不久，国家就着手建立了面向城市企业劳动者的社会保险制度，形

* 本文系国家社会科学基金重大项目《合理调整国民收入分配格局，逐步解决地区之间和部分社会成员收入差距过大问题研究》（项目号：05※ZD047）和教育部人文社会科学研究基地重大项目《城镇社会养老保险制度可持续发展问题研究》（项目号：02JAZJD630005）的阶段性研究成果。

① 曾国安：《论工业化过程中导致城乡居民收入差距扩大的自然因素与制度因素》，载《经济评论》2007年第3期，第46页。

成了一套涵盖养老、医疗、失业、生育等方面的保障体系。在农村，则通过土地改革和集体化，实行家庭与集体相结合而以家庭为主的保障制度，而作为现代社会保障核心内容的社会保险，未在农村设立。在社会保障制度的设计方面，明显表现出对城镇居民的倾斜。这种城市偏向的社会保障制度的形成和维持，从根本上说，是由中国经济发展所处的阶段所决定的。

改革开放之后，随着经济的转轨，中国城市社会保障制度从计划经济时代形成的以离退休制度、公费与劳保医疗制度、免费住房制度、粮油价格补贴制度、就业保障制度、高福利制度等为特征的社会保障制度，逐步向以社会保险为核心的新型社会保障制度过渡。而农村中脱胎于农业合作制度的人民公社体制下的自然就业制度、合作医疗制度、农村社会救济制度、孤寡老人养老院供养制度、五保户供养制度等则处于逐渐弱化或解体的过程中，从逻辑上来看，就应该随之逐步建立起以农村社会保险制度为核心的、具有市场经济特征的社会保障制度。但是，由于计划经济时期留下的城乡分割的社会保障观念的影响，农村社会保障制度的建立一直没有得到应有的重视，城市偏向的社会保障制度并没有得到根本的改变，城乡之间的社会保障制度仍然存在明显的差异。

（一）城乡社会保障模式的差异

中国城市社会保障制度模式依赖于城市工业制度，其随着企业生产和分配制度的演变而变迁。中国于 1951 年设计的劳动保险制度，因其基金可在全国范围内调剂，具有一定的社会机制性，故有学者称这种模式为“企业 + 社会”保障模式。1969 年，财政部规定企业不再缴纳劳动保险费，劳动保险待遇从企业“营业外支出”账户中列支。由此，劳动保险制度成为完全的企业保险制度。但由于企业并非自负盈亏，其利润上交国家，同时，亏损也由国家补偿，企业并没有经济负担，所以，这一时期的企业保障实质是一种国家责任性保障。随后，20 世纪 80 年代的经济体制改革动摇了国家责任性企业保障的基础。由于企业自负盈亏，保险费支出增加了企业成本，影响了企业经济效益，于是从 1984 年开始，劳动部在一些县市试行退休费用的社会统筹，自此也改变了企业保障的模式。二十多年来的城市社会保障制度改革基本上改变了企业主导的状况，逐渐建立起了社会主导的保障模式。

与城市不同，农村社会保障模式依赖于农村土地制度及农业生产和经营方式的变革而变化。由于以集体所有制为内核的农村土地制度以及与之相关联的农业生产方式并没有发生实质性的变化，从而决定了农村以土地经营为基础的家庭保障主导模式没有得到根本改变。如表 1 所示，与城市相比，农村社会保障具有以下几个特点：一是社会化程度低，新中国建立五十多年来，农村的社会保障依然停留在政府、集体或社区的救济和救助的低层次上；二是非制度性，农村的社会保障大多不是建立在权利与义务对等的正式的制度基础上，而农村社会养老保险和合作医疗保险仅在小范围进行试点，并未形成稳定而又规范的制度；三是保障模式改造相对滞后，改革开放以来，中国农村经济转换和社会变革进程加快，尤其是工业化、城市化程度得到快速提升，而农村社会保障模式仍然根植于传统的自然经济基础，远远满足不了农村社会经济发展的需要。

表1　中国城乡社会保障制度的比较

社会保障类型			城市社会保障模式	农村社会保障模式
社会保险	养老保险	保障方式	社会统筹和个人账户相结合	以家庭保障为主，与社区扶持相结合
		保障对象	城镇所有劳动者	有条件地区实行养老保险
		资金来源	国家、企业、个人共同承担	个人缴纳为主、集体补助为辅、国家予以政策扶持
		统筹范围	全省（市）	全县
		保障性质	强制性	自愿性
		资金运行	现收现付制转向半积累半现收现付制	完全积累制
	医疗保险		社会统筹和个人账户相结合的医疗保险	合作健康保险或合作医疗
	失业保险		保险费由企业按职工工资总额一定比例筹交	尚未建立
	工伤保险		普遍建立	尚未建立
	生育保险		普遍建立	一些地区在试点
社会福利			职工福利：福利设施、福利补贴、休假与补贴等 公办福利：社区服务、福利院、敬老院、干休所等 教育福利：九年义务教育	公办福利：五保户供养、养老院、农村社区服务等 教育福利：九年义务教育
社会救助			最低生活保障制度和城市扶贫	农村救济、救灾和扶贫
优抚安置			优待、抚恤、安置	内容基本与城市相同
自愿补充保障			企业保障、商业保险	少量商业保险

资料来源：庹国柱、王国军：《中国农业保险与农村社会保障制度研究》，首都经济贸易大学出版社 2002 年版，第 323 页。

（二）城乡社会保障管理体制上的差异

由于社会保障制度模式的不同，城乡社会保障管理体制也不相同。城市社会保障管理体制由早期的工会管理演变到企业管理，再由企业管理演变到劳动、卫生、人事、民政等部门的多头管理。1998 年，中国劳动和社会保障部的成立以及对城市社会保障实行统一管理，标志着城市社会保障管理体制已趋于成熟，并走向规范化的道路。相比之下，农村社会保障管理体制较为落后，目前多头管理的现状并未改变。国家劳动和社会保障部成立后，农村社会养老保险划归由劳动和社会保障部管理，而农村社会救助、社会福利仍由民政部门管理，合作医疗还是由地方政府部门委托卫生部门管理。

管理体制是决定社会保障制度效率乃至成败的关键环节，劳动和社会保障部的成立也正体现了管理体制的重要性。社会保障制度管理体制中最重要的是社会保障基金的管理，世界上各国社会保障基金的管理体制主要分为由政府管理和由民营的管理公司管理两大类型。目前中国城市的社会保障基金是由中央政府通过劳动和社会保障部统一管理的，而农村的社会保障基金则仍然是由地方各级政府的下属机构来管理。政府成功地管理基金的一个必要条件是监管体系的完善，城市社会保障可以通过劳动和社会保障部的运作解决监管的问题，但农村目前由于管理体制分散，要解决基金监管问题就比较难。事实上，有些地方农村社会保障基金被挪用、挤占和挥霍的现象已十分严重。农村社会保障管理体制上的问题已经成为农村社会保障发展的一大障碍。

目前，城市社会保障基金已成功上市，运营越来越多样化，其保值增值能力已有较大提高，但农村社会保障基金仍是由地方各级政府的下属机构来管理，运营形式单一，保值增值能力低。

（三）城乡社会保障覆盖面的差异

1. 城乡保障项目覆盖面差异大。一般而言，社会保障项目按照社会保障制度所应付的风险事件（如年老、残疾、死亡、疾病、生育、工业伤害、失业、贫困等）分为养老社会保险、医疗社会保险、工伤社会保险、生育社会保险、失业社会保险及社会救助等。中国早期的城市劳动保险制度只涉及前四项，在几十年发展与改革的基础上，如表1所示，目前城市社会保障制度涉及的保障项目已相当齐全，而相比之下，农村社会保障项目十分缺乏。2003年底，中国城镇已普遍建立的社会保障项目包括养老、医疗、工伤、失业、生育等社会保险制度，老年人、儿童、残疾人等社会福利制度，低保、灾害救助、社会互助、流动乞讨人员救助等社会救济制度，住房公积金、经济适用房、廉价住房等住房社会保障制度，以及优抚安置等，基本涵盖了社会保障的所有项目。而农村社会保障仅包括养老、合作医疗等社会保险制度，五保供养、低保、特困户基本生活救助等社会救济制度，以及优抚安置等项目，失业保险、工伤保险、生育保险、住房保障及不少社会福利项目没有或基本没有。

2. 城乡已有各保障项目中的覆盖面差异大。现以城乡三项主要基本社会保障制度为例。（1）养老保险。中国城镇职工基本养老保险已从最初的覆盖国有企业和城镇企业及其职工，扩大到现在的覆盖外商投资企业、私营企业、其他城镇企业及其职工，以及个体工商户、城镇灵活就业人员等。2003年全国基本养老保险参加人数达15506万人，占应保人数的60.4%，其中参加职工11646万人，占企业职工总数的83.3%。行政事业单位职工实行离退休制度，均享有养老保障。2003年参加农村社会养老保险的人数仅为5428万人，占应保人数的11.1%。（2）医疗保险。2003年底，城镇基本医疗保险已覆盖所有用人单位和职工，灵活就业人员也可以参加，全国参保人数已达10902万人，占应保人数的42.5%，其中参保的在职职工7975万人，占在职职工总数的76%。至2004年6月，仅有310个县（市、区）进行了农村合作医疗试点，实际参保农民6899万人，仅占应保人数的14.1%。（3）最低生活保障。2003年底，全国各地均建立了城镇居民最低生活保障制度，领取最低生活保障金的人数达2247万人，占城镇总人数的4.3%。农村有部分地区建立了农村最低生活保障制度，其他地区则建立特困户基本生活救助制度，至2003年底，全国农村享受最低生活保障和特困户生活救助的人数为1257万人，占总人数的1.6%。其中，享受最低生活保障的人数仅为367.1万人，占总人数的0.5%，约占应保人数的10%，农村与城市相差极大。①

（四）城乡居民社会保障水平的差异

社会保障水平一般用人均社会保障支出与人均GDP的比值来反映，该比值越大，社会保障水平就越高。如表2所示，近年来，城市社会保障支出占全国社会保

表2　中国城乡社会保障水平的比较

年份	城市				农村			
	社会保障支出（亿元）	人均社会保障支出（元）	社会保障水平（%）	占全国社会保障支出的比重（%）	社会保障支出（亿元）	人均社会保障支出（元）	社会保障水平（%）	占全国社会保障支出的比重（%）
1997	3511	890	14.64	97.64	85	9.8	0.16	2.36
1998	4108	987	15.44	97.69	97	11.2	0.18	2.31
1999	5992	1141	17.42	98.31	86	10.5	0.16	1.69
2000	5647	1230	17.39	98.86	92	11.4	0.16	1.13
2001	6362	1324	17.30	98.38	106	13.2	0.17	1.62
2002	7061	1416	17.50	97.68	119	15.2	0.18	2.32
2003	7979	1516	18.10	98.20	146	16.3	0.19	1.80

注：城市社会保障支出主要包括在职职工社会保险及福利费支出、离退休职工社会保险及福利费支出和城市社会救济福利费支出三部分，不包括房租补贴、物价补贴、各种实物补贴、社区服务设施等费用项目；农村社会保障支出主要包括农村社会救济及福利支出，1999年以前还包括农村社会保障基金会基金额，但不包括农村乡镇企业公益金用于社会福利、农村社会养老保险、农村合作医疗保险等费用的项目。城市社会保障水平＝城市人均社会保障支出/人均GDP；农村社会保障水平＝农村人均社会保障支出/人均GDP。

资料来源：胡仲明：《中国城乡社会保障制度实证研究》，载《中国优秀硕博士学位论文全文数据库》（http：//202.114.65.57/kns50/classical/singledbindex.aspx？ID＝2），2006年。

① 薛兴利等：《城乡社会保障制度的差异分析与统筹对策》，载《山东农业大学学报（社会科学版）》2006年第3期，第38—39页。

障支出的比重均保持在95%以上，支出总额远远高于农村，城市人均社会保障支出也远远高于农村人均社会保障支出，城市人均享受的社会保障费用支出是农村的90多倍。社会保障支出的巨大差异造成了城市和农村社会保障水平的巨大差距，城市社会保障水平基本保持在15%以上，而农村的社会保障水平连1%都达不到，两者的差异极大。

需要说明的是，虽然现有的统计指标并不能完全反映农村和城市之间社会保障水平的差距，但总体上说，中国农村社会保障水平低下，且远远低于城市社会保障水平是不争的事实。

二、城市偏向的社会保障制度导致城乡居民收入差距扩大的途径

（一）增加城镇居民的隐性收入，拉大城乡居民的实际收入差距

我们可以将社会保障收入视为隐性收入，在城市偏向的社会保障制度下，农村居民得不到多少隐性收入，而相比之下，城市社会保障制度相对比较健全，城镇居民能够不付费或少付费而享有各种农村居民不能享受的社会保障。就货币收入本身而言，由于中国长期以来是低工资制度，城乡居民之间的显性收入差距并不是很大，但若考虑到社会保障这部分隐性收入，那么城镇居民的实际收入水平要远远高于农村居民。如表3所示，包含了社会保障收入的城乡居民收入差距要远远高于未含社会保障收入的城乡居民收入差距。

表3　不含社会保障收入的和含社会保障收入的城乡居民收入差距的比较

年份	1991	1992	1993	1994	1995	1996	1997	1998	1999	2000	2001
不含社会保障收入的城乡居民收入之比	2.40	2.58	2.80	2.86	2.71	2.51	2.47	2.51	2.65	2.79	2.90
含社会保障收入的城乡居民收入之比	2.73	2.99	3.25	3.32	3.14	2.91	2.88	2.95	3.15	3.32	3.44

资料来源：杨翠迎：《中国社会保障制度的城乡差异及统筹改革思路》，载《浙江大学学报（人文社会科学版）》2004年第3期，第17页。

（二）降低了农民抑制因灾致贫的能力，减少了农民的劳动和财产收入

患病以及其他各项灾害事故是许多农民长期贫困的原因，也是许多农民由富返贫的主要原因。虽然灾害事故的发生也会减少城市居民的收入，但由于城市拥有比较健全的社会保障制度，使得城市居民具有较强的抑制因灾致贫的能力。但是农民

若遇灾害事故，则既会失去或者减少劳动收入，而且往往因为要通过出售财产筹集应灾费用，财产收入也会因此减少，若遇重大灾害事故，许多民甚至要倾其全部财产来应灾。城乡割裂的社会保障制度不仅不能抑制城乡居民收入差距的扩大，反而会拉大城乡居民之间的收入差距。

（三）降低农业土地生产率，减少农民的经营性收入

土地是农民工作和生活的重要场所和生存基础，拥有土地是农村居民与城市居民的一个重要区别。由于农村居民拥有稳定的土地使用权，来自于土地的收入成为农民最基本、最可靠的收入来源，是家庭保障最基本的经济基础，也是农村居民的最后一道生活安全保障。因此，对于大批享受不到社会保障的进城务工的农村居民而言，尽管他们无暇顾及或早已经实质脱离土地，但仍然不愿意放弃土地，这导致了大片耕地粗放经营甚至撂荒，严重降低了土地生产率，不利于提高农业集约化经营和增加农民收入，从而也拉大了城乡居民收入差距。

（四）阻碍农村计划生育政策的实施，降低了农村居民的人均收入水平

在城市偏向的社会保障制度下，农村居民养老、医疗等大额开支都要自己支付。而农村经济发展本身又相对缓慢，农村居民收入水平较低，他们难以为自己准备足够的资金作为医疗及养老准备，在年老后仍然是以家庭为唯一养老保障，因此，在农村，“养儿防老”的观念仍根深蒂固，农村居民不得不多生孩子以保证自己日后的生活，从而阻碍了农村地区计划生育政策的实施，也因此导致农村生育率一直居高不下，直到2000年，农村总和生育率仍然高达1.43。① 农村人口增长控制乏力会通过多种途径加剧城乡居民之间的收入差距：第一，农村人口的过度膨胀，使得农村本已紧张的人地矛盾更加突出，农业劳动生产率提高更为缓慢；第二，农村人口的过快增长造成农村居民负担加重。2004年，中国城市少儿抚养比为19.22%，老年抚养比为12.02%，总负担系数为31.24%；而农村少儿抚养比为30.68%，老年抚养比为12.05%，总负担系数高达42.73%，农村人口的总负担系数比城市人口高出12.49个百分点。② 第三，城市居民高收入相对较高，其子女少而财产继续趋于集中、增加，而农民收入相对较低，其子女较多而财产继续趋于分散、减少，“因此，这种类型的生育率差别对于财产所有权所产生的持久影响，将加剧不平等的状况”③。这也就形成了农村家庭越生越穷、越穷越生的恶性循环。

---

① 国务院人口普查办公室、国家统计局人口和社会科技统计司：《中国2000年人口普查资料》（下册），中国统计出版社2002年版。

② 国家统计局人口和就业统计司：《中国人口统计年鉴》（2005），中国统计出版社2005年版。

③ ［英］詹姆斯·米德：《效率、公平与产权》，中文版，北京经济学院出版社1992年版，第37页。

（五）阻碍农村人口受教育水平的提高，导致农村劳动力素质不高，市场竞争力不强

随着中国生产资料所有制、就业制度和收入分配制度的改革，劳动力素质的高低已经成为决定劳动者收入水平高低的重要因素。劳动力素质在很大程度上取决于其受教育的程度和水平，而劳动者受教育的程度和水平又是与国家的教育体制和家庭及个人的收入条件密切相关的。由于长期以来国家实行的是城市偏向的教育政策，政府的公共教育支出主要面向城市部门、集中于城市地区，因此，农村居民要想提高劳动力素质必须更多地依靠自己的投入。在农村居民的收入条件非常有限的情况下，农村社会保障制度的缺失，使得农村居民有着强烈的养老、医疗等后顾之忧，这必然导致他们将收入的相当大部分用于医疗及养老储备，而用于教育子女和自身的职业技能培训的支出则相对减少。这必然会阻碍农村劳动力素质的提高，从而使得农村劳动力在劳动力市场竞争中处于劣势，尤其是在高技术、高收入行业和岗位缺乏竞争力，也因此限制了其收入水平的提高。

三、推进城乡一体的社会保障制度的建立、缩小城乡居民收入差距的政策建议

城市偏向的社会保障制度是城乡居民收入差距扩大的重要原因，因此，要缩小城乡居民收入差距就必须尽快改变城市偏向的社会保障制度，逐步建立起城乡一体的社会保障制度。尽管城乡一体的社会保障制度的建立会是一个长期的过程，但我们必须将其作为最终的目标，坚持城乡一体化的政策导向，从实际出发，按照分阶段、分层次、分项目、逐步完善的原则，逐步改变城乡社会保障制度割裂的格局。

（一）应将农民工纳入城市社会保障体系

越来越多的农村劳动力进入城市，农民工的养老和医疗保障是迫切需要解决的问题。应从城乡衔接的角度出发，对事实上已经长期在城市工作和生活的农民工纳入城市社会保障范围之中。要根据农民工自身的特点、需要和目前的条件，分类分层，循序渐进，逐步解决农民工最需要、最迫切的社会保障问题。第一，要建立工伤保险制度，这是目前所有类型的农民工都迫切需要的。第二，建立医疗保险制度，尤其是大病保险是农民工的现实需要。第三，要建立社会救助制度，使农民工一旦遭遇到意外事件（天灾人祸、失业、合法权益遭到侵犯等）能得到应有的帮助。第四，建立养老保险制度，并根据农民工的特点，分类设计方案。对于在城市已经生活多年，有稳定的职业、固定的收入和住所，只是他们的户口不在城市的农民应视同城镇居民，将他们的养老保险纳入城镇养老保险体系，其养老费的缴纳办法和城镇职工相同；对于流动性比较大，无稳定职业、固定的收入和住所的农民可设计出

一种过渡性的方案，实行个人账户模式，其账户可随跨地区流动而转移；对于以务农为主、务工为辅的季节性农民，应纳入农村社会养老保障体系。但对于进城农民应实行土地换保障，允许其用土地经营权转让收入以特定的方式转换为保险费，这样一方面可弥补进城农民保险制度建立的资金短缺问题；另一方面可促使他们能把土地转让出来，以推动土地的集约化经营，提高农业劳动生产率，增加农民收入。需要说明的是，鉴于农民工的高流动性特点，针对农民工的社会保险政策目标应是全国统一的政策。

（二）加快建立和完善农村社会救助制度

农村社会救助是政府和社会对生活确实有困难的农村居民给予资金或物资帮助，以保障其最基本的生活需要。第一，要尽快建立和完善农村最低生活保障制度，用农村最低生活保障制度替代原有的农村社会救助制度，确保农村贫困人口能得到应有的救助，体现社会公平。第二，准确界定农村最低生活保障的对象。目前，中国农村最低生活保障的对象应包括：因灾因病致贫的家庭；因缺少劳动力造成生活困难的家庭；无劳动能力、无生活来源的鳏寡孤独人员等。第三，合理确定农村最低生活保障的标准。在确定农村最低生活保障的标准时既要考虑到农村贫困人口最低生活需要，又要依据当地的实际水平，以使确定出来的保障标准确能保障保障对象的基本生活。第四，多渠道解决农村最低生活保障的资金来源。农村最低生活保障的资金来源应由各级政府在财政预算中予以保证，市、县、乡三级财政按比例负担，至于各级财政负担的比例，应根据各地的实际情况确定，经济条件好的乡镇财政负担的多一些，经济条件差的市、县少负担一些。鉴于县乡财政存在的困难，中央财政和省级财政应对经济困难县乡给予适当的转移支付。同时还可以借助社会力量，通过发行彩票、开展捐助等活动，多途径筹措农村最低生活保障资金。

（三）加快建立农村社会医疗保障制度

1. 强化政府对农村合作医疗制度的支持。应将农村合作医疗制度作为一项长期性的农民基本医疗保障制度。政府的大力支持是农村合作医疗发展的根本和前提，笔者认为政府应从以下几个方面给予支持：第一，政策支持。国家应制定统一的农村合作医疗法规，明确农村合作医疗制度的实施办法、管理体制、资金来源、报销比例、报销项目、农村合作医疗制度的监督及相关部门的责任等。各地应根据当地农村经济社会发展的实际情况，再制定相应的农村合作医疗方面具体操作办法和实施细则，以更好地推动当地农村合作医疗事业的发展。第二，经济支持。各级政府要把对农村合作医疗的补贴作为一项重要的财政支出项目，并随经济发展不断提高其比重，保证补贴资金及时足额到位。同时还要明确界定各级财政分担的比例。

2. 建立健全农村医疗救助制度。因为目前中国农村约 3000 万贫困人口，6000

万低收入人口，还有几百万五保户家庭，对于这些低收入群体，应实行农村医疗救助制度，资助他们参加农村合作医疗，或对其大病及大额医疗费用给予补助，帮助低收入群体解决最基本的医疗保障问题。

（四）建立和完善农村社会养老保险制度

建立多层次的养老保险体系应是中国农村养老保险的现实选择。根据中国国情，农村养老保险应采取自我养老、家庭养老、社区养老和社会养老相结合的多层次养老保险体系，这四种养老保险体系相互补充、相互协调，最终目标应该是，以社会养老为核心，以自我养老、家庭养老、社区养老为补充。经济发达地区要加大地方政府的投资力度，努力推进农村社会养老保险制度的发展，并随着农村劳动力的转移，适时与城市养老保险制度进行衔接，率先建立起城乡一体的社会养老保险制度。在经济落后的地区，由于农村集体与农民经济水平相对较低，目前应采取家庭养老、社区养老和社会养老保险相结合的模式，但应该逐步提高社会化养老水平，并应随贫困地区的经济发展，逐步推进农村社会养老保险与城市社会养老保险的衔接，最终建立起城乡一体的养老社会保险制度。

改变城乡分割的社会保障制度，建立起城乡一体的社会保障制度是解决城乡居民收入差距问题的必要条件，农村社会保障制度与城市社会保障制度的对接进程将决定城乡居民收入差距缩小的进程，因此促进建立城乡一体的社会保障制度必会推动城乡居民收入差距的缩小。

参考文献

[1] 赵人伟、李实、卡尔·李思勤：《中国居民收入分配再研究：经济改革和发展中的收入分配》，中国财政经济出版社 1999 年版。

[2] 庹国柱、王国军：《中国农业保险与农村社会保障制度研究》，首都经济贸易大学出版社 2002 年版。

[3] 杨翠迎：《中国农村社会保障制度研究》，中国农业出版社 2003 年版。

[4] 曾国安：《论工业化过程中导致城乡居民收入差距扩大的自然因素与制度因素》，载《经济评论》2007 第 3 期。

社会保障是构建和谐社会的重要组成部分

陈培勇　林　琳

（国务院法制办政法劳动社会保障司）

摘　要：本文指出社会保障是构建和谐社会的重要组成部分，分别阐述了社会保障体系的发展阶段，建立社会保障的必要性，并从社会保障立法、收管支和度三方面论述了如何构建社会保障体系。

关键词：社会保障　和谐社会　体系

关于社会保障是构建和谐社会的重要组成部分，本文将主要从加强党的执政能力建设的决定、构建和谐社会的理解、社会保障的对构建和谐社会的作用以及如何建立健全社会保障体系作一简要论述。

2004 年 9 月 19 日党的十六届四中全会通过的《中共中央关于加强党的执政能力建设的决定》中提出“坚持最广泛最充分地调动一切积极因素，不断提高构建社会主义和谐社会的能力。形成全体人民各尽其能、各得其所而又和谐相处的社会，是巩固党执政的社会基础、实现党执政的历史任务的必然要求。要适应我国社会的深刻变化，把和谐社会建设摆在重要位置，注重激发社会活力，促进社会公平和正义，增强全社会的法律意识和诚信意识，维护社会安定团结。”并具体地阐述了“全面贯彻尊重劳动、尊重知识、尊重人才尊重创造的方针，不断增强全社会的创造活力；妥善协调各方面的利益关系，正确处理人民内部矛盾；加强社会建设和管理，推进社会管理体制创新；健全工作机制，维护社会稳定；坚持党的群众路线，加强和改进新形势下的群众工作”五个方面。2006 年 10 月 11 日党的十六届六中全会通过的《中共中央关于构建社会主义和谐社会若干重大问题的决定》进一步全面阐述了构建社会主义和谐社会的重要理论。

笔者个人理解，简单地说，构建和谐社会应当着重做好以下三个方面的工作。一是大力促进经济发展，二是建立健全社会保障体系，三是加强司法体系建设。可以说，经济发展是社会进步的根本活力所在即“根本”，而社会保障体系建设和司法体系建设则是经济发展顺利进行的保障即“固本”。如果打一个比方，经济发展是“水”，司法体系建设是“渠”，社会保障体系建设则是需要灌溉的一部分“农田”（社会公共服务的一部分）。不过换个比喻，假如把司法体系建设比喻为“大棒”，那社会保障体系建设就可以比喻为“胡萝卜”。关于经济发展和司法建设，我党从建国之初到改革开放再到今天十分重视。因此，在此不作赘述。本文重点要论述的是建立健全社会保障体系作为构建和谐社会的重要组成部分应当发挥的积极作用。

国际上，社会保障体系的发展大体经历了三个阶段。一是以1890年代德国总理俾斯麦在德国建立雇主和雇员缴费的社会保险制度为标志，欧美不少国家（比如，德国、瑞典、挪威、比利时、丹麦、法国、英国、意大利、美国等）纷纷建立俾斯麦式的社会保障制度，简称俾斯麦主义阶段。二是以1942年英国贝弗里奇报告发端的福利国家为标志，各国（英国、加拿大、澳大利亚及北欧国家）逐步建立起贝弗里奇式全民福利的社会保障制度，简称贝弗里奇主义阶段。三是以1979年英国撒切尔首相提出的新自由主义为标志，许多国家（英国、美国、德国、法国、荷兰等）既注重社会保障的功能又削减福利以利于社会保障制度可持续发展的阶段，简称新自由主义阶段。实际上，在1890年之前，就早已出现了以英国济贫法为代表的社会保障制度的萌芽。应当指出的是，关于社会保障发展阶段的划分仅仅是一个粗线条的勾勒，社会保障发展史上的每一个阶段都有例外即有可能几种情况同时存在。不管社会保障发展的哪一个阶段，她都被形象地称为“社会安全阀”，即社会保障制度是社会稳定强有力的保障措施之一，是构建和谐社会的重要组成部分。

社会保障体系（特别是其中的社会救助体系）是调节社会财富合理分配的重要手段，是保障弱势群体合法权益的重要工具。如果经济发展没有社会保障作为调节贫富差距的手段，那么社会的两极分化必然导致社会矛盾的激化。比如，我国近几年出现的下岗失业人员增多、失地农民增多等等，处理不好就容易产生社会矛盾、影响社会稳定。反过来，如果建立起比较完善的社会保障体系，就可以化解社会矛盾、增强社会稳定。比如，城市居民最低生活保障制度的建立，使生活困难的城市居民能够从政府得到经济上的帮助，不至于因生活无着落铤而走险。换句话说，如果国家不关注弱势群体，那么弱势群体就可能自己采取不合法的手段满足他们的生活需要、维持他们的利益即保障他们的生存权。这就是英国的社会政策里所讲的罗宾汉原理（罗宾汉是英国历史上的一个绿林好汉），即调节社会财富分配的主体要么是国家要么是个人，如果国家处理就会形成社会稳定的局面，如果个人解决就会出现社会混乱和社会不安定的局面。而社会保障正是国家通过社会生产的再分配来处理这一问题的重要手段。因此，为了构建和谐社会，我们必须努力建立健全社会保障制度。

那么，应当如何建立健全社会保障体系呢？

对此，我想从社会保障立法、收管支和度三个方面作简要论述。

首先，要抓紧制定社会保障方面的法律法规。世界上绝大多数国家是先制定法律或者单项法规以构建社会保障体系，然后再具体落实法律法规。而我们国家社会保障体系的建设往往是先试点，再推广，然后才考虑立法问题。这样做的坏处是社会保障制度不规范，不稳定，处于不断地变化当中，从而不利于稳定享受社会保障人员的待遇，有可能会成为社会不稳定的诱发因素。相反，先立法，则可以保持制度的相对稳定性即“居危思安”。因此，应当尽快制定相关法律法规，保证社会保障制度的规范和稳定。

其次，既要重视社会保障费用的征缴和管理，又要重视社会保障费用的支出。社会保障体系的建设简单的说，就是一个字“钱”的问题。说开了则是如何收钱、管钱和用钱的问题。作为起再分配功能的社会保障就是指通过对征缴的社会保障费或者税进行管理和使用。在交费或纳税建设社会保障体系中（特别是其中的社会救助体系），应当遵循“富人多贡献（纳税），穷人少贡献；富人少享受（救助），穷人多享受”的原则。既要重视钱的收取，更要重视钱的管理和使用。一是，钱要取之有道即要依法收取。二是，钱要管的滴水不漏即不得挤占和挪用；同时，积累的钱要做到生财有道即做好钱的投资和增值。三是，钱要用得恰到好处即要用得适度，重点保障没有劳动能力、没有生活来源的弱势群体，而对于有劳动能力的则要尽可能地通过就业使其生活得到保障。

因此，建立健全社会保障体系应当注意防止两种倾向。一是，保障无限度。不能因为要建立社会保障制度就只注重投入，而忽视社会保障过度带来的弊端即应当防止重蹈北欧福利国家的覆辙。换言之，不能因为福利开支过大而影响经济发展，这主要是削弱了人们发展经济的积极性，助长了人们享受社会保障的惰性，以至于养了懒人。二是，保障水平过低。如果保障水平过低，就不能保障弱势群体的基本生活。比如，英国的社会救助水平不高，造成贫者愈贫，富者愈富，贫困率太高。

简言之，要注意把握好社会保障的度。只有度把握好了，社会保障才能在构建和谐社会过程中发挥积极有益的作用。

公共管理类学科研究生培养如何适应和谐社会需要

邓大松　刘昌平

（武汉大学社会保障研究中心）

摘　要： 在构建社会主义和谐社会的背景下，在我国社会主义市场经济体制日趋完善、政府机构改革不断深入、研究生教育体制变革稳步推进的前提下，本文主要探讨了公共管理类学科研究生培养的改革，指出了进行改革的各方面需求，重点提出了改革公共管理类学科研究生教育模式和教育管理体制的建议。

关键词： 公共管理类研究生　培养模式　改革

随着我国社会主义市场经济体制日趋完善、政府机构改革不断深入、研究生教育体制变革稳步推进，现行的公共管理类学科研究生培养模式已经不能适应当前经济社会发展的需要，要求我们更新公共管理类学科研究生教育理念、改革培养模式、提高培养质量，以适应和谐社会建设需要。

一、构建和谐社会要求改革公共管理类学科研究生培养模式

（一）改革公共管理类学科研究生培养模式是经济社会发展的需要

高等教育的最终目的是培养适应经济社会发展要求的高素质人才。当今世界，科学技术迅猛发展，知识更新日益加快，新的问题层出不穷，许多具有系统性的重大经济、社会、技术问题仅依靠单一专业知识已经难以解决，必须借助于多学科的协同参与。因此，这要求高等学校培养的公共管理类学科研究生不仅要具备扎实的理论基础，而且要有宽阔的学科知识面和解决实际问题的能力；不仅能独当一面，而且要善于与人合作和组织管理大型社会经济事务，这是现实经济社会发展对公共管理类学科研究生培养质量提出的要求，也是研究生教育的目的。

（二）改革公共管理类学科研究生培养模式是政府机构改革及专业化公务员队伍建设的需要

中国20多年改革开放的过程，也是政府全方位治理变革的过程：从过去什么事情都管的无限政府走向专心致志于公共服务供给、公共问题解决、公共事务管理的有限政府……这一过程既是宏观上全面系统推进的结果，更是具体的公共管理多方面创新、积累并推动宏观变革的结果。党的十六大报告从建设社会主义政治文明的高度指出：要“进一步转变政府职能，改进管理方式，推行电子政务，提高行政效率，降低行政成本，形成行为规范、运转协调、公正透明、廉洁高效的行政管理体制”。要转变政府职能，建立办事高效、运转协调、行为规范的社会保障管理体系，首先要求社会保障工作人员转变观念，优化知识结构，从传统的“干部”角色转变到现代公务员的角色上来。因此，建设高素质的、专业化的社会保障公务员队伍是国家在新的形势下的战略目标。

（三）改革公共管理类学科研究生培养模式是非政府公共管理或服务部门不断发展的需要

公共管理是指公共组织对社会公共事务的管理，可以归纳为国家公共事务管理、政府公共事务管理和社会公共事务管理。国家公共事务管理和政府公共事务管理是与建设培养专业化公务员队伍分不开的，而社会公共事务管理则主要涉及与人们日常生活密切联系的社会公共事务，主要包括：教育、科技、文化、医药卫生、体育以及维持社会再生产和社会秩序的社会保障等。随着政府治理的变革，政府的职能也将发生重大转变，过去很多由政府包揽的公共事务的管理职能也将转由非政府公共管理或服务部门完成，这些非政府公共管理或服务部门对有关管理人员的素质要求和数量要求会有较大提高。因此，改革公共管理类学科研究生培养模式，为这些社会公共管理机构输送称职的管理人才是非政府公共管理或服务部门不断发展的客观需要。

（四）改革公共管理类学科研究生培养模式是学位与研究生教育改革与发展的需要

从20世纪末开始，我国的研究生教育进入快速发展时期，在学位类型上开始突破以学术性学位为主的局面，并在现有专业硕士学位的基础上，扩大专业硕士学位的种类和招生规模；研究生的培养过程也进一步与经济发展与社会需求相结合；研究生培养年限开始调整，实行弹性学制；高校管理体制和研究生培养方式也发生了重要变革，开始探索高校与科研机构、实际部门联合培养的新机制等。随着我国研究生教育规模的进一步扩大，以及和谐社会对人才需求的多元化，参考国外境外研究生教育管理的经验，我们应积极推进教育理念与体制创新，继续深化公共管理类学科研究生教育改革。

二、改革公共管理类学科研究生教育模式

与整个研究生教育模式一致，目前我国公共管理类学科研究生的教育模式还依然没有脱离计划经济时代的色彩，研究生教育与社会人才需求之间、教育的理论性与实践性之间、课堂教育与社会实践之间还没有建立起快捷而有效的互动调节机制。因而，为适应经济社会发展的人才需要和研究生教育管理体制的重大变革，我们必须从培养目标、培养方式、课程体系和培养过程方面深入探讨公共管理类学科研究生教育模式的改革。

（一）培养目标

长期以来，我们的公共管理类学科研究生教育一直以培养从事教学和科学研究工作等专业技术人才为主要目标，这种培养目标与现实本身就不很适应，也在很大程度上忽视了实际部门管理人才的培养，导致教育培养目标单一，难以满足社会对社会保障高层次人才的多样化需求。有数据显示，某大学近几年毕业的硕士研究生中，大约75%左右的硕士生毕业后到行政及企事业单位工作，10%左右的硕士生考取博士，15%左右的硕士生毕业后到高校或研究部门从事教学和研究工作。与此培养目标相对应，目前在我们的研究生教育中“重理论研究，轻实践教育”的问题也非常严重，疏于与实际的联系，使得教学和研究与现实经济生活脱节。因此，公共管理类学科研究生培养目标也应该适应经济社会的发展和教育模式改革的要求而进行调整。

我们认为公共管理类学科研究生的培养目的是满足政府部门和公共经济部门需要的管理型人才，这类人才应具有科学化、实用性、创新性和国际性的特点。所谓科学化，是培养的研究生必须完全掌握本学科的基本理论知识和研究方法；所谓实用性，是培养的研究生应具备立足现实经济生活，解决实际问题的能力；所谓创新性，是培养的研究生要适应建立创新型社会和创新型国家的需要，具有较强的创新能力；所谓国际性，是培养的研究生不仅适应国内科学研究和管理的要求，而且也适应国际化需求。国际性是我国经济社会发展的必然趋势，也是我国高层次人才包括公共管理高层次人才培养的必然要求。

（二）培养方式

公共管理类学科研究生按类型可以分为学位课程培训、公共管理硕士（MPA）、普通研究生、高级公共管理硕士（EMPA）等；按照研究生教育的对象划分，既有

应届毕业生，也有工作数年后继续脱产学习的人员，还有为数众多的在职人员；按照修业形式的不同，研究生培养方式可分为全日制和非全日制两种方式。因此，教育对象的复杂化要求公共管理类学科研究生教育必须采取灵活多样的培养方式：一方面大力发展 MPA 和将来的 EMPA 教育，并逐步扩大非全日制研究生规模，通过这种灵活的方式培养更多的、满足社会多样化需求的高层次人才。非全日制培养方式反映了终身学习理念，符合学习型社会的发展要求，也有利于提高办学效益。另一方面，充分利用各种培养平台，实现教学资源共享和优势互补。以往的研究生教育采取学校单一教育模式，这种模式既不利于学生实际能力的培养，也不利于充分利用社会资源。因此在培养方式方面，可以采取学校与实际部门、学校与社会机构、学校与学校、跨国联合培养等方式，增强“教学、实践、就业”的一体化链条，培养适应不同行业领域需要的应用型高层次人才。

（三）课程体系

目前，我们的研究生课程体系非常不健全：刚性有余、弹性不足。一方面，必修课在课程体系中所占的比重过大，学生自由选修的余地很小；另一方面，同一专业所开设的课程（尤其是 MPA）几乎完全一致，难以体现个性化培养原则。因此，为促进研究生多样化的发展，应从以下方面完善课程体系：

其一，压缩课时，实行小学分制。武汉大学公共管理学科在压缩课时方面的做法是：一级学科开设通识课程，如公共经济学和公共政策分析，然后是平台课、学位课、专业课、选修课；针对当前学制缩短为两年，为保证研究生知识量，既不增加也不减少原来的学位课程，而是压缩课时，将原来 3 个学分的课程压缩为 2 个学分。还有一些高校创新开课方式，如某些大学实行的“四学期制”，即每学年分为秋、冬、春、夏四学期，每学期为 9 周，其中授课 8 周、考试 1 周。这种教学安排方式有利于加快学生的学习节奏，增加课程设置的灵活性和为学生自主选课提供更多机会。

其二，有针对性地开设实践课程和研讨课程。我们培养的研究生不仅要掌握扎实的理论基础和系统的专业知识，而且要具备解决实际问题的能力；不仅要熟悉基本知识，而且应当了解本学科的发展前沿。因此，在设置研讨课程中，应通过邀请国内外专家讲座的方式将前沿性的有关学科最新的研究成果体现出来；在设置实践课程中，应通过走访相关实际部门和邀请实际部门专家讲座的方式将实际工作中存在的问题和管理实践体现出来。

其三，学位课程应满足社会需求，体现专业特色与学校特色。满足社会需求并不意味着社会需要什么我们就提供什么，而是在课程设置和教学方面应着重培养学生解决实际问题的能力。体现专业特色与学校特色则是在研究生学位课程的开设方面应将本校具有优势的课程突出，避免千篇一律。事实上，美国各大学的 MPA 都非常注意突出自己的特色，力求在某些领域胜人一筹。全美行政院校联合会提出了一个标准课程设置规范，但并不强求各院校千篇一律，而是允许各院校保持自己的特色和优势。佐治亚大学卡尔·文森政府学院的 MPA 以擅长地方政府管理及城乡管理而著称，而卡内基·梅隆大学则十分重视定量分析的训练，兰德政策研究中心研究生院旨在培养专业政策分析员，而肯尼迪政府学院则声称其培养目标是“为 21 世纪准备领导人”。

（四）培养过程

1. 在教学管理方面，突出“四个结合”

以往的研究生培养以课程教学为主，现在的教学管理应突出“四个结合”：一是课程教学与科学研究相结合。将课程教学与导师的研究方向和课题结合起来，没有课题和科研经费的教师原则上不允许成为指导研究生的导师。二是课程教学与社会实践、社会调研相结合。研究生培养期间或者在课题研究过程中应到实际部门和社会进行调研，或者到相关实际部门进行实习，增强研究生感性认识。三是课程教学与实际工作能力的锻炼相结合。研究生教学应在奠定扎实理论基础的同时，注重一些重大的、典型案例的分析，为以后参加工作服务。四是课程教学与联合培养相结合。可以采取与实际部门联合培养或聘请学术性的干部、国外专家担任研究生培养导师的方式实现课程教学与联合培养相结合。

2. 实行导师负责与研究生指导小组相结合的制度

导师制在当前的研究生培养中极为普遍，但是，传统的由单个导师指导一群研究生的培养方式存在一些问题：学生的知识来源管道局限于教材与导师的知识面，局限于单一学科领域，局限于理论知识。因此，为了弥补导师在知识和经验方面的局限，满足社会对应用型、复合型高层次人才的迫切需求，我们的公共管理类学科研究生教育应大力推行合作式培养方式，实行导师负责与研究生指导小组相结合的制度。这种制度要求针对每位研究生，组建一个以导师为主，由多人组成的研究生指导小组。除导师外，研究生指导小组成员一般应包括其他专业和方向的校内外教师、实际部门学术型专家，共同负责指导研究生的学习和科研。

3. 淡化教材，重视实际能力的培养

除个别课程外，硕士或博士研究生教学一般不设固定教材。并且由于研究生课程多为专题课，一般也不应由一位教师通讲，而是发挥研究生指导小组的作用，由多位老师共同抬课。在教材和参考书的选取上，应力求实现国内教材与国外教材的结合；在课程教学方式上，应突出研讨式教学，由教师在上一次课的讲授过程中穿插提出问题，学生在下一次课中首先进行讨论，培养学生科研和分析解决问题的能力。

三、完善公共管理类学科研究生教育管理体制

除了上述有关培养模式的改革之外，还应该从以下三个方面进一步完善公共管理类学科研究生教育管理体制：

（一）进一步扩大高校招生自主权

实行研究生收费制后，应进一步扩大高校的招生自主权，允许高校依据教学资源和毕业生就业市场信息，合理确定研究生招生规模，调配各学科的招生人数。

根据公共管理类学科的应用性特点，在生源结构方面，应以招收实际部门工作人员为主。应届本科生与实际部门工作人员之间是互为补充的关系，应届本科生专业基础较好，知识结构完整和合理，但是缺乏社会经验，学习动力不足；而实际部门工作人员既有专业基础又有工作经验，一般来说，这些人对社会现实具有个人的体会与见解，通常渴望学习，特别是在2年制教学模式下更具优势。因此，针对不同生源群体采取不同的招生政策，在每年招生计划中应专门拿出1/3—1/2的名额招收实际部门工作人员，而针对应届本科生应以直接推免的形式为主。

在招生制度方面，应根据研究生教育的不同类型，采取多样化的招生考试形式、考试内容和考试方法，不以考试成绩为唯一依据，而是实行综合选拔制，对少数有特殊才能的学生可以破格或优先录取。对于博士研究生的入学考试，学校应该拥有更大的自主权，除根据自身的办学特色自主组织招生入学考试、自主划定考试录取分数线、增加导师面试的权重或面试成绩比例以给导师选择考生有更大的自主权以外，招生多少，应由各校根据办学资源自行决定。

在MPA专业学位招生方面，应进一步扩大报考对象。凡是取得专科以上学历，工作满6年以上者应允许报考。专科学历者报考必须在相关领域核心级期刊发表学术论文1篇，并经两位具有正高级职称专家的推荐。之所以将MPA的报考对象扩展到专科毕业生的原因主要不在于生源，而是考虑到MPA教育本身的目标。MPA专业学位培养目标是政府部门及非政府公共机构的高层次、应用型专门人才，强调职业背景，学以致用，能力建设，是最适合在职公共管理人员和公务员攻读、深造的学位之一。由于诸多历史因素，一些党政机关的工作人员只有专科学历，但事实上其中很多人员都是各级党政机关的骨干，政治素质较高、工作能力较强、求知欲也较迫切，将他们排除在MPA培养对象之外是与国情和民情不合的。

（二）实行适应教育改革需要的弹性学制

著名高等教育学家潘懋元教授曾说：“高等教育大众化的前提是多样化，多样化的高等教育应该有各自的培养目标和规格，各自的特点和社会适应面，从而也应

当有各自的教育质量标准。”不同类型的研究生有着不同的培养年限，学术性研究生与应用性研究生、全日制研究生与非全日制研究生、智力禀赋差异的研究生之间都存在学习时间的差异。实行弹性学制为研究生的自主学习和个性发展提供了更为宽松的环境，体现了“以人为本”的教育理念。

1. 弹性学制的特点

弹性学制的主要特点是：

其一，实行学分制。弹性学制的实施是以学分制作为基础的。培养方案规定了各课程的学分和每个学生必须获得的总学分，学生只要修满规定的学分及完成各个教学环节后，才准予毕业。

其二，采取选课制。开设数量足够的高质量的选修课程供学生选择是实施弹性学制的内在要求。在选课内容上，鼓励学生根据个人的发展意向和兴趣爱好进行选择。对于学生选修的课程，如果考试不及格，均可以重修重考或另选另考，直到及格取得等值学分为止。

其三，放开学习年限。学习能力强的学生可以发挥自己的优势，提前修满学分，提前撰写毕业论文，提前答辩，从而提前毕业；学习能力稍弱或时间不充裕的学生可以放慢学习进程，延缓毕业，但硕士研究生最长不得超过 4 年，博士研究生最长不得超过 6 年。

其四，分离毕业与学位论文答辩时间。只要修满培养方案规定的总学分之后，学生即可毕业，但学位论文可以在工作期间撰写，论文撰写完毕可以随时申请答辩。

2. 为弹性学制提供后勤保障

实行弹性学制后，势必会出现部分学生提前毕业和部分学生延迟毕业，这必然要求学校制定相关配套措施，向延迟毕业的学生提供食宿、医疗和学习等方面的后勤保障。

3. 推行研究生资助制度

研究生教育实行收费制后必须充分发挥奖学金在鼓励创新、督促上进的“奖学”、“助学”作用，应改变过去那种“撒胡椒面”的做法，将奖学金集中起来重点资助那些确实品学兼优的学生。同时，学校应利用学费提供助研岗位，发放助研报酬，缓解一部分研究生的经济困难，以优异成绩完成学业。

（三）建立高校研究院所培养研究生的管理模式

目前，大学本科教育和研究生教育仍然由同一个专业院系承担，没有专门从事研究生教育的专业机构，各大学的研究生院基本上是一个协调和管理部门，不直接承担研究生教育。在这种混合教育体制下，研究生教育实际上处于附属地位，研究生教育和研究创新活动受到制约。专业院系同时承担本科教育和研究生教育，容易产生两种教育的雷同问题，在客观上降低研究生教育的标准和要求；也不利于学术研究和创新活动的开展。根据国际经验，随着今后本科生和研究生教育规模扩大，高校应改变当前的混合型教育模式，建立专业研究院所，分离本科生与研究生教育，研究生培养以研究院、所为主，本科生培养以专业院、系为主。

参考文献

[1] 毛寿龙：《公共管理与治道变革——政府公共管理创新的治道变革意义》，载《中国特色社会主义研究》2004 年第 1 期。

[2] 王乐夫：《论公共管理的社会性内涵及其它》，载《政治学研究》2001 年第 3 期。

[3] 刘大椿、伊志宏、任兵、宋东霞：《积极稳妥地推进研究生学制改革》，载《中国高等教育》2005 年第 9 期。

[4] 吴志伦、陈姝雨：《推行弹性学制加快硕士研究生教育改革步伐》，载《中国高教研究》2005 年第 6 期。

[5] 邓征：《从课程设置看美国 MPA 教育模式的启示》，载《理论月刊》2004 年第 6 期。

[6] 朱立言：《中国 MPA 的十大贡献》，载《中国行政管理》2003 年第 11 期。

[7] 潘懋元：《新世纪高等教育思想的转变》，载《中国高等教育》2001 年第 3 期。

完善城镇基本养老保险制度以适应进城“农民工”参保[①]

刘昌平　殷宝明

（武汉大学社会保障研究中心）

摘　要：解决进城“农民工”养老保障问题对于维护社会稳定、推动经济增长、促进社会公平具有重要意义，同时对于缓解当前城镇基本养老保险制度财务危机具有重要作用。然而“农民工”的工作特点难以适应城镇基本养老保险的制度设计以及社会统筹层次不高限制了养老保险关系转移接续等问题造成了“农民工”养老保险制度建设的重重阻碍。借鉴“统账结合”的制度模式，完善城镇企业职工基本养老保险制度，在当前统筹层次不高的现实状况下，赋予“农民工”社会统筹账户既得受益权并为未来改革留下空间，改革个人账户计发办法是解决“农民工”参加城镇制度参保难题的可行途径。

关键词：农民工　基本养老保险　既得受益权

现代化过程最基本，最主要的人口变动矢量就是农民进城变成工人，“农民工”则是其变动过程的过渡形态。随着我国社会经济发展和现代化进程加快，现在和今后将会有大量农村剩余劳动力不断从农村转入城市，这是发展中国家经济发展与起飞的必然结果。特别地，自20世纪90年代以来，随着社会主义市场经济体制改革的不断深入，各种限制人口流动的政策和制度障碍得以不断消除，人口迁移的自主性和流动性不断加强，特别是人口从农业向非农产业、从农村向城镇地区、从中西部地区向东部地区的迁移，规模逐渐增大，基本进入一个持续稳定的发展过程。中国农村剩余劳动力向城市大规模转移已经成为不争的事实。[②] 据估计，1987年中国

---

① 本文是刘昌平主持的2008年国家自然科学基金面上项目《“乡—城”人口迁移对城乡养老保障的影响研究》（70873089）的研究成果。

② 姚从容、余沪荣：《论人口乡城迁移对我国农村养老保障体系的影响》，《市场与人口分析》，2005年第2期，第60页。

人口迁移规模超过3000万人，1994年超过4000万人，1999年超过5000万人，到2000年已经接近6300万人，迁移率接近5%。①

"农民工"是中国经济社会转型时期的特殊名词，专指户籍身份还是农民，在农村承包土地之余却主要从事非农业职业，以非农工资收入为主要收入来源的群体，通常我们提到的"农民工"指的是跨地区流动的外出进城务工农民。在经历了将近20年的"民工潮"给城市带来经济繁荣之后，"农民工"这个新生群体正在由中国经济发展和社会进步的重要推动力量变成中国社会持续、协调、稳定、和谐发展的重大挑战。中国的城镇化水平与发达国家相比还相差甚远，决定了在相当长一段时期内城镇化进程不可逆转，绝大多数"农民工"已经走上了城镇化、非农化的不归之路，然而"农民工"处于城镇社会边缘受歧视被排斥的现实状况与其合理、正当、迫切的社会保障权益的诉求形成了巨大差距。随着"农民工"与城镇融合度的不断加深，确保其享受与城镇居民同等的社会保障权益是实现社会持续、稳定、和谐发展的必由之路。当前，解决进城"农民工"养老保障问题无疑是满足其利益诉求的热点和难点问题。

一、解决进城"农民工"养老保障问题的重要意义

（一）充分利用"人口红利"

二元经济理论认为，发展中国家整个工业化和现代化的过程事实上是现代工业部门将传统农业部门的隐蔽失业状态的富余劳动力不停地吸出来，由此产生的利润不断再投资到现代部门。第二次世界大战以来，工业化向世界的扩张，也导致农村劳动力大量迁出农村进入城市工作。人口从农村向城市的迁移是一个国家向工业化、城市化发展的必然社会经济过程，无论是发达国家以往的历史经验，还是发展中国家当前正在经历的现实，都验证了或正在验证这样一个社会经济发展过程。中国近30年的经济转型过程中，社会经济发展和国际化进程加快打破了制度的限制，改变了人们的思维定式，形成了巨大的人口迁移浪潮。

自20世纪80年代中国实行严格的计划生育政策以来，生育水平持续下降，而整个国家才刚刚进入老龄化社会，人口总抚养比多年来一直处于一个非常有利的水平，人口转变所带来的资本积累和劳动力供给增加进而推动社会总产出增长一直以来被认为是推动中国经济高速增长的重要因素，然而这样一种有利的人口转变并非收获"人口红利"② 的充分条件，人口机会窗口的开启并不能保证"人口红利"的

① 杨云彦：《中国人口迁移的规模测算与强度分析》，载《中国社会科学》2003年第6期，第106页。

② "人口红利"主要是指人口转变过程中所出现的被抚养人口比例不断下降、劳动年龄人口比例不断升高的一段时期。从经济学的角度，人口红利是指在一个经济体中，劳动适龄人口的持续上升所带来的国民产值的持续上涨。

实现。长期的二元经济体制和城乡地区间人口转变步伐的不一致使我国尽管在人口的总体结构上符合人口机会窗口开启的条件，却面临城乡难以同时收获“人口红利”的困境，而农村剩余劳动力转移则提供了很好的解决路径，在给城镇供给其本身难以提供的大量廉价劳动力的同时将农村剩余劳动力转化为现实生产力，一方面提高了农村居民的收入，另一方面延长了城镇“人口红利”的机会窗口期，从而实现了城乡双赢的局面。

中国已于21世纪初迈入初期老龄化，然而正是大规模的农村青壮年劳动力向城镇转移“冲淡”了城镇的老龄化程度，为城镇带来了局部的“人口红利”。每个人都希望有一个舒适的晚年，保障每个公民正当的养老保障权益也是政府义不容辞的责任。解决进城“农民工”的养老保障问题，消除社会保障制度性障碍，给予其养老保障的“国民待遇”，解除“农民工”养老的后顾之忧，有利于促进农村劳动力合理有序的向城镇转移，优化劳动力资源配置，推进城市化发展，充分利用有限的“人口红利”来促进经济增长。

（二）充分利用“养老金红利”

中国的城镇基本养老保险制度在由现收现付制向现收现付制与基金积累制相结合的“统账结合”的制度模式的转轨中，产生了巨额的养老隐性债务和转制成本，社会统筹基金在保证制度自身正常运转的同时还承担了偿还隐性债务和转制成本的责任，致使企业缴费率居高不下难以承受之重，为制度未来的平稳运行埋下了隐患。不仅如此，随着城镇人口老龄化的不断加深，实行现收现付制筹资的社会统筹账户支付压力越来越大，更加增大了制度未来面临财务不可持续的风险。扩大基本养老保险覆盖面，壮大社会基本养老保险基金，扩展基金调剂范围是保证基本养老保险制度未来持续稳定发展的应有之义。

大规模的农村青壮年劳动力迁移到城镇，由于这部分群体正处于养老保险制度的缴费期，要到20—30年之后才会领取养老金，因此扩大城镇基本养老保险覆盖面，积极鼓励“农民工”参保，将会给城镇基本养老保险制度带来大量的“养老金红利”①。然而，当前城镇基本养老保险制度显然没有为接纳“农民工”参保做好准备，“农民工”依然游离于制度之外，不仅违背了“应保尽保”的制度初衷，还使大量潜在的“养老金红利”白白损失，不利于城镇基本养老保险制度在当前隐性债务和转制成本的集中偿付期平稳度过危机。不仅如此，“农民工”在为城镇发展贡献自己的力量的同时却缺少对于自己未来可能面临的养老风险的制度性保障。较低的收入水平与所面临的各种工作风险、子女上学以及尚在农村的家庭成员的生活

① 参见刘昌平著：《可持续发展的城镇基本养老保险制度研究》，中国社会科学出版社2008年版，第185—186页。

开支等之间的现实矛盾使其与其他社会群体相比更具有短视倾向，“透支”自己的未来。缺少未雨绸缪的制度性安排，必定成为未来社会稳定的一大隐患。因此，为进城“农民工”的养老保障提供相应的制度安排，不仅是“农民工”自身的正当权益，更重要的在于充分利用其“养老金红利”和促进社会的和谐稳定，实现“农民工”群体与城镇基本养老保险制度的双赢。

（三）为建立统筹城乡的养老保障体系创造条件

作为社会保险五大险种中最重要的养老保险，承载了国人“老吾老以及人之老”的美好愿望，然而当前社会基本养老保险覆盖面还非常有限，包括占全国人口大多数的农村居民、城镇中大量的非正规就业人员以及“应保未保”的城镇企事业单位职工等在内的大部分国民未能享受最基本的养老保险待遇。党的十七大提出到2020年基本建立覆盖城乡居民的社会保障体系，为社会保障体系的建设指明了方向。

当前推动基本养老保险制度发展的一大任务是提高基本养老保险的统筹层次，为最终实现全国统筹并建立覆盖全民的养老保障体系做准备。统筹层次不高不仅是城镇企业职工基本养老保险制度发展的现实障碍，也阻碍了基本养老保险在城镇内部扩大覆盖范围并向广大农村地区扩展进而覆盖全体国民的进程。当前，旧的农村社会养老保险制度已经停办，新型农村社会养老保险制度依然处于试点阶段，“农民工”这一数量庞大的社会群体在完善城镇养老保障体系中难以被忽视，其作为城镇与农村的“桥梁”与二者之间存在着广泛而深刻的联系，可以作为建立统筹城乡的基本养老保险制度建设的重要突破口。解决好“农民工”的养老保障问题，事实上就也就相当于在实现农村社会养老保险与城镇基本养老保险对接的“长征”中向前迈出了一大步。尽管城乡经济发展水平有很大差距，建立全国统一的社会养老保障体系难以一蹴而就，但是解决“农民工”参加社会基本养老保险的问题，实现“农民工”养老保险关系在城乡之间的顺利转移接续，不仅能够积累宝贵的经验，而且对于缩小城乡收入差距、促进社会公平的实现以及未来实现建立统筹城乡的养老保障体系具有重要意义。

二、解决进城“农民工”养老保障问题的主要困境

（一）“农民工”难以直接纳入当前城镇企业职工基本养老保险制度

伴随国企改制而生的实行“统账结合”制度模式的城镇企业职工基本养老保险制度其针对固定用人单位劳动关系设计的特点使无论从资格登记、费用征缴还是待遇发放等方面都不适宜大量非正规就业的“农民工”参保，尽管《国务院关于完善企业职工基本养老保险制度的决定》（国发［2005］38号）中明确提出“扩大基本

养老保险覆盖范围；城镇各类企业职工、个体工商户和灵活就业人员都要参加企业职工基本养老保险”并做了灵活就业人员参加基本养老保险的具体规定，但是扩面征缴效果有效，依然难以解决“农民工”参保不积极，退保却踊跃的尴尬局面。应计划经济时代就业模式残存思维而生的城镇基本养老保险制度框架，对于新出现的大量灵活性就业状况显得有些不够灵活。

一方面，“农民工”与用人单位之间雇佣关系不稳定，变换工作频率搞，用人单位作为基本养老保险的缴费主体存在某种程度上的缺位，高缴费率也增加了用人单位的负担，如果强行扩面征缴，不仅造成消极抵制，还可能削弱了“农民工”劳动力成本低廉的优势，不利于其就业，而如果以灵活就业人员身份参保，收入普遍较低的“农民工”难以独立承担高缴费率（既要承担社会统筹账户缴费，又要承担个人账户缴费，国发［2005］38号文件规定为本人缴费工资的20%）；另一方面，各地参保政策不统一，“农民工”候鸟式的迁移难以适应不同的政策，频繁返乡也很有可能导致难以满足制度规定的最低缴费年限限制，农村社会养老保险制度的缺位更增加了获得社会统筹账户基础养老金的困难，致使“农民工”退保率居高不下。

（二）基金积累制个人账户制度存在制度目标缺失

导致“农民工”难以直接参加城镇基本养老保险制度的难点在于社会统筹账户的非私有属性使“农民工”难以按照政策规定获得基础养老金权益。已经停办了的旧的实行基金积累制个人账户制的农村社会养老保险制度可以给予我们诸多启示，尽管基金积累制个人账户制度解决了养老金权益归属的划分和转移等问题且在一定程度上能够对个人形成参保的激励，但是依然存在诸多障碍。

首先，单独建立“农民工”基金积累制个人账户制度，与城镇基本养老保险制度不同的制度体系势必增加行政成本加大制度内耗，不利于将来与其并轨和建立统筹城乡的养老保保障体系，同时相当于承认了“农民工”作为特殊群体存在的“特殊性”，更加强化了其“标签”的意义；其次，个人账户的私有产权属性与国家公共财政资金的公有性相悖必然影响国家责任的体现，如国家对个人账户缴费如何进行补贴，个人账户会不会成为高收入者避税的工具等问题，而一旦财政补贴难以实现，个人账户制度对个人的激励就会向相反的方向发展；最后，基金积累制个人账户制度不能实现代际分配，也不能实现在参保者之间互相调剂，违背了社会保险制度的基本性质，同时建立单独的“农民工”养老保险制度使城镇现存的基本养老保险制度难以利用其所带来的“养老金红利”。因此，无论从长远发展来看，还是从解决“农民工”养老保障问题的政策立脚点和出发点来看，基金积累制个人账户制度模式并非良药。

（三）统筹层次不高限制了养老保险关系的转移接续

社会化是社会保险的本质特征，而社会保险统筹层次的高低又是社会化程度的标志。提高社会保险统筹层次的改革历经了近20年，迄今为止，除了北京、上海等直辖市实现了真正意义上的省级统筹之外，大部分省份仍停留在市（县）级统筹的层面上。过低的社会保险统筹层次造成社会保险制度的人为分割，由于各地在经济发展水平、养老保障负担方面存在差异，社会保险统筹层次过低不利于社会保险风险在更大的区域内分散，与其“保险属性”相违背，也不利于地区间收入再分配，甚至拉大了地区间的收入差距。国发［2005］38号文件提出了在进一步完善市级统筹的基础上提高统筹层次实现省级统筹。基本养老保险统筹层次不高，各个养老保险缴费、待遇计发和管理不统一，直接影响了基本养老保险关系在全国范围内的转移接续，进而限制了劳动力资源在全国范围内的合理流动与优化配置。

毋庸置疑，统筹层次不高而导致的养老保险关系转移接续难在“农民工”参保中表现最为显著。“农民工”流动性大、变换工作的频率高、劳动关系不稳定等特点，决定了其只有在较高的统筹层次下才能实现养老保险关系的顺利转移接续。然而当前，在统筹层次不高的现实情况下，个人账户尚且能够实现户随人走，但社会统筹账户由于由各个统筹地区经办机构分开单独管理而不具可携带性，不仅限制了“农民工”个人正当的养老保险权益的实现，还导致了地区间社会养老保险责任分担不合理，“农民工”的社会统筹缴费留在发达地区（劳动力流入地），而养老待遇的发放却在中西部经济发展较为落后的地区（劳动力流出地）。

三、解决进城“农民工”养老保障问题的设想

（一）坚持城镇基本养老保险制度“统账结合”的制度模式

自1993年中共中央十四届三中全会《关于建立社会主义市场经济体制若干问题的决定》首次明确社会基本养老保险实行“统账结合”的制度模式以来，城镇基本养老保险制度在探索实践中不断改革完善和发展，也积累了宝贵的经验。实行现收现付制与基金积累制相结合的“统账结合”模式是在吸收借鉴20世纪70年代以来世界范围内社会保障制度改革的成功经验和坚持本国国情基础上做出的正确选择，尽管存在很多政策局限性，但是依然推动了中国社会养老保险事业的快速发展。可以肯定，要未来相当长一段时期，城镇基本养老保险制度坚持“统账结合”的制度模式不会改变。因此，建立覆盖“农民工”的基本养老保险制度，综合考虑利用现存的制度体系和未来并轨的需要，应该利用城镇基本养老保险“统账结合”的制度模式，根据“农民工”就业的特点，合理体现国家、企业、个人三方责任。

完善城镇企业职工基本养老保险制度，改革当前制度中不适应灵活就业人员参

保的规定，将参保条件由固定的劳动关系变为灵活的社会保险关系以适应“农民工”参保。“农民工”个人缴费全部进入个人账户，为了激励参保，用人单位缴费部分进入统筹账户，部分进入个人账户。由于“农民工”缴费能力有限，企业和个人缴费率与城镇现行制度相比应该有所降低，政府进行缴费财政补贴并进入统筹账户。政府可以通过调整财政补贴规模的大小来控制社会统筹账户与个人账户的大小比例以及个人和用人单位缴费率的分担机制。同时政府可以确定过渡期来调整政策的实施效果。不同的账户比例、企业缴费进入个人账户部分的大小以及政府补贴的多寡会对参保者产生不同的激励。

（二）实现社会统筹账户的可携带性

短期内实现城镇基本养老保险制度的全国统筹是不切实际的。解决短期内统筹层次仍然较低的现实状况与建立覆盖“农民工”基本养老保险制度的迫切性之间矛盾的关键在于实现社会统筹账户的可携带性。综合考虑基本养老保险的属性和“农民工”的就业特点，改革当前城镇制度规定的最低缴费年限限制并赋予社会统筹账户基础养老金既得受益权（Vesting）① 是实现社会统筹账户可携带性的可行办法。

首先，改革当前城镇制度中至少缴费满 15 年的最低缴费年限限制，参保“农民工”在一地参保即在该地获得与缴费一年相对应的社会统筹账户基础养老金权益。借鉴城镇基本养老保险计发办法，可以参保“农民工”流出该统筹区域时当地上年度在岗职工月平均工资和本人指数化月平均缴费工资的平均值作为基数，每缴一年，未来退休时发给相应比例的基础养老金。

其次，建立一个计算“农民工”在各地参保所获得的基础养老金受益权的面向个人的社会统筹账户。该社会统筹账户不是一个资金账户，而是一个名义账户，在“农民工”在各地参保缴费期间“悬空”运行，退休时才成为一个实账户。同时该账户能够随同个人转移，作为缴费凭证，形成参保者个人对各参保地的养老金“债权”。

最后，实行参保者最终退休地负责的制度。参保“农民工”根据自己的实际情况选择退休地，由退休地社保经办机构审核并归集“农民工”在各地参保的缴费记录，并接受各地所兑现的基础养老金“债务”。如果参保“农民工”死亡或出国，则各地养老“债务”自然终止。

与面向个人的社会统筹账户的设计相配套的是：其一，各统筹区域社保经办机构需要测算并安排异地退休“农民工”的基础养老金支出计划，退休地社保经办机构则在审核参保者资格以防骗保的同时督促各地认真偿还“债务”维护参保者合法

① 这里的“既得受益权”是指养老保险计划的参与者在现在或者未来某一时间能无条件的有资格享受计划规定的所应给付的养老金权益。

权益，国家可给予政策支持；其二，加快建设“金保工程”①，实现各地的基本养老保险信息双向互联，为“农民工”基本养老保险关系跨区域转移接续提供技术支持；其三，实现社会统筹账户的可携带性可由“农民工”先行试行，未来逐步扩展到整个城镇制度，如果“农民工”在参保中途转入城镇企业职工基本养老保险，则根据其在各地参保的统筹缴费，按照城镇制度标准折算成相应的缴费年限作为视同缴费年限并入城镇基本养老保险制度。如果未来全国统筹得以实现，各地养老金“债务”则直接进入社会统筹基金。

（三）改革个人账户的发放方式

当前城镇基本养老保险制度针对参保“农民工”返乡退保时个人账户所采取的发放方式是一次性支付给个人，难以实现养老的目标，偏离政策设计初衷。《关于建立统一的企业职工基本养老保险制度的决定》（国发［1997］26号）规定城镇基本养老保险制度对于缴费满最低年限的参保者个人账户月养老金标准为本人账户储存额除以120，国发［2005］38号文件对此进行了改革，计发方式不变，但计发月数改为在综合考虑退休时城镇人口平均预期寿命、本人退休年龄、利息等因素基础上确定。后者对前者进行了一定程度的改进，但仍然没有从根本上解决参保者所面临的长寿风险等问题。

个人账户与社会统筹账户性质不同，具有私人产权性质，但是其仍然属于社会基本养老保险的一部分，其根本作用在于通过强制储蓄解决人们的短视问题以应对养老风险，参保者对个人账户资金的处置并非完全自由，而是有限制的，如封闭期的规定、发放方式的限制等，因此个人账户并非完全的私人产品，政府仍然可以对个人账户的发放方式进行更优化的改革以还原其养老的本质目的。其中，个人账户年金化给付就是一个有效的途径。个人账户年金化给付实质上就是将个人账户基金进行再保险。保险的本质就是损失分担，其方法是以确定的小损失取代不确定的大损失，每一保险机构是分担损失的工具。② 生存年金是一种一系列的固定期间支出，其基本功能就是有系统地偿还资金，其目的是用以保证活的太长而没有收入者之保险。③ 因此，以年金化方式给付养老金可以较为有效地消除个人长寿风险。

对“农民工”个人账户基金实行年金化发放，既可以通过购买趸交年金的方式委托外部商业保险公司运作，如果政府职能部门能够胜任，也可以由政府机构运作，

① “金保工程”是指利用先进的信息技术，以中央、省、市三级网络为依托，支持劳动和社会保障业务经办、公共服务、基金监管和宏观决策等核心应用，覆盖全国的统一的劳动和社会保障电子政务工程。

② 邓大松、刘昌平：《受益年金化：养老金给付的有效形式》，财经科学，2002年第5期，第75页。

③ ［美］肯尼思·布莱克、哈罗德·斯基珀：《人寿保险》（第十二版），北京大学出版社1999年版，第112页。

能避免私营机构在保险费中所扣除的利润部分，节省一部分费用。

参考文献

[1] 刘昌平：《可持续发展的中国城镇基本养老保险制度研究》，中国社会科学出版社 2008 年版。

[2] 邓大松、刘昌平：《新农村社会保障体系研究》，人民出版社 2007 年版。

[3] 邓大松、刘昌平：《2007—2008 年中国社会保障改革与发展报告》，人民出版社 2008 年版。

[4] 卢海元：《构建适合农民工特点的弹性社会养老保险制度》，载《中国社会保障》2005 年第 6 期，第 32—33 页。

[5] 彭宅文、乔利滨：《农民工社会保障的困境与出路——政策分析视角》，国务院发展研究中心信息网（http：//www. drcnet. com. cn），2006 年 6 月 20 日。

新型农村养老保险制度探索

孙永勇

（华中师范大学管理学院）

摘　要：本文从中国所处的时代背景出发，结合中国农村经济和农民的一些特点，提出了有关建立新型农村养老保险制度的一些看法，并在此基础上构思了一个基金积累的个人账户制度作为新型农村养老保险制度的一个备选方案。

关键词：新型　农村　养老保险制度

一、引　言

近些年来，中国正在逐步调整发展战略，实现从非均衡发展向均衡发展转变。其核心思想就是打破城乡二元经济结构，实现城乡社会经济协调发展；核心政策是从“以农支工，城市先行”转变为“以工促农，以城带乡”。与此相一致，农村劳动力向城镇的流动在加速。根据国务院2006年4月发布的《中国农民工调研报告》，我国外出农民工数量为1.2亿人左右，加上在本地乡镇企业就业的农村劳动力，农民工总数大约2亿人。而根据国家人口发展研究战略课题组2007年1月11日发布的国家人口发展战略研究报告，目前农村剩余劳动力仍有1.5亿至1.7亿人，大规模的劳动力流动将持续存在。按人口城镇化水平年均增长1个百分点测算，今后20年将有3亿农村人口陆续转化为城镇人口。

在这种背景下，目前城乡二元结构的养老保障制度——农村仍然保持以家庭保障为主体的养老保障体系，城市则建立了以统账结合的养老社会保险制度为主体的养老保障体系——凸显出两个根本问题：第一，随着家庭的小型化以及农业经济的市场化等趋势的形成，以家庭保障为主体的农村养老保障体系正遭受前所未有的冲击，越来越多的农村老年人难以获得恰当的养老保障；第二，由于城镇化、非农化已经成为中国社会经济持续发展的引擎，农村劳动力近些年来一直在加速向非农领域转移，越来越多的流动人口难以获得恰当的养老保障。这两个问题虽有区别，但也紧密联系在一起。因为，使现有大量农村人口逐步进入城市工作和生活是解决包括农村养老问题在内的许多农村问题的根本出路。根据《中国农民工调研报告》，尽管目前农民工的平均年龄只有28.6岁，41岁以上的也仅占16%，但是，近年来外出农民工平均年龄有所上升，比较明显的是16—20岁的农民工所占比重由2001年的22.2%下降到2004年的18.3%，30岁以上的农民工所占比重则提高了3.8%。如果现在不着手解决农民工的养老问题，就会使十几年后的政府、社会和家庭背上沉重的包袱。因此，如何在建立新型农村养老保障制度的同时使城乡养老保障制度很好地衔接起来，使农村人口（包括流动人口）老有所养是中国当前必须尽快解决的一大难题。

一些学者已经对农村养老问题进行了大量研究，提出了的各种各样的养老保障模式，如社区保障模式、以家庭为中心的多方结合型保障模式、城乡一体化的社会保障模式（刘福垣、王国军，2003；迟福林，2003）等。但是，理论界对农村社会养老保险实施的时机还存在不同的看法，对建立什么样的农村养老保险制度也还没有进行更细致深入的分析。近年来，随着国家财力的增强和政府职能的转变，在国家加大投入以促进新农村建设的时代背景下，建立新型农村养老保险制度的时机已经越来越成熟。在这种情况下，有必要进一步对农村养老保险问题进行更深入的研究，提出更具操作性的建议或想法。

二、关于新型农村养老保险制度的一些想法

（一）原农村养老保险方案“水土不服”

1992年，国家民政部曾颁布一个以个人账户为基础的《县级农村社会养老保险基本方案》——由农民缴纳部分保险费，村、镇财政再予以适度补贴，积累起来后进入个人账户，等农民老了返还。可没过几年，就被亮了红灯。1998年，相关事务被转入劳动保障部门，但依然发展十分缓慢，到2006年末全国参加农村养老保险人数仅有5374万人，全年也只有355万农民领取了养老金，共支付养老金30亿元。总的来看，养老保险制度在农村一开始就显得“水土不服”，其根本原因是，方案的设计并没有充分考虑农村养老问题的复杂性，因而存在着致命的缺陷。事实已经证明，任何新的农村养老保险方案的设计如果忽视以下几个基本事实就必然会出现“水土不服”：

第一，以家庭联产承包责任制为基础的农业经济活动与城市工商业经济活动存在着一个显著的区别：城市雇员通常可以按月从雇主那里获得相对稳定的劳动报酬，而农业劳动者没有雇主，收入不仅普遍低于城镇劳动者，而且时间分布不均匀。

第二，在绝大部分农村地区，集体经济已经徒具形式，不可能再为农村养老保障提供较多的经济支持。

第三，尽管家庭养老已经受到了强烈冲击，但“养儿防老”的观念在广大农村仍然比较浓厚。

第四，不少农民还存在着比较强烈的“小农意识”，常常表现为满足于自给自足，缺少开阔的视野、远大的目光，更看重眼前利益而难有长远打算。

第五，一些地方的基层政权在农民中的公信力不足，削弱了政府政策的影响力与号召力。

（二）“三点”模式仍是一种选择

回顾民政部方案，最关键的一个问题就是筹资渠道问题。以“个人缴纳为主、集体补助为辅，国家予以政策扶持”为基本筹资原则，实际上在大部分地区就是农民个人交费、自愿参加，并无任何补助和补贴，因而至多就是一个具有储蓄性商业养老金计划。这样一种计划不仅对很多农民没有吸引力，就是参加了的部分人最终也大多难以获得足够的养老金。因此，新的农村养老保险方案必须正视筹资渠道问题。资金来源的多元化同样是其必然选择。在当前，农村合作医疗中的“三点”模式是值得农村养老保险制度借鉴的。当然，由于政府的财力有限，也不能指望政府出大头。政府资金投入的作用主要体现在两个方面：其一，弥补资金不足，防范未来养老金支付水平过低；其二，体现政府对农民的关怀，增强新型农村养老保险制度对农民的吸引力。

（三）个人账户是现实选择

在财务上，新制度是选择现收现付还是选择基金积累？是选择统账结合还是个人账户？根据我国大部分农村地区的情况，基金积累的个人账户制度应该是新型农村养老保险制度的现实选择，理由如下：

第一，现收现付制度不适合新型农村养老保险制度。现收现付制度的基本机制是资源的代际转移，其突出特点是由下一代人供款为上一代人提供养老金。如果中国新的农村养老保险采用现收现付制度，首先面对的就是庞大的已经退休或将要退休的农村中老年人群。如果新制度想要向他们提供较高水平的养老金，天文数字的债务就会迅速形成，新制度将难以承受；如果新制度只想向他们提供较低水平的养老金以防止老年人贫困化，不仅会分散新制度有限的财力，而且人们有理由问——为什么不能通过最低生活保障制度等其他制度来解决农村老年人的贫困问题呢？此外，农民是相信新制度的代际转移支付还是更相信自己家庭的代际转移支付呢？如果其中一部分人更相信后者，新制度的吸引力将受到削弱。

第二，统筹账户也不适合新型农村养老保险制度。统筹账户的基本作用是通过统筹调剂资金更好地进行再分配以促进社会公平。如果中国新的农村养老保险采用统筹账户制度，由于难以按照每个人的经济收入状况确定其费基，所有的缴费者都会担心自己多缴了而别人少缴了，因而都会选择较少的缴费，最终结果可以预见——制度将难以为继。

第三，基金积累的个人账户制度不仅由于所有权明确而对农民更有吸引力，而且在收费和养老金的发放上也更易于操作。而且，由于政府对每个人提供了财政支持，再附以最低收益保证，个人账户制度实际上也可以具有一定的再分配功能。

（四）新型农村养老保险制度设计应该保持足够的灵活性

由于农村社会经济状况的复杂性，新型农村养老保险制度设计应该保持足够的灵活性。比如：在缴费水平上应该设计不同的档次，以适用于不同收入水平的人群；在缴费时间上，应参照农业生产周期，并充分考虑农业收入的不稳定性；在开始领取养老金的时间上，也应该考虑农业生产的特点，最好实行弹性退休年龄。

（五）新型农村养老保险制度应该与城镇养老保险制度很好地衔接起来

在城镇化、非农化的时代背景下，只有使新型农村养老保险制度与城镇养老保险制度很好地衔接起来，才能更好地保障流动人口的养老保险权益，从而促进劳动力在城乡之间合理流动。

三、具体方案设计

根据上面的想法，我们可以设计出一个新的农村养老保险方案：

如表1所示，为每个处于就业年龄段（例如20—60岁）的农村人口建立一个个人账户，资金来源分为两部分：每个农业劳动者第一年可根据自身经济状况从四个档次（200元、300元、400元或500元）中选择一个进行缴费，以后每年缴费按5%增长；政府第一年为每个农业劳动者出资200元（中央政府和地方政府各100元），以后每年缴费也按5%增长。如果经济状况改善或恶化，每个农业劳动者都可以重新选择更高或更低的档次缴费。但是，只有当农业劳动者每年缴费之后，政府才提供配套的资金支持。缴费的时间可以比较灵活，最好选择在农业收获时节，但也应该允许在一定的年限内（比如3年或5年）跨年度缴费，不过应该补缴相应的利息。

根据国家统计局公布的资料，2006年全国农民人均纯收入3587元，这样的缴费水平在全国农民人均纯收入5.6%—13.9%之间，应该是绝大部分农业劳动者都可以承受的。至于政府的出资水平，我们可以大致估算一下：根据国家劳动和社会保障部2006年度劳动和社会保障事业发展统计公报，第一产业就业人员为32561万人，按每人200元计算，政府第一年需要拿出的资金是651.22亿元，仅占2006年国家财政收入的比例不到1.7%。而2006年国家财政给城镇基本养老保险提供的资金就高达1645亿元（中央774亿元，地方971亿元），按年末参保人数18766万计算，人均876.6元。因此，国家财政应该而且能够向新型农村养老保险制度提供这样的资金支持。此外，随着城镇化、非农化的加速，中国农业就业人口数量会快速减少，政府所提供的资金数量还会逐渐减少。

这样的缴费水平将来能够为农村老年人提供什么样的养老金呢？如表 1 所示，能够获得多少的养老金不仅取决于缴费及其增长，还取决于投资收益率的高低。如果某人从 20 岁开始缴费，到 60 岁开始领取养老金，假设他还存活 10 年，在这 10 年期间个人账户积累不用于投资，那么，如果他选择的是最低档，工作期间的年度投资收益率为 0 时，退休后每月只能领到 403 元退休金；如果投资收益率是 8%，月退休金就可以达到 1166 元。选择其他档次的缴费，结果当然也是如此。正因为投资收益率的重要意义，新型农村养老保险制度下个人账户基金的投资管理就尤其重要。必须把个人账户基金按照一定的方式集中起来，由专业机构进行投资，才可能获得理想的收益。而且，政府有必要规定专业机构投资者必须为个人账户基金提供最低收益率保证——如果某专业投资机构在一定的期限内（比如 5 年）年均收益率达不到规定的要求，它将被迫退出该领域。如果能够提供 3% 的年度最低收益率保证，那么参保人退休后至少每月可拿到 649 元；如果能够提供 5% 的年度最低收益率保证，那么至少可以拿到 941 元。

表 1　新型农村养老保险方案设计

档次	资金来源	年收益率 0%		年收益率 3%		年收益率 5%		年收益率 8%	
		60 岁时积累总额	按 10 年计算的月养老金	60 岁时积累总额	按 10 年计算的月养老金	60 岁时积累总额	按 10 年计算的月养老金	60 岁时积累总额	按 10 年计算的月养老金
一档	政府和个人第一年各缴纳 200 元和 200 元，以后每年缴费按 5% 增长	4832	403	77828	649	112640	941	139910	1166
二档	政府和个人第一年各缴纳 200 元和 300 元，以后每年缴费按 5% 增长	60400	503	97285	811	140799	1173	174888	1457
三档	政府和个人第一年各缴纳 200 元和 400 元，以后每年缴费按 5% 增长	72480	604	116742	973	168960	1408 1173	209866	1749
四档	政府和个人第一年各缴纳 200 元和 500 元，以后每年缴费按 5% 增长	84560	705	136199	1135	197120	1643	244845	2040

由于农业劳动的特殊性，新制度应该允许农业劳动者在一定的年龄段内（比如55岁至70岁）弹性退休，也就是说，只要在这个年龄段内，劳动者可以根据自己身体状况选择开始领取养老金的时间。但是，应该只有达到规定的最低缴费年限（比如25年），才可以选择按月领取养老金。如果达不到规定的最低缴费年限，将不能按月领取养老金，但可以选择在上述年龄段内一次性把个人账户积累取出。

新制度可以与城镇基本养老保险制度很好的衔接起来。个人账户是可以携带的，因而很容易在两个制度之间转移。关键问题是，如果一个劳动者从事农业生产时间较长，而在城镇工作时间较短，他就可能因在城镇基本养老保险制度下的缴费不足15年而无法从该制度下获得基础养老金。为了解决这个问题，可以规定：只要他在两个制度下的总缴费时间超过15年，就允许他以当地平均工资为基数向城镇基本养老保险制度补缴所差年份的费用及其利息，这样就可以按照规定从城镇基本养老保险制度获得基础养老金；而且，他如果选择不补缴，仍然可获得一份打折的基础养老金，数额为城市缴费年数乘以1/15，例如：如果一个人在农村缴费10年，在城市缴费6年，那么，他可获得的基础养老金将是城市基础养老金的2/5。

四、结束语

在中央大力推进社会主义新农村建设、促进城乡社会经济协调发展的时代背景下，现有的农村养老保险制度由于自身的缺陷已经越来越跟不上时代的要求，建立新型农村养老保险制度已经成为一种迫切的要求。本文结合中国农村社会经济的特点提出了有关新型农村养老保险制度的一些想法，并构思了一个基金积累的个人账户制度作为备选方案。这些观点也许还有不尽完善之处，但考虑了中国农村和农民的一些基本情况，而且可以与城镇基本养老保险制度较好的衔接起来，希望能够激起学术界对新型农村养老保险制度的探讨，以促进政府尽快采取行动，解决农村人口（包括流动人口）老有所养的问题。

参考文献

[1] 刘昌平：《城市化：解决中国农村养老问题的关键》，载《中国农村经济》2001年第8期。

[2] 陈银娥：《现代社会的福利制度》，经济科学出版社2000年版。

[3] 农村社会保障问题研究课题组：《农村社会保障制度向何处去》，载《中国改革》1996年第8期，第33—35页。

[4] 迟福林：《给农民全面国民待遇提七点建议》，载《中华时报》2003年4月7日。

[5] 林闽钢：《我国农村养老实现方式的探讨》，载《中国农村经济》2003 年第 3 期。
[6] 国家劳动和社会保障部：《2006 年度劳动和社会保障事业发展统计公报》，http://www.molss.gov.cn/gb/news/2007-05/18/content_178167.htm。
[7] 王国军：《现行农村社会养老保险制度的缺陷与改革思路》，载《上海社会科学院学术季刊》2000 年第 1 期。

关于农村社会保障制度建设中政府决策的几点理论认识

张国斌

（武汉大学社会保障研究中心）

摘　要：为了适应我国工业化与城市化的进程，建立农村社会保障制度具有重要意义。但是，我国农村社会保障还存在不少问题，造成农村社会保障制度建设乏力的原因有多个方面：发展与稳定的选择；稳定的源泉与社会保障政策目标结构；农村社会保障战略受农业发展贡献制约。据此，提出建议：充分认识规划与改革农村社会保障制度的紧迫性；农村社会保障坚持与经济发展水平相适应的多样性方向；农村社会保障制度建设应从我国农情出发，循序渐进；建立农村社会保障制度，必须加强管理。

关键词：农村社会保障制度　意义　问题　原因　建议

社会保障在农村的实践总的来说还处在相当不成熟的阶段，大大滞后于城镇社会保障事业的发展，为了适应我国工业化与城市化的进程，加快农村社会保障体系建设，应当培育合理的社会保障资源配置机制，制定切合实际的农村社会保障政策，有效解决“三农”问题，力争使城乡社会保障二元结构得以较大程度地改善，为建立覆盖城乡的社会保障体系，构建社会主义和谐社会做好充分准备。

一、建立农村社会保障制度的重要意义

（一）建立和完善农村社会保障，是我国现代化建设的需要

农村工业化、城镇化和城乡一体化是我国现代化建设的重要的组成部分，但是随着社会主义新农村建设的步伐加快，农村对土地的可依赖程度逐渐降低，传统的“土地保障”已面临严峻挑战。一方面，随着农村经济的发展和产业结构的调整，我国农村的产业结构已不再局限于传统的、单一的产业结构。据有关学者的抽样调

查，农村一、二、三产业就业的比例为76.3%、12.4%和11.3%，非农产业在农村已经占有重要地位。即便是从事农业生产的农户，由于其农业生产已纳入了商品生产的轨道，市场风险对他们同样构成威胁。另一方面，随着城镇化的发展，农业用地逐渐减少，土地的保障能力日益下降。耕地减少后，大量青壮年农民走出土地，进城务工、经商或从事其他职业，农民为城市经济的发展做出了重大贡献，然而进城农民却被排除在城市社会保障体系之外，农村人口与城市人口在社会地位、劳动就业、经济收益和福利待遇等方面，都存在显著的差别。以上情况无疑不利于农村劳动力合理流动和消除农村劳动者的后顾之忧，影响城镇化和城乡一体化的建设与发展进程。为了进一步加快我国现代化和社会主义新农村建设步伐，必须打破常规，采取有效措施，建立适应国情农情和农民需要的农村社会保障制度。

（二）建立和完善农村社会保障，是完善社会主义市场经济体制的需要

1978年农村联产承包责任制推行以后，传统的集体核算制被彻底打破，代之以分散经营为主的生产方式，农户成了独立自主的经营单位。这种经营方式的变革，极大地调动了农民的生产积极性，促进了农村经济的发展，但由于以社队为基础的集体经济瓦解，农民也由此丧失了集体保障。全国除了少数部分地区还存在集体经济且基础较好外，大部分地区集体经济已丧失了它所具有的集体保障功能。随着农村经济向市场经济过渡，农户在成为独立的商品生产者和市场行为主体之时，决定了他们在市场经济发展中必须独立承担生产经营的各种风险，农民在生产、经营、教育、医疗、生活等各方面都受到市场的影响，农民面临的市场风险日益加大。然而，单个农民抵御风险的能力相当有限，一次意外的风险，就可能耗尽其一辈子的积蓄，使本来就不富裕的生活状况雪上加霜。因此，大力发展农村市场经济要求建立健全农村社会保障制度。

（三）建立和完善农村社会保障，是落实计划生育国策的需要

我国是世界上人口第一大国，经济发展速度、文化教育程度、人均生活水平等许多问题都受制于庞大的人口数量，因而计划生育被定为基本国策。但是，随着农村经济社会的发展和计划生育的推行，农村人口年龄结构和家庭结构发生了重大变化，农村以家庭养老为主的传统保障模式难以维持。一方面，我国农村人口年龄结构发生了变化，农村人口老龄化加剧。20世纪末，中国60岁以上老年人口占总人口的比例超过10%。按照国际通行标准，中国人口年龄结构已开始进入老龄化阶段。进入新世纪后，中国人口老龄化速度加快。2005年底，中国60岁以上老年人口近1.44亿，占总人口的比例达11%。而我国差不多75%的老年人生活在农村，且年增长在3%以上，可见，农村人口老龄化形势更为严重。在农村，大多数老年农民的现状是既无积蓄或少量积蓄，也无保障，因为绝大多数人没有退休金和医疗

保险，个别地方的社会保障也只是处于萌芽阶段，经济来源和生活照顾完全依靠子女。另一方面，家庭结构日益小型化，家庭养老功能越来越弱化。由于计划生育政策的广泛实施，农村家庭规模向小型化方向发展，2—2—2 家庭比较普遍（一对夫妇养 2 个老人，2 个孩子，农村女孩出嫁后基本不养父母），甚至出现 4—2—1 型家庭。1982 年到 1990 年两次普查之间，农村家庭户规模从 4.3 人/户降到 3.97/户，到 1995 年降到 3.9 人/户，2000 年为 3.44 人/户。大家庭的减少和小家庭的增多的必然后果是未来家庭的保障负担特别是养老负担将使家庭不堪重负。另外，随着农村大量青壮年劳动力流动加剧和观念的更新造成赡养方式的虚拟性，对留在农村的老人养老产生了不利影响，尤其是年轻农民的观念正在发生变化，传统的孝道受到市场经济的巨大冲击。上述这些主客观因素的变化表明，仅依靠家庭养老机制已难以履行农村的养老义务。因此，寻求一种新的养老途径，即依靠社会力量来承担养老的责任，使农民老有所养，进一步落实“基本国策”已成为我国农村必须解决的重大社会问题。

（四）建立和完善农村社会保障，是保持社会稳定和构建和谐社会的需要

一个国家能否保持稳定的社会发展环境，主要有两个指标，一个是贫富差距的大小，另一个是就业率的高低。当前我国在这两个方面都面临比较深刻的危机。一方面，改革开放以来，特别是 20 世纪 90 年代以来，中国社会的贫富差距不断扩大，社会收入分配不公现象凸显。中国的基尼系数为 0.45，已超过国际公认的警戒线，占总人口 20% 的最贫困人口的收入占总收入的比重只有 4.7%，而占总人口 20% 的最富裕人口的收入比重则高达 50%。不仅城乡居民收入差距逐年扩大，已经达到 3.3:1，如果把义务教育、基本医疗等社会保障因素考虑在内，有学者估计中国城乡实际收入差距已达 5—6 倍。而且各地农村贫富差距扩大问题也比较突出。东部、中部、西部农民收入比已达 3:2:1；农民人均现金收入最高省份和最低省份之比接近 8:1；农民中 20% 的最高收入户和 20% 的最低收入户的人均收入差距达到 7 倍。虽然改革开放以来，农村贫困地区的状况得到了显著改善。农村贫困人口由 1978 年的 2.5 亿人减少到 2006 年的 3550 万人。但近年来，随着城镇居民收入增长快于农村居民收入增长，在农村，收入增长率明显降低，因老致贫、因病致贫的现象相当普遍。另一方面，随着各项改革的深入进行和城镇化进程的加快，失地农民越来越多，目前政府所普遍采用的货币安置和招工安置两种方式都未能很好地解决农民失去土地后的生活保障问题，大量农村剩余劳动力需要转移。农村大约有三分之一的劳动力是剩余的，绝对数大约有 1 亿到 1.5 亿人，而且每年还在以 1000 万人左右的速度增长。由于农村剩余劳动力在市场的价格机制调节下还未达成供求均衡，大量农业劳动力大部分时间处于闲置状态，难以向非农部门转移。目前，部分地区单个农民的犯罪行为逐渐演化为团伙犯罪，城市中农民工的暴力事件频繁上升，其原因绝非仅仅是低文化、低素质的结果。杀人偿命这一法律规范在封建时代的农民脑海里就已根深蒂固，没有理由怀疑今天农民的法制观念还远远不如他们的祖先，深层的根源是由于经济地位不平等以及相关联的社会身份不平等导致的失衡心态。尤其是进城后的农民工生活条件、就业机会和工作环境不仅是城市中最差的，而且还要受到无端的歧视和欺凌，甚至缺乏必要的生活保障。很难理解，在最低的生计要求都无法保障时，他们还保持一种克制心态。几千年前的管仲曾说：“民不足而可治者，自古及今未之尝闻”。农民到了无法生活的境地，就会做出常人无法理解的行动来，破坏来之不易的安定团结的大好局面。凡此种种，说明一点就是我国目前的社会保障应不断扩大覆盖面，增强包容性，提高开放度，吸纳进城农民工入保，同时，尽快建立并完善农村社会保障制度，为广大农村居民提供基本生活保障，彻底消除农民的后顾之忧。

（五）建立和完善农村社会保障，是保障农民基本公民权利的需要

我国2004年修改后的《宪法》第十四条明确规定，“国家建立健全同经济发展水平相适应的社会保障制度”；第四十五条还明确规定，“中华人民共和国公民在年老、疾病或者丧失劳动能力的情况下，有从国家和社会获取物质帮助的权利。”但是，农民在建国前，为中国革命事业做出了重大牺牲。建国以后，由于特殊的政治经济条件，我国走的是一条与其他国家不同的工业化道路，即在高度集中的计划经济体制下，政府用行政干预手段将城乡分开，以索取农民利益为代价实现国家的工业化。实行改革开放后，农民又承担了很大一部分改革成本。农民做出的巨大贡献不仅没有得到补偿，相反我国特殊的重城轻乡政策背景和挖农补工的非均衡发展战略直接造成了城乡二元的社会保障制度。长期以来，广大农民被排除在社会保障之外，农民主要依靠家庭保障和自我保障。如果一项社会保障制度将占总人口64%的农民排斥在外，那就谈不上是健全的社会制度，不仅不符合社会和谐与科学发展需要，而且也不利于对历史性失误的矫正。农民与城市居民一样，要年老，会生病，还可能丧失劳动能力，特别是在市场经济条件下，农户作为市场主体参与激烈的市场竞争，在优胜劣汰的市场法则下，会不断出现新的相对贫困的农民，加之自然灾害、农村家庭小型化、人口老龄化提前到来，农民遭遇各种生存风险的几率更大，他们更有理由从国家和社会获得物质帮助。因此，只有建立农村社会保障制度，降低农民生存风险，保障其基本生存权益，才能切实落实宪法精神。

（六）建立和完善农村社会保障，是适应经济全球化的需要

随着对外交流的扩大，我国受经济全球化的影响越来越大，农业首当其冲受到冲击。朱镕基同志曾经指出：“中国加入WTO，最担心的不是企业，而是中国的农业、农村和农民问题。”众所周知，按照国际惯例和世贸游戏规则，加入世贸组织

的国家是不能以补贴或保护特殊农产品的方法来保护农民利益的。由于农业是中国的劣势产业，长期受国家政策保护，入世后因关税大幅削减，农产品领域进一步开放，不具有国际竞争力的中国农产品将面临前所未有的危机，农民收入会锐减，生活会陷于困境，大批处在温饱线上挣扎的农民将返贫，几千万绝对贫困人口数字可能还会上升。因此，建立社会保障制度，以社会稳定器和安全网的形式保障农民的根本利益，有利于削减经济全球化给农民带来的部分风险，化解可能产生的社会矛盾。

二、中国农村社会保障现状

我国从1978年以来，新型农村社会保障制度开始逐步建立和发展。虽然从总体上看，还未建成比较成形和完善的基本制度框架，但在个别保障项目的发展方面成绩较为凸显。

（一）农村低保制度取得了突破性进展

经过多年的试点，农村低保工作开始向覆盖全国范围推进，保障人数、覆盖范围不断扩大。截止2006年底，全国已有23个省份部署建立农村低保制度，农村低保对象达到1509.1万人。农村低保对象比2005年底增加684万人，增长82%。2006年，全国民政部门累计发放低保补助金41.6亿元，比2005年增加16.3亿元，增长64%。

（二）农村养老保险制度进入新型制度探索试点阶段

我国农村社会养老保险制度从1986年开始探索，1991年进行试点，2003年以后至今，进入新型农村养老保险探索试点阶段。一些地方通过加大政府引导和支持力度、扩大覆盖范围、创新制度模式、建立调整增长机制、防范基金风险等，在探索新的农保模式方面取得了突破。截至2006年底，全国已有31个省、自治区、直辖市的1900个县（市、区、旗）不同程度地开展了农保工作，5500多万农民参保，积累保险基金350亿元，当年支付养老保险金20多亿元。与此同时，目前已有1000多万被征地农民被纳入基本生活或养老保障制度，筹集被征地农民养老保障基金1000多亿元。

（三）农村失地农民和农民工参与社会保障的工作有一定成效

近年来，为失地农民建立社会保障受到重视，江苏、浙江等经济发达地区和北京、上海等大中城市为解决失地农民的权益保障问题进行了有益的探索，开始建立以土地换保障、农民就业保障和一次性进入城镇社会保障体系等新的制度框架。

（四）新型农村合作医疗试点进展顺利

我国新型农村合作医疗试点工作从2003年正式开始，进展比较顺利，取得了明显成效：一是合作医疗制度框架和运行机制已基本形成；二是参合农民的卫生服务的利用水平提高，抵御大病经济风险的能力得到增强；三是合作医疗的制度运行比较平稳，受到广大农民群众的普遍欢迎。截至2006年底，全国已有1451个县开展了新农合试点，占全国县（市、区）总数的50.7%。2006年全国有4.1亿农民参加了新型农村合作医疗，参合率（全部农村人口为7.37亿）为55.63%，试点地区参合率为80.5%。截至到2006年底，补偿农民4.7亿人次；补偿金额逐年增长，累计补偿243.9亿元。

（五）农村社会救助体系逐步完善，成绩可喜

目前全国农村社会救助已经从点向面扩展，从临时向制度转变，从单一项目救济向全方位的社会求助发展。2006年是1998年以来灾情最严重的一年，民政部共启动灾害求助应急响应40次，向灾区派出工作组60个，妥善安排受灾群众的生活和灾后重建工作，各级共投入救灾资金59.3亿元，救济灾民1.2亿人次，恢复重建民房167.9万间。截至2006年底，除1509.1万农村人口享受农村最低生活保障以外，729.2万农村人口享受了农村特困救济，支出金额13.9亿元；484.5万农村五保老人接受了五保救济，支出金额41.1亿元；医疗求助农村人口286.8万人次，民政部资助参加合作医疗984.4万人次，支出金额8.9亿元。以上求助工作的开展，从根本上解决了农村特困和弱势群体的生活与医疗保障问题。

三、农村社会保障存在的问题

从以上分析可见，我国农村社会保障经过长期曲折发展，在维持农村社会稳定，支持国家经济建设以及探索建立中国特色的社会保障制度等方面取得了较大成绩，但从制度实施及各地实践情况来看，还存在不少问题。

（一）对农村社会保障的制度安排认识不统一，中央有关农村社会保障的战略构想落实不到位

农村要不要建立社会保障制度，建立什么样的社会保障制度，一直存在争论。强调建立健全农村社会保障制度的人们认为，受全球经济一体化的冲击和市场规则的约束，农民收益受损，城乡居民收入差距扩大导致了社会的不平等；同时认为，经济增长应包括农村经济增长，社会发展也应包括农村的发展，不应该遗忘广大农村；如何使农村剩余劳动力逐渐从土地上分离出去，应该是中国农村经济取得再次飞跃的突破口；如何使农村居民少有所教，壮有所用，病有所医，老有所养，更是落实国家基本国策、建设农村小康，构建和谐社会的重要保证。所以应加快农村社会保障制度建设步伐，建立城乡统一的或者城乡有别的社会保障制度。但部分人们认为，农村人口众多，经济基础薄弱，加之国家财力有限，短期内建立农村社会保障制度，条件不成熟。也有部分人们认为，受目前农村经济水平和国家为农村提供的经济条件限制，即使在农村建立社会保障制度，至多也是一种求助性的最低生活保障制度。另有部分人们认为，最低生活保障制度在我国农村早已建立，那就是国家授权给农民经营的土地保障。凡此种种议论争论，或多或少地对政府有关部门决策形成一定影响。其实中国共产党和中央人民政府对农村、农业和农民问题是非常关心的。除上述国家根本大法——宪法对农村社保有明确规定外，毛泽东同志早就说过，农民问题是中国革命的首要问题。邓小平同志指出，“从中国的实际出发，我们首先解决农村问题。”“中国百分之八十的人口住在农村，中国稳定不稳定首先要看这百分之八十稳定不稳定。城市搞得再漂亮，没有农村这一稳定的基础是不行的。”前总理朱镕基同志在回答记者提问时说，“我一天到晚都头疼，但最头疼的是农民的收入问题。”中央政府从我国的实际出发，提出了“三农思想”，即农业兴、百业兴；农民富、国家富；农村稳、天下稳。党的十六大报告以及原副总理黄菊同志在国际社保协会全球第 28 次大会上强调，“在有条件的地方积极探索建立农村养老保险、医疗保险和农村最低生活保障制度。”近几年中央一号文件中明确提出要扩大公共财政投入，建立农村社会保障体系。温家宝总理在一年一度的“两代”会议政府报告中也特别强调建立农村最低生活保障制度，并提出 2008 年在全国农村建立起新型农村合作医疗制度。最近国务院又召开会议，对今年建立农村最低生活保障制度的工作进行了部署。不难看出，中央关于农村及农村社会保障制度建设的战略构想是明确的，但具体实施却不能落实到位。从新中国成立至今，还没有哪个地方建立起规范的且令农民非常满意的社会保障制度。

（二）农村社会保障发展不平衡

这主要表现在三个方面：一是农村社会保障发展水平不平衡。一般说来，经济较发达的东部地区，农村社会保障水平较高，而经济不发达的西部地区，农村社会保障水平较低。例如，2004 年上海全市新型农村合作医疗人均筹资水平为 218 元，2006 年已达 306 元，而湖北省当阳市新型农村合作医疗人均筹资水平仅有 40 元，差距有五倍以上。二是农村地区各社会保障项目发展不平衡。大部分地区的农村社会保障项目不全，而且各项目之间缺乏有机联系，未能形成配套，构不成整体优势。三是城乡社会保障发展水平不平衡。我国占全国人口总数 64% 左右的农民的社会保障支出只占总数的 11%，而占人口总数 36% 的城镇居民享受的社会保障支出占总数的 89%。在人均占有方面，1999 年城镇人均社会保障金 455 元，农民仅 15 元，相差30倍；从覆盖面上看，城镇已达91%，而农村只有2%。实际上，农民还是游离于社会保障网外，生老病死基本上仍由个人或家庭来承担。

（三）制度体系不健全，保障项目较少

一是社会保险制度严重缺位。在较发达的农村地区表现为体制单一，而在落后的农村地区则残缺不全。农村社会养老保险制度从1986年在部分县市试点至今，该业务一直断断续续，目前依然处于探索阶段；新型农村合作医疗制度尚在试点和全面推广阶段；工伤、生育、失业三大社会保险制度至今尚未在农村建立。二是社会救助制度体系不完善。从救助需求看，救助项目应该有灾害救助、生活救助、就业救助、住房救助、养老救助、教育救助、医疗救助、法律援助等，而目前农村主要局限于基本生活救助，即最低生活保障制度和灾害救助，医疗救助制度基本没有建立，教育救助、住房救助等不普遍；灾害救助也仅仅是着眼于解决灾害造成的灾民生活困难，而对灾民的生产、灾后遗留问题缺乏救助渠道。三是社会福利体系残缺不全。在农村，敬老院和残疾人福利院是农村社会福利体系的主要机构，受资金供给渠道制约，这些福利机构大大衰减；目前只有部分经济实力好的地区还依稀保存一些敬老院和福利院，大部分地区该项制度体系已经瘫痪。

（四）农村社会保障水平低，覆盖面小

一方面，保障标准低，总体水平不高。受农村经济发展水平和传统习惯的制约，在设计农村社会保障制度时，通常采用不给国家增加财政负担的保守原则，使得农村社会保障水平普遍偏低。自然灾害救助基本停留在生存保障的标准上，五保户供养也是以解决基本生存为目的，社会养老保险主要是农民自己缴费（大多数地方集体补助无着落，政府对保险基金没有任何投入），积累少，因而养老金水平低。新型合作医疗制度由于筹资额度低，保障水平不高，而且由于是保大病住院，使得相当部分参保居民由于交不起首次入院费而不能住院，进而无法享受医疗保障，新型合作医疗能否真正解决农民因病致贫致穷的问题不容乐观。此外，农村的社会福利院、敬老院的设施、条件及生活水平逐年下滑。另一方面，农村社会保障覆盖面窄。如上所述，我国农村社会保障体系很不健全，保障形式主要是农村社会救济、社会优抚、农村“五保”和少数地方推广的农村社会养老保险及试点地区的新型合作医疗，保障的对象基本上是“困难的人”、“光荣的人”和“富裕的人”，农村大多数人还无法享受社会保障。更为严重的是，农村民政对象应保未保的现象普遍存在。此外，在农村剩余劳动力转移的过程中，一部分农民处于社会保障的“真空地带”。他们的劳动权利、经济权利和人身权利等都得不到保障。

（五）农村社会保障资金来源单一，未能体现全社会的责任

资金是推进农村社会保障体系建设的核心问题。民政部1992年印发的《县级农村社会养老保险基本方案》明文规定，在保险基金的筹集上，“坚持资金个人交纳为主，集体补助为辅，国家予以政策扶持”的原则。这使国家和集体所体现的社会责任过小。其实，我国政府用于社会保障的比例在世界是很低的。以中央财政用于社会保障的支出占中央财政总支出的比例为例，加拿大为39%，日本为37%，澳大利亚为35%，我国只有10%左右，而这10%的投入绝大部分给了城镇职工。由于长期以来国家对农村投入过低，农村社会保障资金的重要来源实际是依靠传统农村的集体补助和投入。但土地家庭承包经营制使集体经济力量受到严重削弱，特别是贫困地区的财政能力和集体经济实力有限，已无力承担当地农民的社会保障资金。在这种情况下，原来由集体经济负担的农村军烈属优待“五保户”供养变为农民直接负担。截止到2007年3月31日，应保未保农村五保供养人数625095人，应保未保农村五保供养户数496980户。此外，农民个人的养老保险基金，集体补助也微乎其微，几乎完全由个人缴费。这样的社会保障不仅造成了资金来源的不足，降低了保障标准，失去了它本来的意义，而且也影响了农村参加养老等保障的积极性，加大了保障工作的难度。

（六）农村社会保障科学管理缺位

首先表现在社会保障管理分散。我国农村社会保障的现状是城乡分割，条块分割，多头管理，各自为政。条块之间既无统一的管理机构，也无统一的管理立法。从管理机构上看，部分地区将在国有企业工作的农村职工的社会保障统筹归劳动部门管理，医疗保障归卫生部门和劳动者所在单位或乡村集体共同管理，农村优抚救济归民政部门管理，一些地方的乡村或乡镇企业也制定了社会保障办法和规定，商业保障也参与经营和管理，等等。这就造成现有的农村社会保障项目虽然不多，但具体制定政策、掌握政策和执行政策的机构却不少。由于这些部门所处地位和利益关系不同，在社会保障的管理和决策上经常发生矛盾，严重影响工作效率。

其次，农村社会保障缺乏有效的约束机制。这集中体现在保险基金的管理上。按照国际上通行的做法，社会保障基金的征缴、管理和使用三权分立、互相制衡，以保证基金的安全性、流动性与收益性。但是，我国农村社会保障基金在大多数地方是征缴、管理与使用三权集于一身，缺乏有效的监控监督，致使基金的使用及保值增值等面临诸多风险。有的将社会保障基金借给企业周转使用，有的用来买汽车、建办公楼，更有甚者利用职权挪用或贪污农民缴来的“养命钱”，从而导致本来不多的基金大量流失，在农民心目中造成极坏的影响。

此外，农村社会保障缺乏法规支持。农村社会保障从20世纪八九十年代试点至

今，还没有一部专门涉及农村社会保障工作的基本法规，在国务院已经制定的条例中，也极少涉及规范农村社会保障制度的法规。虽然我国过去在农村社会保障工作方面制定了一些办法、条例和规章，但多是专项的，功能单一，缺乏力度，没有形成有机的法规体系，而且地区不同，内容亦有所不同。由于农村社会保障尚未立法建制，使得目前农村社会保障工作处于散乱和无序境地。在已试点的农保地区和农保运作中，主观随意性因素偏多，制度化、稳定性与规范性严重缺失。

四、农村社会保障制度建设乏力的原因探析

（一）发展与稳定的选择

历史的考察不难发现，大大小小的国家决策者，总是在稳定和发展两个目标之间进行决策。而稳定总是作为手段，发展才是时刻关注的目标。社会保障制度是调和国内不稳定因素的措施之一，政府作为与不作为，取决于一定社会经济环境决定的政府目标体系结构中优先次序的选择。当社会因素有可能诱发剧烈的社会冲突时，稳定就会成为社会的首选目标。当社会动荡一触即发时，政府为了平抑动荡创造安定的国内社会环境，从而推行了社会保障政策。政府对稳定与发展的政策取向是其行为的基础，我国政府对当前形势的基本判断是：从国际来看，和平与发展已成为当前世界的两大主题，在相当长的时期内，保持一个和平环境是可能的；从国内来看，由于我国处于社会主义初级阶段，贫困人口占很大比重，人民生活水平较低，文盲、半文盲人口占很大比重，科技教育文化落后，社会的主要矛盾是人民日益增长的物质文化需要同落后的社会生产之间的矛盾。因此，社会主义的根本任务是以经济建设为中心，发展社会生产力。在社会主义初级阶段，尤其要把集中力量发展社会生产力摆在首位。由此可见，我国政府的当前目标是发展，社会稳定是从属于社会发展的，发展才是硬道理。虽然强调“没有稳定，什么事也干不成”，“保持稳定的政治环境和社会秩序，具有极端重要的意义”。但是稳定的归宿在于发展，稳定是发展的条件，而不是目的本身。保持社会政治稳定，是为了保证经济发展的顺利推进。社会保障制度，从政府的层面上来认识，也仅仅是保持社会稳定的措施，其作用是为了保证顺利建立社会主义市场经济体制这一有助于发展的制度机制。因此，不难想象，政府在社会保障制度的建设中是处于被动地应付地位而非主动的进取，具有明显的短期化特征，这也可能部分地归结于对社会发展和社会稳定关系的另一方面的认识，即认为只有发展才能维护长久的稳定，没有发展的稳定是不能持续的，所以把关注的重点集中于发展上，这或许是各级政府推动农村社会保障制度不力的一种诠释。

（二）稳定的源泉与社会保障政策目标结构

稳定的源泉可归结于不稳定的因素，它是社会保障制度产生和发展的自然基础。尽管不能把以社会保险为主体内容的社会保障制度建立和完善完全归因于社会化大生产的结果，但是工业社会社会保障的制度结构较农业社会完善也是客观必然的。我国二元经济结构决定了政府在社会保障制度行为中的二元性。并且，社会经济制度转换过程中撞击的首先是城市居民，在有限的国家财力的约束下，放缓农村社会保障制度，着力解决城市经济中不稳定的结构性因素。

20 世纪 80 年代初的农村经济体制改革，从本质上讲并没有改变农村社会固有的经济结构，仅仅是一种制度上的回归，打破了超越农村生产力发展水平的组织制度，重新回到以家庭为基础的经济组织水平上，同时给予一定的价格刺激，使农村经济有了一定程度的发展。因此，农村社会仍然是自然经济半自然经济占有主体地位。而自然半自然经济自身具有内在的稳定平衡，在自然经济条件下，家庭内部分工就实现了农业和手工业的分工，劳动力资源达到优化配置。所以，在生产力较为落后的农村，只要不受到巨大外力破坏，是难以诱发不安定因素的。以发展作为首要目标的政府，自然也无暇顾及或考虑农村社会保障制度的革新问题。改革开放二十多年的农村经济政策几乎没有涉及农村社会保障改革问题，20 世纪 80 年代后期针对灾害救济推行的农村救灾合作保险改革举措，90 年代初推行的农村社会养老保险，充其量只是一种部门行为，不仅受到来自于其他部门的干预，而且被认为是加重农民负担的行为，是引发农村不稳定的因素之一。20 世纪末，政府对农村社会保障制度做出的基本结论是，农村还不具备开展农村社会养老保险的条件，有条件的地区开展商业性的养老保险，这一结论虽同“社会保险是基本保障，商业性保险以商品经济发达为前提的补充保险”的理论不符，但却符合政府全局的战略要旨，在稳定尚未成为农村的突出问题时，不愿过早或过多的介入。所以，政府尽管在强调农村、农民问题，强调农业的基础地位，但是农村的政策重点是放在农业的“增收”而非“保收”上，以增强农民的生产积极性和农业的资本投入作为政策取向。

（三）农村社会保障战略受农业发展贡献制约

农村社会保障是保证农村社会发展的稳定措施，受农村产业本身的特点制约，在国家谋求发展主旨的前提下，农村农村保障制度能否优先受到政府重视，取决于农业发展对整个社会发展贡献的大小，从而达到政府实现社会快速发展的意图。

尽管对过度掠夺农村资源最终导致国家发展受阻的实证研究证明，农业对发展具有市场贡献、资金贡献、要素贡献和产品贡献作用，但是政府内在固有的发展冲动和农业本身的性质决定，在农业不致过度萎缩的情况下，仍然坚持优先发展非农产业。从经济学的角度考察容易看出，在封闭的国民经济体系中，由于农产品的价格需求弹性小，在充分的市场机制作用下，有限的农产品市场实现有效的供求均衡量是比较困难的，恩格尔定律在这一产业领域里表现得非常显著，因而有人把它称之为“夕阳产业”，意指其经济效益较低，不仅其部门内的资金向非农产业转移，而且由于受气候、土壤、地形等自然生态环境的影响，有着巨大的风险。据统计，我国农业税占全部税收的比重七五时期约为2.8%，八五时期约为3.9%，九五时期虽然有所好转，也只有约4.4%。特别是随着农业税的废除，2004年，农业税在全国财政收入中的比重不足1%，到2005年农业税在全国财政收入中所占比重已经微乎其微，农业税几乎名存实亡。因此，政府目前除了在农业技术、科教、水利、交通等农业基础结构方面有着较大投资的倾向性，以保证农业不致过度萎缩外，对这样的高风险、低收益、少贡献产业很难做出大量投资的决策，更不用说对保障其发展的经济稳定措施，即社会保障措施进行过多的投入。例如，党的十六届五中全会《关于制定国民经济和社会发展第十一个五年计划的建议》中，讲了46个问题，农村讲了5个问题。5个问题只提到建立新型合作医疗，后来在加快完善社会保障体系这一问题中，只提出有条件的地方建立农村最低生活保障制度并未涉及各方关注、农村迫切需要的农民基本保障问题。直到2006年“一号文件”即《中共中央国务院关于推进社会主义新农村建设的若干意见》的第4条和第22条中才明确提出逐步加大公共财政对农村社会保障制度建设的投入，逐步建立与经济发展水平相适应的多种形式的农村社会保障制度。

五、农村社会保障制度的政府决策建议

（一）充分认识规划与改革农村社会保障制度的紧迫性

上述分析表明，中国社会主义经济制度转换导致的对农村社会结构的撞击，很可能会诱发农村社会的动荡。农民的行为模式在很大程度上取决于社会的制度环境，小农经济的优势，经过两千多年的发育，已基本走向了顶点，中国以产量为目标的农民行为均衡模式，已不可能靠自身的嬗变来完成向效益型农民的转变。当农民的产量均衡被完全打破的时候，政府要及早地干预农民的社会保障制度建设，否则，任何不测事件的处理不当都可能引发蕴藏的巨大社会风险的发生，严重破坏现有的经济成果，从而成为发展的桎梏。因此，为了建设社会主义新农村，为了在市场经济条件下，贯彻落实“三个代表”重要思想，坚持以人为本，保障全体公民生存权和发展权，为了落实科学发展观，实施以工促农、以城带乡，加快工业化、城镇化建设，消除“三大差别”，构建和谐社会，我国政府要一改先前对农村社会保障不够作为的方式，要加大公共财政投入，加快农村社会保障制度建设，方才符合我国的实际及广大农民的心愿和要求。

（二）农村社会保障坚持与经济发展水平相适应的多样性方向

改革开放后，我国城乡经济都有较大发展，但从整体上看，仍呈二元经济结构，即使农村经济，也凸显东部沿海较发达、中西部较落后的差别。因此，农村社会保障制度的设计、保障结构及形式的安排，务必同农村的经济水平相适应。具体说来，国家在推动农村社会保障制度建设过程中，做到低统一、不强制、不设限、低约束、不平调。所谓低统一，就是建立全国统一的农村最低养老保险制度。养老基金由个人缴纳、集体平均补助和政府配套补贴构成。根据我国农村的实际情况，农村最低养老保险制度采取个人账户形式，以市县为单位进行统筹与管理，保险对象为农村全部劳动力。保险给付原则和给付条件以及养老保险基金政府配套补贴由国家统一规定，养老保险给付标准则由各统筹单位自行规定，但不得低于当地最低生活保障制度规定的标准。所谓不设限，一是对农民为某一险种缴纳的社会保险费数量和集体补助的经费数不设限，允许农民根据家庭的收入状况和集体单位的随能力缴纳数量不等的保险费；二是对农村开办的保障项目和求助项目的数量不作统一要求，视各地存在保险项目数量上的差别为正常现象；三是对农民社会保障的实际保障水平不做统一规定，准许各地按照社会保障给付原则和权利与义务对等原则支付保险金。所谓不强制，主要是指对农村社会保障制度模式的设计，除全国统一的农村最低养老保险制度和新型农村合作医疗制度外，其他制度模式的设计全国不搞一刀切，允许各地根据各自的经济与人文条件做出灵活选择，建立多种保障形式并存的农村社会保障体系。例如，在经济发达地区，可以推行城乡一体化的保障模式；经济欠发达地区，除了建立农村最低养老保险制度、新农合和“两低”（即农村最低生活保障制度和最低医疗救助制度）外，可以建立互助共济式的保险模式，以及支持农民参加个人储蓄性保险等等。所谓低约束，一是指对农村养老保险个人账户基金的使用不搞一刀切，准许农民在禽养老金以前将自筹部分作为其他用途，以解决农民为难之需，增强制度的灵活性。二是指富有弹性的进入和退出机制。允许农民随着搬迁和工作调动将保险关系带走并落户他地，或进入城镇社保体系，也允许城镇职工将保险关系下乡落户。所谓不平调，主要是指在通常情况下不允许在各地区之间调拨农村社保基金，或用某些地区的社保基金来调剂平衡各地的社保财务。

（三）农村社会保障制度建设应从我国农情出发，循序渐进

社会主义新农村的建设是一项系统工程，急需投入的项目较多，国家背负的包袱很重。当前，尽管政府痛下决心加大农村社会保障制度建设的公共财政投入，但由于种种原因，实际上拿不出更多的资金用于发展农村社会保障事业。同时，我国农村仍以传统农业为主，人口多、底子薄、生产力水平极低，且各地区发展极不平衡，农民还很不富裕。因此，我国农村社会保障事业的发展，必须充分考虑到上述

实际情况。保险覆盖的范围和举办的保险项目，既要体现社会主义市场经济的性质，体现社会保障的一般原则，又要与生产力发展水平、国家所能提供的财力支持和农民个人的承受能力相适应；保障给付条件和给付标准的确定，既要保障农民最低的生活条件，以"需要"为目的，又要有助于强化农民的风险意识，有利于贯彻按劳分配和权利与义务对等的分配原则，有利于调动农民个人的积极性；农村社会保障的发展速度和发展水平，既要认识加快发展的必要性和紧迫性，同时又要务求稳妥，循序渐进，防止一哄而上，避免发展中的盲目性。

（四）建立农村社会保障制度，必须加强管理

农村社会保障是政府倡导支持的一项重要的社会行为，关系到亿万农民的切身利益。从农村社保的保险项目和保险费的设计到各险种给付原则、给付条件和给付标准的确定，从保费的筹集到社保基金的有效运营，以及全部社会保障方案（包括社会救济、社会福利和优抚等）的具体实施，工作量大、操作复杂，不是由几个部门兼管所能完成的。因历史原因，目前我国农村社会保障事业分由几个部门主管，由于部门之间利益原则的存在和行事规则的不同，在处理农村社会保障事务中缺乏必要的协调与配合，以至于政令不统一，步调不一致，其结果使得有限的社会保障资源未能实现最优配置。如果说农村社会保障制度尚未建立的过去和今天，由几大部门分管还有一定可行性的话，那么，随着农村社会保障制度的建立和逐步完善的明天，那种"政出多门"、"多头管理"的局面就难以适应了。因此，国家主管机关应利用建设社会主义新农村的大好时机，联合已有的管理部门，成立农村社会保障专管机构，统一协调、配置国家用于农村社会保障的资源和管理全国的农村社会保障事务，减少管理成本，提高管理效率，保证农村社会保障制度建设又好又快发展。

参考文献

[1]《邓小平文选（第3卷）》，人民出版社1993年版。

[2] 江泽民：《高举邓小平理论伟大旗帜，把建设有中国特色的社会主义事业全面推向二十一世纪——在中国共产党第十五次全国代表大会上的报告》，人民出版社1997年9月第1版。

[3] 邓大松等：《中国社会保障若干重大问题研究》，海天出版社2000年版。

[4] 邓大松：《社会保险》，中国劳动社会保障出版社2000年版。

[5] 马红坤：《论建立完善农村社会保障制度的紧迫性》，载《前沿》2006年第4期，第241—244页。

[6] 杨翠迎、黄祖辉：《建立和完善我国农村社会保障体系——基于城乡统筹考虑的一个思路》，载《西北农林科技大学学报（社会科学版）》2007年第7卷第1期，第14—

19 页。
[7] 王巧玲、陈可：《论农村社会保障问题》，载《理论学刊》2006 年第 1 期，第 89—90 页。
[8] 韩俊、秦中春、崔传义：《和谐社会与农村社会保障制度》，载《理论视野》2007 年第 1 期，第 14—16 页。
[8] 孙浩进：《构建和谐农村社会保障的难点问题研究》，载《黑龙江社会科学》2006 年第 5 期，第 31—33 页。
[10] 陈蒙蒙：《我国农村社会保障制度存在的问题与对策》，载《经济学研究》2006 年第 5 期，第 23—27 页。

养老风险及其规避分析

王增文

（武汉大学社会保障研究中心）

摘　要：养老风险是客观存在的，也是与每个人必须要面临的一种风险，特别是在人口老龄化加速的今天，我们更应该要认识和重视这种风险。本文从养老风险及其特征，养老风险事故发生的概率测算方面进行了阐述和剖析。并在此基础之上，提出养老风险的控制及规避措施。

关键词：养老风险　养老风险损失概率　养老风险的概率估计　养老风险规避

一、养老风险及其特征

风险无处不在，社会上每个行业和领域几乎都存在不同程度的风险。按照风险发生的因素可以分为不同类型的风险。例如它与经济领域相联系就会产生经济风险，与财政相联系就会产生财政风险，与政治相联系就会产生政治风险，等等。同样与社会保障领域相联系便产生了社会保障风险。养老风险便属于社会保障风险中的一种。

养老风险是社会上客观存在的、每个人都要面临的一种风险，是人们对未来养老行为的决策及客观条件的不确定性而导致的实际结果与预测结果之间存在的偏差，其损失的发生具有不确定性的风险存在状态。其发生因素有 3 种：实质性因素[3]，也就是增加养老风险发生机会或严重程度的直接条件；心理风险因素，由于人们主观上的疏忽或过失，以致增加养老风险发生的机会和扩大；逆向选择和道德风险因素，是一种与人的品德修养有关的无形因素，是由于恶意行为或者不良企图，故意致使养老风险事故发生或者扩大已发生风险事故所导致的损失程度。像企业鼓励个体提前退休，养老保险基金被挪用，都属于逆向选择和道德风险因素。像 2006 年 1 月 1 日新的养老保险规定实行以前个人缴费满 15 年后就不再缴纳养老金或逃避缴纳等行为都属于逆向选择行为。养老风险按照不同的标准可以分为不同的风险形式。

按养老风险的载体可以分为：养老制度风险，养老财政风险，养老责任风险，养老信用风险。[4]按照养老风险发生的原因可分为：养老社会风险，养老政治风险，养老经济风险。[9]按照养老风险的层次进行划分可以分为：由国家承担的宏观的风险，由企业和保险机构承担的中观风险和由个人承担的微观风险[2]。养老风险作为一种客观存在的风险，除了具有一般风险的特点之外，还有其自身的特征：（1）养老风险存在的客观性和必然性。个体的生老病死是自然界的客观规律不以人的意志为转移的，无论人们是否意识到或者在多大程度上意识到，它都是实实在在的存在着的一种客观风险。并不是偶然和随机的。（2）养老风险有可预测性。（3）养老风险还具有社会性和政治性。[1]像我国现有的养老保险制度并没有覆盖所有的老年人群体，制度以外的老年人面临很大的养老风险，特别是我国农村的老年群体根本没有任何形式的养老制度。仍然沿袭着我国几千年以来的“养儿防老”的传统。目前我国已经进入了老龄化社会，并且老龄化速度在加快，老年人口数量增多，使政府面临巨大的财政支付危机。个人账户空账运转，历史欠账没有得到弥补，所有的这些问题都是政府必须面临和需要解决的，如果处理不好，将有可能危及社会的安定。

我们知道，单个风险事故的发生具有偶然性，但大量风险事故的发生便产生一定的规律性。这是我们在概率论中所获知的。我们通过对养老风险事故发生的结果进行统计发现，其的确表现出一定的规律性，因此我们可以用概率论和数理统计的有关知识来计算出养老风险发生的概率、风险程度及其损失程度的大小，然后，我们通过一个线性回归的式子度量出养老风险的损失程度与养老风险概率和养老风险损失额的相关性。

下面我们就用概率论和数理统计的有关知识来对养老风险发生和损失的有关指标进行估计和测算。

二、养老风险事故发生的概率测算

首先，我们就来看一下养老风险的概率测算的含义，养老风险的概率估计：是指在过去养老风险事故资料的分析基础之上，运用概率论和数理统计的方法对未来养老风险事故发生的概率及其事故造成的损失程度进行估算和预测的过程。

在养老风险的概率估计中，我们最常用的有两种分布函数一种是泊松分布，另一种就是二项分布[1]：

（一）二项分布

假设养老风险事故共发生了 n 次，A 这种类型的养老风险事故在这 n 次事故中，要么发生要么不发生。并且每次养老风险事故的发生是相互独立的，则养老风险事故 A 发生的概率是：

$$P(K=k)=C_n^k P^k(1-P)^{n-k}(k=0,1,2,\cdots,n) \quad (1)$$

则 K 服从以 n，p 为参数的二项分布，记作 $k \sim B$（n，p）。

A 养老风险事故发生次数不超过 m 次的概率公式为：

$$P(k \leqslant m)=P(k=0)+P(K=1)+\cdots+P(k=m)$$

$$=\sum_{k=0}^{m} C_n^k P^k(1-P)^{n-k} \quad (2)$$

此时，二项分布的均值为：$\mu=np$，方差为：$\sigma=np$（$1-p$）

另一种计算养老风险发生概率的重要分布就是泊松分布。

（二）泊松分布

若随机变量 k 可取一切非负整数值，表示给定的时间间隔，某养老事故发生的平均次数，则养老风险事件 A 发生的概率是：

$$P(K=k)=\frac{\lambda^k e-\lambda}{k!}(k=1,2,\cdots,\lambda>0) \quad (3)$$

则称随机变量 k 服从参数为 λ 泊松分布记做 $k \sim P$（λ）

养老事故发生的次数不超过 m 次的概率计算公式：

$$P(k \leqslant m)=\sum_{m=0}^{i} \frac{\lambda^k e-\lambda}{k!} \quad (4)$$

此时，泊松分布的均值为：$\mu=\lambda$，方差为：$\sigma=\lambda$

注：实际上，泊松分布可以看成事故次数 n 很大时的二项分布的极限情况。

1. 养老风险事故损失的概率测算

养老风险事故损失是指某个具体的养老风险事故发生导致实际的经济损失。根据社会统计学规律，在养老风险的损失概率测算中，我们最常用的是标准正态分布函数。实际上一般的正态分布函数都可以转化为标准正态分布来计算的。下面我们来看其计算公式：

（1）标准正态分布的密度函数：f（x）$=\frac{1}{\sqrt{2\pi}}e^{-\frac{x^2}{2}}$，（$x\epsilon R$） (5)

称随机变量服从标准正态分布，记作 $x \sim N$（0，1）

标准正态分布函数的计算公式为：$\Phi(x)=\int_{-\infty}^{x} f(x)\,\mathrm{d}x,(x\epsilon R)$ (6)

（2）式服从均值为 μ，方差为 σ^2 的密度函数：

$$f(x)=\frac{1}{\sqrt{2\pi\sigma}}E^{-\frac{(x-\mu)^2}{2\sigma^2}},(x\epsilon R) \quad (7)$$

称 x 服从均值为：μ，方差为 σ^2 的正态分布，记作：$x \sim N$（μ，σ^2），其中

$\mu \epsilon R$，$\sigma > 0$

养老风险正态分布的概率计算，可以通过以下公式给出：

$$P(X \leqslant x) = \frac{1}{\sqrt{2\mu\sigma}}\int_{-\infty}^{x} e^{-\frac{(y-\mu)^2}{2\sigma^2}} \mathrm{d}y \tag{8}$$

现在我们把（8）式的形式转换一下，

令 $Z = \frac{x-\mu}{\sigma}$，代入（8）式可以得到标准正态分布的密度函数为：

$$f(z) = \frac{1}{\sqrt{2\pi}} e^{-\frac{z^2}{2}} \tag{9}$$

这样可以按照标准正态分布的计算公式计算每次养老风险损失的概率了。

实际上，在每次养老风险事故发生损失额度已知的情况下，其发生的实际概率的大小，都包含于下面三种情况：

（1）养老风险损失额在小于 x_0 的范围内，其发生的概率为：

$$P(x \leqslant x_0) = \Phi(\frac{x_0-\mu}{\sigma}) \tag{10}$$

（2）养老风险损失额在大于 x_0 的范围内，其发生的概率为：

$$P(x > x_0) = 1 - P(x \leqslant x_0) = 1 - \Phi(\frac{x_0-\mu}{\sigma}) \tag{11}$$

（3）养老风险损失额在大于 x_1 小于 x_2 的范围内，其发生的概率为：

$$P(x_1 \leqslant x \leqslant x_2) = \int_{x_1}^{x_2} f(x)\,\mathrm{d}x = \Phi(\frac{x_2-\mu}{\sigma}) - \Phi(\frac{x_1-\mu}{\sigma}) \tag{12}$$

2. 养老风险发生的集中程度估计

为了使养老风险易于预测和管理，我们引入几个关于养老风险发生的集中程度的变量：均值、标准差、离散系数。

首先，均值是衡量养老风险程度的大小，均值越大表示养老风险导致的损失程度越大。

其次，离散系数和标准差是衡量养老风险发生集中程度的指标，离散系数越大说明养老风险就越分散，均值的代表性越低，风险就越难以预测和管理。反之，离散系数越小，说明养老风险就越集中，均值代表性也越高，那么风险就越易于预测和管理。[5]

某一养老风险导致的损失额为 X，其可能的取值为：x_1，x_2，…，x_n。和相应的概率为：p_1，p_2，…，p_n，即 p（$x = x_i$）$= p_i$，（i = 1，2，…，n）。

则损失额的均值可表示为：$\bar{X} = \sum_{i=1}^{n} x_i p_i$，（$i = 1$，2，…，$n$） (13)

损失额方差可以表示为：$\sigma = \sqrt{\sum_{i=1}^{n} (x_1 - \bar{x})\ p_i}$ (14)

我们用 H 表示养老风险的离散系数：

$$H = \frac{\sigma}{\overline{X}} \tag{15}$$

我们可以通过对离散系数大小的掌握，来了解养老风险分散程度的大小，从而达到预测和管理养老风险的目的。从而，使得养老风险事故的发生能够在我们的预料范围之内。

3. 养老风险的损失程度与养老风险概率和养老风险损失额度的相关性的度量

养老风险损失程度与该养老风险发生的概率额度及产生的损失有关：

$$R_i = f(P,L) = a_i P_i + b_i L_i + \varepsilon_i \tag{16}$$

其中，R_i 表示养老风险损失程度；

P_i 表示养老风险概率；

L_i 表示养老风险损失额；

ε_i 表示误差项。

很明显，养老风险事故发生的概率与其损失程度之间的关系往往是事故损失程度不大，而概率很高。如果事故发生的概率很低，一旦发生其损失程度将是惨重的。

上述（16）式并不是一个计算养老风险损失程度定量的表达式，它只是说明了养老风险程度与养老风险概率和养老风险损失之间的相关性，可以用线性回归的方法得到它们之间的相关程度大小。

三、养老风险的控制（包括养老风险的转移和养老风险的规避）

我们重点来阐述养老风险的规避，养老风险防范的重点是改变导致养老风险事故发生的因素、所在的环境以及养老风险的因素和所在的环境的相互作用的机制。要规避养老风险，首先就必须弄清导致养老风险事故发生的因素。上面已经提到养老风险事故发生的因素有三种。我们根据这三种因素来分析一下养老风险事故的规避问题。

（一）宏观风险

在国家承担的宏观养老保险方面，也就是养老社会保险制度安排的缺陷而导致的风险。主要风险因素是：养老保险制度不能按客观情况适应社会发展的需要；不能应对老龄化趋势的到来；政府对社会养老保险承诺不能兑现；现有养老保险制度不能保障老年人的生活或者仅仅能保障老年人的基本生活，而其根本不能分享经济和社会发展带来的成果，从而危及社会的安定。导致该类养老风险事故发生的因素属于实质性的，由于政策的制定者只能是政府部门，属于政府必须承担，只能规避不能转移。所以，政府必须高瞻远瞩，以敏锐的目光和对社会发展趋势的洞察力，来制定适合时宜的养老保险政策和规划，从而达到规避风险的目的。下面我们来看一下针对我国的养老保险制度的具体情况，来找出实际的应对措施：

1.“转制成本”的消除是养老保险制度风险的关键

养老保险要从现收现付制转为“统账结合”的部分积累制，随之而来的问题是，必须解决“老人”和“中人”的“转制成本”的问题，我国在过去的很长的一段时间内，用个人账户来弥补造转制成本，这就成了个人账户空账运转。[8]实际上，就是我国在养老制度转轨过程中根本没有解决“转制成本”问题，导致了现行制度在很大程度上还属于现收现付制，如果提高缴费率和扩大覆盖面来解决上一代人养老问题，又会导致企业负担重、养老金收支缺口加大等多重风险。这样进一步增加了企业的风险性。为了降低转制成本和增强激励机制，2006 年 1 月 1 日起，对基本养老保险制度具体的调整体现在 3 个方面：

第一，过去由单位缴纳的个人缴费工资 3% 的保险费不再进入个人账户，而是转存入社会统筹账户。这样个人账户进一步缩小，社会统筹所占的比例加大。这一点对降低转制成本，减轻财政负担，从而降低养老社会保险制度安排缺陷的风险。

第二，新政策规定，职工退休时领取基础养老金的月标准以当地上年度在岗职工月平均工资和本人指数化月平均缴费工资的平均值为基数，缴费每满 1 年发给 1%，鼓励参保者缴满 15 年以后继续缴费，缴费 35 年就可在领取养老金时每月从统筹账户领到届时社会平均工资的 35%。这样就增强了激励机制，进一步减少了提前退休等逆向选择行为的发生。

第三，新政策规定，职工退休时领取个人账户养老金的月标准为个人账户储存额除以计发月数。计发月数根据职工退休时城镇人口平均预期寿命、本人退休年龄、利息等因素确定。

虽然新出台的政策有利于降低“转制成本”，但是“转制成本”的真正解决才是消除养老保险制度风险的关键。现有关于解决“转制成本”的研究学术界给出了三种途径：一是从开源角度，变现一部分国有资产和变卖自然资源所实现的收益来补贴转制成本；二是从节流角度，开征资本利得税、遗产税、赠与税作为社会保障基金专项收入。三是从跨时期调整的技术角度，国家发行一部分认可债券，在将来若干年逐步偿还。[7]从节流角度来看我们还忽视一种有效途径那就是关于提高退休年龄问题，我国的法定退休年龄与最优退休年龄短期内存在不同步的现象。自建国以来，我国的法定退休年龄，并未随着最优退休年龄的波动而调整，致使我国的法定退休年龄远低于最优退休年龄。更为糟糕的是，还出现了所谓的“提前退休风”，使得我国本来就入不敷出的基本养老保险金更是雪上加霜，所以我们要延长退休年龄，那么首先考虑的是要延长女性法定退休的年龄。目前我国女性 50 岁就离开工作岗位，这个退休年龄设定得比较低，因为这个年龄的女性正值工作的壮年。而且，女性的寿命往往要高于男性，那么领取养老金的时间就远远长于男性。所以我们应该看到，延长退休年龄特别是女性退休年龄是当前需要考虑的问题。从开源和节流角度来看，变现一部分国有资产和变卖自然资源是从宏观上来弥补“转制成本”成本问题。而提高法定退休年龄是从微观方面来呈现的，由于资源时有限的变现一部分国有资产和变卖自然资源的做法伸缩性不是很强，而提高法定退休年龄，具有很强的伸缩性和可行性。

2. 应该建立养老风险预警系统

养老风险预警指标应该主要包括这几个方面：（1）养老金收支比：反映养老金平衡程度，养老金收支比大于1，则反映基金当年有结余。反之，则有赤字，应引起预警。（2）养老基金增值率：反映养老基金增值程度，如果养老基金增值率大于通货膨胀率则反映其增值，反之则贬值。应引起预警。（3）养老金代替率：养老金所占社会平均工资基数的比率。尽管养老保险替代率不算低，但是，由于目前我国的个人收入没有货币化，存在很多得隐性收入。所以建议尽快做到收入货币化。[11]（4）人口老龄化指标：反映一个国家老龄人口在总人口中所占比重，直接影响人口的供养比例关系，影响养老金收支比，像我国人口老龄化指标大于10%时，我国已进入老龄化国家的行列。（5）养老基金增值率：反映养老保险基金增值程度，如果养老保险基金增值率大于通货膨胀率则反映养老保险基金保值增值，反之，则贬值，应引起预警。除了这些指标以外，还有养老保险费率、养老保险水平等预警指标。

3. 提高养老风险意识

我们应该清楚地意识到，只有认识到养老风险，才能采取措施规避养老风险，养老风险是客观存在的，不同于一般经济风险，由于是政府直接参与的，所以它带有一定的社会性和政治性。

第一，提高养老制度风险意识，加快养老保险立法，解决养老保险转制成本等措施化解风险。目前，“个人账户”的空账运转，其缺口最终需要国家财政来负担，所以这种风险实际上属于政府的财政风险。由于目前缺乏相应的养老保险立法，存在企业逃避、拒缴养老保险费现象。这些风险都属于养老制度风险方面的风险，政府需要提高这方面的风险意识。

第二，提高养老保险基金投资的风险意识，截止到2005年9月，我国社会保障基金总额已达1917亿元人民币，中国社会保障基金理事会理事长项怀诚指出：目前《社会基金投资管理暂行办法》的修订已经进入尾声待有关部门批准以后，基金投资渠道的放宽将明朗化。目前基金投资主要分布在银行存款，债券，股权投资及股票4个渠道：49.13%是银行存款，31.66%投资于证券，100亿元股权投资在港上市不久的交通银行，还有250亿元投资于股票。[12]我国社会保障基金虽然确立了基本投资方向。虽然新制度的制定有利于养老基金的保值增值。但由于我国资本市场本身还远未尽完善，高层次的基金管理人才更是缺乏，金融投资工具还不发达，再加上我国在社会保障立法滞后性，因而在运行过程中，不仅还存在诸多风险和不确定性，而且养老保险基金在投资过程中出现的违法事件也并不少见。因此，我们要具备这方面的风险意识。

第三，关键要提高农村居民的养老风险意识。由于我国是一个农业大国，占我国人口最大多数的农民群体的养老问题一直以来主要依靠的是个人、家庭等互助方式，并且“养儿防老”的范式已经在很大一部分人头脑中“固化”。由于农村的养老保险在我国基本上还是一片空白，所以在这个意义上来说我国根本远没有健全社会基本养老制度。而在发达的资本主义国家社会基本养老保险和补充养老保险以及商业养老保险等正式的、制度化的养老保险机制差不多覆盖了大多数劳动者群体。因此，非常有必要对如何在风险社会里来防范我国农村老年人遇到的养老风险进行宣传。提高他们对养老保险的风险意识，让他们知道，农村社会居民不可能继续单单依靠家庭养老保险机制来化解个人养老的风险。

（二）中观风险

中观养老风险发生的因素也是实质性的，其中包括：养老风险导致企业运营效率下降以及企业经营不善发生的缴费风险；养老保险部门的筹资风险投资后保值增值风险以及利率风险。

骆宝程曾在《光明日报》上发表过一篇文章叫《农村养老保险基金问题的探讨》指出了我国农村社保基金应该发行养老彩票[10]，本文认为不仅仅是农村养老保险基金可以发行养老彩票。整个养老基金都可以通过发行养老彩票的形式使其保值增值。具体做法如下：

由养老保险部门牵头，成立专门机构，建立在全国发行一种全新的类似于体育彩票和福利彩票的养老彩票，作为一个重要的资金来源。这是因为我国的人口基数大，在积少成多的原则之上，发行养老彩票筹得资金。

具体操作过程就是，借鉴现阶段福利彩票和体育彩票的发行方式，其发行与销售遵循公开、公正和公平的原则；遵守统一发行、统一印制、统一销售，定额度、定区域、定规程和严令禁止违纪违规，严格审计，严肃处理违纪违规的工作方针。在销售时须公布中奖办法，开奖时有公证人员监督，公开进行。开奖结果及时在销售点公告。中奖者持有效一票，按规定程序兑奖。奖金以人民币现金兑付。逾期未兑奖者，视为弃奖，弃奖奖金滚入奖池。养老彩票管理机构的财务部门设立专项账号统一管理，专项用于养老金个人账户增值，并定期向社会公布使用情况，接受公众监督。养老彩票的收益，任何部门、单位和个人，不得以任何理由留或挪用。养老彩票的发行、销售及有关经济活动必须接受同政府审计部门的审计监督。不同于传统彩票的是，本彩票形式应专门设立有“个人实名养老保险账户”，每个参保人员可以通过购买养老彩票的形式积累养老保险资金。参保者到了老年，就可以从自己的养老保险账户提取积蓄的养老保险金。

（三）微观风险

最后，我们来看一下，微观养老风险。个人面临的微观养老风险我们能够利用大数法则来加以分散以达到其规避风险的目的，通过成本—收益分析和美国著名经济学家鲍德威所建立的风险和不确定模型来说明怎样才能使得个人养老成本最低来达到收益最大的目的[3]。

养老风险的存在为参加养老保险的个人施加了机会成本，养老保险所承担的机会成本与其他的风险成本一样。我们用个人效用曲线来说明效用与其养老保险收入之间的关系。设其效用函数为 U（我们假定，参加养老保险的个人是风险厌恶者或者至少是风险中性的，所以其效用函数是凹函数，由凹函数的性质可知 $U'>0$，$U''<0$）。

个体在其养老保险收入方面面临一些风险。如果养老金收入为 Y_1 时，养老风险概率为 λ_1；养老金收入为 Y_2 时，养老风险概率为 λ_2；养老金收入为 Y_n 时，养老风险概率为 λ_n。在养老风险存在的情况下的预期价值，即个体的预期养老金收入被定义为：

$$EV = \sum_{i=1}^{n} \lambda_i Y_i = \pi_1 Y_1 + \pi_2 Y_2 + \cdots + \pi_n Y_n \tag{17}$$

我们将 Y_1，Y_2，…，Y_n 的效用定义为：$U(Y_1)$，$U(Y_2)$，…，$U(Y_n)$。则我们将预期效用定义为：

$$EU(Y) = \sum_{i=1}^{n} \lambda_i U(Y_i) = \lambda_1 U(Y_1) + \lambda_2 U(Y_2) + \cdots + \lambda_n U(Y_n) \tag{18}$$

即预期效用是各种可能结果的效用的加权平均数，权数是每种结果发生的概率值。

假定个体是理性的，他们的目的在于使其养老金预期效用最大化。为了说明问题的方便我们只是考虑两种概率下的养老金收入及其预期效用。对于不同的概率 λ_1 和 λ_2 组合，结果为养老保险收入 Y_1 和 Y_2 的预期效用在上图中可以表示为连接 X 和 Z 点的直线，这是直接从 $EU(Y)$ 的公式得出的。线段之比 $\frac{WX}{XW}$ 等于与该点相对应的概率之比 $\frac{\lambda_1}{\lambda_2}$。因此，具有预期结果 $\bar{Y}$ 的风险情形将会有上图的预期效用 $EU(Y)$。很显然，这种效用小于某种养老金收入水平 $\bar{Y}$ 下的效用。

在图 1 中源自养老风险性预期收入 Y^* 的效用等于取自确定收入的效用，即 $EU(Y)=U(Y^*)$，风险承担的成本以 k 表示，为 $Y^*\bar{Y}$。要注意的是并不能从市场上直接观察到 k 值。

接下来我们看一下养老风险的分散问题，养老风险分散许多个体分享养老保险的收益和成本。当养老保险费（税）的筹集个人缴费的形式时，养老风险就被分到个体中去了。阿罗和林德（Arrow and Lind，1970）指出的风险分散的观点，我们可以得到：随着养老保险参加人数的增加，每个人所承担的养老风险成本就递减。当分担个体人数接近无限时，养老风险就趋近于零。我们借助微观经济学工具来说明，如下图所示，该图描述了一个典型个体的效用函数。所有个体通过缴纳养老保险费分享养老保险收益，养老保险收入 Y_1 和 Y_2 以及预期 $\bar{Y}$ 收入，这个个体的养老风险承担成本是 $Y \times \bar{Y}$，而社会养老总风险为 $nY^* \bar{Y}$。

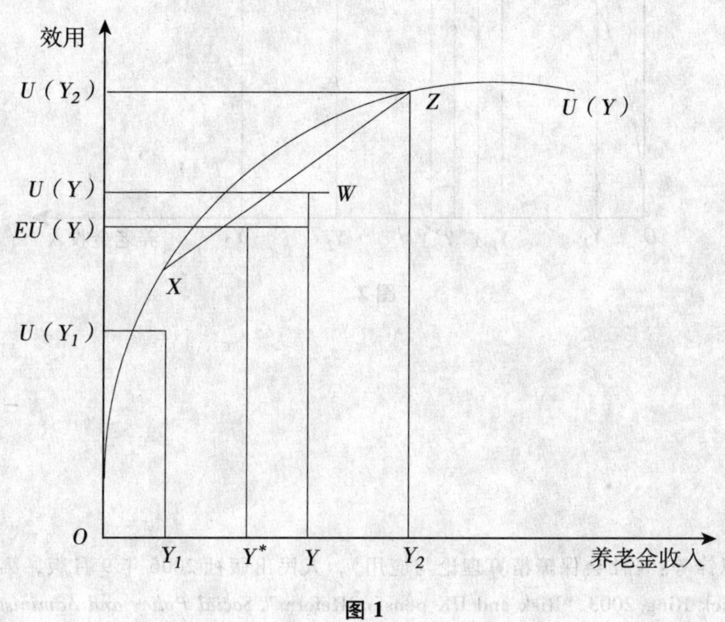

图 1

现在假设数量增至 $2n$，养老保险计划潜在收益及该计划对于个人预期价值减半，从而使其面对的可能收入为 Y'_1 和 Y'_2 及预期收入 $\bar{Y}'$。个人风险承担成本现在为 $\bar{Y}'Y^{*\prime}$。由于效用函数为凹函数，根据凹函数的性质，$\bar{Y}'Y^{*\prime}$小于 $\bar{Y}'Y^{*\prime}$的一半，社会总养老风险为 $2n\bar{Y}'Y^{*\prime}$，小于 $nY^* \bar{Y}'$。阿罗和林德证明了随着 $n \to \infty$，$nY^* \bar{Y}' \to 0$,也就是说，每个人养老风险承担成本 $Y^* \bar{Y}'$趋于 0 的速度快于 n 趋于无穷的速度（如上所述的双倍 n 效应）。当然无穷大是不可能的，但若足够大，风险承担的成本可以忽略不计。那么成本—收益分析完全以预期价值的形式进行。养老风险组合的概率分布远比私人项目分布的数量要集中得多，因此风险承担的成本很低。可能的结果是和分散程度很小，风险承担的成本也很小。如图 2 所示。

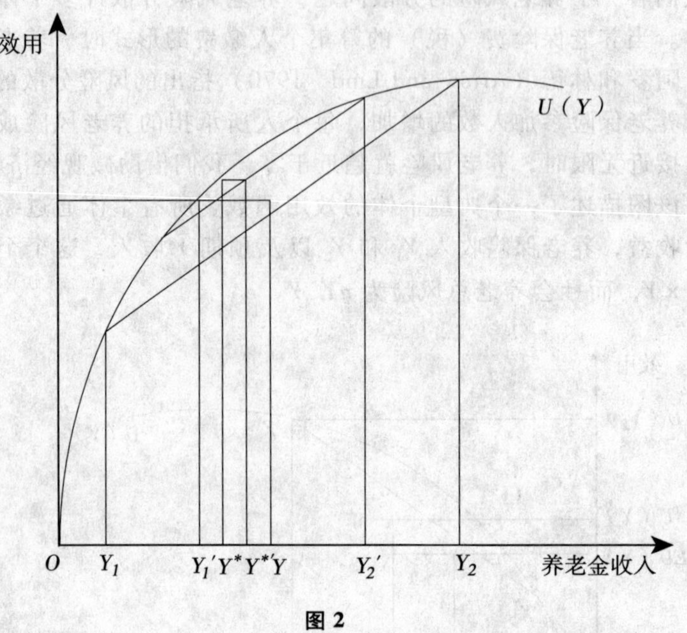

图 2

参考文献

[1] 张思锋等:《社会保障精算理论与应用》,人民出版社 2006 年 9 月版,第 58 页。

[2] Patrick Ring, 2003, "Risk and UK pension Reform", *Social Policy and Administration*, pp. 65—68.

[3] C. 小阿瑟·威廉斯:《风险管理与保险》,中文版,经济科学出版社 2000 年版,第 244—253 页。

[4] 陈继儒、肖梅花:《保险学原理》,中国财政经济出版社 2000 年 2 月版,第 5 页。

[5] 周渭兵:《社会养老保险精算理论方法及应用》,经济管理出版社 2004 年 12 月版。

[6] 鲍德威、威迪逊著:《公共经济学》,中国人民大学出版社 2006 版,第 162—165 页。

[7] 曹信邦:《风险:我国社会保障面临的挑战》,http://www.jscj.com,2005 年 6 月 5 日。

[8] 曹信邦:《我国养老保险基金管理公司运行机制的研究》,载《财政研究》2001 年第 5 期。

[9] 谈永暐:《我国保险公司的风险分类模型:资产负债表视角》,载《精算通讯》2005 年第 1 期,第 18—22 页。

[10] 骆宝程:《关于农村养老保险基金问题的探讨》,载《光明日报》2004 年 4 月 1 日。

[11] 张军:《统帐结合养老保险模式风险分析及对策建议》,载《辽宁行政学院学报》2004年第6期。
[12] 项怀诚:《我国社会保障基金5年积累1917亿元》,载《金融时报》2005年10月13日。

新疆社会保障水平增长与经济发展的适应性分析

赵　立　阿布里克木

（新疆大学经济与管理学院）

摘　要：社会保障是政府为解决社会脆弱群体的生存危机的一项重要的社会政策，同时也是社会发展到一定阶段公民的一项基本权利，它对经济的发展、社会稳定都起着极其重要的作用。然而，目前世界各国都面临着各自不同的社会保障制度中的难题。其中，社会保障水平是社会保障制度的一个重要因素，它对社会保障发展是否适应社会经济的发展都有着相当大的影响。

本文对新疆社会保障现状进行了数据分析，并且应用社会保障水平发展系数理论浅析了新疆社会保障水平增长与经济发展之间的适应性，在此基础上提出了完善新疆社会保障体系的建议和措施。

关键词：社会保障支出　新疆　社会保障水平发展系数

目前，国内学者开始越来越关注社会保障体系的发展。不仅是由于我国处于经济转轨时期，各种问题的出现及建立和谐社会的要求，还有西方国家社会保障支出占国内生产总值的比重过大所导致的一系列问题所带来的警示。

一、新疆社会保障的有关数据及其分析

（一）新疆有关社会保障的数据计算

本文社会保障支出总额主要从保险福利费、抚恤和社会福利救济费、社会保障补助支出、价格补贴这四方面统计测算。其中保险福利费是社会保险和社会福利费用的合并，包括离、退休和退职人员保险福利费（离、退休、退职人员保险福利费和养老保险费用之和）和在职职工保险福利费（在职职工福利费、失业保险基金支出、医疗保险基金支出、工伤保险基金支出、生育保险基金支出之和），见表1。其

中，从1998年到2000年，各类年鉴上均没有有关医疗保险基金支出的数据统计。另外，由于统计口径的差异，1999年，工伤保险和生育保险基金支出的数据偏小。而2004年的社会保障支出偏低，主要是因为在职职工福利费数据不详，没有计算在内。利用有关统计年鉴，计算得到各年的社会保障支出情况及社会保障水平，见表2。

表1 新疆保险福利费（1998—2004年） 单位：万元

年份	离、退休、退职人员保险福利费	在职职工福利费	失业保险基金支出	医疗保险基金支出	工伤保险基金支出	生育保险基金支出	保险福利费
1998	680073.99	219451.4	8348.6	—	772	887	909533.0
1999	789707.40	207750.5	12046.1	—	859	977	1011340.0
2000	867924.73	238624.1	21756.2	—	1440	2712	1132457.0
2001	950372.68	251991.1	38036.1	64902	1689	2463	1309453.9
2002	1055177.40	243956.0	33843.6	123835	2234	3089	1462135.0
2003	1129406.74	282760.1	27323.8	207137	3578	3465	1653670.6
2004	1202101.71	—	35229.7	260158	6114	4043	1507646.4

表2 新疆社会保障支出及水平状况（1998—2004年）

年份	社会保障各项支出（万元）				社会保障支出总额（万元）	亿元	总水平（%）
	保险福利费	抚恤和社会福利救济费	社会保障补助支出	价格补贴			
1998	909533.0	26072	17873	85115	1038593.0	1116.67	9.30
1999	1011340.0	24768	44244	93859	1174211.0	1168.55	10.05
2000	1132457.0	28517	81571	59652	1302197.0	1364.36	9.54
2001	1309453.9	37726	125036	70546	1542761.9	1485.48	10.39
2002	1462135.0	71933	236379	86449	1856896.0	1598.28	11.62
2003	1653670.6	115955	188754	97909	2458268.7	1877.61	13.09
2004	1507646.4	94260	208521	87954	2044405.4	2200.15	9.29

注：①保险福利费不包括民政部门支付的离休、退休、退职费。

资料来源：《中国统计年鉴》（1999—2005）、《中国劳动统计年鉴》（1999—2005），《新疆统计年鉴》（1999—2005），中国统计出版社，经整理计算。

（二）数据分析

1. 从表1中可以看出，离、退休和退职人员保险福利费及在职职工福利费占保

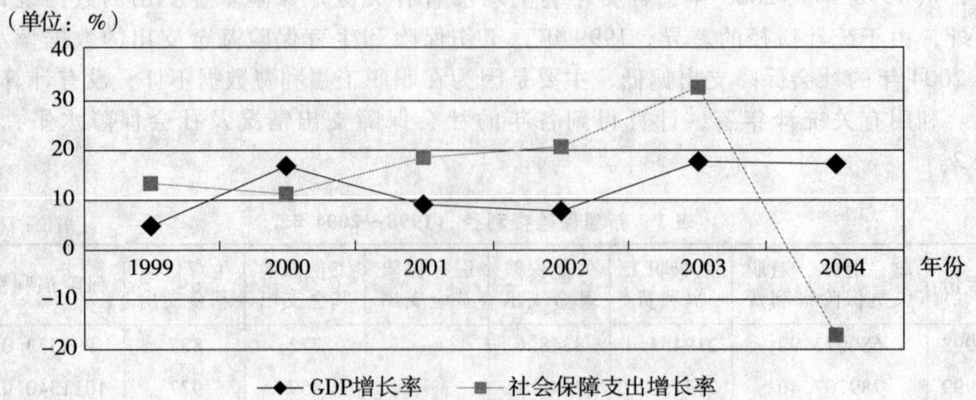

图1　新疆社会保障支出增长率与地区生产总值增长率的对比曲线图

险福利费的比重较大，从1998年到2004年依次为98.90%、98.63%、97.71%、91.82%、88.85%、85.40%、79.73%。从表2中可以看出，保险福利费占社会保障支出的比重最大，从1998年到2004年依次为87.57%、86.13%、86.97%、84.88%、78.74%、67.27%、73.74%。离、退休和退职人员保险福利费及在职职工福利费支出的大小就在一定程度上决定了社会保障支出的大小，并且从表1和表2可以得出，二者呈正方向变化。

2. 从表2中可以看出，随着GDP增长社会保障支出也在大幅增长。从1999年到2004年，各年GDP增长率依次为4.65%、16.76%、8.88%、7.59%、17.48%、17.18%。从表2可知，各年的社会保障支出总额的增长率依次为13.06%、10.90%、18.47%、20.36%、32.39%、-16.84%。

二、社会保障水平增长与经济发展的适应性分析

（一）社会保障水平发展系数理论

在此可以运用社会保障水平发展系数理论作为对社会保障水平增长与经济发展是否适应的分析基础：

首先，此理论包含三个假设前提：（1）社会保障水平的发展单方面地受经济因素决定（在实践中，社会保障水平的高低，要受经济和非经济因素双重制约，但主要是经济因素，二者之间的相关系数在0.9以上）；（2）政府对建立社会保障制度的态度是理性的，也就是说在经济允许的条件下，将健康地发展社会保障；（3）社会保障事业的发展完全服从经济学分配理论中消费和积累的比例关系，社会新增财富中总会有相应的比例用于消费，而消费中总会有相应的比例用于社会保障支出。

基于以上判识及假设，社会保障水平增长与经济发展的适应性关系，其相互关系有

$$CSS = RSSL/RGDP = (\Delta SSL/\Delta GDP) \cdot (GDP/SSL)$$

其中：RSSL为社会保障水平（SSL）增长率，用人均社会保障支出增长率反映，也可用社会保障支出增长率替代；RGDP为国民经济发展水平增长率，用人均国内生产总值（GDP）增长率反映，也可用GDP增长率替代；CSS为社会保障发展系数，表示社会保障水平增长对经济增长的反应程度，其具有如下的社会经济意义：

（1）当 $CSS<0$ 时，表明社会保障水平增长与经济增长呈反方向变动。此时，二者处于不适应状态。

（2）当 $CSS=0$ 时，表明社会保障水平在原有基础上没有发展，即0增长。此时，二者也处于不适应状态。

（3）当 $0<CSS<1$ 时，表明社会保障水平增长与经济增长呈正方向变动，社会保障水平是增加的，但其增长速度低于国民经济增长速度，从社会经济发展和理性分配角度看，二者之间处于基本适应状态。

（4）当 $CSS=1$ 时，表明社会保障水平同经济发展同步增长。此时，二者之间处于最佳适应状态。

（5）当 $CSS>1$ 时，表明社会保障水平的增长超越了经济的增长，这种情况长期下去会产生严重的负面效应，并给社会经济的发展埋下隐患。

（二）新疆CSS值的计算与分析

笔者在计算各年份的CSS值时，采用的是用社会保障支出增长率与GDP增长率相比得出的。从1999年到2004年，新疆各年份的CSS值依次为2.81、0.65、2.08、2.68、1.74、-0.98。2004年的CSS值呈现负数的主要原因是在职职工福利费数据不详，没有计算在社会保障支出内，导致相对于2003年、2004年的社会保障支出减少，社会保障支出的增长率出现了负数。

综合来看，新疆近年的社会保障水平发展系数是比较大的，不考虑2004年数据的缺失情况，除了2000年的CSS值大于0小于1，其余各年均大于1，1999年、2001年、2002年甚至大于2，表明社会保障水平的增长大大超越了经济增长，社会保障水平增长有些过度。其主要原因是对比于新疆地区生产总值的增长速度，新疆社会保障支出的增长速度更大。

1. CSS值与老年人口比重

社会保障支出额的大小与老年人口比重有很大关系，因为离、退休和退职人员保险福利费占保险福利费的比重很大，而保险福利费的大小直接决定了社会保障支出额的大小，所以在分析社会保障支出额和社会保障水平时，应联系老年人口比重进行分析。而对于老年人口的定义，按国际标准，年龄在65周岁及以上的人口为老年人口。目前，中国在界定老年人口时，逐步与国际接轨，但从社会保障角度看，

因为离、退休和退职人员保险福利费的支出是与退休、离休和退职联系的，所以比较好的方法是根据法定退休年龄界定。国家法定的企业职工退休年龄是男年满 60 周岁，女工人年满 50 周岁，女干部年满 55 周岁。从事井下、高温、高空、特别繁重体力劳动或其他有害身体健康工作的，退休年龄男年满 55 周岁，女年满 45 周岁，因病或非因工致残，由医院证明并经劳动鉴定委员会确认完全丧失劳动能力的，退休年龄为男年满 50 周岁，女年满 45 周岁。通常在计算时，退休年龄界定是男年满 60 周岁，女年满 55 周岁。

按男年满 60 周岁，女年满 55 周岁的标准定义老年人口计算新疆老年人口比重，可得 1998 年至 2004 年各年的老年人口比重依次为 9.83%、10.01%、9.56%、10.27%、12.25%、10.61%、12.68%。

不分性别，按年满 60 周岁的标准定义老年人口计算新疆老年人口比重，可得 1998 年至 2004 年各年的老年人口比重依次为 7.96%、8.00%、7.84%、8.36%、10.19%、8.75%、10.56%。

不分性别，按年满 65 周岁定义老年人口计算新疆老年人口比重，可得 1998 年至 2004 年各年的老年人口比重依次为 5.01%、4.70%、4.67%、4.97%、6.12%、5.45%、6.27%。

从以上数据可以看出，无论按何种标准计算，新疆老年人口比重基本上是在逐年增加，由此必然会带来社会保障支出的大幅增长，同时成为社会保障支出增长率超过地区生产总值增长率和近年新疆地区 CSS 值居高不下的主要因素之一。

与此同时，新疆的社会人口结构变化促使人口老龄化这个概念得到更多的重视。人口老龄化一是指老年人口相对增多，在总人口中所占比例不断上升的过程；二是指社会人口结构呈现老年状态，进入老龄化社会。国际上通常看法是，按国际标准，年龄在 65 岁及以上的人口为老年人口，当一个国家或地区 60 岁以上老年人口占人口总数的 10%，或 65 岁以上老年人口占人口总数的 7%，即意味着这个国家或地区的人口处于老龄化社会。因此，按人口老龄化的两种理解方式，通过计算数据显示，新疆地区已经开始步入人口老龄化社会。由此产生的养老问题在新疆社会保障中会更加凸显出来，处理好城镇与农村的养老问题，解决逐年增加的养老基金支出的来源问题，会越来越成为新疆社会保障制度的实施成功与否的关键。

2. CSS 值与有关政策的实施

近年来，社会保障支出额的快速增长也与有关政策的实施密切相关。

1998 年底，借中央行业统筹单位移交地方管理、中央财政加大对养老保险基金投入力度的有利时机，自治区人民政府从 1999 年 1 月 1 日开始起对全区企业职工基本养老保险费用实行自治区级统筹，自治区级统筹实施以后，自治区逐步统一了企业费率，增强了基金的调剂功能，较好地调动了各方面的积极性，推动了各地的征缴工作。截至 2003 年底，全区已有 120.6 万名在职职工和 39.4 万名离、退休人员参加了企业职工基本养老保险社会统筹，当年征缴养老保险基金38亿元，收缴率达98%以上。加上中央财政的支持，自治区已连续5年确保了养老保险金按时足额发放，并补发了企业历年拖欠的2.6亿元养老金。因为新疆经济上属于我国欠发达地区之一，近年来随着西部大开发的进行，新疆一直得到中央财政的大力支持。每年中央对新疆的财政支持力度大都在上百亿元以上，2003年已经达到238亿元，是1999年的两倍还要多。据了解，新疆自1999年调整工资以来，每年调整工资都覆盖了全部行政事业单位及离退休人员，中央对新疆的补助仅次于西藏；仅调整工资一项，中央每年补助新疆就达45亿多元。正是以上原因使得新疆的社会保障资金供给相对于其他省份来说不属于过度缺乏状态，在一定程度上，保证了新疆的社会保障水平，同时，也使得社会保障支出快速增加，在新疆经济也在快速发展的阶段，超越经济发展的速度。

三、对策和建议

目前，新疆社会保障水平比较高，并不代表社会保障资金充裕，也不能代表新疆社会保障支出的绝对额大，或者说社会保障的支出额能够满足社会和人民的需求、充分保障人民的生活，只能说明相对于新疆的地区生产总值，其社保支出额比较大，增长速度比较快；另一方面，新疆的社会保障支出增长与经济增长不适应的年份居多，相适应的年份即2000年，其适应原因主要是同年地区生产总值大幅上升，增长率达到16.76%。由于新疆的地区生产总值及其增长率相对于全国来说比较低，2004年国民生产总值的前四位是广东、江苏、山东、浙江（都超过万亿元），后四位是海南、青海、宁夏、西藏（都不足千亿元），新疆排在倒数第七位，国民生产总值为2200.15亿元，约占全国的百分之一点六。所以，即使二者是相适应的，也是属于低水平的适应，达到高水平的适应，首要是提高生产总值，而后在此基础上增加社会保障支出，扩大社会保障的覆盖面，达到二者的高水平适应。对于目前来说，新疆社会保障制度发展的重点在于：

（一）适度控制新疆城市人口的福利支出，加快农村社会保障制度建设

新疆乃至全国的社会保障资金支出主要是在城市。城市社会保障水平比较高，其增长速度与经济发展速度基本相适应，但是新疆城市的社会保障制度也应汲取国外社会保障制度的经验，优化和调整社会保障项目，适度控制城市社会保障水平增长速度，令社会保障制度更大地发挥其正面作用，减少负面影响，提高运行效率。另外一方面，新疆农村的社会保障制度还依然停留在以社会救济为主的低水平上，所以应在大力开展扶贫工作的同时提高农村社会保障水平，改变城乡二元社会保障制度非均衡发展的现状。

(二) 将农民工纳入城市社会保障体系

目前，随着大量农村劳动力进入城市，其养老和医疗保障也成为迫切需要解决的问题。据调查，新疆农民工的社会参保率低于1%，他们在未履行缴费义务的同时也无法享受保障权利。重要原因之一是私营企业主为了降低生产成本而不为农民工办理社会保险。政府应从城乡衔接的角度出发，强制性将同城市劳动者一样以工资为第一收入的农民工纳入城市社会保障范围之中，肯定他们对城市建设的贡献，使社会更加稳定和谐地发展。

(三) 建立多元化筹资渠道，大力发展民间组织

目前，新疆社会保障水平比较高，并不代表社会保障资金充裕。资金的筹集对于解决农民的贫困问题，改变城乡二元社会保障制度非均衡发展的现状至关重要。

在城市的社会保障工作中存在的一些问题表现在：(1) 部分单位拒绝履行缴费义务。全区近1/4的应参保单位未履行缴费义务，其中私营企业普遍只为中层以上干部办理社会保险，而将80%以上的员工排除在外。(2) 部分群众游离于保障制度之外没有履行社会保险的缴费义务。在参保范围内，占有1/4的人群和约60万外省农民工没有参加社会保险。(3) 绝大部分企业尚未为职工建立补充养老保险和补充医疗保险。(4) 社会保障基金增值机制尚未形成。新疆社会保障基金为保证安全，基本存入银行或买国库券，尚未投入资本市场运营。(5) 社会捐赠作为社会救助的筹资渠道尚未形成规模，企业公益活动基金会组织几乎为零，社会慈善活动缺乏政府引导和政策支持。另外，还由于改革前的社会保险制度没有留下保险基金积累，留下36万国有企业离退休职工需要按月领取养老医疗费用，所以，必须要扩大多元化筹资渠道，完善筹资机制，改善现收现付的筹资方式所必然造成的个人账户的空账运行和医疗保险的低标准。

相对于城市，南疆农村地区的问题则更加突出。目前，南疆有贫困人口283.89万人，占到新疆贫困人口的86%，他们的生存和发展仅仅靠中央财政的支持是不够的，拓展多元化的筹资渠道非常必要。对于南疆农村地区，如何筹集资金进行开发式扶贫，提高扶贫资金的使用效率，增加有劳动能力的农民收入，并在此基础上持续稳步展开农村社会保障工作以及如何筹集资金保障农村的老弱病残者和无劳动能力的依赖人群（主要是儿童）是农村社会保障的难题之一。

南疆的扶贫资金基本上是由国家供给，而扶贫工作的开展则由多部门参与。由国家供给大部分的资金，一方面增加了国家的财政负担，另一方面，由于资金有限，不可能兼顾到所有的贫困人口和需要帮助的人；同时，多部门参与带来的一个问题就是部门之间的协调比较困难，而协调不好则可能影响整个扶贫工作的效率。并且，由政府开展扶贫工作也可能出现挪用资金和用于扶贫以外的项目。

现代社会存在着三大资源配置机制，即有政府运作的国家机制或计划体制、由营利性的企业运作的市场机制、由非营利组织或者非政府组织运作的社会机制。目前，世界上大多数国家仍然只看重国家与市场、政府与企业，而忽视非营利的社会组织的作用，只有少数国家在发挥非营利的社会组织在资源配置中的作用方面取得了显著成绩。政府为了国家的和谐发展，做市场不愿意做的事，但是政府作为雇员机构，都具有官僚组织的弱点，其运作成本高，容易导致浪费与文牍主义。因此需要志愿组织的介入，它们有特殊的热情，而不是冷冰冰的“公事公办”，成本也较政府要低。在吸引民间捐助方面，它们也可以利用自身优势，灵活、积极、广泛地吸纳各类社会慈善资金，并且确确实实投入到需要资助的农户家里，而不需要通过层层传递，增加资金的挪用风险。在扶贫项目的管理上，也不需要接受多头管理，增加多头跑项目成本和协调成本。民间组织可以帮助政府更好地实现社会公平的目标，这也就是为什么在印度、孟加拉等国有大量的公益性民间机构从事各种各样的扶贫活动并得到政府和国际组织的大力支持的原因。

但是和其他发展中国家相比，中国的民间组织不仅数量少，而且缺乏良好的生存和发展环境。除境外进入的民间组织外，许多国内民间组织在获取扶贫资源、特别是资金方面还存在很多限制。现行的《社会团体登记管理条例》和《民办非企业单位登记管理暂行条例》所确定的“双重管理体制”，赋予业务主管部门无所不包的巨大权力，把社会团体、民办非企业单位置于政府部门的直接控制之下，从而在原则上剥夺了它们的“独立性”和“自治性”。另一方面，由于登记新的民间机构需要有政府认可的主管部门，这就大大限制了民间机构的数量，使一些有活动但找不到主管部门因而不能登记的民间机构成为非法的民间机构，还有大量想参与民间扶贫的个人和组织由于法律上的限制而不得不放弃这种努力。

政府可以在现行条例的基础上，制定更加有利于民间组织发展的、更加合理的条例、法规。如此，不仅可以减小政府的财政压力，还可以形成一种全社会参与扶贫、有效监督扶贫过程和效果的氛围，对于和谐社会的建立、贫困人口的减少、扩大社会保障资金的来源方面，都是非常具有意义的。

参考文献

[1] 穆怀中：《社会保障适度水平研究》，载《经济研究》1997 年第 2 期。

[2] 王元月、马驰骋、游桂云：《东北地区社会保障适度水平分析》，载《人口与经济》2004 年第 6 期。

[3] 杨翠迎、何文炯：《社会保障水平与经济发展的适应性关系研究》，载《公共管理学报》2004 年第 2 期。

[4] 高仲霞、黄恒义：《新疆社会保障问题研究》，新疆人民出版社2005版。
[5] 杨翠迎：《中国社会保障制度的城乡差异及统筹改革思路》，载《浙江大学学报》2004年第5期。
[6] 秦晖：《全球化进程与入世后的中国第三部门》，载《南方周末》2002年8月29日。
[7] 康晓光：《NGO扶贫行动研究》，中国NGO扶贫国际会议论文，2001年。
[8] 中国改革论坛：《转型时期非政府组织的发展》，“转型时期非政府组织的发展”专题座谈会，2004年5月14日。

人均社会保障适度结构水平测度模型研究

孙健夫　郭　林

（河北大学管理学院）

摘　要：对我国适度社会保障水平进行测度具有重大的理论和现实意义，我国学术界对此已进行了很多探讨。本文在业已形成的理论成果的基础上，创新性地提出了人均社会保障适度结构水平的概念，并得出了人均社会保障适度结构水平的测度模型，同时对中国目前的人均社会保障适度结构水平进行了测度，且进一步将中国人均社会保障适度结构水平和人均社会保障实际结构水平进行了比较分析，最后得出了有益的结论。

关键词：社会保障水平　适度结构水平　人均保障水平

社会保障水平是指一定时期内一国或者一地区社会成员享受社会保障的高低程度，一般用社会保障支出总额占国内生产总值的比重、人均社会保障待遇水平、社会保障覆盖面等指标反映。社会保障水平存在着一个适度区域，适度的社会保障水平对社会保障制度本身以及整个经济社会的发展具有重要的意义。社会保障水平不适度有两种情况：社会保障水平过低与社会保障水平过高。社会保障水平过低，会导致社会保障促进社会公平的功能难以发挥，公民的基本生活不能得到应有的保障，对社会的稳定和发展和整个经济的运行产生不利的影响；社会保障水平过高，会给国家和企业带来过重的经济负担，不利于激励劳动者的积极性，同时“社会保障水平主要作为消费性支出，对资本积累产生挤出效应，造成社会经济的投资不足”。因此，研究社会保障的适度水平具有十分重要的意义。目前理论界对这个问题已经从多个角度进行了研究，其中以穆怀中教授的研究最为具有代表性，他依据人口结构理论和柯布—道格拉斯生产函数构建了适度社会保障水平的测定模型：

$$S = Sa/W \cdot W/G = Q \cdot H$$

其中 S 代表社会保障水平，Sa 代表社会保障支出总额；W 代表工资收入总额；

G 代表国内生产总值 GDP；Q 代表社会保障支出总额占工资收入总额的比重，又称社会保障负担系数；H 代表工资收入总额占国内生产总值的比重，又称劳动生产要素分配系数。

在考察一个国家或者一个地区的社会保障水平时，对人均社会保障待遇水平和保障项目的社会保障分水平即社会保障结构水平的分析至关重要，本文以穆怀中教授的社会保障适度水平测定模型为基础，构建了人均社会保障适度结构水平的测度模型，并对我国人均社会保障结构水平进行了相关分析。

一、人均社会保障适度结构水平测定模型

（一）人均社会保障适度结构水平测定模型的前提条件

条件 1：人均社会保障水平是指社会保障支出总额与一个国家或地区的人口数之比。社会保障结构水平是指社会保障各个分项目的保障水平以及各个分项目的水平搭配是否合理。为了便于分析，在此以社会保险系统为对象就行分析，考察社会保险系统中的养老保险、医疗保险、失业保险、工伤保险和生育保险的人均保障水平结构是否合理。

条件 2：从社会保障资金供给和需求角度分析社会保障水平，主要说明社会保障水平在怎样一个度内才能适应国民经济的水平和保障公民的基本生活。

条件 3：依据美国经济和统计学家柯布（Cobb）和道格拉斯（Douglas）的“总量生产函数原理”，在一级分配层次上，把国内生产总值分为两大块：一块是由劳动生产要素投入而产生的总产量，相当于马克思所指的可变资本创造的总价值；另一块是由资本投入而产生的总产量，相当于马克思所指的不变资本创造的总价值。从分配角度分析，由劳动生产要素投入所创造的总产值部分，要通过工资和收入方式分配给劳动者（在此为了便于分析，条件限定在一级分配上，暂不涉及二级分配等），其中社会保障费用支出包含在劳动要素投入所创造的总产值中。

条件 4：依据社会保障水平要达到保护和激励相统一和与国家生产力水平相适应的目的，设定社会保障水平是否适度的判定标准。

（二）人均社会保障适度结构水平测定模型的内在逻辑关系

首先，以社会保障分项支出和一个国家或者地区的人口数两个基本要素作为分析的逻辑起点。

其次，为了便于分析，下面以养老保险为例。在穆怀中教授的适度社会保障水平测度模型中，提出了社会保障负担系数和工资收入总额这两个概念。以此为基础，可以构建人均社会保障适度结构水平的模型。与社会保障负担系数相对应，养老保险负担系数为 Q_o，具体计算公式为（1.1）。

$$Qo = So/W \tag{1.1}$$

公式中，Qo 为养老保险负担系数，So 为养老保险支出总额，W 为工资收入总额。根据这个公式可以得出，养老保险支出总额的计算公式，见公式（1.2）。

$$So = Qo \cdot W \tag{1.2}$$

通过以上转换可得，可得人均养老保险适度支出总额，见公式（1.3）。

$$Ro = So/P = Qo \cdot W/P = Qo \cdot Wr \tag{1.3}$$

公式中，Qo 为养老保险负担系数，So 为养老保险支出总额，W 为工资收入总额，Ro 为人均养老保险适度支出，P 为人口总数，Wr 为人均工资总额。

同理可以根据上述方法和穆怀中教授的适度社会保障水平测度模型得出，人均医疗保险适度支出额 Rm、人均失业保险适度支出额 Re、人均工伤保险和生育保险适度支出额 Ri。

在此基础上，可以得出社会保险内部适度的结构水平，具体计算公式见（1.4）式、（1.5）式、（1.6）式、（1.7）式。

$$To = Ro/(Ro + Rm + Re + Ri) \tag{1.4}$$

$$Tm = Rm/(Ro + Rm + Re + Ri) \tag{1.5}$$

$$Te = Re/(Ro + Rm + Re + Ri) \tag{1.6}$$

$$Ti = Ri/(Ro + Rm + Re + Ri) \tag{1.7}$$

在（1.4）式、（1.5）式、（1.6）式、（1.7）式中，To 为人均养老保险在社会保险内部适度的结构水平，Tm 为人均医疗保险在社会保险系统中的适度结构水平，Te 为人均失业保险在社会保险系统中的适度结构水平，Ti 为人均工伤保险和生育保险在社会保险系统中的适度结构水平，Ro 为人均养老保险适度支出额，Rm 为人均医疗保险适度支出额，Re 为人均失业保险适度支出额，Ri 为人均工伤保险和生育保险适度支出额。上述的模型是以穆怀中教授的社会保障适度水平测定模型得出的，对社会保障水平在数量和结构两个方面进行了考察，其前提合理和推导过程符合逻辑，因此，可以将此模型最为测定社会保障水平的公式之一。

二、中国人均社会保障适度结构水平的测度

（一）人均养老保险适度支出额的计算

根据穆怀中教授的社会保障适度水平测定模型，养老保险支出占工资收入总额的比重，由老年人口在总人口中的比重决定，计算公式见（1.8）式。

$$Qo = So/W = OaC = 60\% Oa \tag{1.8}$$

式中，Qo 代表养老金支出占工资收入总额的比重，Oa 代表老年人口占总人口的比重，C 代表养老金替代率。根据穆怀中教授的分析，鉴于社会保险应该坚持激励与保护相统一的原则，把养老金替代率定为 60% 是比较合适的。根据公式（1.3）

以及2006年统计年鉴整理计算，2005年我国65岁以上老年人口占总人口的比重为9.07%，人均可支配收入为6874元。计算公式和计算过程见（1.9）式。

$$
\begin{aligned}
Ro &= Qo \cdot Wr = 60\% Oa \cdot Wr \\
&= 60\% \times 9.07\% \times 6874 \\
&= 374.08(\text{元})
\end{aligned} \tag{1.9}
$$

（二）人均医疗保险适度支出额的计算

穆怀中教授指出，根据国内外经验和保障法规，医疗保险费用占工资收入总额的比重为10%—12%，可用公式（1.10）表示。

$$Qm = Sm/W = 10\%—12\% \tag{1.10}$$

根据公式（1.10），可进行如下推导得出人均医疗保险适度支出额：

$$
\begin{aligned}
Rm &= Sm/P = Qm \cdot W/P = 10\%—12\% \cdot Wr \\
&= 10\%—12\% \times 6874 = 687.4—824(\text{元})
\end{aligned} \tag{1.11}
$$

（三）人均失业保险适度支出额的计算

在穆怀中教授适度社会保障水平测定模型中，计算失业金占工资收入总额的适度比重系数的公式为失业率乘以劳动力比重再乘以半年工资所得（50%），见公式（1.12）。

$$Qe = Se/W = 0.5DF \tag{1.12}$$

公式中，Qe 代表失业金支出占工资收入总额的比重，D 代表现实失业率，0.5为失业金年获得系数，F 为劳动力人口占总人口的比重。根据对2006年统计年鉴的整理可得到2005年我国的失业率为4.2%，劳动力人口占总人口的比重为59.56%。根据公式（1.12）可得人均失业保险适度支出额，见公式（1.13）

$$
\begin{aligned}
Re &= Se/P = Qe \cdot W/P = 0.5DF \cdot Wr = 0.5 \times 4.2\% \times 59.56\% \times 6874 \\
&= 85.98(\text{元})
\end{aligned} \tag{1.13}
$$

（四）人均工伤保险和生育保险适度支出额计算

根据国内外经验和保障法规，工伤和生育保险支出占工资总额的比重为1.5%，可用公式（1.14）表示。

$$Qi = Si/W = 1.5\% \tag{1.14}$$

公式中，Qi 代表工伤和生育保险支出占工资收入总额的比重，Si 表示工伤和生育保险支出，W 表示工资收入总额。根据上述公式可以推导出人均工伤和生育保险适度支出额，见公式（1.15）。

$$Ri = Si/P = Qi \cdot W/P = 1.5\% \cdot Wr = 1.5\% \times 6874 = 103.11(\text{元}) \tag{1.15}$$

（五）人均社会保险适度结构水平的测度

通过以上计算，可以得到我国目前人均养老保险、人均医疗保险、人均失业保险、人均工伤保险和生育保险的适度支出额。在此基础上，可以对我国社会保险内部人均适度的结构水平进行测度。具体计算如下：

$To = Ro/(Ro + Rm + Re + Ri)$ = 374.08/(374.08 + 687.4—824 + 85.98 + 103.11) = 26.97%—29.91%；

$Te = Re/(Ro + Rm + Re + Ri)$ = 85.98/(374.08 + 687.4—824 + 85.98 + 103.11) = 6.20%—6.88%；

$Ti = Ri/(Ro + Rm + Re + Ri)$ = 103.11/(374.08 + 687.4—824 + 85.98 + 103.11) = 7.43%—8.25%；

$Tm = 1 - Ro - Re - Ri$ = 54.96%—59.4%。

通过以上计算可以得出，目前我国人均养老保险在社会保险内部适度的结构水平为26.97%—29.91%，人均医疗保险在社会保险系统中的适度结构水平为54.96%—59.4%，人均失业保险在社会保险系统中的适度结构水平为6.20%—6.88%，人均工伤保险和生育保险在社会保险系统中的适度结构水平为7.43%—8.25%。

三、中国人均社会保障实际结构水平的测度及相关思考

根据劳动与社会保障部2005年度劳动和社会保障事业发展统计公报的整理计算，2005年我国养老保险基金的支出额为4048亿元，失业保险基金的支出额为193亿元，医疗保险基金的支出额为1079亿元，工伤和生育保险基金的支出额为75亿元。根据2006年统计年鉴，2005年底我国人口数为130756万。从而可以计算出我国社会保险的实际结构水平，具体计算如下：

人均养老保险支出额 = 40480000/130756 = 309.58元；人均医疗保险支出额 = 10790000/130756 = 82.52元；人均失业保险支出额 = 1930000/130756 = 14.76元；人均工伤和生育保险基金支出额 = 750000/130756 = 5.74元；人均养老保险支出结构 = 75.03%；人均医疗保险支出结构 = 20.00%；人均失业保险支出结构 = 3.58%；人均工伤和生育保险支出结构 = 1.39%。

通过对上述计算的我国社会保险实际结构水平和适度结构水平的计算，可以得出如下几点：第一，我国实际人均养老保险支出额，略低于适度人均养老保险支出额，但总体上看是适度的；就其结构水平来看，75.03%的比例远远高于26.97%—29.91%的区间，从表面上看是不合理的，但是考虑到我国目前对养老保险的重视和医疗保险的结构水平较低，其又是合理的。第二，医疗保险的人均适度支出水平额

为687.4—824元，而实际的人均支出水平仅仅为82.52元，人均支出结构水平仅仅为20.00%，这主要是由我国医疗保险改革中过于注重个人责任的结果，事实证明，我国医疗保险制度的改革是不成功的。同时，我们要看到，人均医疗保险适度结构水平要大于人均养老保险适度结构水平，这说明当前我国社会保障制度发展要在抓好养老保险制度建设的同时，积极完善医疗保险制度。第三，无论是人均适度结构水平，还是人均实际结构水平，养老保险和医疗保险的人均适度结构总体水平都很高，人均适度结构水平达到了81.93%—89.31%，人均实际结构水平为95.03%。养老保险和医疗保险都是以老年人为保障主体，可见，老年人的社会保障是我国目前社会保障制度建设的重中之重。第四，通过比较可以看出，我国人均失业、工伤和生育保险实际结构水平低于人均失业、工伤和生育保险适度结构水平。

四、结　论

第一，从总体上说，社会保障水平的发展要与生产力水平和各方面的承受能力相适应。在这个方面，穆怀中教授提出了“渐进与切线式发展”的模式。所谓的“渐进与切线式发展”是指随着生产力水平的日益提高，选择合适的时机和切点，渐进的提高社会保障水平。它是根据社会保障水平应该适应本国国情和适应社会保障水平具有易升不易降的刚性特点而提出的。

第二，要继续加强和完善我国养老保险制度，努力提高养老保险水平，保障老年人的生活。

第三，加强国家对医疗保险的责任，加大政府对医疗保险的资金和政策支持，积极推进医疗保险水平的大幅度提高。

第四，积极稳妥的发展失业保险、工伤和生育保险，确保劳动者的权益。

参考文献

[1] 孙光德、董克用:《社会保障概论》，中国人民大学出版社2000年版。
[2] 国家统计局:《中国统计年鉴（2006)》，中国统计出版社2006年版。
[3] 劳动与社会保障部:《2005年度劳动和社会保障事业发展统计公报》2005年版。
[4] 李珍:《社会保障理论》，中国劳动社会保障出版社2001版。
[5] 穆怀中:《中国社会保障水平研究》，载《人口研究》1997年第1期。

社会公正视角下的东西部社会保障状况比较研究*

周长城　韩秀记

（武汉大学生活质量研究与评价中心）

摘　要： 发展社会保障事业是加快社会建设，实现社会公正的重要手段和途径。在当前，我国东西部社会保障状况却存在着很大差异。造成这种差异的主要原因在于东西部地区经济发展水平的不一致，因此就有必要通过比较，说明西部经济发展相对落后的原因，进而提出相关的对策和建议。

关键词： 社会公正　社会保障　东部和西部　比较研究

国内外很多学者一直认为，我们当今生活的社会是一个风险社会（吉登斯，2001；贝克，1986；宋林飞，2007）。这些风险可能是外在的风险，也可能是人造风险（吉登斯，2001）在这样一个社会里，一个人难以抵御风险。人们就需要以组织的力量和能力来应对风险，在现代社会，最强大的组织无疑是国家了。而国家为那些遭遇风险的个人提供救助的最基本最普遍的形式就是社会保障。社会保障有着广泛的内容。由于各国各地区在历史文化，经济发展水平等方面的差异，造成了对社会保障不同的认识。综合社会保障的不同认识，社会保障的最基本含义就是，“政府通过立法，社会团体、社区等通过政府授权，以现金、物质、服务等形式向因精神和生理上的残疾、年老力衰、意外伤亡、失业、多子女负担者以及他们的家属提供旨在维持他们最基本生活水平的保障。”（郑杭生，2003）

党的十七大报告中明确提出“加快推进以改善民生为重点的社会建设”，“必须在经济发展的基础上，更加注重社会建设，着重保障和改善民生，推进社会体制改革，扩大公共服务，完善社会管理，促进社会公平与正义，努力使全体人民学有所

* 本文是教育部哲学社会科学重大课题攻关项目《中国生活质量评价研究》（项目批准号：03JZD80012）的阶段性成果之一。

教、劳有所得、痛有所医、老有所养、住有所居，推动建设和谐社会。”报告中所提出的这五个目标无不与社会保障发展有着直接的或间接的关系。社会保障发展是社会建设的重要内容，是实现社会公正的重要体现和手段。

社会公正具有广泛的社会内涵。它是指人们在经济、政治、文化、性别等方面的公平与正义。简言之，社会公正就是社会公平与正义。其中，最主要起根本决定作用的是经济上的公平与正义。公平与正义是社会主义社会的核心价值取向，是和谐社会的本质和基础。倡导社会的公平与正义，是全面落实科学发展观、构建社会主义和谐社会必然要求。从理论上讲，社会主义社会应当是比以往任何社会都更加公正更加合理的社会。但是从长期看，由于我国目前仍处于社会主义的初级阶段，在某些方面仍存在着不公正和非正义的现象。这些不公正的或非正义的现象，不论是历史的还是现实的，是人为的还是自然的，既不能使全体社会成员共享经济社会发展的成果，也不能使人们拥有充分的自由发展空间。因此，大力加快我国的社会保障事业的发展，全面提升中国社会保障的层次与水平，促进区域之间尤其是东西部之间的全面、协调、可持续的发展，对于实现社会公正、构建社会主义和谐社会具有重要的意义和影响。

社会保障的发展还与社会的其他方面息息相关。其中经济发展水平是社会保障发展层次高低的一个重要决定因素，两者具有很强的正相关性。从世界范围里可以看出，大凡是社会保障水平很高的社会往往是那些经济发展水平很高、社会发展充分的西方发达国家。在这些国家里社会矛盾缓和，社会保障完善，福利水平很高，社会比较公正。而那些连最基本的基于人道主义的社会救济都无法提供的国家往往是那些处于社会动荡之中的经济落后的穷国。2005 年我国 GDP 总额为 183084.8 亿元，是 1978 年时的 50 倍，年均增长率 15.6%；而人均 GDP 为 14040 元，是 1978 年的 37 倍，年均增长率 14.3%；全国财政收入 31649.29 亿元，是 1978 年的 28 倍，年均增长率 13.1%。继 2002 年我国人均国民总收入首次超过 1000 美元，达到 1100 美元后，于 2006 年又超过 2000 美元，达到 2010 美元。相应人均国民总收入在世界的位次也由 2002 年的第 132 位上升到 2006 年的第 129 位。按照世界银行标准划分标准①，我国已经由低收入国家步入了中等收入国家的行列②。这说明目前我国已有基本的财力来完善社会保障体系，推进社会建设，提高社会的公平与正义了。

同时，社会公正和社会保障都是衡量人民生活质量的重要指标（周长城，2003）。促进社会保障事业的发展，改善国民福利，促进社会更加公正，对于提高

① 世界银行划分法，人均国民总收入在 695 美元以下为低收入国家，696—2785 美元间为中等收入国家，8626 美元以上为高收入国家。按此划分标准，我国为中等收入国家。

② 国家统计局网站，http：//www. stats. gov. cn/tjfx/ztfx/sqd/index. htm，“从十六大到十七大经济社会发展回顾系列报告”。

国民的生活质量具有重要的意义。

笔者将从社会公正（主要是经济公正）的视角下，以东西部的经济发展状况为比较的中心，关注东部和西部的社会保障发展状况的差异，并试图对这些差异从经济学的角度作出理性思考，进而明确相应的对策和建议。

一、东西部社会保障发展状况的分析与考察

社会公正的重要内容就是经济公平。而社会保障不仅是以经济发展水平为基础的，而且同时是社会公平的重要体现。因此，社会公平视角下的东西部社会保障发展状况的差异具体上可以从东部和西部的国民生产总值（GDP）和人均 GDP 的不同方式比较、国家财政收支情况、社会保险（主要是失业保险、养老保险和医疗保险）以及全社会就业情况等几个方面加以具体分析。根据当今统计年鉴中的区域划分，东部地区包括北京、天津、河北、上海、江苏、浙江、福建、山东、广东、海南 10 个省市区；而西部地区则包括内蒙古、广西、重庆、四川、贵州、云南、西藏、陕西、甘肃、青海、宁夏、新疆 12 个省市区①。

（一）国内生产总值（GDP）亦称国内总产值，是在某一既定时期（通常是一年）内在一个国家领土上生产的各种所有最终物品与劳务的市场价值总和。国内生产总值反映了一个国家和地区在一年内的生产能力和经济社会的发展水平。要比较东西部的社会保障发展状况，就有必要分析东西部地区之间的经济发展水平，因为经济发展水平是社会保障的主要决定因素，是社会保障发展的基础。因此在本文中笔者首先分析 GDP 相关指标的发展情况。

1. 东部和西部的经济发展差距一直在扩大。在改革开放前，实行平均主义的分配政策，它验证了古语中“不患寡而患不均，不患贫而患不安”的均贫思想，但是导致了全国的普遍主义的贫困。自 1978 年以来，实行改革开放打破“大锅饭”式的平均主义成果分配制度，特别是 20 世纪 90 年代以来，建立社会主义市场经济体制，发展市场经济。这使得我国在二三十年里国民经济迅速发展壮大，国内生产总值从 1978 年的 3645.2 亿元增长到 2005 年 183084.80 亿元，国内生产总值 27 年里翻了近六番，GDP 的年均增长率达到 15.6%，属于世界上发展速度最快的国家之一，国民经济总量已经跃居世界第四位。但是，在绝对量取得巨大成就的同时也应注意到，如此高速度的经济增长是以不平衡的区域发展格局为代价的。不平衡的区域发展战略促使东部沿海地区率先发展起来，相对忽视了中西部地区的发展。如表 1。

① 文中数据来源除特别注明外，均参见国家统计局：《中国统计年鉴 2006》，中国统计出版社 2006 年版。

表 1　东部和西部 GDP 综合情况比较表　　单位：亿元

年份	全国	东部地区总和	西部地区总和	东部占全国的比重（%）	西部占全国的比重（%）	东西部差距
2000	99214.55	51020.52	16654.62	51.4	16.8	34365.90
2001	109655.17	58577.22	18735.10	53.4	17.1	39842.12
2002	120332.69	65718.43	20718.38	54.6	17.2	45000.05
2003	135822.76	76964.87	23696.31	56.7	17.4	53268.56
2004	159878.34	92822.72	28603.48	58.1	17.9	64219.24
2005	183084.80	109924.64	33493.31	60.0	18.3	76431.33

资料来源：根据国研网相关数据计算得来。

从 2000 年以来，我国国内生产总值不断发展，并且在 2001 年首次超过 10 万亿元。六年内国内生产总值翻了近一番，从 2000 年的 99214.55 亿元扩大到 2005 年的 183084.80 亿元。六年来，国内生产总值的如此高速发展与各地区的迅速发展是分不开的。其中，东部和西部地区的 GDP 总量分别从 2000 年的 51020.52 亿元和 16654.62 亿元增长到 2005 年的 109924.64 亿元和 33493.31 亿元，分别翻了一番。同时东西部地区占全国的 GDP 总量的比重也不断提高。分别从 2000 年的 51.4% 和 16.8% 提高到 2005 年 60.0% 和 18.3%。这说明六年来，东部和西部两个地区的经济，尤其是西部，得到了迅速的发展。这与 1999 年以来的西部大开发战略的推动是分不开的。但是更值得注意的是，西部地区的发展速度并没有超越东部地区，这导致东部和西部之间的绝对差距仍在不断扩大。东西部之间的 GDP 差距从 2000 年的 34365.90 亿元拉大到 2005 年的 76431.33 亿元。

此外，在具体的东西部省市区之间，国内生产总值的发展情况也存在这很大的差异。综合来看，从 2000 年到 2005 年，东部各个省份六年里的 GDP 总量排名大部分处于全国排名的前列，而西部地区各省份的排名则大部分处于中下游。在全国排名前十位的省市区中，东部地区占了八名，分别是广东（92279.7 亿元）、江苏（74398.55 亿元）、山东（73629.84 亿元）、浙江（55729.92 亿元）、河北（42119.03 亿元）、上海（39423.54 亿元）、福建（29776.42 亿元）、北京（28490.04 亿元）。其中，排名前六位的都是东部地区的省份，头三名分别是广东、江苏和山东。西部地区中唯有四川进入前十名，而且只处于第八位（32126.5 亿元）。而西部大部分省份排名倒数（全国排名有重叠）。其中，西藏（1090.7 亿元）、青海（2303.99 亿元）和宁夏（2568.7 亿元）排在最后三位。GDP 最高的广东和最低的西藏之间的差距为 91189 亿元，广东是西藏的 85 倍。而排名第二的江苏和倒数第二的青海之间的差距为 72094.56 亿元，江苏是青海的 32 倍，此外山东和宁夏的差距为71061.14亿元，山东是宁夏的29倍。

2. GDP总量反映了一个区域或省市区的经济总量的情况，可以说明该地区或省份是否有足够的经济能力投入社会保障事业，一般情况下经济总量大，用于社会保障的支出也就相对的越多，反之，如果经济发展状况不好，经济总量不强，那么用于社会保障的投资也就相应的减少了。但是，社会保障的投入是受多种经济因素影响的。要考察一个区域或省份的社会保障的发展情况，除了GDP总量外，还要考察人均GDP的发展情况。这是因为，人均国内生产总值的多寡能够反映一个地区或省份内的每个居民在理论上所能分享到经济发展成果。人均GDP作为衡量物质福利发展状况的重要指标①（周长城，2003），在很大程度上也可以反映社会保障的情况。

中国在这几年国际经济普遍不景气的环境中②，仍能保持较高的增长速度是因为国家政策发挥了积极的作用。积极的财政政策拉动了国内的需求，增加了抵御外界环境风险的能力；此外，增加农民收入政策的实行也促进了国内需求的增加，从而促进了人均GDP的较快增长。如图1。

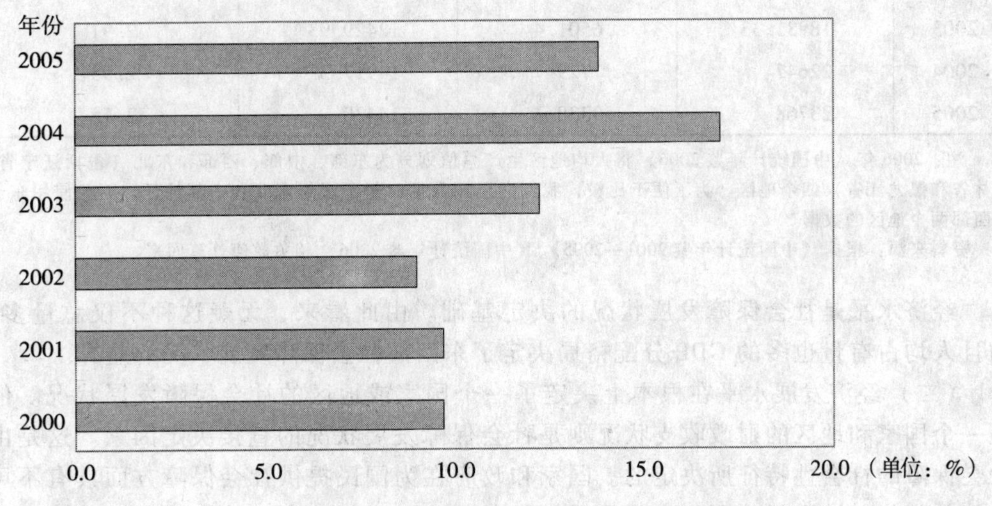

图1　中国人均GDP年增长率比较（2000—2005年）

资料来源：根据国家统计局编《中国统计年鉴》（2006）提供的相关数值推算而来。

近年来，中国人均GDP快速增长，特别是2003年以来，年增长率都超过10%。全国人均GDP的快速发展在一定程度上反映了各地区的人均GDP的发展情况。

① 此外，很多社会指标体系也都将人均GDP作为衡量经济发展状况的重要指标，如国家统计局的全国人民小康生活水平的基本标准指标体系，张林泉、李新运提出的可持续发展指标体系等。

② 2001年、2002年日本人均GDP均出现了负增长，美国经济也处于低迷状态，2004年人均GDP增长率仅为1%。参见 *World Economic Outlook* 2003 数据库，http：//www. imf. org。

2005 年东部地区的人均 GDP 比 2000 年增长了 10074.92 元，增长率为 73.6%。而西部地区增长了 4579.8 元，增长率为 96.3%。尽管六年里西部地区的增长率远高于东部地区 22.7 个百分点。但是由于东部地区的人均 GDP 基数（13693.08 元）远大于西部地区（4758.2 元），东西部人均 GDP 的差距不仅没有缩小，反而不断扩大。2000 年以来的相对差距值分别是 8934.88 元、9728.92 元、1.348.4 元、12429.93 元、14917.3 元和 14430 元①，而两地区的绝对差距却有一个先缩小后扩大的过程，东部是西部人均 GDP 的倍数变化，从 2000 年到 2005 年分别是 2.88 倍、2.86 倍、2.81 倍、2.91 倍、2.93 倍和 2.55 倍②，如表 2。

表 2　2000—2005 年东部和西部地区人均 GDP 比较　　单位：元/人

年份	东部	西部	东西部差值	东部/西部的倍数
2000	13693.08	4758.2	8934.88	2.88
2001	14949.92	5221.0	9728.92	2.86
2002	16065.00	5716.6	10348.4	2.81
2003	18931.33	6501.4	12429.93	2.91
2004	22647	7729.7	14917.3	2.93
2005	23768	9338	14430	2.55

注：2006 年《中国统计年鉴 2006》将人均地区生产总值划分为东部、中部、西部和东北（包括辽宁省、吉林省和黑龙江省）四个地区。为了便于比较，我们在引用数据时暂不考虑东北和中部地区，而只使用东部和西部两个地区的数据。

资料来源：根据《中国统计年鉴 2001—2005》、《中国统计年鉴 2006》相关数值计算而来。

经济水平是社会保障发展状况的决定基础。由此看来，无疑这种不仅总量多、而且人均占有量也多的 GDP 分配格局决定了东西部社会保障发展状况的差异。

（二）经济发展水平在根本上决定了一个国家或地区的社会保障发展状况。但是一个国家和地区的财政收支状况则是社会保障发展状况的直接决定因素。这是由社会保障的社会性特征所决定的。国家和政府在为国民提供社会保障方面具有不可推卸的责任。社会保障所提供的物质和服务，除了小部分来自社会捐助和慈善事业外，绝大部分来自中央和地方的财政支出。因此，政府的财政收支状况决定和反映了东西部社会保障投入的发展状况。

1. 从 1978 年改革开放以来，我国财政收入和支出得到突飞猛进的发展，整体财政实力迅速提高。如此可喜的成就与我国推行改革开放、发展市场经济有着密切的关系。2005 年我国的财政收入（31649.29 亿元）是改革开放之初（1132.26 亿

① 2005 年由于统计数据的地区划分差异，使得东西部人均 GDP 的发展状况偏离了近年来的发展趋势。

② 2005 年由于统计数据的地区划分差异，使得东西部人均 GDP 的发展状况偏离了近年来的发展趋势。

元）的28倍，年均增长率13.1%。财政支出则是30倍①，年均增长率达13.5%。

2. 要考察社会保障在一个国家或地区政府的重视程度，可以直接考察在该国家或地区内用于社会保障的财政支出情况。随着改革开放以来国民经济的快速发展，尤其是2001年以后，国家财政（包括中央财政和地方财政）用于社会保障方面的支出迅速增多。这说明，自"十五"计划执行以来，中国社会保障取得了重大进展。我们国家更关注社会弱势群体，更强调社会的和谐和稳定。如表3。

表3 国家财政用于抚恤和社会福利的支出 单位：亿元

年份	合计	抚恤支出	离退休费	社会救济福利费	救灾支出	其他
1978	18.91	2.93	2.34	4.62	9.02	—
1980	20.31	4.51	3.41	5.36	7.03	—
1985	31.15	7.13	4.88	7.71	10.25	1.18
1989	49.60	14.43	8.56	10.80	12.88	2.93
1990	55.04	16.61	9.60	12.07	13.33	3.43
1991	67.32	17.21	10.32	13.18	22.51	4.10
1992	66.45	18.45	12.40	14.36	15.89	5.35
1993	75.27	20.78	14.09	17.01	15.40	7.99
1994	95.14	24.78	20.12	20.55	19.42	10.27
1995	115.46	29.11	22.78	24.19	27.27	12.11
1996	128.03	32.78	10.67	28.98	39.06	16.54
1997	142.14	37.62	13.51	36.57	34.51	19.93
1998	171.26	40.38	16.24	35.29	52.32	27.03
1999	179.88	54.57	19.68	48.52	34.05	23.06
2000	213.03	59.72	23.72	59.71	28.73	41.15
2001	266.68	69.86	30.26	89.99	35.17	41.40
2002	372.97	60.03	41.28	141.63	32.93	97.10
2003	498.82	99.15	42.19	217.69	55.71	84.08
2004	563.46	107.92	49.57	266.58	49.04	89.54
2005	716.39	148.28	55.57	324.22	62.97	125.35

（三）社会保障包括社会保险，社会救助、社会福利三大部分。我们所要建立的覆盖城乡的社会保障体系，就是要以社会保险、社会救助、社会福利为基础，以基本养老、基本医疗、最低生活保障制度为重点，以慈善事业、商业保险为补充的

① 财政支出1978年为1122.09亿元，2005年为33930.28亿元。

社会保障体系。其中覆盖面更广、发挥作用更大的当属社会保险。在我国，社会保险有五大部分组成，分别是养老保险、失业保险，医疗保险、工伤保险和生育保险，其中主要的是失业保险、养老保险和医疗保险。

2005 年失业保险参加人数为 10647.7 万人，比 2004 年（10583.9 万人）增长 0.6 个百分点，继续保持稳定水平；养老保险参加人数为 17487.0 万人，比 2004 年（16352.9 万人）增长 6.9 个百分点；参加医疗保险的人数是 13782.9，比 2004 年（12403.6）增加 11.1 个百分点。

二、东西部社会保障发展状况的原因分析

东西部社会保障发展状况存在很大差异，而差异背后的根源与经济发展水平有很大关系。西部省份在人口的空间分布和经济发展水平的空间分布具有高度的相关性。历史上形成的改革开放后进一步拉大的区域经济发展差异不仅是一个经济问题，还是一个社会政治问题。综合看来，有这样一些因素造成了东西部社会保障发展状况的差异，如在历史和地理上西部地区一直处于欠发达状态，社会发展滞后；改革开放以来，市场化程度不充分，缺乏资金和技术，经济发展水平低；而在政治上，改革开放以来由于实行不平衡的区域发展战略，率先发展东部沿海地区，相对落后了西部发展。此外，还有一个很重要的影响因素就是西部地区人力资本的匮乏。所有这些因素都直接地或间接地阻碍了西部社会保障的发展。

1. 经济基础相对落后，市场化程度弱于东部地区。在历史和地理上，西部地区大部分省份位于中国西部，如云南、贵州、内蒙古、宁夏、青海、甘肃、新疆、西藏等。这些省份深居内陆，自然环境恶劣。新中国成立后，国家实行上山下乡的移民政策，在国民经济上进行“三线”建设，为西部落后地区的发展提供了大量劳动力和资金，使得西部地区在建国后的短短二三十年的时间里迅速地建立了一批重工业基地，西部社会发生了巨大变化。

但是，1978 年实行改革开放以来，东部地区利用沿海优势，建立经济特区，设立沿海开放城市，吸收引进国外先进的生产技术和管理经验，利用外资，发展市场经济，促使经济迅速发展，国内生产总值加倍增长。这打破了计划经济体制下形成的平均主义发展格局。东西部社会经济发展差距不断扩大。而这种日益扩大的发展差距又会影响到西部社会保障的发展。

此外中国经济奇迹在很大程度上来自于市场化改革。改革开放近三十年来，市场化在全国范围内取得重大进展。但是东西部市场化程度是不同的，存在着很大差异。这种差异也造成了东西部经济发展速度不同和社会发展差距扩大，进而影响到西部地区社会保障的资金投入。相关学者的实证研究也证实了这一点（宏观经济研究室，2005）。

2. 在政策层面上推行不均衡的区域发展战略。改革开放的头二十年，为了迅速发展国民经济，积累资本，提升国家综合实力，我国实行不均衡的区域发展战略，举全国之力支持鼓励东部沿海地区率先发展。国家为东部地区的发展给予政策优惠，鼓励建立出口贸易加工区，发展外向性经济。而西部地区却没有这些政策优势和发展支持。现在看来，我们必须客观地承认，这种不均衡的区域发展战略在短期内促进了国家经济的发展，尤其是东部地区的发展，具有非常重要的经济、政治、社会和国际意义，但是也造成了东西部两区域间的经济社会发展水平出现较大差距，社会“断裂”① 严重。这种断裂社会不符合我们所倡导的可持续发展的和谐社会要求。

3. 人力资本的不平衡。在经济生产活动中人处于核心位置。人力资本的多寡直接影响到各个生产要素和环节。地区内部人力资本的缺失可直接影响到该地区的经济发展状况。也就是说，在理论上如果资金、技术等条件相同的话，在经济长期发展中人力资本更多的国家或地区就具有更持久的动力，能够取得更大的经济发展成果。反之如果一个地区或国家的人力资本匮乏，那么就难以有持久的经济发展和社会进步。造成东西部经济发展状况差异的一个重要因素就是西部地区人力资本的匮乏。改革开放以来，我国人力资本水平有了很大的发展，基础教育得到巩固，高等教育开始普及，人均预期寿命大幅提高，各个地区的经济和社会有了巨大发展。但是还存在差距，不同地区间人力资本差异比较大。西部地区人力资本的相对匮乏造成了地区发展失衡，并进而影响到西部社会保障事业的发展。

此外，像一些外部性很强的人们的观念、精神等的差异也造成了东西部发展的差距。在东部地区尤其是东南沿海地区，人们的观念开放务实，容易接受新经验新事物，富有冒险精神等，都在一定程度上促进了东部地区的发展。西部贫穷地区的人们似乎不具有这些特质。这点主要是从文化的角度来解释东西部发展差距的。

三、缩小东西部社会保障发展状况差距的对策与建议

社会保障是经济和社会发展的“稳定器”，是社会的“安全网”。经济发展水平是社会保障的根本决定因素。要改变西部地区相对落后的社会保障发展状况，就必须从根本上大力发展西部经济。同时以经济的发展为基础，大力推动西部各项社会建设的发展。此外，国家和政府还要建立起全面支持和努力促进西部社会保障发展的政策、体制和制度，引导社会保障事业更加和谐的发展。

1. 要以改革为发展动力，继续推进西部大开发。西部大开发是20世纪最末我国为推动区域经济发展而提出的一项重大的战略举措。从2000年以来，西部地区社

① “断裂”一语原为孙立平用以形容城乡社会的差距，在这形容区域间物质福利水平的差距。参见孙立平：《断裂：20世纪90年代以来的中国社会》，社会科学出版社2003年版。

会经济各项事业迅速发展，国民生产总值连番攀升，城镇居民人均可支配收入和农村居民人均纯收入大幅增长，生态环境得到明显改善，阶段性成绩显著，取得了巨大的经济和社会效益。但是，也应看到西部地区原有的社会经济基础落后，市场化程度不充分，资金和技术缺乏，人力资本不足等原因，这些因素给西部地区的可持续发展带来了巨大的困难和阻力。因此要继续大力深入改革，以改革为动力推进西部大开发。

要实现西部地区的市场化改革取得实质性突破，建立起统一开放的西部市场，大力发展外向型经济，加强同中亚、南亚、东南亚和俄罗斯等国家和地区间的经济和贸易往来。西部市场要融入全国市场和国际市场。要将西部大开发战略长期化、制度化，保持各项政策的长期性和连贯性。对西部地区的发展给予最大程度地政策优惠，打破常规，鼓励改革，支持一切具有尝试性和创新性的改革措施，要完善西部大开发的政策体系，为西部发展创造良好的政策和制度条件。建立从中央到地方的统一的协调领导机构。适时制定相关的法律法规，为西部大开发提供法律保障。

2. 大力发展各项教育事业，改善人民体质健康，努力提升西部地区的人力资本状况。人力资本是经济发展的重要内部条件。它主要包括教育和体质两个方面，其中健康则直接与社会保障相关联。要促进经济发展，发展西部社会保障事业，就必须努力提高西部基础教育水平，消除文盲，用知识的力量改变人们对贫穷落后的认识。同时，要努力形成人在洼地，吸引人才，使各类人才在西部社会发展中用得上、留得住。此外，要继续深入地推进农村合作医疗改革，增加城镇医疗保险参保人数，改善人民体质，增强人民健康。通过改变生产要素中人力资本的比重和结构，提高人力资本的质量和数量，来增强西部地区的经济社会竞争力，缩小地区收入差距。

3. 要继续加大中央财政对西部地区的转移支付力度，完善地区间的再分配制度，加大东部沿海地区对西部地区的投资援助力度。中央财政的转移支付直接关系到西部社会保障事业的发展，关系到西部社会保障的资金来源。我国目前在转移支付的规模、结构、方式等方面仍存在着许多问题，不能有效的控制地区收入差距的扩大。要理顺地区与地区、中央与地方、地方与地方的关系，完善转移支付和地区间再分配制度。一方面要加大中央和东部沿海地区在西部的资金投入；另一方面要确保专款专用，防止用于西部地区的社会保障的支出不被挪用。中央和东部沿海省份的转移支付可以为西部地区的经济建设和社会建设，尤其为社会保障建设提供资金，促进和推动西部地区的社会发展。

4. 改变以往的扶贫模式，变如输血为造血，全面提升西部地区自我发展能力。要把扶贫开发与农村经济发展和县域经济发展进一步协调起来，以西部革命老区、少数民族地区、边境地区和自然资源贫乏地区等贫困人口相对集中的区域为扶贫重点，积极推动贫困地区社会保障事业的发展。

5. 尤其要强调的是，在经济发展的基础上努力推动西部社会保障事业的发展，积极重视和关注社会弱势群体，尤其是贫困地区的农民、灾民等社会底层群体。要继续深入全面的推行新型农村合作医疗改革，保证新型合作医疗资金到位，运作安全。加大对贫困地区义务教育的资金投入，除了免费义务教育外，还应增加针对贫困地区在校学生的各种补贴，消除他们的后顾之忧。要努力增加西部农村地区参加养老保险的人数。加大各级财政对弱势群体的资金支持。提高对灾民的救助标准和损失赔偿的标准，为其恢复生产提供全面支持和帮助。从而真正实现“老有所养、学有所教、病有所医、住有所居”的和谐社会的发展目标。

参考文献

[1] 吉登斯：《失控的世界：全球化如何重塑我们的生活》，周红云译，江西人民出版社2001年版。
[2] 乌尔里希·贝克：《风险社会》，何博闻译，译林出版社2004年版。
[3] 宋林飞：《从“风险社会”走向和谐社会》，载《江海学刊》2007年第4期。
[4] 郑杭生：《社会学概论新修》，中国人民大学出版社2003年版。
[5] 周长城：《中国生活质量：现状与评价》，社会科学文献出版社2003年版。
[6] 国家统计局：《中国统计年鉴（2006）》，中国统计出版社2006年版。
[7] 国家统计局：《中国统计年鉴（2001—2005）》，中国统计出版社2005年版。
[8] 国研网宏观经济研究室：《缩小地区收入差距，构建和谐社会》，载国研网《宏观经济月度分析报告》，2005年5月31日。
[9] 丛晓峰、刘溪：《社会公正与社会进步的若干问题研究》，山东人民出版社2004年版。
[10] 杨翠迎：《中国农村社会保障制度研究》，中国农业出版社2003年版。
[11] 把多勋、平慧敏：《制度变迁与东西部农村发展比较研究》，甘肃人民出版社2001年版。
[12] 孙立平：《断裂：20世纪90年代以来的中国社会》，社会科学出版社2003年版。

基于构建和谐社会的社会保障支出绩效评估初探

李春根　李建华

（江西财经大学）

摘　要： 构建和谐社会适应了我国改革发展进入关键时期的客观要求，体现了广大人民群众的根本利益和共同愿望。本文阐述了建立与实施社会保障支出绩效评估的必要性及对构建和谐社会的积极意义，同时为构建基于和谐社会的社会保障支出绩效评估体系，对和谐社会环境下的绩效评估模型、绩效评估指标设计、绩效评估的方法等方面进行了探讨。

关键词： 和谐社会　社会保障支出　绩效评估

一、社会保障支出绩效评估的必要性及对构建和谐社会的重要意义

随着改革的进一步深入，社会的稳步向前发展，社会保障的作用日益凸显，财政支出中社会保障支出的总量不断增大，其比重也将逐步提高。2006 年全国财政预算安排社会保障支出 3977.54 亿元，实际执行 4337.65 亿元，较 2005 年增长 17.3%。2000 年至 2006 年财政每年拨大量资金到全国社会保障基金，财政拨入合计 2348.11 亿元，财政净拨入合计 2341.58 亿元。

国家投入如此多的资金到社会保障，到底产生多大的效果呢？因此，社会保障支出绩效评估是非常必要的，引用现代市场中的管理理念，像企业财务计划一样，对社会保障资金支出进行合理的规划和控制，强化支出效益和责任意识，把有限资金用在“刀刃”上，提高社会保障资金的使用效益。社会保障支出绩效评估对构建和谐社会也具有重要意义，这意义在于它促进社会保障的发展。因为社会保障是我国构建社会主义和谐社会的重要内容、不可或缺的组成部分，是构建社会主义和谐社会的一项基础性制度建设。它是社会稳定的“安全网”，是经济可持续发展的“调节器”和“加

速器”，社会发展的“减震器”，实现经济效率与社会公平的“平衡器”。而社会保障支出绩效评估则是通过对一系列绩效指标进行评估，监测和跟踪资金运行整个过程，分析评估社会保障资金分配的合理性和经济性，评估社会保障支出产生的经济效益和社会效益，能够客观反映社会保障支出政策的先进性和有效性。它能实现对社会保障支出的规范化、科学化、制度化的监督，确保社会保障资金专款专用；有利于社会保障支出管理的科学化和效益化；有利于增加社会保障支出透明度、提高公众对政府社会保障支出部门的信任度，也就有利于提高社会公众参与社会保障的积极性。最后不断总结经验，提高社会保障决策水平和分配社会资金的合理性，有利于社会保障目标的实现。最终促进我国社会保障的发展，为和谐社会编织一道牢靠的安全网。

二、社会保障支出绩效评估模型

社会保障支出绩效评估极大地推动社会保障向前发展，对构建和谐社会有着积极的意义。其模型设计是首要的，它清晰明确社会保障支出绩效评估具体工作及流程。依照系统理论的观点，任何系统只要存在输入就必然会存在某种运作表现和结果的输出，而这种运作表现和结果通常被称之为绩效。但是仅仅有输入、输出的开环系统是不稳定的，系统要正常发展还须具备某种反馈回路，成为闭环系统。社会保障支出作为一种特定的系统，其系统模型必然遵循系统普遍的、一般的规律。如图 1 所示。这个模型的构建是在分析影响社会保障支出绩效因素的基础上。

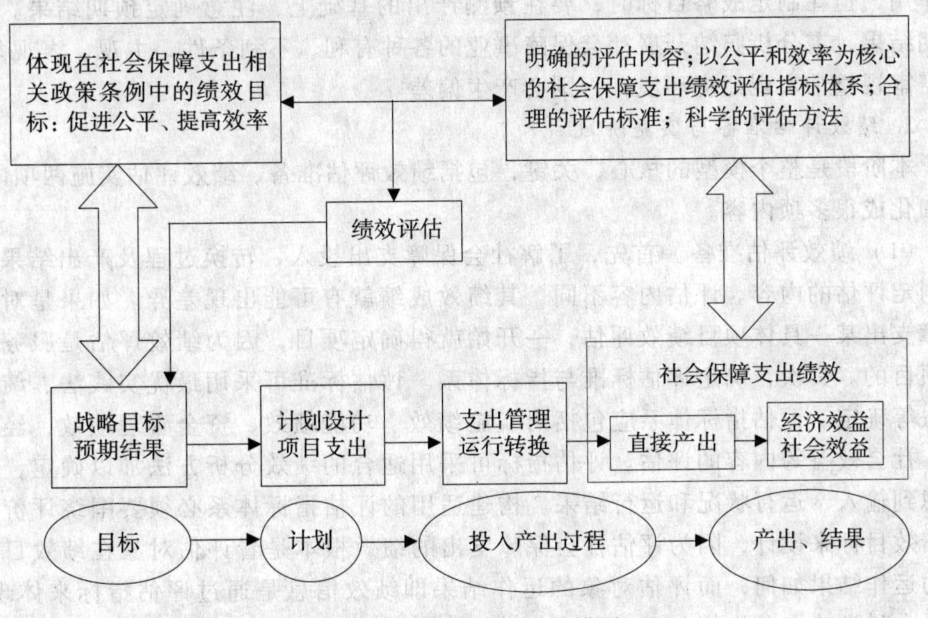

图 1 社会保障支出评估模型

绩效评估作为系统的一种反馈回路，是指对评估对象的输出结果进行判断并反馈作用于未来输入的管理行为。社会保障支出绩效评估就是对社会保障支出的运作结果与绩效目标进行对比判断并将评估信息应用于未来决策优化的管理行为。基于系统理论的社会保障支出绩效评估模型从图 1 可以看出，整个模型可以分为项目前期准备、绩效评估准备与实施、评估结果反馈及应用三个阶段。

1. 项目前期准备阶段

项目前期准备阶段包括分析社会保障支出相关政策中绩效目标和确定战略目标、预期结果两项内容。

（1）分析社会保障支出相关政策中绩效目标。分析社会保障支出相关政策中绩效目标对社会保障支出绩效评估是非常重要的，因为社会保障支出活动是依据于社会保障支出相关政策条例。它是基础性的工作，有利于增加对社会保障支出活动的认识，更多地了解社会保障支出的发展与方向，有利于把握社会保障支出的使命。如果不分析社会保障支出相关政策中绩效目标，以后的工作就会可能偏向不合理。根据社会保障支出基本理论，政府提供社会保障产品的根本绩效目标是优先增进公平，兼顾提升效率。

（2）确定战略目标、预期结果。战略目标，是指能够描述社会保障项目支出在一定周期内所取得的最终结果的可测量的“标的”。目标的制定通常要求表述清晰，易于理解；具体化，不可过于抽象；可测量与结果导向；与社会保障支出的使命保持相一致。战略目标的确定在整个社会保障支出绩效管理战略性框架中起承上启下的作用，但在制定战略目标时，要在预测产出的基础上，注意确定预期结果。确定预期结果，需分析归纳开展社会保障事业的各种有利、不利条件，主观、客观条件，还需审视整个宏观经济环境，否则会产生偏差。

2. 绩效评估准备与实施阶段

本阶段是整个模型的核心、关键，包括绩效评估准备、绩效评估实施两项内容，可细化成很多项内容。

（1）绩效评估准备。首先，了解社会保障支出投入、转换过程及产出结果，明确制定评估的内容。评估内容不同，其绩效成绩就有可能出现差异。如果是对社会保障支出某一具体项目绩效评估，一开始就得确定项目，因为绩效评估是服务于特定项目的。其次，确定评估标准与指标体系。评估标准可采用最优实践法、绩效协定法等确定。评估指标体系应包括对实施绩效、功能绩效、资金管理绩效、经济效益、社会效益等内容的评估。评估指标可采用适合的绩效分析方法加以确定，同时考虑到输入、运行状况和运行结果。构建适用的评估指标体系必须要围绕评价对象的绩效目标来设计，因为评估社会保障支出的绩效根本是看评估对象在绩效目标方面的运作结果如何，而评估对象的运作结果即绩效信息是通过评估指标来体现的。同时，科学确定各指标权重。最后，确定评估方法。现有的绩效评估方法有多种，如成本——效益分析法、最低成本法，等等。我们应根据我国的实际情况及社会保障支出本身的特点，选择合适的评估方法。只有依靠完整、科学的评价方法，才能全面、真实、客观的评价公共支出的绩效。

（2）绩效评估实施。收集与绩效评估指标有关的各种资料，包括数据资料、社会调查所获得的资料等。所取得的相关资料必须翔实、有说服力，因为认识和判断都是建立在对相关信息的了解基础上，而且这样才能评估产出成果的有效性。评估者应根据评估目的和所选择的评估视角对所收集的信息加以筛选、核实、鉴定，进行合进化处理，为我所用。之后采用合适的绩效评估方法分析绩效资料，依据选定的评估标准，计算出基本指标的分值，再进行修正，得出实际的分数。最后根据指标权重及指标实际分值得出绩效评估的总分。

3. 评估结果反馈及应用阶段

最后这一阶段包括评估结果反馈、评估结果应用两项内容。有效的绩效评估系统应该有个连续的、随时反馈并及时予以纠正的监控运行机制。评估结束后，绩效评估组应按规定以书面形式书写社会保障支出绩效评估报告，并对评估结果再进行分析讨论，以确保结果的客观性、公正性和真实性。最后将评估结果及时反馈给社会保障支出相关部门。这些部门分析与应用评估结果，调整社会保障支出政策，调整下一期战略目标，更加合理配置社会保障资金。评估结果的最终价值也在于这应用，如果报告中的评估结果不能很好地被利用，那么绩效评估将成为一纸空文，失去意义。

三、社会保障支出绩效评估指标设计

构建科学与合理的社会保障支出绩效评估指标体系在整个绩效评估中至关重要。由于指标体系不仅关系到绩效评估活动的实质性开展，也关系到评估对象下一周期绩效的改进和提高，而且其所具有的强烈的价值取向引导着评估对象未来的发展方向。由于社会保障支出产生的效益是以间接的社会效益为主，有的需要长时间才体现出来。而且社会效益的量化一直是各种核算长期难以解决的技术性难题。基于此，设计围绕和谐的社会保障支出绩效评估指标应遵循以下原则：

全面性原则：指标的选择要全面，充分反映输入、运行、产出和结果等状况，克服单一衡量指标的弊端，注意协调好经济与社会的关系、各利益主体的关系及效率与公平的关系。

重要性原则：根据指标在整个体系的地位和作用进行筛选，所选的指标应最具代表性，最能反映社会保障支出绩效某一方面的主要信息，而不是次要信息。

动态性原则：所选的评估指标是动态的，允许根据实际情况适时修改。在不同时期，对社会保障支出目标的理解可能会有所不同。人们对社会保障的追求会动态变化的，且社会保障水平必然与经济发展水平以及城乡居民的需求增长保持适应。

可得性原则：所选的评估指标具有可操作性，且数据是客观、真实的，可以获得的。

相关性原则：衡量指标与社会保障支出活动、目标有直接的联系，不能因为其资料容易收集就使用，否则就会影响评估结果。

社会保障支出绩效评估指标设计还需满足几个条件：①明确：精确而不含糊（但不一定量化）；②经济：在合理成本的基础上收集信息；③充分：该指标本身或其与别的指标结合可以为绩效评估提供充分信息；④监督：指标容易进行独立监督。

基于上述原则和条件，以公平与效率为核心，围绕系统的投入、过程、产出、结果四个方面选择适合我国实际的社会保障支出绩效评估指标体系。具体如表1所示。

1. 社会保障支出总体概况。这方面的评估指标设计，主要是从规模状况、水平状况以及结构状况三个方面来进行。每个方面包括若干个关键指标，其设计宗旨主要是了解、掌握社会保障支出的总体情况，并且由于支出的分配情况将直接影响支出整体绩效，所以突出公平方面的评价指标。

2. 社会保障支出过程情况。主要选取能反映社会保障支出计划完成情况的指标。

3. 社会保障支出产出情况。社会保障支出的直接产出主要体现在社会保障所包含社会保险、社会救济、社会福利、社会优抚四个方面。每个方面包括若干个关键指标。

4. 社会保障支出结果情况。主要围绕社会保障支出的直接产出所产生的经济社会效益两方面进行，每个方面也包括若干个关键指标，重点突出整个社会公平的实现、效率的提高。

表1 社会保障支出绩效评估指标体系

一级指标	二级指标	三级指标
投入	支出总量	全国社会保障支出总额
		政府社会保障支出总额
	支出水平	全国社会保障支出总额占 GDP 的比重
		政府社会保障支出占财政支出比重
		人均社会保障支出额
		各保障项目支出差额

一级指标	二级指标	三级指标
	支出结构	城市社会保障支出占社会保障支出的比重
		农村社会保障支出占社会保障支出的比重
		养老保险支出占社会保障支出的比重
		医疗保险支出占社会保障支出的比重
		工伤保险支出占社会保障支出的比重
		失业保险支出占社会保障支出的比重
		社会救济支出占社会保障支出的比重
		社会福利支出占社会保障支出的比重
		社会优抚支出占社会保障支出的比重
过程	社会保障支出计划执行度	社会保障支出计划完成率
	社会保障支出的调整	社会保障支出的调整程度
生产	社会保险	养老保险覆盖率
		养老金替代率
		医疗保险覆盖率
		医疗保险支付率
		工伤保险覆盖率
		工伤保险津贴替代率
		失业保险覆盖率
		失业金替代率
	社会救济	城市低保补助水平及覆盖面
		农村低保补助水平及覆盖面
		农村五保户补助水平及覆盖面
		贫困人口救助率
		贫困人口救助水平
		受灾人口救助率
		受灾人口救助水平
		弱势群体医疗救助率
		弱势群体医疗救助水平
		弱势群体其他救助率
		弱势群体其他救助水平

一级指标	二级指标	三级指标
	社会福利	残疾人福利水平
		残疾人就业率
		残疾人接受特殊教育率
		老年人福利水平
		老人福利院床位拥有率
		住房福利的廉租房供给率
		住房福利的经济适用房供给率
		住房福利的住房公积金覆盖率
		儿童福利水平
		人均拥有社会福利设施的比例
		妇女福利方面的妇女就业率
	社会优抚	军人保险覆盖率
		军人就业安置率
		伤残军人抚恤金水平
		死亡军人抚恤金水平
结果	经济效益	社会保障支出乘数
		社会保障支出与社会公众的生活水平变化的相关系数
		社会保障支出与贫富差距变化的相关系数
		社会保障支出与 GDP 的相关系数
		社会保障支出与消费水平变化的相关系数
	社会效益	社会公众的满意度
		社会保障支出与社会公众的幸福感指数变化的相关系数
		社会公众的生存安全感指数
		社会保障支出与社会公众生活质量变化的相关系数
		社会保障支出与贫困率下降的相关系数
		社会保障支出与基尼系数变化的相关系数
		社会保障支出与洛伦茨曲线变动的相关系数
		社会保障支出与就业率变动的相关系数

此外，还需科学地确定评估指标标准值和权重。评估指标标准值的确定可采用三种方式：一是根据国际公认的标准值、国情与我国相当国家的标准值、国际平均标准值来确定标准值；二是根据国家社会保障支出绩效目标、战略目标来确定标准值；三是根据我国实际情况及国际经验或社会保障支出相关理论，确定理论上应达

到的理想值作为标准值。对于评估指标权重，一般是根据指标的重要性及其影响程度所赋予的，也可采取排序法、层次分析法、专家直观判断法、"拉开档次"综合法等予以确定，还可根据因子分析法初步确定并通过层次分析法和德尔菲法调整与修改。

四、社会保障支出绩效评估的方法

设计完社会保障支出绩效评估指标体系之后，选择恰当的评估方法也是非常重要的。在公共支出绩效评价方面，经过探索加上经济理论界的研究，形成了成本—效益分析法、最低成本法、综合指数法、平衡记分法、模糊数学法、历史动态比较法、目标评价法以及公众评判法等一些比较流行的方法。社会保障支出属于公共支出，其绩效评估方法：在分析研究这些方法的基础上，综合各方法的优点，结合社会保障支出本身的特征，笔者认为应采用多指标综合评估方法（数学模型法）。

多指标综合评估方法是指由多人对多项指标进行评估后，将这些评估结果综合形成一份系统评估结果中去，是横纵向评估相结合的一种评估方法。通常，多指标综合评估方法的基本步骤包含两步：一是横向综合多个评估者结果，形成一份对社会保障支出项目所有指标的系统评估；二是纵向综合多个指标，产出一个社会保障支出项目的综合分值。其直观过程如图 2 所示。

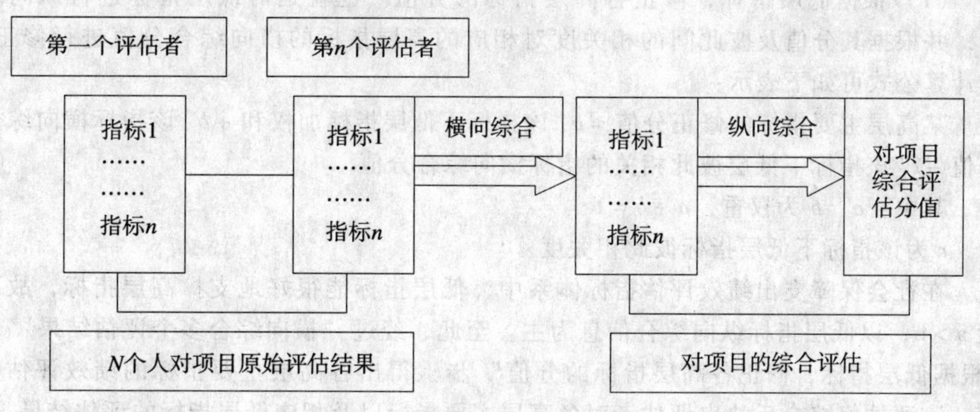

图 2　多指标综合评估过程图

1. 横向综合多个评估结果

横向综合多个评估结果，目的在于综合不同评估者对同一指标的不同评估结果。如社会公众满意度、社会公众生存安全感指数等指标，其结果不能只取某一评估者的结果，就需要横向综合。这里所讲的评估者可以是机构组织，也可以是社会个人。

可以运用如下公式来综合不同评估者对社会保障支出项目指标的评估结果：

$$S = \sum_{i}^{n} S_{人选i} \times W_{人选i} / \sum_{i}^{n} W_{人选i} (i = 1,2,3,\cdots,n)$$

其中：S 是不同评估者对同一指标评估结果的综合分值；

$S_{人选i}$是评估者 i 对指标的评估值；

$W_{人选i}$是评估者 i 的权重系数；

n 为评估者人数。

这个公式涉及两个问题：一是评估者的人选；二是评估者权重系数的确定。对于评估者的人选，应来自社会的各个领域、各个阶层、各个方面。而对于评估者权重系数的确定，则是依据评估者的来源、评估者的专业水平、对社会保障支出的熟悉程度、对评估指标的理解程度及工作态度等方面，相机抉择。

2. 纵向综合多指标评估结果

纵向综合多指标评估结果，目的在于通过对社会保障支出项目的所有指标评估值的综合，得出对社会保障支出项目的综合评估分值。在评估的实践中，以便更好的把握评估内容，提高评估质量，需要评估者对高层指标和低层指标都提出评价结果。同时，也需考虑指标之间的相关度，防止对社会保障支出同一效果进行重复的绩效评估，以便客观评估社会保障支出效果。在此基础上，纵向综合多指标评估结果的运行步骤如下：

（1）根据低层指标，修正各高层指标的分值。也就是对低层指标进行纵向综合，并根据其分值及彼此间的相关度对相应的高层指标的横向综合分值进行修正。其计算公式可如下表示：

某高层主要指标的修正分值 $= a^{*}$ 该指标下低层指标加权和 $+ b^{*}$ 该指标横向综合分值 $- r^{*}$ 该指标下低层彼此相关的指标横向综合分值

其中：a、b 为权重，$a + b = 1$

r 为该指标下低层指标彼此相关度

在社会保障支出绩效评估指标体系中，低层指标能很好地支撑高层指标，故可设 $a > b$，以低层指标纵向综合信息为主。至此，经过“横向综合多个评估结果”和“根据低层指标，修正各高层指标的分值”步骤得出各高层主要指标的绩效评估分值。该评估值综合反映出评估者对各高层主要指标以及相应低层指标的评估结果。

（2）各高层主要指标纵向综合。该步骤就是对上述所得到的各高层指标的评估分值进行纵向综合。根据项目的各高层主要指标向量 $X_i = \{X_1, X_2, \cdots, X_m\}$（$m$ 为主要指标的个数），采用线形加权求和法或秩加权求和法，即可得到社会保障支出绩效综合评估总分值。其计算公式如下：

线形加权求和法：

$$S_{总} = \sum_{j=1}^{m} W_j X_{ij} - R \times 相关的高层主要指标评估分值$$

秩加权求和法：

$$S_{总} = \sum_{j=1}^{m} W_j R_{ij} - R \times 相关的高层主要指标评估分值$$

其中：$S_{总}$ 为社会保障支出绩效综合评估总分值；

X_{ij}为社会保障支出各高层主要指标的评估分值；

R_{ij}为第 i 指标在社会保障支出总体指标的次位；

W_j 为第 j 指标的权重；

m 为主要指标的个数，且 $\sum_{j=1}^{m} W_j = 1$；

R 为相关的主要指标之间的相关度。

参考文献

[1] 吴建南、李贵宁：《教育财政支出绩效评价：模型及其通用指标体系构建》，载《西安交通大学学报（社会科学版）》2004 年第 6 期。

[2] 王宇龙、周战强、安秀梅：《公共支出绩效评估模型略论》，载《理论探讨》2007 年第 5 期。

[3] 曹信邦：《政府社会保障绩效评估指标体系研究》，载《社会保障制度》2006 年第 1 期。

[4] 丛树海、周炜：《中国公共教育支出绩效评价研究》，载《财贸经济》2007 第 3 期。

我国城镇社会养老保险制度历史变革评析与发展方向

杨海文

（武汉大学社会保障研究中心）

摘　要：我国城镇社会养老保险制度于20世纪50年代基本确立，先后历经了传统养老保险制度阶段、养老保险调整与改革阶段和养老保险规范发展阶段。城镇养老保险改革破除了传统的单位养老保险制度，多元参与、多层次的城镇养老保险体系基本确立，制度建设进入了规范发展阶段，取得了巨大成就。但不容忽视，我国城镇社会养老保险制度仍存在覆盖面窄、保障程度低等诸多问题，需要进一步明晰和确定改革的方向，并逐步完善。

关键词：城镇社会养老保险　历史变迁评析　发展方向

社会保险是社会保障体系的核心内容，而养老保险又在整个社会保险体系中居于核心地位，并已成为衡量社会保障制度建设水平具有普遍意义的标准。由于我国传统二元体制所限，我国的养老保险制度建设主要集中于城镇，而且很长时期仅限于城镇职工，而广大农村社会养老保险体系基本处于空白状态。当前，我国社会养老体系改革进入了关键阶段，农村社会养老保险体系在历经起伏之后也进入了新的探索、建设阶段，在这样的背景下，全面回顾我国城镇养老保险制度发展历程，客观总结制度建设与改革的成败得失，理性思考与认识我国城镇社会养老保险乃至城乡养老保险统筹建设的发展思路至关重要。本文正是基于上述背景而作，并期望能为中国社会养老保险制度改革与建设提供点滴启示。

一、我国城镇社会养老保险制度发展历程

社会养老保险是指国家和社会根据一定的法律法规，对劳动者达到法定年龄或退休，由社会保险机构或由指定的其他单位按规定给付养老年金的保险。

我国城镇养老保险发展大体经过了三个大的阶段，分别为传统养老保险阶段（1950—1986）、养老保险调整与改革阶段（1986—2000）和养老保险规范发展阶段（2001 年至今）。

（一）传统养老保险发展阶段

这一阶段从 1950 年至 1986 年。在这一阶段，国家保障、单位负责是养老保险的主要特征，养老保险强调单位的责任，并在“文革”后异化为单位保险。此外，这一阶段的养老保险还有离岗不离单位和制度分离的特点，城镇养老保险包括企业职工与国家机关、事业单位职工两套体系，同时既有退休制度，也有离休制度，所以，这一阶段的养老保险还有统一的多元制度结合的特点。具体来讲，这一阶段又可以分为如下几个子阶段。

1. *传统养老保险的初步建立阶段*（1950—1957）

新中国成立后，为了配合恢复国家经济、稳定国家秩序的目标，国家开始改革原有的职工保障制度，建立新的社会保险体系。具有表示意义的是 1951 年《中华人民共和国劳动保险条例》的颁布，这是新中国首个内容较为完整的社会保险法规，对养老、医疗、工伤、生育等内容都作了规范。这也成为中国城镇养老保险制度建设的发端。在之后一系列相关制度的补充和完善下，我国在这一阶段初步建立了养老保险，不仅规定了统一的支付条件、待遇标准和缴费比例，而且规定劳动保险金的 30% 上交全国总工会，作为社会保险总基金，对各地企业进行调剂，实际上实现了全国范围的保险统筹。

而且，国家机关和事业单位的退休制度也在这一阶段初步建立。

截至 1956 年，企业职工和国家机关、事业单位职工保险基本全部确立，全国被劳动保险制度覆盖的职工达 1600 万人，签订集体劳动合同的职工有 700 多人，实际上有 2300 万人参与了劳动保险制度中的退休养老保险，这一数据占全国国营、公私合营、私营企业职工总数的 94%。

2. *传统养老保险的发展阶段*（1958—1966）

这一阶段的主要特征是城镇养老保险制度日益规范、待遇标准不断提高、覆盖范围不断扩大。

1958 年，国家发布了《关于工人、职员退休处理的暂行规定》，放宽了退休条件，适度提高了待遇标准，统一了工人与职员的养老保险。军队的退休养老的相关制度也在这一阶段出台，标志性的有《关于现役军官退休处理的暂行规定》（1958）和《关于执行〈国务院关于现役军官退休处理的暂行规定〉的通知》，明确了军人退休养老制度的具体内容，同时，还明确提出军人退休养老由民政部门和军队政治部门共同负责。此外，合作化完成以后，在集体单位工作的职工的退休养老问题也得到一定程度解决。1966 年，《关于轻、手工业集体所有制企业职工、社员退休统筹暂行办法》和《关于轻、手工业集体所有制企业职工、社员退职暂行办法》规定了这部分职工的退休、退职养老问题。

3. 传统养老保险蜕变为单位保险时期（1967—1985）

这一阶段突出特点是传统的城镇养老保险制度由于受到文革的影响，开始蜕变为单位保险。文革结束后，城镇养老保险得到了积极的修复和调整，但单位保险的性质并为根本改变，这种状况一直持续到1986年。

文革结束后，我国开始修复城镇养老保险制度，以1978年国务院颁布的《关于安置老弱病残干部的暂行办法》、《关于工人退休、退职的暂行办法》为标志，开始对原有的退休办法进行修复和调整。1981年1月7日，国务院发出《关于严格执行工人退休、退职的通知》，恢复养老保险工作加速。同在这一阶段，老干部的退休、离休制度得到了完善，军队的离职、退休制度也得到进一步完善和规范。

通过回顾可见，这一阶段的城镇养老保险是伴随国家经济恢复与社会主义改革建设而建立起来的，制度强调了公民享有社会保障是一项重要权利，也切实覆盖到了城镇所有企业职工和国家机关、事业单位工作人员，为这些职工免除了养老的后顾之忧。同时，这一阶段的养老保险注重公平而相对忽视效率，突出养老保险覆盖范围的广泛性。但是，必须承认，这一阶段的养老保险还仅仅是初级的、不完善的、非规范的制度框架，存在诸多弊端。

（二）养老保险调整与改革阶段

这一阶段从1986年至2000年。20世纪80年代中期，经济体制改革在城镇开始推进。1986年12月，经全国人大常委会第十次会议通过《中华人民共和国企业破产法（试行）》，这标志着中国国有企业改革进入关键阶段。在单位保险模式下，公有制企业是社会保障资金的实际给付单位，是制度运行的经济基础。而经济体制改革、企业破产削弱了这种基础，自此，打破原有单位保险，推进包括养老保险在内的整个社会保障体制改革势在必行。

这一调整与改革阶段从1986年开始至2000年结束，这一阶段是以新的养老保险制度逐步取代原有单位保险制度为主要特征的，最终以统账结合的养老保险制度基本确立为结束标志。

在统账结合初步推行的基础上，1997年，国务院发颁发《关于建立统一的企业职工基本养老保险制度的决定》，要求各地逐步统一基本养老保险方案，改变各地基本养老保险差异过大的局面。1998年，劳动和社会保障部成立，全国社会保障行政管理体制走向统一。同年7月，我国开始打破行业统筹等非属地统筹管理模式的养老保险制度，国务院发出《关于实行企业职工基本养老保险省级统筹和行业统筹移交地方管理有关问题的通知》，此后，行业统筹模式逐步被取消，统账结合模式的基本养老保险属地管理得到贯彻，并逐步向省级统筹过渡。

统账结合的养老保险制度在理论上是兼顾了效率与公平，具有科学性与合理性，但是，在中国的实践中却出现了严重的“空账”问题，严重影响城镇养老保险制度的建设与发展。为了解决“空账”问题、规范养老保险制度，2000 年 12 月 25 日，国务院发出《关于印发城镇社会保障体系试点方案的通知》，重点对正在确立中的基本养老保险制度进行改进，包括分离基本养老保险的社会统筹与个人账户，对社会统筹基金与个人账户基金实行分账管理，并逐步作实个人账户。次年，辽宁省作为改革试点开始实行新的制度模式。统账结合的养老保险模式得到了调整与改进，开始朝着更为科学、有效的方向发展。

（三）养老保险规范发展阶段

这一阶段从 2001 年至今。这一阶段的基本目标是建立既适应市场经济体制要求，又能保障个人全面发展的，独立于企、事业单位置外的养老保险制度，并不断规范统账结合的社会养老保险制度。养老保险的覆盖面也不断扩大，截至 2005 年底，全国基本养老保险参保人数达 1.75 亿人，其中 4367 万离退休人员享受养老保险待遇。全国社会保障基金规模不断扩大，2004 年末，全国社保基金资产总额 1711.44 亿元，当年实现收益 45.91 亿元，收益率为 3.32%，2005 年全国社会保障基金积累已突破 2000 亿元。2005 年 12 月，国务院发布《国务院关于完善企业职工基本养老保险制度的决定》，规定以非公有制企业、城镇个体工商业户和灵活就业人员的参保为重点，扩大基本养老保险的覆盖范围。此外，《国务院关于完善企业职工基本养老保险制度的决定》还将个人账户规模统一由本人缴费工资的 11% 调整为 8%。

二、我国城镇社会养老保险改革评价

（一）城镇养老保险改革的成就

城镇养老保险改革取得了巨大成就，不仅体现在覆盖面扩大、待遇水平提高上，还体现为在制度自身的发展与完善。

1. 破除单位养老保险，建立了真正意义上的社会养老保险

城镇养老保险改革改变了原有的单位养老保险模式，保险在全社会范围互助共济，公有制企业摆脱了历史包袱成为市场竞争的主体，新的养老保险独立于企、事业单位之外，有相对独立的制度规定与目标，基金管理亦引入了市场管理，监督机制得到完善，制度的社会化管理程度、透明程度和开放程度都有了较大提高。

2. 建立了主体多元的参与结构

原有的单位保险模式下，国家是养老保险的最终负责人，而单位确是实际负担者，个人不需要缴纳费用，权利与责任不对称，参与主体单一，不利于调动各方积极性。新建立的养老保险模式要求国家、企业和个人三方共同参与、共同缴费，参

与主体多元化，受益主体与责任主体逐步实现了统一。

3. 逐步建立了多层次养老保障模式

社会养老保险改革确立国家建立基本养老保险，企业年金和商业保险作为基本养老保险的补充模式在这一阶段也得到确立与发展，我国养老保障呈现了以基本养老保险为基础、企业年金为补充、商业保险满足更高需求的多层次养老保障模式。

4. 制度走上了科学、规范、稳定的发展路径

新建立的社会养老保险模式摒弃了传统单位保险的这些弊端，制度制定的依据不再是政治需要和领导意志，而是我国的基本国情和人民对保险的实际需求；制度变革的动力不再是特定的政治目标和运动，而是社会、经济结构发展与调整的实际需要；制度不再是发展与改革的配套措施，而是相对独立的、稳定的制度构架。

（二）城镇养老保险改革存在的问题

当然，正在经历改革的城镇养老保险制度依然存在诸多问题，主要包括如下几个方面：

1. 养老保险金清偿能力不足，资金流动性困难，空账问题仍未解决

过去我国职工的养老保险由企业统包，对过去国有企业职工养老保险金的欠账就造成政府资产负债表上的隐性直接负债，构成政府规模巨大的改革成本，这就造成政府养老保险负债的清偿能力严重不足，成为养老保险和国有企业改革的一大隐患。目前我国养老保险体制改革的政策取向是由现收现付制逐步向部分积累制过渡，但是养老保险资金的筹集与支出之间存在着巨大的资金缺口，严重制约了养老保险体制改革的进程。省级养老保险金缺口约占省级全部财政收入的2.5%—3%，养老保险金面临严重的流动性困难，地方财政不得不用养老保险金的个人账户资金和税收收入来弥补目前养老保险金的资金缺口，这就造成“统账结合”的改革模式中个人账户的普遍空账。养老保险金清偿能力不足，资金流动性困难成为养老保险体制中的一个重要问题。

2. 基金保值增值压力大

我国现行养老保险制度规范规定，养老保险基金的结余部分预留相当于2个月的支付费用外，应全部购买国家债券和存入银行专户，严格禁止投入其他金融和经营性事业。这是为了在金融市场上不健全的条件下最大限度的保障基金安全。但是，必须看到，自1996以来，国债利息不断下降，银行储蓄收益或购买国债收益已经微乎其微，相对于日益显著的通货膨胀而言，基金保值与增值的压力显而易见。

3. 改革中隐性债务问题严重

养老金从现收现付制向基金积累制或半基金积累制转变过程中，由于已经工作和退休的人员没有过去的积累，而他们又必须按照新的制度领取养老金，那么他们应该得到的，而实际又没有得到的“积累”部分被称作养老金隐性债务。与隐性债

务相关联的是随通货膨胀和工资增长而增长的养老金，可称之为隐性附带债务。只要现收现付制转向个人账户基金积累制，隐性债务是不可避免而且数额巨大的。20世纪90年代中期部分国家隐性债务占国内生产总值的比例达到了很高水平。其中，墨西哥1996年达到了142%，乌拉圭1995年达到了214%，中国1997达到了145%。当前，一般研究者倾向中国的隐形债务约3万亿左右。

4. 基本养老保险覆盖面不广，养老保险固态化

我国的基本养老保险制度主要覆盖国有企业和县以上大集体企业，覆盖面较窄，与当前多种经济成分共同发展的经济结构不相称。特别是个私经济发展较快的地区，几乎没有基本养老保险制度，即使建立了，也很不完善，基本养老保险无法充分发挥社会稳定器的作用。养老保险覆盖面窄造成了养老保险的固态化。而非国有经济、私营企业和三资企业职工的养老保险体制尚未建立，国有企业职工的养老保险不能随保障主体的流动而流动，呈固态化特征，造成国有企业和政府机关的下岗分流人员不愿到非国有经济部门工作。同时由于国有企、事业单位职工养老保险没有个人账户积累，政府也没有对这部分资金作出安排，使得国有企、事业单位下岗分流人员的劳动力成本明显高于农民工，非国有经济部门宁可雇用农民工也不愿意雇用国有企事业单位的下岗分流人员。

5. 人口老龄化速度加快，养老保险负担沉重

据第五次人口普查，目前我国65岁及以上的老年人口已达8811万人，到2030年，60岁及以上老年人口占总人口的比重将达到18.2%，绝对数超过2.5亿人。按照国际通行标准，60岁以上人口比重达10%以上或65岁以上人口比重达7%以上即为老年型人口社会。当前和未来相当长的时期，我国将面临劳动力供给进一步增加和退休人口进一步增长的双重矛盾。由于人口老龄化与经济发展水平很不协调，一方面老年人的生活照料需求增多，另一方面家庭养老功能弱化，尤其在经济欠发达地区，退休职工基本养老保障问题更加突出，急需完善的基本养老保险来解决。

6. 基本养老保险基金收缴困难，基金支付能力下降

由于部分企业生产经营困难，国有企业、县以上城镇集体企业减员增效，参保职工急剧下降，而个私企业对参保认识不到位，参保面不广，加之社会保险经办机构缺乏有力的征缴手段，企业欠缴、少缴或拒缴的情况时有发生，收缴难度很大，甚至当年收支平衡发生困难，支付能力逐年下降。

7. 保险立法滞后，政策调整不及时

由于保险立法滞后，改革中的矛盾和问题不好解决。我国的基本养老保险扩面进展缓慢，近年来劳动保障部门虽然采取了许多有力措施推进扩面工作，但由于养老保险法未出台，工作开展主要靠政策、规章和规范性文件，其力度不够、手段不硬、措施不力，立法滞后现象凸现。我国现行的退休条件都是在计划经济体制下制定的，而随着经济的发展，劳动工具的革新，原来所谓特殊工种的作业环境、生产

条件比以前有了较大改观，但根据以前生产条件而制定的有关职工提前退休政策，至今还在执行。

8. 非正规就业的社会弱势群体得不到保障

社会养老保险的覆盖面虽然有了较大扩展，但相对于养老保险的需求仍较为有限，一些非正规就业的社会弱势群体依然得不到养老保障。代表问题是失地农民的社会保障问题。各地已经进行了建立失地农民养老保险制度的有益探索，国家在2007年也发文强调要为失地农民建立包括养老保险制度在内的社会保障制度。但是，实际制度建设仍然存有较大空白，部分地区虽然建立了相应制度，但缺乏合理性，失地农民得到的保障水平较低，无法满足其年老后的生活需要。社会弱势群体得不到有效的保障表明我国的养老保险建设仍是任重道远。

三、我国城镇养老保险制度的发展方向

（一）进一步完善制度，推进多层次的养老保障体系建设

制度完善是养老保险事业顺利发展的先决条件，没有健全的制度，任何事业都将是自由放纵、缺乏明确目标与正确路径的闹剧。统账结合的比例衔接应更科学设计，缴费比例和替代率尚待进一步调整。此外，退休年龄的规定也应更为科学，退休年龄应在老龄化现实、基金压力大与我国就业压力严峻三者之间达成一个平衡。根据我国日益严重的老龄化危机的现实需要，构建一个以养老保险制度为核心内容的城镇养老保障体系势在必行。较为科学的城镇养老保障体系应包括老年贫困救济、家庭自我养老保障层次、普惠式基本养老保险、差别性的养老保险和福利、补充养老保险和商业人寿保险六个层次。而在这个体系中，普惠式的基本养老保险是整个体系的核心内容，是连接低层次养老保障与高层次养老保障的核心制度。

（二）完善多元参与机制，调动各方积极性

我国城镇养老保险必须坚持多个主体共同参与的方针，多元参与机制不变，政府、企业、个人和社会都应参与到制度建设中来，并要激发所有主体的积极性和主动性。多元主体参与原则体现了公平与效率的统一，是现代社会保险制度突出特点之一。政府、个人与企业在制度责任分担方面所承担的责任比例是应不断发展变化的，政府应不断明确和强化在社会养老保险制度建设中的责任和义务，当然，政府对养老保险的支持应限定在基本的、适度的水平，可以引导但不能过渡干预更高层次的养老保障形式。

（三）统一决策，完善制度管理与运行

行政管理体制是社会保险制度顺利运行的先决条件和保障机制。1998 年之后，

我国社会保障职能部门分工已经较为明确，应在此基础上，进一步强调统一决策、权威管理，进一步理顺养老保险制度制度的管理体制，保障养老保险主管部门管理权的权威性。当然，强调权威的同时，社会养老保险制度也要求多个部门通力合作、积极参与，有主有次、责任明确、决策高效、方案科学、政令畅通才能推进养老保险事业更好、更快发展。

（四）解决历史欠账，做实养老基金

解决历史欠账就是要解决"老人"与"中人"保险费缴纳问题，由于历史原因，为维持高积累而实行的低工资，工人根本无力再缴纳所谓保险费，而且这也是特定时期制度所排斥的。国有资产变换将是解决这一问题的重要途径，国家新增财力偿还也将是重要途径。做实个人账户成为统账结合的养老保险制度实施后亟待解决的问题，它的顺利解决将影响到统账结合养老保险制度的顺利实施，事关广大城镇居民的切身利益，直接影响制度实施的成败。同时，做实个人账户也将增强人民对社会保障制度与和政府的信任。

（五）完善筹资模式，多渠道筹集资金

实行多样化的筹资模式，即实行以部分积累制为主体，现收现付制和完全积累制并存，个人账户制、捐赠、发行彩票与低管理成本的志愿者服务等形式相结合起来，建立多种来源渠道的社会保障基金筹集模式。首先，调整财政支出结构，逐步增加社会保障支出，逐步将社会保障支出占财政支出的比重提高到20%。预算超收的财力，除保证法定支出外，主要用于补充社会保障资金，而这些社会保障资金的80%用于基本养老。其次，可采取变现部分国有资产补充养老保险基金和调整财政支出结构等财政手段。这样不仅补充了基金缺口，解决了养老金的供求矛盾，而且还体现了国家对举办养老保险事业应尽的政府责任。按理论和国际经验，转制成本和养老保险的一些债务应由政府承担，才有利于制度的健康发展。可采用的财政手段主要包括：调整财政支出结构，拨入补充养老保险基金；新的税收来源，可考虑开征面向社会高收入阶层的税种，为开征遗产税、利息税等，所得收入全部直接划入基金；发行长期（偿还期为10年以上）的有关社会保障特种国债；可以考虑发行社会保障彩票筹集养老基金。通过多个渠道补充基本养老保险基金，逐步增强支付能力，防止出现支付风险。

（六）扩大养老保险的覆盖面，增强参保意识

根据我国《宪法》规定，所有劳动者都有享受社会保障制度的权利。目前，我国养老保险包括的范围除国有企业、集体企业和部分事业单位外，还有部分事业单位、集体企业、外资企业以及私营企业和个体经济组织的从业人员游离在养老保险之外；还有大部分政府公务人员也没有真正进入养老保险范围；占全国总人口80%的农村人口的老年保障问题也尚待解决。这样可以把扩大部分归集的养老保险基金，用于弥补当前的养老基金缺口，从而增强养老保险基金的支撑能力。扩大养老保险覆盖面，维护城镇个体工商户和灵活就业人员的社会保险权益。统一规定城镇个体工商户和灵活就业人员与企业职工一样都要参加基本养老保险，同时对他们的参保缴费政策以及待遇计发办法予以统一。还要通过政策宣传和管理服务，使用人单位和广大劳动者看到参保缴费的好处，变“要我参保缴费”为“我要参保缴费”。

（七）探索基金资本运作方式，实现基金与资本市场共赢

养老保险制度改革成败的关键，主要取决于改革的管理体制是否有效，尤其是能否确保基金的有效使用与保值、增值。结合我国在养老金管理中出现的严重问题，笔者认为，必须引入竞争机制，培育独立的、高效率的社会保险基金经营机构。世界银行的一份全面研究报告显示：在全世界范围内。由民营机构经营的养老保险基金的收益率普遍高于由政府部门经营的养老金，究其原因是：一方面政府经营往往服从于政治目标而不是经济目标；另一方面政府自身的运营效率不高，而且容易出现腐败问题。因此，进入20世纪80年代以来，出现了养老基金民营化管理的趋势，如南美国家智利在这一方面改革中取得了较为成功的经验，这是世界银行近年来一直推崇的做法，也值得我国充分研究和借鉴。根据目前我国的实际情况，可以对某些基本具备经营条件的金融保险机构改造为专门的养老基金投资管理公司，通过专家合理运作，实现养老金的保值增值。

参考文献

[1] 郑大松：《社会保险》，中国劳动和社会保障出版社2005年版。
[2] 郑功成：《中国社会保障制度变迁与评估》，中国人民大学出版社2002年版。
[3] 郑功成：《中国社会保障论》，湖北人民出版社1994年版。
[4] 张盈华、杜跃平：《中国养老保险制度实施中的困境与问题分析》，载《西北大学学报》。
[5] 赵曼：《社会保障》，中国财政经济出版社2005年版。
[6] 蔡仁华：《中国医疗保障改革实用全书》，中国人事出版社。

加拿大大学养老金计划的特点及启示[①]

马淑杰

（武汉大学社会保障研究中心）

摘　要：中国高校长期以来执行带有强烈计划经济色彩的、国家统一的工资福利制度，社会保障制度还很不完善，随着经济社会的快速发展，改革高校现行的退休养老制度成为必然。因此，客观借鉴、吸取国外的经验和教训，促进对我国高校养老保险制度的思考和改革，已经成为一个重要的课题。本文在综述加拿大大学养老金计划的基础上，总结了加拿大大学养老金计划的特点，并对建立具有中国特色的教师年金制度提出了几点启示。

关键词：加拿大　大学养老金　综述　特点　启示

1968 年以来，加拿大有近 30 所高校、研究机构作为雇主加入了大学养老金计划（College Pension Plan），该计划的成员主要是高级管理人员和高校的教职员工。1999 年 9 月 1 日开始，要求受雇于高校的全职教师和部分兼职教师必须参加该计划，其他部分兼职人员可以自愿参加。

一、大学养老金计划综述

（一）成员结构

该计划将其成员划分为以下三类人员：

Active——是指那些正在缴费期的成员；或者因残疾被认可离开该计划，从被核准的残疾人计划中领取残疾人津贴的人员；

Inactive——终止了雇佣合同，但其缴费仍存在其在该计划的账户中；

① 本文是教育部重点研究基地重大项目“机关事业单位社会保障研究”（项目批准号：06JJD840009）的研究成果。

Retired——领取养老金者，包括那些领取残疾人养老金人员。

2006 年，Active 成员的人数只增长了 0.3%，而退休人员的数量增长了 11%。2006 年该计划共有成员 17013 人，其中，active 成员 10678 人，退休人员 3200 人。

表 1　加拿大大学养老金计划参加人数（截至 2006 年 8 月 31 日）

	Active	Inactive	Retired	Total
2006	10678	3135	3200	17013
2005	10651	2512	2890	16053
2004	10134	2355	2603	15092
2003	9699	2074	2367	14140
2002	9105	1937	2119	13161

资料来源：*College Pension Plan* 2006 *Annual Report*，http：//www. pensionsbc. ca.

（二）计划缴费

该计划成员的缴费由雇主自动从工资中扣除，雇员和雇主同时承担该计划的缴费。一旦雇员被终止雇佣合同、退休或者缴费满 35 年便可以不再缴费。缴费分两部分：基本养老金缴费，该部分缴费是被担保养老金收益的；另一部分为基于生活指数变化的通货膨胀调整率，该部分收益不能被担保，在资金充足的情况下给付。

截至 2006 年 8 月 31 日，雇员与雇主的缴费率如下：雇员缴费率为 7.95%，其中：6.86% 为基本缴费，记入基本养老金账户；1.09% 为通货膨胀调整率，记入通货膨胀调整账户。此缴费水平达到或包括了 YMPE①。雇主缴费率为 8.70%，其中：7.61% 为基本缴费，记入基本养老金账户；1.09% 为通货膨胀调整率，记入通货膨胀调整账户。该缴费水平高于获得 YMPE 的缴费水平。

值得提出的是该计划的缴费率在 2007 年 9 月 1 日进行了调整，由于养老金基金储备不足，迫使成员和雇主的缴费率分别提高到 8.46% 和 9.21%。

（三）养老金收益

该计划是固定收益率计划，养老金是由缴费年限、最高的 5 年工资的平均工资（不一定是退休前的 5 年）以及退休年龄决定的。养老金支付与会员的缴费以及计划的投资收益无关。固定收益率计划的一个好处就是可以预期自己养老金的领取，

① Year's Maximum Pensionable Earnings（YMPE）：在加拿大养老金计划（CPP）缴费限定的最高养老金年收入，2005 年为 41100 美元，2006 年提高到 42100 美元，2007 年进一步提高到 43700 美元。

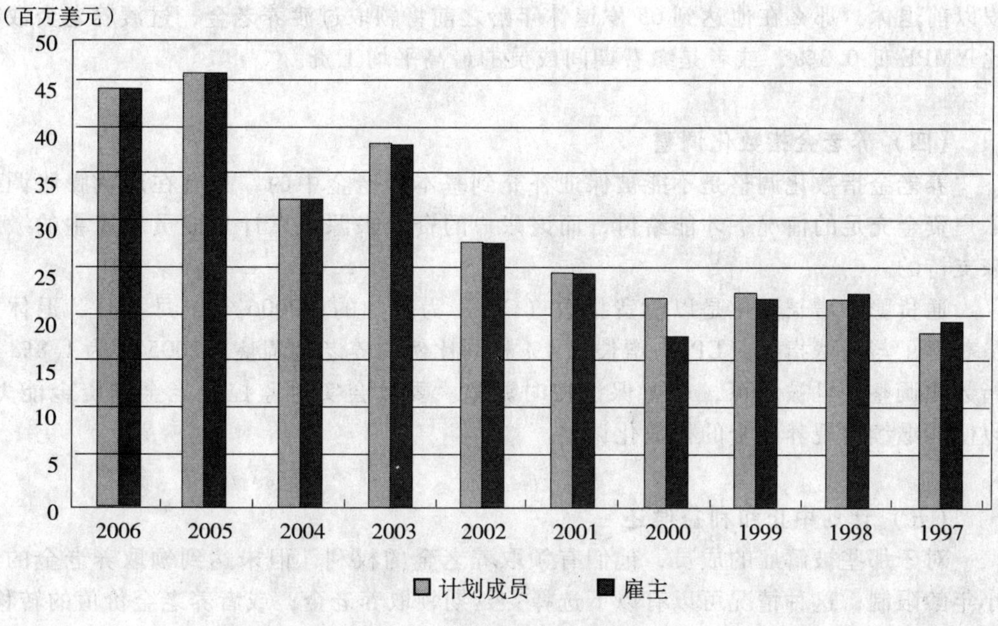

图 1　计划缴费额统计

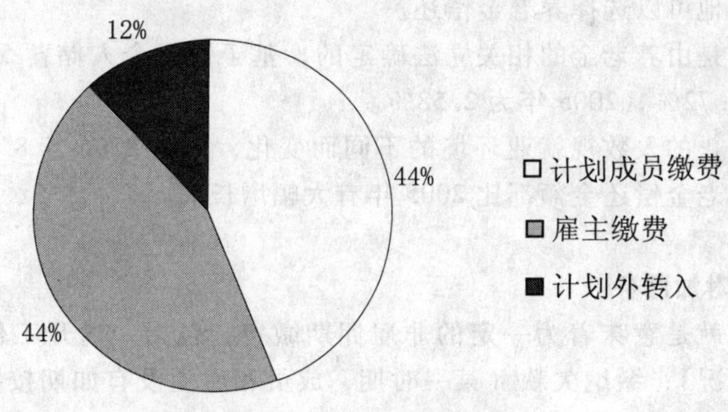

图 2　年缴费额来源统计

资料来源：*College Pension Plan* 2006 *Annual Report*，http：//www. pensionsbc. ca.

达到退休年龄后所有成员都有领取养老金的权利。该计划也提供残疾养老金。

领取满额养老金的条件：

1. 年满 65 周岁；

2. 年满 60 岁，至少两年的缴费；

3. 年满 55 周岁，至少 35 年的缴费。

其他退休人员根据自身不同的情况，将领取相应比例的养老金。如果成员在 65

岁以前退休，那么在他达到65岁退休年龄之前将领取过渡养老金，过渡养老金数额比YMPE低0.3%，或者是缴费期间成员的最高平均工资。

（四）养老金指数化调整

养老金指数化调整是不能被保证补充到基本养老金中的，只有在通货膨胀调整账户资金充足的情况下才能给付，而该账户的资金来源是靠计划成员和雇主的缴费来支持的。

通货膨胀增长变化是以消费指数（CPI）为基础的，2006年1月1日，退休成员获得了与消费指数（CPI）增长3.4%相同比例的养老金调整（2005年为1.8%）。指数化调整一旦被认可，就要保证按时调整。委员会实时监控养老金的资金能力，以便能继续实现养老金的指数化调整。

（五）计划中止和利益偿还

对于那些被解雇的成员，他们有领取养老金的权利，但未达到领取养老金的最小年龄限制，这种情况可以有以下选择：延期领取养老金；或者养老金价值的转移：将养老金转入另外一个已经注册的养老金储蓄账户，或者相似的有税收保护的计划。最小的养老金偿还金额为成员缴费额加一定的利息收入。如果成员不到60岁，缴费少于2年，那么他可以选择养老金偿还。

这里的利率是由养老金的相关立法确定的，基于银行个人储蓄5年期的平均利率，2006年为2.72%，2005年为2.58%。

选择计划中止的人数视就业环境的不同而变化，截至2006年8月31日，中止计划的人数和养老金偿还金额都比2005年有大幅增长。

（六）购买附加服务

购买服务也就是意味着为一定的非雇佣期缴费，包括：离开工作岗位（怀孕、哺乳期或其他情况）；缴纳欠款（某一时期，成员和雇主没有如期按要求缴费）；额外服务期，如：成为正式缴费成员的以前时期，或者先前缴费选择偿还的。

2007年4月1日开始，购买额外服务的制度进行了改革，要求成员只能购买最近5年的服务期，优先购买失业期间的服务等等。2006年8月31日，这种购买额外服务的人数比2005年减少了51%，金额减少了61%。

（七）基金的保值增值

大学养老金理事会作为委托人，其主要职责就是指导资产的投资，保证养老金基金的保值增值。大学养老金理事会的目标就是通过合法的步骤和谨慎的决定来获得长期的、稳定的回报。为此，理事会每年都会回顾、检查投资政策和投资程序的

图3 计划中止人数和利益偿还金额统计

资料来源：*college pension plan* 2006 *annual report*，http：//www. pensionsbc. ca.

有关声明（SIPP），支持多元化投资，减少投资风险。理事会聘请大不列颠哥伦比亚投资管理有限公司（bcIMC）作为资金投资受托人来管理资产。理事会在2006年6月修改了SIPP，投资多样化成为保障资产投资政策的基本原则。

截至2006年8月31日，大学养老金计划为基本账户赢得了一个9.5%的固定投资回报，超过了资本市场投资8%的回报率；过去5年，基本账户的投资回报率平均为7.6%；过去10年平均投资回报率为8.8%。

表2 资产投资组合及收益率统计（截至2006年8月31日）

资产分类	核准比例（%）	实际资产比例（%）	收益率（%）	目标收益率（%）
固定收益	25—45			
短期投资	0—10	4.9	3.1	3.5
债权收益	0—10	3.8	4.7	3.1
债券投资	17—28	22.4	2.7	2.3
不动产	0—10	4.4	4.1	5.6
资产投资	55—75			
加拿大资产	10—22	14.9	13.4	15.6
美国资产	10—22	15.8	4.1	1.2
国际资产	10—22	18.7	15.8	16.4
房地产	8—15	12.0	26.8	6.1
债券发行	0—10	3.1	—	—

资料来源：*College Pension Plan* 2006 *Annual Report*，http：//www. pensionsbc. ca.

二、加拿大教师年金计划的基本特点

（一）保险基金的有效管理与运作

一般来说，养老保险基金所要求的回报率是6%到7%，而加拿大大学养老金计划基金的投资收益达到了7.6%以上，最高达9.5%，取得了较高的投资回报。

大学养老金理事会作为委托人，其主要职责就是指导资产的投资，保证养老金基金的保值增值。大学养老金理事会的目标就是通过合法的步骤和谨慎的决定来获得长期的、稳定的回报。为此，理事会每年都会回顾、检查投资政策和投资程序的有关声明（SIPP），支持多元化投资，减少投资风险。理事会聘请大不列颠哥伦比亚投资管理有限公司（bcIMC）作为资金投资受托人来管理资产。理事会在2006年6月修改了SIPP，投资多样化成为保障资产投资政策的基本原则。

在当前的经济环境下，存在很多的投资风险，和收益的不确定性，如：财政贸易平衡、赤字预算、消费债、潜在的房地产泡沫等等。因此，为了弥补通货膨胀的增长，每隔三年，独立的精算部门将对保险基金进行评估，根据评估的结果来调整缴费与投资策略，保障资金的健康和养老金计划的稳定是投资的目标，在投资策略上平衡短期与长期的收益，采取专业化的投资组合，包括政府债券和企业债券、资产抵押投资、不动产投资；投资市场遍布美国、香港、意大利、德国等地金融市场。

全面地社会化的运作和保险经营机构专业完善的保险基金统筹规划，使得基金管理和运作的成效比较显著。

（二）设立通货膨胀调整账户，实现养老金指数化调整

为了保障退休群体面对消费指数增长的利益，进行通货膨胀保护，加拿大大学养老金计划设定了专门的通货膨胀账户，缴费依一定的比例存入该账户，例如：2006年，雇员缴费率为7.95%，其中6.86%为基本缴费，记入基本养老金账户，1.09%为通货膨胀调整率，记入通货膨胀调整账户；雇主的缴费率为8.70%，其中7.61%为基本缴费，记入基本养老金账户，1.09%为通货膨胀调整率，记入通货膨胀调整账户。虽然大学养老金计划表示基于生活指数变化的通货膨胀调整账户的收益不能被担保，在资金充足的情况下才给付，但是，近几年该计划都给予了一定的通货膨胀保护，用于该部分的支出也是逐年增加，1997年为1.7个亿，2003年为3.8个亿，而2006年增长为6.2个亿。

为了使养老金账户资金得到通货膨胀保护，大学养老金计划理事会全力稳定通货膨胀调整账户的资金额度，使其至少可以支付20年。理事会每年都要审查通货膨胀调整账户的资金状态，保护该账户免受未来经济形势的冲击，如果出现该账户资金不足以支付下一个20年的养老金调整额，理事会就会竭尽全力在短期内尽快补充

资金，使养老金调整能够继续，而不会突然的、戏剧性的减少通货膨胀调整账户收益的支付。这种比较长期的通货膨胀的调整可以使当前和将来的退休人员都获得基本相当水平的通货膨胀保护，实现基本的公平。

（三）养老金资金积累面临压力

我们通过分析加拿大大学养老金计划2006年度的有关数据，可以得出以下几个事实：第一，该计划的成员人数呈逐年增加的趋势，但是退休人员的增长比例高于Active成员的增长，2002年基本上是4.3个成员负责一个退休人员的生活，2006年该比例减小为3.3人；第二，由于养老基金储备不足，缴费率进行了调整，提高成员和雇主的缴费率，与此同时，近三年养老金的支付额增长较快，2004年支付40.3百万美元，而2006年该额度增长为53.4百万美元，增长幅度达32.5%；第三，由于经济的快速发展，生活水平快速提高，养老金指数化调整比例逐年增加，调整额度由2004年4.5百万美元增加到2006年的6.2百万美元；第四，从2004年起中止该计划的成员人数有所增加，计划中止使养老金收入减少，2004年养老金收入减少18百万美元，2006年这一数据增加至28百万美元。

由以上分析可以看出，由于人口预期生命的增长和老龄化社会的到来，使加拿大大学养老金计划也面临着资金积累的压力。为保障制度的可持续发展，必须要保障有一定的养老金资金积累。2003年8月31日进行的评估中，该计划偿付基本养老金缺口50百万美元。为了弥补资金缺口，2004年9月，理事会提高了雇员与雇主的缴费率，平均增长了2.2%；而在2007年9月，由于养老金基金储备不足，又再次对缴费率进行了调整，迫使成员和雇主的缴费率分别提高到8.46%和9.21%。

三、对建立我国高校教师年金制度的几点启示

客观借鉴、吸取国外的经验和教训，促进对我国高校养老保险制度的思考和改革，已经成为一个重要的课题。通过上述对加拿大教师养老金计划的研究，可以得出如下启示：

（一）尽快建立具有中国特色的教师年金制度

加拿大根据自已的国情发展建立了具有本国特色的教师养老保险计划，该计划是具有针对性的保障计划，其保障范围是以高等学校教职员工、科研机构人员等非营利性机构为保障对象，养老保险制度相对比较完善，能够体现教育行业特点，制度设计上比较科学和灵活。

目前，我国高校依然实行退休金制度，致使养老保险经费来源单一，国家财政和高校背负着沉重的负担。这不仅阻碍了高校自身的改革与发展，也阻碍了国家养

老保险制度的全面推进与改革，不利于完善我国的社会保障体制。因此，必须尽快探索进行高校养老保险制度的改革，构建高校教师养老保险制度，建立中国特色的教师年金计划。这不仅是建立统一的多层次的社会保障体系的要求，也是我国进入人口老龄化社会的现实要求，更是高等院校自身发展的必然要求。

高等学校教师担负着教学工作和科学研究工作的双重责任，为国家培养下一代人才和国家创新体系的建立和发展做出自己的贡献，建立中国特色的高校教师年金制度，就是要充分考虑高等教育发展的重要性和高校教师的这些职业特点，充分保障这个特殊群体的利益。

建立中国特色的教师年金制度，更要积极探索其有效的基金管理和运营模式，规范金融投资市场，保障基金安全的基础上实现基金市场化运作，通过养老保险基金机构投向资本市场获得较高回报率，保证基金的保值增值，加快基金的积累。

（二）建立中国特色的教师年金制度需要国家政策支持

加拿大大学养老金计划的建立，以及养老基金的高增长性是离不开国家法律法规的完善和健全，尤其是投资法规和国外金融市场的成熟。因此，中国特色教师年金制度的建立需要国家一系列配套政策和法律法规的建立和完善。

2006 年机关事业单位实行收入分配制度改革，在《高等学校贯彻〈事业单位工作人员收入分配制度改革方案〉的实施意见》中提出了实施绩效工资。绩效工资主要体现工作人员的实绩和贡献，是收入分配中活的部分。国家人事部、财政部、教育部以及各级政府人事、财政部门及教育主管部门根据高等学校实际制定实施办法，调控各地区所属高等学校绩效工资总体水平，核定所属高等学校的绩效工资总量。高等学校在核定的绩效工资总量范围内，按照规范的分配程序和要求，采取灵活多样的分配形式和分配办法，自主分配。该《实施意见》的颁布推动了高等学校分配制度的改革，能否考虑将部分绩效工资延期支付，作为退休金发放值得思考。这让我们看到了建立高校教师年金制度的希望。我们期待着国家更有力的政策和法规的出台，以及国内金融市场的逐步成熟，从而使高校教师年金制度的建立有法可依，规范发展，在发展的过程中加大政府的宏观调控力度，并能够从税收优惠等政策上推动教师年金制度快速发展并走向繁荣。

为了保障退休群体面对消费指数增长的利益，进行通货膨胀保护，加拿大大学养老金计划设定了专门的通货膨胀账户，缴费依一定的比例存入该账户，理事会每年都要审查通货膨胀调整账户的资金状态，保护该账户免受未来经济形势的冲击，使其至少可以支付 20 年。

改变现有退休教师以工作年限和本人工资为主要依据的退休金计发办法，养老金给付实行与养老保险缴费年限和缴费额挂钩。改革后退休的人员，其基本养老金包括基础养老金和个人账户养老金。建立符合高校特点的基础养老金正常调节机制，寻求确切的调整依据，规定明确的调整参数，体现公平与效率原则，避免养老金发放平均化。

（三）加强制度设计的灵活性

加拿大虽然国力雄厚，养老保险基金保值增值效率较高，但是面临着老龄化社会的到来，养老保险基金仍然面临着支付压力。因此，就我国高等学校养老保险制度改革而言，不仅要承担养老金发放的压力，还要考虑改革的转制成本，因此，如何解决基金压力问题，减少政府和高校的负担，就应该加强制度设计的灵活性，尽可能减少转制成本。在构建中国高校教师年金制度时要充分结合我国的国情与高等教育的实际，在一些具体服务条款上实行弹性制度。

1. 逐步推行弹性退休政策

弹性退休是指在法定最低退休年龄的基础上，有选择退出或继续留在劳动力市场的弹性空间，对于提前或推迟退休有相应的选择性机理。弹性退休政策已成为许多欧美发达国家应付人口老龄化挑战、实施劳动力市场结构调整的重要政策主张，并将发挥越来越重要的作用。如美国职工 65 岁退休，养老金的工资替代率为 67%，在 62 岁退休为 53%，70 岁退休为 71%。

高校退休制度的一个重要内容是关于退休年龄的规定。我国现行退休政策制定的主要依据是我国建国初期社会发展状况和当时的人口平均寿命，一直沿用至今。但 50 多年来，我国的社会经济格局已发生了很大的变化，人均寿命也已经从 1949 年的 50 岁提高到了 70 岁。如果再充分考虑到高校知识型、技术型和管理型的具有较高专业素质的人力资本的特点，在一定程度上更是造成了人力资本的浪费，因为按照现行的退休政策，一个人受教育的时间越长，学历越高，其工作时间反而相对越短，人力资本的投入与产出比例失衡。

较低的退休年龄与继续延长的人均寿命，以及高等学校这种人力资本投入与产出比例的失衡不仅凸现出法定退休年龄偏低这一问题，而且必然会加剧国家对养老保险费用的负担程度。更重要的是，在探索构建高等学校养老保险制度的关键时期，适当的提高退休年龄可以缓解隐性债务的危机。因此，逐步改革传统的一刀切的退休制度，在高等学校逐步实施弹性退休政策不失为一种较为明智的决策，对于充分发挥高等学校智力劳动者的潜力，具有重要意义。

2. 实行弹性缴费制度

借鉴加拿大教师年金计划的制度设计，充分考虑教师的职业特点，实行弹性缴费制度也不失为一种明智之举。弹性缴费制度就是在制度规定最低缴费比例的基础上，自愿性的以更高的比例进行缴费，缴费比例有一定的弹性空间，对于以多大的比例进行缴费有相应的自愿的选择性机理。实行弹性缴费制度可以给参保者更大自主决定的空间，充分体现以人为本的思想，提高参保积极性；同时可以加大基金积累的比例，一定程度上解决基金积累不足的困境，缓解制度改革造成的隐性债务的危机。

参考文献

[1] 邓大松、刘昌平：《中国企业年金制度研究》，人民出版社 2005 年版。

[2] 邓大松：《社会保险》，中国劳动社会保障出版社 2002 年版。

[3] 吴小武：《中国养老保险制度边际改革的理性思考》，武汉大学社会保障专业博士学位论文，2007 年。

[4] 陈宗利：《机关事业单位养老保险制度改革探析》，载《经济师》2006 年第 8 期。

[5] *College Pension Plan* 2006 *Annual Report*, http://www.pensionsbc.ca.

[6] *College Pension Plan* 2006 *Report to Members*, http://www.pensionsbc.ca.

民众心理变化对瑞典社会保障改革的影响

常宇靖

（武汉大学社会保障研究中心）

摘　要：在瑞典社会保障改革历程中，瑞典民众的心理变化起了重要作用，由一开始的反对到逐渐转变态度表示支持，同时依然不愿削减社会保障待遇。这种矛盾的心理对社会保障的改革带来的影响就是瑞典在进入20世纪70年代后，政府开始实行改革但小心谨慎，在民众表示反对后一度停止，并在民众心理已承受、舆论已形成的环境下进行逐步改革。这其中有福利刚性的原因，也有瑞典政府为迎合民众的短视心理而采取的拖延措施，最终在双方的搁置与拖延中社会民众承受了所有损失，并最终推动了社会保障改革。

关键词：民众心理　改革　占优决策

一、瑞典社会保障改革历程

二战之后，瑞典建立了完善的社会保障制度，实行现收现付的筹资模式，其财政来源是以雇主缴纳的社会保障费和政府提供的财政资助为主。这种福利制度随着战后出现的西方主要发达国家经济增长的“黄金时期”得到充分的发展。但在20世纪70年代之后，瑞典现收现付社会保障筹资模式所需要的基本经济条件发生了变化，由于经济危机的影响，瑞典社会经济增长率逐渐下降，正对社会保障制度的发展产生的消极影响。同时，瑞典人口老龄化危机愈加严重，瑞典的社会保障制度陷入一个尴尬局面，一方面是老龄人口增加对社会保障的需求增大，另一方面则是经济发展缓慢，社会保障基金的来源产生问题。因此，20世纪70年代中期后，以高福利促进高速度经济发展的“瑞典模式”被“瑞典病”一词所代替，瑞典社会保障制度进入了对自身的改革时期。

1976年，瑞典的非社会主义政党上台执政，此届政府面对日益膨胀的社会保障的支出，严峻的经济形势所带来的巨额财政赤字和沉重的税收负担决定紧缩社会保障支出。80 年代初，政府提出多项紧缩社会保障支出的措施，1980 年底，瑞典政府提出第一个社会保障支出紧缩法案，建议将原来与消费物价指数相连的津贴标准基数调整成一年变动一次，此前，若两个月内物价变动幅度超过 3% 就需要调整社会保障津贴标准基数。

1981 年，瑞典政府决定将部分养老金津贴标准从相当于以前工资的 65% 降低到 50%，同时改变养老金领取资格条件，将具备领取该种养老金的人数由 1980 年的占养老金领取者的 27% 降低到 20%，到 1985 年这个数字降低到了 10%，在医疗保险方面，常年住院收费与收入进行了挂钩，增加牙病、住院以及药物服务的个人缴费；此外，更加严格的执行申请住房补贴的资格条件，减少住房补贴标准。

1982 年，政府重新实行领取健康保险津贴前的两天等待期，将健康保险日现金补贴的工资替代率由 97% 降低到 87%，以减少健康保险补贴支出。此外，法案提高了失业保险制度中保险人缴费标准，以此减少政府的失业保险支出。同年，政府废除了对养老金领取者实行的住房补贴项目。

对于这样一系列社会保障紧缩政策，已习惯高福利的瑞典居民一时难以接受，借此时机，并不主张实行社会保障紧缩政策的社会民主党得到了瑞典民众的支持，瑞典社会民主党得以在 1982 年重新上台执政。

在社会民主党上台之后，也曾尝试进行一些社会保障支出紧缩性改革的尝试，但因遭到民众反对而放弃。面对社会舆论及民众压力，社会民主党主张巩固已取得社会保障成果，于是，在 20 世纪 80 年代中期，社会保障紧缩政策停止实施，社会保障改革陷于停滞时期。

但是社会与经济的现实使社会民主党不得不面对现实，因此也在谨慎的推行部分紧缩政策。1989 年，社会民主党政府成立了一个一个有关健康保险的调查委员会，提出改革健康保险制度的建议，希望可以鼓励工商人员和患病者尽快恢复工作。

1991 年，瑞典非社会主义政党再次组成政府，开始推行激进的社会保障改革措施。

二、改革过程期间民众心理的变化

（一）民众心理变化的表现

20 世纪 70 年代以前，64% 的瑞典人虽然认为社会保障制度有需要改进的地方但还表示基本满意，70 年代之后，瑞典人对社会保障制度的态度并没有发生根本性转变，但表示基本满意的人数比例有所下降，1978 年，瑞典人对其社会保障制度表示满意者下降到 59%，与七十年代相比下降了 5%，而不满意者则上升到 36%，提高了 3 个百分点。人们的态度在逐渐发生变化。这突出表现在瑞典民众对社会保障水平的态度方面：

表1　1968—1979年瑞典人对社会保障水平的态度比较表①

单位:%

态度类型	1968年	1970年	1973年	1976年	1979年
反对提高社会保障水平者的比例	42	58	60	61	67
赞成提高社会保障水平者的比例	51	36	33	32	27
不表达意见者的比例	7	6	7	7	6

表2　1976—1979年瑞典各阶层对社会保障制度态度比较表②

（问题：你是否认为瑞典的社会保障制度已经走得太远?）

单位:%

回答	工人		工薪收入者		小业主		农民		白领阶层	
	1976年	1979年	1976年	1979年	1976年	1979年	1976年	1979年	1976年	1979年
是	56	64	63	65	72	83	85	81	65	75
否	36	28	32	31	21	14	8	8	31	23
弃权	8	8	5	4	7	3	7	11	5	2

表3　1984年瑞典社会对社会保障制度不同问题的态度比较表③

单位:%

问题	回答	政党					工会		全民
		保守党	自由党	中央党	社民党	共产党	蓝领	白领	
公共支出已经成为瑞典经济的威胁	是	74	64	69	33	25	48	51	52
	否	23	33	30	64	72	47	48	43
	弃权	3	3	1	3	3	5	1	5
公共支出应该保持或者扩大现有水平	是	36	52	35	82	87	74	54	62
	否	62	46	64	15	13	21	43	35
	弃权	2	2	1	3	0	5	3	3
瑞典可以承担现在的公共支出	是	22	37	29	73	85	56	49	48
	否	74	58	69	20	4	30	47	44
	弃权	4	5	2	7	11	14	4	8

① Sven E. Ollson, 1993, *Social Policy and Welfare State in Sweden*, Lund, p. 235.

② Sven E. Ollson, 1993, *Social Policy and Welfare State in Sweden*, Lund, p. 239.

③ Sven E. Ollson, 1993, *Social Policy and Welfare State in Sweden*, Lund, p. 237.

问题	回答	政党					工会		全民
		保守党	自由党	中央党	社民党	共产党	蓝领	白领	
国家应该消除瑞典社会的不平等	是	56	73	87	90	79	80	80	75
	否	40	23	12	6	17	12	16	19
	弃权	4	23	12	6	17	12	16	19
税收压力影响了人们的工作欲望	是	93	85	77	49	28	67	69	72
	否	7	14	22	50	68	31	31	27
	弃权	0	1	1	1	4	2	0	1
国家已经变得越发专制	是	97	92	93	63	64	78	76	81
	否	2	1	6	31	34	17	24	15
	弃权	1	0	1	6	2	5	0	4

（二）对民众心理变化的总结

20 世纪 70 年代以前，多数人并不主张降低社会保障水平，赞成提高社会保障水平的民众占相对多数，70 年代开始，主张提高社会保障水平的人数逐渐变为少数，在 1973 席卷西方的经济危机之后，瑞典民众支持降低社会保障水平的意向更为明显，总体上认为瑞典社会保障制度已经走得太远，应该遏制其继续增长的势头，但不同阶层的态度并不完全相同，这在代表其利益的政党身上表现得更为明显。保守党、自由党和中央党反对继续扩大公共支出，而社会民主党和共产党则主张保持和扩大瑞典公共支出。70 年代前后，瑞典民众对社会保障制度的认识和态度发生明显变化。

到了 80 年代，就瑞典全体国民对社会保障制度相关问题的态度来看，一半以上民众认为公共支出已经成为瑞典经济发展的威胁。但矛盾的是，62% 的人认为应该保持和扩大公共支出。在税收压力影响了人们的工作欲望方面，瑞典国民大部分表示赞同，他们希望拥有高的福利但不愿损害既得利益，社会保障制度的发展前途已经成为社会各界关注的焦点，主张改变社会保障制度的舆论已经形成。

三、民众心理阻碍改革的原因

（一）福利刚性

福利刚性专指人们对自己的福利待遇具有只能允许其上升不能允许其下降的心理预期。福利刚性的存在，使得具有社会福利性质的社会保障制度缺乏弹性，一般情况下规模只能扩大不能缩小，项目只能增加不能减少，水平只能升高不能降低。

由于这一原则，世界各国在社会保障制度改革方面都比较审慎，对于拥有世界福利橱窗之称的瑞典来说，其民众已经拥有并习惯了高水平的福利待遇，极高的心理预期，任何紧缩性的改革措施都会使他们一时难以接受。尽管随着经济形势逐渐明朗，民众会有一些改变，但无疑这种改变是缓慢的并且并不情愿。

（二）政治砝码

在西方国家，尤其到大选之时，社会保障问题都会被用来作为抨击竞争对手、争取选民支持的手段。无论是实行紧缩性的政策以减轻经济发展负担，还是增加公共支出实现福利最大化都是争取选民支持的砝码。而在当时情境下哪方的政党更为符合当时民众中普遍存在的心理状态则哪一方面更有可能在此问题上获得选民的支持。所以，社会保障政策往往成为政治竞争的砝码。在瑞典，社会民主党的一贯主张以现收现付为基础的高福利待遇，而非社会主义政党则倾向更为保守的观点。在70年代以前，社会民主党在瑞典的执政相对稳定，到了中期，由于严峻的经济形势，日益膨胀的福利支出及沉重的税收负担，改革的舆论已经基本形成，这种情况下，得以上台执政的非社会主义政党开始实行其紧缩性的社会保障政策，但这对于已经习惯于高福利的瑞典民众来说一下子难以接受。社会民主党借此机会宣传其相对慷慨的社会保障措施，在1982年重新上台。但社会经济的现实逐渐使瑞典民众接受社会保障政策改革的趋势，20世纪80年代中期之后，无论哪党执政，紧缩性的社会保障政策逐渐被采纳实施，90年代中期之后，瑞典政府的社会支出不断增长的势头得到遏止。

（三）迎合民众心理

1. 每一个国民都希望自己可以有一个有保障的生活。在经济人的假设下，民众希望自己的福利最大化。但民众在面对改革的情况下，又是如何看待自身的福利待遇的变化呢？是固守既得利益，反对改革，还是长远打算，取得长期福利？作为一个具有经济人特征的政府，追寻的是选票最大化，在民众为眼前打算的情况下，如果有政党反对实施改革，则它会赢得选票，而一味推进改革则会与民意相反，对自身不利。在民众为长期做打算的情况下，政党不主张激进改革不取消民众的短期利益，同样不会与民众对立，可获取选票。因此，不做激进改革，维持现状，尽量保有民众的既得利益是各政党在博弈中的优势选择。如图1所示。

2. 民众更注重眼前利益。经济学中对人的完全理性假设并不代表由一个个理性人组成的社会群体就有完全理性。恰恰相反，“群体中的个人只是把他们共同分享的寻常品质集中在一起，那么这只会带来明显的平庸，而不会如我们实际说过的那样，创造出一些新的观点”法国著名社会心理学家勒庞在其《乌合之众》一书中提到这是因为，形成群体的个人也会感觉到一种势不可挡的力量，此时个人可以发泄

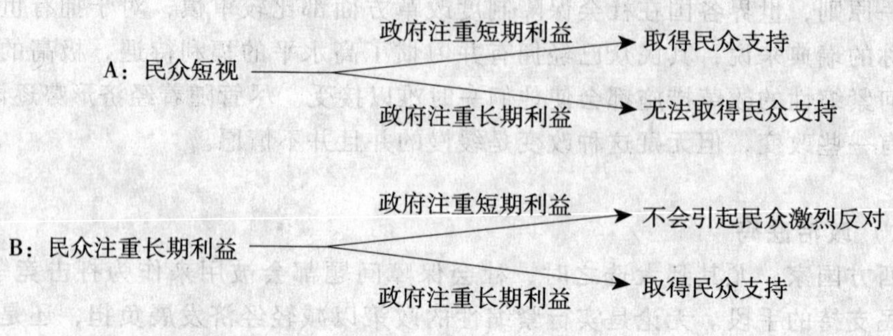

图 1

出自本能的想法，在独自一人时，个人要为限制这些想法，因为他要为这种想法所产生的结果负责。但“处于群体中时，群体是个无名氏，因此也就不必承担责任，这样一来，总是约束这个人的责任感便彻底消失了。”理性的个人虽然会为自己保存一份储蓄，但一个群体却未必会这样做，在一个高福利的待遇中，民众不希望这样的待遇会被削减，即便他们或许明白经济正在面临威胁。如表 3 中所显示的 52% 的民众认为公共支出已经成为瑞典经济的威胁，但 62% 的民众同意公共支出应该保持或者扩大现有水平。在这样的情况下，无论哪个党组成的政府都会更为谨慎的实行社会保障制度改革，而过激的政策改革一定会刺激民众的心理，让民众意识难以接受，因此，80 年代初在尝试紧缩性的社会保障政策后，实行此政策的非社会主义政党在大选中失败也就不足为奇。

在福利刚性，政治砝码以及民众的非理性选择所导致的不降低现有社会保障水平、尽量实现社会福利最大化的结果使得使西方福利国家社会保障和社会福利开支逐年攀升，政府财政不堪重负。

四、对民众心理影响改革的思考

第一，政府活动的“经济人理性”。公共选择理论提出，市场经济下私人选择活动中适用的理性原则，也同样适用于政治领域的公共选择活动。即政府以及政府官员在社会活动和市场交易过程中同样也反映出“经济人”理性的特征。政府及其公务人员也具有自身的利益目标，或者说政府自身利益本身也是一个复杂的目标函数，其中不但包括政府本身应当追求的公共利益，也包括政府内部工作人员的个人利益，此外还有以地方利益和部门利益为代表的小集团利益等等。政府及其公务人员并不一定只代表公共利益。从另一个角度来说，即使政府基本上代表着公共利益，但由于公共利益本身有不同的范围和层次划分。因此中央政府与地方政府作为不同的利益主体，除了自身利益诉求之外，在公共利益的总体目标方面也有着不同的价值取向和偏好程度上的差异。如果说单个经济人希望实现的是利益最大化，那么作为政府，其希望的是获得最多的选票。为了实现政治集团的利益，政党采用的政策尤其是竞选是所提出的政策目标一定要符合大多数选民的利益。因此就会产生面对着日益严峻的经济形式和社会状况，瑞典政府即使预见到未来将出现的糟糕状况仍然不能迅速的实行紧缩有效的改革，而率先进行社会保障改革削减的政府很可能被民众选举下台，如 1982 年瑞典非社会主义政党选举失败，以及英国撒切尔夫人的改革遭到巨大的阻力，在后来的英国大选中落败。为了实现政党自身或是政府自身的目标，在大选或每一届政府施政期间，很难出现言辞激烈的激进政策，换句话说，正当为了实现自身的利益，会暂时放弃有利于长远的政策。

第二，政府纵容民众非理性导致的拖延改革时机。政府为自身利益放弃大刀阔斧的改革，但这并不利于长远发展。由于政党的“纵容”，在社会保障改革一事上，双方一拖再拖，直至不得不改的境地，而延误时机所导致的损失无法量化，且其损失最终还是会有民众承担。到不得不改，民众舆论已形成的时候政党顺应民意进行改革不仅会减少推行改革所带来的阻力和支持民意下降，而且对自身也无损失。这种境地颇像中国春秋战国时期左传中《郑伯克段于鄢》记载的郑庄公一味纵容其弟为日后所采取手段制造理由一事。

民众的群体心理具有非理性的特点，政党利用了这一特点。因此在瑞典社会保障改革中，民众的心理既在推动了社会保障制度改革，但也延误了社会保障制度改革。

参考文献

[1] Sven E. Ollson, 1993, *Social Policy and Welfare State in Sweden*, Lund.

[2] 丁健定：《瑞典社会保障制度的发展》，中国劳动社会保障出版社 2004 年版。

[3] 古斯塔夫·勒庞：《乌合之众：大众心理研究》，冯克利译，中央编译出版社 2000 年版。

跨国移民的社会保障问题及国际合作*

向运华　章　洁

（武汉大学社会保障研究中心）

摘　要：对跨国移民社会保障待遇及落实方面的问题进行研究有着极为现实的意义。本文介绍了部分国家的移民政策，分析这些政策对跨国移民的影响，探讨如何在国际范围内保障跨国移民社会保障权益的实现。

关键词：移民　社会保障　国际合作

一、跨国移民的国际背景

当今的时代常被称作“移民的时代”。移民的历史与人类社会本身的发展同样久远，然而，国际移民则是国家形成并强化后的产物。进入20世纪，一方面是国家疆界、国家主权、国家利益空前明晰化，另一方面是世界资本主义体系的全球性拓展以空前规模将数十亿人口裹挟入其发展轨道，与此同时，科技进步以空间距离的“缩短”与“消失”改变着人们的地域观念并加速了人口的跨国迁移。当今世界，国际移民已成为全球普遍现象。国际移民数量逐年增多，移民浪潮一浪高过一浪。据联合国人口司于2002年10月发表的《2002年国际移民报告》估计，全球移民人口总数目前已经达到1.75亿，比1975年增长了1倍多。该报告称，在发达国家，几乎每10人中就有1人是外国移民，而在发展中国家，平均每70人中有1人是移民。目前欧洲有5600万移民，亚洲有5000万移民，北美有4100万移民，来自发展中国家的移民总数约占全球移民总数的40%。国际移民对迁入国和迁出国双方均产生政治、经济、文化及人口自身发展等多方面的影响，从而引起国际社会和世界各国学者的广泛关注，涌现出众多理论和不同观点。

* 本文是国务院侨办课题“移民社会保障政策研究”（GQBY2007036）的研究成果。

二、主要迁入国的移民政策

近几十年来，发达国家除少数在个别时期之外，主要是国际移民的迁入国。这些国家接受的移民主要有两类：一是出于人道主义考虑的移民，二是为促进本国经济发展和繁荣的劳动人口移民。

在有关外国移民政策和管理方面，不同国家各有特点。由于国际形势和国内经济发展的压力，除日本外，其他国家的移民政策都有不同程度的调整，总的趋势是逐步采取较为开放的姿态。

欧洲国家的移民政策变化比较具有代表性。20 世纪 70 年代，欧洲移民政策的基本措施是限制新移民迁入和促进现有移民的社会融合。但事实证明，欧洲奉行的移民政策已经不能适应迁移模式变化和国际社会对迁移态度的变化。

尽管 20 世纪 80 年代的经济衰退导致欧洲对外来劳工加以限制，但是日益发展的经济全球化，使得依靠政策控制劳动力流动的做法难以奏效。90 年代以来，大量非“正规”行业的非技术工作岗位不断产生，由于这些工作岗位因薪酬低而只有外来劳工愿意接受，因此，各国政府很难控制外来劳工的进入。

目前，发达国家移民政策的一些共同特点是：

（1）对国内的人口流动和迁移没有任何明文政策、规定和限制，但有不同形式的登记制度。

（2）公共福利和社会服务能够覆盖现住居民。

（3）对国际迁入有不同程度的松动（欧盟国家之间的跨国流动更为自由），但有准入条件和配额限制。迁移政策随着国内的政治形势、经济衰退和复苏、经济结构调整、不同层次和职业的劳动力需求以及人口变动而调整，各国逐渐从被动地控制入境到主动地引导合法劳工的流入，并根据国内劳动力市场的需求吸引不同职业、技能和数量的人才。

（4）重视对国际迁移劳工的管理制度和社会服务的逐步完善。

三、跨国劳动者的社会保障问题

（一）跨国劳动者社会保障问题的产生

早在 1942 年，英国著名的学者贝弗里奇在《贝弗里奇报告——社会保险和相关服务》中就曾预言：社会保险将成为影响劳动力流动的一个重要因素。假设人们为找到用武之地从一个国家移到另一个国家再次成为可能，那么人们就会渴望各国之间在社会保险方面制订互惠的安排以促进这种流动。也就是说，人们渴望通过这种安排，使他们在流动时可以避免社会保障方面的损失，并准许他们将在先前国家获得的保障权益部分地带到另一个国家。这个问题在不久的将来就会显现出来。①

自20世纪80年代以来，经济全球化得到了迅速发展，世界上所有国家都无法摆脱地被联结在了一起，经济的相互依存、相互影响日益加深。经济全球化也使越来越多的劳动者在国际范围内进行人力资源的重新配置。国际劳工组织②（ILO）在2004年国际劳工大会的报告中指出，2004年全世界大约有1.4亿人在国外从事工作，其中中国在境外的就业人数有54万人左右，并有现象确切表明跨国劳动力的流量在逐年增加。

人员国际流动交往的进一步频繁，使得各国社会保障制度的运行产生了一系列的问题：对于一个移入他国的劳动者，他在原来国家的社会保障缴费和待遇给付是中断还是由移入国政府管理？对于长期流动、短期流动等不同种类的跨国劳动者，是否应该区别对待？他们的社会保障待遇由哪个国家支付？如何支付？其中，有两大类问题需要给予特别的关注：

1. 社会保障双重覆盖与社会保障税的双重征收

很多跨国劳工会发现，他们同时被两个国家的社会保障制度所覆盖，一边要参加本国的社会保障，一方面根据就职所在国家的法律规定，又要在当地加入社会保障，从而产生双重参保，也就是说两个国家的社会保障制度都将他们确认为被保险人；也有一些跨国劳动者发现，他们失去了任何一方社会保障的参保资格，进入了社会保障的“盲区”。以德国为例，德国社会保险法遵循领土原则，根据这一原则，判断某一劳动者是否有投保义务或享有投保权利，要看其职业活动是否在德国境内发生，至于这一劳动者是什么国籍无关紧要。这样一来，与德国有关联的跨国劳动者，就有可能发生双重参保或在两国都不参保的情况。

2. 社会保障待遇支付的障碍

一般来说，由于各国社会保障制度都自成体系，即使跨国劳动者具备了参加国外社会保障制度的资格，在社会保障待遇的取得上，跨国劳动者也往往处于弱势，尤其是跨国劳动者的流动性特点很难适应社会保障待遇取得的时限要求。以东亚地区为例，韩国老龄年金的资格取得最低必须达到15年以上的缴费年限，失去资格者只能一次性领取补偿金；外籍人员参加我国基本养老保险达到退休年龄而年限不满15年的也是一次性支付其个人账户养老金累计储存金额；日本厚生年金的时限更

---

① 威廉·贝弗里奇：《贝弗里奇报告——社会保险和相关服务》，中国劳动社会保障出版社2004年版，第16页。

② 国际劳工组织，其前身是1901年国际劳动立法协会创立大会上成立的国际劳工局，1919年改为国际劳工组织，并作为与国际联盟有关系的一个独立机构而存在。1946年它又成为与联合国建立关系的第一个专门机构。其主要直属机构有：国际劳工大会、理事会和国际劳工局。总部设在日内瓦，在世界各国设有区域分局和地区办事处。国际劳工组织作为一个政府间机构，截至1988年已有136个成员国。

长，要达到25年以上才有资格享受年金。这样一来，很多的跨国劳动者只能取得部分国家的社会保障待遇，甚至有些人会因为缴费年限达不到任何一个国家的最低要求而最终失去养老保障。

跨国劳动者与当地劳动者做同样的工作，却得不到相同的社会保障待遇，这是对跨国劳动者的歧视，是不公平的表现。美国著名学者约翰·罗尔斯曾指出："所有的社会基本善——自由和机会、收入和财富及自尊的基础——都应被平等地分配，除非对一些或所有社会基本善的一种不平等分配合乎每一个人的利益。"① 在现代社会，以最低限度的社会保障为核心的生存权是人的基本权利，社会保障权需要公平分配，它的不公平分配并不合乎每一个人的利益。

(二) 国际合作对跨国劳动者社会保障权益的保护

劳动者的跨国流动，使得社会保障的管理越出了国境在国际间延伸，并给社会保障的管理带来新的挑战，社会保障的国际合作正是在这个背景下应运而生。社会保障国际合作的历史要追溯到20世纪初期，早在1904年，法意、德意、瑞意等国家之间就对保护双边的移民劳动者权益缔结了协议。② 随着二战后社会保障权得到全世界的公认及国际劳工组织的建立，各种国家之间的、地区的、国际性的合作得到了迅速的发展。如今，社会保障国际合作已成为解决国际社会保障问题的一条有效途径。

1. 国际社会保障协定

国际间社会保障协定的目标旨在让国际间流动就业人员承担合理的社会保障支付义务，同时也享有合理的保障待遇，妥善解决承担社会保障双重覆盖和双重征收义务的矛盾，降低在国外设有分支机构的跨国公司的正常业务成本，依据特定情况降低领取社会保障待遇标准，改进来往于两国之间工作的人员从社会保障制度获得经济保障的不利状况，帮助因达不到最低居住时间要求或缴纳社会保障费时间要求，在两个国家可能都不能领取社会保障金的人，帮助在国外工作过的人领取应得的社会保障补助金。一些国家一般只向与他们签订协定的国家支付社会保障补助金，所以，签订协定也有助于避免因无协定而阻碍人们获得应得的补助金的情况。

在有关国际组织的积极推动下，就移民和越境工人社会保障的国际合作取得了很大的发展，具体措施主要是：

(1) 确立平等待遇原则。即以国际条约的形式，使缔约国承担保证移民和越境工人在社会保障方面享受平等待遇的义务。这既包括移民和越境工人与本国工人在社会保障上享有同等的权利和承担同等的义务，也包括本国对于来自任何国籍的移

---

① 约翰·罗尔斯：《正义论》，中国社会科学出版社1988年版，第62页。

② 种及灵：《论社会保障的国际合作》，载《法学》2000年第9期，第5—8页。

民工人均采取同等待遇。这一原则集中体现在1962年国际劳工组织《社会保障平等待遇公约》之中。制定这一原则曾是双边和多边文件的重大目标和功绩之一，也是国际劳工组织为所有非本国人（外国人、难民、无国籍人）普遍提出的一个重要原则。

（2）维护跨国移民的既得权利。即由移出国和移入国达成双边或多边协议，保证移民和越境工人在移出国已经享有的社会保障待遇不因其越境活动而受到损害或丧失；并且，明确由移出国或移入国来负责支付其已经享有的保障待遇。从平等观点看，这一原则的重要性不亚于平等待遇的原则，它是平等待遇原则合乎逻辑的补充。它不仅保障了工人的合法权利，而且保证给予像已经留在国内的工人那种同等的有效的权利。

（3）维护跨国移民将要获得的权利。这主要是通过确认移民和越境工人在迁移前对社会保障已尽的义务来保障其权利。如果不确认其已尽的义务，将使他们因为迁移而失去已尽义务的记录，以致得不到应有的保护。此外，还通过采取缔结国际公约的办法，约束缔约国修订国内立法，对移民和越境工人实施切实的社会保障。

2. 社会保障国际合作通过确认社会保障管辖权可以有效解决社会保障资格确认上的纠纷

社会保障管辖权是指一个国家自主地管理社会保障事务的权力，国际合作通过制定相关的条款，确保跨国劳动者参加协议各方任何一个国家的社会保障制度，并接受其管理，以保证他们不被各国的社会保障制度排斥在外，同时也防止他们同时在两个或多个国家参保。具体对跨国人员的管理有以下三种划分：

（1）由移出国政府管辖。简单地说就是仍然由原国家来收取保障费用、提供服务。如我国与德国、韩国的社会保障双边协议规定，一个国家的参保人持社会保障免除证明，在对方国家工作时不用再参加社会保障。但是，这种做法可能会使劳动者失去取得境外社会保障权益的机会，尤其是对于长期流动人员而言。

（2）由移入国政府管辖。如欧盟各成员国的劳动者，在欧盟任何一个国家工作，社会保障都由就职所在地政府管理。这种做法有利于为劳动者提供适当、适时的管理和服务，但短期管理成本较高。

（3）短期内由移出国政府管辖、长期由移入国政府管辖。针对上述两种方法的优缺点，在社会保障的合作中逐渐引入了短期内由移出国政府管理、长期由移入国政府管理的方法。区分长短期能够提高管理效率，有效提高跨国劳动者的福利水平，如德日、美日之间的双边合作协议都引入了这种管理方法。不过，这种方法需要较高的技术支持，并且社会保障水平要相当。因此目前只在少量发达国家间应用。

3. 社会保障国际合作通过累计法和比例支付法可以有效消除社会保障待遇支付上的障碍

累计法即在审核享受社会保障的资格时，将该劳动者在各国的投保时间累计相加，合并计算。比例支付法是在待遇的支付上，各国按其投保时间与最低参保年限的比例进行共同支付。这些方法的基本思路是使劳动者在所有缴费国家都能取得与工作期限相当的社会保障待遇。具体来说，如果一方的缴费年限达不到领取资格的时候，加上在另一国加入制度的时间，从而获取待遇的资格，而承认期内的待遇不用对方国支付。累计法和比例支付法的应用，最大程度上保护了跨国劳动者既得与将得的社会保障权益，给解决国际间的社会保障问题提供了强大的工具。

社会保障的国际合作经过几十年的发展，基本形成了一个完整的体系。它符合经济全球化的发展趋势，维护了经济公平，提升了管理效率。然而面对纷繁复杂的国际社会保障问题，国际合作（地区合作）只是提供了一个解决问题的途径，它的实际作用仍然是有限的：第一，在各种社会保障模式之间难以进行合作。新加坡、中国香港的公积金为社会保障的发展注入了新鲜的活力，但这种模式显然与别的社会保障模式不能兼容；第二，有些合作协议的覆盖面比较窄，仅针对派遣人员或边境地区的工人，有的协议还制定了关于派遣人员的特别条款等；第三，提供的福利主要是保险型的，涉及疾病、失业和生育等的协定比较少。因此，我们在利用国际合作来解决跨国劳动者社会保障问题的同时，应清醒地看到其局限性，并积极探索其他有效途径。

（三）我国社会保障的国际合作

自新中国建立起，我国政府一直十分重视社会保障的国际合作。1951 年，我国社会保障方面第一部法规——《中华人民共和国劳动保险条例》第四条规定“凡在实行劳动保险各企业内工作的工人与职员（包括学校）不分民族、年龄、性别和国籍，均适用本条例”。可以说，这部法规为解决跨国劳动者的社会保障问题、进行国际合作，提供了法律依据。1999 年《社会保险费征缴暂行条例》又进一步明确了基本养老保险的参保范围不以国籍为限。加入世界贸易组织以后，随着经济的发展和出入境工作人员的增加，我国社会保障制度进一步加快了参与国际合作的步伐。2001 年《中华人民共和国与德意志联邦共和国社会保险协定》、2003 年《中华人民共和国与大韩民国互免养老保险缴费临时措施协议》签署，标志着我国社会保障国际合作开始走向规范化、制度化。

综合国际和国内多方面的因素来看，社会保障国际合作将有广阔的发展前景，我国社会保障的国际合作将在以下几方面取得长足的发展：

1. 加强与世界各国的双边或多边合作，探索社会保障合作新途径，切实保护我国出境就业人员的权益

近年来，我国境外就业人数和海外企业数量逐年增加，但是重复缴纳社会保障费等因素却在严重制约着我国海外企业的发展，“合理”地侵犯着我国境外劳动者的权益。用双边互惠方式来妥善解决跨国劳动者的社会保障问题是国际间最普遍采

用的方式，我国也应按照国际惯例和对等原则，开启在社会保险领域内进行合作的谈判。应在平等互利，以双方国家法律为基础的前提下，尽可能地覆盖各种人群及不同的险种，并注重降低行政成本。

2. 衔接国际有关跨国劳动者社会保障的劳工公约，加快与国际惯例接轨的速度

自20世纪20年代以来，特别是第二次世界大战以后，国际劳工组织针对跨国劳动者在国际间流动所涉及的各种问题，制订了许多国际劳工公约。这些公约对跨国劳动者的就业、工作条件、待遇平等、社会保障等方面均做出了明确而具体的规定。为了促进劳工境外就业的发展，更有效地保护跨国就业人员的合法权益，促进经济的全球化发展，我国政府可以在合适的时机选择一些适合我国需要的国际劳工公约逐步批准。

3. 建立地区间不同保障制度之间的合作机制，完善我国社会保障制度，构建社会主义和谐社会

我国社会保障制度改革以后，形成了以个人账户与社会统筹相结合为特点的社会保障模式；澳门地区在1989年建立社会保障基金以后，形成了一种“供款式社会保障系统”；香港地区于2000年12月起实施强制性公积金计划；台湾地区建立的是劳工、公教、军人、国民相区别的年金制度。随着往来于各地区工作人数的增加，地区间的社会保障制度的合作与整合逐渐浮出水面。建立国内不同保障制度之间的合作机制，对促进两岸三地的交流与合作、完善我国社会保障制度、构建社会主义和谐社会，都有重大的政治和经济意义。对此，社会保障的国际合作经验具有一定的借鉴意义。

4. 治理和打击非法移民活动，保障合法移民的应有权利

治理和打击非法移民活动是一项艰巨的长期性工作，必须打防并举、标本兼治，才能取得实效。所谓“打防并举、标本兼治”，就是要把打击和预防有机地结合起来，协调起来，两手抓，两手都要硬，既要严厉惩处各类偷渡活动，又要注意控制和消除偷渡活动赖以滋生的土壤和条件，加强出入境管理，严密出入境检查，依法建立科学的管理机制，从根本上控制和减少非法出入境活动，两者相辅相成，缺一不可。

公共养老基金管理刍议

周志凯

（财政部财政科学研究所）

摘　要：随着人口老龄化的发展，越来越多的国家积累了一定程度的规模不等的公共养老基金，如何有效管理公共养老基金以应付人口老龄化高峰期面临的严峻支付压力成为各国关注的焦点。本文将从治理结构、受托责任和投资政策三个方面探讨公共养老基金的管理，并以加拿大为例剖析其公共养老基金管理的成功经验。

关键词：公共养老金　基金管理　国际经验

随着世界各国人口老龄化的快速发展和全球宏观社会经济环境的变化，传统的现收现付制养老金制度面临着难以为继的困境。20世纪七八十年代，世界各国还在现收现付制和基金制之间如何抉择进行广泛而深入的探讨。到了90年代，随着越来越多的国家采纳了介于现收现付制和完全基金制之间的预筹基金制（或称部分基金制），这些国家相继积累了一定程度的规模不等的公共养老基金，如何有效管理公共养老基金成为广泛讨论的焦点。预筹基金制的核心是通过预先筹集的基金及其投资增值积累足够的养老基金以应付人口老龄化高峰期的严峻挑战，其中基金的投资增值最为关键。围绕养老金制度的这一系列热点和核心问题的探讨和实践都是为了确保养老金制度实现可持续发展。

良好的养老基金管理决定了养老基金的业绩，决定着养老金制度的可持续发展。国际上有不少国家公共养老基金管理走在了前面，取得了较好的管理经验。如加拿大，其人口老龄化的进程发展迅速：养老金计划的赡养率从1966年的7∶1下降到2002年的5∶1，预计到2030年进一步下降到3∶1。建立于1966年的公共养老金制度下积累的养老基金预计到2015年告罄。而从1996年起只要逐步提高3.9%的缴费率，通过预筹基金及其良好的管理，由此积累的公共养老基金可以使公共养老金计划至少可持续发展到2078年。各国的实践经验证明：一个良好的公共养老基金管理需要有良好的治理结构、明确的受托责任和适宜的投资政策。

一、良好的治理结构

1. 对管理机构进行授权

在养老基金内部，各种角色和责任都应该明确界定。一般由专门的法律对养老基金管理机构进行授权，明确管理机构的角色、目标和职责。如加拿大在1998年加拿大养老金计划（Canada Pension Plan，CPP）投资理事会法案中明确规定：取消政府基于地区或经济利益（这常常与养老金计划成员的利益不相协调）对CPP投资政策进行干预的特权，新投资政策的基本原则是以养老金计划成员的利益为首要利益。根据该法案，CPP投资理事会有两个明确的受托责任：一是，以供款者和受益人利益最大化为原则管理CPP基金，二是，以无不适当的损失风险下投资收益最大化为目标对CPP基金进行投资。

2. 挑选合格的管理机构成员

首先，该管理机构内部人员的任命和解聘都有明确限定的资格条件。如大部分国家均要求管理机构成员具备金融、经济、投资管理等方面的经验或专长。尤其以爱尔兰对其管理机构成员的要求比较详尽：要求所有的委员必须具备以下任何领域的资深专长和经验：投资、经济、法律、精算、政府文职部门、工会代表等等。以下人员也不能做委员：公务员，已经破产的其他委员会的成员、犯有欺诈或不诚实的罪行、被任何公司理事会取消资格或受到限制的人员。此外，对管理机构成员的解聘也不是随意的，除非法律上有十分充足的理由才能解聘。

其次，管理机构成员及其决策应具有独立性，因此管理机构成员的构成相当重要。为了防止政府对管理机构决策的干预，管理机构的成员往往来自于不同利益的代表者。如，管理新加坡中央公积金的中央公积金局，实行董事会领导下的总经理负责制，董事会由董事会主席、总经理和其他10名董事会成员组成，均由劳工部部长在得到总理的同意后任命，10名董事会成员包括2名政府官员、2名雇主代表、2名雇员代表和4名有关专家。又如，作为美国最大的公共养老基金的拥有者——美国加州公务员退休制度，其管理委员会的人员构成由州立法确定，现有13名，其中：6名选举产生——所有成员选举2人，州政府成员选举1人，学校成员选举1人，公共部门成员选举1人，退休者选举1人；2名由州长任命——地方政府官员选举1人，1名人寿保险公司官员；1名由州议会任命——即1名公众代表；4名为官方代表——包括州财政局局长、州审计局局长、州人事局局长和州人事委员会任命的1名州人事委员会成员。

为了防止政府对公共养老基金的干涉，除了加强管理机构的独立性外，不同国家还采取了其他方式。如在新西兰，选择了全程信息披露的方式。根据法律，部长对公共养老金基金的管理理事会有直接的管理权力，但是，其所有的指示必须是书面形式，同时提交国会，并在政府公报上予以公布。而在爱尔兰，通过明确禁止公共养老基金投资于政府证券，从而直接减少了一条可能导致公共养老基金被政府滥用的渠道。

3. 建立严格的内部治理结构

治理程序通常包括：建立强制性的风险管理和审计委员会，制定职员和高级主管的行为准则，详细描述不同部门的职能和职责，建立质量控制程序，建立严格的投资决策文件的保存、提供、接受检查和审计的程序，以及建立信息技术支持系统。

4. 监管

对公共养老基金的监管，是确保养老基金良性运行的关键环节。应该由监管私人养老基金的同一机构来监督和管理公共养老基金。如果可行，公共养老基金应该遵循和私人养老基金相同的标准。如加拿大，虽然没有将公共养老基金置于任何私人部门的金融监管者的权限范围内，但是为公共养老基金设置了与私人养老基金相同的管理和投资标准。相反，印度尼西亚则提出，公共养老基金和私人养老基金均由同一监管者监管。

二、明确的受托责任

一般来说，公共养老基金的管理体现了一种委托代理关系，因此明确管理机构对养老金计划成员及受益人的受托责任是确保基金良好管理的关键。一个明确的受托责任，既能激励管理者履行职责，同时能以养老金计划成员的利益最大化为目标来运营养老基金。受托责任的两个基本要素是：透明度和报酬结构。透明度的目标是全面的信息披露，包括养老金计划的财务状况、资产的投资组合、投资决定和业绩，等等。而报酬结构的目标是保证决策者能够较好的履行职责和承担责任，正确的判断和良好的业绩表现应该受到奖励，而错误的判断和不佳的业绩表现则应该受到惩罚。

1. 治理结构和责任的披露

对养老金计划的治理结构及管理机构应该进行全面而公开的披露，包括选择管理机构成员和经理人的原则。受托责任要求关于治理结构的所有细节都是公开的，尤其是要充分披露用来发现和预防欺诈的制度安排。作为治理结构披露的一个部分，管理机构还需要公布它的权力和职责的正式代表。一旦管理机构确定了其代表结构，要向所有的利益相关者披露。

2. 投资决策、业绩和财务状况的披露

管理机构要全面披露它的投资决策和投资业绩，包括绝对值和相对值上的业绩，这是保障养老金计划成员利益的基本要求。对于基金亏空要进行确认和披露，同时披露政府拟采取的补救措施。评价和处理基金亏空的过程应该透明，并在法律上明确界定这一项。当政府对部分积累有明确的政策时，应该对基金短缺的程度在政府报告中进行评估和报告。加拿大和爱尔兰都采取了公开可比较业绩标准的办法。加拿大以私人部门的基金业绩作为标准，而爱尔兰使用的是预先设置的一套指数标准。此外，加拿大基金经理要求至少每两年在每个州召开一次公众会议来讨论业绩。自从采取了这一公众报告会的形式，管理成本已经下降了60%多。管理机构还应该接受定期的管理和业绩审计。这在许多国家成为惯例。在加拿大，除了年度财务审计外，CPP还要求每六年至少进行一次对管理活动的特殊检查。

3. 激励、回报和惩罚

对业绩的激励和回报应该和授予的职责和风险挂钩。对于行使决定权的人应该根据他们行使权力的方式给予回报或者惩罚。经理应该周期性地审视他们所做决策的实施情况。遵守准则的人应该受到奖励，那些违反管理准则或者投资准则的人则应该受到惩罚，即使投资回报高于预期回报。管理者应该履行信托责任，如果没有遵守信托责任应该受到法律的制裁。

三、适宜的投资政策

公共养老基金管理的核心是基金投资，投资政策决定了养老基金投资的方向和收益，因此适宜的投资政策是养老基金管理中的关键要素。公共养老基金管理者有义务选择这样的投资策略，使养老金计划成员承担的风险和收益平衡。

1. 设定投资政策

投资政策由管理机构设定，并完全公开。投资政策一般由三部分构成：一是设定长期业绩目标，二是限定一个可以接受的风险容忍度水平，三是设定短期资产配置的参数。

2. 设定投资政策的目标

投资政策要明确表明基金积累和投资的目的主要是为了养老金计划成员的利益，即，使养老金计划成员的利益最大化。事实上，许多公共养老基金管理中设定了其他社会经济目标，如经济发展、推进社会福利等。通过长期的养老金储蓄积累所带来的间接影响，这些目标是可以达到的，但是如果将这些目标和养老金计划成员的利益放在同等的地位，则常常会引发目标冲突。如2001年之前，日本的养老储备基金长期以来通过一个“财政投融资计划”向促进经济和社会发展的各个政府公共团体融资，为日本基础设施建设、产业发展以及社会资本的形成发挥了重要作用，但是该计划导致了大量呆坏账，使公共养老基金损失严重：75%的养老金资产为不良贷款，坏账损失达到19.2万亿日元，超过资产总额的20%。

3. 对养老基金的市场力量和公司治理影响的规定

投资政策陈述书中要识别养老基金成为国内股票市场上支配力量的可能性，并且详细说明养老基金如何处理这种情况。投资政策中要明确养老基金作为股东如何行使投票权。由于担心公共养老基金不是出于基金本身利益的考虑而是其他目的的考虑而对公司治理实施影响，许多国家都有集中度限制规定或者将投票权授予委托投资的基金管理人。其他国家，如瑞典，则规定了养老基金有效投票权的上限，这样就减少了养老基金对公司治理的影响。

4. 评估和管理风险

公共养老基金投资中会面临一系列风险，如市场风险、信贷风险、流动性风险和运营风险。投资政策需要鉴别所有相关的风险及其对养老基金的业绩的影响，以及管理机构衡量、监控和管理每一种风险的方法。如，养老基金投资于固定利息证券常常会面临信贷风险，管理机构就需要确保有一个部门来评估和管理各种信贷风险。市场价格风险如利率风险和汇率风险也是养老基金投资中不可避免的风险。流动性风险是养老基金投资中面临的一个特定风险，其一部分源于需要及时按期支付退休者的养老金支出。因此管理机构要确保有一个部门对进出养老基金的所有现金流进行测定和监控，并以最低的成本来满足流动性需要。流动性风险也来源于对非市场交易资产的投资。由于没有一个现成的市场对这类资产进行再估价，长期持有常常会面临较大的风险。一般来说，应该尽量减少对这类资产的投资，但是在实践中，许多国家都不同比例的持有这类资产。因此投资政策中除了对这类资产的持有规定一个最高限外，还应该建立明晰的制度来规范其购买、处置和估价，尤其是买卖这类资产时要对其进行强制性的独立的评价，或者在管理机构的审计委员会的监督下进行。这个独立的评价过程包括评估交易价格、交易双方的独立性、与目标收益率相比交易的恰当性等。为了减少腐败，非流动资产的交易价格和细节都应该对养老金计划成员和公众披露。此外，每年至少对所有的非流动性资产进行一次独立的估价，以确保所持有的资产没有贬值。

四、典型案例分析：加拿大公共养老基金管理

1. 加拿大公共养老金计划概述

随着人口老龄化的发展，始建于1966年的加拿大公共养老金计划于1996年进行了一系列改革：费率从1997年的6%逐步提高到2003年的9.9%；将养老金储备基金总量从相当于2年的养老金支付总额提高到相当于5年的；并建立了新的积累目标，到2017年积累率达到20%，即储备基金总资产相当于养老金应付债务的20%；成立独立的养老金计划投资理事会，专门负责公共养老基金的投资管理。

2. 公共养老基金管理机构

根据加拿大公共养老金计划投资理事会法案，公共养老基金由新成立的公共养老金计划投资理事会进行管理，并赋予该投资理事会两个明确的受托责任：一是，

以供款者和受益人利益最大化为原则管理 CPP 基金，二是，以无不适当的损失风险下投资收益最大化为目标对 CPP 基金进行投资。

为了减少政府对 CPP 投资理事会的干预，投资理事会成员的任命是这样的：首先，由 9 个养老金计划参加省份和联邦政府的财政部门推荐人选组成提名委员会，负责提名的程序。接着，提名委员会根据投资理事会法案规定的标准推荐适合的人选。最后由加拿大财政部从提名委员会推荐的人选中挑选 12 个人组成投资理事会。这样投资理事会和财政部之间的距离就拉大了。投资理事会及其成员任命的过程全部受到公众的监督，候选人除了要达到规定资格，还要满足必须的技能及性格要求。加拿大 CPP 投资理事会成员的任期是交错的，一半委员的任期是两年，其余的是三年，可以连任，最长可以连任三届或者是 9 年。主席则可连任四届。各成员必须承诺遵守行为准则，并且报告任何潜在的利益冲突。

加拿大 CPP 投资理事会下设四个专门委员会。投资委员会和审计委员会依据加拿大养老金计划投资理事会法案设立，而人力资源及补偿委员会和管理委员会由投资理事会设立，以推进公司治理和运行目标。

投资委员会设定投资政策、标准和程序，对 CPP 投资理事会的年度投资计划进行评估、审批和监督。同时它也对投资风险管理方法进行评估，审批外部基金管理人和资产保管人的委任。审计委员会负责检查金融报告、外部和内部审计、信息系统和内部控制政策及惯例。风险管理的职责由审计委员会和投资理事会共同承担。该委员会由 5 人组成。人力资源及补偿委员会负责向 CPP 投资理事会评价和推荐补偿原则，向理事长推荐业绩考评程序，确保连续的计划项目都在进行，评估组织结构。该委员会由 5 人组成。管理委员会推荐管理政策、方针和程序，对理事会的效力做出建议，检查行为准则和利益冲突指南的运用，确保投资理事会要求的其他职责的履行。该委员会由 5 人组成。此外，在特殊情况下可设立一个特别委员会，专门处理应急事务。

3. 公共养老基金投资政策及业绩

按照无不适当的损失风险下投资收益最大化的原则，CPP 投资理事会在全球范围内进行了多元化投资。

首先，从投资品种上看，相当广泛。从一般金融工具，如债券、股票，到衍生金融工具，如期权、期货、远期、调期，再到实物投资，如房地产、基础设施等均有涉及。而且传统的养老基金投资工具如债券在总投资额中所占的比重不断减少。从下表可以看到，权益投资总额不断增长，投资比重从 2000 年的 5% 提高到 2007 年的 64.8%。债券投资总额不断减少，投资比重从 2000 年的 95% 降低到 2007 年的 25%。为了应付通货膨胀对养老基金的侵蚀，通胀敏感资产的比重在近几年不断增加，从 2003 年的 0.6% 提高到 2007 年的 10.1%。

其次，从投资的国别来看，国外投资总额不断增长，从 2000 年的 4 亿元快速增加到2007年的464亿元，投资比例从不到1%提高到40%，增长速度甚至远超过国内权益投资增长的水平。投资的国别主要包括美国、欧盟、英国、日本、瑞士、澳大利亚等，通过全球化投资降低了单一国家的系统性风险，分享了全球资本市场增长的成果，获得了较好的投资收益率。

最后，从投资策略来看，指数化投资（消极投资）和委托投资（积极投资）互补。为了控制政治家对选择股票的影响力和防止潜在的利益冲突，CPP投资理事会自身进行的投资都要求实行指数化投资。无论是对国内股票市场还是国际股票市场的投资，均选取了其主要证券市场指数，进行指数化投资。这样既节省了成本、降低了风险，又通过全球化投资取得了较高的收益。同时，CPP投资理事会通过委托投资实现了一定范围的积极投资。投资理事会通过招标、合同的形式，与几十家国内和国际一流的银行、金融投资、咨询公司等建立固定合作伙伴关系，委托他们在特定领域进行积极投资管理，取得较高收益。

因此，如下表所示，从2000—2007财政年度（除了2003年），加拿大公共养老基金均取得了较高的投资收益率，截至2007年3月31日，养老基金总额从2000年的445亿加元增长到1166亿加元，增加了721亿，其中投资收益达到481亿加元，贡献率高达66%。

加拿大公共养老金计划投资理事会的独特地位及其良好的管理机制，为世界各国公共养老基金管理提供了一个很好的范本。

加拿大2000—2007财政年度公共养老基金投资情况表 单位：10亿加元

年度		2000	2001	2002	2003	2004	2005	2006	2007
养老基金资产总值		44.5	48.7	53.6	55.6	70.5	81.3	98.0	116.6
权益	加拿大	2.0	5.0	10.0	11.7	22.6	27.7	29.1	29.2
	国外	0.4	2.1	4.1	5.4	9.3	20.9	32.6	46.4
名义固定收入	债券	35.8	35.3	32.6	31.0	30.2	28.6	27.2	29.2
	货币市场证券	6.3	6.3	6.8	7.2	7.7	3.1	0.6	0.1
通胀敏感资产	不动产	—	—	0.1	0.3	0.7	0.8	4.2	5.7
	通胀挂钩债券	—	—	—	—	—	—	4.0	3.8
	基础设施	—	—	—	—	—	0.2	0.3	2.2
年收益率（%）		3.2	7.0	4.0	-1.5	17.6	8.5	15.5	12.9

注：加拿大于1999年3月起开始投资，其财政年度从每年4月1日至次年3月31日，以上数据均截至当年的3月31日。

资料来源：加拿大公共养老金计划投资理事会网站。

参考文献

[1] Robert Palacios, July 2002, "Managing Public Pension Reserves Part II: Lessons form Five Recent OECD Initiatives", *Social Protection Discussion Paper Series*, No. 0219.

[2] Jeffrey Carmichael, May 5—7, 2003, "Robert Palacios: A Framework for Public Pension Fund Management", *Paper presented to 2nd Public Pension Fund Management Conference, World Bank, Washington DC.*

[3] 加拿大公共养老金计划投资理事会（www. cppib. ca）。

[4] 李珍、孙永勇、张昭华：《中国社会养老保险基金管理体制选择——以国际比较为基础》，人民出版社 2005 年版。

[5] 郑秉文、王新梅、房连泉：《日本 2001 年社保基金投资体制与投资策略改革评述：问题与前途》，载《辽宁大学学报》2006 年第 1 期。

浅谈我国社保基金监管中的问题及改进

谷永春　李　娅

（武汉大学社会保障研究中心　武汉大学公共管理系）

摘　要：社会保障基金是社会保障制度的经济基础，社保制度的健康运行，有赖于社保基金的支撑。社会保障基金的保值增值是社保基金投资运营永恒的主题。近年来我国的社会保障基金发展迅速，并且已成了相当的规模。但目前我国社保基金的投资与运营过程中存在着很多的问题，实际地或潜在地影响着社会保障基金的安全与保值增值。社会保障基金监管制度可以有效的消除社保基金投资运营过程中的不利与威胁因素。因此，弄清当前我国社保基金监管中存在的问题，并针对这些问题提出相应的改进措施，以加强和完善社会保障基金的监管制度，对维护社会保障基金投资与运营的良好环境，进而保证社保基金的保值增值，有着不言而喻的意义。

关键词：社会保障基金　监管　改进

基金一般是指由产品分配形成的、具有特定用途的资金。社会保障基金是根据国家有关法律、法规和政策的规定，为实施社会保障制度而建立起来、专款专用的资金。社会保障基金一般按不同的项目分别建立，如社会保险基金、社会救济基金、社会福利基金等。其中，社会保险基金是社会保障基金中最重要的组成部分。目前，我国社会保险基金分为养老保险基金、失业保险基金、医疗保险基金、工伤保险基金和生育保险基金等。其中养老保险基金数额最大，在整个社会保险制度中占有重要地位。社会保障基金实质上是从国民收入的初次分配和再分配过程中形成的一种消费性社会后备基金，在性质上属于社会公共基金。① 社会保障基金监管是指由国家行政监管机构、专职监管部门为防范和化解风险，根据国家法规和政策规定，对参保企业、社会保险经办机构、地税征收机构、基金开户行、基金运营机构及社会

① 郑功成：《社会保障学》，中国劳动社会保障出版社 2005 年版，第 218 页。

保险基金、全国社保基金和企业补充保险或其他有关中介机构在基金筹集、运营、支付的过程及结果进行监督。

社会保障基金是社会保障制度的经济基础，故社保制度的健康运行，有赖于社保基金的支撑。加强社保基金监管，是社保体系建设的一项重要内容，是保障社保制度稳定运行、促进社保事业可持续发展的首要前提，是维护广大老百姓合法权益，促进社会稳定的迫切要求。对其加强监管，不仅可以进一步完善整个社保制度，而且对居民收入分配也可进行有效调节，进而对社会经济的发展起协调作用。从另一个角度看来，社会保障基金是社会保障制度的物质基础，是社会保障制度顺利实施的关键和重要保证。社会保障基金监管作为社会保障体系建设的一项重要内容，对保证社会保障制度稳定运行，促进社会保障事业的可持续发展，维护企业和广大职工权益有着十分重要的意义。

一、加强社保基金监管的重要性和必要性

从 1986 年中国社保制度进入重构至今，中国社保框架的雏形初显，随着改革不断深化，社保覆盖范围不断扩大，基金支撑能力逐步增强。社保基金自建立以来，始终保持着良好的发展势头，随着社会保险范围的不断扩大，社会保险基金近年来正以 20% 左右的速度递增。据统计，2005 年，中国各项社会保险基金已达 18435 亿元人民币，是 2000 年的三倍，超过国内生产总值的 10%。截至 2006 年底，各项基金已经超过 1. 8 万亿元，占全国一年 GDP 的一成。以养老基金为例：1998—2006 年间，中国养老基金的参保人数从 1. 12 亿增加到 1. 86 亿，年均递增 6. 5%，基金收入也从 1500 亿增加到 6100 亿，年均递增 19. 2%。单 2006 年一年，中国养老保险就增加了“三个一千”，即参保人数增加了 1100 万人，基金收入增加了 1000 亿，资金增加了 1200 亿。从 1998—2006 年，包括养老、医疗等在内的五项社会保障基金的积累从 800 亿攀升到 8000 亿，年均增长高达 33. 3%。①

如此规模的社保基金，如果缺乏有效的监管，在巨大的利益诱惑之下，难免会造成违规事件的发生。对迅速膨胀的社会保险基金加强监管力度面临着越来越大的挑战，它的重要性和必要性也越发突出。

(一) 社保基金监管是国家责无旁贷的职能

社保基金监管既是降低社会保障基金运营管理风险的有效手段，又是保障基金运行安全的必要过程。政府以其公信力和强制力将社会保障基金的控制权掌握在自

① 马辉：《学界建议成立社保基金监管委员会保障基金安全》，载《21 世纪经济报道》2007 年 1 月 11 日。

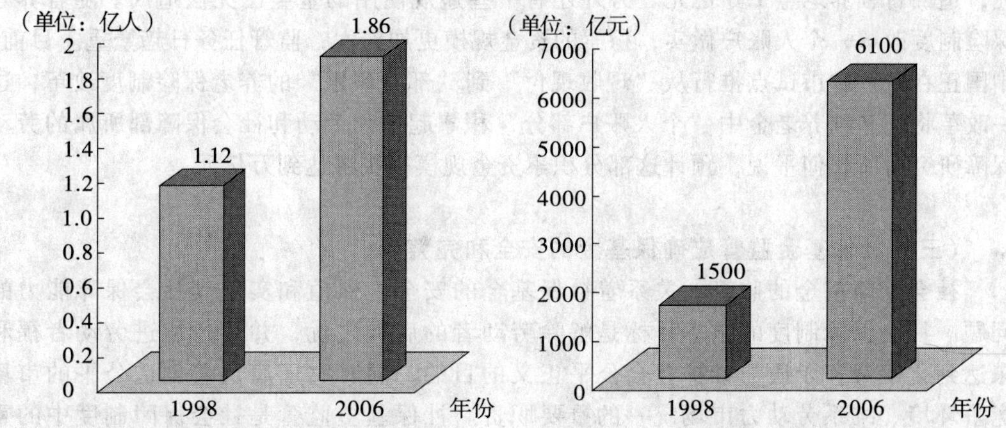

图1 1998—2006年中国养老基金的参保人数变化 **图2 1998—2006年中国养老基金的基金收入**

己手中，也相应地担负起基金的安全和保值增值的责任。社会保障基金监管从宏观上看是政府的责任，也是政府的基本职能。

在社会保障基金监管的过程中，政府有关职能部门作为社会公民的共同代表，以确保社会保障基金有效管理和运行为目标，最大限度地提高基金收益率与保障公民参加和享受社会保障的合法权益，通过立法规范社会保障基金的筹集、投资、偿付等运营过程，进行全方位的监督管理。

属于社会公共基金的社会保障基金是经济发展和社会公正的制约因素之一。社会保障发展史上，欧共体由于监管不力，造成社会保险支付膨胀，导致1990年欧共体养老保险和医疗保险的累计债务达715亿欧洲货币单位，相当于欧共体12国GDP之和的14.5%，造成严重的财政赤字，影响了经济的发展。因此，政府对社保基金从收集、运营到支付全过程的监管应成为政府责无旁贷的基本职能。

（二）社保基金的监管任务日趋繁重

随着社会保障制度覆盖范围的不断扩大，中国社会保障基金近年来正以20%左右的速度递增。中国社会保障基金包括养老、医疗、工伤、失业、生育五大项。中国劳动和社会保障部数据显示，截至2005年，全国社保基金累计结余6066亿元。中国还建立了资金规模达2000多亿元的全国社保基金战略储备。2.4万家企业积累了680亿元的企业年金。然而，中国社保基金的监管一直是棘手的问题。2007年上海市发生的“违规使用巨额社保基金案”，就说明政府部门在管理中仍有漏洞，相关政策在贯彻中执行不力，监督体系也尚未健全。据官方不完全统计，1998年以来，中国共清理回收挤占挪用的社保基金160多亿元，2001年以来追缴养老保险基金95亿元，追回冒领养老金1.6亿元。另外还有一些违规使用的基金已无法追回。随着养老保险制度改革，个人账户做实，积累的资金规模更加庞大，监管任务日趋繁重。目前，中国正在一些省市试点推行从“现收现付”到“部分积累”的养老保险制度改革，这一改革将把基础养老金中“个人账户部分”积累起来。劳动和社会保障部所属的劳动保障研究所所长何平说，预计这部分积累资金规模很快将达到万亿元。

（三）社保基金监管应确保基金的安全和完整

社会保障基金的监管，关系着社保基金的安全、保值和实现其社会保障能力的问题。社会保障制度的基本目标是解除劳动者的后顾之忧，并通过增进劳动者福利来达到化解劳资矛盾与维护社会公平正义的目的，同时它还肩负着创造公平的市场竞争环境、维系劳动力市场统一的重要职责。社保基金监管是社会保障制度中的重要一环，确保基金的安全和完整是基金监管的首要目标。社会保险基金无论从收支的过程来看，还是从投资运营的操作看，都潜伏着各种风险。基金规模的越大，基金风险的可分散程度越小，建立和完善具有“防火墙”效应的监管制度，就成为各国社保基金的重要内容。我国的社会保障制度在短期内有了很大的发展，2005年基金年度收支规模达到10000亿元；2010年预计可达到40000亿元。如此庞大的基金规模，如果对之监管不慎，就会引发剧烈的社会问题。因此，加强社保基金监管，确保基金安全完整，使之既维护基金所有人的利益，又能确保制度的平稳运行，是我们面临的一项现实而紧迫的任务。

二、社会保障基金监管的难处和存在的问题

由于中国的社保工作起步较晚，基础薄弱，尤其是社保基金监管工作与飞速发展的社会主义市场经济的要求还很不适应。目前中国社保基金监管体系正处于“覆盖面窄，待遇水平低，管理服务差”的发展阶段，存在着“重制度轻落实、重政策轻管理、重资金轻服务”的倾向。在社会保障基金监管制度建立的较短时间内，实际运作过程中出现了一些问题：

（一）社会保障基金监管立法层次低，制度不健全

我国社会保障立法在市场经济法治体系中相对落后，在基金监管立法上基本以法规和地方规章为主，且在制度上给予地方的自主权太大、太多，各省之间、各区之间制度不对接，造成许多不必要的混乱和障碍，增加了监管的难度。由于现行法律法规对社保基金监督的规定较分散、原则性不强，使基金监督缺乏充分有效的法律依据，实践中很多问题的处理无法可依，造成社保基金被挪用和流失，妨碍了社保基金制度的有序运行。同时，由于现阶段我国社会保险基金在监督和管理制度方

面存在漏洞，缺乏相关立法规定，从而给了一些腐败分子以可乘之机，贪污挪用社会保险基金，严重损害了党和政府的威信，影响到了人民群众的切身利益。另外，在监管主体上劳动、财政、金融等多部门齐抓共管，看似协调，实则相互牵扯，职责不明，效率低下。因此，还应当规范监管的主体及职能，使其职责明确。

全国人大代表、中国人民大学法学院院长王利明认为，目前我国正在加快社会保障方面的立法，建立完善的社会保障体系已成为全社会的共识。而作为社会保障制度重中之重的社会保险，涉及养老保险、工伤保险、医疗保险、失业保险、生育保险等，关乎百姓生活方方面面。对于作为人民群众"养命钱"与"救命钱"的社会保险基金的监督与管理，理应得到国家的高度重视。

（二）社会保障基金监管信息披露制度不完善

在市场交易中，交易的一方不能够充分了解另一方的真实情况，从而影响决策的准确性，这种现象叫做信息不对称。不管是在发达的金融市场还是不够健全的金融市场上，信息不对称现象都是存在的。从交易过程进行来看，信息不对称可能在交易发生之前和交易发生之后。我国社保基金监管中因为信息不对称导致在社保基金的征缴、运作、支出等各个环节不同程度地存在风险。

例如在养老保险领域：经办机构对职工保险待遇、退休职工养老保险是否全额缴清、各项保险待遇计算是否准确等方面信息不全，导致企业躲避缴费、隐瞒职工人数、缴费基数等现象普遍；在支出方面，由于没有开通指纹识别系统，也没有与银行、邮政储蓄等代发部门进行信息沟通，致使出现退休人员死后还在冒领养老金的"吃空饷"现象，信息不对称导致各自孤军奋战。在社保基金运作上，因基金所有权与经营权分离的运作方式出现了委托——代理风险，因为两者之间信息不对称，委托人无法准确地掌握受托人的行动特征，也很难准确做出促使代理人在委托人无法监督的情况下依然为委托人的最大利益而经营的判断，"逆向选择"和"道德风险"不可避免。

（三）社会保障基金监管预警措施落后

监管环节作为社保基金循环过程中的重要一环，监管制度的建设应当着重于预防，防患于未然，而不是治理于已然。现行社会保障基金监管在监管机构、信息披露、市场准入、退出、内部监控、外部中介机构等制度建设方面缺乏科学考量，监管权滥设，致使问题出现后，再采取紧急措施来弥补。这虽是立法过程中不可避免的成本，但降低成本是符合立法效率要求的。基金的监管制度与政府干预的其他制度一样，是一把双刃剑，它在弥补市场不足的同时也可能妨碍市场机制。由于相关部门对监管职能的认识非常有限，甚至是模糊的，这就不难理解在监管制度设计方面存在的缺陷，使得监管机制与市场一样也会存在失灵问题，主要是源于不完全信息与不完全竞争。因此，应当加强对事前监管制度的研究，小心求证，谨慎设计，借鉴发达国家的经验，将可能的风险控制在最低。

（四）社会保障基金运作监管方式僵化

国际上通常将监管方式分为两类：审慎性监管与严格限量监管。中国社保基金的监管方式是严格限量监管，即预先配置好各种资产在总资产中的比例，然后按照既定的比例投入资金。2001 年《全国社会保障基金投资管理暂行办法》第 25 条规定：社保基金投资的范围限于银行存款、买卖国债和其他具有良好流动性的金融工具，包括上市流通的证券投资基金、股票、信用等级在投资级以上的企业债、金融债等有价证券。理事会直接运作的社保基金的投资范围限于银行存款、在一级市场购买国债，其他投资需委托社保基金投资管理人管理和运作并委托社保基金托管人托管。第 28 条规定：划入社保基金的货币资产的投资，按成本计算，应符合下列规定：“1、银行存款和国债投资的比例不得低于 50%，其中，银行存款的比例不得低于 10%。在一家银行的存款不得高于社保基金银行存款总额的 50%。；2、企业债、金融债投资的比例不得高于 10%；3、证券投资基金、股票投资的比例不得高于 40%。”面对我国日益扩大的基金需求，基金的增值问题成为考验监管制度效率的重要参数，也就是说在对基金运作方面，市场机制与政府监管机制应如何协调，监管制度设计时如何在严格监管和审慎监管方式中进行取舍，才能达到资源利用的最优化，成为监管制度的重点。

三、社会保障基金监管中的难处与问题探因

一是部分人社会保障意识淡薄，缺乏法制观念，没能真正认识到社会保障对经济体制改革、社会稳定和企业发展的重要意义；没有认识到社会保障体系是减震器，是安全网，是经济发展不可或缺的助推器。一些缴费单位领导和个人受本位主义、地方主义和利己主义的影响，从小团体或个人利益出发，有意识地进行少缴、漏缴和拖欠社会保险费，一些单位和个人钻政策的空子，想方设法，投机钻营，隐瞒、虚报、作假、冒领社会保险金，还有个别工作人员素质不高，擅自挪用基金，甚至出现与单位勾结，为偷逃社会保险费提供便利的违纪违规问题。

二是由于征缴对象不断扩大，征收任务由劳动保障部门承担发展到税务部门承担，征缴方式由差额缴拨改为全额缴拨，社会保险金由单位发放改为社会化发放。社保基金运行发生的深刻变化，虽然有利于社会保障制度的推进和完善，但也存在社保资金筹措困难，造成逃缴拖欠保费现象严重的弊端；社会化发放管理要求更高，人口老龄化更增加了养老和医疗保险的难度，资金积累和保障服务功能仍不适应。

三是社保基金来源除了社会保险费征缴及利息这一主渠道外，还有中央及各级

政府补助金、统筹调剂金、国有股减持投入以及基金投资收益等。但有的地方财政支出结构调整力度不够，对中央财政依赖性大，补充社会保险基金的渠道尚未落实。

四是社保基金管理运行单位由原来社保经办机构一家承办，逐步演变为税务、财政、银行、邮政等部门和医院、药店社会服务机构多家参与，管理协调难度加大。现行的各部门封闭监管的模式体现为：在基金多部门管理体制下，存在着社保经办机构、税务、财政信息不能共享；基金到位迟缓，在途时间长；基金收、支、管各个环节的工作流程不顺，数据、凭证传递不及时，各方账目、数据常有出入的问题，使基金在每个环节上都可能出现安全隐患。

针对存在的问题，必须引起相关部门和社会各界的高度重视。分析问题的症结所在，从实际出发，有的放矢，制定有效措施，加强社保基金各环节的监管，依法查处违法违规行为，堵塞基金流失黑洞，切实维护人民群众的合法权益。

四、针对社保基金监管中存在问题的改进

（一）制订专门监管法律，突显制度的效率性

社会保障基金监管是一项执法工作，必须具有法律保障。在社会保障制度比较完善的国家，都建有专门的监管法规和制度。目前，加快社会保障基金管理立法是当务之急。从法规制度上加以完善，从源头上防止参保单位或个人通过钻政策空子来偷逃社会保险费的行为，从根本上堵塞漏洞，杜绝欺诈行为。有关基金的征收入库、支付管理、保值增值等问题都应立法加以规范，以保证基金的按时发放，防止基金的挤占挪用，保证基金的安全，从源头上加强预防和治理。要通过对不同的利益主体如参保单位、经办机构、基金开户银行、代发机构、待遇领取人员等形成有效的制约，使任何可能触及基金利益的行为都不能逃脱基金监管的审视。做到依法征收，应收尽收，坚持标准，应保确保。从源头防范和化解风险，建立严格的事前、事中、事后监控制度和监控机制，逐步形成一套制度健全、责权分明、平衡制约、运作有序的良性运行和制约机制。各个环节管理到位才能保证基金在各个环节的安全和高效运作。

我们在制定监管法律的时候，应当在各个环节进行着成本和收益的核算，违法的成本如果远远高于所得，选择违法的动机就会受到遏制，监管制度的效益就得到了体现。同样，还要考虑到执法的效率即监管者的监管效率。基金监管的执行要付出巨大的监管成本，而成本的支付者就是中央财政。如果政府为监管而付出的成本大于监管所能避免的利益损失，那监管是无效率的；相反，则是有效的。

（二）完善基金信息披露制度，强化社会监督

在信息披露的内容上应体现信息的科学性、技术性。在美国比较成熟的基金信

息披露中，证券交易委员会要求以图表化、定量化和标准化的方式，披露特定基金的总体风险，并讨论有可能负面影响基金净资产价值、总收益的情形。我国由于基金制度产生的时间短，信息披露显示出明显的试行特征，信息披露的要求是粗线条的，主要集中在合规性的披露，缺少技术性的披露，对风险披露的要求很一般化，只是在中国证监会的《信息披露准则》里要求提供“市场风险，管理风险和其他风险”，至于其包含的内容、披露的方式与程度均未做具体的规定。

利用“金保工程”建设的契机，建立和完善科学的数据信息体系，将领取养老、失业保险金对象的个人资料包括年龄、工作时间、工作年限、退休时间、工资标准等一系列资料建立统一的数据库，进行核实，并与征管基金数据体系的数据库、银行（邮政）工资发放数据库联网，建立健全社会保障社会化发放的基础数据和网络管理体系，延伸到社区劳动保障平台，并要逐步实现全省、全国联网。同时，充分运用高科技手段，如设立指纹辨别系统、自动查询系统、网上稽核系统等，建立健全异地协查制度，充分发挥用人单位的职代会、离退休人员、街道协管员、社区社保工作人员和网点管理人员的监督作用，对少报、漏报社保费以及冒领社保待遇行为实施全方位核查、立体化联防，这样才能不断推进社会保障基金管理的规范化、制度化，有利于遏制虚报冒领等不规范行为，防止社保基金的流失。

（三）加强基金的预算监管制度

建立健全预算管理体系，增强基金监管的科学性、预见性和主动性。加强基金的预算监管制度，是保证整个社会保障制度可持续运作的重要环节。市场经济发达国家如英国、美国、日本都建立了基金预算监控制度。我国《预算法实施条例》第20条规定：“各级政府预算按照复式预算编制，分为政府公共预算、国有资产预算、社会保障预算与其他预算。”但我国至今没有建立这一相应的制度。没有各项基金的预算制度，会导致国家在基金积累和使用方面的无序化。由于我国在体制转轨时期，各项保障尤其是中央与地方在养老保险上的历史债务没有划清责任，导致在退休金支付方面，地方政府不断向中央政府哭穷，中央政府转移支付增大，地方政府欠账也越来越多，基金使用各地始终是入不敷出，缺口越来越大。因此，应以收支平衡和防范支付危机为原则，根据我国的人口、劳动力、就业、经济发展速度、社会保障需求等状况，面对即将到来的“未富先老”国情，建立以社会保险为核心的基金预算监管制度，增加预警防范体系，防止系统性危险的出现，保证制度运行的可持续性。

为实现社保基金收支两条线，规范基金收支管理，要做到科学计划安排，建立健全预算管理体系。一方面，按照“一揽子社保预算”方法编制社保预算，各项目实行分项预算的管理，保持收支平衡的机制，增强基金监管工作的科学性、主动性和预见性。对参保单位的缴费行为实行专项审计，做到定期审计与经常性检查相结合，发现问题及时查处。另一方面，要做到依规严格审核，把住基金支付关口。

（四）建立纵横交织的监管网络，防患于未然——确保基金安全第一

我国应形成包括法律监督，政府的行政监督，财政、审计、监察等部门的专门监督，经办机构上对下的常规监督，执法部门对应参保行为人的监督，社会的群众监督、舆论监督的社会保障基金监管体系。也就是建立健全以行政监督为主导，基金管理机构内控自律为基础，专门监督和社会监督为补充的社保基金监管体系。其核心都是围绕社保基金的收、支、管和行为人的合法权益问题进行规范。

这样基本上铺就了一张自上而下，纵横交织的监督网。纵向监督体现在上级对下级的行政监督，一级对一级实施经常性监督，层层落实目标考核责任制，基金监管机构对各社保经办机构的日常监督；经办机构依据《社会保险稽核办法》，依法对缴费单位和个人申报的缴费基数和缴费情况及社保待遇支付情况进行核查，从上至下构建了社会保障监管责任体系。横向监督体现为专门监督、互相监督、社会监督、群众监督上。劳动保障部门担负着社会保险基金行政监督和社保基金运行各环节、全过程综合监管的组织、协调工作职责，财政、审计、银行、税务等部门各自履行其对社保基金进行专项监督的职责，并互相协调、制衡。各级社会保障监督委员会充分发挥社会监督作用，依法对社会保障政策执行情况和社保基金征缴、管理、运作以及使用情况进行监管；各社保经办机构建立内控自律机制，在基金征缴和拨付上，搞好内部权利分解，做到财务、业务、稽核三分离，真正形成互相制约、互相监督的机制；同时，强化群众监督，建立社保基金监督举报奖励制度，通过设立举报信箱、公布举报电话、受理并查处举报案件等措施，疏通社会监督渠道，利用新闻媒体，搞好舆论监督。

这样一张疏而不漏的监督网络，使基金监管有着氛围、环境、整体、联动的社会性，从而确保基金安全至上，维护社保基金的安全完整和高效运作。

参考文献

[1]《领导干部社会保障知识读本》，中国劳动社会保障出版社2002年版。

[2] 殷俊、赵伟：《社会保障基金管理新论》，武汉大学出版社2007年2月版。

[3] 王博：《中国社会保障基金监管中的问题及对策》，载《广西民族大学学报（哲学社会科学版）》2007年6月。

[4] 丁文杰、傅兴宇、丛峰：《中国社会保障基金监管运营面临挑战》，载《证券日报》2006年9月30日，第B01版中国金融。

企业年金基金增值管理的有关技术分析*

张 骞

（武汉大学社会保障研究中心）

摘 要：作为我国养老体系重要补充的企业年金正日益凸显出其在养老方面的重要作用，因此，实现企业年金基金的增值，确保基金收支的长期平衡成为了我国企业年金基金管理的核心目标之一。而企业年金基金管理和增值的关键，就在于对企业年金基金的投资策略和投资组合模型进行充分的优化组合。本文拟通过对企业年金基金投资策略、投资模型的初步研究，希望在企业年金基金增值方面进行一定的有益探索。

关键词：企业年金基金　增值　Markowitz 模型

根据我国《企业年金基金管理试行办法》的规定，我国企业年金基金可投资银行活期存款、中央银行票据、短期债券回购等流动性产品及货币市场基金的比例，不低于基金净资产的20%；投资银行定期存款、协议存款、国债、金融债、企业债等固定收益类产品及可转换债、债券基金的比例，不高于基金净资产的50%。其中，投资国债的比例不低于基金净资产的20%；投资股票等权益类产品及投资性保险产品、股票基金的比例，不高于基金净资产的30%。其中，投资股票的比例不高于基金净资产的20%。但就目前的投资状况来看，投资于股票等权益类的比例较小，主要投资工具为国债、可转换债、企业债等。总体来说，我国企业年金在保证安全性的前提下存在迫切的提高本金收益的需求，即需要确保企业年金基金的增值。因此，在我国目前缺少有效避险工具的情况下，对股票、债券等的投资策略和投资组合模型的选择显得尤为重要。本文将从投资策略和投资组合模型的角度，展开对

* 本文系国家自然科学基金重点项目“中国补充养老保险制度研究”（项目号：70533040）的阶段性研究成果之一。

企业年金基金增值管理的技术分析。

一、企业年金基金的投资策略

（一）股票选择策略

股票的选择策略可以分为个股选择策略和股票组合策略，在个股的选择策略上主要可以分为价值投资策略和成长投资策略，其适合于散户的投资选择。而作为企业年金基金的投资管理人通常选择股票组合策略，以利于有效回避市场中的非系统性风险，确保企业年金基金预期收益的稳定性从而实现整体投资收益的最大化。其具体可采用：

1. 积极的策略

根据市场情况的变化，在各种不同投资策略之间进行转换或对不同风格的股票按照一定比例构造不同股票池，从而充分挖掘和利用短期市场环境变化所蕴涵的机会。由于投资策略的转换必须按照对市场的预先判断为基础，因此积极的股票组合策略交易成本较高，最终投资绩效具有较强的变动性。

2. 略显进取的组合策略

为激进型投资主体所采用，通常购买并长期持有某一类股票，一旦选定后不轻易进行组合的调整，并在此基础上对这些单一投资风格的投资策略作进一步的具体组合。

（二）债券投资策略

1. 纯现金流匹配专项投资组合

纯现金流匹配专项投资组合，是通过组合中附息债券的息票、偿债基金的付款、债券到期的本金来完全匹配债务的偿还计划，即退休金的固定支出。债券投资组合经理可以在投资组合中选用一系列的零息债券来完成匹配债务的头寸。其存在的不足就是投资组合所产生的任何现金流不能再进行投资，因此是一种被动的技术。

2. 再投资专项技术

再投资专项技术基本与纯现金流匹配专项投资组合技术一致，但其存在一定的假设，即投资组合所产生的现金流的时间并非完全与到期债务的时间相一致，因此债务到期前所获得的现金流可以用合理的保守利率来投资，该假设可以考虑一些高收益债券，并使得整个投资组合获得较高收益。

3. 传统免疫技术

传统免疫技术，是指通过特定方式，在投资期内获得固定的收益，从而避免在此期间市场利率变化对投资组合的影响。在市场利率没有发生变动时，投资收益就是投资组合开始时所隐含的收益率，但在实际情况下，市场利率是经常性发生变化的。通常债券投资组合在投资期内将面临价格风险和息票的再投资风险。价格风险主要产生在市场利率处于上升的时期，债券在二级市场中实际价格低于期望值；当市场利率处于下降的时期，债券的实际价格会高于期望值，但应当注意的是，如果不能确定后期利率的走势，将无法确定日后债券的价格。息票具有再投资风险是因为在当时构造投资组合的时候，隐含的假设条件为在投资期所收到的所有息票都将以当时所期望的收益率来进行再投资。可以看到的是当投资期内市场利率期限结构没有发生变化的时候，息票的再投资利率是当时隐含的到期收益率。当市场利率下降时，息票的再投资收益就会少于期望收益；而当市场利率上升时，息票再投资收益将高于期望值。

由于利率变化所引起的债券价格变化与息票再投资收益变化方向是相反的，利率上升价格的下降会使息票的再投资收益上升，反之亦然。因此，如果能够选择合适的投资期，息票再投资收益的变化与债券价格变化相冲抵，投资组合就实现了利率免疫，即利率的变化将不会对投资组合的收益发生影响。

4. 时期匹配技术

时期匹配技术，是纯现金流匹配技术与免疫技术的组合。该技术的实现主要分为两个阶段，第一阶段，投资组合的建立以纯现金流匹配技术为基础；第二阶段，投资组合策略以免疫技术为主。能够保证在第一阶段获得稳定现金收入，在第二阶段保本和保持灵活性。

5. 条件免疫技术

条件免疫技术，是在传统免疫技术上发展起来的积极的管理策略，运用条件免疫技术能够获得更高的利润，同时在积极管理策略失败时，能够保障投资组合维持稳定的收益。条件免疫技术的基本前提是客户能够接受比市场利率稍低的预期收益率，因此当企业年金基金投资管理人预测利率可能下调时，就将投资组合的久期调整为大于投资期，而此时市场利率真的下调的时候，投资组合在取得收益之后又进行了传统免疫，由此企业年金基金投资管理人所得到的收益将超过传统免疫技术运用下的收益；而当利率未按预期下调反而上升的情况下，债券投资组合会遭受一定损失，但其可以立即对投资组合在高市场利率下进行免疫，从而能够将投资组合的收益确保在客户可承受的范围内。

二、企业年金基金投资模型的技术分析

符合投资运作规律的资产组合模型对企业年金基金的增值是具有重大的指导意义的，因此，需要对适合企业年金基金运作的资产组合模型进行细致的技术分析。

（一）Markowitz 资产组合模型

模型（1）：

$$\text{s.t.}\begin{cases}\min\sigma_p^2 = X^T\sum X\\ X^TR = r_0\\ e^TX = 1\\ X \geqslant 0\end{cases}$$

其中，σ_p 为证券组合的方差；

Σ 为 n 种这个证券收益率的协方差矩阵；

$X=(x_1, x_2, \wedge, x_n)^T$，表示 n 中证券的投资比例；

$X\geqslant 0$ 表示≥X≥中的任意元素都大于或等于零；

$R=(E(e_1), E(r_2), \wedge, E(r_n))^T$，为 n 种证券的预期收益向量；

$$e=(1,1,\wedge,1)^T$$

r_0 表示投资于该证券组合的投资者的预期回报。

以上模型为二次规划问题，通过求解该二次规划可以得到给定预期收益条件下的最优证券投资组合比例。

（二）Markowitz 模型在企业年金基金投资组合中的运用

企业年金基金在资本市场投资中，其投资品种、投资比例都要受到相关的法规的限制。

假设企业年金基金选择了 n 种资产作为投资对象，这 n 种资产的预期资产收益率分别为 R_1，R_2，…，R_n，第 i 种资产收益率和第 j 种资产收益率的协方差为 σ_{ij}（$i, j=1, 2, \cdots, n$；$\sigma_{ij}=\sigma_{ji}$，$\sigma_{ii}=\sigma_i^2$），其反映出两种资产收益率的相关性。企业年金基金在各种资产上的资产比例分别为 x_1，x_2，…，x_n。从控制风险的角度出发，对企业年金基金在各种资产上的投资比例会加以限制，《企业年金基金管理试行办法》中规定了各种资产的投资比例，同时，我国目前尚不存在做空机制，因此，对 X_i 有相应的约束条件，即 $0\leqslant X_i\leqslant c_i$。

令 $X=(x_1, x_2, \cdots, x_n)^T$，$R=(R_1, R_2, \cdots, R_n)^T$，$C=(c_1, c_2, \cdots, c_n)^T$，$\Sigma=(\sigma_{IJ})_{m\times n}$ 为 n 种资产之间的协方差矩阵。

则资产组合的期望收益率及方差分别为：$R_p=E(r_p)$，$\sigma_p^2=X^T\Sigma X$。

模型（2）：

$$\min\sigma_p^2 = X^T\sum X$$

$$\text{s.t.}\begin{cases}E(r_p) = X^TR\\ \sum_{i=1}^{n} x_i = 1\\ 0 \leqslant X \leqslant C\end{cases}$$

通过测算，可以看到任何具有特定期望收益的风险资产的组合的最小方差，这些最小方差组成了资产组合的最小方差边界。落在全局最小方差以上的边界称之为风险资产的有效率边界，对于所有最小方差边界的资产组合，都可以在其正上方获得相同的标准差，但收益更大的资产组合，在全局最小方差边界以下部分的资产组合是没有效率的。由此可以看到，在企业年金基金中引进无风险资产可以实现有效率的资产组合。因此，可运用 CML（有效率的资产组合的风险溢价是资产组合标准差的函数）与上述的有效率边界共同确定有效的资产组合，其切点 P 是唯一的有效率的资产组合。在 CML 线上，P 点的上方是借入的资产组合，P 点下方是借出的资产组合。

从企业年金基金关注投资安全性的角度出发，年金投资管理人的无差异曲线（*L*1）与一般投资者的无差异曲线（*L*2）有差别，*L*1 趋向纵轴 *E*（*r*），由此适合企业年金基金的最佳投资组合是无差异曲线 *L*1 与 CML 的切点 B。如图 1。

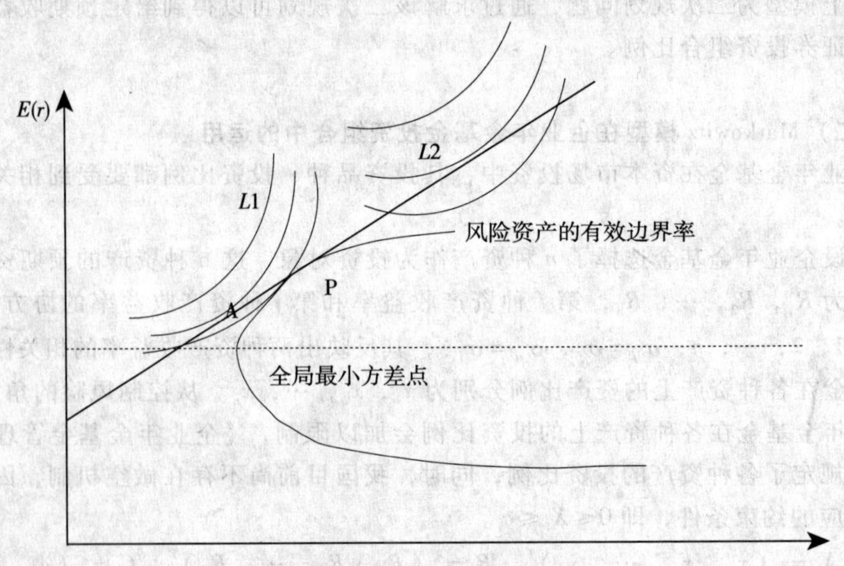

图 1 企业年金基金资产组合选择

（三）VaR 方法对 Markowitz 模型的改进

VaR 即风险值，是在一定概率水平下，某一金融资产或证券组合在未来特定时间段内的最大可能损失值，即 $Prob\ (\Delta P > VaR) = 1 - k$。

ΔP：证券组合在持有期 Δt 内的损失。

VaR：在置信度 k 处于风险中的价值。

因此，加上 VaR 约束的 Markowitz 的均值—方差模型是：

模型（3）：

$$\mathrm{Min}\sigma_p^2 = \mathrm{Min}X^T \sum X$$

$$\text{s.t.} \begin{cases} Prob(\Delta P > VaR) = 1 - k \\ E(r_p) = X^T R \\ \sum_{i=1}^{n} x_i = 1 \\ 0 \leqslant X \leqslant C \end{cases}$$

正态分布条件下，$VaR = -E\ (R_p - \Phi^{-1}\ (a))\ \sigma_p$，其中，$\Phi$［＊］是标准正态分布的分布函数。模型（3）的解在 $\sigma - E\ (r)$ 空间中是下图中的弧线 CD，其是基于 VaR 约束方式下的投资组合有效前沿。

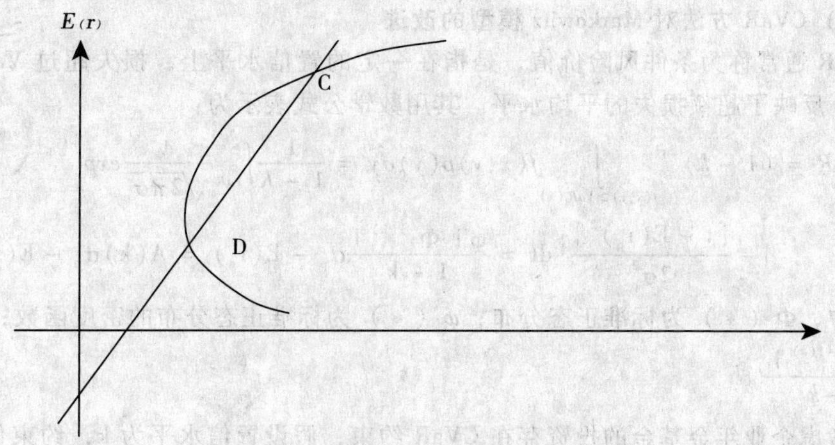

图 2　VaR 约束下的投资组合选择

VaR 的特点是：首先，测量的是投资损失的可能性，因此可以有效反映市场风险。Markowitz 的均值—方差模型以方差测度的不精确主要是其反映的是资产价格从双侧偏离均值的可能，所以以方差测度的风险与现实出入很大。其次，VaR 方法给出了风险的绝对值，即以货币形式表示风险程度的高低，而传统方差只是给出了一个“指标”值，投资者只能根据市场上价格的变化而改变，极小的风险因素都可能产生重大损失，VaR 提供了直观的风险测量方法。最后，VaR 充分考虑了不同投资者对风险的不同承受能力。根据对风险不同的态度，投资者可分为风险偏好型、风险厌恶型和风险中立型。不同类型的投资者衡量同一资产组合的风险大小是存在差异的。在方差测量方法中，资产组合的方法是唯一的，其与现实情况不符。而 VaR

的计算中包括投资者的置信度，置信度低的投资者属风险厌恶型，因此 VaR 考虑了投资者类型的不同。

但 VaR 也存在缺陷：其一，金融市场的实际分布具有尖峰肥尾性，而在计算 VaR 时却忽略了尖峰肥尾性，因此 VaR 方法计算结果的有效性是值得怀疑的。其二，VaR 不具有次可加性，其不符合一致性风险测量的标准，导致总组合的风险未必一定小于各分组合的风险之和，这是与风险分散的市场现象相互抵触，从经济学意义上讲也是不合理的。其三，VaR 依靠于一定置信水平下的分位数，而忽略了该分位数以下的情况，导致投资者无法掌握和控制极端情况下组合的潜在损失，而这种损失往往会导致非常严重的后果。最后，在进行投资组合优化时，VaR 难以表示为各种组合资产的头寸函数，无法对其进行直接优化，使得基于 VaR 约束的投资组合优化问题无法结算或存在多个区间的极值。

（四）CVaR 方法对 Markowitz 模型的改进

CVaR 通常称为条件风险价值，是指在一定的置信水平上，损失超过 VaR 的潜在价值，反映了超额损失的平均水平。其用数学公式表示为：

$$CVaR = (1-k)^{-1}\int_{f(x,y)\geqslant VaR_k(x)} f(x,y)p(y)dy = \frac{1}{1-K}\int_{VaR}^{+\infty}\frac{t}{\sqrt{2\pi\sigma_p}}exp$$

$$\{-\frac{[t+E(r_p)^2]}{2\sigma_p^2}\}dt = \frac{\varphi\mid\Phi^{-1(k)}\mid}{1-k}\sigma_p - E(r_p) = A(k)\sigma_p - E(r_p)$$

其中，Φ（*）为标准正态分布；φ（*）为标准正态分布的密度函数；A（k）$=\dfrac{\varphi\mid\Phi^{-1(k)}\mid}{1-k}$。

现考虑企业年金基金的投资存在 CVaR 约束，假设置信水平为 k，约束值为 M，可得到：$CVaR_k = A(k)\sigma_p - E(r_p) \leqslant M$

在模型（1）中加入 CVaR 约束后，则模型变为模型（3）

$$\text{Min}\sigma_p^2 = \text{Min}X^T\sum X$$

$$\text{s.t.}\begin{cases} CVaR_k = A(k)\sigma_p - E(r_p) \leqslant M \\ E(r_p) = X^T R \\ \sum_{i=1}^{n} x_i = 1 \\ 0 \leqslant X \leqslant C \end{cases}$$

通过引入 CVaR 约束后 Markowitz 的模型更加符合企业年金的投资要求。在经典的 Markowtiz 模型中，用均值描述期望收益，用方差描述风险，目标函数是均值和方差，即选择风险最小，收益最大的资产，但不能预先控制组合的潜在风险，对组合的潜在损失难以把握。虽然 VaR 存在固有缺陷导致其计算结果值得怀疑，而 CVaR 方法表示在一定的置信水平上，损失超过 VaR 的条件均值，反映了超额损失的平均水平，相比 VaR 来说，更加能够体现投资组合的潜在风险。

但 CVaR 在企业年金基金增值投资中存在着问题：

首先，CVaR 方法需要大量数据作为计算的基础，但中国金融市场发展历史较短，历史数据储备不足。

其次，我国股市的不成熟导致获得的数据缺乏可信度，从而影响分析和预测结果。

最后，风险因子不易确定，使得 CVaR 方法估值存在困难。

三、对中国企业年金基金投资增值的促进作用

就中国的企业年金基金增值而言，可以对 CVaR 进行较为细致地改进，从而中国企业年金基金投资的增值起到一定的促进作用。

具体而言，可从下面几个方面着手：

1. 吸收国外 CVaR 研究的成熟经验。发达国家对 VaR 的研究和应用相当广泛，对 CVaR 的研究也具备很大的优势，其在应用 CVaR 的过程中，只需要在 VaR 风险测量体系中，将 VaR 改成 CVaR 即可，操作过程相当简便。而在这方面，当就中国企业年金基金的投资而运用 CVaR 时，必须建立完善的 CVaR 风险测量体系，目前这方面是欠缺的，所以国内的投资银行、证券公司、基金管理公司应当成立专门部门进行 CVaR 和其他风险测量方法的研究。

2. 完善数据库。CVaR 的计算需要规模庞大的历史数据的支持。该数据库必须收录详细准确的涵盖上市股票、期货、固定收益类产品的历史数据，以及汇率、利率等市场因子，从而为 CVaR 的正确计算铺平道路，实现正确的测量和风险管理。

3. 加快证券市场的改革，完善相应制度。以股权分置改革为突破口，完善企业年金基金增值的投资环境和市场操作环境。使得每一项改革建立在规范有序合理的基础上。

参考文献

[1] 邓大松、刘昌平：《中国企业年金制度研究》（修订版），人民出版社 2005 年版。

[2] 孙建勇：《企业年金管理指引》、《企业年金运营与监管》，中国财政经济出版社 2004 年版。

[3] 威廉·F. 夏普：《投资组合理论与资本市场》，机械工业出版社 2001 年版。

［4］弗兰克·法博齐、T. 德萨·法博齐：《债券市场——分析与战略》，中国金融出版社1992年版。

［5］Markowtz, H. M., 1959, "Portfolio Selection: Efficient Diversification of Investments", *New York: John Wiley Sons.*

［6］Markowtz, H. M., 1956, "Protfolio Selection: The Optimization of Quadratic Function Subject to Linear Constraints", *Nacal Research Logistics Quarterly*, vol 3, pp. 111—133.

政府公共政策与弱势群体社会保障制度的完善

冯海芳

（武汉大学社会保障研究中心）

摘　要： 要为弱势群体完善社会保障制度，就必须以政府的公共政策作保障。本文从经济和政治两个维度界定了弱势群体的概念，分析了他们享受社会保障制度的现状，提出了完善弱势群体社会保障制度的政府公共政策取向和建议。政府必须在坚持公共利益的政策制定取向下，加强我国弱势群体社会保障的立法工作；加大对弱势群体社会保障的财政支持，提升弱势群体的社会地位；确定公平优先的弱势群体的社会保障理念。

关键词： 弱势群体　社会保障　政府公共政策　公共利益取向

随着构建社会主义和谐社会执政目标的提出，党和政府越来越关注并认真解决弱势群体的社会保障问题。然而，弱势群体的权益保障仍亟完善。政府公共政策制定不合理是忽视对弱势群体进行社会保障的重要原因。因此政府必须坚持公共利益的政策制定取向，制定合理的政府公共政策以保障弱势群体的权益。

一、关于弱势群体的概念界定和构成

2002 年 3 月，朱镕基在九届全国人大五次会议上所作的政府工作报告使用了“弱势”群体这一词，从而使“弱势”群体成为一个非常流行的概念，引起了国内外的广泛关注。所谓弱势群体是这样的一个群体：他们在现实生活中处于一种很不利的状况之中，最主要指的是处在贫困状态下，一定程度上，他们可以和“贫困人口”画等号。（1）在经济上处于弱势地位。我国现在实行的是市场机制，而市场机制是竞争机制，但是弱势群体由于身体、智力、性别、受教育程度、制度安排等原因处于弱势地位。（2）在社会和政治层面，也处于弱势地位。这主要体现在他们表达和追求自己利益的能力上，强势群体可以运用自己所掌握的资源，影响公共舆论和政府决策，而弱势群体，由于所掌握的资源很少，他们很难利用自己所掌握的资源影响政府决策①。它包括：因年老、残疾等失去生存基础的绝对弱势群体；由于自身技能、年龄问题等原因，拥有劳动资源不足、在劳动力市场上竞争力低、仅靠自身条件难以找到维持基本生活所必需的工作而长期处于失业、半失业状态的、劳动力市场上的弱势群体；有一定工作能力、也找到了一份本来可以维持生计的工作，但在与雇主的交往中处于受歧视地位，又无法通过自身找到合适的途径增强自己的力量来同雇主相抗衡，只能被迫接受较低工资、较差工作条件，得不到应有保护的、劳动关系中的弱势群体，等等。

我国弱势群体的构成。我国的弱势群体，按规模和劣势程度排序。首先是贫困群体。据社会统计专家朱庆方测算，城镇贫困人口约有3000万人，贫困面为8%左右。再加上我国农村的8000万贫困人口。贫困群体的总规模约在1亿人口左右。其次残疾人群体。残疾人口1992年为5600万人，约占全国总人口的5%。十多年来，导致残疾的原因更加复杂，尤其是在农村城市化进程中，后天致残的现象趋向恶化，竞争激烈导致的精神疾患者明显增加；即使以5%计，中国的残疾人口亦超过6000多万人。他们在就业与生活中无疑处于不利的或者弱势的地位。再次是老年群体。我国已经成为老龄化国家。据2004年第六次全国人口普查，当年全国60岁以上的老人占总人口的10.46%；2004年底，全国65岁以上的老人有377万，占总人口的3%。② 他们当中的部分老人也将列入贫困人群。由于中国经济结构和社会结构的变化。加上工业化和都市化进程中的种种原因，老年人不再是收入最高、家庭和社会地位最高的，反而常常被他人和自己认作是一种累赘，导致老年期被社会舆论视为纯粹的衰退期。此外还有正在形成的弱势群体，如城市流动人口等等。目前，分布在各地的进城务工人员有9400万人，这表明农民工不仅已经成为一个不容忽视的庞大社会群体，而且因缺乏相应的保障，更易遭遇各种意外风险以及陷入生活困境，如近几年不断增加的农民工工伤事件（许多甚至是恶性事件）以及许多农民工处于孤立无援或生活贫困的境地。更为严重的是，全国各地普遍存在拖欠农民工工资的问题。全国总工会的资料显示，目前全国进城务工的农民工被拖欠的工资在1000亿元左右。据国家统计局统计，2004年从农村来到城市的外来农民工达4611万人，其中近80万外来农民工没有就业，生活无着落。另据有关部门调查，在已获得工作岗位的农民工中，大约1/4即1100万人，其收入仅够维持生活。如考虑其实际生活环境及抵御疾病和灾害的需要，他们也应属城市贫困人口之列。

---

① 李永杰：《社会资本的缺失：我国弱势群体之“弱”的重要原因》，载《理论研究》2005年第3期。

② 赵友谊：《我国弱势群体及其社会保障问题探析》，载《经济师》2005年第6期。

二、弱势群体的特征和社会保障现状

（一）弱势群体的基本特征

1. 收入低，生活贫困

我国 2001 年城镇平均每人年收入为 6318 元，最低收入户平均每人年收入为 2653 元，其中，困难户（2093 户）平均年收入为 2325 元。农村的弱势群体经济收入更低，国家统计局对农村住户抽样调查资料显示，1999 年农村居民人均收入为 2210 元，而占调查户 20% 的居民人均收入在 1200 元以下，更何况农村中还存在 3000 万的年收入低于 625 元的绝对贫困人口。经济上的低收入性决定了弱势群体在社会生活中的贫困性。在其消费结构中，绝大部分或全部的收入用于食品。据国家统计局数据显示，1999 年城镇弱势群体人均消费支出 2175 元。其中用于食品支出为 1283 元，恩格尔系数为 59%，比全国城镇居民的平均水平高 10 个百分点。而恩格尔系数为 58% 以上则视为赤贫。① 由此可见，我国现阶段的弱势群体在很大程度上处于赤贫状态，这也使得他们的消费水平处于社会最低层次。由于其经济条件的限制，在满足生存的基本需要之后，几乎没有能力提供物质条件以满足成员的文化、精神需要，如社交消费、文化消费、旅游休假等。

2. 竞争力低

弱势群体中大多数人没有受过专门的技术培训，文化素质低下，就业竞争力很弱。据调查表明，失业下岗职工中，初中和初中以下文化程度占 60%，而在农村弱势群体中，初中和初中以下文化程度者则高达 90%，其中文盲占 24%。在社会主义市场经济条件下，社会对人才的要求越来越高，文化素质和技能在日益激烈的竞争环境中作用日益明显，个人拥有的文化和技能高低决定其竞争力的强弱，也决定了其经济回报的多少。

3. 社会政治地位低

由于弱势群体在社会分层体系中处于底层，他们的政治力量弱小，对于政治生活的影响力较低，较少参与社会政治活动，难以影响公共政策的制定。这也意味着弱势群体难以维护自己的合法权益。

（二）我国弱势群体社会保障的现状

弱势群体保障存在的主要问题是救助面小、救助水准低、求助对象不公平、救助工作者集中在民政部门和劳动与社会保障部门、求助程序不规范。我国现有社会救助制度主体依靠群众和集体，国家处于辅助性地位，面对的只是一部分人。目前，

① 邵金平：《试论弱势群体的社会保障》，载《科技创业月刊》2006 年第 7 期。

全国城镇最低生活保障月人均救助水平最高为344元，最低100元左右，农村的社会救助水平更低。传统的社会救助除了使鳏寡孤独病残者能维持基本生活外，大多数其他救助仅仅是象征意义的，或者说是一种道义上的支持和帮助。而类似于医疗保险、养老保险、失业保障等社会救助方式主要只是针对于城镇居民。农村弱势群体病者无医疗救助，失业者无失业救助，即使是遭灾，所得到的救助也并非“应保尽保”，往往只有16%—50%的贫困者能得到救济。我国目前的社会保障还处于一种无法可依、无程序可循的无序状态，没有如《农村社会救助法》、《救灾法》等实体法，许多工作均依靠部门的规定或政策来确定，具有很大的随意性。

三、我国弱势群体的公共政策分析

公共政策是公共权力机关以维护公共利益为理念，依据特定时期的社会目标和公共利益需要，经由政治过程所制定和选择的具有权威性影响的公共利益分配方案，该方案实施结果直接影响社会成员的利益归属。公共政策概念的含义包括以下四个要点：（1）公共政策的制定主体是公共权力机关，既包括政党、政府、立法机关和司法机关，也包括接受公共权力机关授权的第三部门；（2）公共政策制定的出发点应该是维护公共利益，即始终应以是否符合公共利益作为制定公共政策的立足点和考核点；（3）公共政策的合法化路径只有通过相应的政治程序，经由社会各群体的相互妥协与合作，形成利益各方共同接受的政策方案；（4）公共政策的本质是对社会公共利益的分配，其分配结果将直接影响社会成员的利益的归属。而且这种影响是相对长久的。公共政策过程包括公共政策制定、公共政策执行、公共政策反馈、公共政策修正等诸环节。与诸环节相比较，公共政策制定在整个公共政策过程中的地位是举足轻重的。

政府是社会不同群体或阶层意志和利益的集中代表者，受人民委托管理着国家的公共事务，也是现代社会公共政策的制定者。公共政策总是针对解决社会中出现的公共问题的。公共政策牵扯到千千万万人的利益，涉及几乎所有的公民。因此政府制定公共政策的出发点和最终目标应该是公共利益①。“政府的任务是服务和增进公共利益”。

政府公共政策制定过程中对弱势群体的歧视是造成弱势群体及其社会保障现状的重要原因。因为公共政策制定是在经历由公众议程制定方案产生出影响公共利益分配的政府行为方案，因此某一社会群体一旦无法将本群体的利益要求输入到公共政策制定中，就难以保证公共政策对本群体利益的侵害。而且公共政策作为一种权威性的社会公共利益分配方案，由于制定过程的复杂性、政策执行的时滞性等原因

---

① 沈惠平：《公共政策的公共利益取向》，载《重庆社会科学》2001年第6期。

都使得已经制定出来的公共政策，如果产生了对某群体利益的侵害往往很难在短时间内得到改变。任何一个理性的社会群体无不从公共政策制定阶段开始就积极地向政策系统输入自己的利益需求和支持意愿，以求最大限度的影响公共政策过程。但是由于弱势群体处在社会金字塔最底层的弱势群体势能的低位，他们的政治力量弱小，对于政治生活的影响力较低，较少参与社会政治活动，难以影响公共政策的制定。这也意味着弱势群体难以维护自己的合法权益，无法将自己的利益需求和支持意愿在公共政策制定阶段开始就积极地向政策系统输入。而政府作为公共权力机关的代表，作为社会公正和社会公平的化身，理应积极的扶弱抑强，积极地保障社会弱势群体的合法社会权益，从制度层面上来实现其维护社会正义的职责。然而当代政府对弱势群体采取的却是政策歧视。

四、从政府公共政策角度完善弱势群体社会保障的建议

（一）加强我国弱势群体社会保障的立法工作

1950年12月中央人民政府内务部颁布的5个关于军人的优抚条例，即《革命烈士家属优待暂行条例》、《革命残疾军人优待抚恤暂行条例》、《革命军人牺牲、病故褒恤暂行条例》、《革命工伤亡褒恤暂行条例》、《民兵民工伤亡抚恤暂行条例》。[①]这是新中国关于弱势群体社会保障立法的开始。“文化大革命”期间，我国的社会保障事业遭受冲击，弱势群体的社会保障处于无序状态。十一届三中全会后，我国关于弱势群体的社会保障立法得以恢复，并伴随我国经济体制的改革不断发展。但是我国目前有关弱势群体社会保障立法方面仍存在缺陷。应继续加强我国弱势群体社会保障的立法工作。目前制定《中华人民共和国社会保障基本法》，将所有弱势群体全部一次性地纳入进去困难还很大，因为有许多弱势群体根本无力缴费。因此，在现阶段，第一步应先考虑制定《社会救济条例》，《社会优抚条例》，待条件成熟时，再将《社会救济条例》、《社会优抚条例》上升为人大的立法；第二步，当弱势群体的基本生活得以保障，已经不再成为突出的问题时，再由国务院分别制定全民性的《医疗保险条例》、《养老保险条例》、《失业保险条例》（已制定）、《工伤保险条例》（已制定）等条例，待条件成熟时再编撰为《中华人民共和国社会保险法》；最后才是制定《中华人民共和国社会保障基本法》。在制定社会保障法时应该建立整套法律机制以保证法律执行过程的透明度，各政府机构应在法律允许的范围内，慎重使用法律赋予的权力，并受司法审核和公众监督。通过法律来保障弱势群体的社会权益。

---

① 王萍：《我国现阶段关于弱势群体社会保障立法状况及其发展》，载《实事求是》2006年第1期。

（二）政府加大对弱势群体社会保障的财政支持，提升弱势群体的社会地位

由于弱势群体在经济上处于弱势地位，收入少，生活贫困，因此无力缴纳社会保障费用，政府从维护社会公共利益出发，必须加大对弱势群体社会保障的财政支持。作为弱势群体社会保障过程中财政上的重要支持者，政府应建立固定的财政拨款机制，保证社会保障资金来源的稳定性，使弱势群体能获得连续的、稳定的社会保障收益。

由于弱势群体处在社会金字塔最底层，他们的政治力量弱小，对于政治生活的影响力较低，较少参与社会政治活动，难以影响公共政策的制定，难以维护自己的合法权益，无法将自己的利益需求和支持意愿在公共政策制定阶段开始就积极地向政策系统输入。因此政府要做的当务之急之一就是提升弱势群体的社会地位，使其能与强势集团在政治决策中进行必要的博弈，把自己的利益诉求和愿望积极地向政策系统输入，从而维护自己的社会保障权益。

（三）政府确定公平优先的弱势群体的社会保障理念

在现代社会中，社会保障制度是实现公民的生存权利以及其他人权的保障，是全体社会成员共同享受社会发展成果的重要途径，也是维护社会稳定和促进发展的重要保证。社会保障本就是市场经济和现代化大工业的产物。它的建立原则就是公平优先，兼顾效率，所以政府必须确立以公平为基本价值取向的社会保障理念。弱势群体社会保障制度建设更应以公平理念为先，首先考虑公平的要求，效率必须有公平作为保证①。在考虑公平的同时，还应尽量注重效率，公平必须以效率为基本前提。完善的社会保障体系是保护弱势群体基本生活水平的社会安全网，也是维护其社会可承受能力的底线。政府应通过完善社会保障体系来努力使弱势群体完全摆脱弱势状态。

① 梁学平：《我国弱势群体社会保障制度改革的瓶颈与政策建议》，载《财会研究》2006 年第 12 期。

企业的公平性与员工工作绩效关系的研究

陈晶瑛

（佛山科学技术学院经济管理学院）

摘　要： 本文以高新技术企业的员工为研究对象，探讨薪酬公平性与工作绩效之间的因果关系。数据分析结果表明：程序公平性与各种因变量显著相关，结果公平性对绩效具有较强的正向影响，而互动公平性对主管信任感具有显著的正向影响。三类公平性均对员工薪酬满意度和组织承诺有正向影响，其中评估程序公平性影响最大，其次是评估分配方面的公平性，最后是评估互动方面的公平性。

关键词： 薪酬公平性　薪酬满意度　工作绩效

一、问题提出

对于一个企业而言，当在合适的时候把合适的人安排在合适的岗位上后，一个至关重要的任务则是通过激励手段调动员工的工作积极性，从而改善工作业绩并持续不断地为企业创造高绩效。若员工认为自己的努力程度、自己的工作业绩与薪酬直接挂钩，则他们会受到激励，使员工获得成就感与满足感，进而更加努力工作。相反，若员工工作业绩与薪酬激励没有直接联系，则工作积极性会明显下降。因此，企业应做到员工薪酬分配与业绩具有一定关联性，而科学合理及公正的系统是薪酬分配公平性与激励的基础，也是确保人力资源分配机制和激励机制成功的关键。近几年，企业已意识到通过改善员工工作业绩的重要性，为了调动员工的积极性，许多企业已意识到绩效评估在人力资源管理中的重要性，开始尝试将员工的绩效考评结果与薪酬等级、调薪、奖励、人事晋升、职业生涯挂钩。然而，很少会有企业尝试关注公平性对员工的工作态度和绩效的重要作用，对企业战略和员工的发展关注不够，使绩效评估面临尴尬局面。许多学者和管理人员认为，若企业不尽快解决评估过程中的公平性问题，企业将面临薪酬管理与激励问题及人才流失的困境。因此，研究和探讨公平性问题与员工的态度及工作绩效因果关系不仅为企业界所关注，更是学术界亟待解决的课题。

绩效评估（performance appraisal）实际上是企业对员工的工作态度（attitude）、工作行为（behaviors）及工作结果（outcome）的评价过程。公平性是影响员工工作态度和工作行为的一个非常重要的变量（variables）。欧美学者对薪酬管理公平性、员工工作积极性和工作行为等进行大量研究，却较少探讨公平性对员工工作积极性和工作行为、离职率、工作业绩等的影响。在现有的文献中，我国企业学术界对公平性与绩效的关系仅仅是定性的描述与讨论，尚未对绩效评估公平性对员工的态度及工作绩效影响进行深入的实证检验。因此，在本次研究中，本文以高新技术企业员工为研究对象，既研究绩效评估结果和评估程序对员工的态度及工作绩效影响，又探讨绩效评估交往公平性对员工的态度及工作绩效影响。

二、理论与假设

（一）公平性的类型

1. 绩效评估结果的公平性

绩效评估结果的公平性主要是指员工对评估结果、绩效工资水平、奖金、薪酬调整额是否公平的评价。薪酬调整也叫绩效加薪，其做法具体来说就是以员工评价、结果为基础决定其基本薪酬的增加幅度。根据（Adams，1965）美国学者亚当斯公平性的理论认为每一个雇员都会通过与他人比较其投入和回报的比率来确定他们的分配是否公平①。从绩效评估的角度而言，若员工认为考评结果能反映自己的工作绩效水平及自己的加薪和绩效的比率与参照对象的加薪和绩效比率之比相当，则感到公平，反之员工就可能产生不公平感。此外，Lawler（1971）认为当员工感觉其实际得到的与其所期望得到的报酬有差异时，则会影响他们的满意感。员工还会根据期望值来判断结果的公平性②。业绩突出、工作能力强的员工希望能多涨一部分工资，若期望值未能满足时，则会产生不公平感。

2. 绩效评估程序的公平性

结果的公平性是指员工对企业的考评制度、流程和方法是否公平的评价。程序公平性对结果公平性至关重要。Landy（1978）等人认为结果公平性取决于分配程

① Adams, J. S., 1965, “Inequity in social exchange”, In L. Berkowitz (Ed.), *Advances in experimental social psychology*, New York: Academic Press, Vol. 2, pp. 267 - 299.

② Lawler, E. E. 1990, *Strategic Pay: Aligning Organizational Strategies and Pay Systems*, San Francisco, CA: Jossey - Bass Publishers.

序的公平性①。若雇员认为评估过程公平，无论最终结果是否公平，只要雇员参与了制度的制定和实施，公平感则会加强②（Dipboye 和 de Pontbriand，1981）。McFarlin & Sweeney（1992）。在研究绩效评估公平性、薪酬晋升满意感与员工的态度发现当雇员察觉程序是公平的时候，即使薪酬晋升不高也很可能承担更大的责任，但当评估程序被认为是不公正时，雇员薪酬晋升满意感降低，责任感倾向缩水③。因此，员工对评估程序公平性的关心更甚于对评估结果公平性的关心程度（Greenberg，1987；Lind & Tyler，1988）。Greenberg（1999）认为员工根据其参与期内的工作目标、评价标准和行动方案的设计、评价指标体系的合理性、申诉制度等评价绩效评估程序的公平性④。

3. 绩效评估交往的公平性

Bies & Shapiro（1987）通过研究评估结果反馈时的人际互动方式对评估公平感的作用后认为组织管理者在考评中如何对待员工也会影响其对绩效评估的公平感⑤，员工对评估制度是否有知情权，管理人员在评估过程中能否礼貌对待员工、客观地对事不对人进行科学考核，能否并耐心向员工沟通解释考核的体系和标准都会影响员工公平感。互动的公平性非常重要，因为上级主管能够影响雇员的态度这一点是公认的⑥（Moorman，1991）。

（二）绩效评估公平性与薪酬满意度的相互关系

绩效评估的公平性是影响薪酬满意度的一个非常重要的变量。但欧美学者却只对组织的公平性影响薪酬满意度进行大量研究，却较少有针对性地探讨绩效评估的公平性对薪酬满意度的影响。较多研究绩效评估结果与程序对薪酬满意度的影响，较少探讨绩效评估公平性对薪酬满意度的影响，更没有在实证研究中同时检验绩效评估三类公平性对薪酬满意度的影响。因此，在本研究中，笔者既研究了绩效评估

① Landy, F. J., Barnes, J. L., & Murphy, K. R., 1978, "Correlates of perceived fairness and accuracy of performance evaluation", *Journal of Applied Psychology*, 63 (6), 751-754.

② Dipboye, R. L., & de Pontbriand, R., 1981, "Correlates of employee reactions to performance appraisals and appraisal systems", *Journal of Applied Psychology*, 66 (2), 248-251.

③ McFarlin, D. B., & Sweeney, P. D., 1992, "Distributive and procedural justice as predictors of satisfaction with personal and organizational outcomes", *Academy of Management Journal*, 35 (3), 626-637.

④ Greenberg, J., 1990, "Organizational justice: Yesterday, today, and tomorrow", *Journal of Management*, 16 (2), 399-432.

⑤ Bies, R. J., 1987, "The predicament of injustice: The management of moral outrage. In L. L. Cummings & B. M. Staw (Eds.)", *Research in Organizational Behavior*, Vol. 9, pp. 289-319, Greenwich, CT: JAI Press, Inc.

⑥ Moorman, R. H., 1991, "Relationship between organizational justice and organizational citizenship behaviors: Do fairness perceptions influence employee citizenship", *Journal of Applied Psychology*, 76. (6), 845-855.

结果与程序的公平性对薪酬满意度的影响，也探讨了绩效评估交互的公平性对薪酬满意度的影响。

（三）绩效评估公平性、薪酬晋升满意度与员工的态度及工作绩效的相互关系

西方学者对绩效评估公平感影响组织内员工的工作态度等进行大量研究，许多研究者的实证研究结果表明绩效评估公平性和薪酬满意度会影响员工情感。但目前学术界对绩效评估公平性和薪酬满意度的激励的作用和与绩效的关系仍众说纷纭。有些西方学者充分肯定了绩效评估公平性和薪酬满意度的激励的作用，如 Konovsky, Folger, & Cropanzano（1987）的实证研究结果表明程序方面公平性对员工组织承诺具有强烈的正向相关关系①，而结果方面公平性则对工作积极性具有强烈的正相关关系。Alexander 和 Ruderman（1987）通过实证分析得出程序方面的公平性影响雇员对工作积极性和对管理层的信任等态度，而结果方面的公平性则在影响员工离职意愿②。有些研究却认为公平性与工作态度和绩效没有必然的因果关系，沟通、培训、适当的授权、工作扩大化和丰富化等直接影响工作态度和绩效；更有些西方学者认为根据员工绩效来决定加薪，并无法刺激员工表现得更好。虽然我国企业学术界对绩效评估的现状和问题提出了一些有价值的理论观点，却尚未对绩效评估公平性与员工的态度及工作绩效相互关系进行实证检验。因此在文献研究的基础上，笔者提出以下假设：绩效评估结果、程序以及互动公平性影响薪酬满意度；公平性通过薪酬满意度直接影响工作态度，间接影响工作绩效。

三、研究过程

本次调查共发放问卷 250 套，收回 219 套，有效问卷 198 套。其中男性比例为 66%，女性为 44%。20—30 岁的为 31.2%，31—40 岁的为 46.6%，40 岁以上的为 22.2%。要求他们表明他们的感知的绩效评估公平性及薪酬满意度与他们对组织承诺、管理者信任感，同时要求主管评估他们工作积极性和工作绩效。

在本次研究中，我们从绩效评估结果公平性、评估程序公平性及评估交往公平性三个方面计量绩效评估的公平性，共 18 个项目。绩效评估结果的公平性是指员工对奖金、薪酬等级与绩效挂钩程度及绩效加薪额是否公平的感知；结果的公平性是指员工对企业的考评制度、程序是否公平的感知。绩效评估结果的公平性是指管理

① Konovsky, M. A., Folger, R., & Cropanzano, R., 1987, "Relative effects of procedural and distributive justice on employee attitudes", *Representative Research in Social Psychology*, 17, 15 – 24.

② Alexander, S., & Ruderman, M., 1987, "The role of procedural and distributive justice in organizational behavior", *Social Justice Research*, 1, 177 – 198.

者在考评中如何对待员工，所有变量均采用（Likert）式5级量表进行评价。员工的工作绩效用工作的质量、数量、速度等方面评价工作绩效，Likert五级量表从1到5分别表示不令人满意、需要改进、一般、良好和优秀。从员工的是否具有奉献精神、是否积极寻找有挑战性工作、是否主动解决工作问题等计量工作态度，Likert五级量表从1到5分别表示完全满意、不太满意、基本符合满意、满意及完全不满意。对组织承诺的测量使用Steer等人的量表进行测度；

薪酬满意度和主管满意度采用Hackman和Oldman开发的量表对进行测度，备用选项从1（非常不同意）到5（非常同意）。员工的个体特征变量包括年龄、性别和在本企业的工龄。

四、数据分析技术

为了确保问卷的可靠性与结构合理性，我们使用了Spss12。0的统计软件对各计量尺度的可靠性进行检验。通过计算内部一致性的，结果发现公平性各个计量尺度的信度较高，Cronbach a系数均在0.6以上，结果公平性、评估程序公平性及评估交往公平性分别为0.73，0.77和0.84，符合研究要求。本文采用了验证型因子分析法，验证了绩效评估三类公平性各个因子对因变量的因子载荷量（Factor loading），其绝对值均大于0.4，可以进行进一步研究。

笔者分别以薪酬满意度、工作积极性、工作绩效等为因变量，三类公平性为自变量，建立分层回归分析模型，从而对其因果关系进行论证。采用以下步骤进行分层回归分析：第一步输入年龄、工龄和性别几个控制变量。第二步是输入评估程序公平性、评估结果公平性和评估互动公平性其三类公平性变量。第三步包括两向的交互，而第四步包含三向交互。层次回归分析的结果以及变量输入回归方程的顺序如表1。

表1 分层回归分析的结果

	薪酬满意度	工作态度	工作绩效	对主管的信任感	员工组织承诺
第1步					
年龄					
性别	-0.02	0.00	-0.05	0.03	-0.00
工龄	-0.43	-0.25	0.08	0.13	0.14
R^2					
第2步	0.04	0.00	0.02	0.02	0.03
程序公平性					

	薪酬满意度	工作态度	工作绩效	对主管的信任感	员工组织承诺
结果公平性	0.02	0.01	0.03	0.02	0.03
交往公平性					
R^2					
第3步	0.41*	0.44***	0.42**	0.35**	0.17*
R^2 两向交互					
第4步	-0.05	0.06***	0.79***	0.09	0.15*
R^2 三向交互	0.03	0.14	0.13	0.92***	0.12*
F					
df	0.05***	0.15**	0.23**	0.71**	0.19**
	0.02	0.01	0.02	0.00	0.01
	0.00	0.00	0.00	0.00	0.00
	1.57	3.67***	5.33***	41.22***	4.38***
	10	10	10	10	10

注：表格包含了非标准系数。* $p<0.05$，** $p<0.01$，*** $p<0.001$。

从表1可以看出员工的年龄、性别和工龄与各类因变量没有显著的相关关系；程序公平性与各种因变量显著相关，结果公平性对绩效具有较强的正向影响，而互动公平性对主管信任感具有显著的正向影响。三类公平性均对员工薪酬满意度和组织承诺的有正向影响，其中评估程序公平性影响最大，其次是评估分配方面的公平性，最后是评估互动方面的公平性。

五、讨　论

虽然前期有些实证研究认为当有些雇员在获得令人满意评估结果时倾向于较少在意评估程序公平性，本项研究却表明了在现实的组织中，即使员工评估结果良好，评估程序对员工而言也十分之重要。我们研究结果支持 Folger，Konovsky & Cropanzano（1992）提出的雇员关心绩效评估程序的公平性尤甚于关心评估结果观点①。笔者认为高新技术企业管理者应构建一个公平、合理的程序，因为程序的公平可以显著地增加对考评结果公平的感受。

评估程序的公平性对组织承诺有显著的正向影响，而与之前的发现论点相同，三类公平性是薪酬满意度重要的预示因素，其中程序公平性的影响作用最大。说明

① 马超、吕政宝：《程序公正感及其在绩效评估中的作用》，载《沈阳师范大学学报（社会科学版）》2007年第1期。

了当员工的认为绩效考评的公平性越强，薪酬满意度越高，从而促进员工的积极情感，进而表现出更高的工作热情，团队合作意识，最终对工作绩效产生积极的作用。

因子分析清楚指出雇员能够辨别组织和主管公平性的来源。之前的研究在没有区分程序方面和互动方面公平性的情况下，发现程序方面的公平性预示着对主管人员的信任感，但是当互动公平性被考虑在内时，它对主管人员信任感的指示性更强，虽然程序方面的公平性也是一个重要的指示因素。

三类公平性与员工组织承诺呈显著正相关，其中评估程序公平性影响最大，其次是评估分配方面的公平性，最后是评估互动方面的公平性，验证了 McFarlin 和 Sweeney（1992）提出的程序和结果公平性可能是员工组织承诺重要预测因子的推测。

六、结论与启示

本文以广东高新技术企业为样本，对绩效考评的三类公平性与员工积极性和工作绩效等关系进行了理论与实证分析。研究发现三类公平性导致薪酬满意度，工作积极性、工作绩效及员工组织承诺。尽管员工的令人满意评估结果对员工很重要，但程序公平性对员工更重要，尤其是程序公平性起到积极的影响作用。尽管有各种各样的限制，本研究是率先对结果、程序和互动公平性以及这三类公平性对各种态度和绩效影响作用等方面进行的研究。研究结果表明企业在绩效考评过程中，不仅要重视评估结果公平性，更应重视程序方面的公平性对工作环境下制度的至关重要作用。其研究结果不仅对我国人力资源管理理论实践具有一定的意义同时丰富了国内外相关研究的内容，在理论上具有一定的贡献。

在我国市场化进程加快背景下，高新技术行业的人才特别是研发人员向“最佳雇主”流动已成为普遍现象，高新技术企业应关注评估公平性，在员工薪酬分配制度中尽可能体现按绩分配，最大限度地让他们努力程度、工作业绩与薪酬分配直接挂钩。尤其是企业更应重视核心人才的薪酬设计，因为他们承担的角色是其他人难以代替的，另一方面，这些人也是对薪酬的公平性也是最敏感的群体，特别是高新技术企业的研发人员是知识型员工，其工作积极性和创造力直接影响企业核心能力的培养，其业绩工资应通过考评后按照项目整体完成情况和个人的业绩情况共同确定，依据他们的业绩提升工资和发放奖金，依据他们的贡献进行激励，用事实说话，减少员工不满意感。只有这样，企业才能吸引和留住他们，企业才能实现可持续发展并在激烈的市场竞争中立于不败地位。

绩效考评并不只是一种简单的管理手段，而是企业生存和发展的催化剂，若能做到公平、公正和公开，可以成为激励员工提高员工工作积极性的一个重要因素。因此，员工的收入不能出现与他们本职工作相脱节，在薪酬结构设计中应能反映出员工个人的绩效情况，基于绩效的奖励能使他们感到企业管理制度的公正，使他们产生对管理者的信任感，进而表现出对组织的信心和承诺。同时，高新技术企业应不断加强绩效考评制度的改革，严格考核员工是否达到了所规定的绩效标准，并相应进行奖励和惩罚。若员工都能按照企业的要求和目标高效率完成本职工作，企业无疑能够得到很好发展，目标能得以实现。

高新技术企业管理者应积极向员工公开绩效考评制度，在制定评估制度的过程中，要有一定数量的员工代表参与，做到公开、透明，使员工对企业考评制度和考评指标体系应具有知情权、监督权及建议权，鼓励员工参与考评制度设计和评估过程，通过协商共同制定期内的工作目标、评价标准和行动方案，从而加强他们对公平感的认同。同时，要尽量采用简单员工能够容易理解的方法进行考核，量化考核指标，建立多元化价值评价体系，在平等的基础上向员工解释疑惑，重视绩效的沟通与反馈，提高员工考评满意度。

责任编辑:陈　登

图书在版编目(CIP)数据

社会保障问题研究——和谐社会构建与社会保障国际论坛/邓大松、向运华 主编.
-北京:人民出版社,2009.2
ISBN 978-7-01-007701-7

Ⅰ.社…　Ⅱ.①邓…②向…　Ⅲ.社会保障-中国-文集　Ⅳ.D632.1-53

中国版本图书馆 CIP 数据核字(2009)第 011807 号

社会保障问题研究

SHEHUI BAOZHANG WENTI YANJIU

——和谐社会构建与社会保障国际论坛

邓大松　向运华　主编

人民出版社 出版发行

(100706　北京朝阳门内大街 166 号)

北京新魏印刷厂印刷　　新华书店经销

2009 年 2 月第 1 版　2009 年 2 月北京第 1 次印刷

开本:710 毫米×1000 毫米 1/16　印张:42.75

字数:881 千字

ISBN 978-7-01-007701-7　定价:96.00 元

邮购地址 100706　北京朝阳门内大街 166 号

人民东方图书销售中心　电话 (010)65250042　65289539